반드시 합격하는
수험 공부법

시험의 전략

Strategy of
Hong-Term Test

시험의 전략

초판인쇄	2020년 11월 16일
초판발행	2020년 11월 28일

지은이	허원범
발행인	조현수
펴낸곳	도서출판 프로방스
마케팅	최관호
IT 마케팅	조용재 백소영
교정교열	권현덕
디자인 디렉터	오종국 Design CREO

ADD	경기도 고양시 일산동구 백석2동 1301-2
	넥스빌오피스텔 704호
전화	031-925-5366~7
팩스	031-925-5368
이메일	provence70@naver.com
등록번호	제2016-000126호
등록	2016년 06월 23일
ISBN	979-11-6480-087-2 13320

정가 43,000원

시험의 전략

반드시 합격하는 수험 공부법

허원범 지음

Strategy of
Hong-Term Test

P 프로방스

서문

모든 것에는 How to가 있다. 어떻게 효율적으로 하는지 방법이 있다는 말이다. 내가 이 책을 통해 말하고자 하는 것은 인생을 건 단 하나의 '장기 시험'에 대한 승부 방법이다.

우리가 흔히 단기 기억, 장기 기억이라고 명칭 하듯이 시험에도 단기 시험, 장기 시험이 있다. 이 둘의 접근 방법은 많이 다르다. 단기 시험은 1일 ~ 수주일 정도의 집중으로 목표 성취가 가능한 주로 중·고등·대학교의 시험이다. 반면 장기 시험은 6개월 ~ 수년의 노력이 필요하다. 이를테면, 각종 고시, 공무원시험, MDEET, PEET, CPA, 임용시험, 수능, 여러 면허 시험, 자격증 시험 등인데 이들은 주로 직업이나 진로를 결정하는 경우가 많다. 즉, 한 사람 일생일대의 대단히 중요한 관문들이라는 이야기이다. 그런데 다른 분야들과 다르게 이러한 '장기 시험'은 시대를 거듭해도 노하우 축적과 전달이 다소 어렵다는 특성이 있다. 그 이유는 뭘까?

일반적으로 어떤 분야의 지식과 방법론은 해당 분야 전문가의 치밀함 속에 집필된 책으로 전달된다. 그런데 그러려면 그 분야에서 성공을 거두며 오래 그 일을 지속하는 전문가가 있어야 하는데 장기 시험에서는 그러하기가 거의 불가능하다. 결과를 만드는 뛰어난 사람들은 일찍 합격해 금세 수험 시장을 떠나게 되기 때문이다. 잠깐의 수험 생활로는 수험 공부에서의 체계적인 지식과 풍부한 경험을 쌓기 어렵다. 자기만의 적당한 노하우 축적은 가능할지 몰라도 전문성 획득은 거의 불가능하다는 말이다. 다른 모든 분야의 전문가가 그렇다고 생각할 것이다. 또 장기 시험은 폐쇄적인 생활 탓에 객관적인 주위 관찰이 어렵다는 점, 수능을 제외하더라도 다른 시험들 역시 비교적 어린 나이에 준비한다는 점, 1분이 아까운 수험 생활 중에 과정이나 방법에 대해 사고하고 기록해두기 어렵다는 점 또한 한계로 작용한다. 더구나 시험에 합격하면 새로 맞게 되는 완전히 다른 환경 탓에 수험 생활 기억은 쉽게 잊게 된다. 그런 이유들이 장기 시험에 대한 노하우 축적과 전달을 어렵게 한다.

나는 '이과의 고시'라고 불리는 의·치의학교육 입문검사를 3번 치렀다. 더군다나 시험에서 상위 1% 성적을 받고 1년을 더 공부했다. 본고사 성적만으로 합격·불합격이 결정되는 것이 아니라 입시였기 때문이다. 그 과정을 통해서 장기 시험에 대한 공부 방법과 수험 생활에 대해 충분히 경험할 수 있었고, 마지막 수험 생활 중에는 체계적인 기록과 다양한 시도를 통해 남다른 노하우들을 축적했다. 그리고는 시험이 끝나자마자 즉시 수험생들을 만나 공부법을 가르쳐주고 수험 생활을 이끌어 주는 사람이 되었다. 수험생 100명 이상을 1:1대면 컨설팅 하며 방법론의 완결성을 더했고, 따로 5년간 수십 명의 수험생을 주기적으로 만나 코칭하며 수험 생활을 다시 간접 경험했다.

한편, 나 스스로의 공부도 끝이 아니었다. 치의학전문대학원에 입학하여 4년간 치과 공부를 하며 합격자들 70명과 동고동락하고 관찰하는 등 공부법에 대해 더 풍부하고 깊게 사고해 볼 수 있었다. 또한, 4년의 집중적인 공부 과정을 끝내고 치과의사면허 국가시험이 있었다. 그 중장기 시험은 다시 한번 나를 수험생으로 되돌려 하나하나 내 논리들을 점검해보고 따져 볼 수 있는 좋은 기회를 주었다. 입시 때보다 훨씬 다양한 과목이었다. 국가고시 때는 성적이 크게 중요한 것이 아니었기 때문에 시험 준비는 효율적으로 최소한도만 하고 틈나는 대로 필요한 내용을 메모하며 치밀하게 방법론을 재정립할 수 있었다.

결론은 장기 시험에는 공통된 노하우가 있다는 것이다. 나 또한 의/치의학 입문검사를 준비하는 동안 전혀 다른 분야인 사법고시 성공 에세이들을 통해 영감의 대부분을 얻었던 것처럼 말이다. 그런 장기 시험에 대한 공통적인 부분을 다년간 체계적으로 집대성한 것이 본서이다. 이런 특별한 내 과정들이 이 책을 좀 더 완성도 있게 만들어 준다고 믿는다.

시중에 있는 공부 관련 대다수 책들이 '이론서'에 그치는 반면 본서는 명확히 '실용서'의 성격을 띤다. 수험 생활을 직접 충분히 경험해본 사람이 실질적인 도움이 되도록 구체적인 방법과 실행 노하우를 제시하기 때문이다. 따라서 수험생들은 장기 시험을 준비하며 겪게 되는 많은 방법론적 고민과 수험 생활 일상의 어려움을 이겨낼 단서를 이 책에서 얻게 될 것이다. 또 공부 의지를 북돋우는 것에 결정적인 도움이 될 것이라 믿어 의심치 않는다.

나는 절대 머리가 좋은 사람이 아니다. 최상위권 대학 출신도 아니었으며 오히려 공부에 필요한 몇 가지 요소는 절대적으로 부족했다. 특히, 의·치전 적성검사를 준비하기 전 공부 했던 공인영어(텝스)는 기초도 없고 관련한 재능도 대단히 열등했다. 이를 극복하기 위해서 텝스 시험을 38번 치렀다. 그중에 단 2번 웃을 수 있었고 나머지는 항상 고배를 삼켜야 했다. 그러나 결국 노력이 목표를 이뤘다. 반면, 의·치전 적성검사는 시행착오를 많이 줄인 공부방법과 평범한 재능으로 2번의 시험 만에 상위 1% 성적을 일구어냈다.

단기적인 암기나 시험은 비교적 현재 재능과 사전 지식이 성과를 많이 좌지우지한다. 그러나 장기적인 시험은 방법과 노력이 더 크게 영향을 미친다. 즉, 장기 시험은 그 전 학력과 공부에 대한 재능을 떠나 적절한 전략을 통해 성취가 가능한 비교적 공평한 관문이라는 것이다. 그러기에 필자는 의지를 가진 사람이라면 누구나 장기 시험에 합격할 수 있다고 믿는다. 단, 전략과 방법이 필요하다. 이것을 돕고 싶었다. 재능과 운이 아닌 노력으로 성공하고자 하는 사람들에게 구체적인 전략과 방법을 가르쳐 드리고자 책을 썼다.

지은이 **허원범**

당부의 말

01 내용 중에 '치전원(치의학전문대학원)'이라는 말이 가끔 등장할 것인데, 일반인들이 생각하는 '치대(치과대학)'로 이해하면 된다. 물론, 엄밀히 말하자면 입학 방식(수능/MDEET)과 학위 등급(학사/석사) 그리고 예과의 유·무가 다르다. 하지만 각각의 대학에 입학하여 거치는 본과 교과과정은 거의 대부분 동일하며 일련의 교육을 수료한 후 국가시험을 치르면 똑같이 치과의사가 된다. 또 MEET, DEET는 의학 교육입문검사, 치의학 교육입문검사의 영어 약어로 각각 의/치학 대학원에 입학하기 위한 입시 시험이다. 수능처럼 이 시험 점수를 취득하고 원하는 대학원에 지원할 수 있다. 약간 다른 형식으로 존재하던 MEET, DEET 두 시험은 나중에 MDEET(의/치의학 교육입문검사)로 통합되어 운영되었다. 이해에 참고하기 바란다.

02 무엇인가 자신이 반드시 기억해야 한다고 생각하는 지식, 혹은 정보들은 반드시 복습을 해야 한다. 아무리 공들여 학습해도 다시 보지 않는다면 2~3개월 후 본 내용의 90% 이상은 까마득하게 머릿속에서 사라진다고 생각하면 정확하다. 그렇기에 다시 복습할 수 있는 장치들, 혹은 복습이 쉬운 정리된 자료가 필요한 것이다. 그것이 단기 시험과 다른 장기 시험 공부법 핵심 중 하나이다. 본서도 마찬가지

다. 자신에게 필요한 중요한 내용을 잊지 않기 위해서 무언가 대책을 세우고 봐야 한다. 그것이 밑줄 표시든, 발췌해 다른 곳에 적어두든지 하여 꼭 다시 볼 수 있는 기반을 만들기 바란다. 나는 살면서 항시 기록과 정리에 집착했다. 정독한 책 내용 중에서 내가 기억해야 하겠다고 생각한 것들의 대다수를 남보다 훨씬 더 잘 기억한다고 자신한다. 정리해두면서 자연스레 복습이 되고 그것을 몇 번이고 다시 봤기 때문이다. 지금 본서에 나올 여러 인용구의 책 페이지까지 정확히 언급할 수 있는 것은 그 때문이다. 독자분들도 중요한 내용은 꼭 표시해 두었다가 다시 보도록 하자.

03 책 내용을 쓰는 중 마음에 걸렸던 한 가지는 본서가 그렇지 않아도 치열한 수험 시장을 더 과열시키지는 않을까 하는 우려였다. 그러나 우선 시험이란 제도가 잘못되었다기보다 치열한 경쟁을 할 수밖에 없는 현실이 문제이다. 더 많은 양질의 일자리와 사회보장책이 우리 사회에 필요한 것이지, 시험에 뛰어드는 것과 그 시장이 활성화되는 것을 비난할 일은 아니라고 본다. 또한, 본서의 목적을 오해해서는 안 된다. 필자는 절대로 전혀 생각도 없던 누군가에게 장기 시험을 권하지 않는다. 우선 어떤 목표와 각오가 있고, 그 뒤에 방법을 논해야 소용이 있는 것이지 책 내용을 읽고 혹해서 갑자기 시험에 뛰어들 것은 아니다. 직업과 합격에 대한 명확한 동기 없이는 금세 지칠 것이고 실패하기 쉽다. 본 책의 목적은 단 하나, 앞서 말했듯 단순히 재능과 운으로 시험에 합격하는 사람을 줄이고 정말 간절히 노력하는 사람에게 방법과 능력 그리고 용기를 주기 위함이다. 그 점을 반드시 알아주셨으면 한다.

04 본서의 내용은 단기 시험이 아닌 장기 시험에 관한 내용을 다룬 책이며 대다수 시험을 차지하는 객관식 시험에 주로 치중하였다는 점을 명시하니 참고하도록 하자.

고마운 사람들

이 책이 있기까지 내용 보완에 도움을 준, 오랜 친구 채희인(사법시험 합격), 김마루(행정고등고시 합격), 김건태(세무사 시험 합격), 김경환(DEET 합격)에게 고마움을 전한다. 그 외에도 도움을 주신 허성국 변호사님(LEET, 법학적성시험 합격), 권재현 사무관님(행정고등고시 합격), 김건호 회계사님(CPA, 공인회계사 시험 합격), 최완길 소방관님(소방 공무원 시험 합격), 장 량 순경님(경찰 공무원 시험 합격), 조정흔 변리사님(변리사 시험 합격), 한창규 선생님(초등교사 임용시험 합격), 김은주 선생님(중등교사 임용시험 합격), 강태규님(공인중개사 시험 합격), 유도은 평가사님(감정평가사 시험 합격)에게 감사드린다.

그리고 이미 의사, 치과의사, 한의사, 약사가 되었거나 앞으로 될, 컨설팅과 멘토링에서 만나 뵈었던 130여 명의 고마운 분들을 기억한다. 덕분에 이 책이 출간될 수 있었다.

그밖에 책을 쓰는데 영감을 주시고 인생의 중요한 순간마다 꼭 필요한 도움을 주시는 건국대 이명희 교수님, 전남대 노봉남 명예교수님 그리고 빛고을 치과 박현철 선배에게 존경의 마음을 전한다. 또, 본 콘텐츠의 가치를 먼저 알아봐 주신 프로방스 조현수 대표님, 편집과 디자인에 힘써 주신 오종국 이사님께 감사의 말씀 드린다. 마지막으로 책이 완성되기까지 너무도 오랜 시간을 기다려준 내 가족들에게 사랑의 마음을 전한다.

Contents | **차 례**

수험생들은
장기 시험을 준비하며
겪게 되는 많은 방법론적 고민과
수험 생활 일상의 어려움을
이겨낼 단서를 이 책에서
얻게 될 것이다.

목표를 설정하고
이루는 과정에 대해
다시 한번 생각 해보도록 하자.
유익하고 즐거운 여행이
되시길 바란다.

Strategy of Long-Term Test

제1장

나의 수험 생활
이야기

〈에세이 내용 들어가는 말〉

에세이 내용 들어가는 말

이곳에 자전적 스토리를 따로 지면을 할애하여 넣는 이유는 두 가지이다. 첫째는 조금 더 편안한 분위기로 시작해 관성적으로 책을 읽을 수 있게 하려는 목적이다. 둘째는 신뢰성을 위함이다. 사람은 해당 분야에서 현재 자신보다 경험이 더 많고 어느 정도 입증된 성과를 가진 사람의 이야기에 좀 더 귀를 기울여 듣게 된다. 그 두 가지에 확실히 도움이 되리라고 생각하여 구체적인 공부 방법 기술 전에 내 과정들 이야기를 에세이 형식으로 정리했다. 내용을 통해 필자의 과거와 경험, 기본 능력치에 대해 참고하고, 또한 목표를 설정하고 이루는 과정에 대해 다시 한번 생각 해보도록 하자. 유익하고 즐거운 여행 되시길 바란다.

01 | 발단

중학생이 되어 처음 맞이한 학교행사. 당시 한 학년 위의 여선배가 나를 맡았었고 작은 노트 한 권을 선물했다. 나는 새로 생긴 노트에 의무감 반, 단순한 호기심 반으로 일기를 쓰기 시작했다. 간단히 일과를 적어놓을 때도 있었지만 시간이 지나자 서서히 단순 사건보다는 감정과 생각을 적기 시작했다. 기숙사에 살며 학교와 생활공간에서 친구들과 수많은 일이 있었는데 그중에 어려운 일, 힘들었던 일 슬펐던 순간이 있을 때면 고스란히 일기장에 손이 갔다. 이상하게 기쁘고 즐거울 때보다는 그 반대편 감정의 끝에 있을 때 글이 잘 써졌다. 또 나중에 썼던 내용을 다시 봐도 즐거운 내용은 다소 가벼워 보였고 단순 회상으로 끝이었지만, 고뇌했던 내용이나 크게 감정이 복받쳤던 글들은 큰 잔상으로, 인생을 달리 생각해보려 했던 계기로 비쳐 내게 더 의미가 있다 느껴졌다. 놀랍게도 그런 식으로 뭔가 써놓고 나면 감정이 해소되었다. 그렇게 하루에 한 번, 길게는 한 달에 한 번 일기를 썼다. 그리고 나의 10대 중반 시작한 글쓰기가 20년 넘게 이어졌고, 지금도 여전히 가끔 감정이 동하게 되면 글을 쓰고는 한다. 다소 달라진 것이 있다면 슬프거나 힘든 것보다는 어떤 깨달음이 있을 때, 내 생각이 정리될 때 글을 쓰는 경우가 훨씬 많아졌다는 것.

이런 이야기부터 하는 이유는 그런 '일기'라는 글쓰기 습관이 이 책이 만들어진 시발점이라 생각되어서이다. 우연찮게 재미를 붙인 일기 글은 내게 필력(아직 많이 부족하지만)과 사고력, 그리고 무엇이든 정리하여 기록하려는 성향을 만들어 주었다. 이 3가지는 책을 쓸 수 있는 소양이 되기도 했고 남들에게 무엇인가 전달할 수 있는 재산이 되었다는 것이 확실하다.

또한, 학창 시절부터 지금까지 주위 사람들에 비해서는 비교적 책을 많이 읽는 편인 것 같다. 이것은 전적으로 부모님 영향이 큰데, 우리 집에는 항상 책장이 즐비했고, 부모님은 바쁘신 와중에도 책을 읽는 모습을 많이 보여주셨다. 특히, 기숙사에 살던 내가 가끔 주말에 집에라도 갈라치면 곧잘 신간 중에 괜찮은 책을 읽으라고 던져 주시곤 했다. 그중에 장승수 님의 〈공부가 가장 쉬웠어요〉[1] 또는 홍정욱 님의 〈7막 7장〉[2] 같은 공부에 관한 책들도 있었다. 그런 수기들이 당시 나를 당장 바꾸거나 학교 공부를 열심히 하게 만들지는 않았다. 하지만 '언젠가 나도 한 번쯤은 모든 것을 다 바쳐 공부를 정말 열심히 해보는 순간이 오지 않을까' 라고 어렴풋이 상상하게 만들었던 것 같다. 또한, 그러한 책의 내용이 내 잠재의식에 남아 수험 생활을 시작할 때, 공부 의지가 필요할 때, 그리고 공부 방법을 고민할 때 많은 도움을 주지 않았나 싶다.

02 | 학창 시절

내 중고등학교 시절 학교 성적은 그리 뛰어나진 않았다. 중학교 시절 대부분은 하위권이었고, 고등학교에 올라서야 비로소 중상위권 정도였다. 특이한 점이 중학교 입학할 때부터 고등학교 졸업할 때까지 모든 기간을 학교 기숙사에 살았다는 것인데 공부하는 분위기와는 꽤 멀었다. 심지어 공부를 좀 하려고 하면 서로 놀리곤 했다. (모교 이야기는 그 당시 이야기일 뿐이며 그 이후로 고등학교 기숙사는 새로 건축되며 학습 분위기가 많이 강화되었고, 중학교 기숙사는 폐지되었다.) 물론, 열세의 환경에서도 홀로 승천하는 대단한 사람들도 있지만 나는 그 정도 위인은 아니었던 것 같다. 저학년 때는 선후배 간 생활의 어려움과 수면시간 부족에서 오는 어려움으로, 고학년에는 친구들과 어울리기에 바빠 수업 시간에는 곧잘 졸기만 했다.

또 내 학창 시절, 그 시기는 컴퓨터 온라인 게임의 대 서막이 시작되던 때였다. 특히 중학교 때 스타크래프트라는 게임이 출시되며 피시방이 하나둘 생겨나 학생들을 끌어모았고 고등학생부터는 리니지 등 머드게임 시대가 시작되었다. 그리고 고1, 2 때는 오락실에 DDR과 펌프가 등장하여 학생들이 구름같이 모여들어 그것을 하려고 줄을 서는 등 한창 오프라인 엔터테인먼트의 황금기였다. 그때 부모님이라는 어느 정도의 안전벨트가 있던 일반 학생들과 달리 기숙사에 살던 나와 친구들은 거의 통제를 받지 않았고 틈만 나면 그것들을 즐기러 나갔다. 말 그대로 게임에 미쳐버렸다. 여러 실패 사례들로 교훈을 주고 있는 지금과 달리 당시에는 청소년 보호에 관련한 법들조차도 미비하고 잘 지켜지지 않는 상황이었다. 그 때문에 우리는 밤새 게임을 하면서도 그것이 잘못된 것인지도, 차후에, 미래에 어떠한 큰 악영향을 끼칠지도 전혀 알지 못했다. 단순히 재미있으니까 했고, 게임을 좋아하는 기숙사생 대부분은 똑같이 그랬다.

당시 나는 그때 유행했던 몇 개의 게임에서 전교 최상위권 실력을 가지고 있을 만큼 게임에 많은 시간을 보냈다. 그 탓에 당연히 공부는 뒷전이었고 후배들 사이에서 약간의 인기가 있었음에도 이성을 한 번도 못 사귀었다. 인기 이야기를 해서 약간 낯부끄럽지만 사실, 그 인기는 당시 유행했던 오락실의 '펌프(Pump It Up)'라는 게임을 내가 잘했기 때문이었다. 동급생 중에 가장 잘하던 친구, 그리고 한 학년 아래에서 크게 명성을 얻고 있던 후배와 각각 대결해서 이긴 후 나는 전교 최강자가 되었다. 그런데 지나고 나서 생각해보니 그 경험은 그 얄팍한 '인기' 외에도 내게 상당히 고무적인 일이었다. 왜냐면 당시에는 몰랐지만, 곰곰이 생각해보니 펌프는 기본적으로 리듬 게임으로 게임기 화면에서 음악에 맞춰 화살표들이 나오고 그것을 발로 밟는 형식이었다. 당연히 리듬감을 타는 것이 훨씬 유리했다. 그러나 나는 선천적으로 박치(박자에 대한 감각이 떨어짐)였다. 20대 중반이 되어서야 연습을 통해 가까스로 노래방에서 박자에 맞춰 박수를 해주는 것도 가능하게 된 정도였다. 그런데도 내가 그 리듬 게임을 잘했다는 것은 어떻게 보면 노력이 재능을 이긴 것이라 할 수 있었다. 수많은 시간 투자와 연습으로 선천적 불리함을 극복한 것인데, 치전 시험을 준비하기 전 이런 경험은 내게 큰 힘이 되었다. 무엇이든, 심지어 불리한 상황에서 출발한다고 하더라도 그렇게 남들보다 훨씬 더 많은 시간과 노력을 투자한다면 잘하게 될 수 있다는 하나의 선 경험이자 자신감이 되었던 것. 그래서 누구든 노력을 통해 남들보다 잘했던 경험을 단 하나라도 가지고 있다면 그것은 자신에게 큰 재산이 될 수 있다. 어떠한 사소한 분야에서의 경험이라도 말이다. 약간의 재미를 붙이고 틈이 날 때마다 그것을 한다면 잘하게 된다는 사실을 몸소 체감하기 때문이다.

03 | 수능

한편, 학창 시절 게임들에 시간을 많이 쏟기는 하였지만, 학교 방학 때 시골집에 가면 부모님 눈치를 보며 학원에 다녔고 다행히 그때 기초지식을 조금씩 쌓을 수 있었다. 즉 많은 학생이 어릴 적 그렇듯 나는 특별한 목표 없이 수동적으로 공부하는 학생이었을 뿐이었다.

또, 정말 다행히 고3 때 기숙사에 호랑이 사감이 들어오면서 상황이 약간 달라졌다. 그분은 직접 학교 근처 피시방으로 우리를 잡으러 다니셨고 시험 기간에는 일일이 학생들이 어디서 공부하는지를 사전에 조사하고는 직접 확인하고 다니셨다. 그리고 잘못하다 적발되면 정말 학생들이 벌벌 떨도록 혼내고 벌하시기도 하셨다. 덕분에 고3 1년간은 게임 중독에서 다소 벗어나 강제적으로 공부를 좀 할 수 있었다. 또 같은 기숙사생 중에서도 내가 좀 더 위기의식을 느껴 비교적 열심히 했던 것 같다. 주어진 시간에는 집중해서 공부하자, 성적이 올랐고 수능을 70여 일 앞두고는 수능이 끝날 때까지 게임을 끊고 공부에 전념하겠다고 선언했다. 그러나 무엇인가 성취하기에는 너무 짧은 시간이었다. 더욱이 전년도와 달리 갑자기 많이 어려워진 수능은 겉핥기 식으로 공부한 내겐 취약이었다.

결국, 재수를 했다. 재수 결과 몇 과목에서 성적이 오르기는 했지만, 전년도에 비해 진학에 크게 도움이 되는 성적 상승은 아니었다. 진학 결과만 놓고 보자면 그랬다. 당시 나는 사춘기가 덜 끝난 행동들을 보였다. 우선 아직 게임에 중독되어 있어 곧잘 피시방에 갔고, 공부하려고 앉았을 때는 머릿속에 여러 생각이 가득해서 공부에 도무지 집중할 수가 없었다. 한번 생각이 시작되면 진도를 한 자도 나가지 못하고 두세 시간을 연이어 생각하기도 했다. 만약 이때, 내가 지금 알고 있던 스톱워치 등 집중력을 높이는 방법과 그것을 토대로 공부에 탄력을 붙일 수 있었다면 훨씬 좋은 수능 성적을 받았을 것이다. 물론, 그런 날들이, 그래 봤다는 것이 하나의 '과정'이었음을 안다. 또, 그때 게임을 하며 소비한 시간은 너무나 후회되지만, 그때 했던 생각 자체는 본질적인 것이었고 세상에 대한 큰 자각들이었기 때문에 후회하지는 않는다. 다만, 사춘기 시절 게임을 적게 하고 그 생각들을 미리 했더라면 수험생 때에는 훨씬 더 성숙한 모습으로 공부에 집중하지 않았을까 하는 큰 아쉬움은 있다.

재수생 시절 철저하게 느낀 것은 '세상이 넓다' 라는 것이었다. 고등학교 기숙사에서는 내가 공부를 가장 잘하는 축이었지만 운 좋게 들어갔던 그 명문 재수학원(강남, 종로)에서 나는 최하위권이었다. 나보다 월등히 공부를 잘하는 학생들을 흔하게 볼 수 있었고 그들과 이야기해 보면 학창 시절 공부의 양부터가 완전히 달랐다. 더구나 내 머리가 그것들을 단번에 따라잡을 만큼 특출하지도 않았다. 그런 상황이라면 공부량이라도 남들보다 더 많았어야 했는데 게임과 잡생각에 빠져 그러지도 못 했던 것이다. 지나고 보면 결국 그때 제대로 공부하지 못한 1년을 20대 후반에 채우기 위해 2~3년이 더 걸린 것 같다. 그것은 영어나 본고사 과목에 대한 이론적 지식뿐만 아니라 이미 결정된 학부 이름과 나이 등에 대한 불리 점 때문이기도 하다. (물론, 그래도 나는 모교를 좋아한다.) 그래서 젊을 때의 시간은 더 소중한 것이다. 중요한 시기를 허투루 보낸 후 나중에 그를 만회하기란 쉽지 않다. 더욱이 나이가 들면 들수록 만회에 더 많은 시간이 필요하게 된다. 마치 갈림길을 잘못 들어선 것과 같다. 목표를 위한 제 경로로 복귀하는데 소요하는 시간이 점점 더 길어진다. 또, 시간이 너무 지나면 두 길 사이에는 건너기 불가능해 보이는 강이 생기기도 한다.

04 | 대학

재수가 끝난 후 아버지는 한 번 더 공부를 해보는 것이 어떠냐고 조심스레 말씀하셨고, 나도 아쉬움이 있기는 했다. 그러나 다시 수험 생활을 할 정신적 에너지는 모두 고갈된 상태였다. 20살 나의 공부 의지는 그 정도였던 것. 더구나 마땅히 뚜렷한 목표도 없는 상황이었고 상위권 학교에 대한 열망도 그다지 높지 않았다.

결국, 서울의 중위권 대학 컴퓨터 관련 학과에 진학했다. PC 게임을 통해 컴퓨터와 친숙함이 컸기 때문이었다. 한편, 불안했던 수험 생활을 보상이라도 하듯 대학 생활은 너무 즐겁고 신이 났다. 학과 특성상 게임을 좋아하는 친구들도 많아 또다시 게임에 푹 빠져 시간을 보냈다. 그런데… 그렇게 얼마나 지났을까. 그런 즐거운 시간들을 보내고 집에 가는 길에 완벽히 채워지지 않는 어떤 허전함이 점점 늘기 시작했다. 또, 게임을 겨우 끝맺고 맞이한 새벽에는 허무함과 후회감, 그리고 나에 대한 실망감이 있었다. 그것이 당시 주위 친구들과 나를 경계 짓고 있었다. 물론, 내가 끝맺음을 잘 못하고, 더 중독성이 강해서 모임 자리에서도 항상 끝까지 남아있고, 게임도 지나치게 오래 했기 때문일 수도 있다. 적당히 소비적인 시간을 보내며 가랑비에 옷이 젖는지 모르는 친구들과 달리 난 한 번씩 폭우를 맞고 정신이 들었던 것인지도 모른다. 그리고 한편, 그 허무함은 내가 생산적인 시간이 아닌 소비적인 시간만을 보내고 있다는 것에 대한 자각임을 잘 알았다. 또, 그 결과로 맞게 될 만족스럽지 않을 것 같은 미래에 대한 불안감에서 비롯된 감정임을 어렴풋하게나마 느끼고 있었다. '이대로 가다간 단순히 학과에 맞게 적당한 곳에 취직하여 어느 정도 예측 가능한 삶을 살아야 하겠구나.' 라는 생각. 그러자 반항심이 일었다. 아무것도 하지 않고 나이를 먹기는 싫었다.

휴학을 결심했다. 대학을 1년 반 다닌 시점이었다. 사실, 일반 대학에서 남학생들의 경우 그 시기에 휴학하는 경우가 많긴 하다. 입대하기 위해서이다. 그러나 난 바로 군대에 가지 않았다. 내겐 어떤 시간이 필요했다. 그런 유예시간이 필요한 이유가 크게 2가지가 있었다.

첫째로는 앞서 말한 내 전공인 컴퓨터, 그로 인한 취직이 내게 완전한 만족감을 줄 것 같지 않았다. 취직한 선배들의 이야기를 들어봐도, 책을 읽어봐도, 심지어 영화를 봐도 직장에 들어가 생활하는 것은 나란 사람에게 큰 허전함을 줄 것만 같았기에 다른 길을 찾아보고 싶었다.

두 번째로, 내게는 정보가 필요했다. 살면서 직업은 정말 중요한 것 같은데 이대로 직업이 결정된다는 것은 아무리 생각해도 석연치 않았다. 내게 다른 세계의 직업을 이야기해 주는 사람이 거의 없었다. 세상에는 정말 많은 직업이 있고 내게 더 맞는 일, 더 만족감을 느끼는 직업도 많을 것 같은데 당장 내게 그에 대한 지식이 없어도 너무 없었다. 학생들 대부분처럼 단순히 수능 점수에 맞춰서 대학교 학과를 결정하고 그 학과의 선배들이 하는 대로 취직을 한다는 것이 너무 답답했다. 단순히 그렇게 흘러온 인생에 순응하는 것이 아니라 다양한 길에 대해 어느 정도 알고 그중에 내가 선택하는 삶을 살고 싶었다. 그래서 군에 가기 전 여러 가지 일들을 해보며 직업에 대해 고민해보기로 했다. 물론, 어른들과 선배들은 내게 군대를 우선 다녀와서 시간을 갖는 것이 좋다고도 했지만 나름대로 내겐 신념이 있었다. 우선 군대를 어린 나이에 가면 군 문화가 내 머리를 경직시킬 것만 같다는 생각, 그리고 군대에 다녀오면 한눈팔지 않고 올곧은 길을 가야만 할 것 같았던 느낌 때문에 입대 전 순수한 시간을 원했다. (물론 지금 보면 제대 후에 여러 경험으로 다른 길을 찾는 사람들이 훨씬 더 많아 보인다.) 그리고 한 가지 더, 그 당시 생각으로 '군대에 가면 생각할 시간이 많다는데 사회에서 얻은 경험들을 군대에서의 긴 시간 동안 정리해보자' 라는 계획이 있었다.

> 입대 전 유예시간의 이유 : 1. 진로에 대한 만족 의문   2. 직업에 대한 정보 부족

05 | 휴학 후의 유별난 경험들

그리하여 나는 지금 내 종류의 직업을 가진 사람들 대부분이 울타리 안에서 한창 공부할 20대 초반에 아무런 울타리 없이 유별난 경험을 할

수 있었다. 입대 전 2년 동안 내가 겪었던 일들은 무척 다양했는데, 일반 프랜차이즈 아르바이트들부터 시작해서 광고지 돌리기, 화장품 회사 일일 영업사원으로 처음 보는 사람들에게 사은품을 주며 정보를 묻기도 했고, 게임회사 단기 홍보 인력으로 한 지역의 모든 피시방을 돌며 새로 나오는 게임을 전달해 주기도 했다. 사업을 해보고 싶다는 욕심에 친구와 온라인 쇼핑몰을 기획하기도 했고, 방송국에 가 TV 프로그램 엑스트라로 출연해보기도 했다. 여러 자수성가 수기들이 생각나 인력사무실에 찾아가 소위 '막노동' 도 한동안 해봤다.

또한, 그 시절 아르바이트를 통해 모은 돈으로 국내 여행을 몇 차례 다녔다. 중학교 시절부터 기숙사에 살다 보니 전국 각지가 고향인 친구들이 많았고 마침 시기적으로 고향에 있는 친구들이 많았다. 그들이 사는 곳에 들러 친구들을 잠깐 만나고, 근처를 혼자 여행하며 전국을 돌아다녔다. 역시 그 과정을 통해 다양한 국내 지역의 삶의 형태를 관찰할 수 있었다. '이런 곳에서 저런 일을 하며 평생을 사는 것은 어떠할까?' 학교 다닐 때는 경험하고 생각할 수 없던 것들이다. 당시 내가 직업에 대해 고민하고 있었기에 한층 더 깊게 와 닿는 것들이 있었다.

그런 경험들을 통해 난 꽤 많은 사람의 직업을 직접 보고 생각하며 내 위치와 비교해볼 수 있었다. 그리고 특히 이때 느낀 것은 자본주의 사회에서는 내가 노력하지 않고 가만히 있으면 주어지는 것이 아무것도 없다는 것과 지금 내가 성취한 것이 없어서 아무도 나를 인정해주지 않는다는 것이었다. 또, 별다른 노력 없이 시간을 보낸다면 적당한 곳에 취직하고 지방 어느 소도시에서 소소한 삶을 살게 될 수도 있겠다는 것이었다. 물론, 세상에 인정을 얻지 못하고 소소한 삶을 사는 것이 절대로 불행은 아니다. (오히려 더 행복할 수도 있다.) 그러나 젊은 나에겐 다소 아쉬운 무엇인가가 있었고 잠재력을 묻어버리는 어떤 '소명적인 죄' 같이 느껴졌다. 최소한 사회의 주류가 되기 위해 집중적이고 건설적인 노력이라도 한번 해보고 나서 그것이 잘 안된다면 유유자적한 삶을 살아야 하지 않을까 싶었다. 결국, 이 시기의 경험들과 이런 생각들은 나를 완전히 변화시켰으며 내 인생의 꼭 필요하고 중요한 무엇이었음이 확실하다.

하지만 어떤 면에서는 이 시간이 한계를 만들어냈다. 다른 것보다도 특히 입시에서 그러한데, 일반적으로 그런 시간은 면접관 앞에서 충분히 설명할 기회도 주어지지 않으며, 보통 단순한 공백기로 치부되는 경우가 많다. 특히, 의치대 교수님들의 경우 줄곧 한 길을 흐트러지지 않고 정진하신 분들이 대다수이기에 마땅히 스펙에 들어가지 않는 그 경험을 긍정적으로 봐주지 않는 경우가 훨씬 더 많았던 것 같다. 물론, 그런 식의 인식을 갖지 않는 사회가 더 공정하고 올바른 사회라고 생각하지만, 현실에서 그렇지만은 않다. 이처럼 인생에서 시간 사용에 대한 선택은 언제나 기회비용과 다른 제한도 만들어낸다. 경험들로 시야를 넓히는 것도 중요하지만 자신의 목적이 확실하다면 일찍 선택한 그 길을 올곧이 가는 것도 좋은 방법 중, 하나라고 본다. 또한, 시야를 넓히기 위해 어느 정도의 경험을 쌓고 답을 냈다면 주저하지 않고 결정과 행동을 통해 시간을 아끼는 것이 필요하다.

06 | 흐릿한 목표

다시 내 이야기로 돌아와 어찌 되었든 내 경험으로 나는 많은 직업에 대해 어느 정도 단기 경험과 대리 경험을 해볼 수 있었으며 그 결과, 직업을 내 방식대로 정리하기에 이르렀다. 물론, 직업에 귀천이란 것은 없다. '직업이 즐겁다고 한다면 인생은 지상낙원'이라는 격언이 있으며 즐기는 일은 대부분 부와 명예도 함께 가져다주는 경우가 많다. 때문에 자신에게 적성이 잘 맞는 직업을 찾았다면 다른 대부분 것들의 잣대가 무의미해진다. 그러나 안타깝게도 나는 그 시간 동안 내게 그럴 것 같은 직업을 찾지 못했다. 또한, 한순간 재미를 느끼거나 잠깐 그 일을 해본다 해도 오랫동안 하는 것은 잘 맞을지 알 수는 없는 일이라 생각되었다. 더욱이 자주 하는 취미같이 자신이 재밌어하는 일도 직업이 되면 싫어지는 경우도 많다고 한다. 프로게이머들도 게임 하는 것이 더이상 즐겁지 않다고들 하니까.

그래서 나는 최고 적합한 직업이 아니라면 내가 생각하는 최선의 조건을 갖춘 직업을 찾기로 했다. 기본적으로 내가 원하는 것들이 충족된 직업이란 크게 3가지가 필요했다. 첫째가 '경제력', 둘째가 그 직업에 대한 '사회적 인식'이었다. 거기에 더해 그 직업이 너무 바쁘면 안 된다고 생각했다. 즉 '시간적 여유'도 포기할 수 없었다.

그래서 쭉 직업들을 살펴보니 그 3가지를 만족하는 직업은 대부분 소위 말하는 '전문직'이었다. 그 직업을 가지기 위해 가야 할 길이 먼 만큼 보장이 되는 직업. 직업에 대해서는 2장에서도 자세히 언급하겠지만 아무튼 그렇게 해서 나는 이과계의 전문직 중 하나인 '의사', '치과의사'라는 직업을 마음에 두게 되었다. 아이러니하게도 생각 해보니 어릴 적부터 그토록 부모님이 원하셨고 당시 나는 실력이 부족하기도 했지만 막연하게 재미없을 것 같다며 큰 흥미를 보이지 않았던 직업이었다.

하지만 단순히 그런 종류의 직업들이 좋게 보인다고 해서 쉽게 가질 수 있는 것은 아니었다. 그 직업들을 위해서는 어떤 식이든 몇 년이고 시간을 투자해 쟁쟁한 사람들 사이에서 시험 공부를 해야 할 것인데 그에 대한 자신도, 확신도, 그리고 각오도 쉽게 생겨나지 않았다. 나는 이미 수능이란 시험에서 성공적인 모습을 보이지 못했고, 몇 년간 공부와는 거리가 멀게 지냈다. 과연 승산이 있을까. 결단이 서지 않았다. 그리고 그 상태로 입대를 했다.

> **직업선택의 3가지 조건 : ① 경제력 ② 사회적 인식 ③ 시간적 여유**

07 | 자기 계발서

한편, 휴학 후 그러니까 20대 초중반에 여러 일을 하며 자기 계발서를 곧잘 읽게 되었고 큰 도움이 되었다. 가끔 자기 계발서를 지독히 싫어하는 사람들도 있다. 이런 경우 크게 두 부류로 생각된다. 첫 번째, 이미 어느 정도 성취도 해봤고, 만족하며 살고 있는데 어떻게 하라고 자꾸 명령하는 어조가 들리니 거부반응이 느껴지는 것. 두 번째는 자기 계발서의 저자의 마인드와 너무 괴리감 있고, 실행하기 힘든 노력을 해야 한다는 느낌에 스트레스를 받는 경우라고 본다. 이런 경우 몇 차례 자기 계발서를 읽어 보고 계속 똑같은 소리를 한다는 느낌을 받고는 지루해한다. 하지만, 나는 자기 계발서 접근법이 조금 달랐다. 어떻게 하라는 지시에 초점을 맞춘 것이 아니라 그들의 생각 방향성에 주목했다. 그리고 어느 순간부터는 그들의 말에 진하게 공감했다. 그것들을 읽으면 다행히 현재 내 생각이 괜찮다는 것을 확인할 수 있었고 자신감이 생겨 좋았다. 그래서 설레는 마음으로 책들을 읽을 수 있었다.

물론 지금 나는 단순 자기 계발서보다는 심리학 서적이나 경제, 재테크 등의 실용서들을 더 많이 보지만 적어도 20대에는 발전적이고 긍정적인 마인드를 갖기 위해 자기계발서를 많이 읽어 보는 것도 필요하다고 생각된다.

특히, 20대에는 자신을 포함해 주위 친구들 모두가 경험이 적기 때문에 괜찮은 판단력을 지닌 사람, 장기적으로 좋은 방향성을 지닌 경우를 접하기 어렵다. 심지어 어떤 극단적인 경우에는 정말 윤리적으로 나쁘거나, 패배적인 선입견이 당연한 것처럼 주위 분위기가 형성되기도 한다. 그런 상황에서는 아무리 곧은 생각을 가진 긍정적인 사람이라 할지라도 자신의 생각이 맞는지 의문이 들 수도 있다. 이럴 때는 역시 책이 답이다. 그중에서도 자기계발서에는 그런 생각의 방향성이 발전적이고 생산적인 경우가 많으며 이들에 대해 비교적 이치에 맞는 설명을 해준다. 읽다가 보면 좀 더 올곧은 마인드를 확인할 수 있게 되고, 더욱이 자기 생각과 비슷하다면 힘을 받을 수 있다.

이처럼 성공 비법을 떠나 자기 계발서 책을 통하면 좀 더 논리적이고 사회적으로 타당한 가치관들을 정립할 수 있다. 논리성은 무엇인가를 이해하고 또 자기주장을 펼칠 때 상당히 유용한 자질이며, 사회적으로 타당한 가치관은 생산적이고 괜찮은 목표를 세우고 노력하게 만드는 원동력이 되기 때문에 필요하다.

08 | 군대 이야기

군 생활 이야기를 잠깐 하자면, 우선 군대는 내게 또 하나의 신선하고 특별한 경험의 원천지였으며 재도약을 위한 충분한 시간적 기회였다고 말하고 싶다. 사람은 배우고자 하는 마음이 있다면 어디에서든 배우고 자신을 성장시킬 수 있다. 내가 군대에서 배우고 경험한 것은 사회에서 의 2년보다 훨씬 더 컸다. 물론, 그것은 입대 전 유예기간으로 어느 정도 철이 든 후 군 생활을 했기 때문이기도 하겠다.

나는 비교적 힘들다고 알려진 곳에 자원하여 군 생활을 했다. 이등병 시절 작전 장교 손금을 봐주다 그의 진급을 맞춰 대대의 작전병으로 차출되는 등 재미있는 이야기들도 있고, 1분 1초가 견디기 괴롭고 어려웠던 경험들도 많았다. 하지만 여기서는 다른 이야기보다는 군대의 의미와 성취에 대해서만 주로 이야기하려 한다.

군 생활은 어떻게 보면 인생의 축소판과도 같다. 먼저, 마치 학생 시절처럼 동기들과 함께 지내는 훈련병 시절을 거쳐 선배, 선후임이 존재하는 자대(실무 무대)에 배치되는데 이때, 사회의 직업과도 유사한 '보직'이라는 것을 부여받는다. 이 '보직(직업)'에 따라 군 생활은 첨예하게 갈려 버린다. 그리고 어떤 역할의 보직이든 이것을 어떻게 수행하느냐에 따라서도 같은 병들 사이에, 더 나아가 부사관과 장교에게 인정을 받을 수도 있고 그렇지 못할 수도 있다.

또한, 점차 계급이 올라감에 따라 자신의 위치가 바뀌어 윗사람은 줄고 아랫사람은 많아지는데 이때, 일뿐만 아니라 함께 생활하는 선, 후임 간의 인간관계를 어떻게 하는지에 따라서 부대 안에서 자신의 자리를 만드는 데 영향을 미친다. 마치 사회의 직장생활, 가족생활과 유사한 점이 많다. 관찰해보면 밖에서 아르바이트 등 사회경험을 제법 해본 사람들이나 센스가 있는 친구들은 일도 생활도 제법 잘한다. 또, 이때 잘하는 친구들은 확실히 제대 후 사회에서도 비교적 선호 받는 직장에 취직하고 자리를 금방 잡는 것을 볼 수 있었다. 그런 일련의 흐름을 보고 또, 직접 겪은 것은 큰 재산이다. 그래서 군대를 다녀온 사람과 그렇지 않은 사람이 차이가 나게 되는 것이다. 직업을 가지고 인생을 한번 살아본 후 피드백을 받아본 사람과 그렇지 않은 사람의 차이라 할까.

한편, 시대에 따라 조금씩 달라진다고 하더라도 아무래도 군대는 저 계급일 때보다 고 계급으로 갈수록 점점 시간이 많아진다. 이 시간을 어떻게 계획하는지에 따라 자신이 군대에서 보직 외에 성취할 수 있는 것들이 완전히 달라진다. 당시 내가 있던 군대의 경우 상병(입대 후 1년)이 되기 전까지는 독서, 공부, 운동 등 마음대로 할 수 있는 것들이 거의 없었다. 그래서 오히려 '정신적 기아'가 커졌었는지도 모른다. 평상시 잘 안 하던 긍정적인 습관들도 못 하게 하면, 오히려 더 하고 싶은 그런 욕구 말이다. 그래서 아무튼 다른 욕심은 부리지도 못하니 일단은 일, 이병 때는 내가 맡은 역할의 전문성을 획득하기로 했다. 다행히 컴퓨터를 사용하는 일이 많은 업무여서 틈나는 대로 컴퓨터 툴을 익혀 속도를 늘렸고, 업무를 단순화, 체계화하였다. 그로 인해 결국 많게는 3명이 하던 일을 언젠가 몇 달은 혼자서 감당하기도 하였다. 그것은 고스란히 병장 계급 때 나의 개인 시간으로 돌아왔다. 더욱이 이때 문서작성 프로그램의 달인이 되었고, 이미지 편집, 동영상 편집 프로그램, 스프레드시트 등에 익숙하게 되었다. 물론, 비슷한 환경에서 컴퓨터를 사용했던 모두가 그랬던 것은 아니다. 내가 시간을 효율적으로 쓰고자 계획했으며 배움에 대한 욕구가 컸기 때문이라고 본다. 같은 환경의 다른 장병들이 인트라넷(군대 내 인터넷)에 시간을 쏟을 때 나는 관련 교재를 구해 따라 해

보며 공부했다.

다행히 그때 특별한 의지로 그런 시간을 보낸 것들은 나중에 성취들을 위한 큰 밑거름이 되었다. 중요한 컴퓨터 자격증들을 취득하기 수월했을 뿐 아니라, 학교 과제와 발표 자료를 만드는 것도 남들과 달랐고, 무엇보다 수험 컨설팅, 멘토링 자료들을 만드는 것도 이때 쌓아둔 실력이 아니었으면 엄두도 내지 못했을 것이다. 그래서 나는 약간의 컴퓨터 실력은 자기 계발에 매우 중요한 요소 중 하나라고 생각한다. 앞으로 더더욱 전문성을 띤 무엇 하나도 기본적인 컴퓨터 사용 실력이 영향을 미치지 않는 것이 없으리라고 본다. 또한, 일찍 배울수록 더 많은 가능성이 생기기 때문에, 언어능력(읽기, 글쓰기, 외국어 등)과 컴퓨터 실력은 내가 권장하는 '인생 기본기' 다.

상병 때부터는 줄곧 책을 읽었다. 이때 중대 안에 있던 권장도서는 죄다 읽었고 따로 사서 본 책들이 제대 후에 보니 몇 박스가 되었다. 그 책들 속에서 인생 지침을 찾을 수 있었고, 목표를 세워야 한다는 것 그리고 성취의 방법, 혜안이 생겼던 것 같다. 그리고 꾸준하게 운동을 했고 컴퓨터 자격증 공부를 했다. 영어 공부를 했으면 더 좋았을 것도 같지만 당시 내 생각에 단기적인 목표가 확실한 공부를 하는 것이 좋다고 생각했다. 그리하여 나는 몇 개의 주요 컴퓨터 1급 자격증과 검도 등 운동 관련 단증을 포함해 5개의 자격증을 군 생활을 통해 얻을 수 있었다.

내가 유별나게 이런 집념들을 보이고 생산적인 일들을 성취할 수 있었던 것에는 내게 몇 가지 차별성이 있었기 때문이라 생각된다. 크게 3가지라 생각하는데 우선(입대 전 유예시간 탓으로) 남들보다 늦은 나이에 군 생활을 하고 있다는 생각에 인생에 대한 긴장감이 남달랐다는 점. 둘째로 일, 이병 생활 때 나름대로 열심히 해 내 입지를 만들어 놓았기 때문에 내 개인 시간에 상급자들이 거의 간섭을 하지 않았다는 점이다. 특히 상세한 비망록까지 남겨두어 후임자들이 비교적 나를 찾지 않고 쉽게 일을 이어가게 할 수 있었던 요인도 있다. 즉 미리 군 생활 후반에 대해 설계를 해놨기 때문이다. 세 번째는 다행히 여유 시간을 소비하는 데 있어서 달콤한 유혹들을 과감히 물리칠 수 있었던 점이다. 대부분 고 계급이 되어서 그동안 힘들었던 군 생활의 보상이라며 편하고 즐거운 곳에 시간을 소비하는 장병들이 많았다. 물론, 나도 유혹이 없었던 것은 아니다. 병장 때 당시 군대 내에 정보화실이 새로 생기며 그곳에서 장병들이 곧잘 스타크래프트 게임을 했다. 나는 몇 번인가 참여하며 학창 시절 수많은 시간을 투자한 증거로 중대에서 가장 잘하는 친구에게 2승을 따내고는 게임을 끊었다. 물론, 운 좋게 이긴 것이라 다시 붙으면 질 것 같다는 생각이 확실해서이기도 했지만, 이미 20대 초반까지의 경험들로 인해 게임으로 시간을 보내는 것이 얼마나 무모한지 반성을 많이 했기 때문이다. 게임에 대해서는 언젠가 자세히 서술할 기회가 있을지 모르겠다. 참, 할 말이 많다. 특히 남자들에게 컴퓨터 게임은 인생의 성취를 위해서는 가장 큰 방해물이라 생각한다. 자신이 시간 통제를 확실히 할 자신이 없다면 어떻게 해서든 끊어야 한다. 나는 다시 게임을 하지 않기로 결심한 군대에서의 그날 아침과 그때 쓴 글을 아직도 생생히 기억한다.

　이처럼 굵직한 결심들과 여러 가지 성취들이 있지만 군대라는 기간 중 나의 가장 큰 성취는 역시 내 직업목표를 확실히 정했고 그를 위한 도전을 시작했다는 것이다.

09 | 뚜렷한 목표

치전 시험을 확실하게 결심하게 된 것에는 2가지 계기가 있는데 첫 번째 사연을 이야기하려면 부모님 이야기를 빼놓을 수가 없다. 우리 어머니는 항상 현실적이고 논리적이시다. 그에 반해 아버지는 이상적이시고 감성적이시다. 그 탓에 아버지는 없는 살림에 곧잘 사기도 당하셨고 그로 인해 어머니에게 오랜 기간 모진 소리를 듣곤 했다. 그러나 사람의 깊은 마음을 움직이는 것은 이성이 아니라 감성이다. 어머니의 지시들은 잔소리로 들리는 경우가 많았지만, 가끔 아버지가 하시는 말씀은 울림이 있었고 쉽게 흘려보내기 어려운 무엇인가가 있었다. 군대에서 휴가를 나와 흥청망청 놀다가 언젠가 아버지를 뵈러 일하는 곳에 들렀을 때였다. 밤늦게까지 어렵게 일하시는 도중에 나를 보시더니 "내가 너라면 정말 파고들어서 공부를 해보겠다"라고 하시는 것이 아닌가? 그때 그 한마디가 내 가슴에 깊게 자리 잡고 있던 공부에 대한 열망의 불을 지폈다. '그래, 어떤 식이든 매진해서 공부를 열심히 한번 해보면 좋겠다.', '그것이 무엇에 관한 공부이든 말이다.'

또 한 가지 계기는 역시 군 휴가 때였다. 아마 상병 정기 휴가쯤이었던 것 같다. 당시 군부대에서는 외부 인터넷을 마음대로 사용할 수 없었기에 사회에 나와 오랜만에 컴퓨터로 인터넷을 하는 즐거움은 컸다. 어떤 내용을 검색하고 있었는지는 기억이 잘 나지 않지만, 문득 어떤 사람의 블로그에 들어가 글을 읽게 되었다. 그 사람은 당시 30대 중반 정도였던 것 같은데 지나간 20대를 후회하며 이런 글을 써 놓았다. "내가 다시 20대로 돌아간다면 하나의 목표를 세우고 차근차근 단계를 밟아가는 도전을 해보고 싶다. 그것의 결과가 어떤지는 상관이 없다. 그런 도전을 해

보지 않은 것이 너무 아쉽다." 책에 있는 이야기보다 일반인이면서 나보다 조금 더 앞서 살았던 사람의 말이라 그런지 그 진심 어린 아쉬움이 내게 더 크게 와닿았다.

순간 정신이 번쩍 들었다. 치전원 입시 시험을 준비해보자. 큰 목표이지만 그를 위해 하나씩 차근차근 준비하면 되지 않겠는가. 모든 것을 다 바쳐 그 목표에 매진해 보자. 실패가 후회되는 것이 아니라 해보지 못한 것이 후회된다는 그 말에 내가 가지고 있던 막연한 두려움은 사라졌다. 한때 유명했던 자기 계발서인 로버트 기요사키의 〈부자 아빠 가난한 아빠〉3)라는 책에서 부자 아빠는 조언하기를 '빈털터리가 되려면 20대가 되어 봐야 한다.' 라고 했다. 그래야 다시 일어설 수 있고 그 시행착오가 다음 인생의 순간에 큰 도움이 된다는 말이었다. 하지만 겁을 먹고 하지 않은 일은 수십 년 평생을 두고두고 아쉬워할 수 있는 일이다. '그래 해보자. 나는 지금껏 제대로 된 목표를 세워 노력한 적이 없다. 이렇게 젊음을 보낼 수는 없다. 무엇이 된다고 하더라도 우선 도전해 보는 것이 중요하다.' 그렇게 해서 인생의 처음 목표가 생겼다. 그 시점에 내게 설렘이 있었다.

휴가에서 복귀하였다. 작은 노트 한 권을 구해 오래 쓸 귀한 노트라며 표지를 손수 코팅하고 목차들을 수작업해 일일이 표시해 놓는 등 갖은 정성을 다 들였다. 그리고 그 노트를 'Success Note' 라고 명했다. 그곳에는 내가 치전원에 합격하기 위해 필요한 GPA, 영어, 봉사활동, 자기소개서, 본고사 준비, 입시요강 등에 관한 정보뿐 아니라 목표와 현재 나의 상태가 명확히, 아주 상세히 기록되었다.

10 | 지속되어야 꿈이다

군 제대 후 나는 A4용지에 내 꿈은 치과의사라는 문구를 크게 인쇄해 자취방 잘 보이는 한편에 붙여두었다. 제대 후부터 수험 공부를 본격적으로 시작하기 전까지 1년 반 정도의 복학 후 대학 생활시간이 있었는데 이때 그 문구는 내가 망가진 생활을 좀 더 하려고 할 때마다 한 번 더 나를 다잡았다. 그 문구가 나를 계속 지켜봤기 때문에 흐트러지기 어려웠던 것 같다. 또한, 그것을 보는 것만으로 가슴이 뛰었으며 '공부에 대한 의지'가 한 단계씩 더 쌓여만 갔다. 본격적인 수험 생활 중에는 그 단어가 이따금 내가 왜 공부하고 있는지를 곧잘 상기시켜주었으며 힘들고 지칠 때마다 나를 격려 해주던 에너지원이 되었다.

이처럼 자신의 꿈을 어디엔가 적어두고 자주 보면서 되새기는 것은 매우 중요한 일이다. 꼭 방안에 걸어둘 필요는 없다. 잘 보이는 곳 혹은 주기적으로 상기시킬 수 있는 장치를 만들면 된다. 휴대전화 배경화면도 좋고, 자신의 독서실 자리 벽면도 좋다. 밤에 잠들 때마다 혼잣말로 되뇌는 습관을 만들어도 좋다. 간절히 원하는 목표가 있다는 것, 그리고 그것을 자신이 너무나 바란다는 '사실' 자체를 계속 의식하는 것은 그 목표를 성취할 수 있는 확률을 압도적으로 높여 준다.

한편, 남과의 비교는 행복한 삶을 사는데 가장 큰 방해물 중 하나이다. 하지만 그 비교도 인생의 어느 시기에 어떻게 이용하느냐에 따라 자신에게 긍정적 효과를 발휘할 수 있는 수단이 되기도 한다. 특히, 아직 정해지지 않은 자신의 미래 앞에서 능장을 부리고 있고, 일어서 무엇인가 할 때임에도 나태해져 있다면 노력해서 무엇인가 일군 주변인들은 좋은 자극제가 될 수도 있다. 아직 본격적인 수험 공부 전에 종종 친구들을 만나기도 했다. 당시 나이가 20대 중반을 넘어서고 있었기 때문에 일찍 무엇인가 성취한 친구들도 있었다. 군대에 가지 않고 수험 준비를 해 벌써 사법고시, 행정고시에 합격한 친구들도 있었고 군대에 다녀와 이미 내로라하는 대기업들에 갓 취직한 대학 동기들도 있었다. 시험에 합격한 친구들을 만나 자신은 어떻게 공부했다는 경험담을 듣기도 했고 취직한 친구들에게 '그 시험 잘 안되면 어떻게 할 것이냐'며 걱정과 우려가 섞인 말을 듣기도 했다. 그 모든 때마다 내 마음 한구석에는 공부에 대한 에너지가 차곡차곡 쌓여갔다. 목표와 각오가 분명하다면 세상의 많은 것이 그 목표를 향해 정진할 수 있는 자양분이 될 수 있다. 그것들이 수험 중 지루해서 참기 어려울 때, 혹은 결과가 쉽사리 나오지 않아 좌절하고 싶을 때도 남들보다 한 번 더 참고, 한 번 더 일어서서 걸을 수 있는 저력이 된다. 그리고 그 한 번의 더 견딤이 승패를 좌우하는 경우가 많다.

물론, 그렇다고 해서 수험 기간 중에 많은 경험을 하라는 뜻은 아니다. 수험 생활 중에 많은 사람을 만나고 다양한 정보를 과하게 받아들이는 것은 공부의 리듬을 끊고 공부 중에 잡생각을 늘려 집중력을 흩뜨리는 요소로 작용할 수 있기 때문이다. 따라서 수험 기간이 아닐 때 그런 경험들을 늘리고 생각의 방향성을 조절하는 것이 필요한 것이며, 수험생일 때는 그런 기억들이 종종 떠오를 때 의지를 한 번 더 굳게 다져보는 정도가 좋겠다.

다시 대학 생활을 재개할 시점의 난, 목표가 뚜렷했고, 다소 어긋난 인생 갈림길에서 그 목표가 있는 길로 되돌아가고자 하는 의지는 타올랐다. 군 생활을 통해 체력 또한 지나치게 좋아져 있었다. 그 덕에 제대 후부터 2년 정도의 시간 동안 학생으로서 할 수 있는 소소한 성취들을 제법 많이 할 수 있었다. 개인적으로는 인생에서의 큰 이벤트들도 몇 있었고, 새로운 배움과 여러 대외활동, 즐거운 추억들도 많지만 여기서는 흐름에 어긋나니 생략한다. 단, 게임에서 벗어나 상당히 활발하게 대학 생활을 했던 이런 경험들의 의미에 대해서 간단하게만 언급한다. 그 경험들은 처음부터 의·치학 전문계열에 들어섰거나, 혹은 직업인으로서는 겪기 상당히 어려운 시간으로 내 그릇과 지평을 넓혔고 다른 한편으로, 젊었을 적 즐거운 시간에 대한 여한을 거의 없게 만들었다.

한편, 대내외적으로 왕성한 활동하는 중에도 대학 학점은 졸업 때까지 줄곧 최상위권을 유지하였다. 그리고 결국 이 비법을 정리해 대학 내 학습법 공모전에서 최우수상을 받았다. 대학의 인문계 학과나 다른 이론 공부를 많이 하는 자연계 학과 학생들을 제치고 컴퓨터 관련 학과(전공과목들이 대부분 실습)의 학생이 학습법에서 우승을 차지했으니 많이들 의아해했다. 그만큼 내용이 자세하고 공을 많이 들였는데, 아마 생각해보면 그때부터 나의 공부법 정리에 대한 정신병이 생긴 것인지도 모른다.

학창 시절과 재수 때에 더 열심히 하여 좀 더 상위권 대학에 진학했다면, 혹은 직업을 알아본다고 입대 전 유예시간을 가져 시간을 소비하지 않았으면 좋았을지도 모른다. 하지만 그렇지 않았기에 나는 20대 초중반부터 남들보다 더 열심히 살았던 것 같다. 마치 축구 경기에서 초반에 한 골 먼저 먹힌 마음가짐으로 죽기 살기로 뛰었던 것 같다. 그런 긴장감들이 지금에서는 도저히 상상하기 어려운 실행력과 의지력을 그 당시 보이게 만들었다. 심지어 영어 공부를 시작한 학부 4학년 1학기에는 매일 새벽에 지하철을 타고 학원가에 먼저 가서 아침 7시 영어강의를 2~3

시간 들고 다시 학교로 돌아와 하루 대학 수업에 참여했다. (온라인 강의가 잘 되어 있지 않던 시절이다.) 또, 직접 해당 단과대 모든 건물에 텝스 스터디 모집 문구를 붙여 스터디를 모아 학기 내내 무섭게 단어를 외웠다. 하지만 대학 생활의 성취와 다르게 영어는 그렇게 하여도 쉽사리 결과를 얻을 수 없었다. 그 지독한 영어 공부를 시작으로 본격적인 내 장기 시험 공부 수험기가 열린다.

11 | 영어

이제부터는 내 영어 공부 이야기를 해보려 한다. 의치전 적성검사(MDEET)에서의 내 이야기는 약간의 적성을 가진 사람이 최선의 방법들을 통해 '최고의 성적을 낸 성공기' 라 할 수 있다. 하지만 내 영어 공부 이야기는 거의 최악의 적성과 최저의 실력으로 시작해 '합격 가능한 수준을 이룬 눈물겨운 노력기' 이다.

당시, 그리고 지금까지도 의치전 입시에서 영어는 본고사보다도 더 큰 벽으로 작용하기도 한다. 아마 먼 미래에도 그럴 가능성이 높다. 그뿐만 아니라 다른 시험에서도 영어는 역시 꼭 통과해야만 하는 관문인 경우가 많다. 그러기에 내가 달성한 것은 다른 분들에게 희망이 되고 참고가 되리라 생각한다. 그래서 조금 자세하게 영어 경험담과 나름대로 생각하는 공부 방향 점에 대해 이야기를 하고자 한다. 한편, 영어 공부를 왜 해야 하는지, 그것이 어떤 평가이고 나중에 어떤 도움이 되는지는 다음 장에서 다룬다. 여기서는 나의 이야기가 주가 된다.

치과의사가 되기로 결심한 후 군대 안에서 토익시험을 한번 경험 삼아 신청했었다. 당시 의치전 입시를 위해서는 토익(TOEIC)보다 난도가 높은 텝스(TEPS)라는 시험의 점수가 필요했는데 우선은 군대 내에서 접근하기도 쉽고 내게도 익숙한 공인영어시험인 토익부터 치러 본 것이다.

하지만 결과는 참담했다. 정말 정확히 알고 풀 수 있는 문제가 거의 없었다. 결과는 990점 만점에 405점. 토익을 한 번이라도 응시해본 사람이라면 내 실력이 얼마나 형편없었는지 잘 알 것이다. 아무리 군 생활 중 영어를 놨다고 하더라도 그 점수는 수도권 4년제 대학 학생이라고 보기 어려운 정도였다. 실제로 대학입시에서도 영어는 내게 크나큰 걸림돌이었다.

난 중학교 때부터 영어를 거의 포기한 채 살았다. 영어 공부에 소홀했고 결국 수업을 들어도 전혀 못 따라가는 정도가 되자 영어 공부를 완전히 손 놓았던 것이다. 중학교 2학년 때 성적이 너무 낮아 불려간 자리에서 영어 선생님께 난 직접 '영어를 포기하겠다.' 라고 말했다. 지금 되돌아보면 학습 환경의 불리함이 있기는 하였다. 당시 영어는 중학교 1학년부터 학교 정규교육과정에 있었는데, 앞서는 학생들은 미리 선행학습을 해 놓은 상태였다. 또한, 여러 사교육으로 영어를 보충하거나 추가 공부를 시키고는 했다. 반면, 앞서 언급했듯 나는 기숙사에 살면서 부모님의 관리를 받지 못했고 특히 중학교 1, 2학년 때는 기숙사 생활이 힘들다 보니 수업 시간에 곧잘 졸았다. 그러자 다른 학생들과의 격차는 점차 벌어졌고 고등학생이 되어 그 사실을 어렴풋이 인지했을 때는 이미 돌이키기 어려웠다. 그리고 당시 내겐 그것을 바로잡을 방법을 찾거나 노력할 영민함이 없었다.

또한, 영어 공부에도 적성이 필요한 면이 있다. 그것이 잘 맞지 않으면 더욱 영어 공부하기가 힘들어질 수 있는데 내가 그랬다. 조금 더 자세히 이야기해 보자. 언어를 배울 때는 수학이나 과학 등의 과목 보다는 기본적인 암기력이 좀 더 크게 작용한다. 수많은 문법과 단어들을 잘 암기하고 있어야 하고, 단어들의 발음도 듣고 기억해야 하기 때문이다. 또한 '듣기'에 있어서는 음감도 중요하다는 것이 나의 견해다. 주위 사람들을 관찰해보면 노래를 잘하는 사람은 약간의 노력만 한다면 영어를 좋아하고 어느 정도 잘하는 경우가 비교적 흔해 보인다. 사실, 영어는 학문이기 전에 언어이기에 듣고 말하는 것이 1차적으로는 전부다. 그래서 상대방이 하는 낯선 발음을 듣고 똑같이 따라 하며 배우는 것이다. 그런데 이것은 모르는 노래를 듣고 따라 부르는 것과 비슷하다. 특히, 한국어나 일본어와 다르게 영어나 중국어는 성조가 있어 단어나 문장에서 발음의 강세와 길이, 높낮이가 다른데 이는 노래의 박자나 음과 유사하다고 할 수 있다. 외국어의 이런 박자와 음을 잘 알아듣고 복사해 내는 것은 음감과 박자 감각이 좋아 노래를 잘 따라하는 것 과 비슷하다. 그래서 노래를 잘하는 것과 영어 학습의 적성이 상관이 있다는 말이며 이는 독해보다는 듣기에 직결된다. 흔히 영어 듣기에서 '자신이 발음하지 못하는 것은 듣지 못한다.' 라는 말이 있다. 그 발음을 알지 못한다는 것이고 자신이 말하지 못한다는 것은 정확한 발음을 듣고 바로 따라 하는 능력이 부족하다는 뜻이다.

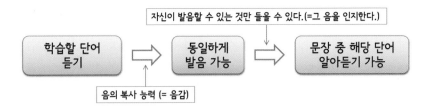

자신이 발음할 수 있는 것만 들을 수 있다.(=그 음을 인지한다.)

| 학습할 단어 듣기 | ⇒ | 동일하게 발음 가능 | ⇒ | 문장 중 해당 단어 알아듣기 가능 |

음의 복사 능력 (= 음감)

그런데 나는 남들보다 확연히 노래를 따라 부르는 능력이 떨어졌다. 잘하는 친구들은 새로운 노래를 한두 번 듣고도 따라 부르지만 나는 수십 번, 수백 번을 들어야 조금씩 따라 할 정도로 음감도 떨어지고 기억력도 좋지 않았다. 더구나 앞서 말했듯 확실한 박치(박자 감각이 떨어진다는 속어)였다. 그러니 당연히 영어 문장을 듣고 따라 말하기 어려웠고, 그에 맞춰 듣기를 못 할 수밖에 없었다. 더욱이 교육문제도 있었다. 죄송한 언급일 수 있지만 내 학창 시절엔 학교의 대다수 영어 선생님조차 실제 원어민 발음과 거리가 있었다. 제대로 된 발음을 듣지 못하며 교육을 받았고, 나 또한 잘못된 발음으로 영어 단어를 암기했으니 Listening이 될 리가 없었던 것.

물론, 그렇다고 자신의 과거 환경을 탓하기만 할 일은 아니다. 그런 식이면 당장 약간의 위안은 되겠지만 발전이 없을 것이다. 중요한 것은 과거를 되짚어 본 후 이유를 알고 그에 맞는 해결 방법을 찾는 것이다. 시작부터 잘못되었다면 그만큼 그 위에 무엇인가 새로 덮어씌우려 할 것이 아니라 새로 시작해야 하며, 해당 분야에 적성이 떨어진다면 기초부터 차근차근 더 많은 노력을 해야 한다. 그런 것을 깨닫고는 아주 단순한 초급 단어부터 다시 발음 연습을 해야 했다. 단순한 단어조차도 외국인이 자신의 발음을 알아듣지 못한다면, 혹은 단순히 P와 F 발음을 잘 구별해서 소리 낼 줄 모른다면 듣기 연습보다는 자신의 기초발음을 먼저 의심해봐야 한다. 내가 그랬고, 그래서 후에 영어 공부를 하며 발음책들을 사서 공부했고, 원어민을 만나면 내 발음을 교정하기 위해 단 하나의 단어라도 몇 번이고 가르쳐 달라고 악착같이 들러붙었다.

한편, 고등학교에 올라가서 영어는 따라가기를 포기한 과목이지만 대학입시 때문에 꼭 해야 하는 공부였다. 그래서 단어만 무작정 암기하기 시작했고, 그것을 이어 붙여 독해를 했다. 문법은 전혀 몰랐고 새로 공부할 욕심도 내지 않았다. 당시 수능에서는 문법이 1~2문제만 나와 큰 부담을 갖지 않을 수 있었기 때문이다. 그러나 문법은 중요하다. 단순히 맞춤법이 아니라 독해하는 원리가 되기 때문이다. 문법과 단어가 기본이고 그것의 실력이 적정선은 되어야 독해도 탄탄하게 실력이 늘고 결국 장문 듣기도 가능해진다. 무엇이든 단기간에 작은 성취를 이루고 싶다면 겉핥기식으로 가장 배점이 높은 것의 요령을 습득하면 된다. 하지만 제법 경쟁력 있는 성취를 원할 시에는 필히 기본기 먼저 다져야 한다. 나는 수능에서 영어는 말 그대로 기본기가 완전히 엉망이었다. 당시 쉬웠던 독해에서는 다행히 선전했지만 듣기에서는 꽤 많은 문제를 틀리며 결국 대학입시에서 영어가 내 발목을 잡았다. 또 진학 후 학부를 다니며 영어는 전혀 필요성을 느끼지 못했고 더욱이 수능 때의 패배감과, 얇은 실력에 대한 두려움으로 영어를 완전히 잊고 살았었다.

하지만 치의학전문대학원 입시에는 대부분 텝스 점수가 필요했고 텝스는 결코 만만한 시험이 아니었다. 더구나 당시 평균적인 경쟁자들에 비해 열세였던 내 객관적인 지표들을 보완하려면 가능한 높은 점수를 받아야 했다. 그러자 더이상 영어는 내게 잊고 살아도 되는, 못해도 되는 공부가 아니었다. 어떻게든 성취해야 하는 분야였다. 자, 그럼 토익 405점인 내가 장기간 영어 공부를 하기 위해 가장 먼저 해야 할 것은 무엇이었을까?

군 제대 시점인 20대 중반 내 생각으로는 우선 영어에 대한 나의 인식을 바꿔야 하겠다고 생각했다. 소화도 안 되는 음식을 우격다짐으로 밀어 넣는 것 같던 과거의 경험으로 영어는 내게 매우 지루한 과목이라는 생각이 가득했다. 또, 성취해 보지 못했던 자신감 부족까지 더해 결국 영어는 너무 하기 싫은 공부였다. 그런 인식을 꼭 바꿔야겠다는 생각을 했다. 대상을 싫어해서야 잘할 수 없는 노릇이고, 오래 하기도 힘든 것이 이치다. 주변 사람들에게 들어보니 가장 좋은 것은 외국에 나가 잠깐이라도 살아보고 오는 것이라는 이야기가 있었다. 하지만 내가 비용을 모으고 다녀와야 하는데 그럴만한 시간적인 여유가 없다 여겨졌다. 그래서 대안으로 선택한 것이 바로 영어캠프 아르바이트였다. 초등학생부터 고등학교 저학년까지가 그 대상인 영어캠프. 그곳에서 학생들은 짧게는 1주일 길게는 1달간 지내며 영어만 사용해야 했으며, 원어민들이 영어를 직접 가르쳤다. 나는 그곳의 보조교사로 일하고자 했다.

그러나 내가 원한다고 해서 쉽게 일할 수 있는 곳도 아니었다. 당시 보통 수십 대 1의 경쟁률이 있는 영어캠프 아르바이트였다. 그래서 실제로 대학 방학 중에 캠프 보조교사들은 토익 만점 등 공인영어 최고 득점자들이 흔했다. 나는 영어도 못했고 심지어 면접 당일 지방에서 올라가며 차가 많이 밀려 면접장에 늦기까지 했다. 다른 면접자들이 면접을 보고 있는 중 허겁지겁 방에 들어갔고, 왜 늦었는지 영어로 설명해 보라는 질문에 나는 'sorry I late.. bus.' 만 반복했다. 이력서에 영어 관련 경력은 전혀 없었고 공인영어성적은 비워둔 상태였다. 이 정도면 당연히 불합격감 아닌가. 더이상 부끄럽기 짝이 없었다.

그러나 드라마틱 하게도 '3가지 우연'이 연이어 발생하며 합격을 하게 된다. 먼저 다행히 내가 지원한 시기는 경쟁이 덜 치열한 대학 학기 중이었고, 두 번째로 내가 아무것도 모르고 지원했던 그 캠프가 체력적으로 힘든 특수한 영어캠프였다는 점. 그리고 마지막으로 새롭게 바뀐 담당자가 유별나게 면접자들에게 겁을 주어 많은 지원자가 기권했고 기적같이 내 차례까지 왔다.

다행히 그곳에선 내가 군 생활 중에 공부한 스프레드시트 실력이 빛났다. 엑셀로 자료들을 정리해 주고 금액 총계를 내주는 등 캠프에서 필요한 역할을 해내어 인정받았고 그 덕에 영어 실력이 부족함에도 그 후 그회사의 다른 영어캠프들까지 계속 일을 이어 할 수 있었다. 특히 대학 복학 후에도 방학 때마다 그곳에서 일하며 영어를 접했다.

그곳에서 얻은 가장 큰 수확은 역시 영어에 대한 인식 전환이다. 영어는 학문이 아니라 타인과 소통하는 언어였다. 내 의사를 표현하는 꼭 필요한 수단이었고 그곳에선 반드시 알아들어야 하는 실전 생계였다. 그러자 제대로 영어 공부를 해 보고 싶다는 의욕이 솟구쳐 올랐다. 당장 필요한 회화 문장들을 적어 열심히 외우고, 또 그곳에서 중학교 문법을 따로 혼자 공부하여 정리했다. 필요성을 알고 하는 것과 단순히 못내 하는 것은 큰 차이다. 마치 이해가 되면 암기하기 훨씬 수월하듯이 영어 공부의 필요성을 직접 체감하면 도움이 된다. 영어를 공부하다 지쳐도 한 번 더 힘을 낼 수 있게 된다.

이로써 영어에 대한 인식 전환은 충분히 되었다. 이제 영어가 싫지 않앉으니 장기간 공부할 준비가 되었다.

Teps 공부를 본격적으로 시작하기로 하고 처음 영어 학원에 갔던 날을 아직도 기억한다. 그날은 눈이 많이 내렸다. 하얀 눈을 뽀득뽀득 밟으며 새로 시작한다는 어떤 설렘을 느꼈던 것 같다. 하지만 한편으로 나를 감싸고 있는 불확실성과 막연함에 하늘을 보며 깊게 심호흡을 하고 강의실에 들어갔다. 지금 생각하면 추억이다.

당시에는 6개월을 목표로 했다. 텝스를 수능의 한 과목 정도로 생각했었던 것 같다. 한 과목에 그 정도 전념해 공부하면 되지 않겠는가. 그래서 어느 정도 점수를 얻기까지 한 달에 1번씩 5~6번의 시험을 치를 것을 생각했다. 하지만 현실은 그렇게 만만치 않았다. 6개월의 목표는 어림도 없었고 8개월 정도를 영어에만 집중하다가 본고사 준비를 시작해야 했다. 그리곤 본고사가 끝나는 대로 바로 다시 영어 공부를 했다. 결국, 기간만 놓고 따지자면(중간에 2번의 본고사도 치렀고 대학에 복학해 학기도 끝마쳤다.) 영어를 본격적으로 시작한 날부터 2년 반이 지나서야 어느 정도 합격 가능한 점수를 받을 수 있었고, teps는 3년 넘게 총 38회를 치렀다. 그 무수한 실패들… 그중에 서른여섯 번은 좌절했고 단 두 번만 웃었다.

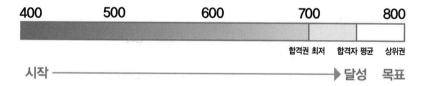

실제로 텝스는 매우 어려운 시험이었고 영어 때문에 입시 자체를 포기하는 사람들이 곧잘 있었다. 심지어 입학 후 동기와 후배들 학과 통계

를 내보니 다른 인문계에 비해 영문학과 출신 합격자가 꽤 빈번했다. 그만큼 영어를 잘하면 유리했다는 것이다. 더구나 나중에 안 사실이지만 내가 공부를 하는 동안 텝스의 평균적인 난이도는 점점 더 상향되었다고 한다.

목표를 정한 후 처음 맞닥뜨린 그 어마어마한 벽을 넘기 위해 정말 별짓을 다 했던 것 같다. 영어 기본서 혼자 공부, 커리큘럼에 맞춘 텝스 정규학원 강의 수강, 새벽 문법반, CNN 청취반, 많은 횟수의 텝스 스터디, 발음 책 공부, 섀도잉(따라 읽기), 영어교육 봉사활동, 영어 시트콤 듣기, 하루에 몇 문장씩 영화 대사 따라 하기 등등. 남들이 1번 제대로 암기하기도 힘든 텝스 어휘 최다 수록 단어장을 나는 20번은 반복해서 전체 암기했다.

특히, 듣기가 문제였다. 중학교 시절부터 내 발목을 잡아온 영어 듣기를 헤쳐나가기 위해 더한 노력을 하였다. 나중에는 심지어 간단한 mp3 편집 프로그램의 사용법을 익힌 후 잘 안 들리는 지문이나 보기만 따로 모아서 파일을 만들었다. 즉, 일종의 듣기 오답노트 같은 것을 만든 것이다. 그리고는 그 편집된 음성파일을 오가면 계속 반복해 들었다. 어느 정도 실력이 된 후에는 그것이 꽤 도움이 되었던 것으로 기억된다. 뒤에 공부 방법에서 자세히 이야기하겠지만 사실 공부란 것은 이런 식으로 하는 것이 유익하다. 즉, 전체를 특색 없이 반복하는 것보다는 잘 안 되는 것만 골라 줄여서 집중 반복하는 것 말이다. 그것이 내 공부 방법 중에 핵심 중 하나다.

그리고 자신이 영어의 어떤 부분이 상대적으로 많이 부족한지에 따라 전략이 달라질 수 있다. 특히, 영어의 문법, 단어, 읽기는 노력으로 가시적인 점수상승이 비교적 쉽게 가능하지만 듣기는 정말 점수상승 시키기 어렵다. 따라서 처음 공인영어 시험을 보고 자신의 듣기 점수가 상대적으로 낮다면 가야 할 길이 상당히 멀다는 것을 직시해야 한다.

내가 최고 수준의 득점을 한 것도 아니고 단기간 내에 성취한 것도 아니기 때문에 본서에서 영어 공부법에 대해서 더이상 자세히 언급하지 않는다. 하지만 한 가지만 말하자면, 장기 시험과 마찬가지로 영어 또한 자신이 노력해도 경쟁자들 평균 성적조차 나오지 않는다면 어려운 내용을 할 것이 아니라 가장 기본적인 것들부터 찾아 확실히 다지라는 말이다. 예를 들어 기초적인 단어의 소리, 그에 대한 자신의 발음을 확인하는 것, 핵심적인 문법을 확실하게 다지는 것, 노력의 증거인 어휘력을 늘리는 것이 되겠다. 그리고 확실한 것은 그래도 포기하지 않고 꾸준히 노력하다 보면 토익이든 텝스든 성적이 오른다는 것이다. 당장은 달라지는 것이 없는 것처럼 보여도 계속 열심히 한다면 의식하지 못하게 실력은 조금씩 상승한다. 그리고 그에 따라 어느 순간 점수도 따라 올라가게 된다.

12 | 수험 생활 - 초시

본고사 준비의 시작. 첫해 난 재학 중이던 학교 근처에서 살며 학교 도서관에서 공부했고, 일주일에 3~4번 학원을 가기 위해 강남역에 갔다. 시작과 환경 면에서 남들보다 유리한 점이라고는 거의 없었다. 당시 수험 과목은 언어, 생물, 화학, 유기화학, 물리 5개였다. (이듬해 수험 과목에서는 언어가 제외되었다.) 보통 생물이나 화학과 출신이 유리하다 하여 수험가에서는 그들을 '전공자'라고 불렀지만 난 컴퓨터 전공으로 해당사항이 없었다. 단 그래도 자연 계열이므로 일부 문과 계열 학과 출신의 도전자들에 비해서 조금 더 유리한 정도였다. 더구나 다른 능력치는 정확히 모른다 해도 나의 암기력은 평균치보다 훨씬 떨어진다는 것을 학창 시절을 통해 어렴풋이나마 인지하고 있었다.

공부하다 주변을 살펴보면 대단한 사람들이 많았다. 내가 수업을 듣고 다시 한번 수업 녹음을 또 들고 해도 이해가 안 되어, 열심히 기본서를 찾아 읽어도 완벽히 잘 모르겠는 내용을 어떤 지방 명문대 출신 수험생은 자느라 수업을 못 들었는데도 단지 요약서 한 페이지 보고 바로 이해하기도 하였다. 알고 보니 그녀는 아시아 수학경시대회 입상자였다. 그냥 옆에 지나가는 수험생 툭 치면 최상위권 대학 학부 출신, 잠깐 예전 이야기하면 반에서 1등, 전교 1등 하던 친구들이었다. 그런데 내가 이길 수 있을까? 학창 시절 우물 안 개구리였던 내가 이런 상황을 수능 재수생에 이어 다시 겪으며 '결핍'을 지독히 느꼈고 다행히 이때 내가 선택한 태도는 좌절감이 아니라 머리와 출발점을 극복할 수 있는 부단한 노력과 공부 기법들의 계발이었다. 그래서 다른 사람들에게 나눌 수 있는 실질적인 전략과 방법들이 많은 것이다. 불리한 점을 극복하기 위해서는 남다른 노력과 자신에게 적절한 공부법밖에 없다. 물론 한 가지 더 '운'이라는 요소도 있지만, 이는 처음부터 기대할 것이 아니라 최선을 다하고 기다려야 하는 부가적인 보너스 일뿐이다.

나의 첫해 수험과정은 영어 공부 과정만큼이나 치열했다. 어떤 강의 커리큘럼 하나를 듣기 위해 꼬박 하루(24시간)를 줄 서서 수강 신청을 했고, 매주 한 번씩 자리를 맡으러 새벽 5시 반까지 와 줄을 서기도 하였다. 그 당시에 열심히 하는 수험생들이 많이들 그렇게 공부하였다. 그렇게 7개월, 슬럼프 한번 없이 나태해지지 않고 모든 강의를 듣고 나름대로 열심히 공부해 시험을 쳤다. 하지만, 결과는 기대보다 이하였다. 영어가 평균 이상 되면, 겨우겨우 합격할 수 있는 본고사 성적이었지만 나는 영어점수가 낮았다. (실제로 영어가 평균권이며 나와 매우 유사한 본고사 점수로 합격한 면접 스터디 원들이 있었다.)

지원했던 학교에 최종 불합격 통지를 받았지만 크게 힘들지는 않았다. 당시 재수생은 너무도 흔히 볼 수 있었고, 재시까지는 대부분 하는 것 같은 분위기였다. 또, 오히려 단번에 합격해 더 잘할 수도 있었던 장기 시험 공부를 이대로 끝낸다는 것 자체가 미련이 남는다고까지 생각했다. 진심이었다. 어떻게 초행길을 빠르게 잘 갈 수 있겠는가. 한 번은 감만 잡을 수 있을 뿐이다. 그를 통해 적절한 계획을 세워 최고 점수를 받자. 더군다나 내가 처음 목표한 대학에 지원하기에는 턱없이 낮은 점수였으니 한 해 더해서 그 대학에 입학한다면 전화위복이 될 수 있을 것 같았다. 바로 그해의 잘못된 수험 과정에 대해 반성을 했고 실패의 원인을 써 내려갔다. 최대한 명료하게 작성했고, 그리고 그것들을 기반으로 재시에 어떻게 커리큘럼을 짤지, 또한 스터디 구성과 진행 방식을 세세히 구상했다.

한편, 초시가 끝난 후 복학하여 대학 마지막 학기를 끝마쳤다. 치전원에 합격하여 멋지게 졸업식에 참여할 계획이었지만 그러지 못해 아쉬웠다. 대학 졸업이란 것은 정말 객관적인 무직 상태가 되는 것이고 취직 진로에서 확연히 더 멀어지는 것 같아 긴장감을 한층 더 크게 했다. 하지만 난 목표가 확실했고 가능성을 보았으니 별다른 미련은 없었다. 이제 더이상 학교 근처에서 머무를 이유도 전혀 없어졌다. 홀가분한 마음으로 대학가를 떠났다.

13 | 수험 생활 - 재시

재시는 학원가 근처 고시원을 얻어 살면서 따로 등록한 독서실에서 공부했다. 전년도 잘못된 점을 대부분 보완했고, 스터디 2개는 내가 계획한 시기에 직접 모아 수정된 방식으로 진행을 했고 그 결과 상당히 성공적이었다. 학원 강의와 혼자 공부할 시간도 적절히 조율할 수 있었다.

이때 한 가지 에피소드가 있었다. 어느 날인가 새벽부터 배가 아파졌다. 아침 일찍 병원에 가서 담담한 표정으로 증상을 이야기했더니 의사는 소화불량으로 진단을 했다. 밤새 잠도 못 잤고 통증은 상당했지만, 수업에는 늦지 않아야겠다고 생각하여 서둘러 강의실에 착석했다. 4시간짜리 수업이 3시간쯤 흘렀을까. 통증 때문에 알아볼 수 없을 정도의 필기를 하고 있었고, 정신이 너무 혼미해져 강사 목소리가 전혀 들어오지 않는 상태가 되었다. 난생처음 겪는 극심한 고통이 너무 오래 계속되어 결국 참기 어려워 다시 병원을 찾았다. 진단명은 급성 맹장으로 바뀌었다. 의사는 어떻게 지금까지 통증을 참았는지 의아해하며 당장 날 큰 병원으로 옮겨 응급 수술을 받게 하였다. 다행히 수술은 잘 끝났지만, 당시 입원 기간 5일 남짓 필요했다. 그러나 다음 날부터 다시 노트북을 켜고 빠진 강의를 보충하고 있는 날 보더니 주치의는 조기 퇴원을 허락해 주었다. 그만큼 나는 학원에서 듣는 강의가 있다면 결석이나 지각하지 않았다는 것. 혹시라도 불가피하게 빠졌다면 바로 보충하여 완결성을 만드는 것에 대해서만큼은 다른 사람들보다 훨씬 철저했다. 다른 어느 것과 타협하지 않았다. 그것이 공부의 성실성에 대한 기본이라 생각했기 때문이다.

물론, 수험 과정이 이렇게 굳건한 의지로 쉽게 지나갈 수 있는 것만은 아니다. 장기 시험은 일주일, 한 달이 아니라 훨씬 더 길기 때문이다. 나 또한 그랬다. 수험 이야기들을 지금은 비교적 담담히 쉽게 이야기를 하지만 당시 수험생의 심리적 불안감, 외로움, 좌절감, 소외감 등은 내게 무척 큰 감정들이었다. 수험 생활을 해 보지 않고는 절대 그런 감정들에 대해 알 수 없고 이해하기 어렵다. 특히 첫해는 시간도 없고 모든 것이 낯설어 비교적 그 느낌들이 적지만 수험 기간이 2년 이상 계속되면 더 강력하게 그 감정들이 다가온다. 또한, 자신의 인생이 이대로 망가질 수도 있다는 불안, 투자한 시간이 아무것도 남지 않게 될 수도 있다는 공포심은 합격하기 전까지 수험생을 짓누른다. 수능처럼 잘 안되면 그 점수를 이용해 차선책 학교를 선택해 가면 되는 것이 아니다. 장기 시험에 실패하면 인생에 공백이 생기고 제때 취직을 놓쳐 비주류의 삶을 살게 될지도 모른다는 우려가 크다. 물론, 지나고 나서 돌아보면 그 실패가 절대 끝도 아니고 소외되는 인생이 되는 것도 전혀 아니지만 젊은 나이, 그 순간에는 그런 불안감들을 쉽게 떨쳐낼 수 없다. 나 또한 마찬가지였다. 대학교 친구들은 대부분 대기업에 취직해서 안정적인 길을 가고 있었고 나는 20대 끝자락에서 이렇다 할 성취 없이 점점 나이를 먹어가고 있었기 때문이다.

그나마 그런 불안감을 조금이라도 줄일 방법은 역시 자신의 최선을 다하는 것이다. 성적까지 잘 나와 준다면 좋겠지만 당장 그렇지 않다고 하더라도 열심히 할수록 불안감은 줄어든다. 자신이 할 수 있는 만큼 했다면 된 것이다. 그런 마음을 가지는 것이 이롭다. 수험 막바지 즈음 난 드디어 그런 감정을 느끼고 있었다. '할 만큼 했다.' 다시 돌아간다 해도 더 잘하기는 어려울 것 같았다. 그리고 시험을 봤다.

다소 시험 난도가 높다고 느껴졌다. 만점자도 없는 어려운 시험이기에 시험을 보며 몇 문제를 틀릴지 예상하기는 어려웠다. 필자의 당시 본고사 시험을 100점으로 환산해 보자면 응시생 평균 점수가 대략 40점(절반 이상의 수험생은 맞은 개수를 세는 쪽이 빠르다.), 합격자 평균이 60점 정도 되었다. 공부에 어느 정도 자신 있는 사람들이 도전하는 시험인데도 그 정도다. 시험이 끝나고 쉬기 위해 가채점을 다소 미뤘다. 먼저 채점한 한 스터디 원은 헤아려보니 자신은 70점 정도 될 것 같다 알려왔다. 높은 점수였다. 다른 스터디 원들도 제법 괜찮은 점수를 받았다. 모두 잘했다고 축하해 주며 내심 스터디 장이었던 나만 나락으로 떨어지는 것이 아닌지 걱정이 되었다. 하지만 채점해 보니 하나하나 동그라미가 그려지고 제법 많았다. 내 성적은 80점 정도로 예측이 되었다. 예비 채점 후 그때의 기분은 이루 말할 수 없다. 응시자 상위 1%, 학원가에서 제작한 배치표에서는 본고사 점수로 어느 학교든 갈 수 있는 최상위 대학의 안정권 성적이었다. 온라인에서 서로 축하해 주며 이런저런 좋은 예상들로 대화를 나누다가 잠이 들었다.

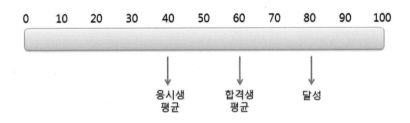

하지만 아직 내가 목표했던 대학의 지원 자격이 되지 않았다. 텝스 때

문이었다. 그 학교는 타 학교에 비해 높은 자격 기준을 제시하고 있었고 대신 그 라인을 넘으면 더이상 영어점수는 전형에 고려되지 않는다는 것이 수험생들 사이의 정설이었다. 내 최고 점수는 그에 다소 못 미쳤다. 텝스 시험 점수를 올릴 기회는 본고사가 끝난 시점부터 1달 반 정도였고 3차례가 있었다. 사실, 텝스는 어렵고 점수가 잘 오르지 않으며, 더욱이 본고사로 인해 영어 공부는 한동안 쉰 상태이기 때문에 다시 페이스를 끌어서 성적을 올리기는 상당히 어려워 보였다. 또한, 다들 공부할 때 나도 같이하는 것은 비교적 어렵지 않다. 오히려 나만 안 하면 불안감을 느끼게 된다. 하지만 본고사가 끝나고 남들이 모두 쉴 때 나만 공부하는 것은 더 큰 의지가 필요하다. 더구나 이미 한 해 수험 생활로 인해 어느 정도 지친 상태이기 때문에 이때 점수를 올리는 수험생은 극소수였다.

하지만 난 아직 가야 할 길이 있다는 생각이 분명했다. 목표가 확실했기 때문이다. 수험 기간 중 항상 그 학교에 입학하는 것을 꿈꿔왔으며 그것을 위해 2년을 공부하는 거라고 생각했다. 사실, 이번 본고사 시작 전부터 각오하고 있던 일이다. 내 수험 기간은 본고사가 끝나는 날까지가 아니라 마지막 텝스 시험이 끝나는 날까지라고. 본고사가 끝나고 이틀 정도 시골집에 내려가 쉰 후 다시 텅 빈 독서실에 돌아와 스톱워치를 꺼냈다.

하지만 역시 영어 시험 공부는 호락호락하지 않았다. 본고사 1주일 뒤 있었던 첫 시험에서 목표 점수를 한참 밑도는 성적을 받았다. 그리고 3주 후 두 번째 시험. 점수가 오르긴 했지만 역시나 내 최고 점수보다도 훨씬 낮은 점수였다. '과연 이것이 되는 것일까…' 마지막 시험은 2번째 시험 성적 발표부터 1주 후였다. 1주 동안 무슨 변화가 가능할까. 영어점수가 나오지 않아 다른 학교에 지원해 수석으로 입학하는 것도 나쁘지 않아 보였다. 하지만 마지막 날까지 최선을 다했고 시험을 치렀다. 홀가분했다.

결과 발표는 1주일 후였다. 당시 예비군 일과가 끝나고 핸드폰을 돌려받은 후 연병장에서 점수 통보 문자를 확인하게 되었다. 결과는 지금까지 텝스 시험 중 가장 높은 점수였고 지원 자격 기준 점수를 훌쩍 넘었다. 그동안 텝스 시험에 대해 노력한 기간들이 떠올랐다. 본고사 결과를 확인하고도 그러지 않았는데 이번엔 괜스레 눈시울이 뜨거워졌다. 적당한 환경에서 얻은 '최고의 결과' 보다도 불리한 상황에서 수차례의 실패와 좌절을 겪은 후 얻은 '적당한 결과' 가 더 감명 깊은 것이다. 그것이 더 값진 것임을 그때 알게 되었다. 물론, 이를 위해선 절대로 포기해서는 안 된다. 지루해도 노력을 멈추어서는 안 된다. 절대로. 감격에 젖어 있는 날 아래 두고 하늘은 붉은 석양을 만들어 내고 있었다. 가슴이 뛰었다. 조각들이 하나하나 맞춰지고 이제 그동안 차근차근 준비한 모든 것이 완료되었다.

드디어 목표했던 대학에 지원했다. 사실, 치전 정시는 원서가 한 장(한 대학만 지원 가능)이기에 당연히 갈등은 조금 됐다. 만약 소신 있게 지원했다가 실패하면 일 년을 다시 공부해야 한다. 하지만 치전 진학을 결심 후 계속 목표로 하고 있던 대학이었고, 바꿀 수 없는 것들은 제외하고 모든 조건을 갖춘 상태에서 포기하는 것은 용기 없는 행동이라 생각했다. 도전하지 않는다면 평생 후회할 것 같았기에 당연한 선택이었다. 더욱이 남은 요소인 자기소개서와 면접은 비교적 자신이 있다고 생각했고 지금까지 노력해온 것들을 잘 이야기하면 되는 것이었다.

1차 전형에서 많은 인원이 탈락했고 최종 면접은 40명이 보게 되었다. 그중 30명이 합격이다. 면접의 중압감은 상당했지만, 함께 면접을 준비했던 구성원들에 비해 비교적 난 평온했다. 면접을 무사히 치르고 며칠이 지났을까. 결과가 나왔다. 그러나 결국, 마지막 순간 그 학교는 나의 입학을 허락하지 않았다.

14 | 절정(Climax)

나는 불합격을 했다. 처음엔 그 사실을 받아들이질 못했다. 진짜가 아니라고 생각했고 뭔가 잘못되었다는 생각이 강하게 들었다. 결과가 드라마틱 하게 바뀔 것이라는 생각도 들었다. 그동안 봐왔던 수많은 에세이나 영화에서는 분명 지금이 극적인 성공을 성취할 시점이었다. 그토록 많은 것을 참고 노력하고 견뎠던 것들의 보상이 주어질, 이야기의 마지막 즈음이었다. 그러나 현실은 달랐다. 그토록 감정이입을 했던 이야기들의 주인공이 나는 아니었다.

심한 충격은 한 번에 실감 되지 않는다. 마치 문턱에 발을 심하게 부딪친 후 바로는 아픈지 모르지만 몇 초 후에 서서히, 그리고 진하게 통증이 밀려오듯이 말이다. 그 통증은 믿을 수 없이 괴롭고, 뭐라 도저히 표현할 수 없을 만큼 고통스럽다. 시간이 갈수록 내게 닥친 것은 단지 실패라는 현실. 그날 밤 독한 술에 가득 취해 잠이 들었고 절대 눈을 떠서 다시 생각을 시작하고 싶지 않았다. 그냥 잊고 무감각해질 때까지 잠만 잤으면 하는 생각이 간절했다. 마음이 쓰리고 아파 정말 죽고 싶은 마음까지 들었다. 겨우 힘을 내 불합격 이유를 묻는 전자메일을 고치고 또 고쳐 공들여 써 그 학교 대학원장에게 보냈지만 끝내 답장조차 받을 수 없었다. 비참했다. 정말 누구보다 치열하게 공부했는데 하늘에 배신당한 것 같은 느낌을 지울 수가 없었다. 신이 있다면 도대체 무슨 뜻인가. 내가 그리 착각을 했던가. 내 마음을 아는지 모르는지, 나를 위로하겠다는 건지, 결과가 발표된 날 밤부터 며칠간 한겨울 서울엔 때아닌 비가 주룩주룩 내렸다. 2012년 MB 정권의 말 즈음… 난 그렇게 세상이 호락호락하지 않다는 것을 다시 한번 처절하게 경험하고 있었다.

서울 생활을 정리했다. 서울의 겨울은 매서웠다. '좀 더 따뜻한 남쪽으로 가자.' 그래서 선택한 것은 전라도 전주였다. 그러나 그해 겨울 전주도 내겐 사무치게 추웠고 칠흑같이 어두웠다. 문득문득 그곳 면접장에서의 다른 수험생들 얼굴이 떠오르며 드는 모멸감, 열등감. 아직도 생생히 그 일 년의 느낌이 어땠는지 기억되는데, 감히 군 생활 이등병 때보다 더 힘들고 어려웠다는 기억이 든다. 떠올릴 때마다 눈물이 날 만큼.

사실 더 힘들게 수험 생활을 하는 사람들도 있고, 시험 점수조차 잘 받지 못하는 사람도 많은데 '왜 그렇게 내가 세상에서 제일 괴로운 사람처럼 그랬을까?' 하고 지금이 돼서야 냉정하게 돌아보면 '기대' 때문이었던 것 같다. 아마도 모든 것을 참고 누구보다 열심히 했다는 생각을 했고, 그에 맞춰 하나씩 성취가 이뤄지자 자연스레 마지막 결과에 대한 기대도 무한히 커져 있었기 때문이었던 것 같다. 더구나 그때까지는 내 인생의 결정적인 순간에 항상 운이 좋았다. 목표에 드라마틱 하게 골인하곤 했다. 그래서 하나하나 조각들이 잘 맞춰지자 내 삶의 역사상 가장 중요해 보이는 그 순간 또한 기대를 많이 했던 것 같다. 원래 사람은 처음부터 하나도 가지지 못한 것도 안 된 일이지만 다 가졌다가 빼앗길 때 더 고통스러운 법이다. '가진 것 같은 착각' 또한 마찬가지다. 때문에 아직 과정인데도 어느 정도 성취를 했다고 자만해서는 안 된다. 할 수 있는 최선을 다하지 않고 소홀하거나, 미래에 대한 과대한 기대와 착각을 하는 것은 좋은 것이 아니라는 생각이 든다. 끝날 때까지 끝난 것이 아니다.

당시 원서를 한 곳밖에 쓸 수 없었던 제도적 배경, 그리고 나중에 알게 된 그 학교의 선발 경향성에 대해선 다소 아쉬움이 남는 것이 사실이다. 하지만 내가 준비했던 것은 점수로만 평가되는 국가시험이 아니라 학교 재량권이 달린 입시였다. 그 판단을 인정할 수밖에 없다. 중요한 것은 그 후 이를 어떻게 받아들이고 또 이것으로 어떤 계기를 만들지이다. 상당한 고통을 느꼈고 오랜 성숙의 시간이 필요했지만, 이 경험은 나를 또 한 번 자극해 직업인 이상의 동기부여를 하게 만들었다. 그로 인해 나는 지금도 더 생생히 살아 적극적으로 뛰고 있다. 이 책 또한 최고의 성공이 아닌 오히려 최고의 실패를 통해 아이러니한 일 년이 다시 내게 주어지며 시작되었다. 그 시간에서 무엇인가 남기고자 하는 더 커진 의지의 발로로서 탄생한 산물이다. 단연코 이런 나의 콘텐츠는 이때 나의 큰 실패가 없었다면 기획조차 되지 않았을 것이다.

한편, 3번째 공부할 때는 목표를 새로 정해야 했다. 당시 치과 전문대학원은 특성상 정시 원서는 한 장이고 전국에 학교가 몇 개 없다. 그마저도 수도권 대학은 그 학교가 그해 마지막으로 정시를 선발하였고, 이듬해는 경상도와 전라권 대학밖에 없었다. 그래서 원서도 두 군데 쓸 수가 있고 수도권 대학도 많은 의학 전문대학원도 잠깐 고려를 해봤다. 하지만 주변에 치과를 선택했을 때 도와줄 수 있는 분들이 더 많았을뿐더러 대부분 수련 과정을 추가로 거치게 되는 의학 진로가 다소 부담스러웠다. 더욱이 치의학이 더 재미있을 것 같은 요소들이 있었다. 그래서 각오하고 치전에 지원을 계속하고자 마음을 굳혔다. 그러자 내가 가야 할 곳은 전라도와 경상도였다. 그중에 선택해야 했다.

그다음으로 "공부를 해서 더 성적을 올려야 하는가?" 하는 물음을 가졌다. 물론 아무리 전년도에 좋은 성적을 받았다고 하더라도 시험이란 것은 모르는 것이었지만 필사적으로 할 일은 아니라는 생각이 들었다. 내 실력이 녹슬고 있는지는 전국 모의고사로 확인하고 '그다음을 준비하자' 라는 생각이 섰다. 그것이 바로 공부 방법 정리의 시작이었다. 사실, 에세이 정도라면 모를까 수험생이 수험 공부를 하면서 그런 생각이나 준비를 하는 것은 가당치 않은 것이다. 성공의 여부를 모르는 수험 생활에선 자신의 공부에 일념 해야 하기 때문이다. 그러나 내 상황은 독특하게도 그럴 수 있었다.

15 | 다시 한번 힘을 내다

남쪽지방인 전주로 이사를 했다. 수험 생활의 최전선인 수험가에 있을 필요도 없었으며 새로운 곳에서 기분전환을 하며 한동안 지방 생활을 할 준비를 하고 싶었다. 그래서 선택한 장소가 전라도 전주였다. 대학 후배한 명 외에는 아는 사람이 전혀 없었고 그전에는 단 한 번 방문조차 해보지 않았던 곳이다. 그곳의 국립대 도서관에서 일 년 동안 공부하기로 했다. 거처를 옮긴 그즈음에도 눈이 많이 내렸다. 하얗고 때론 투명한 얼어붙은 길을 한동안 걸어 다녔던 기억이 있다. 그리고 곧 봄이 왔다.

낯선 도시 전주에서 맞이한 봄

　다시 그곳에서 스터디를 모아, 이번에는 더욱 구성원들을 챙기고, 격려했다. 또한, 작년에 쌓은 지식으로 최대한 타인들에게 도움을 주려 했다. 하지만 목표 상실로 오는 공허함과 전년도 결과로 겪는 모멸감은 쉽게 잊을 수가 없었다. 두 해에 걸쳐 참여했던 두 번의 면접 스터디 중 나를 제외하고 전원 합격해 재학생이 되어 있었다. 또한, 재시 때 이끌었던 이론 스터디들에서도 다른 구성원들은 대부분 합격을 했다. 내가 가장 좋은 본고사 성적을 받았음에도, 가장 치열하게 공부해온 사람 중 하나라고 생각하는데도 말이다. 내게 도움을 많이 받았다고 하는 동생들 앞에서 내색은 하지 않았지만 그런 열등감과 억울함은 한동안 내 마음 속에서 고개를 들고 있었다.

　다행히 당시 나를 치유해준 두 가지 수단이 있었다. 첫째가 다시 시작한 달리기였다. 나는 대부분의 수험 생활 동안 주기적으로 운동을 했다.

체력을 지킬 뿐만 아니라, 여러 번의 스스로에 행한 인체 테스트로 운동을 해야 수면 효율도 좋고, 머리도 맑아진다는 것을 알았기 때문이다. 수험 첫해에는 집 근처 체육관에 다니며 운동했지만, 재시 때는 마땅히 운동할 체육관이나 헬스장을 찾지 못했다. 그래서 근처를 그냥 달리기로 결심했다. 음악을 들으며 고시원 근처인 말죽거리 공원 주변이나 양재 시민의 숲을 뛰었다. 그것은 매일 갇혀 공부하는 수험생에게 큰 활력소와 분위기 전환이 되었다. 그런데 큰 좌절을 경험한 후인 3번째 공부 시작 당시엔 운동을 잊고 있었다. 그래서 달리기를 다시 시작해 보기로 하였다. 그곳에서는 대학교 운동장 트랙을 돌았다. 심장이 뛰고 숨 가쁜 것을 참다 보면 머리가 비워지고 공부 스트레스가 풀린다. 또 달리기는 자신감을 만들어준다. 심적으로 피폐했던 당시 내게 정말 필요했던 것이 바로 나에 대한 확신과 활력이었고 운동은 그에 상당히 효과적이었다.

두 번째는 글쓰기였다. 하루하루 나에 대한 치유의 글을 쓰면서 확실히 생각도 이전보다 깊어졌고, 실패를 발판 삼는다면 그 경험만으로도 더 성숙한 모습을 가질 수 있다는 것을 깨달았다. 글쓰기는 감정을 발산할 수 있는 대단히 좋은 도구이다. 또한, 자신이 겪은 경험과 교훈 그리고 기억을 효과적으로 남길 수 있는 거의 유일한 수단이다. 아무리 큰 실패라도 그를 통해 무엇인가 얻는다면 비교적 덜 어렵게 지난 시간을 극복해 나갈 수 있다. 그리고 한 가지 더, 난 글을 쓰는 그 과정 속에서 인생의 방향성도 재설정하게 되었다. 의료인이 된다면 그다음 목표와 삶 말이다.

시간이 다소 걸리긴 했지만 난 어느 정도 안정을 되찾았다. 다시 수험 생활 페이스를 궤도에 올리기 시작했고 공부 시간도 점차 늘어 갔다. 또한, 그해 실력 확인용 모의고사는 오히려 전해보다 더 좋은 결과를 계속해서 받았다. 전국 모의고사에서 전체 성적 차석까지 했고, 5위권 안에 종종 들었다. 그리고 모든 세부 과목 각각에서 전국 10위권 안에도 들어보았다. 내 공부 전략들로 부족한 과목들을 끌어올려 모든 과목에서 실력이 꽉 찬 것이다. 느끼기에 실력의 정상은 한산했고 예상보단 높지 않았다. 반면, 주위의 나만큼, 혹은 나보다 더 오래 공부하며 합격권 실력을 갖추지 못한 사람들을 보면 공부법의 효율이 낮거나 기본적인 지식의 빈틈들이 있다는 것을 알 수 있었다. 그런 부분들을 정리해 기록하는 한편, 함께 공부하는 스터디 원들에게 실질적인 도움이 될 수 있도록 최선을 다했다. 그렇게 시간이 가고 본고사를 치렀다. 그해 본고사 성적은 기대에는 미치지 못했다. 재시 때에 비해도 좀 더 낮기는 했지만, 후회나 미련은 없었다. 목표가 달랐으니까. 그때 함께 공부하며 이끌고 격려해주었던 스터디 구성원들은 3년 뒤 나의 결혼식에 참석했다. 바쁜 약대, 의·치대 생활 속에서도 나의 먼 시골집까지 와 주었다. 여분의 점수보다는 그런 것이 진짜 재산이 아닐까 싶다. 그리고 그 정도만으로도 당시 정시로 가는 학교들에서는 충분히 최상위권 성적이었다.

또한, 이렇듯 시험 성적이라는 것은 다소 변동 폭이 있을 수 있다. 마치 올림픽 운동경기처럼 최상위에서 경쟁할 때는 한 가지의 사소한 변수로도 그 차이가 크게 벌어지기도 한다. 그해 시험 문제들의 유형에 따라서 혹은 그날 자신의 컨디션에 따라서도 실제 성적은 달라질 수 있다. 중요한 것은 그런 변동 폭 내의 어떤 구간이든 합격 안정권의 성적을 받을 수 있는 실력이다.

본고사 성적이 발표된 후 원서를 쓸 때까지 또, 원서를 쓰고 입학하기까지 여유시간이 있었다. 그 시간을 허투루 쓰지 않았다. 이미 두 번의 본고사 이후 시간으로 충분히 자유로운 시간을 보냈고 이쯤 되자 나는 군 생활에서처럼 다시 '다른 사람들에 비해 늦었다' 라는 어떤 긴장감이 있었다. 또 이번 1년을 버린 시간으로 남기기 싫었기에 무엇인가 반드시 하고 싶었다. 그래서 고안하고 실행한 것이 수험생 컨설팅이었으며 그 것에 대한 자료 제작과 실행에 시간을 썼다.

그리고 4년간 다닐 학교를 선택해야 했다. 점수 여유가 있었으므로 학교는 직접 고를 수 있었다. 전국의 11개의 치과대학 중 당시 치의학 전문 대학원 정시 선발인원이 있는 5개교를 모두 직접 답사하며 알아봤다. 입지나 학교생활 여건이 입학 후 컨설팅을 이어나갈 수 있고, 졸업 후 내가 가고자 하는 방향에 유리한지를 두고 판단했다. 다행히 고심할 필요 없이 한 학교로 정해졌다. 지금에서 다시 되돌아보면 탁월한 판단이었다. 정말 많은 사람이 점수에 맞춰, 해당 학교에 대해 잘 알아보지 않고 지원하기 때문이다. 그때 그런 생각을 할 수 있었고 그런 위치에 있었다는 것이 어쩌면 행운이다.

한편, 당시 내 본고사 성적이나 다른 전형요소 자체는 충분히 안정권 이상이었지만 입시였기에 안심할 수는 없었다. 공식적으로 표방하지 않은 것들이나 면접도 영향을 많이 미칠 수 있다는 것을 잘 알았으며 당시에도 원서는 한 장이었기에 끝날 때까지 마음을 놓지 못했다. 이번에 안 되면 내 길이 아니란 생각에 기업 취직 원서까지 넣어보기도 했다. 하지만 다행히 별다른 변수는 없었다. 면접도 생각보다 너무 간소하게 했다. 면접관들은 몇 가지만 묻더니 시간도 다 되지 않아 나를 내보냈다. 아슬아슬한 합격선에서 가슴 졸이며 평가받던 이전 해들과는 나의 마음가짐도, 면접관의 나를 평가하려는 의지도 전혀 달랐던 것 같다. 그렇게 합격을 했다.

16 | 합격

합격. 수험생에게는 그 단어 하나만으로 얼마나 가슴이 떨리고 벅찬 감정을 가지게 되는가. 그 단어는 모든 불안감의 종식처이고 대부분은 내 직업이 정해지며 사회에서의 내 위치가 확고해진다는 보증수표가 된다. 하지만 주위를 봐도, 내 경험에도 막상 다가온 합격이 예상만큼 무척 큰 감격이나 짜릿함이 있지는 않았다. 보통은 합격 여부를 확인한 후 기분이 좋아 우선 여기저기 알리고 그날은 맛있는 음식을 먹거나 멋들어지게 한잔하고 집에 들어갈 수는 있겠지만 당장은 그뿐이다. 영상매체에서의 소리 지름이나 방방 뛰는 모습 등은 다소 과장되었다고 본다. 생각보다는 덤덤한 경우가 많다. 대신 불안감이 사라지고 편안해진다.

다소 실망스럽게 느껴질 수 있다. 그러나 자신이 정말 오랜 시간 노력해서 얻은 결과라면 그 합격의 기쁨은 한 번에 '펑' 하고 터져서 흠뻑 나를 적시어 주는 것이 아니라 조금씩, 그리고 서서히 나를 실감 나게 축여 준다. 또 언젠가 갑자기 그 실감이 커진 날이라 치면 갑자기 마음이 울컥하기도 한다. 내 경우는 전주 생활을 정리하고 앞으로 다닐 학교 앞에 원룸 집을 구한 후 치과병원을 한번 바라봤는데 크고 웅장한 건물 앞에서 갑자기 내가 합격했다는 실감이나 눈시울이 붉어졌던 기억이 있다. '내게 그 많았던 일들과 노력이 저곳에 들어가기 위해서였구나.' 하는 그런 그렁그렁한 감정.

살면서 성취감을 느낄 수 있는 일들은 많다. 연습하던 곡을 처음으로 틀리지 않고 연주했을 때, 열심히 용돈을 모아 자전거를 샀을 때, 노력해서 처음으로 이성과 교제하기 시작할 때 등등. 하지만 장기 시험 후 합격은 그것들보다 훨씬 더 크고 오래가는 기쁨을 준다. 주변 사람 모두가 축하해 주고 자랑해주는 그런 멋진 결과이다. 사람은 자신이 노력하고 시간을 쓴 것과 어느 정도 비례해 그것을 얻었을 때 성취감도 크고 즐겁다. 내가 합격생들을 보니 쉽게 합격한 사람보다도 더 오랜 기간 힘겹게 노력해 입학한 사람이, 혹은 짧은 시간이라도 가슴 졸이며 정말 드라마틱 하게 합격한 사람이 만족도가 컸다. 합격 후의 길에서도 더 능동적이고 행복해 보였다. 그러니 수험 생활을 하며 지금 힘들더라도 그것이 미래의 더 큰 기쁨을 위한 과정임을 알고 충분히 참고 견디어 내는 것이 좋겠다.

17 | 조력자가 되어

입시가 끝나고 나는 인생의 하나를 성취한 사람이 되었다. 하지만 결정된 것 하나가 생겼을 뿐, 나라는 사람 자체는 크게 바뀐 것 같지 않았다. 그런데 한 가지, 눈물이 좀 많아졌다. 누군가 노력해 성취하는 모습, 혹은 좌절과 어려움을 겪어내는 모습을 볼 때 전보다 감정이 더 동했고 쓸데없이 코끝이 찡했다. 그건 아마 내 경험으로 인해 그들과 더 공감하기 때문이 아닐까 싶다. 특히, 내가 수험생으로서 직접 큰 성취도 해보고, 실패의 나락도 경험해보며 감정의 높낮이 정도가 더 커진 것 같았다.

컨설팅은 언급했듯 처음엔 내 경험을 활용하고자 시작을 하였다. 또, 막연하게 수험 생활을 처음 시작하는 사람뿐만 아니라 자신의 모든 것을 걸고 다시 도전하는 사람, 특히 몇 번의 고배를 마시면서도 꿈을 잃지 않은 사람들에게 공부 방법과 수험 전략을 전해주고 싶었다. 그래서 내가 준비한 시험과 입시에 대한 정보, 그리고 공부 방법에 대해 상세히 정리 자료를 만들었다. 그리고 수험을 시작하는 수험생, 혹은 다시 수험을 준비하며 방법을 고민하는 수험생들을 만나 긴 시간 동안 이야기해주고 상담했다. 그것이 수험생 컨설팅이었다. 그런데 이를 진행해보니 수험생에게 실질적인 도움이 된다는 생각이 강하게 들었고 컨설팅이 끝나고 항상 꽉 찬 만족감이 느껴졌다. 그러자 그 일이 더 의미 있게 느껴져 적극적으로 전국을 돌아다니게 되었다.

사실, 컨설팅은 합격하기 전부터 진행했다. 아직 합격생도 아닌데 그런 일을 하는 것이 가당치 않아 보이기도 했다. 하지만 월등한 성적에 대해 증빙하고 충분히, 자세히 설명하며 정보와 자료를 제공해 수요자들에게 만족감을 줬기에 계속 이어갈 수 있었다. 온라인에서만 광고했기에 불만족한 댓글 하나로도 그 일을 그만둬야 할 수 있었다. 실제로 내가 컨설팅을 진행한 이듬해부터는 나를 모방하여 수험생 상담을 제공해 준다는 사람들이 간간이 생겨났지만 금세 경험자들의 불평 댓글로 퇴출되고는 했다. 나는 다소 비용이 드는 유료 컨설팅을 4년간 100회 이상 진행하며 단 한 번도 그런 댓글이나 내용에 대한 불만족 의견을 받지 않았다. 이 책 뒷부분에 나오는 공부 방법, 수험 생활 노하우에 대한 모태가 바로 이때의 컨설팅 콘텐츠이다. 또한, 컨설팅에서 만나는 사람들의 질문이나 그들의 노하우, 그들의 경험 또한 고스란히 본서에 녹아있다.

한편, 컨설팅은 주로 수험생들이 본고사 준비를 시작하는 시기와 내 학교 방학 때에 맞추어서만 진행할 수밖에 없었고 1회성이라는 한계가 있었다. 그래서 수험 기간 내내 좀 더 지속적인 도움을 주고 싶어 계발한 콘텐츠가 '수험생 멘토링'이었다. 당시 내가 재학 중이던 학교 근처에서 공부하는 수험생들 소수를 선발해 주기적으로 만나며 수험 생활과 공부 방법을 코치해주고 필요한 암기를 확인해 주는 형식이었다. 이를 통해 역시 수험생들을 위한 콘텐츠를 많이 개발할 수 있었고 성과도 괜찮아 의전원, 치전원, 약대에 합격한 많은 성공사례가 생겨났다. 치과의사가 되고 나서 보니 모교엔 각 학년별로 모두 멘토링 했던 학생들이 있었다.

이때, 조금 더 손쉬운 일반 과외보다 멘토링으로 방향성을 잡은 이유가 있었다. 사실 수험생들의 공부 일과를 확인하여 동기부여하고 공부법을 코칭 한다는 것은 통상적이지 않기 때문에 이에 대해 설득해야 하고 또 나는 나대로 당장 준비할 것이 더 많았다. 그러나 멘토링은 시스템화하게 되면 더 바쁜 치전원 고학년이 되어서도 쉽게 멘토링을 진행해 나갈 수 있으며, 단순 지식보다 공부 방법적인 면에 대한 고찰과 정리는 차후에 더 큰 가치를 지닐 수 있다고 보았다. 반면, 과외는 시스템화하기 어려워 그때마다 이론 내용에 대해 다시 공부해야 하고 무엇보다 금전적인 이득 외에 장기적으로는 얻는 가치가 상대적으로 적어 보였다. 그 예상은 정확했다. 그래서 주위에 과외를 했던 동기들은 점차 학년이 올라가며 하던 것을 그만둬야 했지만, 나는 재학 4년 내내 학기 중에는 멘토링을, 방학 중에는 컨설팅을 이어서 할 수 있었다. 또, 지금 이렇게 내용을 집대성해 집필할 수 있게까지 되었다. "어떤 선택이 지금 당장을 넘어 시간이 조금 더 지나도 유효할 수 있는가.", "어떤 결정이 장기적으로 가치가 있는가." 이것에 대해 남들보다 더 오래, 깊이 생각하는 습관은 내 강점이라 본다.

18 | 다음을 준비하는 자세와 의지

입학 후 초반 학교생활은 상당히 즐거웠다. 첫 학기를 맞아 새로 만난 동기들 대부분은 합격한 기쁨에 들떠 있었고, 치대 고유의 짜임새 있는 커리큘럼과 교풍은 수험 생활 때의 외로움을 씻고 완전한 소속감을 느끼게 해 주었다. 의치전(의치대) 생활은 교과목이 정해져 있고 한 반에서 생활하며 중도 이탈자가 거의 없다는 점에서 일반 대학교보다는 고등학교에 가깝다. 단지 그 구성원들은 전국에서 모여든 공부 실력가들이란 점이다. 재밌는 것은 이전 대학 간판이나 입학시험 성적과는 별개로 각기 편차가 큰 단기 암기능력에 따라, 또 다행히 누가 아직 공부 의지가 남았는지에 따라 학업성적은 새롭게 갈린다는 점이다.

한편 나에게도 그곳의 공부는 완전히 새로운 형태였기 때문에 다시 분별과 판단이 필요했다. 의치대의 공부량은 정말 많다. 그런데 그 내용을 떠나 그곳에서 요구되는 공부 방식은 내겐 다소 안타까운 점이 많았다. 다행인 것은 입시나 학부 시절과 달리 다음 목표를 위해 가능한 좋은 석차를 유지할 필요는 없다는 점이었다. 그래서 내가 원하는 방식의 공부를 적당량만 하기로 했다. '시험 내용'이라는 것은 중요한 것, 꼭 알아야 하는 것과 피험자들을 줄 세우기 위해 필요한 세부내용들로 구분된다. 물론 어린 나이에는 그런 것들을 구분하기가 쉽지가 않다. 그러나 사고하며 성장하는 사람에겐 점차 안목이 생기게 되는데, 좋은 등수에 집착하지 않는다면 공부는 좀 더 재밌어지고, 꼭 필요한 내용이 중심을 잡으며 탄탄한 지식을 만들 수 있다. 특히 공부량이 방대하고, 암기력이 많이 요구되며 뛰어난 사람들이 많이 모인 치대 공부에는 그것이 적당하다 여겨졌다. 그래서 난 공부에 대한 기본적인 의욕은 아직 충분했지만 경쟁을 위한 공부는 불필요하다 여기고 그에 맞춘 전략을 짰다.

나는 결국, 학교의 경쟁적인 공부에 너무 매진하지 않는 대신 안목을 넓히고 그다음 나의 목표들을 성취하기 위해 준비하는데 시간을 더 썼다. 4년간 그치지 않고 일주일에 한 번 혹은, 한 달에 한 번은 꼭 독서 모임에 참여했고 수험생 컨설팅, 멘토링을 내내 이어갔다. 모두 여느 의치대생에게는 쉽게 상상하기 어려운 일이다. 또한, 봉사 동아리 회장으로 좀 더 대외적이고 보람이 되는 일도 하려 하는 한편 단축 마라톤에 참여하고 하던 운동을 꾸준히 이어가 정신을 맑게 했다.

처음 학교 성적은 좋지 않았다. 암기력이 열세이고 여러 일로 남들보다 학교 공부에 더 시간을 투자하지도 않았기 때문에 재시험(성적이 낮아 다시 기회를 주는 시험)도 무척 많이 봤다. 그래도 치전 공부는 방법과 공부에 대한 의지의 영향이 컸기 때문인지 학년이 올라갈수록 내 성적은 점점 올랐다. 더욱이 치과 공부는 학년이 올라갈수록 다양한 실습이 많아 지루하지도 않게 느껴졌다. 그러자 저학년에 좋지 않았던 성적은 계속 오르기 시작했는데 마지막에 가서는 장학금을 타기에 이르렀고 제법 남들에게 이론을 설명해 주는 경우가 많게 되었다.

치과 교육의 마지막은 치과의사면허를 위한 국가시험 준비이다. 학교 시험과 달리 중장기 시험이기에 내게는 훨씬 더 공부가 수월했다. 하지만 필사적으로 해야 합격하는 유형의 시험이 아니었고 그것에서 고득점을 받는 것 역시 내게 의미 있다고 느껴지지 않았다. 그래서 나는 시험 공부는 효율적인 방법으로 적당량만 하고 그다음 일들을 준비했다. 실제 임상에서 쓸 치과 기본 지식에 대한 나만의 정리 자료를 만드는 한편, 다시 한번 장기 시험을 경험하며 각 시간흐름에 따른 감정변화와 공부방법을 정리했다. 바로 본서의 집필 준비였다.

'이 정도면 이것에서 내 역할은 충분하다.' 라는 생각이 든다면 미래를 보고 그다음 과정에서 내게 필요할 수 있는 것들에 눈을 돌려야 한다. 그리고는 나를 좀 더 업그레이드하기 위해 조용히 시간을 따로 마련해야 한다. 내 인생 과거의 군 생활 후반기에 그랬듯, 치전원 입시 마지막 해에 그랬듯이 말이다.

비교적 사회 구성원들이
납득할 수 있는
기준이 바로 그 직업과 연관되어
보이는 과목들을
가져다 놓은 '시험' 이다.

Strategy of Long-Term Test

PART _ 02

제2장
우리가 공부할 수 있는 이유 시험과 직업

01 시험과 직업

02 영어는 왜 중요할까

03 공부 의지

04 재능과 노력

05 힐링

06 우리가 다시 도전할 수 있을 때

01
시험과 직업

인생에서 현실적으로 가장 중요한 것 두 가지

인생에서 가장 중요한 것은 무엇일까?

행복, 꿈, 자아실현, 가족, 관계, 의미, 건강, 생명, 종교, 시간 등 많은 답이 나온다. 물론 이것들도 무척 중요한 것들이다. 그러나 대부분 상대적이고 주관적이다. 누군가에게 매우 중요한 것이 누군가에게는 아닐 가능성이 크며 추상적이며 측정이 어렵다. 그래서 이것들은 살면서 꾸준히 노력해야 할 관념적이고, 소중히 생각하고 지켜야 할 기본 요소(생명, 건강 등)이지 가늠할 수 있는 현실적인 것들은 아니다.

그런 것들 외에 누구에게나 공통되며 삶에서 실체가 분명한 것, 공평하게 누구나 노력해서 얻어야 하는 것 중에 가장 중요한 것들은 무엇일까. 필자는 모두의 인생에서 가장 중요한 현실적인 2가지를 말하라고 한다면 '직업'과 '배우자'라 생각한다. 이것들은 대부분의 삶에서 상당히 중요한 주제이기 때문에 누구나 관심이 많고, 얻기 위해 기꺼이 시간을 들이는 분야이다. 또한, 이 둘은 비교적 인생 초반기인 20, 30대에 결정되는데, 전혀 바꿀 수 없는 것은 아니지만 한번 결정되면 바꾸기가 대단히 어렵다. 바꾸려면 상당히 많은 시간과 비용, 정신적 어려움을 동반하기 때문이다. 이들은 매일 많은 시간을 들이고 계속 접해야 해서 명확한 '현실'이며 내가 어떻게 따로 변화시키기 어려운 기본적인 '삶의 질'을 좌우한다.

그래서 인생에서 이것 두 가지만 잘 결정되면 비교적 괜찮은 삶을 유지하며 주변 사람들도 나를 안정감 있게 바라볼 가능성이 높다. 이뿐만 아니라 또 다른 자신이 원하는 것들을 추구할 시간적, 경제적, 정신적 여유를 누릴 수 있을 확률이 높아진다. 반면 다른 것들이 다 괜찮아도 이 두 가지가 시원치 않은 사람은 불안정해 보이는 경향이 있으며 외로움과 경제적 불리함, 또는 스트레스로 삶의 질이 크게 저하될 수 있다. 즉 인생의 초년기에 꼭 잘 잡아둬야 할 것이 이 두 가지 '직업'과 '배우자'이다.

이 두 가지 중에 여기서 집중하고자 하는 것은 '직업'이다. 배우자야 근래에는 비혼주의자들도 많고, 또 지금 여기서 감히 내가 언급할 내용도 아니라 여겨진다. 그러나 직업은 대부분 모두가 가지고 살아야 할 인간의 실체이며 본서의 목적과 밀접한 관련을 가지고 있다.

> 인생에서 가장 중요한 실질적인 2가지 :   1. 직업   2. 배우자

직업은 인생을 완전히 바꾼다

살면서 한 사람의 인생을 송두리째 바꿔 버릴 수 있는 것들이 얼마나 될까? 많지가 않다. 그런데 직업은 그렇다. 누구의 인생이든 그 사람의 삶을 완전히 뒤바꿔 버릴 수 있는 수단이 직업이다. 어떤 직업을 선택하

느냐 혹은 가지게 되느냐에 따라서 너무나 많은 것들이 바뀐다. 직업을 통해 어느 정도 그 직업에 한정된 소득이 결정되고, 직업에 맞춰 주로 만나는 사람들도 결정이 되고, 거주지 또한 직업에 따라 결정되는 경우가 비일비재하다. 사고방식마저도 직업에 맞춰지는 경우가 많으며, 다른 사람들이 그 사람을 인식하는 것조차 그 사람의 직업은 큰 비중을 차지한다. 그뿐만 아니라 직업은 능력의 발휘 면에서도 중요하다. 물론, 같은 직업군 내에서도 어떤 사람은 자신의 능력을 십분 발휘해 훌륭한 성취를 하는 경우도 있지만, 그보다는 결정된 직업이 그 사람의 재능과 능력을 제한하는 경우도 쉽사리 볼 수 있다. 아무리 의학적 지식이 넘치고 판단력과 손재주가 좋은 간호사라고 하더라도 의사가 하는 진단을 내릴 수 없고 수술을 집도할 수 없는 것처럼 말이다. 변호사가 되었으면 제법 성공하였을 것 같은 법학 다식한 말 재주꾼, 가르치는 것을 너무 잘하고 좋아하지만 선생님이 되지 못한 택시 기사 등 원하던 직업을 가지지 못해서, 혹은 현재 직업이 삶을 제한하는 부분이 커 자신의 능력을 펼치지 못하는 경우들이 많다.

결국, 인생에서 가장 중요하다고는 할 수 없지만 분명 현실적인 중요성에서는 최상위권에 존재하는 것이 바로 '직업'이다. 그것을 위해 사실 우리는 태어나 수십 년 동안 교육을 받는다고 해도 과언이 아니다.

괜찮은 일자리들과 그를 위한 경쟁

직업의 귀천은 없다. 어떤 직업이든 가치가 있는 것이며 존중받아야 마땅하다. 또, 자신의 직업이 정말 즐겁다고 한다면 그만큼 행복한 인생도 찾기가 어려울 것이다. 그러나 그런 개인적인 적성을 떠나 현실에서는 대다수가 선호하는 직업군들이 있다. 상대적으로 힘든 직업, 사회적으로 인식이 좋지 않고 불안정한 직업이 있는가 하면 반대로 인정도 받고 안정적이며 경제성도 좋은 직업들도 있기 때문이다. 그렇게 유리한 직업들은 차지하려는 사람들이 많고 그 자리는 한정되어 있으니 경쟁이 일어나며 그들 중 일부만 원하는 직업을 가질 수 있게 된다. 그리고 현재 사회에서 그 경쟁의 수단으로 제시하는 대부분이 바로 장기 시험이다. 치열한 경쟁을 뚫고 장기 시험에 합격해야만 자리를 차지할 수 있는 직업군들이 제법 있다는 이야기다. 수능과 같은 입시시험 또한 마찬가지이다. 직접적이든 간접적이든 괜찮은 직업군을 가질 수 있는 학과, 혹은 더 나은 직업을 가질 확률이 높은 상위권 학교에 입학하려는 것이 입시인 경우가 대부분이다. 결국, 장기 시험은 직업 경쟁과 밀접한 관련이 있다.

장기 시험 존재의 이유

장기 시험은 보통 직업을 결정한다고 언급했다. 그렇다면 왜 그 괜찮은 직업을 얻기 위한 관문이 '시험'인가. 사실, 가장 이상적인 것은 운과 수험 환경의 유불리가 작용할 여지가 큰 시험보다는 정말 그 직업에 적성이 잘 맞는 사람, 그 직업을 가장 잘할 수 있는 사람, 혹은 가장 열심히 노력해 간절한 사람이 그 관문에 통과할 수 있게 된다면 가장 공평할 수도 있겠다. 하지만 문제는 그런 것을 평가하는 공정한 장치를 만들기는 매우 어렵다. 아니, 불가능하다.

차라리 절대적 존재가 있어 사람마다 직업을 정해주면 기회비용들도 줄어들고 적재적소에 인재가 배치되니 좋겠지만 현실에 그런 신 같은 존재는 없다. 또한 아무리 판단력이 좋은 사람이 그 임무를 맡아 한다고 하더라도 공평하기가 대단히 어렵다. 정말 존경받는 사람들이라도 자신의 직계가족에게, 지인에게 냉정하지 못해 문제가 되는 사람들을 우리는 뉴스에서 많이 접한다. 그것이 사람이다. 때문에 평가 기준도 모호하고 심지어는 공개하지도 않는 결과로 사람들을 선발하기보다는 '시험'은 차선책으로 차라리 더 공평해 보일 수 있다. 그래서 사회 여러 관문은 '시험'이 많다. 누구나 노력해서 점수를 높이면 목표를 성취할 수 있다는 가능성이 열린, 비교적 공평한 제도가 시험일 수 있다. 그런 암묵적인 사회적 합의가 있는 것이다. 다시 강조하지만 비교적 사회 구성원들이 납득할 수 있는 기준이 바로 그 직업과 연관되어 보이는 과목들을 가져다 놓은 '시험'이다.

물론, 수험 시장이 과열됨에 따라 처음 진입한 사람들의 공부해야 할 기간은 늘어나고, 또 그로 인하여 과도한 사교육비나 고시 낭인 등 여러 가지 폐단이 발생하는 것도 사실이다. 하지만 시험이라는 제도 자체가 무조건 잘못되었다고 말하기는 어렵다. 이야기했듯이 다른 공평한 구별 수단을 갖추기 어렵기 때문이다. 그리고 잘못된 것의 본질은 시험이라는 '수단'이 아니라 경쟁이 심할 수밖에 없는 '환경'이다. 향후 사회보장 제도가 확연하게 확대된다면 이러한 경쟁은 조금 나아질지도 모른다. 하지만 지금 당장 바꿀 수 있는 것들이 아니기에 시험이라는 관문은 우리가 받아들여야 할 수밖에 없는 현실이다.

특히 우리나라는 높은 교육열로 인해 국민 대부분의 눈높이가 높으며, 국내에 안정적인 직장의 수가 적다 보니 비교적 확실한 직업들을 얻기 위해 시험을 결심하는 사람들이 많아 보인다. 그에 더해 미래에는 4차

산업혁명과 함께 많은 직업군이 사라진다는 소문까지 무성하니 장기 시험의 합격으로 인한 보장된 직업은 더욱 매력적으로 다가온다.

직업을 위해 받아들여야 하는 관문

굳이 이런 이야기까지 자세하게 하는 이유는 시험 공부를 해야 하는 이유를 조금 더 명확히 마음속으로 인정할 수 있게 하려 함이다. 장기적 안목에서의 조언이다. 처음 공부를 시작할 때는 잘 몰라도 나중에 공부가 안되고 지루해지면 하고 있는 공부에 거부감이 들 수도 있다. 괜한 반감이 들 수도 있는데 자신이 마음속으로 납득한 일리 있는 공부라면 그런 부작용을 줄일 수 있다. 예를 들어, 나는 사람의 생명을 살리는 의사가 되기를 꿈꾸는데 당장 해야 하는 공부는 차후에 전혀 쓸 일이 없어 보이는 유기 화합물들의 반응을 외우는 것이다. 공무원 업무를 수행하는 데 있어 무구 정광 대다라니경이 불국사 삼층석탑에서 발견되었다는 지식이 왜 필요할까. 그런 것이 잘 받아들여지지 않는다면 공부 집중도가 떨어지고 머리에 각인되는 확률이 줄어든다. 사실, 수능이나 의치약학 적성검사 시험을 잘 본다고 해서 좋은 의사나 약사가 되는 것도 아니고, 임용시험을 잘 본다고 해서 좋은 교사가 되는 것은 아니다. 공무원이나 경찰시험, 행정고시도 마찬가지다. 과목들이 그 직업과 약간의 연관성은 있겠지만 대체로 그 시험을 잘 보는 것과 그 직업의 적성은 거의 별개다. 심지어 정반대인 경우도 많다. 최고의 성적으로 입학했지만, 학과 공부는 맞지 않아 연이어 유급(낙제하여 1개 학년을 다시 공부해야 함)하는 경우도 있다. 또, 가까스로 입학하고 힘들게 학교를 겨우 졸업한 사람도 졸업 후 존경받고 성공한 치과의사를 하는 경우도 흔하다. 역으로 몇 번을 도전했지만 불합격해 꿈을 포기한 사람이라도 만약 운이 좋아 그 직업을 가졌다면 집단 평균보다 훨씬 더 잘할 수 있는 사람들도 많을 것이라 필자는 확신한다.

그래서 사실, 그 직업을 갖출 소양을 평가한다고 되어 있지만, 입시든 국가시험이든 대부분은 경쟁과 선발을 위한 것이 주목적이지 실제 실무에 정말로 필요한 적성이나 필수 지식을 테스트한다고 보기가 어렵다. 아주 약간의 기초적 관련성이 있는 과목들일 뿐이다. 그럼 더 정확히 관련 있는 시험을 만들면 되지 않느냐고 반문할지 모른다. 그러나 현실적으로 불가능해 보인다. 설령 그럴싸한 잣대가 있는 적성검사를 만들었다고 해도 어차피 수험생과 학원은 그에 맞는 맞춤 공부를 해 본질이 흐려질 것이 뻔하다. 결정권을 가진 사람들에게 필요한 것은 적당한 명분을 가지고 수요층들을 서열화하고 일부를 선발하는 시스템이 필요할 뿐이다. 그래서 여러 사람이 선호하는 직업을 배정하기 위한 '사회적 합의'가 그 장기 시험의 과목이라는 점이다. 더 나은 방법을 찾지 못한 차선책인 선별 수단. 그 점을 이해해야 한다.

어찌 보면 육식동물 세계에서 달리기가 빠른 개체가 먹잇감을 얻을 수 있는 것과 비슷할 수 있다. 알고 보면 먹이가 가장 필요한 것은 더 배고픈 동물, 혹은 그것으로 새끼들을 키워야 할 동물일지도 모른다. 하지만 사정이 어쨌든 가장 잘 달린 동물이 먹이를 잡게 된다. 장기 시험도 마찬가지다. 수험 생활이라는 달리기를 잘 해낸 사람에게 그다음 길이 열린다. 수험 생활과 시험은 그 관문에 들어가기 위한 하나의 수단일 뿐이다.

　'왜 이런 과목을 공부해야 하지?', '왜 내가 이런 시간을 보내야 하지?' 라고 현실을 탓해봤자 아무것도 나아지지 않는다. 자신이 선천적으로 달리기를 잘하는 사람이라면 좋겠지만 그렇지 않다면 잘 달리기 위해 더 연습해야 하고 잘 달릴 수 있는 전략들을 짜야 한다. 다행인 것은 자신이 더 절실할수록 전략 구상과 노력에 대한 의지를 더 높일 수 있다는 점이다. 가끔은 그런 노력과 전략들이 재능과 출발점의 우위를 이긴다. 필자처럼.

　그러니 제도를 인정하자. 그리고 장기 시험을 준비하면서 다른 생각에 빠지지 않고 좋은 점수를 내기 위해 전념하기를 바란다. 어떤 행동을 마음속으로 받아들이고 하는 것과 그렇지 않은 것에는 큰 차이가 있다.

> **장기시험은 직업적성보다는 선발을 위해 존재**

또 다른 공부의 이유 – 사다리

필자가 본격적으로 시험을 준비하기 전 20대 후반에 이르기까지 경험해보니 한국 사회, 아니 인간 사회는 어디나 평등하지 않았다. 사회는 보이지 않는 유리 장벽이 있고 그것은 태어나면서부터 결정되는 것도 많았다. 그것을 우리나라에서는 수저론으로 빗대어 말하기도 한다. 다행히 태어난 후에 노력으로 넘어설 수 있는 장벽들도 어느 정도 있지만 쉽지가 않다.

어떻게 보면 예전 시대에 '계급'이란 것이 명확할 때가 오히려 지금보다 덜 불행했는지도 모른다. 그때 아래 계급이라고 정해진 사람들은 굳이 올라가기 위해 노력할 필요가 없었다. 어차피 바꿀 수 없는 것들이니까. 반면 위의 계급으로 정해진 사람들은 비교적 적은 경쟁 속에서 수월하게 목표를 성취하거나 대우받을 수 있었다. 그러나 지금은 어떠한가. 겉으로는 올라갈 수 있는 계단을 표방하고 있기에 노력이 종용 된다. 하지만 이미 결정된 자리(머리가 좋거나 매우 유리한 상황의 경우)를 빼고 남아있는 적은 수의 자리를 차지하기 위해 수많은 사람이 무한 경쟁을 해야 하는 상황이다.

많은 사람의 경쟁. 바로 그래서 시험이 있는 것이다. 지금 아무것도 가지고 있지 않은 평범한 사람들이 너무나 많기 때문이다. 그들을 가리기 위해서는 시험이 필요하다. 그리고 우선 어떤 시험이라도 합격해서 자신이 다른 사람과 다르다는 것을 보여주었을 때만 일차적인 유리 장벽을 깨고 대우를 받을 수 있다. 그 시험이 경쟁률이 높고 어려울수록 더크고 두꺼운 유리 장벽을 깨는 행위를 한 것이다. 당연히 그러기 위해서는 죽기 살기로 노력해야 한다.

인생에서 몇 되지 않는 신분 상승을 위한 사다리, 가장 효과적이고 어쩌면 가장 효율적일 수 있는 수단이 장기 시험일 수 있다. 지금은 무시당한다고 하더라도 참고 노력하여 장기 시험에 합격해 어떤 직업을 꿰차린다면, 혹은 선호하는 학교와 학과에 진학한다면 많은 사람이 자신의 가치를 비로소 인정하고 나의 이야기에 귀를 기울일 것이다.

열심히 해야 하는 바로 지금 시점

장기 시험을 준비하려 하는, 혹은 준비하고 있는 당신은 지금 매우 중요한 시기에 처해 있다. 그 중요하다는 '직업'이 결정될 수도 있는 일이고, 이것에 만약 실패한다면 당신의 소중한 인생시간을 소비함으로써 다른 직업을 가지는 것에는 불리할 것임이 자명하기 때문이다. '전혀'라고 하기는 어렵지만, 비교적 장기 시험을 준비하며 공부한 내용 자체는 다른 곳에 그다지 쓸 곳이 없다. 단순히 경쟁과 점수를 위해 존재하는 시장이기 때문이다. 더구나 최소 1년 이상 공백기까지 생기게 된다. 그리고 이 관문의 통과 여부에 따라 인생에서 현실적으로 중요하다는 또 다른 한 가지, '배우자'가 달라질 가능성까지 안고 있다. 당연히 모든 것을 걸고, 모든 시간을 다 바쳐서 공부해 합격해야 한다. 그리고 그토록 중요한 순간에 적당하고 구체적인 가이드 없이 달려나가지 않았으면 한다. 그 가이드를 위해 이 글을 쓰고 있다.

02

영어는 왜 중요할까

장기 시험의 단골 과목 영어

영어는 장기 시험의 단골 과목이다. 입시나 고시 등 대부분 시험에 직접적으로 혹은 간접적으로 포함되어 있다. 물론 공인중개사 시험처럼 영어가 전혀 없거나 행정고시, 공인회계사, 변리사 등처럼 영어에 대한 부담이 다소 적은 장기 시험들도 있지만, 의·치전·약대 입시나 공무원시험, 편입 등에서 영어의 장벽은 제법 크다. 필자 또한 에세이에서 이야기했듯이 영어라는 산을 넘기 위해 많은 시간과 에너지를 소모해야 했으며, 다른 시험 합격자들 또한 그랬던 경우를 종종 듣게 된다.

특히 학창 시절 공부에 소홀했을 경우 더 힘들게 공부해야 하는 것이 영어다. 다른 과목들은 처음 수험 생활하는 대부분이 거의 제로베이스부터 시작하는 것인 반면, 영어는 다른 사람들이 수년간 쌓아온 공부량을 따라잡아야 하기 때문이다. 더구나 해외 유학이나 외국 거주경험이 있는 비평준화된 실력자들도 제법 있기 때문에 기초가 부족한 사람들에겐 시작부터 한층 더 어려운 싸움이 되어 버릴 수 있다. 이런 경우는 영어에 먼저 전념하여 영어 실력을 어느 정도 궤도에 올린 후 다른 과목 공부를 해야 한다. 다른 과목들과 동시에 공부한다면 합격 확률은 확연히 낮아진다. 공부 시간도 분할되며 무엇보다 집중력이 분산되기 때문이다.

반대로 필자가 관찰해보면 영어 실력이 어느 정도 있는 상태로 수험 시장에 뛰어드는 사람은 단기간에 합격하는 비율이 상대적으로 높고, 또한 시간이 걸려도 결국엔 합격하는 경우가 많았다. 국어, 영어 등 언어 성적은 쉽게 올라가지 않으며 실력이 쌓이면 그 후엔 비교적 안정적으로 유지되기 때문이다. 반대로 다른 일반 암기 과목들은 시간과 반복이 해결해 주는 경우가 많다.

장기 시험 과목에서 영어가 중요한 이유

그렇다면 영어는 왜 중요한가? 사실, 나중에 그 직업 업무를 수행하는 것 자체에는 영어가 크게 필요하지 않은 경우가 대부분이다. 그런데도 왜 그토록 영어를 중시하고 일정 점수 이상을 요구하는지 이해가 잘 가지 않을 수 있다. 나도 한때 그랬다. 더군다나 영어를 못했고 싫어했기 때문에 남들보다 더 괴로워하며 그 과목의 존재를 탓하기도 했다. 그러나 지금은 당시 영어를 제법 공부했음에 대해 다행이라고 생각한다. 실제로 경험상 장기 시험에 성공한 후 살면서 오히려 다른 과목보다도 입시 때 공부했던 영어가 더 도움이 된 순간이 많았기 때문이다. 그리고 내 경험을 떠나 일련의 다른 논리적인 이유도 있다.

우선 진학에서는 전문자료(논문 등)를 위해서 영어가 필요하다. 진학할수록 더 세분화된 전문 분야로 들어가는 것이고 결국, 그 분야를 접하는 사람들은 국내에서는 소수다. 더구나 대부분의 분야는 국내 연구의 역사가 짧다. 그러다 보니 해당 분야의 외국 전문자료를 찾아볼 수밖에 없다. 당연히 전 세계 사람들은 영어로 소통하기에 해당 분야에 대한 방대한 최신 논문들을 섭렵할 수 있는, 혹은 제작할 수 있는 도구가 되는 영어가 중요할 수밖에 없다. 언어를 통한 기록은 모든 학문의 기본이 되며 영어는 그에 있어서 공통 소통 수단이라는 것이다. 단순 입시뿐 아니라 특정 직업을 위한 장기 시험에서도 마찬가지다. 결국, 그 직업을 바탕으로 더 공부하고 그 이상의 학위를 따려는 사람들에게는 전문자료 접근과 세계적인 전문인들과의 소통을 위해 영어가 필요하다. 그리고 그런 사람들이 결국 해당 직업의 상위 자리에 위치하거나 해당 직업으로 진입하는 사람들을 통제하는 자리에 앉는다. 그러니 결국 영어를 중시할 수밖에 없지 않겠는가.

또한, 영어는 공부에 대한 '공통 화폐' 같은 존재다. 정규교육 과정뿐만 아니라 대학 입학 이후 어떤 다른 공부를 해 왔더라도 영어는 포함되어 있을 가능성이 크다. 그렇기에 그 사람이 살면서 지금까지 전반적으로 성실히 공부했느냐를 평가할 수 있는 한 가지 척도가 되기도 한다. 반면 영어 외의 대부분 과목은 해당 학과나 해당 시험에서만 존재하는 경우가 많다. 그리고 대학교 학점이나 고등학교 성적은 그 학교의 성취도나 동류 집단의 수준에 의해 많이 달라질 수 있기에 단순 평가되긴 어렵다. 그래서 그 사람의 영어 실력은 대한민국의 구성원으로서 착실히 공부했다는 어느 정도의 보증 수단이 될 수 있다.

마지막으로 현재 해당 장기 시험이 끝나도 공부했던 과목 중에 가장 실질적으로 남는 것 역시 영어 실력이 될 수 있다. 다른 과목들은 지금

제아무리 열심히 공부해 잘 안다고 하더라도 효용성 자체는 적다. 나중에 직업을 가지면, 혹은 진학을 하면 그에 맞춰 실질적인 지식을 다시 배워야 한다. 다시 말해 장기 시험 과목들이 약간의 기초는 되겠지만 업무나 그 이후 학업에 별다른 도움이 된다고 보기는 어렵다. 심지어 장기 시험에 성공하지 못한다면 완전히 무용지물 지식이 될 수도 있다. 그러나 영어는 열심히 해서 귀라도 조금 더 열리고, 독해력이 생긴다면 실생활에서 곧잘 접하며 도움이 될 수 있다. 현대인에게 다소 빈번해진 '해외여행'에서 또한 마찬가지로 영어 실력이 도움이 된다. 도움이 되는 정도를 넘어 다시 필요할 수도 있다. 다른 직업의 관문이나 진학을 위한 공통과목이기 때문이다. 이번 장기 시험에 성공한다고 해도 또 다른 시험을 준비할 수도 있고 또 지금 직업과 함께 다른 학위를 위해 공부할 수도 있다. 그때 원하는 것을 얻기 위해 영어 실력이 톡톡히 한몫할 수 있을 것이다. 공부의 '공통 화폐'이니 말이다.

한편, 시험에서 나오는 경쟁적 지식과 실제 영어 실력은 다소 다른 것이 사실이다. 또 지금 암기하고 있는 그런 이상한 단어가 나중에 쓸모 있을 가능성은 매우 적다. 그러나 너무 쉬운 것들만 있다면 모두가 맞추게 되고 시험이 성립되지 않는다. 어느 정도 선별이 필요해서 그런 것들도 있을 뿐이다. 그러니 탓할 필요는 없다. 또한, 그 때문에 오히려 해외에서 거주하다 온 사람들에게 무조건 쉽지 않은 것이 이런 괴리성에서 오기도 한다. 그래서 출제자들은 어느 정도 보편적인 영어 실력과 부합하면서도 해외파들이 쉽게 정복 가능하지 않은 시험들을 개발하려고 계속해서 노력하고 있는 것도 같아 보인다. 그러니 영어 공부에 대한 마음속의 조그마한 거부감이라도 있다면 조용히 삭이고 영어에 매진하도록 하자. 지루하고 힘들더라도 받아들이고 전념하자.

영어, 한 번쯤은 제대로 공부해보자

영어를 못하면 평생 무슨 일을 할 때든지 자꾸만 발목을 잡힐 가능성이 높다. 반면 잘하게 되면 많은 일들이 수월해진다. 전공을 넘나들고, 직업을 넘나들고, 여러 종류의 장기 시험마저 쉽게 접근하기도 한다. 특히, 진학에선 거의 절대적으로 유리하다. 그렇게 자신이 성취를 원하는 여러 일들에서 남들보다 앞선 출발점에 설 수 있게 하는 큰 무기가 어디 있을까? 그렇다면 한 번쯤은 영어 공부할 충분한 시간과 기회가 주어졌을 때 전력을 다해 집중해볼 만하지 않을까. 그것이 바로 장기 시험을 준비하는 지금이 될 수 있다.

03

공부 의지

사람들은 우매하고 동일한 잘못을 반복한다

아주 맛있는 음식을 충분히 먹은 후 지금 더 먹으면 몸에 좋지 않다는 것을 알지만 멈추지 못한다. 조금만 일찍 일어나면 아침에 서두르지 않아도 된다는 것을 알지만 늑장을 부린다. 또, 크게는 어릴 때 공부를 열심히 할수록 나중에 인생길이 더 나아진다는 것을 알지만 그렇지 못하고, 노년기를 위해 젊을 때 돈을 모아야 한다는 것을 알지만 그렇게 하지 않는다. 그리고 나선 나중에 후회한다. 이 얼마나 우매한 일인가. 그런데 필자도 그렇고 많이들 그렇게 하고 산다. 잘 알면서도 실천하지 못하는 일들이 많다. 얼핏 생각해보면 쉽사리 괜찮은 의지를 발휘할 수 있을 것 같지만 우리는 번번이 실패하여 목표를 달성하지 못하곤 한다.

그런 우매함을 빠져나오는 사람은 일부일 뿐이다. 왜 그럴까? 바로 '이것 하나쯤이야' 라는 생각에서 나온다. '하나만 더 먹고', '5분만 더 자고', '지금 잠깐만 더 놀고', '이것 하나만 더 사고'. 이런 식이다. 그리고 하나가 끝나면 다시 반복한다. '이것 하나쯤이야' 라는 생각은 멀리서 보고 크게 봤을 때는 잘 모르던 욕망인데 가까이서 막상 닥치면 그런 사소한 것 정도는 해도 괜찮을 것 같은 느낌이 든다. 그것이 대단히 큰 유혹인지 모르고 말이다. 그래서 일을 망친다.

첫째는 관성력(물체가 행동하던 대로 계속 유지하려는 성질)에 대해 깨닫고 경계해야 한다. 즐겁고 달콤한 것을 떠나서 사람은 많이 불편한 것이 아니라면 지금 당장 하는 그것을 지속하고 싶어 하는 욕구가 있다. 내가 그런 '함정'에 빠져 있다는 것을 '인지'해야 한다. 이곳이 '우물 안'이라는 것을 알아야 '우물 밖'을 동경할 수 있다는 말이다.

둘째는 확실한 선을 긋는 것이 필요하다. 이것은 목표와도 같다. '포만감이 느껴지면 더 먹지 않는다.', '알람이 울리는 O시 OO분에 바로 일어난다.', '최소 하루 공부 시간 OO시간', '한 달 소비금액 OO만 원' 이렇게 가능한 구체적인 목표와 선을 그어놔야 한다.

셋째는 목표에 부합하는 행동을 우선 실행하여야 한다. 나중에 배가 고프면 간식을 먹더라도 지금은 중단하고, 수면이 더 필요하면 나중에 쪽잠을 자더라도 지금은 우선 일어나고, 휴식시간에 다른 행동을 더 하더라도 지금은 일단 공부부터 시작하고, 돈이 남으면 소비한다고 하더라도 일단 저축부터 하는 것이다. 중요한 일을 먼저 하는 것과 나중에 하는 것은 성취에 있어서 하늘과 땅만큼 큰 차이를 만든다. '우선 실행'은 결정적이다.

또한, 일관적인 승리를 지속해야 한다. 비슷한 종류의 의지력 싸움에서 한결같이 승리해야 한다. '다른 것 열심히 했으니 이건 좀 게으르게 하자', '이것은 사소한 거니까 괜찮아. 마음껏 하자' 이런 생각들이 좋지 않다는 것이다. 모든 것은 연관되어 있다. 한 가지에 절제력을 보이지 못하면 다른 것에도 그 무절제함의 욕망이 이어지기 쉽다. 어떤 곳에서의 의지력 패배는 다른 곳에서도 이어 발생할 가능성이 높으니 수험생활의 모든 부분에서 '될 사람'처럼 행동하는 편이 좋다.

그리고 마지막 한 가지, 자신이 그렇게 절제할 수 있다는 것을 믿어야한다. 사실 이것이 제일 중요할 수도 있다. 이제까지는 그러지 못했다고하더라도 이 관문 앞에 선 지금은 긍정적인 것들을 실행함에 있어서 '나는 가능한 사람'이라고 믿어야 한다. 자신을 믿는 힘의 효과는 크다.

큰 기회가 주어진 순간이다. 이때 역시 다른 일들에서처럼 '알면서도하지 못하는 우매함'을 반복할 것인가, 그래도 인생에서 한 번쯤은 자신을 믿고 깨우친 사람이 될 것인가.

중요한 순간에 의지를 발휘하는 사람들

사람에게 정말 중요한 것은 결정적일 때 집중하는 능력이다. 평소에는남들과 다르지 않거나 혹은 오히려 무의미한 것들에 시간을 많이 보낸다고 하더라도 '해야 할 때 분명하게 하는 사람'이 성취한다. 내 인생에중요한 순간이 왔을 때 '절제하고 그 한 가지에 전념할 수 있는 능력'이무엇보다 탁월한 능력이다.

물론 항상 열심히 하는 사람들도 대단하다. 하지만, 오랜 시간 어떤 것을 계속 열심히 하는 사람들은 극히 일부분이고 너무도 어려운 일이다.또한 오랫동안 억지로 금욕하고 절제된 생활을 한다면 성공은 해도 오랜 스트레스로 건강을 해칠지도 모른다. 그래서 항상이 어렵다면 최소한 중요한 순간에라도 할 땐 해야 한다는 말이다. 평상시 게으르고 놀기좋아하고 컴퓨터 게임에도 미쳐있다 해도 중요한 순간에는 필요 없는 것들을 단호히 끊어버리고 하나에 전력할 수 있는 '인생의 한방'이 있어야 한다. 그래야 세상을 살아가면서 중요한 관문들을 통과할 수 있다. 하나에 전력할 수 있는 자세는 짧게는 1~2주(학교 시험 등), 길게는 1년(장기 시험)으로 본다. 그 후에는 쉬거나 더이상 큰 의지력을 발휘하지 않아도 그런 집중으로 성취한 것이 밑바탕 되어 비교적 편히 지낼 수 있다.

실제로 내가 생활하며 관찰한 '합격자 집단(치과 전문대학원 구성원)'은 다들 평범해 보인다 해도 거의 모두가 중요한 순간에는 의지력을 발휘하는 사람들이었다. 그전에 속했던 집단과는 확실히 다른 점이었다. 말도 안 되는 정말 힘든 과제라도 결국엔 어떻게든 제출은 했고 미제출자는 없었다. 평상시 수업도 잘 안 듣고 완전히 놀다가도 시험이 닥치면 모두 어떻게든 몰입해 암기해 내곤 했다. 연구에 따라 차이가 다소 있지만, 일반적으로 자신의 의지로 금연하는 비율이 5% 이내라고 하는데[1] 우리 학급 70명 중에서는 담배를 끊은 사람이 현재 흡연자보다 오히려 더 많았다. 단순 계산해보면 금연 성공률이 50% 이상인 것이다. 이에 더해 체중이 좀 있던 학우도 결혼이 다가오면 식이조절에 성공해서 날씬해져 있는 경우도 곧잘 볼 수 있었다. 즉, 평상시는 평범해 보이다가도 중요한 순간이 오면 꼭 필요한 의지를 발휘하는 사람들이 합격자 중에는 무척 많았다는 이야기다. 당연히 인생이 걸린 장기 시험 도전의 순간에도 그들은 절제하고 의지를 발휘하였고 그래서 합격하였을 것이다. 이처럼 결정적인 시기에 모두 중단하고 한 가지에 집중할 수 있는 사람들이 무엇이든 성취한다.

(한편, 필자가 자꾸 치전 이야기를 하는 이유는 내가 오랫동안 생활했던 곳이기도 하거니와, 또 공부를 잘하는 사람들을 꾸준히 관찰할 수 있는 기회였고 한 가지 더해 그 집단만의 독특한 특성이 있었기 때문이다. 물론, 수능 고득점도 대단하지만

수능에는 다소 기본 지능이나 부모님의 영향 또는 학습 환경 영향이 좀 더 크게 작용한다고 여겨진다. 그러나 성인 고시 시장이나 의치전 입시는 자기만의 의지를 가지고 공부해서 성공한 사람 비율이 확실히 훨씬 더 높다고 생각된다. 따라서 공부 동기나 그들이 개발한 공부법에 대해 주목해 볼 점이 많다고 본다. 그래서 언급을 한다. 치전원 동기들에 대해선 뒤에서도 또 말할 것이다.)

공부 의지는 어디서부터 나오는가?

공부 의지에 대해 여러 번 강조하고 있다. 확실한 것은 이 공부에 대한 의지는 단 하루 만에 생기는 것이 아니란 점인데 그렇다면 도대체 공부 의지는 어디에서 나오는 것인가?

먼저, 어릴 적 공부는 뚜렷한 공부 의지보다는 앞서 언급한 관성(물체가 행동하던 대로 계속 유지하려는 성질)에 의해 공부한 경우가 많다. 제법 괜찮은 시작으로 남들보다 좋은 성적을 받게 되고 그것에 기분이 좋고 부모님 등 주위 반응에 부흥하고자 계속 공부를 한다. 그러다 보니 더 잘하게 되고, 그런 적절한 성과와 적절한 피드백이 이어진 것이다. 물론, 일부 어릴 때부터 목표가 확고한 사람도 있지만, 극히 소수이고 대부분은 이런 엘리트 과정을 밟아 성취한다. 의치대 교수님과 최상위권 학벌의 지인들에게 물어봤을 때 한결같이 그런 식으로 대답을 했기 때문에 확신하는 부분이다. 그리고 이런 케이스를 밖에서 봤을 때 선천적인 공부 의지를 가진 것처럼 보인다. 그 과정은 잘 모르면서 말이다. 그것이 보통 수능까지의 공부다.

하지만 스물이 넘어서 하는 공부는 다르다. 우선 공부 관성을 탔던 사람은 이미 지쳐있거나, 이미 대학입시로 제법 성취를 해서 간절함이 적다. 또, 대학의 공부 형태는 고등학교와는 다르고 비슷한 수준의 동료들에 의해 공부를 해도 쉽게 성과가 드러나지 않는다. 결국, 공부 관성이 있던 사람들도 끊어지는 경우가 많다. 반면 관성을 타지 못했던 사람들은 공부 방법도, 습관도 부족하긴 하지만 이제는 직업에 대해 목표를 정하고 진짜 공부를 해야 하는 순간이 온다. 즉, 공부 관성과는 다소 상관이 없고 부모님보다는 자신의 의지로 오랜 시간 공부를 해야 하는, 비교적 출발선이 공평한 환경과 맞닥뜨린다는 말이다. 이때는 공부에 대한 순수한 자신의 의지로 수험 공부를 해야 한다. 이 의지는 어디서 올까?

필자는 자신의 경험에서 온다고 생각한다. 이것은 한순간에 생기는 것이 아니라, 살면서 겪는 여러 가지 일들로 의지가 차곡차곡 쌓이는 것이다. 먼저 잘된 친구들을 보며 자신도 그렇게 되고 싶을 때, 아직도 계획 없이 시간을 허투루 보내고 있는 친구를 바라보며 그 친구와는 다르게 살고 싶을 때, 공부하지 않았던 과거를 후회하는 어른을 만나 그분의 깊은 한숨을 들었을 때, 자신의 가치를 무시하는 친구들의 대우를 받았을 때, 위대한 사람들의 자서전이나 합격 수기, 에세이를 읽고 자신도 그렇게 해보고자 할 때, 자신보다 훨씬 불리한 상황에서의 성공담을 들었을 때, 그리고 확실하고 구체적인 목표를 생각해 냈을 때 등 그런 여러 경험이 의지를 만든다. 그리고 자신의 그 의지 공간이 가득 찼을 때 공부는 지겨워지지 않고, 공부가 어려워도 한 번 더 참을 수 있게 되고 힘든 수험 생활에 대한 인내력의 역치도 더 높아진다.

앞서 말한 경험들 대부분은 누구나 다 겪는 것들이다. 하지만 그 경험의 순간, 생각을 어떤 방향으로 이끌어 공부에 대한 의지로 더 온전히 가져갈지, 그리고 지난 후에 그 경험들을 다시 떠올려 한 번 더 의지의 공간을 채울 수 있느냐는 개인의 생각에 달려있다.

간절함

의지력은 사실 간절함과도 연관되어 있다. 그 일이 얼마나 자신에게 막대한 영향을 줄 수 있는지 얼마만큼 절실하게 필요한 일인지에 따라, 같은 개인에서도 의지력이 달라질 수 있다는 말이다.

자신이 좋아하는 음식을 하나 떠올려보자. 예를 들어 '라면' 이라고 하자. 자신이 무척 즐겨 먹는 음식인데 그것을 부모님이 혹은 누군가가 몸에 좋지 않으니 먹지 말라 한다면 쉽게 중단할 것인가? 그 음식이 자신의 몸에 해롭다는 것을 스스로 잘 알아도 대부분 먹을 것이다. 그런데 자신이 어느 날 병원에 가서 불치병으로 진단을 받고 앞으로 라면을 먹으면 죽을 것이란 이야기를 들었다고 하자. 그렇다면 이야기가 달라진다. 아주 높은 확률로 단호하게 그 음식을 끊게 될 것이다. 실제로 많은 사람이 암이나 당뇨 진단을 받고 식생활을 드라마틱 하게 개선한다. 생명에 대한 간절함이 의지를 만들어 내기 때문이다.

이와 같다. 평상시에 일반적인 상황에서도 공부에 성실하고 해야 하는 일에 최선을 다하는 의지를 보이면 좋지만 그런 소수의 사람이 아니라도 괜찮다. 정말 인생에 있어서 가장 중요할 수 있는 지금 순간, 인생이 완전히 뒤바뀔 수 있는 바로 지금 기회에, 적어도 단 한 번은 의지력을 발휘할 필요가 있다. 그 시기에 절실함이 있어야 한다. 그 절심함으로 평소에 참지 못하던 것을 참을 수 있어야 한다.

필자도 그렇게 의지력 높은 사람이 아니었다. 지금도 아니다. 별일이 없는데도 아침에 벌떡벌떡 잘 못 일어난다. 병원에서 약을 타와도 쉽게 거르고 밀리고 그런다. 그런데 정말 내게 중요한 일이 있다면 아침에 제 시간이 되기 전에라도 일어난다. 위험할 수 있다는 병, 혹은 그동안 나를 오래 괴롭혀 왔던 질병이라면 어떻게든 집착해 약을 성실하게 먹고 병원에 꼬박꼬박 다니며 치유를 완료하고 본다. 수험 생활 때도 그랬다. 아침마다 벌떡 일어났고 공부 중간에 쪽잠을 자다가도 아무도 안 깨웠음에도 정신이 번뜩 들고는 했다. 이러다 내 인생이 완전히 망가진다는, 돌이킬 수 없는 패배자가 된다는 너무 싫은 생각이 나를 감쌌기 때문이다. 한마디로 죽을병에 걸린 것처럼 절실했다. 그 상황에서 나는 너무도 성실해졌다. 그리고 그것이 자연스레 의지로 이어지고, 남들보다 더한 열심을 보였으며 결국 결과로 이어진 것이다. 그렇게 공부해야 한다. 마치 죽을병에 걸린 것처럼. 이 관문이 내 인생에서 절체절명의 가장 중요한 순간이라는 듯. 그것이 간절함이다.

가장 쉬우면서도 가장 어려운 일

그리스의 철학자인 소크라테스가 어느 날 제자들에게 말했다.

"오늘, 우리는 세상에서 가장 쉬우면서도 가장 어려운 일에 대해 이야기해 보겠다. 모두들 어깨를 최대한 앞으로 향해 흔들어 보아라. 그리고 그 다음엔 최대한 뒤로 흔들어 보아라."

소크라테스는 시범을 보이며 계속해서 말했다.

"오늘부터 매일 이렇게 300번씩만 행하라. 모두 할 수 있겠는가?"

모든 제자들은 웃었다. 이렇게 간단한 일을 하는 것인데 무엇이 어려울 것이 있겠는가!" 그때 소크라테스가 말했다.

"웃지 말라. 세상에서 가장 어려운 일은 가장 쉬운 일을 지속적으로 하는 일이다. 한 가지 일이라도 지속적으로 잘 해내는 사람이 성공할 수 있다."

한 달 후 소크라테스가 제자들에게 물었다.

"매일 어깨를 300번씩 흔들고 있는 사람이 있는가?"

제자들 가운데 90%가 자랑스러운 듯이 손을 들었다. 다시 한 달이 지나 소크라테스가 같은 질문을 했다. 이번에는 80%가 손을 들었다. 일 년이 지나자 소크라테스는 제자들을 향해 물었다.

"가장 쉬운 어깨 흔들기 운동을 아직도 지속적으로 하고 있는 사람이 있는가?"

이때 단 한 사람만이 손을 들었다. 그가 바로 훗날 소크라테스를 이은 철학가 플라톤이었다[2].

처음 언뜻 보기에는 쉬워 보여도 단순한 일을 꾸준히 이어가는 것은 대단한 일이다. 수험 생활도 그렇다. 처음 수험을 시작할 때 목표와 동기가 강렬하다고 하더라도 시간이 지나면 희미해진다. 언젠가 강한 자극을 받는다고 하더라도 그것 하나가 며칠 이상 계속되기는 어렵다. 사실 수험 생활은 상당히 단순하다. 일상생활의 다른 일들을 절제하고 공부만 하면 되기 때문이다. 잠을 자고 밥을 먹고 공부만 하면 된다. 그러나 이런 간단한 것을 수개월 동안 꾸준히 한다는 것이 쉬워 보이지만 막상 해보면 쉬운 일은 아니다. 그래서 많은 사람이 흐트러지고 합격에서 멀어진다. 그러나 여러 제자 중 플라톤이 그랬던 것처럼 개중에는 묵묵히, 그리고 꿋꿋이 지루해 보이는 행동을 이어가는 사람이 있다. 그가 성공한다. 의욕이 줄어들고 수험 생활 하루하루가 지루하다 하더라도 수험이 끝날 때까지 단순한 그 생활을 반드시 이어가기 바란다.

04

재능과 노력

공부의 머리

수험에 성공하기 위해서 재능(타고난 머리)이 영향을 많이 미칠까? 노력이 영향을 많이 미칠까? 물론 두 가지가 다 영향을 미치겠지만 필자는 둘 중 하나의 우위를 고르자면 현실적으로는 재능이 노력보다 더 유리한 위치에 있다고 본다. 사법, 행정고시, 공무원시험 등 다른 계열 합격자들과 이야기해 봐도 공부머리는 영향이 크다. 즉, 다른 조건은 모르지만, 단순히 머리가 뛰어난 사람이 있고, 노력을 잘하는 사람이 있다면 전자가 합격 확률이 더 높다는 이야기다.

또, 공부 머리는 후천적이어서 누구나 노력하면 그 수준에 이를 수 있다고 주장하는 분들이 있다. 어떤 동기부여 책에서는 노력만으로 성공할 수 있다는 식으로 이야기한다. 그러나 필자는 시험에서는 현실적이지는 않다고 생각한다. 현재 지능에서 계발된 것보다는 각자 타고나거나 매우 어릴 적 이미 결정된 머리의 비중이 더 크며 단순 노력만으로는 성공하기 어렵다고 본다. 또, 공부 머리가 앞으로도 계발될 여지가 있지만, 성인이 된 이제는 더이상 따라잡을 수 없는 각자 공부 능력치의 한계점들은 분명히 존재한다.

'공부의 머리'란 집중력, 암기력, 이해력, 사고력, 공부 내용의 출입속도 등 여러 가지가 포함될 수 있는 것인데 단순히 겉보기로는 그 사람의 공부 머리를 알 수가 없다. 같이 공부한다고 해도 똑같이 공부한 내용에 대해 계속 함께 이야기해봐야 어느 정도 짐작할 수 있다. 또, 가르치는 입장에서는 동일한 것을 비슷한 레벨의 여러 명에게 가르쳐 봐야 어느 정도 그들을 비교하기가 가능하다. 필자는 수험 생활 중 스터디를 통해, 그리고 시험에 성공한 치전원생들 70명 사이에서 밀착해 4년간함께 공부하는 과정을 통해, 또한 따로 수험생들 공부를 지도하며 많은유형의 사람들을 같은 주제를 두고 겪어왔다. 그래서 다른 사람들보다비교적 머리와 노력에 대해서도 생각해볼 기회가 많았다고 본다. 그런데 머리의 차이는 확연하게 느껴지는 경우가 많았다. 공부 머리가 좋으면서 약간의 노력을 하는 사람이 있다면 머리가 평균 이하이며 단순히몇 배 노력하는 사람이 그를 이기기는 어렵다. 더구나 시간은 한정되어있기에 마냥 몇 배 더 노력할 수 있는 것만도 아니다. 안타깝지만 받아들여야 하는 현실이다.

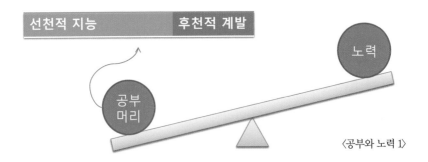

〈공부와 노력 1〉

필자의 공부 머리

필자의 고등학교 시절, 난 스스로 머리가 무척 좋은 줄 알았다. 고3 수험생이 되어서 공부를 하니 성적이 점차 올랐고 그렇게 열심히 하지 않은 것 같은데 성적이 상위권이었기 때문이다. 그러나 그것은 완벽한 '우물 안 개구리'의 생각이었다. 공부를 열심히 하지 않던 하위권이니 올라갈 여력이 있었던 것이고 비교적 평범한 수준의 학교였기 때문이었다. 곧 나와 비슷한 수능 성적의 사람들이 모인 서울권 대학에 들어가자 확실히 체감될 만큼 나보다 뛰어난 동료들이 곧잘 눈에 띄었다. 그 후 사회생활을 해보고, 치전원 준비를 하며 학생 시절의 생각은 완전히 바뀌었다. 분명 내게도 남들보다 뛰어난 점이 있었지만, 최상위권 공부 머리하고는 차이가 꽤 있었다. 남들보다 암기력, 이해력, 집중력 모두 현저히 떨어졌기 때문에 단기적으로는 공부를 어느 정도 이상 잘하기는 어려운 것이 내가 타고난 한계라는 점을 철저히 깨달았다.

특히 치전원에 다닐 때 보니 아무리 전달력 없는 교수가 가르치더라도 잘 이해하는 학생들이 있더라. 나는 어떻게든 그 수업에 집중해보려 노력해도 머리에 들어오지 않는데 말이다. 그렇다고 그들이 사전 지식을 많이 가진 것도 아니었다. 오히려 그들 중에는 인문계열 출신들도 있었다. 단순히 수업 집중력과 이해력 차이였다. 더구나 단기 시험에서 드러나는 암기력은 더욱 나를 무참하게 만들었다. 나는 열 번을 봐도 잘 외워지지 않는데 책 한 페이지를 한두 번 훑어보고는 완전히 외워버리는 사람들도 있었다. 그야말로 토끼와 거북이의 게임이랄까.

그래서 그를 깨닫고 난 다음부터는 머리 차이를 상쇄하기 위해 방법적인 면을 끊임없이 계발하고 수정해왔던 것이다. 홍수가 자주 일어나는 곳에서 제방 시설이 발달하는 법이다. 그처럼 암기력과 집중력이 많이 부족한 사람이 효율적인 방법들을 더 잘 고안해 낼 수 있다. 그리고 결국, 가장 중요한 장기 시험에서 내 방법과 노력이 대부분의 '공부 머리'들을 이겼다.

시간이라는 변수, 방법이라는 변수

제한된 시간을 주고 강의를 듣거나 혼자 책을 보고 공부하고는 그 즉시 시험을 본다면 필자는 의사 10명 중에 몇 등을 할까? 내 생각에는 뒤에서 2~3등 할 것이라 생각한다. 나머지 한 명은 공부 의지가 전혀 없는 분. 말했듯이 나의 단순 집중력, 암기력, 이해력이 좋은 것이 아니기 때문이다. 하지만 만약 같은 학습을 하고 3개월이 지난 뒤에 누가 내용을 더 잘 기억하고 있을지 테스트한다면 필자는 10명 중에 앞에서 1~2등일 수 있다는 자신감이 있다. 그 사이 시간이라는 변수가 생기면 학습을 완전하게 할 수 있는 여러 가지 전략을 쓸 수 있으며 기억은 적당한 반복을 해주면 장기적으로 남기 때문이다. 또한, 장기 시험처럼 학습 분량이 많다면 그것을 어떻게 체계적으로 정리해 기억에 남길지는 공부 머리나 무조건적인 노력보다는 '방법'에 많이 좌우되게 마련이다.

물론, 단순히 처음 공부 방법을 선택한다고 했을 때는 머리가 좋은 사람이 공부 방법도 좋은 쪽을 택할 가능성이 크다. 그러나 머리가 좋은 사람들이 다 좋은 방법을 사용하지 않는다. 오히려 머리의 이점으로 성과를 내기 때문에 비효율적인 방법인데도 그 방법이 좋다고 착각하는 경우도 많다. '자기 수정'이 잘 되지 않는 것. 이런 사람들의 특징은 보통 다른 방법은 사용해보지 않았다는 것이다. 반면, 머리가 뛰어나지 않은 사람은 자신의 부족함을 인정하고는 더 적극적으로 방법을 찾아보고 고안할 수도 있다. 그래서 겨루어 볼 만한 것이다.

또한, 그런 방법적인 시행착오까지 포함한다면 일반적인 노력의 우위보다 한 단계 더 많은 노력이 필요하다. 즉, 확연한 공부 머리의 차이를 극복하기 위해서는 약간 더 노력하는 것이 아니라 2배, 3배 노력해야 한다. 그래야 한다는 것을 기꺼이 받아들이기 바란다.

결국, 자신의 공부 머리가 그 시험 합격한 사람들에 비해 부족하다 여긴다면 훨씬 더 많은 노력을, 더 좋은 방법을 통해서 하면 된다.

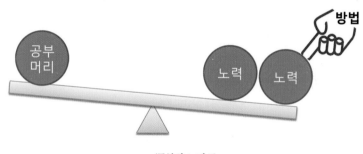

〈공부와 노력 2〉

뛰어난 사람들은 소수이며 대개 노력이 적다

노력과 방법으로 안 되는 것도 있다. 특히, 공부 머리가 아주 뛰어난 사람이 적당한 노력까지 한다면 그를 따라잡기는 거의 불가능하다. 괜한 승부욕을 가지지 않는 것이 좋다. 수험생에게 중요한 것은 합격이지 전국 1등이 아니다. 월등한 그들을 빼고서라도 노력하는 사람의 합격 자리는 충분히 있다. 합격 후 주위를 보면 실제로 그렇다.

또한, 다행인 것 한 가지는 공부 머리가 아주 뛰어난 사람들은 공부를 열심히 잘 안 하는 경향이 있다는 점이다. 특히 컴퓨터 게임에 빠져 있는 경우도 많이 본다. 그 함정은 자만에서 나온다. 시대가 흐를수록 재미있는 유혹들이 훨씬 더 많아지는데 공부 머리에 우월감을 가진 사람들은 그중 한두 가지 정도는 공부와 함께 해도 될 것 같다고 여기는 것 같다. 그 재밌는 것들을 하다 보면 당연히 공부가 재미없다. 결국, 공부에 최소한의 노력마저도 안 하는 경우가 생겨 불합격한다. 다시 한번 '토끼와 거북이'가 떠오르는 대목이다. 그래서 자신의 머리가 평균보다 뛰어나다면 처음 그 '자만심'부터 경계해야 한다. 그리고 자신의 머리가 뛰어난 것이 아니라면 더 철저히 유혹들에 정색하고 공부에만 정진하는 편이 좋다. 다소 열심히 하지 않는 사람들은 그만큼 공부 머리가 자신보다 더 좋아서 그런다고 여기면 된다.

머리가 점차 좋아지는 것도 사실이다

근육이 없던 사람도 운동하면 어느 정도까지는 근육이 발달하는 것처럼, 머리를 쓰면 공부 머리가 좋아진다. 어느 정도까지는. 우리 몸은 그렇게 설계되어 있다. 시험 공부를 하는 것은 극도로 빈번하게 뇌를 쓰는 일이고 두뇌는 쓸수록 좋아진다. 필자 역시 수험 준비 전과 수험 준비 후인 지금을 비교하면 지능이 많이 좋아졌다고 여겨진다. 암기력, 집중력, 이해력뿐만 아니라 판단력과 세상을 보는 눈, 추론 능력, 자각 능력 또한 좋아졌다.

물론, 이를 위해서는 단순히 수동적인 공부만 해서는 안 된다. 생각하며 능동적인 공부를 해야 한다. 왜 답인지 논리를 따져 보고 호기심을 증폭시켜 내용을 정확하고 다양하게 알아야 한다. 또한 공부 전략들을 짜서 적중시켜도 보고 실패도 해보고, 수험 결과에 좌절해 보고는 방법들을 수정해 한층 향상된 노력도 해봐야 한다.

당연히 한 번에 드라마틱 하게 머리가 좋아질 수는 없으며 시간이 걸린다. 또, 아무리 노력해도 특정 항목에서는 선천적으로 뛰어난 사람처럼 되기 어렵다는 것을 인정해야 한다. 하지만 여기서 중요한 것은 '나아지고 있다는 믿음'이다. 더 스마트해지고 공부하는 방법에 대해서도 더 좋은 방법을 하나하나 찾아간다. 어제보다 오늘, 그리고 오늘보다 내일 조금이라도 더 내 머리와 내 지식이 상향한다고 생각하고 그를 확인하게 될 때 '할 수 있다는 자신감'이 생기게 마련이다.

1. 합격 = 공부머리 + 노력 + 방법 + 운
2. 공부머리가 월등히 좋은 사람들을 빼고도 내 자리는 있다.
3. 공부를 열심히 할수록 공부머리도 어느 정도까지는 점차 향상된다.

〈재능을 넘어 합격할 수 있는 이유〉

재능에 대한 착각

이 단원에서 머리와 재능에 대해서 이야기하고 있는데 재밌는 사실은 의외로 자신의 머리 수준에 대해 잘 모르거나 착각하고 있는 경우도 많다는 점이다. 옆에서 공부하는 것을 보고 이야기해 보면 분명 평균보다 훨씬 공부 머리가 좋음에도 자신은 머리가 좋지 않다고 한다. 처음에는 겸손이겠지 했지만 실제로 그렇게 믿고 노력을 더 하는 사람들이 있다. 이런 것을 필자는 '플러스되는 착각'이라고 부른다. 이런 사람들은 공부 머리에 노력까지 하게 되기 때문에 확실히 성취를 많이 한다.

반대로 필자의 고등학교 시절에 했던 착각은 '마이너스 되는 착각'이다. 실제로 내가 경쟁할 사람들보다 머리가 좋지 않은데 나는 재능이 뛰어나다고 착각하고 있었으니 대단히 큰 문제였다. 매일 공부에 소홀하면서 '남들보다 머리가 좋으니 금방 따라가겠지' 라며 마이너스 되는 착각을 하게 된다면 좋은 결과와는 점점 더 멀어지게 될 것이다. 마이너스 되는 착각을 하는 이유는 월등한 사람들을 많이 만나보지 못해서 그렇기도 하다. 그래서 사람은 살면서 더 넓은 곳에서 뛰어난 사람들을 직접 만나보는 경험들이 필요하다. 마이너스 되는 착각의 또 다른 이유로, 현재 결과가 좋지 않은 상황에서 자신의 자존감을 지키기 위함인 경우가 종종 있다. 예를 들면 '이번 점수가 좋지 않지만 나는 머리가 좋은 편이니까 따라갈 수 있어, 괜찮아.' 이런 경우인데 자신감을 만들기 위한 것이니 무조건 잘못되었다고 말하긴 어렵지만, 그보다는 '나는 머리가 나쁘진 않은 편이고 꾸준히 노력은 더 할 수 있으니까 따라갈 수 있어.' 정도가 더 낫다. 자신의 머리가 좋다는 암시가 머릿속에 자리 잡으면 나중에 결과가 좋아졌을 때는 노력을 더 하지 않을 수 있기 때문이다.

자신이 지금 하고 있는 노력과 열심에 대한 착각도 마찬가지다. 공부 시간이 턱없이 적으면서 '이 정도면 열심히 하고 있는 거겠지' 하는 것은 마이너스 되는 착각이 될 수 있다. 그보다는 도움이 되는 쪽으로 착각을 잘 해야 한다. 남들보다도 훨씬 열심히 하고 있음에도 남들도 그렇게 하고 있다고, 당연한 정도라고 착각하는 편이 좋다. 그것이 플러스되는 착각이다.

물론, 과도하게 자신이 뒤처지고 있고 무능력하며 머리가 나쁘다고 생각하게 되면 자신감도 떨어지고 절대 플러스되는 착각으로 작용할 수 없겠다. 하지만 그런 것이 아니라면 자신에 대해서는 적당히 겸손한 평가를 통해 지속적인 공부 원동력을 얻었으면 한다.

"사람들은 나의 삶을 보면서 머리가 좋다고 생각한다. 그러나 사실은 그렇지 않다. 다 노력의 결과다. 학생 시절 나는 여러 차례 내가 결코 남들보다 머리가 좋지 않다는 것을 깨달았고, 남보다 더 많은 노력을 해야 남만큼의 결과를 얻을 수 있다는 것을 알았다.[3]"

한때 대한민국에서 공부로 가장 유명한 사람 중 하나였던 고시 3관왕 고승덕 변호사의 말이다. 필자가 생각하는 대표적인 '플러스되는 착각'의 예이다. 노력의 결과는 맞지만, 그가 이룬 성과들은 적당한 공부 머리 없이는 어려운 일들이라는 생각이 든다. 이처럼 착각을 할 것이라면 마이너스 되는 착각을 하지 말고 반드시 플러스되는 착각을 하도록 하자.

더 큰 가능성은 노력으로 성공한 자

인생은 이번 시험에 합격한다고 끝이 아니다. 장기 시험을 통해 진학혹은 직업을 갖게 된 후 그다음 관문들이 있고 인생에서 그다음 성공들이 있다. 필자는 이런 그다음 기회에 머리나 운이 좋은 사람들보다 노력해서 성취한 사람들이 더 큰 가능성을 가진다고 본다. '머리'나 '운'의 경우 한 분야에 국한되거나 일시적일 가능성이 크다. 반면 '노력'으로 재능을 따라잡아 본 사람은 다른 것도 노력해서 이길 수 있다는 강력한 자신감이 생긴다. 그를 바탕으로 어떤 분야이든 정진해 성취할 수 있다. 그리고 만약 그 분야가 이번에는 자신의 재능과 잘 부합하기라도 한다면 완전히 대박을 터뜨릴 수도 있다.

한편, 노력으로 성공한 사람들은 다른 부류보다도 겸손할 가능성이 더 크다. 겸손은 인간으로서 큰 강점이 된다. 또, '재능'에 비해 '노력'은 비교적 실패와 시행착오를 많이 겪게 만드는데 이는 머리를 유연하게 하고 자기 수정에 적극적이게 한다. 이 역시 살아가는 동안 그 사람의 발전에 큰 역할을 한다.

그러니 재능으로 합격하지 말고 반드시 노력으로 합격하도록 하자.

05
힐링

전화위복, 불행을 행운으로

모두가 아는 전화위복(轉禍爲福)이라는 단어가 있다. 같은 뜻으로 새옹지마(塞翁之馬)가 있으며, 두 가지 모두 처음엔 불행처럼 여기던 것이 나중에 돌아보니 행운인 상황을 일컫는다. 불안하고 외로운 수험 생활을 처음 시작해야 하는 지금 상황이 그렇다. 당장은 그런 시간을 보내야 하는 것이 불행으로 보일 수 있지만, 복(福)이 되어 돌아올 수 있다. 예를 들어 수시로 합격한 사람보다 시험에 승부를 걸고 정시로 합격한 사람이 시험 공부에 일가견이 생겨 그다음 여러 시험에서 앞설 수도 있는 일이다.

그리고 첫 시험에 성공하지 못해 다시 도전해야 하는 상황에서도 마찬가지다. 처음엔 힘들고 어려운 감정이 들 수 있지만, 잘만 견디어 내고 다시 도전해 성공하면 오히려 전화위복이 될 수도 있다. 입시라면 첫해에는 엄두도 못 낼 더 상급 대학에 진학할 기회가 될 수 있고, 입시가 아니더라도 자신을 더 성장시키고 지식적으로, 공부법 적으로도 더 완전해지는 기회의 시간이 될 수도 있다.

필자는 본고사에서 상위 1% 성적을 받고 다시 일 년을 공부해야 했다. 누구 못지않게 최선을 다해 공부했으며 시험 실력이 부족한 것도 아니고, 그 이상 상위 대학에 갈 수도 없는 상황인데도 다시 3번째 일 년이 주어졌다. 수험 생활로 무엇을 더 얻는다는 말인가. 당연히 당시에는 받아들이기 매우 어려웠고 처음엔 전화위복 따위의 말을 도저히 생각할 수가 없었다. 죽고 싶을 정도였으니까. 그러나 지금 돌이켜보면 실제로 그 시간은 전화위복이 되었다. 아니, 결국 내가 그렇게 만들었다. 불행을 받아들인 후 그로 인해 생긴 시간을 헛되이 보내지 않고자 했기 때문이다. 그 기저에는 '이 시간이 반드시 전화위복이 되어야 한다.' 라는 강력한 신념이 깔려 있었다.

자신의 미래는 어차피 자신이 만들어가는 것이다. 내가 결심해 맞이한 수험 생활, 그리고 의도치 않게 다시 해야 하는 수험 생활을 어떻게 받아들이고 그 시간 동안 무엇을 얻을지는 자신이 생각하고 행동하기에 달렸다. 그것이 전화위복이 될 수 있도록 생각하고 노력해야 한다.

긍정적인 생각과 합리화의 경계점

앞서 언급한 전화위복에 대한 기대는 일종의 긍정적인 사고방식이라고 할 수도 있다. 그런데 여기서 주의해야 할 것은 '합리화' 와 '긍정적인 생각' 의 차이점을 잘 구별해야 한다는 점이다. 합리화를 해서는 안된다. 우선, '합리화' 는 방어기제로서 어떤 일을 한 뒤에, 자책감이나 죄책감에서 벗어나기 위하여 그것을 정당화[4] 하는 현상이다. '신 포도 기제(Sur Grape Mechanism)' 라는 용어 또한 합리화를 지칭한다. 반면 '긍정적'은 바람직한 것[5] 이라는 사전적 의미를 갖는다. 정당화가 바람직한 것은 아님으로 둘은 확실히 구별 되어야 하는데 언뜻 봐서는 구별하기가 쉽지 않고 때론, 둘의 경계가 모호하게 생각될 수 있다.

　필자는 이 둘을 이렇게 구분한다. 나중에 비슷한 순간이 왔을 때 더 노력하지 않게 만든다면 '합리화' 이고 반대로 노력하게 만든다면 '긍정적인 생각' 이다. 대표적인 예 하나만 들어보자면 어떤 일에 실패한 후 '이건 원래 불가능한 일이야' 라거나 또는 '열심히 했는데 이번만큼은 운이 안 좋았어.' 라고 생각할 수 있다. 둘 중 전자는 합리화다. 다시 그런 상황이 된다면 어차피 불가능한 일이기 때문에 노력하지 않게 될 가능성이 높기 때문이다. 하지만 후자는 긍정적인 생각이라 볼 수 있다. 그 비슷한 상황이 왔을 때 다시 노력할 여지가 많기 때문이다.

　합격 가능한 사고방식과 이것에 준하는 노력을 하기 위해서는 합리화는 조심하고, 긍정적인 생각을 해야 한다. 긍정의 생각이 시험에서 승리할 에너지를 만들며 꾸준한 노력을 이끌 것이다.

◎ '열심히 해도 이건 원래 불가능한 일이야' ☞ 다시 노력 X ☞ 합리화
◎ '열심히 했지만 이번만큼은 운이 안 좋았어' ☞ 다시 노력 O ☞ 긍정적 생각

〈합리화와 긍정적 생각의 차이점〉

실패를 인정하고 극복하는 하나의 방법

　재시 이상을 준비하는 이들을 위한 이야기다.

　실패의 결과를 알게 되면 당장은 누구나 너무 괴롭다. 그때 발전적인 생각은 사치다. 그러나 시간이 지나면 누구든 곧 도전의 결과를 심리적으로 받아들일 수 있을 시점이 온다. 바로 그때 어떤 생각을 하는가에서

그 사람의 진가가 나온다.

먼저, 성공하지 못한 그 원인을 무엇으로 생각할 것인가? 어떤 이들은 실패를 환경이나 다른 사람 탓 등을 하며 자신의 남은 자존심을 지키려 한다. 물론, 그것도 무조건 잘못되었다 할 수 없지만 좋은 생각은 아니다. 그런 식이라면 그 아픈 마음을 겨우 달랠 수 있을지언정 실패를 통해 배우고 성장하여 다음 목표에 가까워질 기회를 놓치게 된다.

스스로의 부족함을 인정하고 실패의 원인을 자신에게서 찾을 줄 알아야 한다. 제일 우선해서 할 일은 지난공부 과정 중 자신의 시행착오들을 곱씹어 보며 기록하고 그를 어떻게 수정할지에 대한 고민하는 것이다. 그리고 한 가지 더, 실패에 대처하는 좋은 방향은 자신의 나쁜 습관 하나에게 그 탓을 돌리는 전략이다.

필자는 초시에 실패한 후 내 큰 실패의 원인 중 하나를 평소에 가지고 있던 나의 '귀차니즘(Lazism, 무엇인가를 귀찮아하는 태도)'으로 돌렸다. 그것 때문에 내 성공 확률이 크게 낮아졌으니 반드시 그 습관을 버리겠다고 생각했다. 그래서 그 이후부터는 귀찮아서 못하는 일들이 크게 줄었다. 실행하면 좋을 일을 귀찮게 느껴져 '하지 말까' 하다가도 그 순간 지금의 태도와 실패의 기억이 오버랩(overlap) 되면서 몸서리쳐지는 것이다. 그 결과 수험 생활을 마친지 한참이 지난 지금 역시 남들보다 어떤 일에든 귀찮다는 인식을 훨씬 적게 가지고 살고 있다. 그런 태도는 그 실패의 경험 이후 삶에서 내게 더 많은 성과를 얻게 하였다. 그래서 내게 치전원 입시에서의 초시 실패는 괜찮은 의미도 있다.

이처럼 평소에 고치지 못했던 안 좋은 습관에 그 이유를 돌리면 좋다. 아침에 항시 늦잠을 자는 습관이라든지, 늦장 부리는 태도, 약속 시간을 잘 지키지 않는 성향, 수업이나 강의에 성실하지 못하는 경향, 흡연 등 무엇이든 말이다. 물론, 그런 것들이 자신의 실패에 직접 작용한 것이 아닐 수도 있다. 그러나 아주 사소한 영향이라도 있었을 것이고 그 작은 하나가 큰 결과를 만들어 냈다고 충분히 자기 암시로 연결 지을 수 있다.

사람은 쉽게 바뀌지 않는다. 특히 습관이나 태도, 성향은 평생 정말 바꾸기 어렵다. 그러나 인생에서 큰 실패의 경험을 맞닥뜨릴 때는 그 힘든 것들을 바꿀 수 있다. 나락에서 나오기 위해서 '자기 수정'이 필요하다는 것을 철저히 받아들이는 순간이기 때문이다.

또한, 그렇게 실패를 통해 무엇인가 자신의 인생에서 확실히 얻은 것이 있을 때 그 실패한 1년을 좀 더 쉽게 인정하고, 극복할 수 있다. 그리고는 물론 이번 수험 생활, 그리고 그다음 일들의 성공에도 훨씬 가까워진다. 즉, 배움을 얻고 과거를 보내는 순간 우리의 현재는 더 나아진다[6].

1년이라는 시간

필자가 대학 일반학부에 입학했던 20대 초반이었다. 당시 속해있던 학부는 '학번제'라고 하여 나이보다는 학번을 우선시해 서로를 대했다. 그래서 현역으로 입학했으며 생일이 빠른 사람에 비해 수능 재수해서 합격한 사람은 한국 나이로 2살이 더 많았지만, 이들이 서로 말을 놓고 완전히 친구처럼 지냈다. 물론 마음 한편으로는 이 나이 차이를 서로 인지하고 있었다. 나이가 어린 측에서 생각하기엔 같은 대학 같은 학과를 더 빨리 들어왔으니 어깨에 좀 더 힘이 들어갔을 테고, 군대, 취직 시점 등을 따져보아도 재수해서 입학한 동기들보다 훨씬 여유 있어 보였다. 반면 재수해 들어온 친구들은 '벌써 인생 진도가 조금 늦었다'라는 생각을 했던 것 같다. 서로 모여 그런 이야기를 하며 나이 어린 친구들이 재수한 친한 친구들을 장난삼아 놀리기도 하였다.

그런데 그로부터 15년가량 지나 보니 서로의 상황은 정반대였다. 재수생들은 그런 늦었다는 막연한 생각들 때문인지 이상하게 입대하고 취직하고 결혼 등의 다른 인생 진도가 대부분 동기보다 빨랐다. 다른 공백기를 갖거나 늑장을 부리지 않았던 것이다. 반면, 빠른 생일로 더 여유가 있던 친구들은 대부분 중간에 공백기들을 가지며 앞서 말한 인생 진도가 더 늦거나 아직도 자리를 잡지 못해 있는 걸 보게 되었다. 그 차이가 처음 나이 차이 1~2년을 훨씬 웃돌았다.

물론, 내 주위 케이스를 모두 일반화할 수는 없겠으며 다시 앞으로 15년 후의 결과는 또 어떻게 될지 모른다. 하지만 이 결과들을 보고 느낄 수 있었던 것은 인생을 길게 봤을 때 당장 1~2년 빠르고 늦는 것은 아무것도 아니라는 점이다.

장기 시험이나 입시는 보통 1년에 한 번 기회가 있는 것이기 때문에 실패하게 되면 상심이 크다. 다시 1년을 공부하게 될 생각을 하면 너무나 아득하다. 실패로 인생이 다 끝난 것처럼 절망하기도 하고 1~2년 늦어지는 것을 엄청나게 큰 인생 사건인 것으로 인지한다. 하지만 크게 보고 멀리 보면 늦어지는 것이 절대 지울 수 없는 과오가 되지 않으며, 1년의 같은 수험 생활 반복이 아무 의미 없는 시간이 되는 것도 아니다. 생각하고 노력하기에 따라 도움이 될 더 큰 것들을 얻을 수도 있다. 또, 이후에 얼마든지 더 앞서 자신이 계획한 것들을 이룰 수 있다. 반대로 남들보다 일찍 합격했다고 해서 항상 빨리 앞서가는 것도 절대 아니다. 인생을 장기적 관점에서 봤을 때 지금 당장 몇 년 늦고 빠름은 결정적인 차이가 아니다. 그러니 우쭐 될 필요도, 늦었다고 너무 기죽을 필요도 없다.

할 수 있다는 생각의 전환

어릴 적 자신감이 다소 부족했던 필자가 좋아한 문구가 있다.

"할 수 있다고 생각하든 할 수 없다고 생각하든 당신이 옳다." – 앤서니 로빈스

자신의 능력은 자신이 규정하기에 달린 것일 수 있다. 생각이 자신의 미래 결과까지 만들어 내기도 한다. 자신을 믿는 힘, 끊임없는 긍정적인 생각이 필요하다. 불확실한 일일수록 자신감이 대단히 중요하며 수험생은 '불확실한 미래'라는 불안에 대항하여 계속해서 싸워야 할 수밖에 없다. 이때 자신을 믿는 힘이 결정적인 큰 도움이 된다.

언젠가 학교생활과 수험 준비를 병행하던 중 피곤에 못 이겨 아침에 일어나는 것이 너무도 어려울 때가 있었다. 매번 계획했던 시간에 일어나는 것에 성공하지 못했다. 그러다가 어느 날 마음을 새로 고쳐먹었다. '아침에 일찍 일어나야 한다.'라는 강압적인 생각이 아니라 '나는 아침에 일찍 일어날 수 있다.'라고 되뇌었다. 그리고 그 생각을 강하게 믿었다. 그러자 그다음 날 그 생각은 사실이 되었다.

'지금 집중해야 한다.'라고 생각하면 괜한 스트레스로 작용해 머리가 아프고 오히려 더 집중이 잘 안 될 수도 있다. 그보다는 '나는 원할 때마다 쉽게 집중할 수 있다'라고 생각해보면 어떨까? 수험 생활 자체도 마

찬가지다. 반드시 합격할 수 있다고 생각해야 합격 가능성이 높아진다. 할 수 없다는 생각이 팽배하다면 결과는 물 보듯 뻔하다. 그럴 때는 어떤 식이든 그 사고를 바꿔 놓을 수 있는 계기를 찾아야 한다.

자신감과 확신이 모든 것을 해결해 주는 것은 아니다. 하지만 성취에 있어서 상당히 가능성을 높여주는 것이 확실하다. 수험 생활 중 어떤 것에든 반드시 할 수 있다는 생각으로 임하도록 하자.

수험 생활 긍정 도움말

수험 생활에 성공해 치과 공부를 하면서 가끔은 수험 생활을 그리워하기도 했다. 주위 동기들도 그랬다. 물론 수험 생활은 절대로 쉬운 것이 아니며 합격했기에 그런 말을 할 수 있는 것이다. 그러나 나름대로 공부에 탄력을 붙여 수험 생활을 하다 보면 단순히 하루하루 '생활'에 대해서는 편함을 느낄 수도 있는데 그에 초점을 두고 이야기한 것이다. 하나에만 집중하면 되기 때문이고, 또 그럴 수 있는 환경이 만들어져 있기 때문이다.

반면 합격한 후 나의 치과 대학원 생활에는 매일매일의 스트레스가 가득한 경우가 많았다. 자주 있는 시험과 많은 과제, 엄격한 병원 생활과 주위 관계, 생활과 돈 문제 등 신경을 써야 할 것들이 너무 많았고 수면 시간도 항상 부족했다. 순간순간 닥친 것들만 일단 처리하기에 급급하면서 우리는 하루살이라는 말을 입에 달고 살았다. 물론 직업이 정해졌기에 불안감은 걷어졌지만 매일의 몸과 마음은 고달픈 날이 많았던 것이다. 그러다 보니 하나만 집중할 수 있었던 수험 생활을 떠올렸었는지도 모른다.

그러고 나서 모든 학교 일정이 마무리되고 '국가고시'라는 중장기 시험을 준비하는데 정말 편안하고 좋았다. 개인 시간도 많았고 당장 남과 눈앞의 이익을 놓고 경쟁해야 하는 것도 아니었고 하나에만 집중해서 나만 잘하면 되는 환경. 시험을 준비한다고 말하면 주위 모든 관계로부터 면죄부가 형성되는 그 특권. (물론 국가고시도 불합격하면 큰일 난다는 불안감이 있기는 했다.) 그런 한편의 편함이 있었다.

어떤 누구의 삶이든, 혹은 한 사람 인생에서도 어느 순간이든, 모든 불행만 있는 것은 아니고, 모든 행복만 있는 것도 아니다. 좋은 것과 나쁜 것이 있다. 그렇다면 지금 그 순간, 나쁜 것에 집중할지, 좋은 것에 집중할지는 자신의 선택에 달려있다. 좋은 것에 집중해 기분 좋게 자신의 하루에 임하는 사람을 우리는 '긍정적인 성격'을 가졌다고 존중한다. 그 긍정의 힘은 불가능해 보이는 것을 가능하게 한다. 수험 생활은 번데기 같은 힘든 시간이지만 바른 마음으로 효과적인 공부 방법을 찾아 수험 생활을 꾸준히 잘하고 있다면 좋은 기분이 드는 날들도 꽤 많을 수 있다. 일상적 스트레스도 비교적 적을 것이고, 거기에 규칙적인 운동습관까지 가졌다면 더 건강하기도 할 것이다. 긍정의 면을 보도록 하자. 지나고 나면 가진 것 없이 한 가지를 위해 전력했던, 도전했던 제법 괜찮은 추억의 시간이 될 수도 있는 경험이다.

06

우리가 다시 도전할 수 있을 때

자기 확신과 자기 암시

우리가 길을 건너기 위해 신호등 앞에서 기다릴 수 있는 이유는 곧 신호가 바뀔 것이라는 확신이 있기 때문이다. 신호가 길고 조금 지루해도 언젠가는 바뀔 것이라는 믿음이 있으니 차분히 기다린다. 이처럼 수험 생활도 자기 확신이 필요하다. 조금 길어져도 반드시 합격할 것이라는 믿음이 있다면 조금 더 참고 기다릴 수 있다. 또한, 그 확신은 자신을 정말 합격할 사람처럼 행동하게 만든다. 확신에 찬 사람이 공부를 안 하며 놀고 있지 않을 것이다. 자기 확신은 더 열심히 정진하게 만든다. 그리고 그 '열심'은 다시 자기 확신을 만들어내며 긍정 피드백이 상호작용하도록 한다. 그리고 시간이 지나면 결국 시험에 승리하고 자신의 믿음을 모두에게 증명하게 된다. 비록 실패율이 높은 일이라도 성공할 수 있다고 생각하는 것과 실패할 생각하고 하는 것은 완전히 다르다. 그 점을 꼭 마음에 새기도록 하자.

매일 아침 거울을 보며 되뇐다. "넌 잘하고 있어. 반드시 할 수 있다."

이런 자기 암시의 힘이 대단히 크다. 이 긍정적 한마디가 자신의 자신감 물통에 매일 한 바가지씩 물을 붓는 것과 같다. 그것이 어느 날 갑자기 자신감 물통의 바닥이 드러나지 않도록 예방해 준다. 수험생은 누구나 다 불안하고 격려가 필요하다. 하지만 성인이 되어서 하는 수험 생활은 절대적으로 혼자 하는 싸움이기에 자신이 얼마나 열심히 하고 있는지, 얼마나 합격할 것처럼 공부하고 있는지는 자신이 제일 잘 안다. 아니, 자신만 안다. 그렇기 때문에 자신의 현 상태를 잘 모르는 사람의 빈말보다는 자기 자신이 자신에게 해 주는 격려가 더 값지고 의미 있다. 매일매일을 열심히 지내고 스스로를 격려하도록 하자. 그것이 언젠가는 빛을 발할 것이다.

9:1의 법칙

필자가 20대 초반부터 마음속에 품고 사는 논리가 있다. 그것은 대학 휴학 전 잠깐 청강했던 '벤처 창업과 기업 경영'이라는 교과목의 한 교수님 말씀에서 비롯됐는데 대략 다음과 같다.

"일반적으로 벤처는 전체 중 단 5%만 성공한다. 그렇게 성공률이 낮은 것에 왜 뛰어들어야 하는 것인가. 그런데 잘 보면 100개 사업자 중 90개는 제대로 하지 않는다. 준비도 잘 되어 있지 않고 열심히 하지 않는다. 한마디로 경쟁력이 없다. 그래서 나머지 경쟁력 있는 사업자 10개가 경쟁해 그중에 운이 좋은 5개가 성공하는 것이다. 그런데 이것은 벤처뿐 아니라 어느 분야나 마찬가지다. 자영업을 해도 그렇고, 고시 수험생도 그렇다. 90%는 허수다. 괜찮은 방법으로, 최선을 다하는 사람은 열에 하나뿐이며 그중 절반이 성공한다. 그것이 우리 사회 대부분에 적용되는 룰이다. 그러니 열심히 하는 사람이라면 경쟁률에 기죽지 말라. 허수를 뺀다면 높은 경쟁률은 극명하게 줄어들게 되니 사업도 공부도 한번 해볼 법한 것이다."

대다수의 대충 하는 사람들과 달리 무엇인가 정말 열심히 하며 경쟁력을 가진 사람은 의외로 소수이다. 실생활에서 볼 수 있는 여러 학원과 운동 장소에서도 마찬가지다. 필자가 체육관을 다니며 보면 새로 등록하는 사람들 열 명 중 절반은 한 달 내에 안 보이고 석 달 내에 그 열 명 중 아홉은 사라진다. 그만큼 배워야 하는 한 가지를 꾸준히 경쟁력 있게 하는 사람은 이외로 많지가 않다. 하지만 그렇기에 경쟁력을 갖추고 열심히 하는 사람이라면 자신감을 가질 수 있는 것이다.

이 9:1의 법칙을 잊어서는 안 된다. 올바른 방법으로 될 것 같이 공부한다면 내가 준비하는 관문이 아무리 경쟁률이 높은 것이라 할지라도 그 경쟁률을 단번에 10배는 줄일 수 있다. 그리고 운이 좋지 않아 이번에 경쟁력 있는 10% 중에 실패한 5%에 포함된다고 하더라도 다음번에 다시 열심히 한다면 성공한 5%에 들어갈 수 있을 것이다.

다시 한번 힘을 내다

수험 생활을 하다 보면 힘든 시기가 온다. 잘 안되고 좌절도 한다. 또한, 이미 불합격의 고배를 한 번 이상 들이킨 상황이라면 더한 어려운 상황에 힘이 빠질 수 있다.

두 부류의 사람이 있다. 실패하고 안 될 때 정신이 무너지고 의지가 점점 흐려지는 사람과 그때 한 번 더 힘을 내며 '왜 안 될까'를 생각하는 사람. 후자는 자신의 습관을 바로잡으며 이를 악물고 다시 도전한다. 더 열심히 한다. 그것을 '오기'라고도 하고 '굴하지 않는 의지'라고도 한다.

"인간에게 모든 것을 빼앗아 갈 수 있어도 단 한 가지, 마지막 남은 인간의 자유, 주어진 환경에서 자신의 태도를 결정하고, 자기 자신의 길을 선택할 수 있는 자유만은 빼앗아 갈 수 없다.7" – 빅터 프랭클

수험생이라는 참 기구한 상황에 있다. 어떤 불운이 모든 것을 망쳐버린 시간일 수도 있다. 아니 원래 처음부터 머리고 환경이고 가진 것이 전혀 없다는 것을 절감한 지금일 수도 있다. 하지만 그 어떤 시점이라도 무엇을 어떻게 생각하고 행동할지는 자기 자유다. 상황을 원망하고 자책할 수도 있고 그냥 잊고 시간을 보내려 할 수도 있고, 안 좋은 사실들을 인정하고 그 때문에 오히려 더 열심히 할 수도 있다.

물론 긍정적인 태도가 말처럼 쉬운 것은 아니다. 당장 처참한 결과 앞에서, 혹은 반복되는 문제들 탓에 인내심에 극에 달했을 때, 그런 때의 순간적인 감정 앞에서 완전히 냉정해질 수 있는 사람은 없다고 본다. 하지만 감정은 길이의 차이가 다소 있을 뿐 일시적이다. 감정과 기분을 바꾸는 방법에 대해서는 슬럼프 챕터에서 더 이야기하겠다. 격한 감정이 사그라지는 순간이 반드시 오며, 바로 그때 어떤 선택을 하는지가 인간 고유의 권리인 자유 선택의 의지가 작용하는 시점이다. 이때 생각과 선택한

행동으로 그 사람이 성취할 수 있을지 없을지가 종종 판가름이 난다.

힘들어 비록 좌절하고 펑펑 눈물을 흘린다고 하더라도 다음 순간 탁탁 털고 일어나 언제 그랬냐는 듯 다시 노력할 수 있는 사람이 진정 멋진 사람이다. 그리고 그 순간 더 노력하기로 선택한 사람은 한층 더 굳건하고 강해진다. 세상은 바로 그때 그 태도를 보인 사람, 그런 어려움을 이겨낸 사람을 인정해 준다. 쉽게 성공한 것보다 힘든 과정을 거칠 때 더 값지며 한층 더 성숙한 직업인의 토대가 완성된다.

가볍게 새로 시작하자

"실패는 삶에서 불필요한 것들을 제거해 준다." –조앤 K. 롤링

구직에 실패한 미혼모로 어려운 삶을 살다가 '해리포터'라는 소설로 세계적인 명성을 얻게 된 롤링. 그가 하버드대 졸업식 축사에서 한 말이다.

이 문구의 진정한 의미를 조금 늦게 깨달았다. 쉽게 굴복하지 않는 의지를 가진 사람이 실패하게 되면 어떻게 할까? 성공하기 위해 더 열심히 노력하게 된다. 그때 바로 불필요했던 것들을 차츰차츰 없애기 시작한다. 하나에 더 집중하기 위해서 부수적인 취미나 인간관계, 허투루 보내는 시간을 없애고 잘못된 습관을 바로잡으려 한다. 그리고는 결국 그것들을 생활에서 제거한다. 이때 비로소 그것들이 '불필요했었구나' 하는 것을 깨닫게 된다.

사람은 순응적이기 때문에 정말 필요한 것이든 정말 필요하지는 않은

것이든 항시 존재할 때는 잘 모르다가 그것이 없으면 그때 그 가치에 대해 알게 된다. 목표를 향해 가는 길 중에 실패를 경험하고 또, 도대체 아무것도 잘 안 될 때가 있다. 이때 경쟁력을 더 높이기 위한 방법으로 지금 상황에서 중요하지 않아 보이는 것들을 곰곰이 따져보고 그것들을 제거한 후 깨닫게 되는 이치. 그것이 바로 조앤 롤링의 '실패는 삶에서 불필요한 것들을 제거해 준다.' 라는 문구의 참뜻이 아닐까 싶다. 불필요한 것들을 제거하고 한 번 더 힘을 내어 간소한 옷차림으로 달려보자. 그때 비로소 실패하지 않고는 얻을 수 없는 깨달음을 얻을 수 있을지도 모른다.

Go the extra mile.

실패를 딛고 다시 시작하려는 순간이든, 공부를 하고 있는 매일매일의 어느 날이든 수험 생활은 극도로 힘들 수 있다. 하지만 어떤 상황이든 누구보다도 한층 더 노력하자. 기대치를 뛰어넘는 노력에 더해 한 번 더 애쓸 때 특별해진다. 그리고 그 특별함이 합격을 만든다.

공부를 시작하기에 앞서
자신의 전체적인
수험공부 계획을 세워야 한다.
단, 기본적인 윤곽을 만드는 것이지
너무 완벽하게 하려고
노력할 필요는 없다.

Strategy of Long-Term Test

PART 03

제3장

수험 준비와
커리큘럼

01 시험 전 워밍업
자신의 공부기본소양 점검 | 운동습관 만들기 | 관련 책 읽기 | 손글씨 연습 |
합격한 지인 만나 조언듣기 | 수험 생활 전 마음가짐에 대해서

02 수험 회차별 도움말
첫 도전, 초시생 | 두 번째 도전, 재수생 | 세 번째 도전, 삼수생 | 네 번째 이상 도
전, 이른바 장수생

03 수험 생활 지역
① 수험가(고시촌) ② 대학가 ③ 부모님 집 근처 ④ 기숙학원

04 거주 장소
① 부모님 집 ② 지인 집(친척 등), 동거 ③ 원룸 ④ 고시원(리빙텔)
※ One point Tip - 원룸, 고시원 선별과 보완

05 공부 장소
① 도서관 ② 독서실,
※ One point Tip - 독서실과 도서관의 자리 선택, ③ 교실, ④ 카페, ⑤ 자택

06 정보 구하기

07 4가지 주요커리큘럼
① 기본서 | ② 종합반 | ③ 단과반 | ④ 프리패스
※ One point Tip - 이해력과 커리큘럼 선택문제

08 연간 수험계획
기간별 장기 시험 공부 내용 | 수험 생활 전체 커리큘럼 계획

01

수험 전 워밍업(warming up)

모든 것에는 시작이 있다. 준비가 잘 된 시작을 한다면 그것은 자신만의 경쟁력이며, 이후 과정들 또한 충분히 안정적으로 진행될 가능성이 크다. 때문에 시험을 준비하기로 결심했다면 수험 생활을 시작할 정확한 날짜를 정하고 그에 앞서 워밍업 할 시간을 갖는 것이 좋다. 이전처럼 일상생활을 하면서 수험 시작을 준비하는 일을 뜻하는데 수험 시작시기보다 3개월 정도 이르면 적절하다고 본다. 여기서는 수험 생활 전 장기적인 관점에서 이점이 될 수 있는 몇 가지 기본기 준비를 소개하고자 한다.

자신의 공부기본소양 점검

전략을 잘 세우기 위해서는 먼저 자신에 대해서 잘 알아야 한다. 그동안 자신의 공부 스타일에 대해서 많이 연구해 잘 알고 있다면 좋을 것이다. 하지만 학업성취가 높은 사람이라고 하더라도 자신이 왜 공부를 잘하는지조차 잘 모르는 경우가 많으며 성취가 낮은 사람도 그 이유를 잘 모르는 경우가 부지기수다. 그렇다고 한다면 새로운 형태의 공부 경쟁에서 갈피를 제대로 잡지 못하기 십상이다. 스스로 회고하거나 주변사람들의 조언을 얻어서라도 자신의 공부능력 소양에 대해 어느 정도 알고 있는 편이 좋다.

우선, 공부를 위한 기본 소양 중에 암기력, 집중력, 이해력에 대해 대략적인 자기 파악이 필요하다. 암기력이 약한 편이라면 그에 관해 보충할만한 대책을 충분히 세운 후 장기 시험에 돌입하는 것이 좋다. 필자 역시 암기력이 좋지 않은 것을 잘 알았기 때문에 여러 가지 공부 관련 책들을 찾아보며 어떻게 장기 암기를 효과적으로 할지 고민했으며, 그 끝에 고안한 것이 뒤에 나오는 나의 '데일리 암기 노트'이다.

집중력에는 집중을 잘하지 못하는 '주의 산만형'과 집중시간 자체가 짧은 '단기 집중형'이 있다. 이런 사람들은 자신의 뜻대로 중간에 멈추기 어려운 오프라인 강의보다는 온라인 강의를 계획하는 것이 좋다. 반면 약간 주의 산만한 타입 가운데 일부는 오히려 온라인 강의에 집중이 잘 안되니 실강을 들어야 한다고 고집하는 분들이 있다. 이때는 꼭 수업을 녹음해 빠진 부분을 보충할 필요성이 있다.

집중력이 약한 것은 공부에 치명적이기 때문에 반드시 집중력을 길러야 하며, 집중 저하를 보완할 수 있는 여러 장치를 활용하는 것이 좋다. 필자도 공부 집중력이 많이 약한 편이라 여러 노하우들을 고안했고 본서에서 그에 대해 충분히 자세하게 설명한다. 반면 집중력이 좋은 사람이라면 기본서로 공부하기도 수월하며 강의 내용 흡수율도 좋아 공부에 있어서 큰 장점이 된다.

이해력이 뛰어난 편이라면 강사도 크게 영향이 없을 수 있고, 심지어 기본서로만 공부해도 좋은 성과를 내기도 한다. 반면 이해력이 좋지 않다면 특별히 더 강사 선택에 심혈을 기울여야 한다. 더 쉬운 강사, 다소 과정이 길어도 더 자세하고 꼼꼼하게 설명해 주는 강사를 찾아야 한다. 또한 일부 내용은 기본서에 글로 더 자세히 설명된 부분도 있으니 함께 보완해 이용할 수도 있겠다.

한편, 내 경험으로는 정말 뛰어난 이해력을 가졌다고 생각되는 사람도 정작 본인은 모르는 경우가 있었다. 반대 경우도 있다. 그래서 쉬운 판별법을 소개한다. 학창 시절 잘 못 가르친다고 정평이 나있는 교사의 수업도 곧잘 듣고 따라갔다면 이해력이 좋은 편일 가능성이 높다. 반대로 잘 가르친다고 정평이 나 있는 교사의 수업도 따라가기 어려웠다고 한다면 이해력이 상대적으로 안 좋을 가능성이 있다. 물론, 이해력은 해당 과목에 대한 적성이나 사전 지식 정도에 다라 달라질 수 있는 문제이긴 하지만 이를 통해 어느 정도 어림짐작해 볼 수는 있겠다.

운동습관 만들기

수험 생활에서 체력과 컨디션은 가장 큰 경쟁력 중 하나에 해당한다. 이 두 가지를 위해 하나의 규칙적인 운동습관이 있는 편이 훨씬 유리하다. 수험 생활에서 운동의 이점은 뒤에서 더 자세히 언급하였으니 필요하다면 7장 수험 생활의 운동 챕터를 참고하기 바란다.

꾸준히 했던 운동이 있는 사람이라면 그 운동을 유지하면 되고 그렇지 않은 사람이라면 가능한 유산소 운동, 혼자서도 할 수 있는 운동을 선택해 습관을 만들어 놓도록 권한다. 운동습관이란 것은 익숙해지면 재미를 느낄 수 있고 좋은 컨디션을 유지할 수 있게 하는 수단이지만, 일정 수준에 이르기까지는 오히려 피곤함을 유발하고 스트레스로 작용할 수 있다. 그렇기 때문에 수험 생활을 시작하기 전에 미리 운동을 습관으로 만들어 놓는 것이 좋다. 수험 생활 초기에는 새로 시작되는 것들이 많기 때문에 평소에 하지 않던 새로운 운동을 하는 것이 부담이 될 수 있고, 수험 생활 중기 이후에는 새로이 무엇인가를 시작할 여력이 되지 않을 가능성이 더욱 크다. 그때에는 이전에 하던 것들만 겨우 할 수 있는 시간적·심적 상태가 된다. 따라서 운동을 비롯한 '필요한 습관'은 미리 만들어 두는 것이 가장 좋다.

관련 책 읽기

공부를 효율적으로 그리고 누구보다 열심히 하기 위해서는 적절한 공부 방법과 더불어 공부에 대한 의지가 필요하다. 이것들은 자신의 경험과 생각으로부터 나온다. 경험은 수험 생활을 결심하기 전에 결정될 가능성이 크지만, 생각은 글을 통해 불러일으킬 수 있다. 때문에 공부 의지를 불러일으킬 수 있는 동기부여서, 각종 장기 시험 합격 에세이, 그리고 공부 방법에 관한 책들을 읽는 것을 권한다. 이런 책들을 어느 정도 섭렵해 두면 자신의 큰 무기가 될 수 있다.

한편, 앞으로도 본문에서 수없이 반복하여 강조하겠지만 자신이 장기 기억화하려는 대상이 있다면 '반복'을 잊지 말아야 한다. 책도 마찬가지다. 동기부여에 관련된 내용이야 일회적으로 잠재의식에 넣어 두고 끝내도 되겠지만, 중요한 공부 기법, 수험 생활 팁, 다른 이들의 시행착오에 관한 내용들 중 자신에게 필요하다 여기는 것들은 다시 볼 수 있도록 꼭 표시하거나 따로 옮겨 놓아 스스로 상기할 수 있도록 해야 한다. 절대한 번 읽고 대부분을 기억할 수 없다. 특히 수험 생활같이 끊임없이 지식을 머릿속에 넣을 때는 그 망각 속도가 훨씬 더 빠르다. 그리하여 나중에는 사전에 글로 읽었고, 혹은 주변에서 들었음에도 그 중요한 조언을 잊어버리고 실패 확률이 높은 결정을 하는 경우를 너무도 많이 봤다.

반드시 필요한 내용은 반복할 수 있도록 표시해 두고 다시 봐야 한다.

손글씨 연습

글씨에 대한 언급은 다소 참신하게 느껴질 수 있다. 특히 객관식 문제만 있는 시험에선 글씨 연습의 필요성을 체감하기가 쉽지 않으며 노트북, 태블릿 등 근래 발달한 디지털 매체들 탓에 손글씨에 대한 중요성을 간과하기 쉽다. 하지만 아무리 교재가 잘 되어 있어도 필기, 메모, 간단한 계산 등은 손글씨를 사용하게 된다. 이때 손글씨의 가독성과 속도 역시 부가적인 경쟁력이 될 수 있다. 또한 강의를 듣는다면 느린 필기 속도는 공부 흐름을 치명적으로 끊을 수 있고 필요한 내용을 많이 놓치게 만들 수 있다. 그에 더해 가독성이 좋지 않은 글씨체는 자신의 글을 다시 읽을 때 속도를 저하시키며 어이없는 실수를 유발할 수 있다. 더욱이 혹시라도 서술형 답안 작성이 필요한 시험이라면 글씨체는 한층 더 중요하다. 2차 시험이 서술형인 행정고시, 공인회계사, 변리사 등의 합격생들도 하나같이 글씨체가 성적에 영향을 준다고 이야기 한다. 때문에 상대적으로 느리거나 가독성이 좋지 않은 글씨체를 가진 사람이라면 미리 신경을 써 어느 정도 교정 작업을 진행해 두는 편이 좋다. 수험 생활을 시작하고 나서 천천히 글씨 연습을 하기는 어렵다. 연습을 하더라도 다른 바쁘게 쓰는 필기들 때문에 그 효과가 적다.

알다시피, 오랜 습관을 교정하기 위해서는 제법 많은 시간과 규칙적인 노력이 필요하다.

합격한 지인 만나 조언듣기

자신이 준비하는 시험에 먼저 합격한 사람을 건너 건너라도 알고 있다면 어떻게 해서든 연락을 해 일대일로 만나도록 해야 한다. 여러 명이 모이는 자리보다는 해당 주제에 대해서만 이야기할 수 있도록 '일대일'로 만나는 자리를 계획하자. 또한 가능하면 최근에 합격한 사람이 좋다. 그리고 정보를 많이 듣고 나누는 경향의 사람이라면 더욱 좋다. 내 경우에는 몇 번이고 먼저 연락해 의·치전에 합격한 대학교 선후배들을 만났으며, 당시 학생 주머니로는 부담되는 비싼 식사비를 기꺼이 지불하면서 그들이 입을 더 열도록 했다. 이때, 합격자 대부분은 편하게 생각하고 만나 다소 정리되지 않은 정보를 생각나는 대로 말하는 경향이 있다. 그래서 해당 입시 시장의 중요한 상식을 합격자 자신이 알고 있다고 해도 잊어버리고 몇 가지는 전혀 언급하지 않을 수도 있다. 때문에 질문 리스트를 미리 차근차근 만들어가면 좀 더 실질적인 도움이 되며, 나중에도 전화나 문자로 묻겠다는 말을 미리 남기는 편이 좋다.

수험 생활 전 마음가짐에 대해서

그동안 살면서 공부를 잘하지 못했던 사람이라면 자신도 충분히 잘하게 될 수 있다는 자신감을 가지는 것이 필요하다. 또한 그동안 공부를 잘했던, 혹은 좋은 학벌의 사람이라면 자만심은 필시 적이 된다.

누구든 명심해야 한다. 공부를 잘한다는 것은 한순간 한 분야에서의 능력일 뿐 그다음 순간의 공부 성과를 무조건적으로 보장해 주는 것이 아니다. 단지 자신감 면에서 약간 유리하고 약간 불리할 수 있을 뿐이다. '유불리' 와 성과는 다르다. 그 분야의 적당한 공부 방법을 얼마나 갖출 수 있는지와 동일한 기간 동안 얼마나 많은 시간을 투자할 수 있는지가 관건이다. (장수생 중에 좋은 학벌의 사람이 많은 것과, 전문직 사람들이 재테크에 곧잘 실패하는 이유가 그 예다.) 따라서 기가 죽을 필요도, 거만할 필요도 없다.

약간 겸손하게, 하지만 드디어 사회에서 자신의 자리를 만들어줄 관문에 도전한다는 설렘, 또한 주변 모든 것을 신경 쓰지 않아도 되는 온전한 '자신만의 시간' 으로 들어간다는 편안함으로 수험 시작을 맞이하도록 하자.

02

수험 회차별 도움말

첫 도전, 초시생

무엇이든 처음은 어렵다. 아무리 정보를 많이 듣고 찾아봤고, 심지어 옆에서 지켜봤다고 하더라도 자신이 하는 것은 완전히 다르다. 전혀 예상치 못했던 문제들을 만날 것이고 아무런 참고 없이 자신이 직접 결정해야 할 것들이 등장한다. 이런 것들은 대체로 물어볼 사람이 없고, 가령 물어볼 선 경험자가 있다면 조금은 낫다고 하지만 그의 기억력에도 한계가 있으며 높은 확률로 자신의 상황과 예전 그 사람의 상황은 다를 것이기 때문에 큰 도움이 되지 않는 경우가 많다. 그렇기에 대부분의 상황에서 자신이 판단하고 결정해야 하며 정도의 차이가 있을 뿐 어느 정도 시행착오는 겪을 수밖에 없다. 그 점을 인정하고 재수생 이상 보다 많은 시간을 투자해 불리함을 보완한다고 생각해야 한다.

전력을 다해 공부하는 수험생이라면 일반적으로 초시 때 가장 열심히 하고, 해가 갈수록 열심 자체는 조금씩 떨어질 수 있다. 나 역시 공부 시간 통계를 내어 보니 그랬다. 초심을 완벽히 그대로 유지하기가 어렵고,

수험 생활에 익숙해지면서 긴장감과 각오가 다소 떨어지기 때문이다. 그래서 그런 요소들이 가장 이상적인 초반에 더 열심히 해야 한다. 한층 더 밀도 있는 '열심'으로 인해 몇 해째 공부하는 수험생들을 이기는 것이다.

또한 모두에게 해당하는 말이지만 특히, 초시생은 자신의 페이스를 찾아 지키는 것이 더욱 중요하다. 무엇인가 하는 데 있어서 두 번째, 세 번째보다도 처음 속도는 개인차가 크다. 공부하는 속도가 더딘 사람이라면 지나치게 서두를 필요는 없다. 공부 내용에 대해 전반적인 이해를 하고 자신의 공부 체계를 잡는 것이 중요한 일이지 남들에게 뒤지지 않는 속도가 중요한 것이 절대 아니다. 특히, 주위의 다년 차 수험생들과 진도를 비교해서는 안 된다.

그리고 재수생 이상들이 대부분 본고사 한 달, 두 달 전에 실력과 점수가 어느 정도 결정된다고 하면 초시생들은 본고사 직전까지 실력이 올라간다고 생각하면 된다. 그때까지 자신을 믿고 계속해서 정진하는 자세가 필요하다. 그렇기 때문에 막연하다고 초반에 지레 포기하지 말기 바란다. 최선을 다해 완주했을 때 초시가 의미 있는 것이다. 그렇지 않으면 다음 해가 또 초시일 뿐이다. 이번 해에 성공하겠다는 생각으로 공부를 하되 도무지 어렵게 느껴진다면 최대한 지엽적인 것들, 어려운 심화 내용을 제외하고 기본기를 탄탄하게 하도록 하자. 사실, 일반적인 성인 수험 시장에서는 문제 난이도를 60~70% 정도의 정답률에 맞추는 경향이 있다. 때문에 기본 핵심 내용만 확실하다면 합격 가능한 점수를 받는 경우가 곧잘 있다. 그러니, 첫해 수험이 너무 어렵게 느껴진다면 70~80% 정도의 난이도를 정복하는 것으로 목표로 삼고 이어가기를 바란다. 당장 어렵더라도 이번 해 꼭 성공한다는 마음가짐으로 최선을 다하기 바란다.

두 번째 도전, 재수생

가장 점수가 많이 오를 수 있는 시기가 재시이다. 그리고 이때가 진짜라고 생각하면 된다. 무엇이든 처음과 두 번째는 완전히 다르다. 어딘가 목적지를 향해 갈 때도 초행길은 아무리 설명을 많이 들었다고 해도 어렵고 헤매기 쉽다. 그러나 두 번째에는 훨씬 더 수월하다. 특히 처음에 경로의 포인트를 계획적으로 잘 표시해 뒀다면 훨씬 더 효율적으로 목적지에 다다를 수 있다. 그래서 재수부터는 처음 경험을 바탕으로 제법 그럴싸한 '전략' 을 세우기가 가능하다.

가장 먼저 할 일은 당연히 복기(한 번 두고 난 바둑을 다시 처음부터 두었던 대로 놓아보며 따져보는 일)다. 이전 도전 때 왜 실패했는지를 생각해보고 그것을 극복한다든지 불가능하다면 만회할 방법을 찾아야 한다. 당장 전년도 실패한 이유를 다시 한번 따져 보고 이번 해에는 그 결점을 어떻게 만회할 것인지 각오와 계획을 생각해 본다. 또한 자신이 다시 그렇게 될 것 같으면 해당 문제를 강제적으로 바꿀 방법을 찾아보자. (아침에 늦게 일어나는 것이 문제라면 출석 모임을 한다든지)

또한 공부환경(공부 장소, 거주 장소, 학원 등)에 변화가 필요한지 다시 생각해봐야 하며, 그룹 스터디 방법, 필기법, 암기법 등 여러 가지 세부 방법들에 대해서도 재고해 봐야 한다. 수험 시작 전에 반드시 그렇게 해야 한다. 그렇지 않고는 '재수' 라는 유리점이 반감된다. '노하우' 라는 것은 경험을 통해 자신에게 맞는 적절한 방법을 찾는 것이다. 그리고 어떤 방법을 찾을 때 기록, 검토, 새로운 계획은 당연한 필수 단계다.

그리고 서투른 초시생과 실패를 거듭해온 장수생들을 보며 자만하지 말라. 공부는 겸손해야 한다. 마지막에 판이 뒤집어져 초시생에게 패하는 경우도 흔하며, 자만하며 공부하다가는 자신도 삼수 이상으로 가기 십상이다. 재시의 실패는 초년 차 또는 삼 년 차 이상보다 더 큰 좌절감으로 다가올 수 있다. 처음이라는 핑계도 댈 수 없고, 아직 실패를 반복함으로 다소 무덤덤해진 것도 아니기 때문이다. 또, 자신이 반복적으로 실패하는 '평범한 인간'이라는 것도 스스로, 또 주위에 인정해야 하게 된다.

만약 재시에 실패한다면 다시 한번 시험에 도전할지 큰 결정을 해야 한다. 필자의 수험생 관찰에 의하면 보통 수험 생활 1~2년의 경우는 자신이 하던 전공이나 일로 다시 돌아가기가 비교적 수월해 보였다. 남자들 군대도 2년 이내, 유학도 보통 1~2년이기 때문이다. 그러나 '3년'부터는 비교적 눈에 띄는 큰 공백이 될 수 있다. 그래서 3년 차부터는 실패해도 어차피 돌아갈 곳이 없어 수험을 지속하는 이른바 '만성적인 수험 생활'의 고착상태에 빠질 수 있다. 때문에 수험은 가능한 2년째에 끝내는 것이 좋다. 물론, 해당 수험 시장마다의 평균적인 수험 생활 연차가 있기는 하다. 한때 한국 사회 최고의 등용문이었던 사법고시(2017년 폐지)는 평균 수험 기간이 약 5년[1]이었다. 그러나 사법고시 준비생도 처음은 2~3년을 합격 목표로 출발하는 경우가 많았으며, 그 외에 대부분의 어려운 시험도 보통 합격생들은 2~3년 차이지 그 이상은 과한 수험 기간이 된다. 그렇기 때문에 반드시 2년 차에 끝을 낸다고 생각을 하자.

재수생의 수험 생활 시작은 평균보다 약간 빠른 편이 좋다고 본다. 물론, 초시 때보다는 강의 진도를 소화하는 것이 더 빠르겠지만, 기본적인 base가 있는 만큼 더 자세하게 공부하게 되어 시간이 많이 필요할 가능성도 크다. 그리고 구체적인 계획들을 세우는 능동적이고 적극적인 수험생이라면 초시보다도 여러 가지 커리큘럼을 소화하려 하기 때문에 시간을 조금 더 확보해 두는 것이 좋다.

세 번째 도전, 삼수생

개인적으로 세 번째 도전의 시간은 내 인생에서 가장 힘든 시기였다. 누구나 그렇겠지만 연이은 불합격은 힘든 경험이다. 또한 수험 생활에서 벗어나 주변 사람들에게 돌아가는 시기도 장기화되며 관계 단절에 대한 불안감도 커지고, 적당한 시간을 들여 그 직업을 갖고 성공담을 이야기할 수 있는 이른바 '주류'에서 멀어지는 기분도 느껴질 수 있다.

그러나 사정이 어찌 되었든 이번 해 시험을 잘 봐서 합격하는 것밖에는 답이 없다. 또한 합격한다면 시험을 2년을 준비했는지 3년을 준비했는지는 시간이 지나면 별다르게 느껴지지 않는다. 다만, 더이상 수험 기간이 장기화되지 않도록 사활을 걸어야 할 것이며 앞선 시험들에서 그럭저럭 합격에 가까운 성적을 받지 못했다면 본인의 공부 방법이나 과정에 큰 문제점이 있을 수도 있으니 곰곰이 재고해 봐야 한다. 그래서 역시 재수생에게 적용되었던 복기가 삼수생에게도 필수이다. 시험에서 좋은 점수를 받지 못한 이유를 세세히 적어보고 어떻게 변화시킬지 계획을 세워봐야 하는 것이 당연하다. 또한 그중에서 가장 중요한 몇 가지는 따로 골라 메모지에 써 잘 보이는 곳에 붙여 놓는 것을 추천한다. 사람은 잘 잊는 경향이 있기 때문이다. 과거를 잊은 자에게 미래는 없다.

반면 꾸준히 노력해 왔고, 성적이 계속 향상되어 왔거나 합격에 가까운 성적을 받았다면 이번 해 실력이 완성되는 시기라고 믿어도 된다. '열심히 했는데 왜 안 되지?' 라는 좌절보다는 나는 빠르게 완성되는 사람이 아니니 이제 빛을 발할 것이라고 생각해 보자. 심리학자 앤더스 에릭슨(K. Anders Ericsson)이 발표한 논문에서 처음 등장한 개념인 '1만 시간의 법칙' 이라는 것이 있다[2]. 해당 분야에서 세계 수준의 전문가, 마스터가 되려면 1만 시간의 연습이 필요하다는 주장이다. 1만 시간이란 대략 하루 3시간씩 10년간 연습한 것과 같다[3]. 즉, 3시간씩 노력할 때 한 분야의 전문가가 되는 것이 10년이 걸린다는 이야기이다. 수험 생활에서 나는 10시간씩 3년을 말한다. 뒤에 공부 시간에서 더 언급하겠지만 공부를 열심히 한다는 최소한의 시간이 하루 스톱워치로 10시간이다. 이 노력을 3년간 한다면 비로소 해당 시험에 어느 정도 통달할 수 있다고 본다. 그렇기 때문에 아직 완결되지 않은 실력 때문에 너무 자신을 불신하지 말고 열심을 이어나갔으면 한다. 열심히 해 왔다면 이번 해가 바로 1만 시간의 법칙에 도달하는 해다.

주위 사람들은 너무 신경 쓰지 말도록 하자. 몇 년이 지나든 다시 자신이 돌아갈 자리는 있으며 진짜 친구들은 5년, 10년이 지나도 남는다. 몇 년 수험 생활을 핑계로 못 만났다고 멀어질 친구라면 수험 생활을 하지 않았어도 언젠가는 멀어질 친구이다. 중요한 시험을 준비할 때 믿고 기다려주는 친구들이 진짜 친구다. 부모님께 감사하다는 말씀만 한 번 드리고 공부를 시작하도록 하자. 한편, 공부 시작의 적정시간은 개인에 따라 다르겠지만 그동안 기초를 어느 정도 닦아 두었다면 평균보다 조금 늦게 시작해도 큰 차이가 없다고 본다.

네 번째 이상 도전, 이른바 장수생

해보지 않은 것에 대해 논하는 것은 사실 어렵다. 네 번 이상 수험에 도전하는 사람들을 주위에서도 제법 봤고, 조언을 하기도 했지만 사실 내가 직접 경험해 본 것은 아니다. 단, '만약 내가 4를 시작한다면 어떻게 했을까?' 하는 고찰과 경험자들의 인터뷰를 바탕으로 조언을 이어가고자 한다.

삼수를 초과한 분들은 일반적으로 '공부의 양' 문제에서는 이미 임계점을 지난 상태이다. 즉, 공부 시간 보다는 공부 방법과 여러 가지 선택에 비효율적인 점들이 있었을 가능성이 높다. 따라서 공부법, 공부환경 등의 큰 테두리를 변화시켜 보겠다는 생각을 해보는 것이 좋다. 여기서는 공부에 대한 의지와 공부 방법 두 가지에 대해 이야기해 보고자 한다.

첫째 '의지'에 관해서는 우선 그간 오래 수험을 지속했으므로 시험이 끝난 후 다른 일들을 잠시라도 해보길 권한다. 가만히 시간을 보내는 것도 물론 머리를 비우기 위해 필요할 수 있다. 그러나 이것은 며칠에서 길게는 한 달이면 충분하다. 여행 역시 마찬가지다. 현실을 잊기 위해 필요할 수 있지만, 적당히 해야 한다. 그 후에 확실히 다른 삶을 잠시 살아보기를 권한다. 특히 돈을 벌기 위해 다른 일을 해보기를 권한다. 그렇게 하면 보통 경제적 행위에 대해, 그리고 '직업'에 대해서 다시 한번 생각해 볼 계기가 된다. 그러고는 그 고찰 안에 자신이 목표하는 직업을 넣어보자. 자신이 경험해본 다른 직업보다 그 자리가 어떤 가치를 더 지니는지, 그렇다면 그를 위해 어느 정도 더 노력해 수험공부를 해야 하겠는지를 되새겨본다. 혹은 예상보다 다른 직업에서 자신이 더 잘 할 수 있다는 판단이 든다면 수험 생활을 과감하게 그만할 것인지에 대한 결단이

설 수도 있다.

진학도 괜찮다. 충분히 다른 길에 대해 경험해보고 생각해 볼 계기가 되어 줄 것이다. 물론, 진학 후 진로가 괜찮고, 한발 물러서서 보니 오히려 자신이 얽매여 있던 시험의 가치가 생각보다 적다고 느껴지면 그 길로 방향을 전환하는 것도 좋은 선택일 수 있다. 반면, 그래도 크게 미련이 남고 새로운 의지가 생긴다면 다시 도전해 볼 수도 있겠다. 그때의 의지력은 또 다른 에너지이다.

장기간의 수험 생활을 포기하고 대학원을 진학했다가 중단하고는 다른 각오로 다시 도전해 성공한 경우, 학원 강의하는 일로 전향했다가 다시 수험 생활로 돌아와 돌연 높은 점수를 받은 경우, 몇 년간 유학을 다녀와서 다시 수험 생활해 합격한 경우들을 안다. 그들은 돌아와 이전과 다른 새 의지로, 이전보다 한층 더 숙연한 모습으로 공부했으며 결국 꿈을 이뤘다.

둘째, 4번째 이상의 도전이라면 공부 방법에 관해서는 좀 더 넓게 생각해 봤으면 한다. 단순히 해당 시험의 후기들을 훑으며 해당 시험 시장의 공부법에 대해 고민하는 대신 집중력, 암기력 관련 책들, 다른 공부법에 대한 것들, 타 시험 성공 에세이 등을 통해 시야를 조금 더 넓게 가지고 자신이 선택했던 공부법들과 비교해 보았으면 한다. 그리고 역시 지난 수험 생활을 돌아봐야 하는데, 여러 해에 대해서 모두 복기해 보는 것도 좋지만 가장 중요한 것은 그 전해에 대한 복기이다. 세세히 자신이 선택한 방법이나 과정들에 대해 평가해봐야 한다. 물론, 자신의 방법들이 모두 틀린 것이라고 보기는 어렵다. 따라서 괜찮은 방법으로 확신이 들지만, 아직 무르익지 않아 빛을 보지 못한 방법, 효율이 다소 떨어지는 것 같지만 다른 대처 방법을 찾지 못한 것. 그리고 확실히 고쳐야 할 방법 이렇게 3가지로 나누어 생각해보는 것이 좋다.

새로운 수험 생활 시작은 늦어도 좋다. 마음이 정리되는 대로 하면 된다. 다시 힘을 얻기 위하여 쉬다가 일부러 조금 늦게 시작하는 것도 한 가지 방법이다. 그렇게 해서 더 짧은 시간으로 긴장감 있게 공부하고 성공했다는 수험생들도 있다. 장수생일수록 익숙한 내용도 많고, 지루한 수험 기간 탓에 수험 초반기에는 흐지부지 시간을 보낼 가능성이 크기 때문에 언급하는 것이다. 물론, 흐트러지지 않고 적당한 시간에 다시 공부를 시작하여 성공하기도 한다.

비록 수험 기간은 길어졌지만, 이럴 때일수록 중요한 것은 자신을 믿는 힘이다. 그리고 그 자신을 믿는 힘의 근거가 있어야 한다. 조금도 나아지지도 않고, 노력도 하지 않는 자신감은 근거 없는 자신감이다. 근거 없는 자신감은 인생 시간을 허비하게 한다. 이런 경우는 세상에 나가 다른 경험을 하는 것이 오히려 인생에서의 성공을 앞당길 수 있을 것이다. 그러나 반대로 꾸준히 열심히 해 왔다면 자신을 믿는 힘을 충분히 응원해 주고 싶다. 이전의 결과나 성취를 떠나서 다시 한번 자신이 열심히 할 수 있다는 자신감이 있다면, 나는 그 자체로 근거 있는 자신감이라고 생각한다. 다섯 번째 여섯 번째 수험을 준비해 합격한 사람들은 모두 그런 사람들이었다. 최선을 다해왔고, 시험마다 연거푸 고배를 마시기는 했지만, 꾸준히 반복해 노력했고 언젠가 자신과 잘 맞는 시험이 출제되는 해에 대박을 터트렸다.

03

수험 생활 지역

수험 생활 공간을 고민할 때 가장 먼저 고려할 것은 공부할 지역이다. 크게 3부류로 나눠 볼 수 있다. ①수험가(고시촌), ②대학가, ③부모님 집 근처이다. 일반적으로 이 중에서 | 수험가 > 대학가 > 부모님 집 근처 | 순으로 수험생들 비율이 높다고 할 수 있다. 어떤 지역에서 수험 생활을 할지는 여기서 언급하는 몇 가지 특성에 더해 해당 시험의 최근 선경험자들과 좀 더 이야기해 본 뒤 스스로 결정하는 편을 권한다.

① 수험가(고시촌) : 해당 시험을 준비하는 수험생이 주로 모여 있는 곳을 수험가라고 한다. 이런 곳은 수험생이 필요로 하는 여러 여건이 잘 갖추어져 있다. 현강(오프라인 강의)을 들으러 갈 수 있는 학원이며, 관련

자료들을 복사하고 인쇄할 수 있는 출력소(복사집), 각종 스터디 공간, 가격대별 고시원, 적당한 백반집 등이다. 또한, 자신과 동일한 시험을 준비하는 사람들을 자주 만나고 목격하면서 시험에 대한 긴장감과 공부에 대한 의무감도 더 느낄 수 있다. 스터디 모집이나 참여 역시 압도적으로 유리하다. 그러나 비용이 좀 더 필요한 편이며 그동안 집을 떠나 생활해 보지 않았던 사람이라면 혼자 낯선 곳에서 하는 생활 자체가 신체적으로, 정신적으로 부담이 될 수 있다. 특히, 지방으로부터 서울로 올라와 고시촌에서 공부하며 겪을 수 있는 가장 큰 어려움이자 결정적인 수험의 실패 요인이 될 수 있는 것이 이런 생활적인 면이다. 필자가 보고 들었던 수험 경험담 중에서는 그랬다. 따라서 그런 타지 생활에 대해 연습이 되어 있거나 혹은 대비책과 각오가 확실해야 한다. 서울 수험가 상경을 고민하는 지방 거주자 중에서 그런 점에 대한 자신이 없다면 굳이 서울 수험가를 찾을 것이 아니다. 집 가까운 지방 수험가에서 수험 생활하는 것을 고려해보는 것도 좋다.

한편, 필자가 수험 생활을 할 시에 필자의 시험 해당 수험가는 강남역 부근이었다. 그 외에 고시촌으로 잘 알려진 서울 내 지역들은 노량진, 신림동 등이 있으며 강북에는 종로나 노원 등의 지역에 시험 관련된 학원이 많다. 한편, 지방의 경우에는 지역거점 국립대 주변이나 교통 편리한 특정 지역이 수험가로 여겨지기도 한다. 이에 따라 그 주변에 관련 학원들이 많다. 자신의 시험에서 정확한 주요 수험가를 알아보려면 해당 수험 시장에서 가장 규모가 큰 학원들의 본점과 분점 위치를 파악하면 된다.

② 대학가 : 장기 시험은 대학에 다니다가 준비하는 경우가 많아서 자신이 재학 중인 대학가에서 수험 생활을 하는 사람들도 곧잘 있다. 필자도 수험 첫해에 대학가에서 공부했다. 대학을 몇 년 다녔다면 대학 주변 지리나 점포에 대해 잘 알 것이므로 따로 시간을 써 탐색할 필요가 없고 편하게 공부를 시작할 수 있다는 장점이 있다. 반면 대학가 역시 공부할 수 있는 제반 여건이 잘 갖추어진 편이지만 학원이나 해당 시험 자료 접근도 그리고 스터디 구성의 유리함에 있어서 수험가보다는 꽤 뒤처질 수 있다.

한편, 대학가는 다른 곳과 다르게 일 년 중 시기에 따라 주위 분위기가 많이 바뀌는 특성이 있다. 시험 기간에는 주변 모든 공부 장소들에 사람들이 붐비고, 학기 초나 축제 기간에는 대학생들의 다소 들뜬 분위기 때문에 수험생 자신도 다소 마음이 흐트러지거나 심하면 슬럼프에 빠질 수도 있다. 그런 점에서 주변 분위기에 비교적 쉽게 휘둘리는 경우, 친구가 많아 자신을 자주 유혹할 여지가 있는 경우는 이곳에 거주하며 수험 생활을 하는 것이 상대적으로 많이 불리할 수 있으니 주의해야 한다.

③ 부모님 집 근처 : 특별히 수험가를 찾거나 대학가에 거주하지 않고 부모님 집에 거주하며 그 근방에서, 혹은 집에서 공부하는 경우다. 비교적 공부 의지가 세고, 감정 기복이 적은 경우에 고려해볼 법하다. 학원 실강이나 스터디 등의 강제적인 공부 장치들을 선택하기 어렵기 때문이다. 이에 따라 수험에 필요한 정보나 자료를 얻기도 쉽지 않다. 또한, 함께 공부하는 사람들을 만나거나 목격하지도 못한다는 것은 공부를 한층 더 고독하게 한다. 물론, 대학가나 수험가에서 공부한다고 공부 의지나

외로움이 완전히 해결된다고는 절대 말할 수 없다. 또, 어떤 수험생들은 공부가 끝나고 집에 들어갈 때나 휴일에 가족과 지내며 정서적으로 도움을 받는 것이 수험 생활에 큰 버팀목이었다고 말하기도 한다. 하지만 아무래도 공감대 형성, 공부 동기 부여적인 면 때문에 같은 수험 준비생들이 없는 외딴곳에서 홀로 공부하는 것이 대다수에게 다른 방법들보다 더 어렵다.

그래서 필자는 특수한 상황(심리적 문제, 비용 등)이 아니라면 수험가나 대학가와 거리가 먼 곳에서 나홀로 수험 생활을 하는 것을 추천하고 싶지는 않다. 부모님 집 근처를 수험 생활 주 공부지로 정할지라도 가능하다면 주기적으로 오프라인 학원에 통학하거나 스터디 장소에 참석하여 수험 감각을 유지하기를 권한다.

④ 기숙학원 : 한편, 시험 종류에 따라 수험 시장 규모가 크고 학원계가 활성화된 경우 '기숙 학원'이 있기도 하다. 이런 경우 수험 지역, 거주 장소, 공부 장소며 학원 등 모든 것이 한 번에 해결된다. 공부 강제성도 가장 클 수 있다. 그래서 유혹거리에 너무 약하거나 다른 공부 여건들을 계획하기 어려워하는 사람에게 안성맞춤일 수 있다. 하지만 여러 사항에 대해 선택권이 너무 없기에 강사 선택이나 개인 맞춤형 공부를 조직하는 데 있어 꽤 제한이 있을 수 있으니 그런 단점과 한계는 고민해봐야 한다. 또한, 필자의 어릴 적 경험상 기숙학원의 구성원 수준도 꽤 중요하다고 생각된다. 다른 공부유형보다도 다른 사람과 워낙 밀접하게 생활하기 때문에 전체적인 공부 분위기나 학우들 성향에 영향을 많이 받을 수밖에 없다.

04

거주 장소

앞서 다룬 수험 생활 지역이 '생활 반경'이라면 거주 장소는 구체화된 '밤잠을 자는 공간'을 뜻한다. 이 또한 수험 생활 전에 결정해야 할 사항이다. 여기서는 크게 4가지 ① 부모님 집 ② 지인 집(친척 등), 동거 ③ 원룸 ④ 고시원(리빙텔)으로 나누어 언급한다.

① 부모님 집 : 가족과 한집에서 살며 수험 공부를 하는 케이스다. 수험 지역을 부모님 집 근처로 하거나, 수험 생활 지역과 자택이 가까워 이렇게 한다면 생활적인 면에서는 제법 유리할 수 있다. 집의 부모님과, 그리고 가족과 함께 살며 심리적인 안정감을 느낀다. 더군다나 가족이 청소나 식사, 세탁 등 집안일에도 도움을 준다면 시간을 아낄 수 있으며 조금이라도 더 다른 일에 정신을 쏟지 않고 공부에 전념할 수 있게 된다. 주거 비용, 생활 비용을 절약할 수 있다는 점도 소득이 없는 수험생에게는 큰 장점일 수 있겠다.

그러나 이런 좋은 점들이 있지만, 보통은 수험 생활 지역과 거리 때문에 부모님 집을 거주지로 선택하지 못한다. 또한, 어떤 수험생들은 부모님 집이 수험 생활 지역 근처에 있더라도 가족들의 일반 생활을 보면 마음이 흐트러진다며 따로 나와 사는 경우도 있다. 다른 단점으로는 일주일 중 공부를 쉬기로 한 요일이라 할지라도 부모님 계신 집에서는 왠지 눈치가 보이고 쉬는 것이 완전히 편치만은 않을 수 있다.

② 지인 집(친척 등), 동거 : 지인 집 역시 집안일 등에 신경을 덜 쓰거나 나눌 수 있다는 장점과 정서적 안정감은 유리하다. 그러나 부모님 집과 비슷한 단점들이 있을 수 있다.

한편, 같은 시험 준비하는 사람과 동거하는 것도 고려할 수 있는데 예민해질 수밖에 없는 수험생끼리 함께 거주하며 생활을 공유한다는 것은 쉽지가 않다. 아무리 많이 친해도, 혹은 겉으로 잘 맞는 듯 보여도 함께 사는 것은 또 다른 국면이다. 더구나 마음에 쌓이는 것들이 생기거나 심지어 사이가 틀어져도 수험생에게는 이것을 해소할 여유가 없다. 그런 점들 때문에 수험 생활에 도움보단 도움이 되지 않는 경우를 더 많이 봐서 권장하지는 않는다.

③ 원룸 : 소위 '자취'라고도 하는 원룸 생활은 필자 역시 오래 해 봤다. 개인 시간을 쓰기가 가장 자유롭고 쉴 때도 가장 편하다고 할 수 있다. 그러나 식사나 청소 세탁 등을 전적으로 자신이 해결해야 한다는 것이 처음 홀로 생활하는 사람들에게는 조금 부담일 수 있다. 또한 공과금 등도 챙겨야 하니 고시원에 비해서는 생활 유지에 대한 스트레스를 좀 더 받는다.

원룸 생활은 쉴 때 좋지만 그것은 반대로 큰 단점이 될 수도 있다. 자꾸 쉬며 공부할 장소로 이동하지 않고 시간을 낭비할 가능성이 다른 거주 형태보다도 가장 크다. 그 점을 반드시 경계해야 한다.

④ 고시원(리빙텔) : 공부를 위해 고도화된 장소이다. 그러나 예전처럼 고시원 안에서 공부하는 사람은 많지 않아 보인다. 단지, 하루 중 공부 시간이 많고 주거지 안에서 다른 생활하는 시간이 극도로 짧은 수험생 등이 밤잠을 자기 위한 최소한의 장소이다. 원룸 등에 비해 공간이 훨씬 적어 비용도 절감되고 청소도 쉽다. 공과금을 거의 신경 쓰지 않아도 되며 단순 '쌀밥'이나 라면 등도 제공되는 경우가 많으니 원룸의 자취 형태보다는 생활 부담을 조금 덜 수 있다. 그러나 모르는 사람들과 취사 시설, 심지어 어떤 경우 화장실이나 샤워 시설까지 함께 써야 한다면 스트레스일 수 있다. 더욱이 가장 큰 단점으로 고시원은 공간이 너무 협소해서 쉴 때도 편하게 쉬는 느낌이 들지 않으며 그 공간에 오래 있을수록 기분도 침울해질 가능성이 높다는 점이다. 고시원에 거주하며 신체적 건강과 정신적 건강을 지키려면 반드시 규칙적으로 운동을 해야 한다.

고시촌에는 역시 거주 형태로 고시원이 많이 포진되어 있기 때문에 수험 생활을 하는 사람들 중에는 고시원 생활을 하는 사람들이 제법 많다. 이런 고시원은 아무리 내부에 개인 욕실을 갖춰둔다고 하더라도 들어가서 처음 보면 대부분은 그 적은 공간에 무척 놀란다. '과연 이런 곳에 사람이 살 수 있을까?' 하는 생각이 들지도 모른다. 그러나 수험 생활 때 한번 겪어 보지, 언제 그런 곳에 살아보며 하나에 집중하는 시간을 갖겠는가. 경험이라 생각하면 좋겠다. 필자도 수능 재수생 때, 수험 생활 재시 때, 심지어 치과의사가 막 되고 나서도 살아봤는데 지나고 보면 독특한 장소에서의 애틋한 기억일 뿐이다. 단, 그런 장소의 생활이 너무 길어지면 절대 안 되겠다. 고시원에 살게 된다면 다른 장소 거주자들보다도 더 강렬한 의지로 빠른 합격을 하도록 하자. 그것이 바로 헝그리 정신. 원래 '의지'라는 것은 결핍을 느낄 때 한층 더 강화된다.

One point Tip

원룸, 고시원 선별과 보완

혹시 원룸이나 고시원(리빙텔)을 수험 생활 거주지로 선택했다면 번거롭다 하더라도 가능한 주변의 여러 곳을 직접 다녀본 후 결정하기를 권한다. 동일한 주거 형태에 비슷한 가격인데도 조건이나 환경들에서 차이가 꽤 나는 경우가 많기 때문이다. 혹은 여건이 비슷한데도 월세 차이가 제법 있기도 하다. 그래서 필자는 거주지를 고를 때 하루를 확보하여 인근 지역 최소 10곳 가까이 방문, 비교하곤 했다.

공부 장소로부터 도보 10분 내외의 거리가 적당하다 느껴졌다. 너무 가깝지 않고 거리를 조금 두는 이유는 운동량이 극도로 부족한 수험생에게 매일 자연스러운 걷기 운동이 되기 때문이며, 오가며 매일 앉아있는 답답함을 일부 해소할 수 있어서이다. 반면 공부 장소에서 너무 가까운 숙소는 공부해야 하는 낮에 집으로의 복귀 본능을 자꾸 자극할 수 있다는 단점도 있다.

거주지의 밤낮 소음 가능성도 체크해야 한다. 관리자에게 물어보는 한편 직접 외부를 확인해 예측한다. 고시원이라면 주인이 직접 관리하는 곳이 낫다. 그렇지 않은 곳과 상태 차이가 날 수밖에 없다. 되도록 환기를 위해 건물 밖으로 뚫린 창이 있는 방을 권하며 가능한 그 창이 북향이 아니면 좋겠다. 생체리듬을 어느 정도 지키기 위해서 햇빛이 드는 것이 훨씬 유리하고 또 잠깐이라도 햇빛이 들면 위생적으로도 좋다. 청결하지 못한 곳의 경우 괜한 병을 얻어 수험 생활 동안뿐 아니라 그 이후까지도 고통을 받을 수도 있으니 주의하여야 한다.

또한 고시원은 특성상 대부분 공간이 협소하고 내부 공기가 좋지 않다. 공기청정기를 사용하거나 야자 활성탄을 이용하면 된다. 특히 야자 활성탄(숯)은 공간 활용과 가성비 면에서 고시원 등 작은방에 매우 적합하다. 숯은 흡착력이 뛰어나 공기 정화뿐 아니라 습도 조절, 곰팡이 제거 역할을 하며 음이온을 방출한다[4]. 음이온은 부교감신경에 영향을 주어 기분을 안정시키고 몸의 긴장을 이완[5]하는 등 신경 정신계에 긍정적 영향[6]을 준다고 알려져 있다. (단, 시중의 과도한 '음이온 효능'에 대해선 논란의 여지가 있으며[7] 방사선 방출 원소를 포함한 음이온 제품 선택에는 반드시 주의가 필요하다.) 실제로 내겐 야자 활성탄의 체감효과가 상당히 컸다. 컨디션을 향상시키고 아침에 일어나는 것도 수월하게 해 주었다.

거주 장소의 여건은 수험 생활 컨디션 유지에 중요한 부분이다. 특히 수면 시 불편하거나 스트레스를 받게 되는 요소가 있다면 불리한 수험 생활이 되니 꼭 시간 투자를 해서 거주지를 알아보고 결정하는 한편 거주에 부족한 점들은 현명하게 보완하도록 하자.

05

공부 장소

자택에서 수험 공부를 한다는 것은 웬만한 의지를 갖지 않고서는 어려운 일이다. 물론 그렇게 해서 성공한 사람들도 있지만 소수이다. 언뜻 처음 생각하기에 집에서 다른 것들을 하지 않고 공부에 집중할 수 있을 것 같이 생각될지라도 대다수는 마음처럼 되지 않는다. TV나 다른 책, 취미 용품 등 다른 행동을 할 수 있는 여러 가지 것들이 근처에 있고 자신이 어떤 행동을 한다고 하더라도 그 누구에 눈에 띄지도 않기 때문이다. 침대에 눕고 싶고 게을러지기가 십상이며 집안일들도 해야 할 것이 자꾸 생겨난다. 반면 도서관이나 독서실 등은 공부 그 목적에만 충실할 수 있도록 다른 물품들이 없는 특별한 공간이 제공된다는 점, 특히 그곳에서는 다른 공부 하는 사람들이 주변에 있어 공부 분위기가 조성되어 있다는 점에서 유리하다. 이렇듯 보통 사람들은 주변의 환경과 긴장감 정도에 다소 영향을 많이 받는다. 때문에, 특별한 일부를 제외하고는 대부분 집 외의 장소에서 공부하는 편이다. 그런 공부 장소의 유, 불리한 점에 대해서 ① 도서관, ② 독서실, ③ 교실, ④ 카페, ⑤ 자택으로 나누어 짚어 본다.

① 도서관

도서관은 일반 국공립 도서관 등의 열람실(학습실, 정독실)이나 대학교 내 도서관의 열람실에서 공부하는 것을 뜻한다. 보통 비용이 들지 않고 그때그때 자신이 원하는 좌석에 앉을 수 있다는 점이 가장 큰 장점이다. 또한 도서관은 보통 규모가 크기 때문에 근처에 구내식당 등이 있어 식사도 손쉽게 해결할 수 있다. 그에 더해 개인적으로 다른 공부 장소보다 가장 두뇌 회전이 잘 된다고 느껴졌던 장소가 바로 도서관이다. 학교들 시험 기간이 아니라면 필자가 이용했던 도서관들은 비교적 한산했는데 독서실보다 밀폐되어 있지 않고 공간이 넓다 보니 쾌적한 공기와 비교적 트인 시야, 그리고 적당한 소음 덕분으로 생각된다.

공부 장소로서 도서관의 큰 단점은 지정된 자리가 없다는 점에서 나온다. 그 탓에 출석 시간에 따라 자리 선택이 제한될 수 있고 특히 대학교 시험 기간이라도 되면 대부분의 대학교 내 도서관의 자리 쟁탈전은 치열해지며 공부환경이 크게 악화될 수 있다. 국공립 도서관 역시 중·고등학교, 대학교 시험 기간에는 공부하는 사람들이 많아지며 여건이 나빠진다. 그리고 지정된 자리가 없다 보니 누가 주위에 앉게 될지 모른다는 점도 불리하다. 특히 본고사가 가까워 예민해질 때 신경에 거슬리는 행동을 하고 소음을 발생하는 사람이 근처에 앉게 되면 타격이 클 수 있다. 또 다른 단점 하나는 공부 도중 찾고 싶은 내용이 있다 하더라도 해당 책을 지참하지 않았다면 찾기 어렵다는 점이다. 도서관 사물함에 책이 있다 하더라도 다소 시간이 들고 번거롭게 느껴져 그만둘 가능성이 높다. 이때 찾아보는 것이 또 효율이 높은데 말이다. 온도조절 또한 다른 공부 장소들에 비해 건의 절차가 다소 번거롭고 피드백이 느릴 수 있다.

그런 단점들 때문에 필자는 수험생들에게 수험 초기에는 도서관에서 공부하다가도 본고사가 가까우면 1~2개월은 독서실로 공부 장소를 바꾸는 것도 괜찮은 선택이라며 귀띔해 주기도 한다. 시험이 가까워지면 공부한 것들이 많아 그만큼 하루 내 봐야 할 책들도 다양해지고 많아지며, 심리적으로도 날카로워질 수 있으니 말이다.

한편, 대학마다 도서관 내 좌석이 고정된 지정 열람실 내지는 고시·국시 준비실 등이 따로 있을 수 있다. 이런 경우엔 공부 장소로써 도서관 열람실이 지닌 대부분 단점을 보완할 수 있어서 적극 추천하며 그런 공간을 제공받을 수 있는 것은 좋은 기회라 생각한다.

② 독서실

도서관 열람실과 대비되게 독서실은 내 자리가 확보되어 있다는 점이 큰 강점이다. 자리 선점 경쟁에서 스트레스를 받지 않으며 무엇보다 필자는 도서관에서 자리를 배정받고, 해당 자리가 불결할 경우 청소도 해야 하고, 매일매일 내 공부할 책과 스톱워치, 필기구 등을 자리에 세팅하고, 또 공부를 마치고 물건들을 철수하는 등에 소비되는 시간이 너무 아깝게 느껴졌다. 불필요하게 공부할 시간 몇 분을 빼앗는 것이기 때문이다. 하지만 독서실에서는 그런 공부 시작과 끝, 자리 정리 시간이 단축되니 상당히 편리하게 느껴졌다. 또한, 많은 범위의 책들을 내 지정된 좌석에 진열해 놓음으로써 그때그때 원하는 내용을 찾기가 쉽다는 점,

주변 사람들 변동도 적어 안정적이라는 것 또한 장점이었다.

그러나 특별히 비용을 지불해야 한다는 점이 일반적인 수험생들에게는 가장 큰 부담이 되는 것 같다. 또한 지정된 자신의 특정 좌석에서만 공부하는 것이 안정되고 편할 수도 있지만 반대로 너무 익숙해지면 오히려 공부가 잘 안 되는 느낌을 받을 수도 있다. 이때는 가끔 카페나 학원 교실 혹은 근처의 다른 공공 도서관에서 공부를 해 볼 수 있겠다. 또는 독서실에 사정을 이야기하고 잠시 자리를 바꿔 보는 것도 좋다.

다른 단점으로 독서실은 대부분 어둡고 비좁다 보니 그곳에서 장기간 공부하다 보면 성격이 더 예민해질 가능성이 있다. 때문에, 독서실에서 공부한다면 지정된 자기 좌석 외에 가끔 주위를 환기시키고 쉴 수 있는 휴게실 등의 다른 장소를 발굴해 놓도록 하자. 또한 낮에 식사할 시에는 가능한 독서실 건물에 있지 말고 나와서 다른 곳에서 식사한다면 좋을 것이다. 그것이 어렵다면 하루에 한두 번쯤은 외부를 잠시 산책하는 것도 좋은 기분전환 전략이 될 수 있다.

One point Tip

독서실과 도서관의 자리 선택

독서실과 도서관 등의 공부 장소 내에서 자리 선호도는 개인마다 다소 다를 수 있다. 특히 도서관에서는 칸막이형 자리들과 일반 테이블형 자리에 대한 취향이 많이 나뉘는데 칸막이형은 좀 더 폐쇄적이기에 독서실 분위기에 가깝고 일반 테이블형은 외부에 자신의 행동이 대부분 노출된다는 점에서 독서실보다는 카페 쪽에 좀 더 가깝다. 따라서 사정상 도서관에서 공부하기 어려운 날 대안 장소를 찾을 시에는 이에 맞춰 테이블형에서 공부하던 사람은 일반 카페나 스터디 카페를, 칸막이형은 일일 독서실 등을 고려하는 것이 적당하다. 물론, 무조건 그런 일관성이 아니라 가끔은 평상시와 전혀 다른 유형의 장소에서 공부를 시도해보는 것 또한 긍정적인 면들이 있다.

그 외에 자리 위치에 대해서는 다른 여러 가지를 고려해 볼 수 있다. 먼저 불빛이다. 개인 스탠드가 있는 독서실에서는 덜하지만, 도서관 등에서는 같은 공간 안에서도 형광등 위치에 따라 자리마다 조명도가 꽤 다를 수 있다. 너무 어두운 곳에서 공부할 경우 시력에 나쁜 영향을 줄 수 있으니 주의해야 한다. 에어컨이나 온풍기의 위치도 고려 대상일 수 있다. 온·냉방 기기의 바람이 곧바로 들이치는 곳이라면 여름에는 냉방병과 두통을 유발할 가능성이 있으며, 겨울에는 유독 건조하며 끊임없이 잠이 오게 될 수도 있다. 그 자리에서 들리는 소음도 고려 대상이 될 수 있다. 외부와 아주 가깝지 않더라도 공명과 회절 효과 등에 의해 외부로부터의 소음이 유난히 잘 들리는 위치가 있기도 하다. 한편, 개인적으로는 창가 자리를 선호했는데, 한쪽에 다른 사람이 없을뿐더러 창문을 통해 공기 환기나 개인적인 온도 조절이 일부 가능했기 때문이다.

물론, 그런 정해진 환경조건들보다도 더 중요한 것은 주위 분위기이다. 항상 '사람'이 가장 큰 이슈가 될 수 있다. 공부 장소에 적절치 않는 행동을 하는 사람이 있을 경우 집중력 방해받기 십상이니 조치를 하거나 자리를 옮겨야 한다. 반면 예의를 지키며 열심히 공부하는 사람이 주위에 있다면 절대적으로 유리하다.

③ 교실

학원 교실이나 학교의 교실을 뜻한다. 특히 중ㆍ고등학생들은 교실에서 공부하게 되는 경우가 많기 때문에 누구나 경험해본 장소일 가능성이 높다. 소음이나 주변 자극 정도는 도서관보다는 높고 카페보다는 적은 정도이다. 특징으로 교실은 사람들끼리 말을 할 수 있는 여지가 약간 있고, 지인들이 주변에 있을 가능성이 다른 공부 장소보다 높은 편이다. 그래서 서로 질문을 하는 등으로 인해 주의가 산만해질 수 있다. 물론, 주변 사람에게 피해를 적게 주는 선에서 질문을 주고받을 수 있는 것이 긍정적인 면도 있을 수 있겠다.

다른 특징으로 일반적으로 '교실'은 주변에 나와 같은 시험을 준비하는 사람들이 있을 확률이 다른 장소보다 훨씬 높으며 서방이 트여있어 그들의 공부 모습이 직접적으로 보인다. 이로 인해 다른 열심히 하는 수험생들에게 동기 부여를 받을 수 있다는 장점이 가장 크다. 그렇기 때문에 경쟁심리가 강하고 주변 분위기에 영향을 많이 받는 사람이라면 교실이 매우 좋은 공부 장소가 될 수 있다. 또한 다른 장소에서 공부하던 사람들도 공부 의지가 일시적으로 떨어질 시 해당 수험생들이 모인 교실에서 단기간 공부해 봄으로써 그런 공부 동기 부여를 새로 받을 수 있기도 하다. 물론, 이런 장점들의 전제는 교실 공부 분위기가 좋아야 한다는 점이다. 반대로 공부 분위기가 좋지 않은 교실이라면 반드시 그곳을 떠나 공부하도록 해야 한다. 주변 분위기에 전혀 방해받지 않을 정도의 의지를 가진 사람은 극소수다.

한편, 학원이나 대학의 빈 강의실에서 공부하는 것도 '교실'에 속하는데 강의시간대를 피해 강의실을 옮겨 다녀야 한다는 불편이 있다. 이는 번거로움뿐만 아니라 공부 흐름이 끊겨 불리하다. 또한 해당 공간을 우선 사용하는 다른 주류들을 피해 다니는 '비주류' 느낌을 받기에 그렇지 않아도 의기소침할 수 있는 수험생의 자존감을 무의식중에 더 빼앗는 결과가 될 수 있다. 잠시나 단기간이면 괜찮겠지만 이런 형태를 주 공부 장소로 택하거나 이런 환경에서 장기간 공부하는 것은 권장하지 않는다.

④ 카페

카페도 훌륭한 공부 장소가 될 수 있다. 내가 원하는 분위기의 카페를 선택할 수 있고 또 원하는 음료를 마실 수 있다는 점도 소소한 긍정 피드백이 된다. 카페는 개인에 따라선 자신에게 적당한 수준의 소음과 주변 사람들의 움직임이 있는 곳일 수 있다. 또한, 앞서 다룬 다른 장소들에 비해 혼잣말로 되뇌고 연습해보며 공부할 수 있다는 장점도 있다. 그러나 역시 책을 많이 가지고 다닐 수 없으며 한 카페에서 너무 오랜 시간 자리를 과점하는 것은 매장에 실례일 수 있고 스스로 어색하게 느껴질 수 있다. 식사 시간에 물건들을 자리에 두고 외부에 다녀오는 것 또한 부담일 수 있다. 실내 스피커로 귀에 거슬리는 음악이 한동안 나오거나 주위에 소란을 피우는 사람들이 곧잘 생기기도 한다. 그래서 카페는 수험 생활의 주 공부 장소로 여기기보다는 스터디 앞뒤 시간에 머무는 공간, 혹은 공부가 잘되지 않을 때 잠시 장소를 바꿔보는 선택지 정도로 사용하는 편이 적절하다고 여겨진다.

한편, 어느새부터 도심과 수험가에 스터디 카페가 등장하기 시작했다. 공부하는 사람들을 타깃으로 하여 일반 카페보다 조용하고 폐쇄적이다.

반면, 정기권을 끊어 사용하며 좌석이 지정된 독서실보다는 개방적이고 자유로운 분위기이다. 이런 형태 역시 독특한 차별성이 있다고 여겨진다. 거주지가 도서관까지는 다소 멀고 그렇다고 독서실이나 일반 카페는 분위기와 자유도 면에서 부담되는 사람들이라면 스터디 카페가 충분한 대안이 될 수 있을 것이다.

⑤ 자택

수험 생활 거주 장소와 공부 장소 공간이 동일한 것을 뜻한다. 수험 공부에 완전히 몰입해 있다면 최고의 장소가 될 수 있다. 공부 장소로 오가는 시간도 절약하며 비용도 전혀 들지 않고, 다른 사람의 부정적인 영향을 전혀 받지 않을 수 있다. 또한, 소리를 내어 영어 따라 읽기를 하든 암기 내용 되뇌기를 하든 아무런 눈치도 보이지 않는다. 그리고 무엇보다 다른 공부 장소와 달리 시설을 여닫는 특정한 시간이 없다는 점 때문에 새벽 늦게까지 공부하거나 많이 불규칙한 수험 생활을 하는 사람들이 택하는 선택지이다.

하지만 집에서 공부하려면 남다른 강한 공부 의지가 필요하며 집중력이 꽤 좋아야 한다. 반대로 주의 산만하며 평소 성격이 느긋한 편이라 늦장도 자주 부리고 주위 사람들을 봐야 확실히 더 긴장감이 생기는 사람에겐 어울리지 않는다. 바로 필자 같은 사람이다. 그래서 필자는 학생 때와 수험 생활 시 대부분 도서관이나 독서실에서 공부했다. 집에서는 스스로 한층 더 나태해짐을 느꼈고 곧잘 유혹거리에 시선을 빼앗겨 시간을 보내기 일쑤였기 때문이다. 도무지 공부가 안 된다고 느껴졌다. 하지만 치전에 다니는 2, 3학년 시기에는 사정상 집에서 공부해야 하는 경우가 많았다. 이때 원래부터 집에서 공부를 많이 해 본 주위 동기들에게 조언을 받기도 하고 스스로 시행착오를 겪기도 하며 성공적으로 공부습관을 만들 수 있었다. 지금 역시 효율성을 좀 더 높이기 위해 도서관이나 카페를 찾는 경우가 많긴 하지만 필요한 경우 언제든 집에서 추가로 공부를 한다. 놀라운 발전이다. 여러 수험생 중에서도 사정상 집에서 공부해야 하는 경우가 있을 수 있고 일부지만 집에서 하는 공부를 선호하는 사람들이 있다. 그런 분들에게 다음 도움말들이 참고될 수 있겠다.

먼저 집에서 공부해야 하는 상황이라면 '집에서는 공부가 잘 안된다' 라고 단정 짓지 않는 것부터 필요하다. 실제 집에서 공부하여 성공한 수험생들도 여럿 있고, 치전에서 관찰하니 하위권뿐 아니라 상위권 학생 중에서도 집에서 공부하는 사람들도 곧잘 있었다. 또한 집 공부가 당최 적성에 맞지 않던 필자도 성공했으니 습관만 잘 만들면 누구나 집에서 공부할 수 있다고 생각된다. 할 수 있다.

집에서 공부가 잘되지 않는 이유는 무의식중에 집을 쉬는 장소로 인식하고 있기 때문인데 그러다 보니 그곳에서 생산적인 것을 할 마음이 선뜻 들지 않고 게을러져 공부 효율이 기하급수적으로 떨어진다. 이것은 거주 장소와 공부 장소가 동일하다 보니 발생하는 당연한 혼란이다. 이를 해결하기 위해서는 '시간'과 '공간'에 대해 더 엄격해야 한다. 즉, 다른 공부 장소들은 '공간'이 분리되어 있고, 그곳에 가면 공부를 한다는 '시간'적인 기준이 있듯이 집에서도 그것이 분명해야 한다는 뜻이다. 특정 공부 시작 시간을 정해 지키거나 불규칙한 생활 중이라면 '기상 후 몇 분 이내에 공부 시작'과 같은 확실한 제한선을 만들어 두어야 한다. 또한 필자가 뒤에 제시하는 공부 시간 스톱워치 같은 제한 도구들을 꼭 쓰는 편이 좋다. 어느 정도 습관이 되기 전까지는 다른 행동들을 하지 않기 위해 공부 시간을 관리하고 다른 행동 시간에 대한 지속적인 경고가 필요한데 이를 스톱워치가 해 준다. 그다음으로 공부를 위해 완전히 독립된 방을 따로 마련해 두는 편이 좋다. 그것이 여의치 않다면 적어도 책상 위에는 도서관이나 독서실처럼 공부에 필요한 최소한의 물품들만 배치하고 불필요한 물품들은 모두 깨끗이 치워야 한다. 공부 외 생활용품 등이 눈에 보이지 않아야 한다. 또, 만약 침대가 근처에 있다면 당연히 자꾸 눕고 싶어진다. 그래서 침대에 책을 가득 쌓아두었다거나 일어나자마자 고시원 침대를 엎어 두고 공부했다는 경험담들도 있으니 참고할만하다.

한편, 집에서 공부하려면 다른 장소로 이동이 필요치 않아 생활 운동량이 더욱 적어진다. 다른 사람들과 전혀 얼굴도 마주치지 않는다는 점도 기분을 다운시킬 수 있다. 이런 점을 보완하기 위해선 역시 반드시 주기적인 운동을 하는 편이 좋다.

06

정보 구하기

해당 수험 시장의 여러 가지 정보들을 구해야 할 수 있다. 특히 어떤 학원과 어떤 강사를 선택하는 것이 좋을지, 나에게 맞는 해당 과목 공부법은 어떤 것들이 있을지, 동기 부여를 위한 합격후기 등은 중요하면서도 꾸준히 필요한 정보들이다. 그리고 장기 시험이 특히 입시와 관련되어 있다면 각 학교에 대한 정보들도 부단히 찾아 모아야 할 수 있다.

수험생이 가장 우선해서 찾아야 할 것은 그 시험을 최근에 선 경험한 사람이다. 사람을 직접 만나 이야기들을 듣고 질문하는 편이 가장 효율이 좋다. 단 개인적인 인맥에는 한계가 있으니 건너 아는 사람이라도 수소문해서 전반적인 도움말을 듣는 편이 좋다. 가능하다면 서너 명 이상의 사람들에게 이야기를 듣고 그들의 말 중 공통된 부분을 신뢰하는 편이 현명하다. 한편, 수험 시장은 단 몇 해만 지나도 강사나 출제 경향, 수험 시장 분위기 등이 많이 바뀔 수 있으니 그를 고려해야 하며, 합격자들은 다소 시간이 지나면 자신의 경험을 미화하거나 영웅담 식으로 회상하고 이이기할 수 있으니 그런 면은 주의하여야 한다.

그 외에 더 자주 더 많은 양의 정보를 구할 수 있는 곳은 인터넷의 해당 시험 준비생 커뮤니티이다. 주로 포털사이트의 카페나 특정 사이트가 될 수 있는데 이런 곳에서는 정보의 양도 많고 다양한 의견들을 들어볼 수 있지만 무조건 신뢰해서는 안 된다. 광고나 학원 관계자들의 주도면밀한 홍보 세력이 있을 수 있으며 경쟁자들을 혼란하기 위해 거짓을 이야기하는 사람들, 지나치게 공격적인 사람들 또한 많다. 즉, 온라인에서 정보를 구하려면 정보를 선별할 수 있는 내공이 필요하며 정신적으로도 휘둘리지 않을 수 있어야 한다. 그래서 이런 커뮤니티에서는 특정 키워드로 게시글 검색하는 식의 정보를 얻는 정도가 바람직하다 여겨지며, 과하게 온라인에 상주하며 시간적, 정신적 에너지 소모하지 않도록 하자. 반면, 특정 과목 강사의 커뮤니티나 학원 커뮤니티 등은 비교적 예의 있고 상식적일 수 있으나 정보의 양은 그만큼 적다.

필자의 경우 학원과 강사에 대해서는 선 합격자나 스터디 구성원들에게 적극적으로 질문해 참고하였으며 다른 정보들에 대해서는 큰 학원 홈페이지의 게시된 자료를 참고하는 것을 즐겨 했다. 이런 곳의 정보는 좀 더 공식적이고 정리, 요약된 경우가 많기 때문이다.

그리고 시험 일정과 범위에 대한 것은 직접 시험 출제위원회 홈페이지에서 확인하거나 질문해서 답을 얻는 것이 좋다. 또 입학 전형 등에 대

한 것은 괜한 소문보다는 직접 해당 대학 입학처에 전화로 질의하는 편이 확실하다.

07

4가지 주요커리큘럼

수험생들이 결정하는 주요 공부 커리큘럼으로 크게 4가지 방향을 생각해 볼 수 있다.

① 기본서 : 학원을 거의 이용하지 않고 마치 교과서처럼 기본이 되는 책을 이용해 독학 공부

② 종합반 : 학원을 가장 많이 이용. 한 학원에서 모든 과목을 주로 직접 학원 교실에 나가 수강하며, 짜인 커리큘럼을 따라가고 어느 정도 학원의 관리를 받으며 공부하는 타입

③ 단과반 : 과목별로 여러 학원에서 자신이 선호하는 강사의 강의만 골라 듣는 경우

④ 프리패스 : 주로 온라인 강의로 수강하며, 한 학원의 모든 온라인 강의를 계약한 기간 동안 자유롭게 들을 수 있는 일종의 패키지. 학원가가 활성화되며 비교적 나중에 등장한 개념.

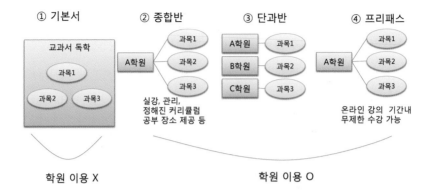

커리큘럼을 선택하는 인원 비율은 장기 시험 유형별로, 그리고 해가 바뀜에 따라 다소 차이가 있을 수는 있겠지만 대략 다음과 같이 비교를 할 수 있겠다.

비용 : 기본서 〈 프리패스 〈 단과반 ≤ 종합반	유연성 : 기본서 〉 프리패스 〉 단과반 〉 종합반
인원 : 기본서 〈 종합반 ≤ 단과반 〈 프리패스	강제력 : 기본서 〈 프리패스, 단과반 〈 종합반

기본서를 통한 공부와 학원 강의를 이용한 공부를 어느 정도 혼합해서 사용할 수도 있겠으나 보통은 각각의 분량이 만만치가 않기 때문에 한 쪽을 선택하는 것이 이롭다. 물론, 과목별로 커리큘럼을 다르게 가져갈 수는 있다. 나의 경우에는 총 4과목 중 재시에 한 과목, 세 번째 공부하던 해 다른 한 과목을 기본서로 다시 공부해 보았다. 커리큘럼별로 더 자세하게 설명하겠다.

① 기본서

예전 고시 공부 합격 에세이들은 학원을 통하지 않고 기본서로 공부해 성공한 케이스가 많았다. PEET, MDEET 시험에서도 초창기에는 기본서로 공부해 합격한 수험생들이 제법 많았고, 특히 전국 1등 등 최고 득점자는 기본서로 공부한 수험생들이 곧잘 있었다. 하지만 언젠가부터 그런 수험생들은 눈에 띄게 줄었고 공개된 수석, 차석 자들도 어느 정도 학원을 이용한 경우가 대부분인 것으로 보인다. 그만큼 시험이 거듭되면서 기본서 내용을 벗어나거나 지엽적인 내용이 많아지기 때문이며, 그런 경우 해당 파트는 다른 전문서적을 참고해야 하는데 일반 수험생에게는 쉬운 일이 아니다. 예를 들어 생물 과목의 경우 캠벨의 '생명과학'으로 대부분 파트의 적절한 성적이 보장되다가 이제는 생물의 생화학 파트는 레닌저 생화학 책을, 면역학 파트는 KUBY 면역학 책을, 세포 생물학 파트는 쿠퍼 세포학을 추가로 참고해야 하는 식이다. 또 출제가 잘 되는 파트, 그렇지 않은 파트를 구별하는 것도 시험이 다변화되면서 아무래도 한 과목을 전문적으로 담당하는 강사의 도움을 받는 편이 수월하게 되었다.

학원 강사의 강의력 상승도 학원 이용률 증가 원인에 큰 비중을 차지하는 듯 보인다. 입시 시장이 계속되면 어느 정도 전달력 뛰어난 강사가 분별 되고 그들의 노하우가 쌓이면서 강의의 효용성이 증가하는 것. 더불어 온라인 강의 플랫폼으로 '강의'에 대한 부가가치가 커지며 강의력이 뛰어난 사람들이 해당 시장에 몰려든다.

그리고 가장 큰 장점으로 읽는 것보다 듣는 것이 편하고 집중이 잘 되기 때문이다. 그래서 사람들은 기꺼이 그 값어치를 치른다. 이것은 전체적인 시대 흐름이기도 하다. 과거에는 넓은 범위의 수여자에게 지식 전달하는 것이 거의 책으로만 이루어졌다. 그러나 인터넷이 보급되면서 검색이 수월한 지식 서핑으로 전환되었고 그것이 다시 유튜브 같은 동영상으로 주 지식 전달 체계가 바뀌었다. 말을 잘하는 사람이 정리해서 전달해 주는 것이 편하고 효과적이기 때문이다.

그러나 그렇다고 해서 기본서로 공부하는 방법을 무시할 수는 없다. 책으로 공부하는 강점과 구체적인 방법에 대해서는 뒤에서 다시 자세히 다룬다. 또한, 기본서로 공부하는 사람들은 보통 공부의 고수들이 많다. 기본서 책 내용 또한 해당 분야를 수십 년 연구하며 살아온 사람들이 직접 쓴 책이기 때문에 그 심도가 깊다. 그래서 기본서로 혼자 확실히 공부한 사람들의 이해도와 기본기는 매우 높은 편이다.

기본서를 이용한 공부 방법은 보통 본고사 출제자들이 원하는 공부법이기도 하다. 일반적으로 출제자들은 학원을 이용해 시험을 잘 보게 되는 것을 긍정적으로 보지 않는 것 같다. 그래서 제시하는 기본 책들을 통해 기본 개념을 잘 이해하고 주요 지식을 깊게 익힌 사람들이 시험을 잘 볼 수 있게 출제 하려고 한다. 그래서 결국 기본서 내용을 요약한 학원 강사들의 교재로 공부한 수험생들보다 전체 내용이 담긴 기본서를 심도 있게 공부한 사람들에서 오히려 최고 고득점이 나오기도 한다.

한편, 직접 기본서로 공부를 시도해보면 대부분 느끼게 되지만 이해가 제법 필요한 과목들을 문자로 된 책만을 가지고 내용을 잘 이해하고 진도를 적절히 나간다는 것은 쉬운 일이 아니다. 반면, 암기가 많이 필요한 나열식의 과목들은 책만 보고 있어서는 상당히 지루함을 느낄 수 있다. 그런 단점을 극복하고 공부를 혼자 할 줄 아는 사람들이 기본서로 승부를 볼 수 있다. 그래서 기본서를 단일 공부법으로 채택하는 것은 이해력과 집중력이 좋은 최상위권 수험생들이 아니라면 다소 어려운 공부

커리큘럼이라고 본다. 또한 주변 대다수가 학원을 이용하는데 혼자 다른 길을 선택하고 유지한다는 것은 처음부터 끝까지 상당한 용기가 필요한 일이다.

결론적으로 기본서는 장점도 있지만, 앞선 이유들 때문에 보통의 수험생의 경우 최소한 이론 공부에 있어서는 학원을 어느 정도 이용하는 것을 추천하는 편이다. 하지만 혹시 한 과목이라도 기본서로 공부해야 하겠다고 결심했다면 다음과 같은 몇 가지를 꼭 지키기를 권한다. 그리고 책 공부법에 대해서는 뒤쪽 파트에 나오는 '책으로 공부하는 방법'을 참고하면 좋을 것 같다.

– 기출문제를 먼저 분석해 파트별로 출제 비중과 문제화 경향성을 미리 숙지할 것.

– 진도의 개인차가 큰 만큼 계획을 구체적으로 세워 최소 진도 속도를 확보할 것.

– 기본서 회독 시 뒤에 소개할 페이지 스톱워치 등 집중력 유지 장치를 적절히 사용할 것.

그리고 수험 준비를 조금 일찍 시작한다면 학원에서는 기본서를 교재로 해 강사가 강의를 제공하는 경우도 있으니 정 기본서 탐독에 대한 욕심이 있다면 그를 이용해도 좋다. 또한, 꼭 기본서로 세세히 공부하는 것이 아니더라도 재시, 삼시를 거치며 시간적 여유가 생기는 수험생, 유독 취약한 과목이 있는 사람들은 기본서를 부교재로 함께 참고할만하다. 학원 강사와는 또 다른 관점에서 그 과목을 바라보게 해 줄 것이며 분명히 얻게 되는 기본기들이 있다.

한편, 기본서로만 공부하는 수험생들은 굳이 학원가에 있을 필요가 없기 때문에 전국 어디에선가 폐쇄적으로 혼자 공부하는 경향이 있다. 때문에 이들의 존재를 일반 학원가 수험생이 체감하기는 어렵다.

② 종합반

종합반은 한 학원을 미리 정하고 그곳에서 전 과목의 실제 강의(이하 실강) 등을 주로 들으며 공부하는 형태를 말한다. 그렇게 한 코스를 선택해 반에 들어가게 되면, 학원 측의 관리와 코치를 받을 수 있다. 물론, 학원마다 종합반의 형태는 다양하며, 한 학원에서도 여러 가지 타입의 종합반 코스를 만들어 놓기도 한다.

그런데 일부학원에서는 종합반 수강생들은 이미 수중에 확보된 인원이라 여기는 듯 경쟁에서 밀려난 강사나 갓 시장에 진입한 새내기 강사를 배정하기도 한다. 즉, 다른 커리큘럼보다 자유도가 떨어져 강사 선택이 자유롭지 못한 불리점이 있을 수 있다. 따라서 꼭 강사 배정을 확인하고 종합반에 최종 등록하는 것이 바람직하다. 일부 뛰어난 수험생들을 제외하면 강사 선택의 중요도는 꽤 크다. 특히, 성인 시험 공부에서는 학원의 수험생 관리 시스템보다는 그 학원 어떤 강사의 강의를 들을 것인지가 더 중요하다.

종합반의 다른 장점으로는 짜인 커리큘럼 안에 있다는 안정감, 같은 공부하는 수험생들을 자주 볼 수 있다는 소속감 등이 있다. 또한, 자신이 선택하고 계획을 세울 것들이 상대적으로 적기 때문에 심리적으로 편안함을 느끼기도 한다. 그에 더해 종합반에서는 공부 강제력도 어느 정도 제공된다. 그러나 강제력은 뒤에서 소개하는 여러 가지 공부 기법들과 스터디로도 충분히 보완, 그 이상이 가능하다고 보기 때문에 종합반만의 장점이라고 하기는 어렵다.

반면, 불합격한 종합반 경험 수험생들이 많이 토로하는 단점은 개인 공부 시간 확보의 어려움이다. 특히 초시생의 경우 진도를 적절히 소화하지 못하는 경우가 제법 많다. 온라인 강의에 비해 실강이 시간 소비가 비교적 더 많으며, 진도를 미룰 수 없기 때문이다. 강의 형태의 장단점은 뒤쪽 강의 유형에서 다시 설명한다.

종합반은 다음과 같은 사람들에게 특히 추천한다. 계획 세우기가 너무 어려운 수험생, 수험 생활 외로움이 두려워 소속감이 필요한 경우, 종합반 강사진이 자신에게 안성맞춤이며 그들의 실강을 듣고 싶은 수험생들. 수험 생활 관리를 어느 정도 학원업체에서 받으며 공부하고 싶은 경우. (단, 대부분의 성인 고시에서 종합반은 고등학교 때의 학원 종합반 같은 밀착형 관리를 기대해서는 안 된다. 기숙 학원 형태가 아니라면 말이다.) 그리고 공부 속도가 남들보다 조금 더 빠른 사람들이 종합반 내용 소화에 유리하다. 종합반 전체 진도를 약간 상향 평준화하는 경우가 많기 때문이다. 그래서 만약, 종합반을 선택해 수험 생활을 한다고 하더라도 복습이 과도하게 밀리고 진도 따라가기가 어렵다면 과감하게 수험 커리큘럼을 변경하는 용기가 필요하다.

③ 단과반

단과반은 과목별로 원하는 강사를 직접 선택해 수강하는 방법이다. 여러 학원일 수도 있고 한 학원에서 일부 과목만 수강하고 다른 과목은 혼자 공부할 수도 있다. 한 학원에 과목별로 자신이 원하는 과목별 강사가 포진해 있지 않기 때문에 이 방식을 택하는데, 학원별로 따로 등록해야 하니 다소 번거로울 수 있고 학원의 관리나 혜택도 받기 어렵다.

그러나 각 과목에서 자신이 가장 뛰어나다고 결정지은 강사를 선택할 수 있는 이점이 크다. 보통 장기 시험 시장에서 모든 과목의 최다 수강생 강사(소위 '일타강사')가 한 학원에 몰려 있기는 어렵기 때문이다. 또한 자신이 생각한 커리큘럼상 기본서 독학 과목이 있다든지, 작년까지 공부한 내용 덕에 하나 이상의 과목은 자신이 있어 학원 강의를 수강하지 않으려 할 경우 단과반 형식을 따르게 되는 경우가 많다. 그래서 재시 이상 등 수험 생활이 길어질수록 단과반을 택하는 경향성이 일반적으로 더 커진다.

그리고 단과반 형태로 공부하는 수험생들은 온라인 강의를 이용하는 비중이 많지만, 학원가에서 수험 생활을 하며 한두 개 정도는 실강을 듣는 경우도 있다. 시간에 많이 쫓기는 시기가 아니라면 수험 생활 긴장감을 유지하고, 일주일 일과표 중 나름대로의 기준을 잡기 위해 실강을 섞어 듣는 것도 괜찮은 방법이다.

④ 프리패스

프리패스는 수험 시장에 따라 있을 수도 없을 수도 있다. 비교적 학원가에 나중에 등장한 이 개념은 한 학원에서 수험 기간 동안 어떤 강의든 온라인으로 무제한 수강할 수 있는 일종의 패키지라고 보면 된다. 학원가 가격경쟁이 본격화되면서 모든 과목에 경쟁력 있는 강사를 보유한 학원들 위주로 시작됐다. 가격의 메리트가 크고, 무제한 수강 가능이라는 이점이 공부 유연성을 높여주기 때문에 수험생들이 선호하는 편이다. 때문에 입시, 해당 수험 시장에 프리패스 형태가 등장하면 많은 인원이 이 커리큘럼을 선택하게 된다. 온라인 강의로 공부를 하는 사람이라면 한 학원 강사만 선택해야 한다는 점 빼고는 마땅히 다른 단점도 없다. 특히 수험생들이 선호하는 장점은 자신의 레벨을 잘 몰라도 일단 강사의 한 단계 과정을 듣다가 자유롭게 다른 단계로 혹은 다른 강사로 쉽게 변경 가능하다는 것이다.

단, 공부 유연성이 높다는 것은 그만큼 불필요할 수 있는 계획 변경이 있을 수 있고, 과도하게 다른 강의들을 기웃거리다가 시간 낭비할 가능성이 있다. 어느 정도 공부 코스가 결정됐다면 타이트하게 진도를 빼는 선택과 집중이 필요하다.

One point Tip

이해력과 커리큘럼 선택문제

어려운 내용을 책으로 공부하는 것이 적합하려면 집중력과 이해력이 좋아야 한다. 이 둘 중에 집중력은 그 시점 컨디션에 따라 많이 달라질 수 있고 여러 가지 보완장치들을 이용할 수 있다. 하지만 이해력은 다른 이야기이다. 현재 그 사람의 능력이다.

이해력이 뛰어난 사람은 글을 한 번 읽으면 내용 이해가 된다. 그보다 못한 사람은 여러 번 읽어야 비로소 이해가 되고 또, 많은 사람은 누군가가 그림을 그려가며 쉽고 친절히 설명해 줘야 이해가 된다. 심지어 어떤 이들은 1:1로 잘 안되는 부분을 찾아 여러 번 반복 설명해 주는 것이 필요하다. 그런 개인별 차이를 간과하고는 단순히 '책으로 읽어서 될 걸, 강의는 왜 듣지?'라는 사람이 있다면 그 사람은 공부 머리가 좋아서 타인을 이해 못 하는 경우일 수 있다. 내용의 난이도와 개인의 이해력을 감안하여 공부 전략을 짜야 한다.

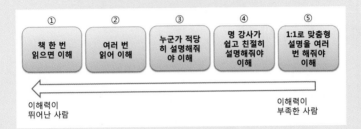

물론, 이해에 있어서는 '내용 난이도'와 '사전지식'이라는 변수가 있다. 쉬운 내용에 대해서라면 사람들 대부분이 글로도 이해가 가능할 것이고 어려운 내용도 사전 지식이 많다면 이해력이 조금 떨어지는 사람이라고 해도 꽤 알아듣기 쉽다. 여기서는 적당히 어려운 내용에 대해 약간의 사전 지식만 있다는 가정하에 개인의 이해력 정도를 따진 것이다.

필자의 이해력은 ③과 ④의 사이 정도 된다고 여겨진다. 또 사람들 대부분이 그렇다. 그래서 양극단의 일부 사람들 외에는 강사 선택이 중요한 것이다. 그리고 한편으로 인터넷으로 명강사의 훌륭한 강의들을 누구나 쉽게 접근 가능한 지금 환경은 오히려 머리 제한을 비교적 낮추고 원하는 목표를 이룰 수 있는 공평한 시대라 할 수도 있겠다.

08

연간 수험계획

기간별 장기 시험 공부 내용

장기 시험의 대략적인 수험 패턴을 표로 항목별 정리해 보았다. 물론, 장기 시험의 종류나 개인별로 다소 차이가 있을 수 있으나 대부분의 수험 생활에서 비슷하게 나타나는 일련의 과정들이니 참고해 보도록 하자.

시기	수험시작 전	수험초기	수험중기	수험후기	수험말기
이론 공부		기초공부	심화공부	빠르게 이론 2~3회독	이론복습(정리 노트 위주)
문제 풀기		간단한 개념/암기형	기출문제	가능한 많은 실전문제	문제 풀이복습 실전연습
스터디		스터디 찾기 or 직접모집		스터디 끝 or 분량축소	
관련책	의지부여, 합격에세이 공부방법 등	해당시험에 적용 되는 공부 방법 위주	의지부여 관련된 책 조금씩		

그외	합격지인상담 운동습관 거주지/ 공부 장소결정 커리큘럼/ 강사 계획	커리큘럼/ 강사 확정	모의고사	모의고사	컨디션 조절 마인드컨트롤

수험 생활 전체 커리큘럼 계획

공부를 시작하기에 앞서 자신의 전체적인 수험공부 계획을 세워야 한다. 장기 시험의 통상적인 수험 수험패턴을 앞서 제시하였으니 그를 참고하여 자신만의 계획을 수립하면 된다. 단, 기본적인 윤곽을 만드는 것이지 너무 완벽하게 하려고 노력할 필요는 없다. 실행하다보면 여러 변수들로 인해 계획과 많이 달라질 여지가 크며 특히 초시생의 경우에는 수험 생활을 가늠하기조차 어렵기 때문이다. 대략적인 가이드라인을 세워둔다고 생각하되 수험 생활 중에 실행하기로 목표한 이벤트의 시작 예상지점 정도 기억해 두는 것을 추천한다. 예를 들어 3월에는 생물 2차 복습을 시작해야 하겠다, 암기 노트 작업이 끝나면 기초 문제 복습을 하겠다, 최소한 이때에는 문제 풀이를 시작해야 하는 식이다. 그리고는 시간이 지나면 다시 커리큘럼 계획을 수정하고 뒤처지는 것들을 신경 써서 보완하도록 하면 된다.

〈전체 수험 스케줄 예시〉

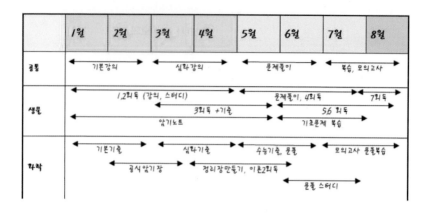

	1월	2월	3월	4월	5월	6월	7월	8월
공통	←──── 기본강의 ────→		←──── 심화강의 ────→		←──── 문제풀이 ────→		←── 복습, 모의고사 ──→	
생물	←──────── 1,2회독 (강의, 스터디) ────────→					←── 문제풀이, 4회독 ──→		←7회독→
			←──── 3회독 +기출 ────→			←──── 5,6 회독 ────→		
	←──────── 암기노트 ────────→					←── 기초문제 복습 ──→		
화학	←──── 기본기출 ────→		←──── 심화기출 ────→		←── 수능기출, 문풀 ──→		←── 모의고사 문풀복습 ──→	
		←──── 공식 암기 장 ────→		←── 정리장만들기, 이론2회독 ──→				
						←── 문풀 스터디 ──→		

약간 겸손하게,
하지만 드디어 사회에서 자신의 자리를
만들어줄 관문에 도전한다는 설렘,
또한 주변 모든 것을 신경 쓰지 않아도 되는
온전한 '자신만의 시간'으로 들어간다는 편안함으로
수험 시작을 맞이하도록 하자.

현실적으로 현시대
대부분 수험 시장은 학원의
영향력이 매우 크다.
특히, 내용 이해가 필요한 과목일수록
수험생들의 강사 의존성은 높으며
강사는 보통 학원에
소속되어 있다.

Strategy of Long-Term Test

01

학원

대부분의 장기 시험 시장에서 독학하는 것이 아니라면 학원을 이용하게 된다. 특히 수험 인원이 많고 어려운 시험일수록 학원은 잘 갖춰져 있기 마련인데, 어떤 학원을 고를 것이며 어떤 강사를 선택할 것인지는 수험 생활 전반을 결정할 수 있는 매우 중요한 문제이다. 학원을 이용하지 않고 기본서로만 공부해 좋은 성적을 낼 수 있다면 좋겠지만, 현실적으로 현시대 대부분 수험 시장은 학원의 영향력이 매우 크다. 특히, 내용 이해가 필요한 과목일수록 수험생들의 강사 의존성은 높으며 강사는 보통 학원에 소속되어 있다.

또한 학원을 이용했을 때 효과적으로 공부하는 방법과 도구들이 많다. 아무리 개인 능력이 뛰어나다고 하더라도 여러 과목의 시험 범위를 정확히 알고 각 내용의 효율적인 이해 방향을 찾기는 쉽지 않다. 그에 비해 학원 전문가들은 그 분야에서 수년 동안 한 과목만 다루기에 정보도 많고, 정리된 자료도 확실하며 여러 가지 이해, 암기 기법들을 잘 가진 경우가 많다. 적당한 문제 데이터베이스라든지 요약정리 된 자료, 실력 향상을 위한 커리큘럼, 시스템도 수년을 거쳐 학원에 쌓여 있다. 그래서 최소한 한두 과목이라도 학원을 이용해 학원계와 연결고리를 만들어 놓는 것을 추천하며 설령 모든 과목을 기본서만 이용해 독학하는 사람이라고 하더라도 학원 한두 곳을 선정해 수험정보를 찾아보고 공부 자료 등을 얻을 것을 권한다.

학원 선택에 있어서는 우선 광고에 너무 현혹되지 않는 것이 좋다. 최소 서너 개의 유명한 학원은 직접 찾아가 보면 좋다. 직접 방문하여 학원 분위기와 규모를 봐야 한다. 온라인은 누구도 그럴듯하게 갖춰 놓을 수 있지만, 오프라인 규모는 정말 학원 운영이 잘 돼야 잘 갖춰 놓을 수 있다. 또한, 비교적 수강생이 많은 곳이 그만큼 결과를 잘 내는 학원일 확률이 높다. 하지만 '업계 최다', '합격률 1위' 등의 광고 카피는 업계 모두가 동의하는 객관적 근거를 갖는다고 보기는 어렵다. 그보다는 실제 최근 수험 생활을 해본 경험자에게 조언을 구하는 것이 좋다. 그 경험자가 가장 잘되어 있다고 생각하는 학원 한 곳, 또 가장 수강생이 많다고 생각되는 곳 한 곳 등을 추천받아 최소한 학원 두 개 정도는 꼼꼼히 비교해 볼 필요가 있다.

그리고 수험생 특성에 따라 대형 학원보다는 소규모 학원의 좀 더 친근한 분위기를 선호하기도 한다. 소규모 학원이 수험생들 하나하나 관리를 비교적 세심히 해 주는 경향이 있기 때문이다. 이 경우에는 규모가 작지만, 수험생들 만족도가 높으며 체계가 잘 잡힌 학원을 선택해야 하겠다. 하지만 이런 경우 업계에서 가장 인지도 있는 강사의 강의를 듣기는 어려운 경우가 많고, 전 과목 중에 한두 과목 정도는 도저히 만족할만한 강사를 찾기 어려울 수 있다. 정보나 자료 또한 적을 수 있는 것이 사실이다. 그래서 이런 점들을 감안하거나 보충할 계획을 적절히 세우는 것이 좋겠다.

그리고 학원계는 일 년이 다르게 강사들이 이동하거나 학원가 판도가 달라지는 경우가 많다. 그래서 가장 최근 해당 수험 생활을 해본 지인에게 그에 관해서 물어보는 것이 필요하다. 또한, 학원 이름을 자주 바꾸는 곳, 최근 다른 학원과 합병된 곳, 최근 다량의 강사가 이탈한 곳 등은 피하는 것이 현명하다.

02

강사

꼭 강의를 들어야 할까?

우선 시험을 준비하는 데 있어 꼭 강의를 들어야 하는지에 대해서 의문을 제기할 수 있다. 특히 공부를 잘하는 사람일수록 단순히 혼자 책을 보며 공부하는 것이 효과적이라 생각하는 경향이 있다. 어느 정도는 맞는 말이다. 그러나 필자는 최소한 이론 내용 정도는 강의를 이용하는 것이 더 효율적이라 생각한다. 물론, 과목에 따라서 강의의 필요성은 차이가 있을 수 있겠다. 하지만 이론 대부분의 이해와 기억에 있어서 단순히 글을 읽는 것보다 적절한 손짓을 하고 그림을 그려가며 설명 해주는 시청각 강의가 더 유리하다. 이런 사실은 교육학에서 상당히 오래전부터 알려져 온 고전 상식이다. 단순히 책을 읽는 것보다 눈으로 보고 들으며 화면에 있는 핵심어를 읽는 것이 집중도 잘 된다[1]. 이는 현시대의 선호하는 지식 전달 수단 중 하나로 기존 책, 블로그에서 유튜브로 전환된 것과도 어느 정도 맥락을 같이 한다고 할 수 있다. 물론 설명하는 사람에 따라 효과 차이가 꽤 있어 어떤 경우는 차라리 책을 읽는 것이 낫겠다는 설명자도 있지만 대부분 인지도 있는 스피커를 찾는다면 문체보다 나은 전달력을 경험할 수 있다.

강의가 처음 이론 내용 이해와 기억에 유리하다는 점 외에 다른 장점들도 여럿 있다. 단순히 반복적으로 지면만 읽는 것보다 강의는 좀 더 공부하기 수월한(편한) 형태이다. 또, 수차례 시도해도 안 외워지던 대목을 간단하게 암기하는 요령을 배울 수도 있다는 점도 있다.(그런 비공식 요령들이 책에 실리는 일은 좀처럼 없다.) 그리고 강의는 학습 내용 외의 정보에 대해 좀 더 오픈된 형태라 해당 과목의 공부 방법이나 노하우, 또는 시험 시장에 대한 여러 이야기도 강사를 통해 곁들여 얻을 수 있다는 장점이 있다.

단, 함정에 빠지지 말아야 할 것은 강의 자체가 실력을 완성해 주는 것은 절대 아니라는 점이다. 단순히 처음 이해를 돕고 암기가 쉽게 되는 요령을 배우는 것으로 여겨야 한다. 그리고는 강의시간보다 몇 배 많은 시간을 혼자 공부하며 자신에 맞게 다시 이해하며 되새기고 문제를 풀고 정리, 재차 복습하는 시간이 필요하다. 또한, 동일한 분량의 내용이라고 하더라도 눈으로 읽는 것보다 말로 듣는 속도가 훨씬 더 느리다. 그래서 지나치게 강의를 많이 듣게 되면 혼자 공부할 시간은 단순히 정비례해 줄어드는 것이 아니라 곱절은 불리하게 줄어든다. 이미 이해한 내용이라면 글을 눈으로 보며 복습하는 것이 훨씬 빠르다. 그러니 강의는 현명하게 선택해 필요한 것들을 자신에게 적당량만큼 이용하는 지혜가 필요하다.

강사 선택

강사 또한 학원과 마찬가지로 시간이 걸리더라도 자신과 가장 잘 맞는 강사를 찾으면 제일 좋겠지만, 정보가 너무 없다면 비교적 가장 많이 듣는 강사를 우선 고려해 보는 것이 만족할 확률이 높다. 기존 합격생들에게 추천받을 때 조심해야 할 것은 한 명의 강사만 수강해보고 그 강사가 괜찮다고 하는 것은 왜곡될 가능성이 있다는 점이다. 추천한 강사의 강의력은 그리 경쟁력 있지 않았지만, 그 사람이 잘하기 때문에 좋은 성적을 받았을 수도 있다.

흔히 보는 수험생의 실수 메커니즘에 대해 이야기해 보겠다.

수험을 결심한다. 주변에 같은 시험을 준비했던 합격생이 다행히 있어 정보를 얻기 위해 그 사람과 만나 이것저것 묻는다. 학원 선택은 자신의 방향과 잘 맞을지 몰라 망설이지만 강사 이야기를 할 때는 강사 이름을 어떻게든 잘 기억해 둔다. 혹은 적어둔다. 수험 생활 시작할 때, 당장 다른 정보 얻기 힘든 상황에서 해당 강사의 맛보기 강의를 들어본다. 잘 가르치는 느낌을 받고는 그 강사 수강을 결심한다. 열심히 수험에 임한다. 하지만, 좋은 성적을 받지 못한다. 그리고 그해 여러 수험생을 만나고 해당 입시 시장의 수험 정보를 많이 얻게 된 후 더 잘 가르치는 강사, 더 자신과 잘 맞는 강사가 있을 수 있다는 것을 알게 된다. 그렇게 시행착오를 하게 된다. 어디서부터 잘못된 걸까?

이 경우 합격생의 말과 맛보기 강의 하나만 들어보고 섣불리 강사 선택을 한 것이 문제이다.

일반적인 학원의 강사들은 아무리 경쟁력 없는 경우라고 하더라도 고등학교 교사, 혹은 대학교수들의 강의력보다 좋게 느껴지는 경우가 대부분이다. 당연한 일이다. 강사는 제법 말을 잘해야 시작할 수 있는 일이지만, 교사가 되려면 임용고시에 합격하면 되는 것이고, 박사학위와 연구업적을 쌓으면 교수가 된다. 그러기에 개인적 학문의 전문성을 떠나 수업에 필요한 지식 전달력, 가르침에 대한 의지 등은 비교적 떨어지는 경우가 많다.(물론, 그럼에도 교단에 탁월한 강의력을 지닌 분들도 있다.) 반면, 학원 강사는 일단 어느 정도 전달력 있게 가르쳐야 수강생이 모이고 유지되기에 비교적 경쟁력이 없는 강사라고 하더라도 대부분 당장 듣기에 강의력은 좋게 느껴질 수밖에 없다.

그러나 단순히 처음 듣기에 전달력만 뛰어나다고 좋은 강사는 아니다. 단시간에 알 수 없는 강사의 중요한 자질이란 다음과 같다. 강사 자신의 지식적 이해도는 충분히 깊은지, 어떤 내용을 어떻게 접근하는지, 교재와 자료가 잘 조직화 되어있는지, 중요한 내용을 빠뜨리지 않는지, 분량이 적절하고 반복과 내용 정리는 충분히 해주는지, 실수 빈도는 적절해 오개념을 조장하지는 않는지, 더 나은 수업을 위해 지속적으로 노력하는지 등 이다. 단순 목소리, 발음등과 다르게 그것들은 맛보기 강의 하나로 알기가 어렵다. 그렇다고 강사들 강의를 어느 정도까지 다 들어보기에는 시간적·경제적으로 부담이 된다. 또한, 심지어 처음에는 자신과 잘 안 맞는 것 같아도 듣다 보면 괜찮아지는 경우도 제법 있고 반대로 처음에는 잘 몰랐지만 지나고 보니 좋지 않은 경우 역시 많다. 결국, 강의 시작 시점에 강사를 수험생 자신이 판단하기는 거의 불가능하다는 말이다. 초시생(시험에 도전한 첫해)에게는 특히 그렇다.

그래서 직접 해당 강사를 수강했던 사람들에게 정보를 얻는 수밖에 없다. 지인뿐만 아니라 어느 날 특강 수업에 옆자리에 앉은 수험생에게라도 적극적으로 물어봐야 한다. 이때, 해당 강사의 장·단점을 필히 균형 있게 들어 비교하고, 여러 강사를 수강해본 사람의 말에 더 높은 신뢰도를 두어야 한다. 다시 말하지만 한 강사만 들어 성공한 사람은 그 수험생이 잘하기 때문일 가능성도 높다. 그러나 같은 과목 강사 여럿을 수강해본 수험생들은 대부분 꽤 적절하게 '비교'를 할 수 있는 눈이 생긴다. 그리고 수강생이 많은 강사는 분명 그 이유가 있기 때문에 최다 수강생을 자랑하는 2~3명의 강사에 대해서는 강점과 결점을 꼭 꼼꼼히 비교해 보는 것이 필요하다.

요약하자면, 판단과 최종 결정은 자신이 하는 것이지만 그 과정에서의 정보들은 자신이 직접 강의를 들으며 쌓는 것은 한계가 있으니 선 경험자들을 최대한 이용하라는 것이다.

또한, 인터넷 커뮤니티를 통해 정보를 얻는 방법도 유용하고 필요한 경로이다. 수많은 정보 중에서 자신에게 필요한 믿을만한 정보를 얻기 위해서는 시간이 다소 걸리지만 그 시간 역시 투자하는 것이 좋다. 이때, 온라인에 사람을 써서 의도적으로 마케팅 작업을 하는 강사들도 있기 때문에 주의해야 한다. 한두 명의 말을 비판 없이 믿기보다 소위 '대세'를 보는 것이 좋다. 즉 최근 경향성이란 것이 있기 때문에 그것을 파악해야 한다. 그런 것들은 인위적인 작업으로 만들기 어렵다. 그에 더해 온라인에서는 학원가에서 굳이 말해주지 않는 학원과 강사의 내력과 이권경쟁 등을 참고할 수 있으며, 강사들의 결정적인 결점도 적나라하게 언급하는 이들도 있어 알아둘 법 하다. (가십거리들에 귀기울일 필요는 없지만 강사의 자질이나 본업에 대한 집중가능한 정도, 안정성 등을 참고할 수 있다.) 그리고 한때 유명했지만, 수강생들이 많이 줄어든 강사들이 있는데 그분들에게는 죄송하지만 그런 강사들은 피하는 것이 좋다. 그런 강사들이 다시 주류 강사가 되는 일은 매우 희박하며, 그렇게 된 것에는 그 강사의 분명한 단점이 있거나 확실히 더 월등한 강사가 등장했기 때문이다.

너무 유명 강사들 위주의 이야기를 했기 때문에 한 가지를 더 이야기하려고 한다. 처음에 언급했듯이 가장 좋은 것은 자신과 제일 잘 맞는 강사, 또 그 강사가 나중에 크게 될 숨은 보석과 같은 강사라면 제일 이상적이다. 누구나 다 듣기 때문에 큰 차별성이 없는 대형 강사들보다 자신만의 큰 메리트가 될 수 있기 때문. 하지만 현실적으로 찾기 어렵기 때문에 비교적 확률이 높은 최다 수강생 강사들 위주로 이야기했다. 그렇지만 그런 기회가 있을 수도 있기 때문에 나의 예를 한번 들어보겠다.

처음 공부 시작을 할 때 수험 과목 4개 중에서 유난히 화학 강사는 마땅한 강사가 없었다. 그 탓으로 수험 초반에 두 번이나 강사를 이동했고 결국, 화학 과목은 진도도 많이 늦어졌으며 상대적으로 이해도도 낮았다. 그러던 차에 초시가 끝나갈 무렵 화학 무료 특강 중에 한 신생 강사를 만났는데, 단 한 번의 수업으로 강의력에 감동했고 그 강사가 후에 크게 될 것이라고 직감했다. (이 시점은 어느 정도 수험 생활을 해보고 해당 과목도 어느 정도 알았기 때문에 그 한 번의 강의로 그 정도 판단력이 설 수 있었다고 본다.) 다음 해 그 강사의 강의를 기초부터 차근차근 다시 들었고 계속 발목을 잡던 화학 과목을 완전히 할 수 있었다. 하지만 당시 내가 그 강사를 추천해도 사람들이 생소해 할 만큼 인지도가 아직은 낮았고 그만큼 나는 다른 사람들에 비해 차별적 경쟁력이 있었던 것이다. 하지만 결국 그 후 그 강사는 단 2~3년 만에 최고의 자리에 올랐다. 이제 대다수 수험생이 그 강사에게 화학 강의를 듣게 되자 그 강의를 듣는 메리트는 다소 적어졌다. 누구나 다 듣기 때문이다. 경쟁에 있어서 차별화는 소수만 그 월등한 방법을 사용했을 때 온다.

결국, 그런 식으로 아직 빛을 발하지 않은 나와 맞는 강사 즉, 보석 강사를 찾으면 그 과목에 대해서는 다른 수험생들과 비교했을 때 큰 경쟁력을 얻을 수 있다. 물론, 사람들 대부분과 다른 선택을 하려면 꽤 용기가 필요하며 위험성 또한 따를 수밖에 없다. 그리고 하나 더해 신생 강사들은 강의 교재나 자료 등도 아직은 부족하다는 단점이 있다.

그리고 실강(실제 교실 강의)에서 녹음기를 거부하는 강사는 피하는 것이 좋다. 온라인 강의들도 자유롭게 열려있는 지금 시점에서 자신의 강의 노하우를 지키겠다고 고집하던 시대는 지났다. 자신의 전략 노출보다 더 중요한 것은 수험생들의 이해도이다. MDEET 수험 시장의 한 강사는 시장에 갓 진출하며 학원계 처음으로 녹음기를 적극 권장하여 학생들의 복습 실행률과 이해도를 끌어올렸고 결국 그 과목의 독보적인 강사로 자리매김했다. 그 이후 학생들의 수업 녹음에 상당히 부정적이던 다른 강사들도 전부 녹음을 장려하기 시작했다.

강사 변경

섣불리 강사를 바꿔서는 안 된다. 재시험 시에도 마찬가지다. 자신과 잘 맞지 않는 것이 확실하다면 모르겠지만 그렇지 않다면 단순한 호기심과 색다른 지식을 얻기 위해서 강사를 바꾸는 것은 옳지 않다고 본다.

실력은 마구잡이로 다양한 것들을 머릿속에 넣는다고 생기는 것이 아니다. 어느 정도는 일관성 있게 머릿속에 규칙을 만들어 뼈대가 생긴 후에 다양한 것들을 접해야 한다. 이것은 어떤 분야의 전문가도 동일하게 이야기하는 부분이다. 괜찮은 한 가지 경로를 선택해 자세히 공부하고 적당히 반복해 기본기를 만드는 것이 우선이다. 그렇게 되면 비교적 명확한 자신만의 가이드라인이 생기고, 지식 나무의 뿌리와 기둥이 온건하게 자리 잡힌다. 그 후에 다양한 문제, 혹은 다른 강사의 접근 방식과 또 다른 설명들을 들으며 가지를 만들어나가게 된다. 그런데 그렇게 하지 않고 기둥이 굳건히 만들어지기도 전에 가지를 붙이는 것은 나무 같은 실력이 아닌 빈약한 묘목 혹은, 풀잎 같은 실력을 만들 뿐이다.

비교적 다수의 사람이 듣고 있는 강사라면 그 강사로 충분히 합격 가능한 것 이상의 기본기를 만들 수 있다. 한 번 강의 코스를 듣고 그렇게 되지 않았다는 것은 자신의 이해 부족, 복습 부족일 가능성이 매우 높다. 그것을 마무리한 후 가지를 쳐야 한다. 그런데도 그를 무시하고 바로 가지를 치거나, 옆에 다른 나무를 세우려 하는 것은 효율적이지 못 하며 장기적 관점에서 높이 올라가기 어렵게 된다.

그래서 처음 강사를 선택할 때 신중해야 한다. 여러 명의 말을 들어보고, 여러 강사를 고려해 본 후 결정해야 한다. 그리고 강의 초반에 그 강사가 자신과 잘 맞지 않는 것 같다는 판단이 들면 가능한 한 빨리 이동을 고려해봐야 한다. 그렇지만 일단 해당 강사로 확실히 결정했다면, 혹은 한 코스를 들었다면 쉽게 바꾸지 말기를 바란다. 적어도 다른 접근 방식의 개념을 들어도 머릿속이 복잡해지지 않을 만큼 자신의 지식체계가 만들어진 후 다른 강사를 접하기를 권한다.

One point Tip

학원 강사에 대한 인식

학계나 학교에서는 비록 긍정적으로 여기지 않는 경향이 있지만 '학원 강사' 도 '선생님' 이며 제법 괜찮은 사람들도 많다. 나는 그들에게 시험 지식뿐 아니라 공부 방법, 다양한 교양, 세상을 살아가는 법도 많이 배웠다. 어떤 환경에서든 배우는 것은 자신이 생각하고 규정하기 나름이다. 학원 선생님들에게도 배울 점이 많다. 수험생은 오랜 시간 주로 듣는 수용자 입장이고 강사들 또한 나름대로 말에 신경을 써 공개적 발언을 하기에 유익한 내용을 전달받을 가능성이 더 높은 환경이다. 같은 맥락으로 그들을 좋아하면 이롭다. 호감을 가지고 있는 강사가 가르치는 과목은 당연히 더 흥미가 생길 여지가 높아지고 수험 생활 스트레스도 덜게 된다.

03

강의 유형

    학원 강사의 강의를 수강하는 방법도 여러 가지가 있다. 장기 시험이 처음이라면 용어조차 생소할 수 있는데 각 타입별 특징을 이해하도록 하고, 이에 맞게 자신에게 적합한 타입의 수강 방식을 선택하도록 한다. 재수생이라면 잘 몰랐던 다른 타입에 대해 고려해 보고 변화를 모색해 보는 것도 좋겠다. 물론, 스타 강사급이 아니라면 라이브 강의나 녹화 강의는 학원 측에서 제공하지 않을 가능성이 크며 인터넷 강의(온라인 강의)가 활성화된 후부터는 인터넷 강의를 수강하는 수험생들이 압도적으로 많다. (사실, 그만큼 유명 강사로 편중될 수 있는 환경이라는 뜻이기도 하다.) 그래서 실강과 인터넷 강의를 위주로 설명한다. 참고로 필자는 4가지 타입의 강의를 직접 모두 경험해 보았다. 이해를 돕기 위해 간략히 빗대자면 월드컵 경기를 실제 경기장에서 관람하는지(실강), 동 시간대에 TV로 시청하는지(라이브), 특정 시간대의 TV 재방송을 시청하는지(녹강), 컴퓨터나 스마트폰을 통해 자신이 필요한 시간에 볼 지(인강)이다. 축구 경기와 큰 차이라면 하이라이트만 보는 사람은 거의 없고 풀 영상을 봐야 한다는 것.

① 실강(실제 강의, 현장 강의)

중고등학교 교실에서 선생님들이 강의하는 것을 떠올리면 된다. 즉, 강사와 수강생이 같은 시간, 같은 장소에서 만나 강의를 진행하는 것을 뜻한다. 전통적이며 가장 상식적인 방식의 지식 전달 방법이다. 온라인 강의의 이점이 많지만, 이에 반하는 실강의 가장 큰 장점은 현장감이다. 현장강의는 원활한 대면 상호작용에 의해 영상 강의보다 더 효과적일 수 있다[2]. 실제 장소에서의 생생한 수업이 기억에 더 잘 남을 수 있다는 말이다. 또한, 강사가 눈앞에 있고 중간에 한번씩 eye contact되는 것이 집중력 향상 효과를 가져온다. 그리고 개별적으로 강의 일정을 미룰 수 없기 때문에 공부 진도에 대한 강제성이 있으며, 일주일 중 강의 일시는 고정된 시간이므로 주간 계획표를 세울 때 기본 베이스가 되어 줄 수 있다. 이에 더해 스터디를 한다고 해도 실강 내에서 자연스레 형성되는 경우도 있고, 실강과 라이브까지 합하여 가장 많은 인원의 진도가 동일함으로 스터디 진도 맞추기도 좀 더 편할 수 있다.

반면, 단점들도 만만치가 않다. 우선 체력적으로 가장 부담이 될 수 있는 것이 실강이다. 다른 강의들에 비해 유독 강의실 내에서 자리 경쟁이 치열해서 자칫 늦게 도착한다면 강사 얼굴이 잘 보이지도 않는 뒷자리에 앉게 될 수도 있다. 필자의 경우에는 일주일에 한 번씩 새벽 5시까지 학원에 가서 자리를 맡기도 했다. 또한 많은 사람이 한 공간에 있다가 보니 교실 내 공기도 좋지가 않다. 시간이 지날수록 숨이 막히며 집중력이 떨어지기도 한다. 그리고 정해진 시간까지 학원으로 이동해야 하는 것 또한 체력적인 부담이 될 수 있다.

결정적으로 한번 놓친 내용을 당장 다시 되돌릴 수 없으니 뒤의 내용에 대한 이해도가 떨어질 수 있으며 내 사정과는 별개로 실강의 진도가 나가기 때문에 공부 유연성이 적다. 그래서 실강은 반드시 녹음해서 녹음파일로 복습을 한다든지 놓친 부분을 다시 골라 듣든지 해야 한다. 혹, 사정이 있어 강의를 한 번 놓쳤다면 꼭 학원 측에 이야기해 라이브나 녹화 강의로 대체해 듣거나 인터넷 강의로 보완하는 것이 현명하다.

요약하자면 실강은 자신이 이해력과 체력이 좋고, 집중 가능 시간이 긴 사람에게는 추천할만하다. 만약 그렇지 않은데 장점인 진도 강제력과 집중력 향상을 위해 실강을 듣고자 한다면 직접 녹음을 하든지 녹음파일을 구해 보완하길 바란다. 단, 강사나 과목의 형태에 따라서 녹음 복습의 필요성은 크게 반감되기도 한다. 녹음 복습이 적합한 과목과 자세한 방법에 대해서는 5장 수험 공부의 전략 6) 공부 과정 '복습'에서 다룬다.

② 라이브(라이브 강의)

라이브 강의는 실강과 같은 시간대에 진행되지만, 장소가 다른 곳이라는 차이가 있다. 옆 교실, 혹은 다른 지역의 학원 분점일 수도 있다. 이 교실에는 강사가 있어야 할 자리에 스크린이나 모니터가 있다. 즉, 학원에 비치된 화면을 통해서 수업을 듣게 되는데, 실강보다는 못하더라도 다른 유형들에 비해 더 생동감을 가질 수 있으며, 실강에 비해 경쟁이 훨씬 적고, 좀 더 강의실이 쾌적하다는 장점이 있다. 반면, 직접 강사를 보는 것도 아닌데 학원까지 오가야 하며 실시간 진행에 따른 시행착오들(이를테면 대기시간이나 우발적인 수업 중단 등)을 함께 겪어야 한다는 단점도 있다.

개인PC나 휴대폰으로 시청할 수 있도록 온라인 형태로 제공되는 라이브강의도 있다. 이는 학원을 오가지 않아도 된다는 장점이 있으나 손쉽게 일반 온라인강의로 전환할 수 있다는 점 때문에 수강 강제력은 반감될 수 있다.

③ 녹강(녹화 강의)

강의 녹화한 것을 특정 시간대에 학원에서 상영해 주는 형태를 말하는데, 라이브에 이어서 녹화 강의까지 하는 강사라면 그 시장에서 꽤 유명한 강사일 것이다. 녹강은 개인 스케줄상 실강이나 라이브 시간에 강의를 듣기는 어렵지만, 학원에 나와 좀 더 강제성 있게, 또한 온라인 강의보다는 긴장감 있게 강의를 듣고 싶은 수험생들을 위한 유형이다. 녹강부터는 실강 내용에 대해 어느 정도 편집이 가능하다. 때문에 실제 강의에서의 불필요한 시행착오나 자투리 시간 낭비 등에서 어느 정도 자유로울 수 있다. 그러나 실강과 인강 사이에서 마땅히 특별한 장점을 내세우기는 어려워서 가장 모호할 수 있는 타입이다.

한편, 인강을 제외한 여기까지 실강, 라이브, 녹강을 통틀어 '현강(현장강의)'이라고 부르기도 한다. 학원이라는 현장에 가서 강의를 수강해야 하기 때문이다. 수험시장마다 용어는 다소 다를 수 있으니 참고만 하자.

④ 인강(인터넷 강의 혹은 온라인 강의, 동영상 강의)

온라인 강의는 가장 수요가 높은 수강 형태이며 장단점도 확실하다. 시간과 장소에 구애받지 않는다는 큰 장점이 있는 반면, 비교적 느슨히 공부하게 되기도 하고 진도가 많이 밀리기도 한다. 특별한 사정이 있을 때 강의 수강을 연기하거나, 혹은 필요에 따라 더 빨리 수강하는 등 공부 유연성을 쉽게 발휘할 수 있다는 것도 인강의 큰 장점이다. 그러나 그 가능성을 시작으로 자꾸 진도를 미루다 보면 의도치 않게 인강의 장점이 단점으로 변하기도 하니 주의해야 한다. 그래서 이 강의 형태를 선택한다면 조금 더 계획을 구체적으로 세우고 계속 진도에 신경 쓰며 지켜나가야 한다. 인터넷 강의에서 주의할 점은 5장의 6) 공부 과정 에서 조금 더 자세히 언급한다.

한편, 학원에 방문해 강의를 듣는 것보다는 비용이 조금이라도 더 적게 들어가는 경우가 대부분이기에 그 강점은 인강을 선택하는 큰 이유가 되기도 한다. 또한, 학원을 오가는 시간에서 자유롭다는 점, 자리 경쟁을 하지 않아도 된다는 점도 유리하다. 그리고 강의 배속을 조정할 수 있는데 이것은 시간 단축뿐 아니라 강의를 덜 지루하게 해 집중력을 높여주는 효과도 가능하다.

단점으로는 앞서 말한, 진도가 밀릴 수 있다는 점과 현장감이 떨어지고 이에 따른 몰입도도 낮을 수 있다는 것이다. 쉽게 생각해 영화를 영화관에 가서 보는지 집에서 TV로 보는지와 비교해 이해하면 된다. 영화관 상영은 그 시간을 통째로 비워서 오로지 영화만 볼 환경을 만들며 근처의 다른 관람객들에 의해 다소 현장감이 느껴지고 영화가 인상에도 더 남게 된다. 실강이 그렇다는 이야기이다. 그렇지만 자택에서 시청하는 TV 영화는 아무래도 전화나 메신저 등 다른 돌발적인 일들로 중단되어 흐름이 끊길 수 있으며 영화를 봐야 한다는 강제력 자체가 떨어진다. 아무리 인강이 발달해도 실강의 현장감과 집중력은 절대 따라갈 수 없다.

사실, 따지고 보면 실강의 단점들은 감안하는 것이지 극복하기 어려운 것들이지만, 인강의 단점들은 개인하기에 따라 충분히 극복이나 만회가 가능한 것들이다. 그러니 인강을 이용한다면 단점들을 미리 인식하고 구체적인 계획과 실행력을 발휘하는 것이 필요하겠다.

04

그 외 학원 이용

학원에는 수험생을 위한 여러 가지 것들이 많이 갖추어져 있다. 이론 내용 강의같이 학원에서 얻을 수 있는 직접적인 것 외에 다른 어떤 것들을 얻을 수 있는지 언급해 보려고 한다.

학원이 제공하는 공간

학원에서는 여러 서비스 공간을 제공하기도 한다. 그중 하나가 빈 강의실에서 학생들이 공부할 수 있도록 배려하는 것. 학원 강의시간 앞뒤로 해당 강의실에서 공부할 수 있기도 하고, 긴 시간 강의가 없는 강의실을 공부 장소로 이용하기도 한다. 그 경우 자신의 공부 장소까지 다시 다녀오지 않아도 되니 공강 시간(강의와 강의 중간에 비어있는 시간)을 조금 더 알차게 사용할 수 있다. 또, 학원에서 실강을 듣지 않는 수험생이라고 해도 가끔 분위기 전환을 위해 학원 강의실에 가서 공부해 볼 수도 있다. 보통 학원에는 자신과 동일한 장기 시험을 준비하는 사람들이 모여 있어서 공부 긴장감이 좀 더 생길 수밖에 없다.

또 규모가 조금 큰 학원의 경우 학원 자체에서 스터디룸 공간을 제공하는 경우가 있다. 스터디를 하려면 언제나 독립적 공간을 확보하는 것이 결정적인데 학원의 자체 스터디룸은 보통 비용이 들지 않으며, 다른 곳보다 접근성면에서도 유리하다. 물론, 이 공간을 사용하기 위한 경쟁이 있을 수 있으며 해당 학원의 정규 커리큘럼을 수강하는 스터디원이 있어야 할 수도 있다. 그런 점들은 사전에 알아봐야 하겠다.

시기마다 참고할 수험 뉴스

작년 시험의 경향성, 이번 해에 새로 바뀐 출제 범위, 혹은 그해 시험 접수 후 통계자료, 전국 모의고사 총평, 입시일 경우 발표되는 학교별 모집 요강 등 시기마다 필요한 자료를 학원에는 잘 정리해 둔다. 물론, 시험 자체에 대한 것은 시험 출제기관의 홈페이지에서도 공고하기 마련이지만, 그것들에 대한 해당 시장 전문가들의 견해라든지, 체계적으로 정리해 놓는 것은 학원이 더 나은 편이다. 수험생이라면 자료 정리가 잘 되어있고 정보가 많은 학원 한 곳을 선택해 수험에 관한 뉴스를 확인하도록 해야 한다. 이때 여러 학원의 전년도 게시글들을 보고 해당 해에 참고할 학원을 결정하는 것이 현명하다.

학원 근처 인프라

보통 학원가에 거주하는 수험생이 많기 때문에 학원 근처에는 수험에 관한 인프라가 잘 형성되어 있다. 인프라라고 하는 것은 스터디룸이라든지 복사집, 식당가 같은 공부나 수험 생활에 필요한 것들을 뜻한다. 그래서 수험 생활 주거지를 학원가 근처로 결정하면 다소 편하고 유리한 것들이 있다. 또한 주거지가 그렇지 않다고 하더라도 학원가에 있는 복사집 몇 곳 정도는 알아 두는 편이 필요한 공부 자료를 확보하는 데 유리하다.

스터디 모집, 수험생 간 커뮤니케이션

수험 생활은 독립적으로 혼자 공부하는 것이 기본이기 때문에 서로 소통하기가 어렵다. 메신저나 수험생 커뮤니티를 안 하는 경우도 많고 심지어 휴대전화를 정지시켜 놓는 경우도 종종 있다. 하지만 그런 상황에서 출석 모임이나 스터디 같은 것을 모으거나 참가하려면 어떻게 할까? 좀 더 아날로그적인 방법을 이용한다. 바로 학원 게시판이나 강의 룸 문 등에 포스트잇으로 공부에 필요한 각종 모임을 모으는 글을 올리는 경우를 말하는데 그런 것들도 참고할 수 있는 게 학원이다. 또한, 학원이 주도적으로 강의 내에서 스터디를 만들어 주기도 하고, 그 학원의 홈페이지에 학생들끼리 소통할 수 있는 페이지를 마련해 주기도 한다. 필요하다면 그런 것들을 이용해 볼 수 있겠다.

합격자 스펙

초시생이고 특히 준비하는 장기 시험이 입시와 관련된 경우라면 학원 측에 비용을 들여서라도 어느 정도 합격선에 대해 감을 잡는 편이 좋다. 입시는 시험뿐만 아니라 다른 스펙들이 결정적으로 작용할 수 있기 때문에 자신의 위치와 가능성을 분명하게 가늠해 봐야 한다. 혹시라도 영어 등 장기 시험 외의 필요한 전형에 관한 것이 합격자 평균에 비해 많이 뒤떨어진다면 수험일정을 다르게 설정해야 할 수도 있다.

그래서 실질적인 합격생들 정보가 필요한데, 이런 데이터는 대부분 공기관이나 관련 학교에서 제공하지 않는 경우가 많다. 반면 학원은 그런 실질적인 데이터를 열심히 모아 제법 의미 있는 통계치를 정리해 가지고 있는 편이다.

물론, 합격자 스펙을 보여주며 진행하는 상담 서비스의 경우 무료로 진행하는 경우가 많다고 하더라도 학원입장에서는 해당 수험생을 확보하기 위함이 큰 것으로 보인다. 그러기에 강의를 하나라도 신청한 학원이나 혹은 강의를 수강할 학원을 선택해 정보를 제공받는 것이 좋겠다.

모의고사 제공

모의고사라는 것은 실제 본고사와 동일한 틀을 만들어 시험을 치러 보는 것이다. 특히 전국 모의고사는 해당 시험을 준비하는 다양한 지역의 수험생들이 일제히 시험을 치러 실제 시험 치르는 방식을 연습해 보고 자신의 위치를 가늠해 볼 수 있게 한다. 모의고사에 대한 자세한 이야기는 뒤에서 하겠지만 이런 것들을 보통 각 학원에서 주도하는 경우가 많아서 적절한 시기에 학원을 통해 신청할 필요가 있다. 그리고 제법 규모가 있는 학원이어야 문제의 질도 크게 저하되지 않을 가능성이 높으며, 참가 인원도 확보가 많이 되어 모의고사를 치르는 의미가 있다. 그래서 되도록 가장 규모가 큰 학원의 모의고사를 치를 수 있도록 계획하자.

학원 강의 진도와 분량

학원은 진도를 상향 평준화하는 경향이 있다. 특히, 초시생들의 경우 이해력과 집중력, 그리고 초기 지식이 탄탄한 경우가 아니라면 진도를 따르기가 어려울 수도 있다. 이런 경우 조금 더 수험 생활을 일찍 시작해 차근차근 진도를 나가거나 이미 수험 생활을 시작했다면 인강으로 전환해 개인이 감당할 수 있는 페이스를 찾는 것이 필요하다.

그런데 오프라인 강의를 듣는 수험생 중에는 의외로 그 적절한 결정 타이밍을 찾지 못해 수험 생활 전체를 그르치는 경우가 곧잘 있다. 수업 내용을 잘 소화하지 못하거나 최소한의 복습할 시간도 확보하지 못하면서 진도에 끌려가서는 절대 좋은 성적을 받을 수 없다. 다음해 시험에도 별로 도움이 되지 않는다. 필요한 10가지 진도 중, 3~4개만 한다고 해도 그것을 정확하고 확실히 공부해 두는 편이 다음번 시험에 도움이 된다고 본다. (물론 얕게라도 전체를 다 균형 있게 본 것의 장점도 있다.) 그래서 자신이 진도를 적절히 소화해 나가고 있는지, 꼭 주기적으로 의식해 봐야 한다. 필요하다면 과감하게 계획이나 공부 방법 변경을 해야 한다.

만약, 지금 강의 커리큘럼을 잘 못 따라가고 있다면 우선 공부 시간을 조금씩 더 늘려보자. 그런데 더이상 공부 시간을 늘릴 수 없다고 판단되는데도 진도가 밀리고 복습할 여유가 없다면 다른 것 따지지 않고 지금 흐름을 끊는 것이 현명하다.

또한, 자신이 아무리 뛰어나다고 하더라도 강의는 적당량을 취해야 한다. 학원 입장에서는 가능한 자료도 더 많이, 강의도 가능한 다양하게 만들어 놓아야 한다. 그런데 그것을 자신이 모두 섭취해야 하는 내용으로 착각해서는 안 된다.

특히, 필요한 학생들이 있기에 본고사 시점이 얼마 남지 않은 시점까지 계속 강의가 있을 수 있다. 그것이 모두에게 필요한 강의라고 보긴 어렵다. 그러니 그것들을 꼭 들어야 한다고 부담 갖지 않아도 된다. 가능하다면 시험 종반부에는 자신이 혼자 정리하는 것이 가장 효율적이다. 중요한 것은 마지막에 혼자 공부하며 빠르게 다시 몇 차례 공부했던 내용을 볼 수 있는 시간을 가지는 것이다. 누군가 천천히 이야기해 주는 것을 마냥 듣고 있을 수 없다. 듣는 것보다 눈으로 보는 것이 몇 배는 더 빠르기 때문이다. (물론, 그만큼 보고 듣는 것이 눈으로 보는 것보다는 기억에 잘 남는다고 할 수도 있지만, 그것은 처음 배울 때에 해당하는 이야기이다.) 복습은 여러 번 빠르게 보는 데 의미가 있다. 특히 수험 기간 중반기 이상부터는 복습하는 속도도 점점 빨라져야 하는데 그에 있어 최종 정리 강의는 한계가 있을 수 있다. 그만큼 여유가 있거나 혹은 다른 유형의 정리 자극이 꼭 필요한 경우에만 최종 정리 강의를 수강하도록 하자.

실질적인 방법론이 필요하다.
그리고 그 방법론,
혹은 공부 매뉴얼은 반드시
세세하고 구체적이어야만 한다.
그래야 따라할 수 있다.

Strategy of Long-Term Test

제5장

수험 공부의
전략

05 집중력 전략

집중은 공부의 감초 역할을 한다

[집중 환경 조성] : 외부 환경 정리 | 집중 장소와 각성 상태 | 시야 정돈 | 스마트폰 사용 제한

[읽기 집중력 전략] : 읽기 스톱워치 기본 방법 | 시간 설정과 다 회독 시 스톱워치 사용 | 책 읽기 스톱워치 사용의 한계와 목표

[잡념 없애기] : 긴장감 조성 | 에피소드 사전방지 | 메모지 활용

[집중시간 증가와 집중의 일상화] : 집중 시간 늘리기 | 집중력 높이기 위한 여러 방법 | 자신이 좋아하는 일로의 변모

06 공부 과정

(1) 현장 강의와 온라인 강의

[현장 강의] : 강의실 내 자리 | 예습 | 수업 중 잠이 오면 | 수업 녹음

[온라인 강의] : 강의 배속 결정하기 | 멈추는 습관의 통제 | 강의와 진도 미루지 않기 | 무조건 복습 후 다음진도 나가기

(2) 이론 공부

이론 공부 속도와 자세함 정도

[이론 공부 체크하며 책읽기] : 읽기 중 체크의 필요성 | 체크는 자신이 해야 한다 | 체크 시기 | 체크하는 방법 – 밑줄 | 밑줄의 색상 선택 | 색상의 다양성 | 여러 가지 표시 방법들(① ~ ⑩) | 복습 시 체크에 기반을 두어 읽는 방법

[복습] : 복습의 필요성 | 최초 복습 시기 | 복습 방법 | 강의 녹음 듣기 복습 | 녹음 복습 필요 과목 & 과목별 최초 복습 방법 | 녹음 복습 방법 | 공부 방법 중 누적 복습 | 초기 내용 복습 후 기본문제 풀기 | 초기 공부 | 반복되는 내용 복습이 지루할 때 | 본고사가 얼마 남지 않았을 때의 복습

[이론 공부 과정 주안점] : 과제는 반드시 한다 | 초반 공부 시 문제 난이도 | 질문하기 | 오개념 | 공부 도중 다른 내용 찾아보기 | 다각도로 공부하기 | 자신의 페이스 유지하기 | 과목별 이론 공부 방법과 최신 출제 경향

※ One point Tip – 책으로 공부하는 능력

(3) 암기 노트와 정리 노트

[암기 노트] : 암기 노트와 정리 노트는 다르다 | 암기 노트의 필요성 | 암기 노트의 두 가지 형식 | 암기 노트를 만드는 시기와 방법

[정리 노트] : 정리 노트의 필요성 | 정리 노트를 만들 과목 선정 | 정리 노트를 만드는 시기 | 노트 선택 | 정리 노트 만드는 구체적인 방법 | 정리 노트 만들 때 주의할 점 2가지 | 암기 노트 정리 노트를 꼭 자신이 만들어야 할까 | 암기 노트와 정리 노트는 분량을 줄여 복습하는 결정적인 수단

(4) 문제 풀기
[이론과 문제] : 이론 공부 vs 문제 풀기 | 이론 공부 + 문제 풀기 | 오답 노트는 정답률 90% 이상일 때 고려 | 문제도 나중에 다시 풀 것을 고려 – 체크할 것
[기본문제와 기출문제 풀기] : 기본문제 | 기출문제의 중요성 | 기출문제 표기하기 | 기출문제 접근 방식 2가지 | 기출문제는 얼마나 풀어야 하나 | 기출문제 풀이 시점 | 기출문제 정리 방법
※ One point Tip – 자신 없고 싫어하는 과목 대처법
[실전문제 풀기] : 이론 복습과 병행해야 한다 | 해설 없는 문제는 되도록 풀지 않는다 | 문제 풀이 강의 | 문제 풀이 강의 수강 시 주의할 점 | 실력에 따른 문제 풀이 강의 공부 방법 4가지 | 답치기 테크닉 | 문제 풀이 문항별 풀이 기록 법 | 문제 풀이 분량 | 문제 풀이 반복 횟수 | 문제 풀이와 실력의 단계

07 공부의 기본기

복싱 | 기본 과정을 다지고 최상위 실력에 등극하다 | 기본의 중요성 | 공부의 흥미를 위해 | 지식의 정확성 | 지식형성의 단계 | 1회 획득 가능량의 개인차 | 기본기란 무엇인가 | 핵심은 단순하다

08 공부 방법론

여러 가지 공부 방법들 | 장기 시험공부의 핵심 두 가지 | 한 가지 자세하고 실질적인 매뉴얼 | 자신만의 공부법 형성 | 수정 및 보완
※ One point Tip – 수험 기간을 통해 얻어야 할 한 가지

01
공부의 순서

장기 시험 수험 생활에 몰입하기 위해서는 일련의 단계가 있다. 단번에 타이트하고 효과적인 수험 생활을 할 수 있는 것은 아니다. 공부하는 생활에 시동을 걸고 가속하여 최고 속도를 계속 유지하기 위해서는 정비해야

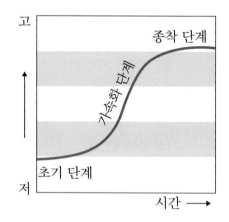

할 여러 환경이 있으며 집중력을 끌어올리는 과정들, 그리고 그것을 습관화해 지속하는 것이 필요하다. 이것을 필자는 '공부의 순서'라고 명칭하여 단계별로 설명한다.

Step 1 : 목표를 정하고 해야 하는 정확한 이유를 아는 것

왜 시험을 준비하려고 하는가? 그 시험의 성적으로 얻을 수 있는 것들

의 어떤 점에, 혹은 그 시험을 통해 얻는 직업의 어떤 점들에 매력을 느끼는지를 분명히 해야 한다. 시작의 동기와 각오가 있어야 한다. 그렇지 않고는 발조차 담그지 않는 것이 좋다. 동기와 각오가 확실한 사람과 그렇지 않은 사람은 처음 시작이 비록 비슷해 보일지라도 힘들 때 혹은 슬럼프나 좌절이 있는 시기에 큰 차이를 보인다. 그리고 결국 그런 시기에 계속 흔들리거나 혹은 완전히 무너지는지가 당락에 결정적인 영향을 끼친다. 비록 가족이나 주변 사람들의 권유로 시험 준비를 결심하였다고 하더라도 스스로 목표를 세우고 성취 후 얻을 수 있는 것들을 떠올려보며 간절해야 한다. 그리고는 그것의 가치만큼이나 높은 경쟁률 속에서 자신의 위치는 어느 정도인지 파악하고 '각오'를 확실히 해야 한다. 어려운 일을 할 때 '각오'란 대단히 중요한 개념이다.

성취해야 하는 이유와 각오를 메모하는 것도 도움이 된다. 단순히 '생각한 것'과 '적어 놓는 것'은 기억에 각인되는 정도가 완전히 다르다. 짧게라도 목표와 각오를 적어두도록 하자. 시간이 지나고 지루한 수험 생활이 오래 반복되면 어느새 처음의 각오도 다소 무뎌지고 목표도 희미해지기 마련이다. 그때 또 처음의 기록이 빛을 발한다. 더불어 관련 책과 성공기 등을 계속 읽는 것도 동기와 각오를 다시금 떠올리는 데 도움이 된다. 다른 사람들의 의지를 자신에게 복사해 가져오는 방법이다.

마지막으로 '자기 암시' 또한 효과적이다. 설령 그렇지 않더라도 자신은 '이 관문밖에 답이 없으며 무조건 통과해야 한다.', 그리고 자신은 '그럴만한 가능성이 충분하다'라고 되뇌자. 머리가 착각할 정도로 생각하면 몸은 그것에 맞춰 행동하게 된다.

Step 2 : 시간확보

장기 시험을 준비하기로 결단을 내렸다면 두 번째 할 일은 시간을 확
보하는 일이다. 한 가지 비유를 들어 볼 것이니 상상해 보기를 바란다.

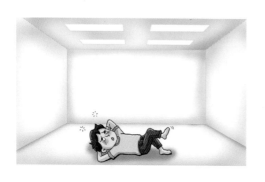

자신이 어느 날 갑자
기 누군가에 의해 아무
것도 없는 하얀 방에 갇
혔다고 생각해보자. 처
음에는 쉬고 싶은 대로
쉬고 잠도 자고 자유로
울 수도 있다. 하지만
몇 날 며칠이 지나면 그동안 머릿속을 복잡하게 만들던 고민도 희미해
질 것이며, 할 일이 없다는 것에 대단히 무료해질 것이다. 정말 심심해
미칠 지경이 될 수 있다. 이때, 갑자기 TV가 하나 방에 생겼다. 전원을
켜보니 채널은 EBS(교육 프로그램) 한 개밖에 나오지 않는다. 이것을 안
보겠는가? 아마 누구나 그것을 시청할 것이다. 그곳에 바둑교실이 나오
고 수능 강의가 나와도 재밌게 볼 것이다. 그리고 그렇게 시간이 많이
지나면 바둑에도 제법 흥미가 붙고 수능공부를 전혀 하지 않았던 사람
이라 하더라도 개념을 알게 되고 수능 공부를 잘할 가능성이 갖추어질
것이다. 그런데, 어느날 TV가 '지지직' 거리더니 다른 채널들이 나오기
시작했다. 옆에 채널들에서는 각종 예능 프로그램들이 나오고 생생한
뉴스와 영화, 스포츠 경기들이 나온다고 하자. 자, 이 상황에서 다시
EBS를 돌려 시청할 사람이 얼마나 있겠는가. 대부분 더 재미있고 자극
적인 프로그램들을 보게 될 것이다.

그것과 같다. 단 한 가지만 할 수 있다면 그것만 생각하고 그것에 재미를 붙일 수도 있는 일이다. 그리고 어떤 일에 재미를 붙이고, 시간만 충분하다면 그것을 남들보다 잘하게 되는 것은 쉬운 일이다. 그러나 현실에서 우리는 하얀 방에 갇혀 있지 않고 무엇이든 선택해 행동할 수 있는 자유가 있다. 그러다 보니 더 재미있고 더 편한 것들을 하며 시간을 보내게 된다. 당연히 영화를 보고 친구들을 만나 수다를 떠는 것이, SNS를 하고 게임을 하는 것이 공부보다는 훨씬 더 재미있다. 하지만 수험 생활을 하면서도 그런 것들을 여전히 한다면 공부에 투자할 수 있는 시간은 확연히 줄어들고 덤으로 공부에 재미를 붙일 기회마저 박탈하게 된다. 반드시 인간관계를 적절히 중단하고, 시간 소비하는 습관들을 단절한 후에 수험 생활을 시작하여야 한다. 하얀 방에 갇힌 것처럼 단 하나만 할 수 있는 환경을 만들어야 한다.

아르바이트나 과외 혹은 다니던 직장을 그만두지 못했다면 이 역시 가능한 한 정리해야 한다. 사정상 일을 해야 한다면, 먼저 1년 일을 하며 검소하게 생활해 수험 자금을 모으고 그다음 해에 전념해서 공부하는 것이 낫다고 본다. (이때는 일하는 1년도 수험 생활과 동일하게 생각해 중독성 있는 것들을 끊고 반드시 절제된 생활을 해야 한다.) 물론, 장기 시험의 종류마다 차이가 있을 수는 있고 일과 공부를 병행하여 성공하는 경우도 소수 존재한다. 하지만 어려운 시험일수록 공부해야 할 분량은 많아지는데, 사람은 시간에 비례해 망각하기 때문에 하루 공부 시간이 적으면 나중에는 망각속도를 이기기 어렵게 된다. 그래서 흐지부지 오래 하는 것보다는 일정 기간 동안 완전히 공부만 하는 것이 훨씬 유리하다. 혹여나 그럼에도 꼭 다른 일과 병행해야 하는 상황이라면 일주일 중 아무런 방해받지 않고 오로지 공부에 투자할 수 있는 시간을 어떻게 해서든 최대한 정해 놓자. 그것이 시간 확보다.

요약하자면 '오로지 공부에만 집중할 수 있는 환경을 만들 수 있느냐'가 이 단계의 핵심이다. 그런 환경을 만들어 공부에 전념할 수 있는 사람은 당연히 시험에 성공할 확률이 높다. 정말 간절하다면 반드시 좋지 않은 습관, 시간을 소비하는 일들을 모두 과감히 정리하고 공부에만 집중할 수 있도록 주변을 정돈하자.

Step 3 : 오래 앉아 있기

시간 확보가 되었다면 이제 오래 앉아 있을 수 있어야 한다. 소위 '공부는 엉덩이가 무거워야 한다.' 라는 말이 있듯이 책상 앞에 있는 시간의 절대량이 필요하다. 우선은 자리만이라도 잘 지킬 줄 알아야 한다. 잠시 앉아 있다가 금방 또 일어나 돌아다니고 싶어 하는 사람들도 있는데 단번에 앉아 있는 시간을 급격히 늘리기보다는 차츰차츰 늘리도록 한다. 이번 주는 한 번에 40분씩 앉아 있기, 다음 주는 50분씩, 이런 식으로 말이다. 공부하지 않고 잠을 자든, 쉬든 좋으니 우선 일어나지 않고 앉아 있는 연습을 해야 한다.

그리고 어느 정도 자리 지키기가 익숙해지면 앉아만 있어도 하루가 정말 빨리 간다는 것을 인지하게 된다. 이때부터는 다음 단계로 넘어가도 된다.

Step 4 : 공부 시간 질 높이기, 진짜 공부하는 시간 늘리기

이제부터는 실질적으로 집중해서 공부하는 시간이 필요하다. 아무리 오래 독서실이나 도서관에 있다고 하더라도 진짜 공부하는 시간은 또 다른 이야기이다. 일찍부터 독서실에 자리를 잡고는 종일 엎드려서 잠을 자거나, 휴대전화로 게임을 하고, 혹은 SNS를 수시로 확인하며 시간을 낭비하기도 한다. 하지만 집중 없이는 아무것도 이룰 수 없다. 무엇을 준비하든 장수생(오랜 기간 수험 생활을 하는 사람)이 되기가 십상이다. 따라서 공부 시간의 질을 높이려는 노력이 필요하다. 이것에 큰 도움을 주는 것이, 바로 공부 시간 총계 스톱워치 사용이다. 막연히 공부 장소에 있는 시간보다 실질적으로 얼마나 공부를 열심히 했는지의 척도이기도 하다. 스톱워치에 대해서는 뒤에서 자세하게 설명한다.

자신이 쓰는 시간에 대해서 자각하는 힘이 필요하다. 지금 시간을 낭비하고 있다는 것을 알아야 하고 공부를 하고 있지 않은 시간이 지나고 나면 얼마나 후회되는 일인지 깨달아야 한다. 결국 시간 사용에 대해 약간의 강박관념을 갖는 것이 필요하다. 아니, 목표가 분명하고 열심히 수험 생활을 하는 사람이라면 그렇게 되기 마련이다. 시간 사용에 대해서 스스로에게 긴장감을 조성하고, 유혹거리 제거, 스톱워치 사용 등 집중할 수밖에 없는 환경을 만들도록 하자.

Step 5 : 습관화

마지막 단계는 습관으로 만들어 이어가는 과정이다. 끈기라고도 할 수 있겠다. 아무리 질 좋은 공부를 한다고 하더라도 하루 이틀하고 지쳐 나가떨어지거나 한 달 후 슬럼프에 빠져 많은 시간을 낭비해 버린다면 의미가 없다. 지속 가능한 공부여야 한다.

런던대학교 심리학과 연구팀의 실험에 의하면 사람들이 새로운 습관을 형성하기까지 걸리는 시간이 평균 66일 정도였다[1]고 한다. 물론 사람마다, 그리고 항목마다 차이는 있겠지만 일반적으로 새로운 행동을 시작해서 습관으로 만드는데 걸리는 시간이 그 정도로 어림짐작해 볼 수 있다는 이야기다. 그래서 필자는 4단계까지 만들어진 일과를 최소 2달 정도는 이어가 보기를 권한다. 습관이라고 하는 것이 만들어지기 전까지는 새로운 규칙 자체가 스트레스이고 견디기 쉽지 않은 것일 수 있다. 또, 한순간에 잘 조직된 하루에서 벗어나 흐트러지고 망가질 수도 있다. 하지만 습관으로 만들어지고 나면 그 일은 비교적 견디기 쉬운 일이 되고, 당연한 일이 된다. 실수로 한 번 흐트러지더라도 쉽게 다시 돌아올 수 있도록 몸에 밴 일과가 된다. 그래서 그때까지는 참고 지속해 보기를 권하는 것이다.

반드시 공부의 5단계까지 완료해 최상의 수험 생활을 마지막까지 이어갈 수 있기를 바란다.

〈공부의 단계별 순서〉

One point Tip

매너리즘과 슬럼프 예방장치

아무리 질 높은 수험 생활을 습관화했다고 하더라도 매너리즘이나 슬럼프는 누구에게나 존재할 수 있다. 그리고 그것들을 견뎌내느냐, 혹은 더 적게 겪게 되느냐가 승패를 결정한다. 그래서 그에 대해 여러 예방 장치를 권한다. 주기적인 운동, 동기부여가 되는 책, 자신감을 불어 넣어주는 혼잣말, 각오가 충분할 때 작성해놓은 문구, 스스로가 주는 선물 등이다. 선물은 조금 생소할 수 있는데 수험 생활에 필요한 물건들을 가끔 새로 도입하며 활력을 불어넣는 것을 말한다. 많은 사람에게 쇼핑도 하나의 스트레스를 푸는 수단이기도 한데 무엇인가 구매한다면 조금이라도 공부에 필요한 것을 사라는 말이다. 필기구, 의자 방석, 발판, 메모지, 실내화, 보온병, 독서대, 쿠션, 추리닝(공부할 때 입는 옷) 같은 것들인데 예를 들어 마음에 드는 펜 하나가 펜을 집어 공부를 시작하기 수월하게 해주며, 일주일 정도는 소소한 활기가 될 수 있다. 전학 온 친구 하나가 매일 똑같은 일상으로 지루했던 반에 생기를 불어넣는 느낌이랄까. 따라서 새 물건들은 한 번에 구매하지 말고 한 개씩 가끔 수험 생활에 들이면서 매너리즘을 예방하는 것이 현명하다. 새로운 도구가 의욕을 높여 준다.

02
스케줄링 & 하루 공부 리스트

주간 타임 테이블

앞서 3장 커리큘럼에서 연간계획에 대해 다뤘다. 하지만 더 자주 보고 실질적으로 참고해야 할 것은 주간 계획표이다. 이것 역시 지나치게 자세히 작성하기보다는 대략적으로 언제 어떤 과목 공부를 하는지, 운동이나 스터디 시간은 언제인지 정도만 할당해 두면 된다. 철저하게 시간표를 지켜야 한다고 주장하는 분들도 있지만, 공부 내용에 걸리는 시간은 예단하기 매우 어렵고 변수가 많은데 시간분배 때문에 중요한 공부 대목 중간에서 매섭게 끊는 것은 좋지 않다는 것이 필자의 생각이다. 혹시 칼 같은 시간제한이 없어 진도가 지체되고 집중력을 상실할 수 있을 것 같다고 한다면 뒤 내용에 나오는 집중력 향상 도구들이 도움이 될 것이다.

계획표는 공부하는 동안 요일마다 어느 정도 기준이 있는 것이며 단순할수록 효과적이다. 간단한 방식 한 가지만 소개하자면 하루를 오전, 오후, 저녁의 3타임으로 나누어 각각 4시간씩 할당해 한 과목씩을 배정하는 것이다. 물론 시험 준비하는 과목의 개수가 많다면 어렵겠지만 5과목 이하라면 좋은 방법이 될 수 있다. 또한 필요시 한 타임을 2시간씩 2개의 타임으로 세분해 사용하면 된다.

한편, 계획표를 완전히 지키기는 어렵다. 80%만 지킬 수 있어도 대단히 성공적이라 본다. 물론, 좀 더 계획표의 시간 배분을 우선시하고, 하던 공부도 제한 시간에 이르면 중단하는 식으로 공부한다면 계획표를 더 잘 지킬 수 있겠지만, 그런 방식을 권장하지는 않는다. 말했듯 내용의 흐름을 중간에 중단하기보다는 어느 정도 일단락하는 편이 지식 완성도에 좋다고 보기 때문이다.

과목별 지속 시간

과목 한 개마다 공부를 지속하는 시간에 대해 고민해볼 필요가 있다. 앞서 4시간 정도를 언급했지만, 이는 과목에 따라 다를 수 있으며 지속 시간의 짧고 김에 따라 장단점이 있다. 우선, 1시간, 2시간 이런 식으로 짧은 시간마다 과목을 변경하게 되면 공부는 조금 덜 지루할 수 있다. 그러나 머리에 남는 것은 적고 효율성은 떨어지게 된다. 왜냐면 한 과목을 공부하다 다른 새로운 과목을 공부하게 되면 그 과목에 필요한 사고유형으로 두뇌를 전환하고 해당 지식을 새로 불러오며 적응하는 데 시간이 소요되기 때문이다. 반면, 그전에 공부하던 과목은 이제 머릿속에서 더 이해가 되고 정리가 되어 지식이 연결되어야 하는 시점에 다른 과목으로 넘어가 그 흐름이 끊기게 된다. 따라서 이해, 응용, 추론 등이 필요한 과정이라면 시간을 조금 길게 잡는 것이 좋다. 실제로 하루에 1과목만을 공부하는 방식으로, 혹은 1~2개월 동안 한 과목을 공부해 끝내는 방식으로 성공한 공부의 고수들도 있었다. 심지어 고시에 관한 글 중에 '책 하나를 잡았으면 그 책이 끝날 때까지 며칠이고 그 책만 보는 식으로 공부하라' 라고 권하는 경우도 있다[2]. 그 정도까지는 아니더라도 필자는 한 과목 지속 시간을 최소 3~4시간, 하루에 2~3과목 공부하기를 권한다. 시험 과목 수가 많다면 하루에 1과목 공부하기는 어려우며, 완전히 혼자 공부하지 않는 이상 학원이나 스터디 등의 여건도 있으므로 그 정도가 현실적이라고 본다. 그리고 나서 본고사 시일이 가까운 총정리 시점에는 하루에 더 많은 과목 혹은 전 과목을 보면 된다.

반면, 암기가 많이 필요한 공부라면 이야기는 다를 수 있다. 암기하는 시간은 오래 지속되면 보통 다른 시간보다 상대적으로 더 힘들다. 또한 오히려 효율도 떨어질 수 있다. 비슷한 유형의 것들이 뇌의 유사한 지점에 저장되며 일으키는 간섭현상 때문인데, '순향억제', '역향억제' 라는 표현을 쓰기도 한다[3]. 즉, 앞에 공부했던 내용과 뒤에 공부했던 내용이 서로 중첩되며 하나가 다른 하나를 덮어씌우는 작용을 한다. 그래서 보통 한 번에 소개받은 여러 사람을 기억하려고 해도 첫 사람과 끝 사람은 상대적으로 생생한 편인데 특별한 특징이 없다면 중간 사람들은 더 기억하기가 어렵게 된다. 공부에서의 기억도 마찬가지다. 그래서 이럴 때는 오히려 조금씩 나누어 암기하는 것이 더 효과적이다. 예를 들어 영어단어를 1시간에 50개 정도 외울 수 있다면, 4시간 동안 200개를 몰아서 외우려고 노력하는 것보다 1시간씩 끊어 외우고 중간에 다른 공부를 하는 것이 낫다는 말이다. 이를 참고해 과목당 연속해 공부할 시간을 결정하고 그에 맞추어 주간 계획표를 스케줄링해 보도록 하자. 학원에 직접 가서 듣는 강의가 있거나 약속된 스터디 시간이 있다면 그것들은 정해진 것이니 우선해 배정한 뒤 다른 공부 시간을 짜 넣으면 비교적 수월하게 타임 테이블이 완성된다.

이해, 응용 추론이 필요한 공부
- ☞ 최소 3~4시간 이상 연속 공부

주된 암기 공부
- ☞ 30분~1시간씩 끊어서

보충시간, 휴식시간

공부를 하다 보면 특정 과목에 배당된 시간이 예상보다 많이 부족할 수 있다. 그래서 중간중간에 따로 보충할 수 있는 시간을 배분해 넣도록 하는 것이 좋다. 혹은, 주중에 많이 밀린 과목의 공부량을 보완할 수 있도록 주말 한 타임을 배정해도 된다. 필자는 토요일 오후나 일요일 저녁을 주로 그런 시간으로 배정했다. 그렇게 하면 한 가지 차질로 인해 모든 과목 공부 계획이 점차 뒤로 밀리거나 차질 과목을 영영 놓치는 것을 어느 정도 방지할 수 있다.

한편, 일주일 중 휴식시간도 따로 정하는 것이 필요하다. 이것은 수험 기간 주기별로 다를 수 있으며 뒤에 나오는 내용인 7장 생활 전략 6)휴식과 슬럼프에서 다시 언급 한다. 미리 요약하자면 수험 초반기에는 1주일 중 하루를, 그 이후에는 반나절 정도 휴식하기를 권장한다.

과목별 시간 배분과 검토, 수정

주간 계획표를 완성한 뒤에는 과목별 배정 시간을 가볍게 비교해 볼

<7월>	월	화	수	목	금	토	일
06:10 ~ 07:10	상쾌하게 하루 시작						
07:10 ~ 08:40	생물강의 (문풀)	자2스터디 복습	생물강의 (문풀)	유기	생물강의 (문풀)	자2스터디 복습	영어발음
08:40 ~ 09:30							모의고사, or 기출
09:30 ~ 10:30		유기				화학	
10:30 ~ 12:00							
12:00 ~ 12:40	Lunch & memorize						
12:40 ~ 14:00	생물						
14:00 ~ 15:00	화학	물리	화학	물리	자2스터디	보충강의 or 부족한 공부	모의고사 오답정리
15:00 ~ 16:00							
16:00 ~ 17:00							
17:00 ~ 18:30							
18:30 ~ 19:00	Dinner						
19:00 ~ 20:00	자2스터디	생물	생물 스터디	생물	기본서	물리	생물
20:00 ~ 21:00					운동 & Refresh		
21:00 ~ 22:00		운동					유기
22:00 ~ 23:10	생물문제		생물문제				
12:30	reading & must sleep						

생물 : 37 (수업 14.5, 자습 18.5, 스터디 3, 기본서 1), **자2 스터디** : 12
유기 : 9.5 **화학** : 11.5 **물리** : 13 **모의고사** : 9 **기타** : 4.5
total : 96.5 (수업: 14.5, 자습 53.5, 스터디 15, 기타 13.5)

〈재시 당시 주간 타임 테이블 예시〉: 당시 상황(수험 후반기)에 따른 계획표이니 참고만.

수 있겠다. 그달에 의도치 않게 출제 비중에 비해 시간 할당이 높은 과목이 있다면 염두에 두었다가 다음 달 계획 시 참고하면 된다. 매달 계획표에서 과목별 공부 시간을 공평히 맞출 필요는 없다. 아니, 오히려 그달에 조금 더 집중하는 과목이 있는 편이 좋다고 본다. 특별히 자신 있거나 특별히 부족하다고 생각되는 과목이 있다면 그 달 계획하는 과목별 공부량이 다른 것은 당연하다. 계획표에서 배정 시간 통계를 내는 것은 단순히 그런 사실을 알고 다음 계획에 참고하기 위함이다.

한편 주간 계획표는 한 달에 한 번 정도 수정하거나 새로 작성하는 편이 적당하다. 학원 강의들이 보통 1달 기준으로 커리큘럼이 달라지는 경우가 많기 때문이다. 내가 실제 세웠던 한 달 계획표를 첨부한다. 시험마다 과목의 개수나 특성이 다르며 개인이 동일한 시험을 준비한다고 하더라도 매달 계획표가 많이 다르기 때문에 형식만 참고하기 바란다.

하루 공부 list법

주간 계획표 외에 하루 공부의 효율을 위해서는 매일 새롭게 특정 목표들을 세워야 한다. 즉, 그날 공부할 목록을 작성하는 것이다. 목록이 있으면 무엇을 해야 하는지가 분명하며 그것을 해야 한다는 것을 줄곧 잊어버리지 않을 수 있다. 또한, 목록에 있는 행위를 시작하기도 쉽고, 다음 목표들을 떠올리며 할 일들의 진행도 더 효율적으로 하게 된다.

우선 하루 공부 목록은 구체적이어야 한다. '공부 몇 시간' 이런 것 외에 '작년 기출 문제 풀고 오답 정리' '생물 과목 동영상 강의 3강 시청', '물리 기본서 진도 10페이지' 이런 식으로 말이다. 그리고 구체적이지 않더라도 꼭 잊지 않고 그날 해야 할 항목들도 포함하면 좋다.

목록을 작성한 후에는 공부하는 중 잘 보이는 곳에 그것을 부착해두어 자연스럽게 계속 상기되도록 한다. 아무리 항목들을 잘 기록했다고 하더라도 공부를 하다 보면 금세 그 목표들을 잊어버릴 수 있기 때문이다.

나는 주로 비교적 넓은 포스트잇을 사용했다. 아침에 자리에 앉으면 그날 날짜를 적고 오늘 공부할 목표들을 적기 시작한다. 적게는 5가지, 많게는 10가지 남짓 정도 되는데 그 목표들을 적고 완료할 때마다 펜으로 실선을 긋는다. 바로 이때, 항목이 리스트에서 사라질 때 오는 성취감이 꽤 크다.

```
4. 30(월)
1. 생물 인강 3회          2
2. 화학기술문제 '11년도    8
3. 스터디 시험준비         3
4. 유기화학 Solmate 5장   7
5. 생물 개념확인 문제 31장  4
6.    //       32장     5
7. 모의고사 자22리뷰 끝    1
8. 5월 계획표 작성
9. 운동
10. 물리 정리 노트 시작    6
```

〈하루 공부 list 법 예〉

그 사소한 쾌감이 또한 수험 생활의 매너리즘을 줄여 준다.

한편, 그날 필요한 공부 목록을 작성한 후 우측에 목표 중에 우선순위를 적어보는 것도 효과적이다. 그래야 그날 어떤 것을 더 먼저 해야 하는지, 더 중요한지 파악할 수 있기 때문이다. 그렇게 하지 않는 경우 보통 자신이 더 좋아하거나 더 편한 공부를 먼저 하게 되는 경향이 있다. 또한, 특정 항목의 분량이 너무 많다면 나눠 작성하는 것도 효율과 성취감을 올리는 데 도움이 된다. 예를 들어 '기출 20문제 풀기'라고 한 번에 적지 않고 '1. 기출 10문제 풀기', '2. 기출 10문제 풀기' 식으로 두 번에 걸쳐 적어 놓고는 10문제 풀고 하나를 긋고 다시 나머지를 풀고 남은 항목 한 개를 긋는 것이다.

이런 리스트 법은 수험 생활 2년 차 후기쯤부터 내가 직접 스스로 생각해내고 서서히 보완한 방법이지만, 사실 어머니들이 장 보러 마트에 가기 전에 사용하는 방법이며, 일반 회사 생활에서 업무 효율을 높이기 위해 쓰이는 매우 단순하지만 강력한 방법이기도 하다[4].

　반드시 실천해보기 바란다. 방법을 요약하자면, 전날 공부를 마친 후 책상에서 일어서기 전 혹은, 당일 아침에 책상에 앉자마자 그날 할 구체적인 공부 내용을 List 형식으로 작성하도록 한다. List가 완성되면 우선순위를 표시한다. 그리고 가능한 우선순위대로 실행해 옮긴 후 완료된 것들을 표시한다. 완료하지 못한 것들은 다음날의 List로 넘긴다.

구체적인 공부할 내용 List 작성	항목별 우선순위 표시	가능한 우선순위대로 공부실행	완료 항목 체크	미실행 항목을 다음날 List에 적기

〈하루 공부 list 법 흐름도〉

03
공부 시간 스톱워치 사용

스톱워치는 열심의 기준

공부 시간 스톱워치는 장기 시험을 준비하는 수험생들에게 꼭 쓰도록 추천하는 방법이다. 누군가 내게 자신이 아침에 얼마나 일찍 일어나는지, 또는 얼마나 밤늦게까지 공부하는지, 혹은 독서실에 얼마나 오래 있는지를 이야기해도 나는 그가 공부를 열심히 하고 있다고 믿어줄 수 없다. 그것과 실질적으로 공부하는 시간은 별개이기 때문이다. 하지만 스톱워치로 꾸준히 10시간 정도 공부했다고 하면 바로 인정하고 이야기한다. '기본은 되어 있네요.', '충분히 열심히 하고 계시니 다음으로 넘어가서 방법을 이야기해보지요' 라고. 그래서 필자가 수험생 멘토링을 할 때에도 수험생들에게 의무적으로 스톱워치를 사용하도록 해서 얼마나 그 수험생이 열심히 하고 있는지를 파악하고는 했다. 즉, 스톱워치는 열심히 하는 기준이 될 수 있다. 그래서 가능한 수험 기간 동안 꾸준히 사용해보도록 권한다.

물론 공부법은 자신에게 적합한 방법이 있고 그것이 최선이기 마련이다. 이곳에 스톱워치에 대해 강조하고 꽤 자세하게 적겠지만 혹시라도 스톱워치를 써봤지만 도움이 되는 면은 적고 스트레스로만 작용했다면 당연히 사용하지 않아도 된다. 단, 사용법이 잘못된 것은 아니었는지 생각해 볼 필요는 있으니 속단하지 않기를 바란다. 반면, 스톱워치를 사용해보지 않았다면 단 며칠이라도 자신이 얼마나 공부하고 있는지를 알기 위해 반드시 시도해 보기 바란다. 자신의 예상보다 적게 공부하고 있을 수도 있고, 일부는 스톱워치 같은 집중력 향상 도구를 쓰지 않아도 공부에 대한 몰입도가 좋다는 것을 확신하게 될 수도 있다.

스톱워치의 또 다른 기능으로 공부할 분량의 적정성을 판단할 때 기준이 될 수도 있다. 예를 들어 자신이 열심히 공부하고 있는 것처럼 느껴지지만 계속 진도가 밀리고 목표량을 못 채우고 있는 시기가 있을 수 있다. 이때 공부 시간을 체크해서 자신의 공부 시간이 다른 열심히 하는 수험생들보다 적게 나오고 있다면 공부량이 부족한 것이지 계획 분량이 잘못된 것은 아니다. 공부 시간을 조금 더 늘릴 방법을 찾으면 된다. 하지만 공부 시간이 충분히 나오고 있다면, 과도한 계획을 세우는 탓에 지쳐가고 있다고 생각하면 된다. 이때는 계획 분량을 줄여야한다.

그렇다면 어느 정도가 기준일까? 물론, 공부 시간은 개인의 체력 상태나 시간 확보된 여력에 따라 적당량과 최대 가능양이 다를 수 있다. 일과 공부를 병행하는 것처럼 일반적인 전업 수험 상황이 아니라면 그에 맞춰서 생각하는 것이 맞다. 하지만 일반적으로 하루의 모든 시간이 확보된 수험생에게 어느 정도의 가이드라인이 필요하다고 생각된다. 그래서 필자의 수험 생활 경험과 다년간의 수험생 멘토링 경험으로 여기서 스톱워치 시간에 대한 기준을 제시한다.

8시간이 실력 향상 가능한 최소 시간이다. 수험 초반에는 그날 공부한 내용이 족족 머릿속에 들어오겠지만, 수험 기간이 어느 정도 흘러 공부량이 많아지면 이제는 새로 들어오는 것 외에 머릿속에서 빠져나가는 내용도 많다는 것을 알게 된다. 즉, 망각하는 만큼 이상의 배움과 반복이 필요하다. 이렇게 망각하는 역치를 넘기 위한 최소의 하루 공부 시간을 필자는 8시간으로 제시한다. 또한, 10시간의 공부 시간이 나온다면 '적당히 열심히' 하고 있다고 평가할 수 있다. 종일 공부하는데 순수 공부 시간 10시간 정도는 나와야 수험생이다. 12시간 정도라면 '정말 열심히' 하고 있다고 본다. 이 정도면 그 수험 생활에서 최선을 다한다고 본다. 성공하기에 충분한 정도의 노력이다. 만약 공부 시간 14시간이 나온다면 '불가능할 정도'로 공부하는 것이다. 남들이 도저히 따라올 수 없는 정도이다. 하지만 14시간이라는 수치는 자신이 스톱워치 쓰는 방법을 잘 모르거나, 일과 시간까지 넘겨 과도하게 기록을 세운 수치일 가능성이 높다. 일과 시간을 넘겨 공부하는 것은 다음날 공부 시간을 빌려 온 것이기 때문에 온전한 수치라고 볼 수 없다. 매일 꾸준히 지속 가능한 공부 시간이어야 한다. 그래서 항상 일정한 공부 마감 시간 안에서 아침에 조금 더 일찍 온다든지 혹은 중간에 쉬거나 다른 행동 하는 시간을 줄여가며 총 공부 시간을 늘려야 한다. 예외는 있지만, 일반적으로 체력은 남성이 더 좋은 편이다. 여성은 내가 제시한 최대 시간에서 1시간 정도를 감해서 13시간 정도가 최선이라고 본다. 내 경우 3년간 공부하며 보통 11~12시간, 그날 컨디션과 집중력이 좋아 13시간을 넘기면 만족했다. 항상 최대 14시간을 목표였지만, 3년 동안 14시간을 넘은 것은 단 하루뿐이었다. 그만큼 정해진 하루 시간 내에서 14시간을 순수히 넘기는 것은 어렵다.(한편, 직장이나 학교에 다니며 시험을 준비하는 경우라면 평일 기준 최소 4시간 이상은 공부해야 합격 경쟁력을 갖출 수 있다고 본다.)

- 8시간 : 실력 향상이 가능한 최소 시간
- 10시간 : 적당히 열심히 하는 공부 시간
- 12시간 : 매우 열심히 하는 공부 시간
- 14시간 : 불가능할 정도의 공부 시간 (여성 13시간)

〈하루 스탑워치 공부 시간의 기준〉

나의 경우 처음 스톱워치 방법을 알게 된 것은, 먼저 고시에 성공한 친구들로부터였다. 젊은 나이에 고시에 합격한 친구들을 만났는데 그들이 공부 시간 스톱워치에 대해 공감하는 것을 볼 수 있었다. 그리고 내가 준비하려는 시험에 먼저 합격한 학부 지인들도 스톱워치 방법에 대해 언급했었다. 그래서 당연한 것처럼 받아들일 수 있었고 수험 기간 3년 동안 스톱워치를 꼼꼼히 사용했다. 익숙해지자 스톱워치는 내가 다른 행동, 다른 생각 하는 것을 차단하는 제어장치로 작용했다. 일정 시간 이상이 나왔을 때 느끼는 성취감은 피드백이 되어 돌아왔으며, 더 나아가 스톱워치와 함께 하는 생활은 수험 생활의 전반적인 리듬을 만들어 주었다.

스탑워치 : 열심도의 기준 | 분량계획의 판단 | 집중력 향상 | 수험생활의 리듬

스톱워치 기본 사용법

스톱워치 기본적인 사용법은 매우 간단하다. 우선 24시간까지 카운트가 가능한 스톱워치 시계를 구한 후 하루 시작할 때부터 시작해 공부할

때에만 시간을 측정하는 것이다. 중간에 화장실을 간다든지, 식사하러 간다든지 또는 앉아서 공부 외에 다른 행동을 해야 할 때면 스톱워치를 멈춘다. 그리고 공부를 시작할 때 다시 스톱워치를 실행하면 된다. 이것이 전부다.

그런데 이때 동영상 강의를 듣는 시간, 학원에 가서 강의를 듣는 시간, 스터디 하는 시간 등을 포함해야 할까? 처음 스톱워치를 사용할 때는 이 시간을 포함하지 않아야 한다고 생각하기 쉽다. 스톱워치 시간을 '혼자 공부하는 시간'으로 착각하기 때문이다. 하지만 스톱워치 시간을 '모든 공부하는 시간'으로 보고 앞서 말한 혼자 공부하지 않는 시간도 공부 시간으로 포함하는 것이 더 효과적이다. 그래야지 매일 정량적으로 비교가 된다. 학원 강의나 동영상 강의는 일반적으로 매일 그 분량이 일정하지 않으며 스터디도 대부분 매일 하지 않고 특정 요일에 한다. 따라서 그 시간을 스톱워치 시간에서 제외한다면 스톱워치 시간은 들쭉날쭉해져 어느 날이 열심히 했는지 분간하기 어려워진다. 예를 들어 혼자 복습 공부 시간만 카운트하여 어제는 스톱워치로 10시간이 나왔고 오늘은 8시간이 나왔다고 하자. 그러나 오늘은 추가로 스톱워치 시간 외에 동영상 강의를 3시간 듣고 스터디를 1시간 했다면 명백히 오늘이 어제보다 더 공부를 열심히 한 날이다. 그러나 단순 스톱워치 시간은 어제가 훨씬 더 많아서 오늘 공부를 소홀히 한 것으로 기록될 것이다. 따라서 동영상 강의 시청 시간, 학원 강의 수강시간, 스터디 시간을 모두 스톱워치 시간에 포함해야 한다.

하지만 그렇다고 해서 어디를 가든지 스톱워치를 들고 다니며 시간을 측정하기는 쉽지 않다. 좁은 학원 책상에 스톱워치를 놓아두기도 어려운 일이며 스터디하며 쉴 때, 잡담할 때 혼자만 일일이 스톱워치를 정지시키고 다시 누르기를 반복하기도 번거로울 수 있다. 따라서 그런 시간은 대략적으로 가늠해 스톱워치 시간에 추가해주는 정도로 하는 것이 간편하다. 예를 들어 그날 스톱워치로 8시간이 나왔지만 학원 강의가 2시간, 스터디가 1시간가량 있었다면 단순히 '11시간'이라고 따지면 된다. 한편 그런 추가시간을 1분 단위까지 정확히 할 필요는 없다. 10분 단위 정도로 가늠하면 충분하고 30분 단위 정도로 반올림해 다뤄도 큰 무리가 없으니 스스로 적당한 틀을 만드는 것이 중요하다.

스톱워치 사용 몇 가지 Tip

스톱워치를 조금 사용하다가 그만두게 되는 주된 원인이 있다. 특히, 수험 생활 경험자 중 상당수가 토로하는 결정적 어려움. 그것은 자꾸만 '스톱워치를 멈추는 것' 혹은, '다시 시작하는 것'을 잊어버린다는 것이다. 그런 실수를 하게 되면 그날 이미 어긋난 시간 기록을 계속 유지하는 것이 의미 없다 느껴지고, 더 나아가 자꾸 잊어버림을 반복하는 자신을 자책하고 괜한 스트레스를 받게 되기도 한다. 그런 것들은 스톱워치를 계속 사용하고 싶은 의지마저 꺾기 마련이다. 그래서 필자가 제법 도움이 될 수 있는 2가지 간단한 노하우를 제시한다. 스톱워치를 사용하다 중간에 그만둔 경험이 있는 수험생들도 필자가 제시한 두 가지 팁을 들은 이후에는 하나같이 스톱워치 사용을 잘 이어갔다.

첫 번째는 공부 중간에 스톱워치를 멈춰야 하는 경우 자리 구석에 스톱워치를 내버려 두지 말고 이동시켜 공부하던 책 위에 멈춰 두어야 한다는 것이다. 혹은 책상 중앙, 가장 눈에 잘 보이는 곳에 위치시킨다. 그래야만 다시 공부를 시작할 때 무의식적으로 스톱워치를 누르지 않는 실수를 미리 방지할 수 있다.

두 번째로 혹시라도 스톱워치를 멈추거나 다시 시작하는 걸 잊어버린 경우는 작은 크기의 포스트잇 플래그를 사용한다. 그곳에 잃어버린 시간을 대략적으로 가늠하여 메모해 둔다. 그다음 그날 공부를 모두 마친 후에 총 스톱워치 시간에서 메모한 시간들을 가감하면 된다. 예를 들어 스톱워치를 멈추지 않고 식사하러 다녀왔는데 식사시간을 가늠해 보니 40분 정도 되는 것 같다고 한다면 포스트잇 플래그에 '-40'이라고 적어두면 된다. 그리고 그날 스톱워치 총 기록이 10시간이라고 한다면 40분을 빼고 '오늘 공부 시간 9시 20분'이라고 기록하면 된다. 역시 1분 단위까지 정확히 할 필요는 없는 것이니 적당히 가늠해 보충한다고 여기도록 하자.

앞서 언급한 두 가지 노하우와 함께 스톱워치 사용이 생활 속에서 어느 정도 습관화되면 그 다음부터는 스톱워치 시간 측정이 어긋나는 일은 확연히 줄어들 것이다.

〈책 위에 멈춰놓기, 포스트잇 활용〉　　　〈일일 공부 시간 기록 예시〉

한편, 매일의 공부 시간을 어디엔가 적어두는 것은 꼭 필요한 일이다.

단순히 그날 공부를 측정하고 스톱워치를 Reset 해버리는 것보다는 어디엔가 기록해야 한다고 생각한다면 공부 시간이 더 나올 수 있도록 조금 더 신경 쓰게 된다. 또한, 다른 날의 기록들과 비교해가며 공부 시간을 점차 늘리려 하는 동기부여가 된다. 이때, 공부 여건은 요일별로 비슷한 경향성이 있다. 강의나 스터디가 있는 날, 운동하는 날 등 요일별로 계획이 다르기 때문이다. 그래서 공부 시간을 요일별로 비교해 보는 것이 좋고, 가능한 요일별로 구획화된 폼의 기록지가 좋다. 나의 경우는 주로 B5 크기의 Monthly scheduler(planner)를 주로 썼다. 다이어리도 괜찮다고 본다. 요일별로만 칸이 정렬되어 있으면 된다.

> **공부하는 시간 모두를 포함할 것 | 일지에 공부시간을 기록할 것 | 2가지 Tip**

주의사항 - 단계가 있다.

조심해야 할 것이 있다. 잠을 매일 9시간 자던 사람이 갑자기 하루아침에 6시간씩 자기는 어렵듯이 공부 시간도 마찬가지다. 단계적으로 상향해야지 갑작스러운 오버페이스(over pace)는 곤란하다. 가끔 특히, 나이 어린 수험생의 경우 의욕만 앞서 동기부여를 받자마자 하루, 이틀 높은 공부 시간을 기록하고는 공부가 물려 다음 며칠을 방황하기도 한다. 옳지 않다. 들쭉날쭉한 공부 시간은 불안한 형태이며 결국 지치기 마련이다. 꾸준히 괜찮은 공부 시간이 유지되어야 하며 그러기 위해서는 적당한 목표 시간부터 시작해 차츰차츰 그 양을 늘려야 한다. 우선 자신의 공부 시간을 측정해보고 그것보다 1시간 많게, 그리고 그것에 익숙해지면 다시 목표 시간을 1시간 상향하는 식으로 단계를 밟아가야 한다. 결코 하루아침에 되는 것이 아니다. 그렇게 한 달이고 두 달이고 지속적인 노력을 통해 적당한 궤도에 올라서게 되면 생활과 공부 자체에 어느 정도 재미가 붙고 리듬을 얻게 된다. 그러면 이제야 꾸준히 높은 공부 시간 지속이 가능하다. 그것이 최소 반년이 넘는 수험 기간을 성공적으로 보낼 수 있는 확실한 방법이다.

스톱워치 사용 Advance

공부 시간을 늘릴 방법들에 대해 조금 더 이야기를 해보고자 한다. 이 파트에 나오는 것들을 처음부터 시도하는 것은 권장하지 않는다. 스톱워치의 기본적인 사용이 어느 정도 익숙하고 체계화된 후에 공부 시간을 더 확보하고 싶을 때 참고할 만한 내용이다. 필자 또한 뒤에 나오는 노하우를 수험 생활 초반부터 사용하지 않았다. 어느 정도 궤도에 올라야 더 욕심도 생기고 타이트한 짜임새를 받아들일 수 있는 여력이 생기는 법이다.

스톱워치는 가계부와 유사한 면이 있다. 가계부는 금전에 관한 것이고 스톱워치는 시간에 관한 것이다. 금전과 시간 모두 의식 없이 소비할 때는 눈에 잘 보이지 않는다. 그러나 그것들을 의식적으로 통제 및 관리를 해야 하겠다는 생각이 든다면 소비에 대해 수치화해 정량 평가하는 것이 당연하다. 이때 불필요한 소비(공부 외 시간)를 어떤 것들에 얼마큼하고 있는지 알아보고 줄여서 필요한 소비(공부)를 하고 저축(여유 공부 시간)을 늘려야 한다. 마찬가지로 스톱워치를 통해 공부 시간을 체크 하는 한편으로 공부하지 않는 시간의 크기를 측정해 줄일 수 있어야 한다. 그래서 스톱워치를 하나 더 사용한다. 이 여분의 스톱워치는 기본 공부 시간을 측정하는 스톱워치가 멈췄을 때 작동하는 것이다. 즉, 다른 행동을 할 때 그것의 시간을 측정한다. 예를 들어 화장실에 다녀올 때면 기본 공부 시간 스톱워치는 멈추고 추가의 스톱워치를 시작시킨다. 그리고 다녀와서는 추가 스톱워치의 시간을 확인하고 RESET 한 뒤 기본 공부 시간 스톱워치를 재가동시키며 공부를 하면 된다. 이런 식으로 체크 해보면 평소 인식했던 것보다 실제로는 더 긴 시간 공부 외의 것들에 소비한다는 것을 알게 된다. 예를 들어 친구와 잡담하는 시간이, 인터넷 서핑하는 시간이 혹은, 식사하는 시간이 짐작보다도 꽤 더 길다는 것을 알게 될 가능성이 크다. 그것들을 의식적으로 조금씩 줄이거나 없앰으로 공부 시간을 늘릴 수 있다. 또 한편으로 공부 외 추가시간의 측정은 다른 행동을 하고 있을 때 계속 긴장감을 조성해 주기도 한다. 즉, 공부 시간 스톱워치가 멈춰있고 다른 시간 스톱워치가 가고 있는 것이 보이면 자연스레 그 공부 외 행동을 마무리 짓게 하는 무언의 압박 효과로 작용한다는 말이다.

이런 식으로 타이트하게 자신의 공부 습관과 제어장치를 만들어 가면 수험 생활 자체에 리듬이 생긴다. 더 나아가 어제의 자신과 경쟁하며 마치 게임처럼 공부 시간의 기록을 경신하고자 목표하는 등 수험 생활에 약간의 재미까지 느낄 수 있다. 또한, 실질적인 공부 시간이 증가하면 실력이 조금씩 나아지는 것은 순리이다.

그다음으로 공부 계획 부분에서 공부 시간을 늘리기 위해 고려해 볼 방법이 있다. 사람은 변화 없이 한 가지만 오래 반복하는 것을 지루해한다. 공부 역시 마찬가지다. 물론, 웬만큼 궤도에 올라서 하는 공부에 흥미를 느끼고 있는 경우라면 이야기가 달라지지만, 보통의 경우 한 가지 과목, 한 가지 유형만 지속할 경우 지루하게 느껴져 오랜 시간 이어서 하기가 어려울 수 있다. 그래서 하루 공부 시간을 효과적으로 늘리기 위해서는 공부 시간의 짜임새도 중요하다. 우선 하루에 적당한 개수의 과목을 나눠서 공부하는 것이 좋다. 그 수가 적으면 지루하고, 반대로 너무 다양할 경우 앞서 언급했듯이 공부 효과가 반감된다. 그래서 필자는 2~3과목을 권했다. 한 과목이라도 여러 타입의 공부 즉, 이론만 쭉 보는 것보다는 동영상 강의도 듣고 복습도 하고 문제도 푸는 등 다채롭게 구성하도록 한다. 그리고 마지막으로 공부가 잘되는 시간과 안 되는 시간을 잘 구별해 집중하기 어려운 시간에 비교적 집중이 잘 되는 과목, 혹은 집중이 잘 되는 유형의 공부를 배치해야 한다. 집중이 어려운 시간대에 자신 없어 하는 과목, 혹은 '암기' 같이 비교적 어려운 유형의 공부 시간을 할당하게 되면 공부 효율이 많이 떨어질 수 있다.

이런 전략들이 잘 되어 있다면 지루함을 달래기 위해 다른 곳에 시간을 소비하는 행동이 줄어들 것이고 어느 정도 시간까지는 무난하게 나올 수 있다. 그리고 그다음부터는 앞뒤 시간, 특히 아침에 공부 시작하는 시간을 당겨야 13시간 이상이 가능하다.

〈스탑워치 심화 사용법과 일상화〉

필자의 경험상 공부 시간을 계속 12시간 이상 기록하는 수험생들은 확실히 실력이 향상되는 것이 눈에 보였다. 개인차는 물론 있다. 10시간 이하로 해도 집중력 덕에 12시간 하는 사람만큼 공부량이 나오기도 하고 공부량이 많아도 실력 향상이 느린 경우도 있지만, 아무래도 절대적인 공부량이 많다는 것은 머리가 좋고 나쁨과는 별개인 또 다른 '가능성'이다. 그리고 충분히 열심히 하고 있다는 지표이고, 앞서 말한 긍정적인 피드백을 받을 수 있는 매일매일의 승리다. 그 열심의 기준과 측정 수단이 스톱워치다. 스톱워치는 공부 시간을 계속해 늘릴 수 있는 효과적인 수단이기도 하다. 스톱워치를 잘 사용한다면 제한된 수험 준비 시간을 알뜰하게 사용할 수 있게 된다. 아울러 필자가 언급한 2가지 Tip을 잘 활용하고, 시간이 어느 정도 지나 스톱워치 사용하는 것이 습관화된다면 스톱워치는 더이상 스트레스로 작용하지 않을 것이다. 오히려 필자의 경험처럼 수험 생활을 항시 다잡아주고 소소한 성취와 리듬을 만들어 주는 핵심이 되리라고 믿는다.

One point Tip

스톱워치 준비 : 24시간 표시, 무음 모드 확인 또는 스마트폰 이용

공부 시간 스톱워치 고를 때는 24시간 표시 가능한지, 무음 모드가 가능한지를 꼭 확인해야 한다. 100분까지밖에 기록이 안 되는 스톱워치, 타이머들도 있고, 온라인에서 파는 제품 중에 조리용 타이머로 나오는 것은 무음 모드가 불가능한 것들이 많기 때문이다. 단순 자투리 시간을 재는 것이라면 상관없지만 공부 총 시간을 측정해야 하니 최소 12시간 이상 카운트가 가능해야 한다. 또한, 버튼 누를 때마다 소리가 난다면 독서실이나 도서관에서는 사용이 불가할 것이다.

스마트폰을 스톱워치로 사용할 수도 있다. 여러 가지 공부 관련 애플리케이션이 있어서 그것 중에 자신에게 맞는 것을 선택하면 되는데 약간씩의 차이들은 있지만, 기능이 꽤 다양하고 공부 시간을 체크하기엔 부족함이 없다. 또 장점이라면, 휴대전화는 언제든 휴대하는 편이기 때문에 공부 시간 체크를 정지하고 시작하는 것을 잊어버리는 일이 더 적다. 그리고 온라인의 많은 사람과 공부 시간을 비교할 수 있어 동기부여가 되기도 하며, 따로 기록하지 않아도 매일 공부 시간 등의 통계가 자동으로 되어서 편리한 점도 있다. (필자는 치과 국가고시 때 일부러 한동안 스마트폰의 여러 애플리케이션들을 사용해 보았다.)

하지만, 필자는 스마트폰보다는 다른 유혹거리가 없고 휴대와 조작이 간단한 스톱워치를 더 권유하는 편이다. 수험 생활의 스마트폰 사용과 애플리케이션에 관련해서는 뒤에서 다시 언급할 예정이지만 스마트폰은 혼자 몰입해 공부해야 하는 수험 생활에 도움보다는 유혹거리로 작용하는 부분이 훨씬 더 많다.

04

암기 전략

Daily 암기 노트와 기억의 노드

나는 암기를 잘하는 사람이 아니었다

공부를 잘하기 위해 필수적인 것이 사실 집중력과 암기력이다. 특히, 여러 지식형 공부의 초기 공부에서 그 능력은 꽤 절대적이다. 그런데 나는 그 두 가지가 모두 뛰어나지 않았다. 아니, 두 가지 모두 훨씬 더 평균 이하이였다고 확신한다. 더군다나, 내가 기억력에서 많이 뒤떨어진다는 사실을 뒤늦게 20대 중반에야 깨달았다. 그 후 약점을 보완하기 위해 참 많은 노력을 하며 살아왔다.

나는 암기를 못하고 싫어했기 때문에 중고등학교 학창 시절에도 사회나 생물같이 암기가 많이 필요한 과목은 멀리했고 오히려 수학 과목을 더 편하게 생각했다. 하지만 수학도 암기할 공식 등이 많아지는 파트가 나오면, 못했고 싫어했다. 사람 이름을 잘 못 외우는 것은 당연지사였다. 또, 본서를 집필하기 전 확실히 다른 사람과 비교 기준이 될 만한 사건도 있었는데 바로 치전에 합격 후 스컬이라고 하는 학교 동아리 선배들이 하는 교육이었다.(의대에서는 비슷하게 '골학'이라는 과정이 있는 학교들이 많다.) 이것은 학교 입학 바로 전에 신입생들을 모아 합숙에 가깝게 종일 선배들이 직접 해부학 강의를 하고는 제한된 시간을 두고 암기한 후 시험을 보게 하는 형태다. 의학용어들과 해부학 명칭들은 실생활에서 쓰지 않는 것들이기에 일부 관련 학과가 아니고서는 누구에게나 새로운 것들이다. 더욱이 이 기간이 1주일간 이어졌는데 아침 일찍부터 밤 혹은 새벽까지 하는 터라 따로 시간을 내서 한 번 더 보는 등의 남다른 시간을 투자하기가 불가능했다. 그러기에 '스컬' 교육은 순수한 단기 암기능력 테스트 그 자체였다. 결과는 그룹 중에 확실한 꼴찌였다. 이때 꼴찌 상을 받은 일은 다시 한번 내가 입학시험성적을 잘 받았다고 해서 자만할 게 아니라 항상 내 암기력의 부족함을 인지하고 노력해야겠다고 결심하게 만든 사건이었다. 또, 한편으로 암기 과목인 생물학에서 합격생 모두가 혀를 내두를만한 점수를 받았다는 것은 역시 방법과 시간 투자의 효과라고 확신할 수 있었다.

단기 기억력은 단순히 현재 개인 능력에 따라 많이 좌우된다. 이 개인 능력은 후천적인 계발이나 변화도 어느 정도 포함되지만 지금 당장 바꿀 수 있는 것이 아니다. 반면에 장기 기억력은 방법과 전략이 크게 좌우한다. 내게 그중 일등 공신들은 데일리 암기 노트와 생물학 암기 스터디였다. 이 파트에서는 데일리 암기 노트를 중심으로 암기력과 장기 기억에 도움이 되는 내용을 다룬다. 암기에 자신이 있는 사람이라면 이 파트는 가볍게 지나가도 되겠다. 하지만 이 곳에서 구체적인 데일리 암기 노트 이야기를 하며 곁들이는 기억력에 대한 고찰과 암기 학습에 대한 중요한 개념 정도는 알아두면 도움이 될 것이다.

의식적인 암기를 해야 한다

한편, 암기를 꼭 따로 관리하며 해야 하는지 의문을 가진 사람들이 있을 수 있다. 물론 공부하는 과목마다 다소 차이가 있을 수 있지만, 대부분의 장기 시험에서 구체적이며 정확한 암기를 필요로 한다. 어느 시험이든 시험 회차가 누적되면서 더 지엽적인 암기를 요구하게 되는데 그것이 절대적이진 않더라도 어떤 수험생이 열심히 공부했는지를 비교적 객관적으로 평가할 수 있는 기준이 되기 때문이다. 누구나 암기하는 흔한 것 이상을 암기해야 한다는 말이다. 이때 암기의 대상은 중고등학교, 대학교 단기 시험의 단기 암기와는 완전히 달라서 방대한 많은 양을 장기 기억화 해야 한다. 그 많은 양을 머릿속에 체계적으로 넣기 위해선 의식적으로 암기를 해야 하며 그를 위해 특별히 암기 시간을 배정해 놓아야 할 뿐만 아니라, 자신만의 암기하는 방법을 갖추어야 한다. 다독만으로 암기가 될 것이라 생각하면 오산이다. 물론 기억에 특화된 일부 사람들은 가능할 수 있을지 모르겠지만 대부분 사람들은 의식적 암기를 해야 자기 것이 되고 오래 기억에 남는다.

한편, 문제에서 질문하는 형태에 따라서 어렴풋이 알고 있어도 풀 수 있는 정도가 있으며 구체적으로 암기하고 있지 않다면 풀기 어렵게 문제가 나올 수도 있다. 예를 들자면 '당뇨병과 연관이 있으며 이자(췌장)에서 분비되어 혈당을 낮추는 호르몬은?' 이라고 친절하게 문제가 나온다면 답인 '인슐린' 을 굳이 암기하고 있지 않아도 객관식에서 정답을 골라낼 확률이 높지만, '이자에서 분비되는 호르몬 3가지로 바르게 묶인 것은?' 이라고 문제가 나오며 그럴싸하게 보기를 만든다면 구체적인 암기를 한 사람과 하지 않는 사람은 차이가 나며, 평가자는 그것들을 실력, 공부의 양이라고 판단한다. 이 경우 장기별 분비 호르몬을 리스트로 만들어서 암기하고 있었어야 한다. 생물 과목의 생리학에서 호르몬은 기본이며 그것들의 분비 장소와 역할은 당연히 알고 있어야 한다. 그러나 특별한 시간을 투자해 암기하고 반복을 통해 장기 암기화 시키지 않아 그 기본적인 것들조차도 헷갈려 하는 수험생이 너무나 많다. 반드시 암기를 따로 신경 써서 해야 한다. 그래야 지식이 완전해진다. 법률이나 역사 같은 단순 지식형 공부뿐 아니라 과학 분야의 추론형 문제에서조차 이렇게 기본 암기 내용은 응용의 바탕이 된다.

물론, 모든 수험서 내용을 자세히 암기할 필요는 없으며 그럴 수도 없다. 단, 객관식 문제에서 찾을 수 있을 만큼 알고 있으면 되는 내용 외에도 구체적이고 분명하게 암기하고 있어야 하는 필수 내용이 있다. 그런 것들이 전체 지식의 중요 베이스가 되니 따로 정리하거나 지정해 의식적으로 암기해야 한다는 이야기이며 그 방법들을 이 장에서 차차 소개하기로 한다.

효과적 암기 내용 복습 시기

의식적인 암기가 필요하다는 것에 동의하였다면 그다음으로는 암기 노트의 필요성에 대해서 받아들일 수 있어야 하겠다. 그리고 이를 위해서는 장기 기억을 위한 효과적인 암기 복습 시기에 대해 먼저 언급할 필요가 있다.

특별한 경우가 아닌 이상, 한 번 본 내용은 누구나 오래 지난 후에는 잊는다. 그렇다면 오랜 시간이 지나도 기억할 수 있도록 장기 기억화 하려면 어떻게 해야 할까? 반복해서 그 내용을 봐야 한다. 이것을 '복습'이라고 하며 복습의 필요성에 대해서는 누구나 이견이 없다. 하지만 새로운 내용을 본 후에 넉 달이나 지나서 복습하면 어떻게 될까? 아마 기억에서 완전히 지워져 새로운 내용을 보는 것과 크게 다르지 않을 것이다. 반대로 잊어버릴 것 같아 한 가지 내용을 하루에 10번씩 반복한다면? 물론 기억은 확실히 되겠지만, 한 가지에 시간을 너무 많이 투자하는 탓에 다른 내용은 공부하기 어려울 것이다. 더욱이 이렇게 단기간 안에 여러 번 보는 행위를 되뇌기(rehearsal)라 할 수 있는데, 실험 결과 다른 단어보다 9배나 오래 되뇐 단어도 기억에는 별 차이가 없었다[5]. 그렇다면 어떤 것이 적당한 시기마다 복습을 하는 것일까?

이런 학습기억에 대해 최초로 과학적인 연구를 진행하고 그 실험법과 결과를 세계적으로 인정받은 사람이 독일의 심리학자 헤르만 에빙하우스(Hermann Ebbinghaus, 1850~1909)이다. 공부의 방법론에 대해 고민을 해본 사람이라면 누구나 그의 '망각곡선(Forgetting curve)'에 대해 들어 보았을 것이라 믿는다. 에빙하우스는 실험을 통해 학습 후 10분이 지나면 망각이 시작되고 1시간 후에 약 50%, 하루가 지나면 약 70%, 한 달후에는 처음 학습한 내용의 약 80%를 잊게 된다는 것을 수치화[6]할 수 있었으며 그에 따라 기억을 위해 복습의 중요성을 강조하였다.

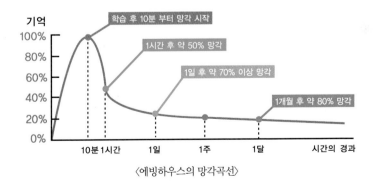

〈에빙하우스의 망각곡선〉

그리고 마인드맵의 창시자로 알려진 토니부잔의 학습법[7]을 비롯해 여러 공부법에서 이 망각곡선을 역으로 이용하여 각각 1시간 뒤(또는 10분), 하루 뒤, 일주일 뒤, 한 달 뒤 복습하면 장기 기억화 하는데 가장 효과적일 수 있다고 주장한다. 필자도 이런 구체적인 복습 시기 기준을 이용한다.

물론, 에빙하우스는 저서에서 이런 시간기준이 가장 효율적이라 언급하지 않았다. 심지어 망각곡선을 그리지도 않았고 주로 기억보유(retention)라는 표현을 주로 사용해 재학습에 필요한 시간을 측정했을 뿐이다. 실험에서 행한 '24시간 후 재학습' 또한 자의적으로 선택한 시간일 뿐이라고 저서에서 확실히 언급했다. 중요한 것은 에빙하우스가 발견한 대로 기억은 처음 학습 후 급속도로 망각되며 시간이 갈수록 그 속도가 감소하기에 주기적 복습이 필요하며, 이 복습 기간 간격이 점차 길면 된다는 것이다. 사실, 이것은 복습 방법 중 'Spaced repetition[8]' 이라는 개념이다. 자, 아래의 3가지 복습 유형 중에 가장 효율적인 복습 방법을 골라보자.

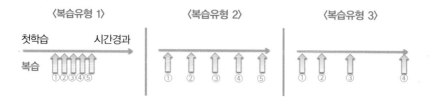

정답은 〈복습유형 3〉이다. 즉, 한꺼번에 몰아서 복습하는 것보다는 시간차를 두고 나누어서 복습하는 것이 좋고, 시간차는 갈수록 점점 벌리는 것이 바람직[9]하다. 이런 유형의 복습이 바로 'Spaced repetition이라 하며 번역하면 '분산 반복', '간격 반복', '주기적 반복', '공백 반복' 등의 우리말이 된다.

따라서 에빙하우스 실험의 의의는 이런 개념의 반복 학습이 의의가 있다는 정도일 뿐이다. 사실 필자의 생각으로 실제의 망각 속도는 사람마다 차이가 있을 것이고 동일인도 어떤 내용인지에 따라 다를 것이며 심지어 그날 그 사람의 컨디션에 따라서도 다를 것이다. 가장 이상적인 반복주기는 개인의 뇌를 분석해서 해당 항목을 잊으려는 순간에 상기해주는 것일 수 있다. 그러나 아직 현시대에는 그것이 불가능하다. 모든 항목을 차별화할 수도 없고, 어떤 것이 어떻게 망각될지 알 수도 없으니 자신의 계획상 통상적인 복습 기준이 필요한데, 이때 에빙하우스가 제시한 망각곡선은 어느 정도 적당한 기준이 되어줄 수 있다. 그 기준이란 간격을 점점 벌려가며 하는 복습이고 1일, 1주, 1달 정도가 적당할 수 있으며 기억하고 계산하기도 쉬우니 필자도 이 정도 잣대를 항상 복습 기준으로 이용한다. 물론, 앞선 내용을 잘 이해했다면 꼭 이와 정확히 동일한 주기가 아니라도 주요 맥락에 맞게 간격을 벌려가는 형태로 자신에게 적합한 복습 주기를 만들면 된다는 것을 인지할 수 있을 것이다.

암기 노트의 필요성

그런데 자신이 과거 공부한 내용을 어떻게 알고 복습할 것인가? 어제 공부한 내용이야 떠올릴 수 있겠지만 일주일 전 내용, 한 달 전 내용을 기억할 수도 없고 일일이 공부한 범위를 체크해서 그것들을 찾아 다시 모든 책을 펼쳐 보기는 상당히 번거로운 일이다. 그래서 따로 암기 노트가 필요하다. 명심해야 한다. 다시 볼 때는 무조건 가능한 한 간편해야 하고 그 분량과 시간은 처음 공부할 때보다 더 적어야 한다. 그래야 다시 볼 의욕이 꺾이지 않으며, 더 많아진 분량들을 소화해 낼 수 있다.

암기 노트의 필요성과 형태에 대해 한 번 더 강조하고자 한다. 위에서 언급했지만 많은 사람이 단순히 다독하면, 암기가 저절로 된다고 생각한다. 그러나 그것은 잘못된 생각이다. 다독은 다독 나름대로 내용을 다시 상기하며 익숙해지는 데 꼭 필요한 것이지만 그것으로 필수 내용이 암기되는 것은 아니다. 필수 내용들은 따로 정리하고 목록화해서 암기를 해야 한다.

또한, 체크해 가며 안 외워지는 내용을 따로 선별해 암기해야 효율적이다. 항목마다 암기가 잘 되는 정도가 다르기 때문이며 그것은 사람마다 다르기에 누가 제시해 줄 수 있는 일도 아니다. 그래서 스스로 만들어야 한다. 예를 들어볼 테니 아래 도식을 함께 보며 이해해 보도록 하자. 항목 A는 그 사람에게 한 번만 봐도 인상에 강하게 남아 기억이 될 수 있고 항목 B는 3회를 봐야 기억되고 항목 C는 8회를 봐야지 비로소 암기가 된다고 가정하자. 그리고 이들을 단순히 여러 차례 봐서 암기를 한다며 7회에 걸쳐 전체 암기를 했다고 하자. 그러면 1회 봐도 되는 A와 3회 봐도 되는 B는 불필요하게 많이 보게 되며, 8회 봐야 암기가 되는 C는 약간의 차이로 암기되지 않는다. 안타까운 일이다. 단순히 시간적 효율을 봐도 차이가 난다. 3가지 항목을 7회씩 보면 $3 \times 7 = 21$회가 되지만 차별화해 본다면 $1+3+8 = 12$회가 된다. 따라서 목록들을 체크해가며 선별적으로 추가 암기를 하는 것의 효율성이 크다고 하겠다. (물론, 이 비교에서 목록화하는 시간적 비용은 고려하지 않았지만, 목록화 과정은 나름대로 단기적 복습 효과를 준다는 점에서 또한 의미가 있다.)

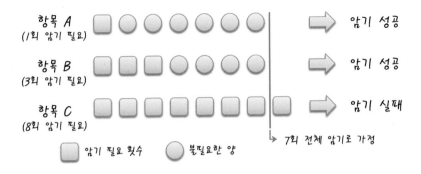

＜단순 전체 암기의 비효율성＞

항목 A (1회 암기 필요)	⬜◯◯◯◯◯◯	➡ 암기 성공
항목 B (3회 암기 필요)	⬜⬜⬜◯◯◯◯	➡ 암기 성공
항목 C (8회 암기 필요)	⬜⬜⬜⬜⬜⬜⬜⬜	➡ 암기 실패

⬜ 암기 필요 횟수   ◯ 불필요한 양

↳ 7회 전체 암기로 가정

사실, 이 당연한 원리는 누구나 무의식적으로 알고 있으며 해봤을 가능성이 크다. 영어 단어 암기할 때 그런 식으로 하기 때문이다. 그런데 장기 시험에서는 그렇게 하지 않는 경우가 많다. 단순히 책에서 해당 내용을 여러 번 봐 암기하려고 한다. 그 이유는 암기해야 할 항목들이 목록화되어 있지 않아서이다. 따라서 스스로 암기해야 할 항목을 목록화해 체크할 수 있는 형태를 만드는 것은 매우 중요하다. 그래서 자신만의 암기 노트가 꼭 필요하다는 말이다.

또 하나 암기 노트의 강력한 장점은 휴대성이다. 아무리 얇은 책자라도 들고 다니기는 어렵고 가방에 넣었다 꺼내기도 번거롭다. 그러나 자신이 만드는 암기 노트는 휴대가 훨씬 쉽다. 특히 필자가 제시하는 데일리 암기 노트는 그날그날 A4용지로 분리되어 있어서 접어 휴대하기 편하다. 외부에서 들고 볼 때도 부담이 적다.

Daily 암기 노트 작성과 활용요령

필자가 계발한 데일리 암기 노트를 이야기해보려고 한다. 물론, 이 형식을 따르지 않고 자신만의 암기 노트를 만들어도 좋다. 자신이 직접 독창적으로 만든 방법이 더 애착도 가고 자신에게는 더 적합해 오래 이어서 할 수 있는 것일지도 모른다. 하지만, 필자의 데일리 암기 노트에 녹아있는 몇 가지 포인트들과 노하우는 반드시 참고하도록 하자. 그것이 시행착오를 줄이고 효과를 높일 수 있는 길이다.

우선 공부 도중에 암기해야 할 것 같다고 생각되는 항목들을 선별하여야 한다. 그리고 지정된 폼(미리 출력해 놓은 A4용지)에 날짜를 적은 뒤 그 항목들을 옮겨 적는다. 다음과 같다.

- 일자 : 20__. 4. 8   요일 : 수

One Day	One Week	One Month	Q	A
✓			중추신경계(뇌) 보호 4개 층	두개골, 뇌수막, 뇌척수액, 혈액-뇌 장벽(BBB)
✓	✓		DNA 초나선 구조 공식	$L_k = T_w + W_r$
			해당과정 복습하기	(1권 248p 참고)
			그렐린(ghrelin) → 분비장소, 효과	위에서 분비되는 H, 식욕증진
✓			체액 3가지	혈액+조직액+림프액(699p)
	✓		유전자 적중법 (gene targeting)	특정 유전자를 조작하는 법

〈Daily 암기 노트 Form〉

이 페이퍼 형식에는 여러 노하우가 반영되어 있다. 단순해 보이겠지만 이 형태는 여러 번의 시행착오를 거치고 몇 년의 실사용에 걸쳐 완성되었다. 이 폼에서 각 항목의 위치만 바꾸더라도 보기가 불편해진다. 먼저 폼에는 그날의 날짜와 요일을 적을 수 있어야 한다. 날짜가 있어야 1일, 1주, 1달에 맞게 복습할 수 있다. 정확히 한 달 복습은 계산하기 어렵고 매달 일수도 다를 수 있기에 1달보다는 4주 전 복습으로 진행하는 편이 따르기 쉽다. 그래서 요일이 꼭 필요하다. 좌측의 One day, One week, One month는 학습 뒤 해당 시간이 지난 다음 다시 암기를 확인하며 체크할 수 있는 공간이다. 그리고 Q(question) 칸에는 암기할 내용의 질문을, 그리고 A(answer) 칸에는 해당 질문에 대한 답변을 적는다. 질문과 답변 식이어야만 암기를 한 후 암기가 되었는지 체크해볼 수 있다. 그래서 가능한 한 암기할 항목을 선별한 후 질문과 답 식으로 옮겨 적어야 한다. (옮겨 적는 것 자체도 복습의 효과가 있다. 사실, 이때 학습 직후 복습이 이루어진다고 생각하면 옳다.) 그렇게 해서 그날 암기 노트가 완성되면 그전에 만든 암기 노트들과 함께 모아둔다.

데일리 암기 노트는 그다음 날 특정한 시간에 암기를 한다. 암기할 시간은 꼭 선별해 두어야 한다. 암기는 제일 하기 싫은 공부 중 하나이기 때문에 특별히 시간을 할당해 놓지 않으면 하지 않거나 미룰 가능성이 크다. 때문에 '아침에 오자마자' 혹은 '점심 식사시간 후에' 이런 식으로 시간을 꼭 할당한다. 나는 암기 페이퍼를 만들어 주로 대중교통 안에서, 식사 시 암기를 했다. (암기 페이퍼를 더 만들지 않는 후반기에는 대신 정리 노트를 봤다.) 물론, 다른 사람과 식사를 할 때는 대화에 집중했지만 혼자 식사할 때에는 절대 시간을 멍하게 보내지 않고 암기 노트를 보았다. 혹자는 굳이 이동 중이며 식사 때까지 쉬지 않을 필요가 있느냐고도 한다. 또 언뜻 보기엔 유난을 부리는 것 같을 수도 있다. 그러나 이건 자투리 시간을 조금 더 쪼개어 쓴다는 것 이상의 효과가 있다. 우선 기억에 효과적이다. 이상하게 들릴지도 모르겠지만 독서실에 앉아서 암기하는 것보다 이동하며 보는 것이, 식사하며 보는 것이 더 기억이 잘 남을 수 있다.

이는 좀 더 뒤쪽에 나오는 '기억과 상황' 이라는 소제목에서 그 이유를 자세히 이야기한다. 그리고 이것 외에 내가 열심히, 최선을 다해 공부하고 있다는 것에 대해 자신감을 가질 수 있는 습관이기도 하며 남는 시간에도 공부 감각을 유지할 수 있는 수단이기도 하다. 그래서 나는 어딘가에 갈 때면 항상 암기 페이퍼를 들고 다니며 암기했다. 심지어 예비군 훈련장에서도 암기했고, 노트북 수리하러 서비스센터에 가서도 대기하며 암기를 했다. 그렇게 시간을 쓰는 것이 마음에 안정을 주었다. 그럴 때면 '나는 다른 사람과 다르다', '나는 합격 될 사람처럼 행동하고 있다' 라는 자각이 들었다. 그것은 내게 미래에 대해 확신을 점진적으로 가져와 주었다.

암기할 때는 암기 노트 종이들에서 어제 만든 것, 1주일 전 것, 그리고 1달 전 것을 골라낸다. (포스트잇이나 인덱스로 1주일, 1달 지점을 목록에 표기해 두는 것이 현명하다.)

〈인덱스 표시 예〉

그리고 그것을 예정해둔 시간에 혹은, 필자처럼 지니고 다니며 암기한다. 먼저, 어제 만든 암기 페이퍼의 첫 번째 칸(one day)에 체크를 한다.

Q를 보고 A항에 있는 답이 생각나면 다음 항목으로 넘어가고 그렇지 않으면 체크를 하면 된다. 체크 된 것들을 암기한 후 다시 한번 확인하여 암기가 잘되지 않는 것은 같은 칸에 두 번째 체크를 하며 선별해 암기하도록 한다. 그러고 나서 일주일 전 페이퍼를 꺼낸다. 역시 Q를 보고 답이 생각나면 지나가고, 그렇지 않으면 두 번째 칸(one week)에 체크한다. 그 후 4주 전 페이퍼도 마찬가지로 진행한다. 이렇게 하면 나는 항목들을 1일, 1주, 한 달 복습 암기를 완료한 것이 된다. 또한 이것들은 뒤에 언급할 '노드 효과'로서 내가 공부한 내용을 전체 복습한 것은 아니지만, 그 내용 중 필수 항목을 암기함으로써 함께 공부했던 근처 내용의 기억을 끌어올리는 것에도 도움을 준다.

| 암기 항목 선정 | 지정된 폼에 옮겨 적기 | 다음 날 특정 시간에 암기 (하루 전, 1주일 전, 1달 전 항목) | 칸에 체크하여 항목을 줄여가며 반복암기 |

〈Daily 암기 노트 작성과 실행 흐름도〉

Daily 암기 노트 작성 세부내용

하루, 한 주, 한 달 세 번에 걸쳐 암기했어도 도무지 암기되지 않는 항목들이 있을 수 있다. 이런 항목들은 한 달이 지난 후 그날 새로 만들어지는 데일리 암기 노트에 편입시켜 한 번 더 순환 암기를 돌릴 수도 있다. 또는 빨간색 등으로 강하게 표시해 두고 모아둔 암기 노트에서 페이퍼를 뺄 때마다 다시 들춰 보는 것도 좋은 방법이다. 그렇게 경험하다 보면 항목별 암기 정도의 차이가 무척 크다는 것을 알 수 있다. 그래서 체크할 수 있도록 목록화와 그에 따른 차별화된 암기 반복 횟수가 필요한 것이다.

암기 노트 작성 시에 중요한 것 중 하나가 분량이다. 먼저, 암기 노트를 매일 만들지는 않더라도 매일의 암기 노트가 있는 것이 꾸준히 이어서 하기에 좋다. 또한, 하루에 목록 개수가 적절해야 한다. 즉, 암기 노트에 작성할 내용이 오늘은 많고 내일은 거의 없을 것 같다고 하면 오늘 두 장을 만들어 한 장은 내일 날짜로 기록하면 된다는 말이다. 하루에 암기하고자 하는 목록 개수가 너무 많으면 차츰 암기 노트 실행이 힘겨워질 수도 있으며 반대로 암기 노트 작성하는 일자가 드문드문 있으면 암기를 잊고 잘 안 하게 된다. 자신에게 맞는 적당량을 지치지 않고 꾸준히 이어가는 것이 중요하다.

항목마다 A(answer)에 들어가는 내용의 분량 또한 적당해야 한다. 정리 노트를 만드는 것이 아니다. 내용이 너무 길어 내용 정리 노트처럼 되어버리면 역시 실행이 힘겨워질 수 있으며 암기 노트 효율을 저해할 수 있다. 간단히 나누어질 수 있는 내용 위주로 암기 노트를 만들어야 한다. 이것들이 뒤에 언급될 기억의 '노드'가 된다. 그리고 이렇게 기본 필수 내용을 암기하고 나서 전체적인 암기는 반복되는 내용 복습과 스터디로 보충이 된다. 그러니 처음부터 너무 완벽히 모든 것을 암기하려고 하지 말아야 한다. 하지만 그래도 꼭 필요한 긴 내용의 필수 암기나 그림 등이 포함되어 옮겨 적기 어려운 상황에서는 해당 지식 reference로 표기해서 질문 답변식은 아니더라도 다시 보는 형태로 한다. 예를 들어 생물학 '해당 과정'을 다시 봐야겠으나 그림이나 단계의 과정이 복잡해 옮기기 어렵다고 하면 '생물 248p'라고 적어두고 시기에 맞춰 그곳을 다시 펼쳐 보는 형식이다.

분량의 중요성을 강조했지만, 이것은 처음부터 자신에게 적당량을 찾을 수 있다고 하기보다는 차츰 시간이 지나며 자신에게 맞는 정도를 찾아간다고 하는 것이 적당하겠다. 그리고 암기 노트는 수험 기간이 1년이라면 1년 내내 분량이 많지는 않을 가능성이 크다. 초반, 중반까지 어느 정도 새로운 이론들이 많이 나오지만, 어느 정도부터는 보통 내용 반복이기 때문이다. 그래서 더이상 새로운 필수 내용을 목록화하는 정리 노트를 만들 필요성이 없는 순간이 올 수도 있다. 물론, 이때에는 이미 암기 노트의 효과를 크게 체감하고 있을 것이다.

데일리 암기 노트의 효과는 당장 나타나는 것이 아니다. 적어도 1~2개월 이상 꾸준히 사용한 다음부터 효과가 나타난다. 암기 노트의 목적 자체가 장기 기억력이기 때문이고 장기 기억력은 아무리 그 기간을 짧게 잡아도 1개월 이상이다. 보통 한번 암기한 후 많은 내용은 1~2주까지 기억이 계속되기 때문에 그 기간은 데일리 암기 노트를 사용하는 사람과 그렇지 않은 사람과 비슷한 기억 수준에 있기 마련이다. 그 이상 시간 흐름에서 다시 봐야 하는 타이밍을 놓치지 않고 보는 데 의미가 있다.

앞서 말했듯이 나의 방법대로 하지 않아도 된다. 특히, 굳이 폼이 A4용지가 아니라 얇은 노트여도 좋다. 단, 기본 원리와 몇 가지 형태만 참고해 암기 노트를 만들기를 바란다. 기본 원리는, 공부 내용은 다시 봐야 하며, 다시 볼 때는 간편하며 더 적은 분량(시간)이어야 한다는 것. 그러기 위해서는 목록화해 암기되었는지 체크할 수 있는 형태여야 하며, 적절한 분량이어야 하며, 암기 목록 날짜를 기록해 복습 타이밍이 갈수록 길어져야 한다는 등이다. 사실, 공부를 잘하는 사람들은 이 원리들을 무의식적으로라도 모두 당연하게 알고 있다.

암기 내용은 다시 봐야 한다	다시 볼 때는 간편해야 한다.	다시 볼 때는 더 적은 분량(시간)이어야 한다.
목록화되어 체크 가능할 것	자신의 역량에 맞게 분량이 적절할 것	날짜를 기록해 복습 간 격이 점차 길어질 것

〈암기 노트 주요 포인트〉

Daily 암기 노트의 단점과 이미지 기억

앞서 반복과 체크를 위해서는 목록화된 암기 노트가 필요하다고 했다. 그 목록화된 것은 큰 장점이기도 하지만 그로 인한 결점도 함께 지닌다. 바로 문자 암기의 한계성이다. 물론, 사람마다 암기력은 차이가 많이 나기 때문에 글로 암기를 잘하는 사람도 간혹 있다. 그러나 보통 사람들은 문자보다는 이미지나 도식 등을 포함한 경우를 더 잘 기억한다. 그래서 책에 있는 참고 그림이나 도식을 모두 제하고 글만 가져온 암기 노트의 불리함이 있다는 말이다. 분량을 가능한 최대한 줄여 암기할 문맥만 가져왔기 때문에 당연하다. 그렇기에 보완법으로 암기 노트에도 가능한 간단한 도식은 옮기는 것, 공간에 자신만의 작은 그림을 그려 넣는 것, 혹은 책의 페이지 내 해당 내용의 위치와 해당 그림 등을 함께 떠올리며 외우는 것이 도움이 된다.

이렇듯 기억력의 힌트는 문자와 말을 단순 반복하는 것보다는 '형상화' 하는 것에 있다. 이것은 단기 암기도 수월하게 해 주며 장기 암기에도 역시 큰 도움을 준다. '형상화' 라는 말이 어렵게 느낄지 모르겠다. 여기서는 형상화에 대해 조금 더 세분화해서 3가지에 대해 이야기해 보려 한다. 다음 이미지와 참고해 이해해 보도록 하자.

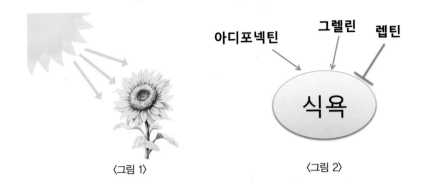

〈그림 1〉 　　　　　　　　　 〈그림 2〉

　첫 번째, 내가 잘 알고 있는 이미지와 매치해서 그 단어나 문장을 기억한다. 예를 들자면 '광합성' 하면 식물이 빛을 받는 장면과 연결 짓는 것이 될 수 있겠다.(그림 1) 또는 '히스타민 분비세포 2개는 비만세포와 호염구이다' 라고 하면 동그란 물체 두 개에서 무엇인가 분비하는 장면을 상상하며 암기한다. 'DNA 초 나선 구조 L =T + W' 라는 공식을 책에서 본 DNA 나선 구조를 떠올리며 암기한다. 단순히 한 개념을 문자로 외우는 것보다 최대한 어떤 장면이나 그림과 관련지어 주는 것이 기억하기가 훨씬 수월하다.

　두 번째, 연관된 것들을 모아 도식화하여 표현한다.(그림 2) 이 경우 좌측 2개의 화살표는 촉진을, 우측 막대기 하나는 억제를 뜻하는데 차후에 3가지 호르몬이 어떤 것이 억제고 어떤 것이 촉진인지 헷갈릴 때 유용하다. 렙틴이 도식에서 우측 위에 있었고 그것 하나만 '억제' 였다는 것을 떠올리면 간단히 헷갈리지 않고 지식을 활용할 수 있다. 아무리 암기한들 시간이 지나 기억이 희미해지면 '아디포넥틴은 식욕을 촉진한다' 라고 열심히 외운 문장은 기억나지 않고 도식의 이미지는 어렴풋이 떠오르게 된다. 반드시 그렇게 된다. 따라서 가능한 그때그때 도식화하여 가시성과 기억률을 높이자. 자신이 도식을 직접 만드는 것도 좋고 이미 있는 것이라면 따라 그려보는 것도 기억에 도움이 된다. 또한, 색깔도 넣어 파란색은 촉진, 빨강은 억제로 표현하면 더 효과적이며, 그런 종류의 도식을 그릴 때 가능한 왼편이나 위에 촉진 등 긍정적인 것을 위치하고 우측이나 아래에 부정적인 것을 위치시키는 식으로 일관성을 유지한다면 더욱 유용할 것이다.

〈그림 3〉

마지막 세 번째로 정확한 개수나 순서가 필요한 암기라면 특정 공간에 항목들을 배치하는 것이 유용하다. 예를 들어 7개의 과일, 채소를 순서대로 암기하려고 사각형을 그리고 적당하게 다른 위치에 항목들을 넘버링 하여 배치하였다.(그림 3) 이제 약간 암기를 하면 왼쪽 위부터 딸기, 맨 위에 있는 레몬, 그다음 아래 바나나, 중앙에 수박 이런 식으로 순차적 기억을 이끌어내기가 쉽다. 여기서 사각형 대신 내가 주로 다니는 길이나 사람의 신체 등 여러 가지 바탕을 이용할 수 있겠다. 이것은 '장소 기억법' 이라고 불리는데

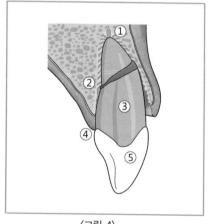

〈그림 4〉

치전 학교 시험공부를 할 때 내게 빛과 같은 방법이었다. 구체적으로 예를 들자면 '치아 파절 시 주의해야 할 사항 5가지'라고 하면 치아 파절 상황을 간단히 그림으로 그린 후 그 그림 안의 각기 다른 위치에 각 연상 가능한 항목을 배치하여 외우는 것이다.(그림 4) 단기적인 1차 암기에 있어서 매우 효과적인 방법이다.

앞서 언급한 노하우들은 수험 생활을 거치고, 그 이상의 암기를 요구하던 4년간의 치전원 생활까지 지낸 후에 명확해진 방법 중 일부이며 한편으로는 기억에 관한 많은 저서와 연구에 자주 등장하는 방법들이기도 하다. 특히 세 번째로 언급한 '장소 기억법'이라는 연상법은 세계 기억력 대회 우승자 10명 중 9명이 쓰는 방법이기도 하다[10]. 언뜻 보기에 장소기억법은 단기간 안에 비슷한 내용을 가능한 한 많이 외울 때에만 유리한 방법이라고 생각할 수 있다. 그러나 이것을 응용하면 단순한 암기 분량뿐만 아니라 이해에 관한 학습에서조차 효과가 있다는 것이 실험을 통해 증명되었다[11]. 물론, 특성상 '애정' 같이 추상적인 개념들보다는 '책' 같이 실제 하는 직관적 단어들에 대해 사용이 훨씬 유리하다.

의치대 최상위권에는 의례적으로 월등한 암기력 소유자들이 있다. 그런데 그들은 보통 페이지를 사진 찍듯이 기억한다. 한 페이지에 위쪽에 무슨 내용, 우측 아래 무슨 내용 이런 식으로 기억하지, 단순히 문자로 줄줄이 기억하지 않는다. 다시 한번 기억에 있어서 이미지 매칭과 형상화가 중요하다는 것을 반복 강조한다. 단순 글보다는 이미지와 공간, 방향을 이용해 기억하는 것이 훨씬 유리하다. 장기 시험에서 모든 내용을 형상화하기는 어렵겠지만 형상화가 쉽게 가능한 것들, 또는 도무지 암기되지 않는 것들은 필자가 제시한 방법을 참고해 보도록 하자.

여기까지가 기억을 유리하게 할 수 있는 '형상화'에 대한 이야기였다. 이들은 뒤에 나올 노드효과와 함께 필자의 대표적인 기억전략이라고 할 수 있다.

단기 암기와 장기 암기의 차이

중고등학교와 대학교의 주기적인 시험과 장기 시험이 다른 결정적인 점은 적당한 내용의 단기 기억이 아니라 방대한 내용의 장기 기억이라는 점이다. 장기 기억을 위해서는 앞서 언급한 형상화 등으로 기억이 내가 잘 아는 다른 것들과 연상되어 있을 때 유리하며, 그 기억들이 잘 분류되고 조직되어 있으면 좋고, 해당 내용에 대해 이해가 잘 되어 있으면 훨씬 수월하며, 그것에 대해 시간을 많이 보냈다면 더 기억할 확률이 높다. 하지만 장기 기억을 위해 역시 무엇보다도 중요한 것은 앞서 말한 반복이다. 제아무리 형상화하고 완벽히 이해했다고 하더라도 복습해야 한다. 강렬히 한 번에 인상이 남는 극히 일부 내용을 제외하면 대부분은 시간이 지나면 희미해진다. 주기적으로 몇 번을 반복해 다시 형상화해 떠올리며 암기해야 장기 기억화 된다. 반복의 당위성과 반복을 위한 장치의 필요성에 대해서는 수백 번을 반복 강조해도 지나침이 없다.

이어서 나올 노드 효과는 장기 암기에 조금 더 도움이 될 수 있는 특화 내용일 뿐 아니라 많은 양의 기억을 조직하고 관리하는 것에 힌트를 줄 것이다.

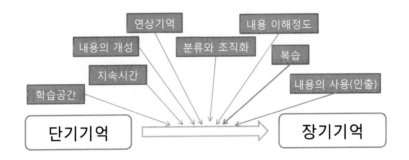

기억의 노드

'노드(Node)'라는 것은 원래 컴퓨터 용어다. 백과사전 정의를 빌리자면 노드는 네트워크에서 연결 포인트 혹은 데이터 전송의 종점 혹은 재분배점을 이른다. 노드 지점에 설치한 통신제어장치에 의해 통신망 전체를 제어한다[12].

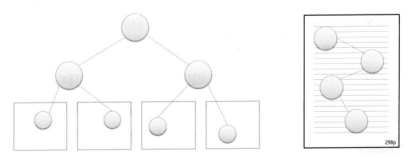

〈사전적 노드 개념과 공부 내용 중의 노드〉

기억에도 '노드'가 있다. 어떤 한 구역의 내용이 있다면 그것을 모두 동일하게 기억하는 것이 아니라 그 구역의 내용을 대표하는 한두 개를 기점으로 기억이 형성된다. 즉, 기억의 네트워크에서 한 구역으로 가는 포인트를 뜻한다. 예를 들자면 '과일'이라고 하면 과일에 속한 모든 것들이 한 번에 떠오르는 것이 아니라 사과나 배 등 자신이 생각하기에 과일을 대표하는 것이 떠오른다. 누군가에게 과일을 설명할 때도 쉽게 예를 들기 위해 '사과같이 나무에 열린 열매' 이런 식으로 설명할 가능성이 크다. 그렇다면 사과같이 쉽게 떠오르는 것이 노드가 될 수 있다. 이것은 현실에서 길을 내는 것과 비슷한데, 한 지점으로 도로를 개설한다면 그 지점이 하나의 거점으로 작용해 주변 지역들까지 접근이 용이하게 되는 것과 같다.

공부에서도 그렇다. 처음 하나의 파트를 공부할 때 그 파트의 모든 내용을 세밀하게 기억하기는 어렵다. 그중 쉽게 받아들여지는 것들이 그 파트에 대한 노드를 형성한다. 또는 많이 봐서 그 파트 전체가 익숙해졌을 때 대표로 선명히 기억되는 것들이 있는데 그것이 노드이다.

그렇게 기억의 노드를 만드는 것이 중요하다. 예를 들자면 서울 지하철 2호선을 이용해보지 않아 낯설었다 하자. 그러다가 학원 때문에 강남역에 주기적으로 가게 된다면 강남역이 익숙해진다. 그와 함께 2호선이 친근해지며 그 근처에 있는 역들, 이를테면 선릉, 삼성, 교대 등등의 역도 익숙해지고 기억하기 쉽게 된다. 역사 공부에 빗대자면 역사를 무척 싫어하다가 세종대왕에 관심이 생겨서 그 왕의 업적과 당시 사회제도 등에 대해 자세히 알게 되었다. 그러면 그전 왕인 태종이나 다음 왕인 문종에 대해서도 비교적 접근하기 쉬워지며 더 나아가 조선 시대 자체가 친근감 있게 다가오게 된다.

그래서 공부할 때도 단번에 그 구역의 전체 내용을 모두 기억하려고 할 필요가 없다. (물론 일반적인 사람들이 그렇게 할 수도 없다.) 전부를 한 번에 기억하려 할 경우 포인트를 찾기가 어렵고 분량이 많다 보니 쉽게 질린다. 그렇게 하기보다는 해당 파트에서 핵심이나 정리가 잘 될 수 있는 콘텐츠, 혹은 비교적 관심이 가는 것이라도 일부를 취해 확실히 암기해 두는 것이 유용하다. 그 노드들을 기점으로 그 주위 것들이 친숙히 다가오고 쉽게 받아들여지게 된다. 그래서 확실히 장기 암기할 수 있는 장치가 담긴 자신의 암기 노트로 그 노드들을 만들라는 것이다.

다 회독 시 속도가 빨라지는 것들도 중요한 포인트의 암기, 확실한 노드가 확립되었을 때 가능한 것이다. 모든 내용을 다시 다 읽는 것이 아니라 그 구역의 대표 내용 즉, 노드를 보면 나머지 세부내용도 머릿속에 웬만큼 다시 떠올라 복습 효과를 낸다. 그 결과 나머지 세세한 것들이 완벽한 지식으로 암기되어 말할 수 있을 정도까지는 아니더라도 객관식 문제에서 충분히 활용할 수 있을 정도의 익숙함, 알고 있는 내용이 되게 한다.

시험 과목 자체에 대한 것도 마찬가지이다. 어떤 과목이 생소하고 도무지 어려울 수 있다. 이때 흥미를 느끼는 파트 혹은 자신에게 쉽게 느껴지는 한 부분에 우선 집중해서 잘하게 되면 그 과목에 대한 인식도 달라질 수 있다. 예를 들어 화학 과목이 어렵기만 하고 싫었다고 하자. 하지만 어떤 기회로 산염기에 대해 특강을 듣고 문제를 풀어보며 중요한 개념들이 정리되어 흥미를 느꼈다 하자. 그렇게 되면 그 부분을 잘하게 되는 것은 어렵지 않다. 그리고 결국 그 산염기라는 파트에 대해 자신이 생기고 친근해졌다면 더이상 화학이라는 과목이 막연하게만, 혹은 싫게만 느껴지지 않게 된다. 물론 그 한 가지로 그 과목 전체가 완전히 수월해질 수는 없지만, 시험 과목 자체에 대한 인식이 달라졌다는 것은 큰 변화와 가능성을 뜻한다. 우선 집중했던 그 파트가 그 과목의 실력으로 가는 노드가 되어 주는 것이다.

암기 중 문장 만들기

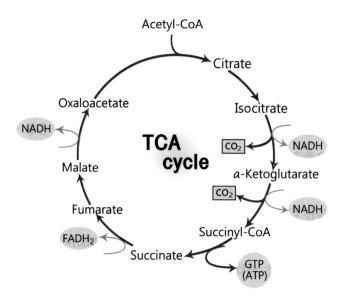

중요하게 자주 나오는 나열형 암기는 '기억 문장' 을 만들어 놓는 것이 꽤 유리하다. 두 가지 예를 들려고 한다. 먼저 위에 제시한 다소 복잡해 보이는 그림은 생물학의 세포 호흡 단원에서 꼭 암기하고 있어야 하는 중요한 내용인 TCA cycle이란 것이다. 이 도식 전체를 기억하려면 우선 순차적인 대사 물질을 확실히 암기해야 하는데 한글로 표현하자면 다음과 같다. 시트르산(Citrat) → 이소시트르산(Isocitrat) → α-케토글루타르산(α-ketoglutarat) → 숙신CoA(Succinyl-CoA) → 숙신산(Succinat) → 푸마르산(Fumarat) → 말산(Malat) → 옥살아세트산(Oxalacetat)이다. 이것의 순서를 헷갈리지 않고 완벽히 암기하려면 시간이 걸리며, 장기 기억을 위해서는 몇 번이고 그 암기를 반복해야 한다. 그런데 다음과 같은 문장이면 한층 수월하게 기억할 수 있다. '시이케를 숙성시켜 퍼먹어(식혜를 숙성시켜 퍼서 먹어)' 이 문장에서 글자 하나하나는 각 물질의 한글 발음 앞글자를 따거나 중간 글자, 혹은 약간의 변형을 거친 글자이다. '를'이나 '시켜'라는 중간 단어는 물질과는 관련 없지만, 문장을 만들기 위해 추가된 글자들이다. 기억하기 쉬운 문장이며 이제 이 문장이 머릿속에 있다면 '시'는 시트르산을 '이'는 이소시트르산을 각각 매치하여 떠올리면 된다. (이 개념은 위에서 언급한 '노드 효과'와도 통하는 면이 있기도 하다. 한 글자가 각각 순차적인 단어의 노드가 되는 셈이다.) 이 문장의 기억 효과는 강력하다. 첫 암기에도 수월할 뿐만 아니라, 시간이 지날수록 더욱 단순 나열 암기보다 장기 기억에 유리하다. 매우 어렵고 연상하기 어려운 단어의 나열들을 기억하기 쉽고 간단하며 의미까지 있는 문장으로 바꿔 놓았기 때문이다. 실제 필자가 멘토링을 하면서 확인한 바로도 저 문장을 알고 암기한 사람은 당연한 듯 TCA cycle을 기억하고 있었지만 그렇지 않고 글로 암기한 사람은 대부분 기억을 떠올리기 어려워하였다.

위의 식혜를 숙성시켜 퍼서 먹으라는 기억 문장의 예는 MDEET입시 시장의 유명한 생물학 강사 강의 내용[13]에 있는 것이며 양해를 구하고 이곳에 인용했다. 강사분이 직접 만든 것인데 정말 잘 만들어진 문장이다. 그래서 받아들이기도 좋고 효과도 좋다. 그러나 많은 이론 내용들에 이런 종류의 기억 문장들이 알려진 것이 아니다. 기억 문장은 다소 비공식적이고 유치해 보여도 완성도 높게 잘 만들어져 알려진 것은 적극적으로 사용하는 것이 좋고, 한편으로 필요한 것들은 자신만의 문장들을 스스로 만들어 기억하는 것이 좋다.

사실 의치대에서는 학문 특성상 대부분의 공부가 나열식이기에 정말 암기를 잘하는 일부 외에 문장 만들기는 대다수에게 필요한 기술이다. 필자도 처음에는 '실질적인 공부도 아닌데 굳이 이렇게까지 해야 하나' 하며 꺼리다가 대가를 톡톡히 치르고는 그 필요성과 효과를 깨달았다. 이후에는 시험 기간 하루에 기억 문장 수십 개를 만들며 방법론적인 것을 고민하고 또 주위의 뛰어난 문장들을 분석해보며 그 이유를 찾았다. 그 결과물들이 이어 나올 '문장 만들기 포인트들'에 언급된다. 물론, 보통의 장기 시험은 의치대 공부와는 문제 유형이 다르기 때문에 전문적으로 많은 문장을 만들 필요는 없다고 본다. 기억 문장은 시간이 많이 소요될 수 있는 일이다. 주로 객관식으로 출제되는 장기 시험에서는 일주일에 1~2개를 만들면 많이 만드는 것이라고 본다.

한편, 기억 문장이 효과가 좋고, 제작에 시간이 걸리는 것이라면 다른 사람이 만든 것을 이용하거나 공유하면 되는 것 아니냐고 생각할 수 있다. 좋은 생각이다. 서로 공감할 수 있는 완성도 높은 문장의 경우 함께 큰 시너지를 발휘할 수 있다. 하지만 한계가 있다. 소수의 잘 만든 문장 외에 대부분 문장이 자신만의 문장으로 되어버리는 경우가 많기에 꾸준히 자신의 문장들을 남들에게 보여주려 하지 않는다. 저마다 기억을 위해 연상이나 연관 지을 때 편한 이미지가 다르다는 점, 익숙한 단어나 형태가 다르다는 특징 때문이다. 그리고 유치하거나 다른 이유로 공개적으로 말하기 어려운 경우가 많다는 점 또한 공유를 어렵게 한다. 그래서 어느 정도 잘 만들어진 것은 공유하되 과도하게 다른 사람에게 기대지 말고 필요하다면 암기를 수월하게 하기 위해 자신이 직접 만들 수도 있어야 한다.

다음으로 필자가 직접 제작한 예 한 가지를 보여준 다음 기억 문장 만드는 몇 가지 포인트들에 대해 언급하고자 한다.

문장 만들기 포인트들

병리학에서 나오는 버킷림프종(Burkitt's Lymphoma)이란 질환의 특징들을 암기하기 위해 필자가 직접 만든 기억 문장이다.

<버킷 림프종의 특징 >

ⓐ 특정 지리적 분포를 보여 아프리카에서 유병률이 높다.   ⇒ 아프리카
ⓑ 에이즈 환자에서 더 흔하게 발생한다.   ⇒ 에이즈 환자
ⓒ 급속히 퍼지며 치명적이기 때문에 생존률이 낮다.   ⇒ 생존률 낮다
ⓓ Epstein bar virus 와 관련이 있는것으로 여겨진다.   ⇒ bar virus
ⓔ 조직학적 소견 1 : moth-eaten appearance   ⇒ moth-eaten
ⓕ 조직학적 소견 2 : Starry sky appearance   ⇒ Starry sky

(핵심어 추출)

기억문장제작

'생존률이 낮은 에이즈 환자들의 **버킷리스트**는 아프리카 밤하늘의 별을 바라보며 맘스터치(햄버거 프랜차이저)를 먹는 것'

각 핵심어들을 그대로, 혹은 약간 변형한 후 연결하여 의미가 있는 문장을 만들었다. 이제 단순히 '버킷 림프종의 특징' 하고 나열식 암기를

하는 것보다 기억문장을 암기한 후에 해당 단어들을 기점으로 하면 원래 문장을 기억해 내는 것이 훨씬 수월하다. 더구나 위 문장은 장면연상이 가능하다. 자신의 머릿속에 상상의 불치병환자들이 아프리카 사막에 앉아 밤하늘의 별을 바라보는 장면을 떠올리면 된다. 그들의 손에는 햄버거가 쥐어져 있다. 언급했듯이 이미지를 매칭하여 암기하면 기억에 훨씬 더 유리하다.

  이어서 위 예문과 함께 문장 만들기의 여러 포인트들에 대해 하나씩 짚어 본다.

  ① 핵심 단어 선택 : 한 문장안에서 한 단어를 뽑을 때는 가능한 문장의 핵심 단어를 뽑는 것이 좋다. '버킷림프종의 특징'의 ⓐ 문장인 "특정 지리적 분포를 보여 아프리카에서 유병율이 높다"에서 '특정', '지리적', '분포' 등의 단어보다는 가능한 그 문장에서 가장 핵심이 되는 단어인 '아프리카'를 선택해야 한다. 그래야 차후 그 단어로부터 문장 전체를 떠올리기가 쉽다.

  ② 유리한 글자 선택 : 여러 단어들에서 한 글자만을 골라 문장 만들기를 한다면 가능하면 연결해서 뜻이 있는 글자를 뽑는 것이 좋고 그것이 마땅치 않다면 비교적 발음이 쉬운 단어를 뽑는다. 예를 들어 '순환계', '호흡계'에서 한 글자씩 선택해야 한다면 앞 글자만 따는 '순호'보다는 앞 단어에서는 두 번째 글자를 따서 '환호'로 만드는 것이 낫다. 의미가 있기 때문이다. 또는 '절지동물', '극피동물'을 순차적으로 외워야 한다면 다 같이 마땅한 뜻은 없어도 '절극', '지극'보다는 '절피'라는

단어가 입에 잘 달라붙기에 그 조합을 선택하는 편이 낫다.

③ 항목 순서 변경 : 순서가 상관없는 나열식 암기들은 항목 위치를 바꿔 말을 만들어 본다. 첫 번째 예시인 TCA cycle에서는 각 항목을 순서에 맞게 암기해야 했는데 반면 두 번째 예시인 버킷림프종 특징에서는 항목들이 단순 나열식이었다. 그리하여 임의로 핵심어들의 순서를 조합해 의미 있는 문장을 만들 수 있었다.

④ 문장 내 제목 단어 포함 : 질문이나 제목, 주제에 대한 단어도 문장에 포함하는 것이 좋다. 두 번째 예의 문장 안에는 '버킷리스트' 라는 단어가 들어간다. 이것을 통해 내가 암기한 문장이 무엇에 대한 문장이었는지 알게 된다. 그렇게 하지 않고 단순히 항목들에 의한 문장이 되면 나중에 그것이 무엇에 관한 기억 문장이었는지 헷갈릴 가능성이 커진다. 자신이 가지고 있는 기억 문장이 많을수록 더욱 그렇게 될 가능성이 크다. 그래서 되도록 문장 안에 해당 주제의 명칭을 넣어야 한다.

⑤ 이미지가 있는 단어 선택 : 추상적인 단어보다는 직관적이고 상상할 수 있는 물건이나 대명사를 선택해 이미지화하는 것이 더 강력하다. 특히 사람 이름을 이용하는 것이 유리한데 예를 들어 '지원' 이라는 단어가 기억 문장에 들어가야 한다면 누군가를 지지하거나 돕는다는 뜻의 '지원' 이나 회사, 단체 등의 일원이 되기 위해 지망한다는 '지원' 의 뜻 등의 동음이의어를 사용하기보다는 내가 알고 있는 '지원' 이라는 친구의 개념을 선택하는 것이 좋다. 그래서 그 친구를 떠올려 기억 문장과 매

치한다면 기억이 훨씬 수월해진다.

⑥ 리듬감 이용 : 이어지는 단어나 글자들의 라임(음조가 비슷한 글자)을 맞추면 좋고 혹은 동요같이 단순하고 잘 알려진 노래와 연결하면 금상첨화다. '태정태세 문단세'로 시작하는 조선시대 왕의 계보 이름 암기가 그 예다. 태조, 정조, 태종, 세조로 이어지는 왕조 이름을 앞글자만 딴 것인데, 이것을 동요 봄나들이(나리나리 개나리)에 맞춰 불러보면 쉽게 암기가 된다. 또한 처음 두 글자가 '세'로 끝나 라임이 더 맞아서 입에 달라붙는다.

⑦ 다양성과 일관성 : 한 문장 안에서 같은 종류의 단어보다는 옷, 색깔, 동작, 시각, 후각, 청각 등의 오감을 비롯한 다양한 분야의 단어를 사용해보자. 일반적인 문장을 생각하면 된다. 무엇인가 비슷한 것을 많이 나열한 문장보다는 의미가 있고 스토리가 있는 문장이 더 기억하기 쉽다. 예를 들어 '모차르트, 지그문트, 고갱, 콜롬버스, 오디세우스, 피츠제럴드'라는 일련의 이름 들을 외운다면 '고양이가 문 앞에서 피자와 콜라, 새우, 타르트를 먹는다.'보다는 '핑크색 모자를 쓴 고양이가 눈을 지그시 감고 52번 버스를 탄다.'라는 문장이 더 낫다. 음식이라는 비슷한 단어들을 많이 나열한 앞 문장보다는 독특한 스토리가 있는 뒷 문장이 낫다는 이야기이다.

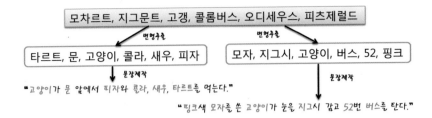

반면, 구색이 정해져 있는 단어들을 한 문장에서 대부분 사용할 수 있다면 같은 종류의 사용도 바람직하며 오히려 더 효과적일 수 있다. 예를 들어 '부자유친, 신언서판, 동상이몽, 남존여비, 북창삼우, 서동부언, 교학상장, 각골난망, 청출어람' 이라는 9개의 사자성어를 모두 기억해야 한다면 다음과 같은 기억문장이 가능하다. '신 부자가 동쪽, 서쪽, 남쪽, 북쪽을 다니며 뼈에 새긴 교훈으로 청출어람 한다.'

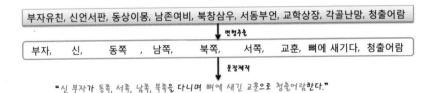

이전 예의 암기문장에서 등장한 나열식 단어(피자와 콜라, 새우, 타르트)와 이번 문장에 등장한 동쪽, 서쪽, 남쪽, 북쪽이라는 나열식 단어들은 전혀 다른 느낌이다. 구색이 있는 단어를 한 문장 안에서 모두 썼기 때문에 받아들이기 쉽고 기억하기 쉽다.

⑧ 자극적인 단어 사용 : 말초적이고 선정적인 표현들 혹은 욕설, 더러운 것 등의 표현이 더 기억에 유리하다. 아래의 기억 문장을 보자.

< 수면 무호흡증의 임상적 위험요소 >

문장제작

'왜소한 내 식가 수면 무호흡 중인 비만 후 궁을 피개해
연구개, 혀, 편도, 목을 핥았다.

위의 남사스러운 문장이 아무래도 지금까지 예를 들었던 건전한 문장들 유형보다는 더 인상에 남기 마련이다. 우리 뇌는 그렇게 되어 있다. 비슷한 것, 약한 것보다는 독특한 것, 정도가 더 심한 것이 오래 기억에 남는다. 그래서 영화와 같은 대중문화들도 사람들의 인상에 남기려고 더 자극적으로 만들기도 한다. 필요시 어느 정도는 이 힌트를 참고해 보는 것도 좋겠지만 너무 과도하게 사용할 경우 스스로 격을 떨어뜨릴 수 있는 일이며, 더이상 자극적으로 느껴지지 않는 한계가 올 수 있겠다. 한편, 이런 문장 제작들이 역시 주변 사람과 공유를 어렵게 한다.

⑨ 숫자 암기 : 숫자 암기 또한 의미를 만들면 기억에 유리하다. 예를 들어 혈액검사 중 Albumin 정상수치는 3.8~5.0 g/dl이다. 여기서 Albumin이라는 영어 스펠링을 한글 소리로 바꾸어 '알바 인삼 팔아영' 같이 해당 항목의 이름과 수치를 함께 묶어 자신의 기억 문장으로 남길 수 있다. 또는 'PT(prothrombin time)는 보통 10~15회(10~15초) 한다.' 식으로 자신에게 연상하기 쉬운 의미 연결을 만든다면 기억에 유리하다. 단순 숫자 암기는 이미지화하기가 거의 불가능하다 보니 시간이 가면 다른 암기보다 더 완전히 잊어버리는 경향이 있다. 그래서 어떻게든 다른 것과 연관 지어 놓는 것이 기억을 유지하는 데 힘이 된다.

한편, 기억 문장이 언제나 그럴싸하게 만들어지는 것이 아니다. 아니 오히려 말도 안 되고 이상한 문장들이 만들어지기 십상이다. 위의 예들은 좀 더 완성도 높은 문장들을 예시했을 뿐이다. 그래서 그 외 좀 더 완성도 떨어지는 예들도 추가하니 가볍게 참고하자.

<자가지방 이식술 장점 > : **자장**면은 **자 취** 비용 **받**으로 작게 해줌
<레이저 치료의 장,단점> : **레이저 잠**비를 **진** 손에 부치고 동네 **만실감**
<반흔 교정술 요구 4가지 > : **교정**하게 되는 통 **기**는 **불안한 심미**성
<임플란트 적응증> : **난 친**가 **싫어 진 구**를 떠난 **부착** 근육의 **기대값**이 **임의 적응증**

〈문장 만들기의 예〉

스스로 만든 것, 더 오랜 시간이 걸린 것이 초기 기억에 효과적이다. 언급했듯이 사람마다 각자 편한 단어, 쉽게 연상되는 단어들이 다를 수 있다. 그래서 자신에게 쉽게 연상되는 단어로 스스로 만든 것이 더 기억에 유리하다. 또, 제작에 시간이 많이 들면 오랜 시간 암기할 내용을 반복적으로 보게 되기 때문에 초반 기억에 효과적이다.

하지만 기억 문장도 역시 반복 암기해야 장기 기억이 된다. 아무리 좋은 문장을 만들었다고 하더라도 1, 2회의 암기로 수개월 동안 기억이 계속되기는 어렵다. 적어도 몇 번은 다시 보고 떠올려야 한다. 단, 좋은 문장은 다시 볼 때 나쁜 문장보다 훨씬 편하게 느껴지며, 문장이 있는 것이 없는 것보다 재암기에 시간이 훨씬 적게 걸린다. 시간이 지나 해당 내용에 대한 기억이 희미해졌을 때 나열식 반복 암기를 하려 마음먹는 것보다 기억 문장이 있는 편이 큰 힘이 된다.

이곳에서 다양한 기억 문장의 제작 방법들에 대해 자세히 서술했지만, 이 포인트들을 완벽히 적용하려 과도하게 노력을 기울일 필요는 없다. 여기서 상세히 방법들을 소개한 이유는 그중 자신에게 맞는 방법을 찾을 수 있도록 가능한 여러 선택지를 주었을 뿐이다.

기억문장을 만드는 것은 제법 시간이 걸리는 일이다. 물론, 반복하다 보면 제작능력도 상향하기는 한다. 그러나 일부 학과나 의, 치대 같이 많은 양을 단순 암기하고 서술형으로 나열해 답안을 작성하는 상황이 아니라면 이런 기억문장을 제작할 기회가 많지 않다. 따라서 제작능력향상이나 문장 만들기에 너무 과도한 시간을 쏟거나 집착하지 않기 바란다. 정말 필요한 것들 위주로 가끔, 그리고 적당한 시간 내에 만들어야 한다. 그 때 본문에서 언급한 기억문장 제작 노하우를 참고하도록 하자.

기억에 관한 과학적 연구들과 여러 도움말

기억의 실체와 연상법

인간의 '기억'이란 두뇌 신경세포들의 연결된 어떤 구조라고 받아들여지고 있다. 이러한 연결들을 '시냅스'라고도 부른다. 즉, 기억은 신경세포의 시냅스에 저장되며, 학습에 의한 시냅스의 변화가 기억의 물리적 실체[14] 이다. 어떤 기억이 일단 생겨나면, 그 기억의 사용 빈도에 따라 해당 시냅스 구조가 약해지기도 하고, 강해지기도 한다. 반복자극을 주면 연결 구조는 확장이 일어나 점차 거대해지고 시간이 지나도 머릿속에서 쉽게 불러다 쓸 수 있게 된다. 이른바 '장기 기억'이다.

〈장기 기억은 시냅스의 변화이다.〉

기억의 실체가 신경세포 자체가 아니라 그 세포들의 연결이라는 점에서 기억을 특정 지점과 다른 지점을 연결하는 도로로 비유할 수 있겠다. 처음 꼬불꼬불한 오솔길 같던 초기 기억이 직선화되고, 도로포장을 해 2차선, 4차선으로 계속 확대되어 의식적인 장기 기억이 되는데, 여기에는 시간이 걸린다. 그때까지 계속 반복이 필요하다. 한편, 이때 기억에 연상법을 이용한다는 것은 내가 잘 아는 대상, 즉 이미 대형도로가 잘 형성된 지점 근처에 새로운 대상을 놓는 것과 비슷하다.

〈반복에 따른 연결확장〉   〈연상법의 이점〉

그렇게 되면 처음부터 새롭게 긴 길을 하나하나씩 형성시키는 것보다 훨씬 유리하게 된다. 원래 형성된 큰 도로를 이용한 후 작은 지선만 만들면 되기 때문이다. 또, 새로운 정보를 망망대해 같은 두뇌속의 어디에 둘지 고민할 필요가 없게 된다. 이렇게 장기기억에 유리한 '연상법' 을 적극적으로 사용하도록 해야 한다.

반복의 힘

신경세포와 시냅스와는 별개로 비교적 늦게 주목받기 시작한 '미엘린'이라고 하는 신경세포를 감싸는 절연물질이 있다. 미엘린은 신경세포 사이에서 신호가 전달될 때 신경전달물질의 손실을 줄여 신경전도속도를 월등하게 향상시키는 역할을 한다. 미엘린이 두꺼워질수록 절연되지 않은 섬유를 통해 이동하는 신호보다 최대 100배 빠른 속도로 전달된다. 이에 따라 인지능력이 향상된다[15]. 또한 이들은 말하기/읽기 등 학습 능력 향상에 핵심적인 역할을 하는데 반복을 통해 미엘린의 양이 증가하면 훌륭한 피아니스트가 되고[16], 글을 읽는 능력이 좋아진다는[17] 등의 연구 결과들이 있다.

이와 같은 과학적 발견들은 반복을 통해 뇌 구조의 변화가 일어나고 속도가 향상된다는 점에서 앞서 비유한 기억의 도로 확장과 정확히 일치한다. 연습과 반복의 효과가 얼마나 강력한지를, 그리고 이들이 뇌 속에서 일으키는 구체적인 변화까지도 과학은 명백하게 입증하고 있다.

기억과 상황

한편, 연구들에 의하면 장기 기억을 관장하는 뇌의 부위는 크게 해마와 편도를 포함하는 측두엽 내부, 간뇌의 핵, 전뇌의 기저부 등 3개 부위로 알려져 있다[18]. 이곳에 저장되는 장기 기억들은 여러 요인에 따라 쉽게 혹은 어렵게 재생되는데, 여러 요인에 따라 쉽게 혹은 어렵게 재생되는데, 다음과 같은 경우에 잘 기억해낸다고 한다. 서로 관련이 있는 개별 정보를 조직화할 때, 기억할 때와 저장할 때의 상황이 서로 비슷할 때, 반복적이고 계속적 학습할 때 등[19]이다. 이 중에서 반복 학습은 누차 언급을 했고, 관련 있는 개별 정보를 조직화하는 것은 해당 내용을 이해하고 정리하는 것, 그리고 앞서 언급한 연상법이라고 보면 되겠다. 그리고 또 한 가지, 저장할 때의 상황이 영향을 미칠 수 있다는 것을 알 필요가 있다.

〈기억을 떠올리기 쉬운 조건 3가지〉

상황이라는 것은 그 당시 장소의 시각 정보부터 소음 정도 및 학습자의 자세, 기분, 컨디션 등 또한 포함된다. 그런데 한자리에만 앉아서 공부하면 뇌는 그 내용을 그 자리에 맞는 정보로 취급해 버린다. 그래서 그 자리를 벗어나면 잘 생각이 나지 않게 된다. 이렇게 뇌에 정보가 저장될 때 주변의 맥락까지 함께 저장되는 현상을 "맥락 부호화(context encoding)"라고 한다[20]. 이것 때문에 혼자 집에서 열심히 시험에 나올 문장을 외웠다가도 시험장에만 가면 머리가 하얗게 되어버리는 경우를 경험하기도 하는 것이다. 이를 예방하기 위해서는 우선, 시험장과 비슷한 환경에서 공부하는 것이 도움이 된다. 그러나 내가 시험 볼 장소를 미리 알기도 어렵고 그와 비슷하게 형성하는 것도 쉬운 일이 아니다. 차선책으로 다양한 환경에서 정보를 머릿속에 넣는 것이 유용하다. 정형화되지 않은 입력은 그만큼 머리에 유연성을 줘 새로운 환경에서도 비교적 대처를 쉽게 만들 수 있기 때문이다.

특히 암기할 때에는 장소와 상황을 바꾸는 편이 기억에도 유리하다. 뇌가 정보와 학습 상황을 매치할 때 과도한 중복이 일어나지 않기 때문이다. 그래서 앞서 필자가 언급한 데일리 암기 노트를 배경이 계속 변하는 이동 중인 버스 안에서, 주위 사람들이 바뀌는 식사 중에 보는 편이 암기하기에 수월했다는 것이 설명되는 것이다.

맥락 부호화에 대해 이해했다면 공부를 하다가 도무지 암기되지 않는 내용이 있을 때 같은 상황에서 무리하게 시간을 소비하지 말고 다른 장소에서, 혹은 미뤘다가 다른 시간에 암기를 해 볼 수도 있겠다. 물론, 그렇다고 해서 공부 장소를 너무 자주 바꾸는 것은 추천하지 않는다. 장소를 바꾸는 데 시간이 소요되며 집중에 방해되는 측면도 있기 때문이다. 그와 함께 차츰 자신에게 적합한 암기 환경을 알아갈 필요가 있다. 암기가 잘 될 때의 주위 소음 정도, 밝기, 장소와 자세, 컨디션 같은 것들을 체크해 보자.

정보의 형태

치전에서 공부를 잘했던 동급생 한 명은 항상 카페에서 공부를 했다. 그 이유를 물어보니 소리 내어 읽으며 공부해야 암기가 잘 되기 때문이라고 했다. 실제로 음독(sound reading)을 하면 묵독(silent reading)을 할 때와는 다른 두뇌 활성이 발생한다[21]. 그래서 암기할 것을 소리 내어 읽어 보는 것도 기억을 위한 또 하나의 좋은 방법이다.

그뿐만 아니라 시각적인 정보를 청각, 촉각 등 다양한 감각을 사용하면 기억력이 높아진다[22]. 책을 눈으로 읽는 것이 시각적인 정보라면 그와 함께 다른 감각을 동원해 공부해 기억력을 높일 수 있다는 말이다. 물론 공부하면서 후각, 미각 등을 직접적으로 경험하기는 어렵다. 그러나 상상하며 매치할 수는 있다. 그것 역시 비슷한 효과를 지닌다. 따라서 단순히 눈으로 읽는 공부만 하기보다는 강의를 통해 듣기도 하고, 직접 말하기도 하고 맛과 질감을 예상하기도 하는 등 오감을 사용한다면 기억력을 더 높일 수 있다.

한편, 읽어서 기억하는 것, 들어서 기억하는 것, 말해서 기억하는 것, 직접 해봐서 기억하는 것 등이 정보의 형태이며 기억 효율 면에서 큰 차이가 있을 수 있다는 주장들이 있다. 이것들을 계층화된 구조로 표현한 '학습 피라미드(Learning pyramid)' 모형이 주되게 알려져 있다.

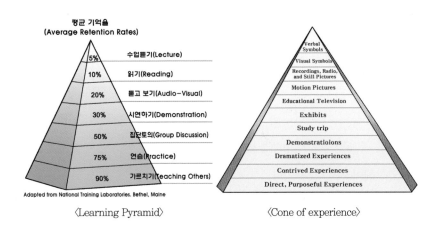

〈Learning Pyramid〉   〈Cone of experience〉

이 도식은 꽤 정교하게 수치화된 항목들 때문에 얼핏 보면 과학적으로 연구된 결과라는 인상을 받기 쉽지만, 꼭 그렇지만은 않다. 이 모델의 주된 출처로 알려진 미국의 NTL(National Training Laboratories)에서는 관련된 객관적 연구 데이터를 제시하고 있지 못하며, 각 항목 간 독립된 실험 환경을 만들기가 거의 불가능하다는 점(강의나 읽기를 통해 내용을 우선 이해해야 토의 또는 연습, 가르치기가 가능하다는 점 등)에서 일부 전문가들은 이 이론의 신뢰성에 대해 회의적인 시각을 내비친다[23]. 더군다나 이 피라미드 모델의 시초는 에드거 데일(Edgar Dale)의 경험의 원뿔(Cone of experience)이라 할 수 있는데, 여기에 백분율 수치는 존재하지 않았으며 데일의 모델 역시도 연구가 아니라 이론과 개인적 관찰에 근거했을 뿐이었다. 그렇기에 데일은 각 항목은 중복될 수 있으며 그 간극이 매우 좁을 수 있다 하였다. 또, 데일(Dale)은 "모든 교과 과정에서 효과적인 읽기에 더 많은 주의를 기울일 것"[24]이라고 말했다. 결국, learning pyramid 모델에 기초해 각 항목 간 기억률을 수치화하고 계층화하는 것은 다소 논리적이기 어려우며 모델 창시자의 의도에도 벗어난다. 각 항목은 고유의 가치가 있는 것이며 강의와 읽기는 처음 지식을 받아들이는데 좋은 도구일 뿐 아니라 계속 지식 향상을 얻을 수 있는데 효율적 수단이다. 그리고 그에 더해 시청각 자료를 더하고 직접 경험, 토의, 가르치기 등을 추가로 한다면 내용을 더 기억에 효과적으로 남길 수 있을 뿐이다. 즉, 각 정보의 형태들을 계층구조가 아니라 연속된 학습 방법들로 인식해야 하는 것[25]이다.

그리고 각 학습 방법들에 소요되는 시간이 다르다는 점에 대해 주목해야 한다. 1가지를 토의할 수 있는 시간에 5가지 문제를 풀어볼 수 있고, 10가지를 눈으로 읽을 수 있는 노릇이다. 따라서 무작정 모든 것을 토의, 가르치기 등 참여적 학습법까지 진행하기에는 무리가 있다. 가장 기본이 되고 중요한 것들, 혹은 정말 암기가 안 되는 것들만 기억에 유리하도록 토의, 연습, 가르치기 등 여러 정보의 취득 형태를 추가적으로 이용하는 편이 현실적이다. 그 외 대부분 내용은 시청각 강의를 이용해 취득하고 또, 덜 중요하며 한 번 알고 지나칠 수 있는 것들은 가볍게 읽어 보는 선에서 공부하는 편이 효율을 극대화할 수 있다고 생각된다. 물론, 정보의 형태에 따라 받아들이는 개인 차이가 있으므로 자신이 글로 읽어 기억하는 것이 좀 더 편하다면 그 형태의 공부량을 늘리도록 하고 말해서 기억하는 편이 수월하다면 그 시간을 늘리는 등 학습전략을 조절할 수 있겠다.

혼동되는 개념 차별화 암기

공부하고 시간이 지나면 단순히 기억이 나지 않는 것뿐만 아니라, 개념들이 혼동되는 경우가 많다. 특히 비슷한 내용은 헷갈리고, 상반되는 개념들이 서로 바뀌어 인지되기도 한다. 이런 것들은 대부분 사람에게 공통적으로 혼동되는 경우가 많으며, 반복될 소지가 매우 크다. 따라서 반드시 혼동되는 대상의 차이점들을 명확히 정리하여 기록해 놓는 편이 현명하다. 다시 헷갈리면 자신감을 떨어뜨리며 시험에는 그런 것들이 출제된다. 반대로 다른 사람들에 비해 내가 유독 헷갈리지 않고 확실히 알고 있다면 공부에 있어 대단히 긍정적인 피드백이 될 수 있다.

한편, 혼동하지 않기 위해 A, B라는 개념이 있다면 둘 중 한 가지에 대해 더 자세하고 확실히 암기해 두는 것도 한 가지 요령이다. 그래서 main으로 알고 있는 것과 그 외 Sub로 알고 있는 것으로 나뉜다면 대등하게 알고 있는 것보다, 둘을 구별하고 혼동하지 않는 데 유리할 수 있다.

예를 들어 생물학에서 진정세균과 고세균의 특징들이 있다. 이것을 대등하게 암기하면 시간이 지나서 혼동될 가능성이 크다. 그러나 고세균의 특징이 중요하고 자주 출제된다며 더 많은 시간을 할애해 설명을 들고 더 확실히 암기하는 한편 진정세균 내용의 암기는 훨씬 적은 시간을 투자했다면, 오히려 절반씩 시간을 투자해 암기한 것보다 기억에 유리할 수 있다는 이야기다. 확실히 기억하는 것은 고세균의 특징일 것이고, 조금 더 알쏭달쏭 한 내용이 나왔다면 진정세균의 특징일 가능성이 높다.

숫자에 관해서는 큰 것 작은 것 등으로 한 번 더 바꾸어서 기억해 놓을 필요 있다. 예를 들어 A는 18, B는 16이라고 한다면 단순히 A는 18, B는 16 이렇게 계속 암기만 할 것이 아니라 한 번쯤은 '아 A가 B보다 큰 것'. 이런 식으로 각인시켜 놓으라는 말이다.

또, 객관적으로는 타당하지 않더라도 자신만의 구별법으로 좋은 것, 나쁜 것으로 이분해서 두 가지를 구분해 놓고 있는 것도 혼동하지 않는 것에는 도움이 된다. 이것 역시 불균형하게 접근해 알고 있어 기억의 혼선을 예방하는 방법이다. 예를 들자면 화학의 산화 환원에서 환원은 개체가 전자를 받는 것이고 산화는 전자를 잃는 것인데 이때, 받는 것이니 환원을 좋은 것이라 연결 지어볼 수 있겠다. 그래서 받을 때는 기분이 좋아지고, 환원이 잘 되는 구리, 은, 금 등을 좀 더 친숙하게 좋은 느낌을 연결 지을 수 있겠다. 물론, 자연은 균형이 중요한 것이니 객관적으로 산화, 환원 중 어느 것이 좋다고 할 수는 없다. 또한, 오히려 산화 중에서 긍정적인 면이 나오면 혼동될 수 있는 여지가 불필요하게 생길 수도 있다는 단점이 있다. 그러나 두 개념을 차별화한다는 것, 구분할 수 있게 자신에게 친숙하고 잘 아는 상황으로 이끌어와 구별한다는 데 장점이 있는 기억법이다. 대등한 항목들은 차별화를 잘 해야 구분할 수 있고 기억할 수 있음을 명심하자.

마인드맵 기억법

사실, 암기 Tip에 필자가 언급한 두 분류, 즉 형상화와 노드 효과를 한 번에 잘 표현하는 개념이 있다. 바로 많은 사람이 알고 있는 기억법인 '마인드맵'이다. 마인드맵에서 처음 포괄하는 내용의 다음 포괄하는 하위개념이 바로 노드라고 할 수 있으며 그 항목들을 360도 내의 각각 다른 곳에 위치시킨다는 것이 공간, 방향이 기억에 이용됨을 알 수 있다. 그러나 필자는 수험생 시절 마인드맵을 단 한 번도 그리지 않았다. 그 방법을 사용하지는 않았지만, 마인드맵의 유리한 면을 들여다보니 내가 생각하고 있던 것과 핵심 포인트는 동일했다.

마인드맵이 편리한 사람은 그것을 이용해도 좋다. 그러나 장기 시험 내용은 그 양이 워낙 방대하고, 형태도 다양해서 모든 내용을 마인드맵 형태로 만들기는 다소 무리가 있지 않을까 생각한다. 그리고 너무 비슷한 마인드맵 그림들을 많이 그려 놓는다면 그것들끼리 뒤섞여 버려 이미지화 기억의 이점이 사라질 수 있으니 주의하여야 한다.

기억은 관심과 집념의 문제이다

필자의 어머니는 쉰(50세) 가까운 나이에 배우고 싶은 것이 있다며 새로 대학에 입학하셨다. 일반적으로 인간의 기억력은 20대~30대 초반을 정점으로 점차 감소한다[25]. 그래서 많은 사람이 20대의 생생한 기억력을 그리워하거나 기억력에 있어서 젊은 학생들과의 경쟁은 꺼려 한다. 당연히 어머니도 20대 초반 학생들과 섞여 공부하며 무엇보다 학습 내용을 기억하는 데 어려움이 있을 것이었다. 그래서 여쭤보았더니 어머니는 "쉽지는 않은데 몇 번 더 보면 돼"라는 말씀을 하셨다. 그 말이 필자의 뇌리에 깊게 박혔다. 그 외에도 비슷한 환경의 만학도들을 만나서 이야기해 보면 똑같았다. 자신이 나이가 있어서 더 기억력에서 열세하다는 의식이 있고, 이를 극복하기 위해서 내용을 남들보다 몇 번 더 봤다고 이야기했다. 다들 그렇게 시험들을 잘 치러냈고 당당히 졸업했다.

이 만학도들은 기억력에서 현재 재능으로 부족하다면 '반복의 힘'을 이용해 만회할 수 있다는 핵심을 알고 실천했다. 그런데 반복이 중요하다는 것을 일반 대학생들이 몰랐을까? 대부분은 반복의 중요성을 안다. 그런데 알아도 보통 실천은 잘 하지 않는다. 설령 실천해도 만학도들이 일반 대학생들보다 더 많이 실천했기 때문에 따라잡을 수 있었던 것이다. 그 차이가 왜 날까? 바로 자신에게 불리한 '암기력'에 대해 더 관심을 가졌고 남들보다 한층 더 높은 긴장감을 유지하며 집념을 보였기 때문이다. 자신이 부족하다고 생각하니 더 기억에 집착했던 것.

장기 시험에 있어 수험생들도 마찬가지다. 자신이 남들보다 월등한 기억력을 가지고 있다면 시험에 좀 더 쉽게 합격할 수 있을지 모른다. 그런데 그렇지 않다면 그런 기억력이 좋은 사람들과 대결하기 위한 자신만의 강점이 있어야 한다. 남들이 1번으로 되는 것을 나는 2번, 3번 더 보면 된다. 그리고 이를 위해서는 남들이 의식하는 것보다 기억에 더 관심을 가지고 더 집착을 보이면 된다. 잊지 않기 위해서 밥 먹다가도 한 번 더 머릿속으로 떠올려 보고 시간을 내서 한 번 더 내용을 찾아보면 된다. 한 번으로 부족하면 몇 번 더 하면 된다. 그것이 기억력에 대한 관심이고 집념이다.

잊는 것을 두려워하지 말자

공부하고 복습도 하고 열심히 암기도 했는데 시간이 지나면 해당 내용을 잊어버린다. 때로는 '이것을 공부했었나?' 할 정도로 새카맣게 잊는다. 자신만 그런 것 같아 좌절하기도 하고, 과연 이 지경인데 계속 공부하는 것이 의미가 있는가 하는 생각까지 하게 될 수도 있다. 하지만 누구나 그렇다. 다행인 것은 그 기억이 의식 중에 없는 것이지 완전히 머릿속에서 지워진 것은 아니라는 것이다. 떠올리기가 어려울 뿐이다. 그러다 보니 다시 암기할 때는 처음보다 더 수월하다. 3번째 암기할 때는 훨씬 더 수월하고 빠르다. 그것이 핵심이다.

발원지를 모르는 고시가의 격언으로 '머리 좋은 사람이 여러 번 본 사람을 못 이기고 여러 번 본 사람이 직전에 본 사람을 못 이긴다.' 라는 말이 있다. 즉, 얼마나 직전에 해당 내용을 봤느냐에 따라 더 생생하고 정확하게 기억한다는 말이다. 그래서 사실, 수험생은 본고사 직전에 최대한 많이 보려고 공부하는 것이다.

다시 말해 아무리 열심히 노력한다 한들 사람 머리는 한계가 있어서 장기 시험 내용 모든 것을 완전히 장기 기억화 시킬 수는 없기에 1달 이내로 기억하는 중단기, 1주 이내로 기억하는 단기기억들의 어마어마한 양도 필요하다. 따라서 본고사 치르기 최소 1주~1달 이내에 그동안 공부했던 것들을 가능한 한 많이 봐야 한다. 장기 시험에서는 그게 직전이 된다.

그런데 사람마다 공부하는 속도가 다르다. 가령 어떤 뛰어난 사람은 일주일 동안 1000페이지를 볼 수 있지만, 그렇지 못한 사람은 300페이지 혹은 그 이하밖에 보지 못할 수 있다. 하지만 그 내용을 여러 번 본 사람은 보통 사람이라고 하더라도 뛰어난 사람보다 훨씬 더 많은 페이지, 즉 3000페이지까지 볼 수 있다는 말이다. 결국, 직전에 보는 것이 가장 중요한데, 직전에 더 많이 볼 수 있는 사람은 여러 번 본 사람이다. 따라서 완전히 잊은 것 같아도 두려워하지 말고, 반복 암기를 하도록 하자.

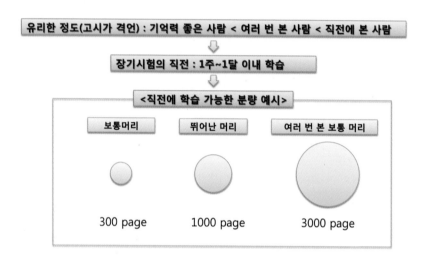

기억력은 전략이며 향상된다

뇌과학에서 권위 있는 학술지인 Nature Neuroscience에 개재된 연구에 따르면, 실제로 기억력이 뛰어난 사람들의 뇌를 분석한 결과 우월한 기억력이 탁월한 지능 능력이나 구조적 뇌의 차이에 의해 유도되지 않았다고 한다. 오히려 우월한 암기 술사는 공간 학습 전략을 사용하기에 공간인식과 방향 탐지 영역이 더 활성화되어 나타났다고 한다[26]. 즉, 앞서 필자가 언급했듯이 이미지 연상과 장소 기억법 등의 방법이 기억에 유용하다는 것을 뜻한다. 다시 말해 이것은 기억에 있어서 방법과 전략이 개인의 기본적인 단순 암기능력을 압도할 수 있다는 것을 말한다.

한편, 한때는 사람은 성장이 끝난 후에 체내 세포 수가 정해져서 더이상 변하지 않는다고 믿기도 했다. 그 때문에 머리는 타고나는 것이며 무엇보다 기억력은 점차 감퇴하기만 한다고 생각하는 사람들이 많았다. 그러나 현대 과학의 연구 결과 특정 부위의 세포는 인체의 성장이 멈춘 후에도 외부 자극에 의해 세포 수가 늘어날 수 있고, 변화가 가능하다는 것이 밝혀졌다. 특히 기억을 저장하고 관장하는 해마의 세포는 노력 여하에 따라 새로 발생하고 자라날 가능성이 가장 많은 영역으로 알려져 있다[27].

또한, 현재까지 알려진 바로는 기억력과 관련된 단백질에는 'C/EBP' 가 있는데, 뇌 속에 존재하는 이 단백질을 많이 만들기 위해서는 독서, 운동, 퀴즈 풀기 등 신경세포를 활성화시키는 활동을 많이 해야 한다고 한다[28].

즉, 규칙적으로 적절한 운동을 하며 꾸준히 공부하고 있다면 장기 시험 수험 생활은 머리를 좋게 하고 기억력을 향상시킬 수 있는 좋은 기회라고도 할 수 있다.

05

집중력 전략

집중은 공부의 감초 역할을 한다

앞서 '공부의 순서'에서 강조했던 집중력의 필요성에 대해 다시 한번 강조하고 구체적인 방법들을 이곳에서 소개하고자 한다.

집중 없이는 아무것도 이룰 수 없다. 공부에 있어 집중력의 필요성은 누구나 알고 있는 당연한 사실이다. 단 10분을 집중해서 공부한 것이 집중하지 못한 몇 시간의 공부보다 더 좋은 효과를 내기도 한다. 그것을 '효율성'이라 한다. 그래서 효율성 있게 집중해서 공부하는 사람과 그렇지 않은 사람의 지식을 획득하는 차이는 매우 크며 실력의 간극은 시간이 갈수록 더욱 벌어진다. 또한, 이해력과 암기력 같은 공부의 다른 요소들도 집중력과 어느 정도 관련이 있다. 집중이 잘될 때는 이해도 잘되고 암기도 잘되는 것을 공부해본 모두가 경험해 봤을 테니 말이다. 반대로 집중이 잘 안 될 때는 이해도, 암기도 도통 되지 않는다. 사실, 그래서 이해력과 암기력이 좋은 사람들은 순간적인 집중력이 좋은 사람이라고 할 수도 있다. 결국, '집중해서 공부할 수 있느냐?' 또는 자신의 하루 공부 시간 중에 '집중이 잘되는 시간이 얼마나 있느냐'가 실력 향상의 가능성을 결정한다.

원래 무엇인가에 뛰어나다면 좋겠지만 그렇지 않다면 그것을 향상시키거나 아니면 보완할 수 있는 차선책, 방법들을 시도해보면 된다. 집중력도 마찬가지다. 평소 자신의 집중력이 부족하다고 생각되는 사람은 앞서 필자가 이야기한 스톱워치를 잘 쓰는 한편, 이 단원의 이야기들을 깊게, 그리고 반복적으로 읽어 보기를 권한다.

집중 환경 조성

외부 환경 정리

훈련이 잘된 사람은 주위 환경에 그다지 영향을 받지 않고 집중을 할 수 있다. 그러나 일반적인 대다수의 사람들은 집중하는데 있어 주변 환경의 영향을 많이 받는다. 그래서 집중할 수 있는 환경을 조성하는 것이 중요하다.

먼저, 수험 생활에만 몰입할 수 있는 환경 정리가 필요하다. 수험 생활에 몰입하기 위해서는 외부 환경을 차단하는 것이 좋다. 공부에 관련된 것 외에 새로운 정보는 되도록 받아들이지 말자. 특히, 뉴스는 자극적인 사건을 다루는 경우가 많기 때문에 유해하다. 같은 공부를 하지 않는 사람들을 자꾸 만나는 것도 마찬가지로 공부에 불필요한 정보를 빈번히 받게 된다. 영상 매체 또한 계획된 쉬는 날이 아니면 보지 않도록 해야한다. 그 모든 것들이 한 가지로 집중해 전념하는 상태를 방해한다. 나의 정신을 다른 곳에 있게 하고, 공부에 집중하려고 하면 새로 입력된 기억들이 머릿속을 맴돌며 집중을 방해한다.

집중 장소와 각성 상태

집중해서 공부하려고 조용한 고시원 혹은 산사를 생각하는 사람들도 있다. 주위에 아무도 없으며 아무런 소리도 나지 않는 곳, 그런 아주 조용한 환경이 학습에 도움이 될까? 물론, 유혹거리가 없어 자기 관리에는 유리하겠지만, 집중과 학습의 효율 면에서는 반드시 그런 것만은 아니다. 오히려 보이는 것도, 들리는 것도 없는 환경에서 사람들은 더 큰 스트레스를 받는다. 즉, 완전히 소음이 없는 곳보다 '적당한 정도'의 소음이 자극을 줄 때 오히려 집중에는 더 효과적이라는 이야기다. 이런 소음을 '화이트 노이즈' 또는 '백색소음' 이라고도 한다. 그런데 그 '적당한 정도'는 사람마다 조금씩 다를 수 있다. 그래서 조용한 집에서 공부하는 사람이 있고, 조금 더 소음이 있는 도서관에서 공부가 잘되는 사람이 있고, 소음과 주위 움직임들이 조금 더 심한 카페가 오히려 집중이 잘 된다고 말하는 사람들도 있다. 그렇게 일종의 자신에게 맞는 집중 장소 혹은 조건을 찾을 필요가 있다.

또한, 앞서 이야기한 집중이 잘 되는 장소와 함께 더 나아가 '집중이 잘되는 어떤 상태'에 대해 생각해 볼 필요가 있다. 공부 장소의 적당한 '소음'은 적정 수준의 어떤 '자극'이라 할 수 있다. 이 자극이 특정 정신 상태를 유발하며 집중이 잘되게 만드는 것인데, 자극에 의해 형성된 그 정신 상태를 '각성'이라 할 수 있다.

즉, 집중은 각성 상태에서 비롯된다고 할 수 있다. '각성'은 일종의 긴장감, 혹은 현실 인지능력이나 깨닫는 능력 같은 자각 상태를 뜻한다. 아래 그래프로 나타낸 요크스-다드슨의 법칙은 각성 수준(arousal)에 따라 개체의 정보처리능력이 달라짐을 설명한다[29].

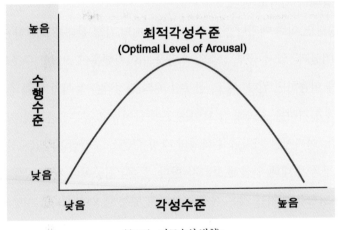

〈요크스-다드슨의 법칙〉

이 법칙에 따르면 각성 수준이 너무 낮을 때나 너무 높을 때보다 적당한 수준일 때 수행 수준이 극대화되며 이때를 최적 각성 수준이라 할수 있다. 공부에 빗대자면 집중력과 학습효과가 가장 높은 지점이 바로 최적 각성 수준이다. 낮은 각성 수준일 경우 현재 상태가 너무 단조롭고 지루하게 느껴진다. 너무 쉬운 내용이나 현재 수준에서 너무 어려운 내용, 혹은 흥미를 전혀 느끼지 못하는 내용에서 이런 경험을 할 확률이 높으며 당연히 학습 효과를 기대하기 어렵다. 반대로 지나치게 각성 수준이 높을 때도 수행능력이 떨어진다. 세계적으로 유명한 축구선수가 중요한 경기 승부차기에서 실축하는 징크스, 혹은 모두의 앞에 서서 발표하는 순간 머리가 하얗게 되는 일이 그렇다. 모두의 시선에 지나치게 긴장하여 각성 수준이 높아졌기 때문이다. 많은 사람의 시선이 있거나 무척 중요한 일을 할 때, 혹은 불안감이 클 때 그런 상태일 수 있다. 수험생에게 있어서는 실제 본고사에서, 또는 본고사가 다가올 때 곧잘 그런 상태가 되기도 한다.

그렇다면 이런 메커니즘을 인식하고 현재의 각성 상태를 조절할 수 있다면 어떨까? 앞서 공부 장소의 소음을 이야기했듯이 적절한 수준의 자극들을 이용하면 된다. 예로, 공부할 때의 긴장감을 높이기 위해 전년도 불합격 통지서를 출력해 잘 보이는 곳에 붙여놓고 공부했다는 합격생도 있었다. 여기서는 이처럼 수험생의 각성 수준을 조절할 수 있는 실질적인 도구들에 대해 언급해 보고자 한다. 물론, 집중이나 각성 상태에 가장 큰 영향을 미치는 것은 현재 공부하고 있는 내용이나 지금 시점의 컨디션일 것이다. 그러나 그 두 가지는 지금 당장 바꾸기가 어렵다. 그 외에 바꿀 수 있는 것들에 주목하자. 다음 리스트들을 참고해 자신의 각성 수준을 변화시켜 보자. 현재 각성 수준을 악화하고 있는 자극들이 있다면 그것들을 인지해 중단하도록 해야 하며, 각성 수준을 정상화할 수 있는 도구들을 찾아 시도하면 좋을 것이다. 이어서 각성 수준을 변화시킬 수 있는 도구들을 정리해 보았다.

	각성 수준 증가 도구	각성 수준 완화 도구
현재 의식	긴장감, 위기감, 스트레스	초탈, 낙관, 만족감
생각	실패에 대한 상상, 과거 부끄러운 기억의 회상 자신보다 잘하는 사람 생각	성공에 대한 상상, 안전하고 편했던 기억 회상 자신보다 못하는 사람 생각
행동	빠른 움직임, 자세 바로잡기 커피 마시기, 껌 씹기, 손 꽉 쥐기 심호흡(빠르게), 이 악물기	느린 움직임, 수면, 식사, 대화 물 마시기, 명상, 휴식, 산책, 심호흡(느리게), 신체 이완시키기
주위 환경, 상황	시간제한, 빠른 비트 음악 쌀쌀한 공기, 약간의 공복, 처음	시간 여유, 음악, 조용함 따뜻한 공기, 포만감, 익숙함
타인과 관계	멸시, 비난, 미움, 과도한 기대, 여러 사람의 주목	칭찬, 존중, 사랑, 인정 배려, 고해
호르몬, 성분	아드레날린(에피네프린), 카페인(메틸크산틴), 메틸페니데이트 등 각성제 약물	세로토닌, 옥시토신, 테아닌, 우황, 술(에틸알코올) 다이아제팜 등 진정제 약물

정리해보자. 최고의 수행 수준을 만들기 위해서는 적당한 각성 상태를 만드는 것이 필요하며, 각성 상태는 여러 자극으로 변화될 수 있다. 그 것은 공부 장소들의 일정 소음일 수도 있고 그날 컨디션이나 기분, 기본적으로 머릿속에 있는 믿음이나 현재 생각들로 좌우되기도 한다. 그 자극들을 적절히 이용한다면 언제든 집중력을 적정 수준까지 끌어올릴 수 있게 된다. 또, 그렇게 적절한 각성 수준을 만드는 능력을 지닌다면 매일의 수험 생활뿐만 아니라 본고사, 그리고 더 나아가 일생의 중요한 순간에 결정적인 도움이 될 수 있을 것이라 확신한다.

시야 정돈

이제 집중을 위한 환경 조성 중 물리적인 정돈에 대해서 체크하도록 하자. 바로 책상 정리이다. 공부 중인 책 외에 다른 물건들이 책상 위에 지나치게 많다면 그것들이 무의식적으로 집중을 흐트러뜨릴 수 있다. 집중력을 방해하는 것은 청각이나 후각이 아니라 대부분 시각을 통해 입수하는 정보이다[30]. 실험에 의하면 주의를 끌고 있는 것에서 텅 빈 공간으로 시선만 돌려도 문제해결 능력이 상당히 향상되는 것을 알 수 있다[31]. 따라서 책상 위를 가능한 한 단순하게 꾸미는 것이 바람직하다. 반면, 필요한 물건이 근처에 없어 자꾸만 일어나야 한다면 그것 또한 집중을 흐트러뜨릴 수 있다. 자주 쓰는 물건은 빨리, 그리고 편하게 바로 꺼낼 수 있어야 한다.

즉, 책상 정리는 사용이 적은 것 치우기, 사용이 많은 것 정리해 배치하기 두 가지로 나눠 생각해 볼 수 있는데 이에 대해 대략적인 가이드라인을 제시해 주고자 한다. 먼저 '하루에 세 번 이상 쓰는 물건'이라면 팔을 뻗어 닿는 곳에 두자. 그리고 '하루에 한 번 이상 쓰지 않는 물건'은 책상 위에 놓지 않도록 한다[32]. 이 원칙을 세우고 책상 근처와 눈에 보이는 곳의 물건들을 정리해 집중이 가능한 공부환경을 만든 후 공부를 시작하면 좋을 것이다.

정리는 습관이며 시작이 중요하다. 깔끔하게 정돈한 후 그것을 얼마간 유지하다 보면 당연한 것이 되어 앞으로도 계속 그렇게 유지하게 된다. 그러나 어지럽히는 무엇인가를 '하나쯤이야' 하고 놓기 시작하면 다른 것들이 계속하여 쌓일 가능성이 크다. 꼭 필요한 물건이 아니라면 하나라도 시야에 놓지 않겠다는 의지가 필요하다. 시각적인 질서가 의식의 질서를 만든다.

 하루에 세 번 이상 쓰는 물건 ➡ 팔을 뻗어 닿는 곳 위치.

 하루에 한 번 이상 쓰지 않는 물건 ➡ 책상 위에 놓지 않는다.

〈책상 정리의 기준〉

스마트폰 사용 제한

공부 도중 집중력을 저해하는 가장 큰 원인 중 하나가 바로 스마트폰이다. 스마트폰은 작은 사이즈의 전자제품일 뿐이지만 그 안에 집약적으로 많은 기능이 있다. 잠깐의 터치로 여러 가지 다른 세계를 이어주는 관문 역할도 한다. 그것들 하나하나가 시간뿐만 아니라 집중력까지 앗아가는 것은 당연하다. 이보다 더 공부에 적이 될 수 있는 도구가 있을까 싶다.

공부 도중 '잠깐만' 이라는 생각으로 핸드폰을 들여다보고 즐겨 하는 앱을 켜서는 안 된다. 그 시작으로 중독성이 있는 사람들은 연이어 어마어마한 시간을 날리기도 한다. 아니, 차라리 중독성 있는 사람은 그렇게 몇 번 해보고는 심각성을 깨달아 어떤 조치를 할 수라도 있어 나을지도 모른다. 오히려 절제를 제법 할 줄 아는 사람은 가랑비에 옷 젖는다는 말처럼 지속적이고 규칙적인 시간 소비를 할 수도 있다.

또한, 스마트폰은 그것을 보고 싶은 의지가 당장 없었다 하더라도 공부에 관련된 일로 화면을 켰다가 자칫 다른 것에 시간을 소요할 가능성이 크다. 공부 도중 나온 모르는 단어를 찾아보려 했다가 화면에 새 알림을 보고 메신저 메시지를 확인하게 되고 이어서 남의 프로필 사진을 보는 식이다.

더군다나 스마트폰은 더 재미있고 자극적인 매체들을 접할 수 있는 수단이라는 점에서 공부에 소소한 재미를 붙일 기회마저 박탈하는 최악의 부가기능까지 있다. 스마트폰으로 할 수 있는 것들이 책으로 하는 단순 공부보다 재밌는 것은 당연하다. 심지어는 단순히 스마트폰 홈 화면을 넘기고 앱을 정리하는 것만 해도 공부보다는 더 재밌게 느껴질 수 있다.

따라서 누구든 스마트폰을 절대 안일하게 여겨서는 안 된다. 의식적으로 스마트폰을 사용하지 않겠다고 생각해야 하고 잘 조절되지 않는다면 사용할 수 없도록 강제적인 조치를 해야 하겠다. 특히 불필요한 모든 앱을 애초에 깨끗이 지워 유혹거리를 차단해야 하며, 필요시 스마트폰 사용 통제 앱을 활용해 사용을 제어하는 편이 좋다. 또, 스마트폰 사용시간 분석 앱을 통해, 혹은 스톱워치를 이용해 일일 휴대폰 사용시간을 체크해 볼 만하다. 하루 누적시간 30분 이상 사용한다면 과하다고 볼 수 있으며 그 시간을 모았을 때는 꽤 큰 결점이 될 수 있다. 산술적으로 하루 30분씩 지속한다고 하면 1년간 대략 180시간이며, 하루 10시간 공부하는 사람의 18일 치 공부량을 빼앗기게 된다. 수험 기간 2주 이상의 공부량이라면 합격과 불합격을 충분히 가를 수 있는 분량이다.

사실 스마트폰의 통신사 이용을 정지시키고 휴대하지 않음으로써 유혹거리를 사전 차단하는 것이 가장 좋다. 필자는 수험 생활 때 피처폰(Feature Phone, 모바일로 웹에 접속하는 스마트폰과 대비되는 개념으로 전화를 하고 받는 기능만을 갖춘 흔히 말하는 일반 휴대전화[33])을 휴대했고, 유혹거리가 될 수 있는 모든 앱을 지우고 비주류 메신저 앱 하나만 설치된 태블릿으로 스터디원들과 소통했다. 물론 그 태블릿은 눈에 보이지 않는 곳에 두었고 1회 시간 제한을 두고 필요시에만 꺼내 사용했다.

물론, 스마트폰을 사용하면서도 시험에 합격할 수도 있다. 그런 합격생들도 충분히 있다. 그러나 일반적으로 스마트폰을 소지하고 수험 생활을 하는 것이 합격 확률을 낮추는 것은 확실해 보인다. 약간의 편의를 위해서 수험 생활을 완전히 망쳐버릴 필요는 없는 것이다. 반드시 스마트폰 사용에 대해 경계해야만 한다. 없애거나 제한 장치를 확실히 하자.

읽기 집중력 전략

혼자서 단순히 지문을 읽는 공부는 동영상 강의 듣기, 문제 풀기 등 여러 공부 형태 중 비교적 더 집중이 어렵다. 그러나 꼭 필요한 공부다. 강의나 문제에서 다룰 수 없는 분량을 읽어보기로 보완해야 하며, 아무리 자세한 강의라고 해도 역시 혼자서 교재를 보고 복습하는 시간이 필요하기 때문이다. 더구나 기본서로 공부하는 과목이 있다면 대부분을 '읽기' 시간에 쓰게 된다. 그래서 책을 읽거나 공부한 내용을 보는 집중력은 대단히 중요한데 그것에 대한 한 가지 요령을 이야기하려 한다. 물론, 큰 지장 없이 읽기 진도를 잘 진행하고 있다면 굳이 이런 방법들을 시도해 볼 필요는 없다. 강제성은 언제나 본인의 의지나 습관으로 부족할 때 필요한 도구이다. 자칫 누군가 시켜야만 행동하는 사람이 될 수 있기 때문이다.

읽기 스톱워치 기본 방법

읽기 집중력을 향상시켜 진도의 속도감을 도울 수 있는 장치도 바로 스톱워치를 통한 시간제한이다. 책을 읽으며 속도를 체크하는 것이다. 우선 공부 시간 측정 스톱워치 외에 따로 단독으로 사용할 수 있는 스톱워치를 한 개 더 준비하는 것이 좋다. 방법은 간단하다. 집중해서 책을 볼 때 한 페이지에 걸리는 시간을 대략적으로 가늠한 후 스톱워치를 0부터 시작해 페이지마다 얼마나 걸리는지 확인하며 책을 보면 된다. 예를 들어 한 페이지에 10분 정도 걸리는 교재라면 공부를 시작한 페이지부터 해서 첫 페이지를 다 본 후 스톱워치가 10분이 지났는지 확인하고, 그다음 페이지를 본 후 20분에 가까운지 보고 그다음 30분, 40분, 이렇게 계속 확인한다. 물론 페이지마다 걸리는 시간에 차이가 있을 수 있기 마련이지만, 차이를 대체로 가감해서 평균적으로 비슷하다고 보고 진행한다. 그래서 10의 배수 시간에 미치지 않을 만큼 시간이 지나고 있다면 잘하고 있는 것이고, 그 이상 지나고 있다면 집중하지 않으며 책을 보고 있는 것이니 마음에 긴장감을 높이고 속도를 더 내면 된다.

단, 책을 읽는 것 외의 활동, 이를테면 책 내용 중간에 있는 문제를 풀거나, 이전 내용을 찾아봐야 한다든지 용어의 의미를 검색해봐야 하는 등 잠깐이 아니라 시간이 제법 걸릴 것 같은 이벤트가 있을 시에는 스톱워치를 잠시 멈추도록 해야 한다. 그리고 그 행동을 완료한 후에 다시 카운트를 시작한다. 이렇게 정량에서 벗어날 수 있는 행위는 시간 측정에서 예외로 함으로써 시간 계산을 단순화해줘야 한다.

읽기 스톱워치 방법의 사용은 시간 제한이 생겨 확실히 집중력 있게 책을 봐 시간을 아낄 수 있게 한다. 현재 눈으로 보는 공부가 지지부진하거나, 읽기 집중력이 약해 효율이 떨어지는 사람, 또는 다른 생각을 많이 하는 사람이라면 충분히 도움이 될 만한 공부 기법이다. 진도 나가는데 확실한 힘이 될 것이다.

시간 설정과 다 회독 시 스톱워치 사용

읽기 스톱워치 사용에 있어 페이지당 시간 설정은 중요하다. 책의 형태나 내용에 따라, 또한 개인차에 따라 시간이 다를 것이니 이에 맞춰 시간 설정을 적절히 해줘야 한다. 그리고 혹시 설정한 시간이 너무 짧아 목표 달성이 어렵다면 더 넉넉히 시간을 설정해 주고, 시간이 계획보다 너무 적게 걸린다면 기준 페이지 당 시간을 더 적게 잡도록 수정하는 것이 좋겠다. 단, 가능하다면 5, 10같이 머릿속 단순 암산이 쉬운 숫자 설정이 유리하다.

그리고 2회독, 3회독 시에는 스톱워치를 사용할 때 처음보다 더 적게 기준 시간을 잡도록 한다. 내 경우 처음 볼 때는 한 페이지에 10분, 2회독 때는 5분, 3회독 때는 3분으로 맞추어 진도를 뺀 경우가 가장 많았다. 물론, 책 형태나 내용이 상이하기에 설정 시간이 책마다 모두 동일하기는 어려우며 도중에 처음 설정한 시간이 도저히 맞지 않아 수정하는 경우도 있었다.

〈읽기 스톱워치 방법 모식도〉

한편, 여러 차례 복습 시 다시 보는 시간을 확실히 줄이기 위해서는 집중력도 필요하지만, 무엇보다 책의 내용을 구별해 두는 것이 필요하다. 즉, 꼭 다시 보려는 부분은 줄을 긋거나 중요 표시를 해놓는 등이다. 공부할 때는 항상 처음 볼 때부터 다음 복습을 염두에 두어야 한다. 그것은 매우 기본적이며 중요한 공부 기법이다. 이것에 대해서 본서에서는 몇 번이고 반복 강조할 예정이며 책에 체크하는 구체적인 방법은 뒤쪽 6)공부 과정 – (2)이론 공부 부분에서 자세히 설명한다.

그리고 페이지마다 소요 시간의 기준을 정함에 있어 너무 갑작스럽게 시간을 단축하는 것도 좋지 않지만, 지레 겁을 먹어 시간 단축을 소극적으로 할 필요도 없다. 의외로 자신이 정해 놓은 기준에 맞추어 공부하게 되는 경우도 많다. 즉, 자신이 할 수 있다고 생각하는 만큼 능력 발휘가 되기도 한다.

책 읽기 스톱워치 사용의 한계와 목표

읽기 스톱워치 사용은 어느 정도 교재가 적합해야 한다는 제약이 있다. 필자의 경우 생물 기본서나 치전 공부에서의 교과서 대부분, 정리서는 이 방식이 유용했지만, 화학이나 물리 같은 이해 과목을 처음 공부할 때는 이 방법을 적용하기가 불가능했다. 내용마다 이해해야 하는 대목들이 많고 그 이해하는데 걸리는 시간은 편차가 크기 때문이다. 따라서 암기과목이나, 이해가 비교적 어렵지 않은 과목이라면 읽기 스톱워치 방법을 적용해 볼 수 있겠고, 수학 등 비교적 이해 비중이 큰 과목에 대해서는 스톱워치 사용을 재고해 봐야 한다. (물론, 기본서만으로 공부하는 것이 아니라면 근래 장기 시험에서 대부분의 이해 내용은 강의를 통해 진도를 나가는 경우가 많아 혼자 '이해 관련 내용'을 많은 시간 읽는 형태가 적다.) 또한, 해당 이해 과목을 한번 순환한 후 복습할 때는 또 읽기 스톱워치를 유용하게 사용 가능하다. 내용에 대해 대략적인 이해가 되어 있으므로 다시 항목들을 복습하는 일련의 규칙적인 과정이기 때문이다.

또 하나의 읽기 스톱워치의 한계점은 스톱워치라는 시간 제약 때문에 더 꼼꼼하고 자세히 봐야 할 것들을 그렇지 못하고 지나쳐야 한다는 점에 있다. 이것은 그 부분의 공부 효과를 다소 떨어뜨릴 수 있다. 정말 중요하다고 판단되는 내용이라면 과감하게 스톱워치를 멈추고 조금 더 집중적으로 공부할 필요가 있다. 이렇게 페이지별로 완전히 평준화할 수 없는 한계 때문에 스톱워치를 통해서 어느 정도 집중력이 궤도에 올랐다면 더이상 스톱워치를 보지 않고 공부하여도 된다. 공부 속도에 관성이 붙어 책을 보는 리듬을 잡았다면 그것으로 스톱워치의 역할은 충분하다. 이제 본연의 집중력 있는 책 진도를 나가면 된다. 목표를 분명히 해야 한다. 스톱워치를 사용하는 것은 차츰 집중력을 길러 나중에는 스톱워치 없이도 책을 밀도 있게 보려는 것이지, 그렇지 않고 스톱워치 사용하는 것에 너무 의지하다 보면 스톱워치 없이는 집중력이 더 떨어진다든지 하는 부작용이 발생할 수도 있다. 집중의 리듬을 타게 된다면 스톱워치의 카운트는 무시하고 공부에 전념하자.

잡념 없애기

앞서 필자의 공부 기록들을 이야기하며 20살 수능 재수 시절 머리가 너무 복잡하여 공부에 집중할 수가 없었다는 이야기를 하였다. 그때는 다소 어리고 미숙하였기 때문에 공부하는 중간에 머릿속으로 다른 생각 하는 것을 큰 위기로 생각하지 않았다. 마땅히 그런 버릇에서 벗어날 방법들을 알지도 못하였다. 그때에 이어서 의치전 입시를 준비할 때도, 또한 지금까지도 나는 여전히 생각이 많은 사람이다. 그러나 다른 것이 있다면 더 중요한 것을 해야 할 때 집중하지 못하게 하는 잡생각들이 위기를 만들어 낼 수 있음을 알며, 집중할 방법들을 알고 실천할 뿐이다. 그것들이 실질적인 결과물들을 만들어 낸다. 여기서는 잡생각이 위기임을 인지시키고 한편으로 잡생각을 차단할 방법들을 공유하려 한다.

긴장감 조성

어떤 일을 할 때 잡념을 가지는 것은 그 일이 익숙하기에 생기는 습관이기도 하다. 사실, 무슨 일이든 그것을 처음 할 때는 잡념을 가지기 어렵다. 다소 낯설어 긴장하기 때문일 것이다. 하지만 시간이 지나면서 그 일이 점점 단순해지고 편하게 느껴지며 긴장감은 사라진다. 마음 놓고 할 수 있는 일이라면 더욱 집중하지 않고 비효율을 가져올 가능성이 크다. 이때, 집중할 수 있으려면 처음 가졌던 그런 '긴장감'을 조성하면 된다. 낯선 것 외의 '긴장감'은 주로 위험하거나 혹은 시간 제약이 있을 때 조성된다.

공부에서 긴장감은 시간 소비로 인해 목표나 자신과의 약속 달성이 어렵게 될 것 같다는 지속적인 자각에서 나온다. 다시 말해 내가 여기서 잡생각으로 시간을 지연한다면 목표를 달성하지 못한다는 제약을 주어야 한다는 말이다. 넓게는 공부 시간 총계 스톱워치가 그 역할을 할 것이고, 짧게는 그날그날 단기 목표들의 시간제한을 두는 편이 잡생각을 하지 않고 효율성을 높일 방법이다. 그리고 혹여나 그래도 생각해야 할 것이 있다면 공부 스톱워치를 멈추고 두 번째 스톱워치를 작동시키기 바란다. 사람은 누군가 자신을 기다리며 주시하고 있다는 사실을 알게 되면 느긋하지 않고 하던 일을 좀 더 빨리 처리하게 된다. 두 번째 스톱 워치가 계속 공부 외의 시간을 카운트하고 있다면 누군가가 나를 기다리고 있다는 느낌을 준다. 잡생각을 하며 실질적으로 흘러간 시간이 보이기 때문에 경각심을 계속 받게된다. (두 번째 스톱워치의 내용이 잘 기억이 나지 않는다면 앞쪽 3) 공부 시간 스톱워치 사용 – 스톱워치 사용 Advance 내용을 참고하기 바란다.)

에피소드 사전 방지

잡생각의 자양분이 되는 에피소드(일화, 이야기)들이 있다. 그것들을 사전에 방지해야 한다. 잔인하거나 선정적인 영화 등의 자극적인 영상 매체들을 경계해야 하며, 공부 외의 다른 이야깃거리들에 대한 접촉을 가능한 삼가는 것이 좋다. 그 모든 것이 공부 도중 잡생각의 물꼬를 틀게 한다. 머리를 식힌다고 재미있는 웹툰을 보게 되면 그 스토리가 머릿속 잔상에 남아 상상의 나래를 펼치기도 하고 연이어 다른 여러 생각을 불러일으킬 가능성이 크다.

또한, 사람 관계를 특히 조심해야 한다. 누군가와 감정 대립 하고 싸우기라도 한다면 그 생각은 계속 머릿속을 맴돌 것이다. 인간관계 갈등은 두뇌에 가장 강력한 자극제가 되기 때문에 머리를 쓰는 공부를 하면서는 절대로 그 유혹을 쉽게 물리칠 수 없다. 수험생은 정신적 약자이다.

누군가와 문제가 생겨 다툰다면 하루이틀 공부 과정에 막대한 해를 입게 되니 설령 그 다툼에서 완벽히 승리한들 득이 별로 없다. 그러니 갈등은 최대한 피하는 것이 좋다. 내가 한 번 더 양보하고 당장 조금 더 피해 보는 것이 싸우는 것보다 낫다. 필요하다면 갈등을 유발하는 사람과 마주치지 않도록 공부 장소를 옮기는 것이 좋다. 다시 한번 갈등을 유발하거나 혹은 갈등 관계에 엮이지 않도록 각별히 조심할 것을 강조한다.

메모지 활용

집중이라는 것은 지금 하고 있는 한 가지 일에만 매진한다는 것이다. 즉, 공부하는 도중 오로지 공부만 하는 그 흐름이 깨지지 않도록 해야 한다. 따라서 앞서 주변 정리나 잡생각이 들지 않도록 하는 예방법들을 소개했다. 하지만 아무리 유혹거리를 사전에 제거했다고 하더라도 머리를 번잡하게 할 수 있는 것들은 불현듯 떠오르기 마련이다. 더구나 공부 외에도 생활을 위해 꼭 해야 할 것들이 있을 수 있고, 또 문득 놓치면 안 될 중요하다 여겨지는 생각들이 떠오를 수도 있다. 혹은 중요하지 않아도 꼭 지금 하고 싶은 행동이 있을 수 있다. 이럴 때는 메모지를 활용하는 것이 좋다. 간단하지만 강력한 방법이다. 자신이 공부 흐름을 깨고 지금 잠깐 하고 싶은 일이나 잊지 않고 해야 될 행동이나 생각에 대해 메모하고 다시 공부로 돌아간다. 예를 들자면 '스터디원에게 벌금 이체하기', '기출 해설집 구매' 등 꼭 해야 할 일뿐만 아니라, '내일 날씨 찾아보기', '볼펜 심 교환하기' 이런 사소한 것들이라도 공부 도중에 잠깐이라도 하지 말고 메모하고 넘어가도록 한다. 그런 것들도 집중을 깨뜨리며 더 시간을 오래 소모하는 다른 일들로 이어질 가능성이 있기 때문이다. 그리고 그 메모지에 적힌 것들은 쉬는 시간이나 공부가 끝난 후에 살펴보고 필요하면 하도록 한다.

메모는 보통 잊지 않기 위해 하는 것으로 여겨진다. 그러나 역설적이겠지만 메모는 잊기 위해서 하는 것이기도 하다[34]. 즉, 메모함으로써 더 이상 그 내용을 머리에 넣어두지 않아도 된다는 뜻이다. 공부 도중 떠오른 생각을 지속하거나 떠오른 행동을 실행함으로 집중 상태를 벗어나는 것은 최악이다. 그러나 실행하지 않더라도 순간 떠오른 내용을 머릿속에 가지고 있는 것만으로도 위험하다. 잊지 않기 위해 의식 한구석에 그 내용을 계속 보유하게 되는데 그것은 용량 낭비일 뿐 아니라, 한 가지에 집중하는 것을 저해할 수 있다는 말이다. 따라서 공부할 때 다른 잡생각이 들거나 해야 할 일들이 생각난다면 메모하고 그 내용에 대해 완전히 잊어버리도록 하는 편이 좋다. 그 후에, 하던 공부를 지속하는 것이 현명하다. 그리고 필자의 경험상 지나고 나면 그 메모한 내용 중에는 생각하지 않아도 될 일들, 그다지 중요하지 않아 할 필요가 없는 것들도 곧잘 발견하게 된다.

한편, 생각을 많이 하는 사람들은 하나에 매진해 오랜 시간 경쟁해야 하는 상황에서 꽤 불리할 수 있다. 여러 가지 생각들이 집중을 가로막기 때문이다. 또, 많은 생각은 암기력을 떨어뜨리며 건망증도 남들보다 더 자주 느끼게 할 수 있다. 이유는 무엇인가를 기억하거나 행동을 계획하면, 일정 시간은 그 생각을 오로지 머릿속에서 유지해야 하는데 생각이 많은 사람은 그사이 다른 여러 생각이 머릿속을 휘젓기 때문이다. 결국, 앞서 유지하려던 정보위에 다른 생각을 덮어써버린다. 그런 면에서 집중력과 방대한 기억력을 요하는 장기 시험에서도 불리한 면이 충분히 있을 수 있다. 경험상 잘 안다. 그래서 생각의 양이 많은 편인 사람이라면 더욱 더 자신을 제어할 수 있는 여러 가지 장치들을 만들 필요가 있다. 물론, 생각이 많다는 것은 또 다른 가능성이다. 여러 방법을 시도해볼 수 있는 시작이 되고, 조금은 늦되더라도 좀 더 생산적이고 창의적으로 살 수 있는 소양이기 때문에 너무 비관적으로 여길 필요는 없겠다. 반대로, 생각을 너무 안 하는 사람 역시 공부를 잘할 수가 없다. 응용과 추론은 생각을 통해 시작되고, 공부 방법론적인 것도 주기적으로 사고해봐야 하는 대상이기 때문이다.

집중시간 증가와 집중의 일상화

집중 시간 늘리기

오래 앉아 있는 연습을 해야 한다. 이것이 단번에 잘 되는 사람도 있지만 그렇지 못한 사람들도 많다. 집중 시간이 짧다면 한 번에 급격히 시간을 늘리기보다는 조금씩 집중하는 시간을 늘려가도록 한다.

물론, 적절한 시간 간격으로 휴식을 취하는 것도 집중력 향상에 도움되는 것이 사실이다. 하지만 휴식 시간이 잦으면 그만큼 공부 흐름은 끊기게 되며, 휴식 때 하는 다른 행동으로 시간 낭비할 가능성이 크다. 그래서 중간에 스트레칭을 하더라도 성인이라면 최소 2~3시간 정도는 한자리에 앉아 연이어 공부할 정도의 집중 능력이 필요하다고 본다. (이는 뒤의 7장 생활 전략의 6) 휴식과 슬럼프 – 공부 도중 휴식 시간에서 더 자세히 언급한다.) 지금은 어려울 수 있지만, 연습하고 공부 습관이 어느 정도 궤도에 오르면 집중 시간도 충분히 길어질 수 있다.

한편, 공부 도중 공부를 중단하고 다른 일을 하고 싶을 때 그것을 연장하는 여러 방법 중에 마라톤식 힘내기 방법이 쓸 만하다. 자, 잠시 자신이 마라톤을 하고 있다고 생각해 보자. 처음에는 상쾌하게 출발했을지 모른다. 그러나 조금씩 숨은 가빠지고 힘들어진다. 얼마쯤 갔을까? 곧 달리기가 무척 힘들 때가 온다. 이때 옆에 있던 페이스메이커는 이렇게 독려한다. "자, 잘하고 있습니다. 힘을 내세요.", "멈추고 싶다고요? 그럼 우선 1km만 더 가봅시다" 그렇게 가시적인 단기 목표를 주면 러너는 희망을 갖고 그 1km를 위해서 열심히 참고 달린다. 그리고 목표한 거리가 다 되어 가면 페이스메이커는 또다시 이야기한다. "자자, 조금만 더 가봅시다. 200m만 더 가보는 거예요.", 그리고는 200m가 지난 것처럼 느껴질 때 "저기 큰 나무 앞까지만 조금 더 힘내 봅시다."라고 독려한다. 이렇게 힘든 순간, 다양한 가시적인 목표를 제시함으로써 시간을 연장하여 한계치를 끌어올릴 수 있다.

즉, 공부 집중 시간 늘리기도 이런 식으로 개인이 한계라고 느끼는 시점을 조금씩 더 늘려가는 기법을 적용할 수 있다. 지금 일어나서 물을 마시러 가고 싶다고 하더라도 조금 더 참을 수 있도록 단기 목표를 정한다. '5문제만 더 풀고 가자' 그리고 5문제를 다 풀어갈 즈음이 되면 '어? 이번 페이지가 얼마 남지 않았네, 이번 페이지까지만 풀고 가자', '스톱워치 시계가 6시간을 채우기까지 얼마 안 남았네. 그것만 더 채우고 가자' 그런 식으로 늘리면 된다. 한계치를 끌어올릴 때마다 자신의 역량은 조금씩 증가한다.

다시 마라톤으로 돌아가 보자. 장거리를 달리다 보면 조금 전 어느 순간은 분명 포기하고 싶을 만큼 너무 힘들었던 것 같은데 이상하게 덜 힘들어지는 순간이 올 때가 있다. 그리고는 계속 뛰는 것이 당연해지고 좀 더 평온한 상태가 된다. 그때 느껴지는 쾌감을 '러너스 하이(runner's high)'라고도 한다. (러너스 하이(Runners' High)란 통상 30분 이상 달릴 때 얻어지는 도취감, 혹은 달리기의 쾌감을 말하며 운동 하이(Exercise High), 러닝 하이(running high), 조깅 하이(jogging high)라고도 한다[35]. 그래서 주위 사람들은 마라톤, 그 힘든 것을 왜 하냐고 하지만 그 행복감을 느껴본 사람들은 또 달린다.

마라톤도 그렇고 공부도 그렇고 잠도 그런데, 점점 더 참기 힘들어질 때도 있지만 많은 경우 어떤 힘든 포인트를 지나면 오히려 더 견딜 수 있는 컨디션이 되는 경우도 흔하다. 그래서 단지 힘든 그 한순간, 졸린 한시기를 어떻게든 견뎌 내느냐가 중요할 수 있다. 그때 그런 단기 연장 목표를 자신에게 제시해 특정 순간을 넘기는 것이 도움이 된다. 또한, 그런 한순간을 넘긴 후에 공부하는 것이 한결 편해지는 경우를 나는 '스터디 하이'라고 부른다.

물론, 상황은 같아도 마라톤과 공부 후의 '하이'에 대한 생리학적 메커니즘은 다소 다를 수 있다. 마라톤에서의 '하이'는 일반적으로 신체적 고통을 경감시키기 위해 뇌에서 분비되는 호르몬인 엔도르핀과 관련이 있는 것으로 알려져 있다. 반면, 공부에서 느껴지는 '하이'는 경험상 정신적인 승리에서 얻어지는 만족감과 뿌듯함 또는 몰입 상태에 이른 쾌감 같은 것에서 기인하는 것으로 보인다. 따라서 조금 더 고차원적(정신적)이며, 신체적인 강인함보다는 생각의 조절과 정신적 의지력에 좌우되는 것이기에 연습을 통해 누구나 언제 어느 장소에서든 얻을 수 있는 즐거움이다.

집중력 높이기 위한 여러 방법

필자가 여러 전략을 소개했지만 그래도 가장 중요한 것은 집중력을 위한 본인의 의지이다. 공부 시작 전에 혹은 공부 중에 다른 것을 하지 않겠다는 굳은 다짐과 실행, 그리고 중간에 사소한 다른 생각, 다른 행동들조차 집중에 큰 위해가 될 수 있다는 경각심을 반드시 느껴야 한다. 그것이 확실하다면 단순 의지만으로도 높은 집중력을 보여줄 수 있다. 하지만 일부를 제외하고는 일반적으로 그 의지력이 완벽하지 못하기 때문에 여러 가지 부가적인 보조 장치와 방법들이 도움이 되는 것이다. 반대로, 그런 의지와 경각심이 일정 수준 이하라면 전략과 방법들도 무용지물이다. 집중의 필요성에 대해 일단은 자각을 해야 그다음으로 방법이 의미가 있고 집중의 일상화가 가능하다. 이것은 습관화의 메커니즘이기도 하다.

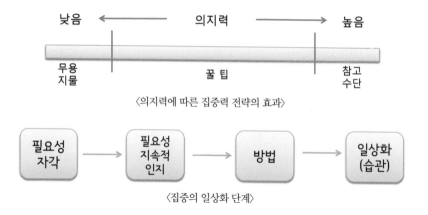

〈의지력에 따른 집중력 전략의 효과〉

〈집중의 일상화 단계〉

앞서 하루 공부할 내용 list법에서 이야기했듯이 그날 공부할 목록을 적고 눈앞에 붙여 두는 것이 집중력을 높이는 데 크게 도움이 된다. 눈에 보이는 목표와 연이어서 할 행동이 무엇인지 분명히 알 때 중간에 불필요한 다른 일을 하지 않고 일련의 동작들을 자연스럽게 하게 된다. 그것은 실질적인 공부 진도로 이어지며 그런 매일의 직접적인 성과는 장기적으로 공부에 대한 탄력을 준다. 따라서 그날 무엇을 할지가 반드시 명확해야 하며, 언제든 볼 수 있는 곳에 그 목표들의 List를 비치해두도록 하자.

식사 등으로 공부를 잠시 중단하게 시 다음 집중 개시를 위한 전략이 하나 있다. 보통은 어떤 내용을 일단락하고 하던 공부를 마무리 짓는 경우가 많다. 하지만 다음 시작을 쉽게 하고, 시작부터 집중력을 높이기 위해서는 한 가지 내용 중간, 특히 마지막 즈음에서 중단하는 것도 좋은 방법이 될 수 있다. 공부 관성력을 이용한 것인데, 보통은 다시 돌아와서 공부할 때 그 내용을 끝마치기 위해 보다 쉽게 몰입을 시작할 수 있다. 혹은 막히는 부분에서 책을 덮는 경우도 많은데, 어려운 내용보다는 가능한 쉬운 내용을 공부하는 중에 끝을 맺으면 다시 공부를 시작하기가 한결 수월하다.

한편, 수험생이 집중하지 못하고 시간을 흥청망청 쓰는 큰 이유 중 하나는 주어진 하루의 시간이 많다고 생각하기 때문도 있다. 그를 차단하기 위해 짧은 시간제한을 두는 방법도 유용할 수 있다. 이와 관련하여 구체적으로 '뽀모도로 기법(Pomodoro Technique)'이라는 것이 알려져 있다. 뽀모도로 기법은 1980년대 후반 '프란체스코 시릴로(Francesco Cirillo)'가 제안한 시간 관리 방법론으로 타이머를 이용해서 25분간 집중해서 일한 다음 5분간 휴식하는 방식이다[36]. 필자는 한때 일반 책을 읽을 때 이 방법을 사용했는데 시간이 충분히 남았다고 인식하지 않고 짧은 시간 동안 몰입하게 만드는 효과에 꽤 만족했다. 이것도 일종의 마감 효과라 할 수 있겠다. 이 방법은 널리 알려진 기업인 구글에서 사용하는 혁신적인 업무 프로세스의 핵심 기법이기도 하며 '타임 타이머' 혹은 '구글 타이머'라는 전용 도구까지 존재한다[37]. 해당 타이머를 따로 준비하거나 관련 애플리케이션을 이용하여 25분, 50분 등 짧은 시간을 설정해 놓고 시간을 의식하며 공부하면 된다. 잡생각을 차단하고 집중력을 올릴 수 있는 좋은 방법이 될 수 있다.

자신이 좋아하는 일로의 변모

사실 자신이 좋아하는 일, 잘하는 일 이외의 것을 오랜 시간 지속하기란 대단히 어려운 일이다. 싫은 일을 장기간 집중하며, 이어서 할 수 있는 의지력 높은 사람은 많지가 않다. 필자 또한 그렇게 의지력 높은 사람은 아니었고 지금도 마찬가지다. 단, 내게 꼭 필요한 일이라고 한다면 의도적으로 그것에 재미를 붙이고 그 일 안에서 소소한 행복을 찾으며 그 일을 어느 정도 좋아하게 만들 수 있다. 그 장점이, 중요한 일에 의욕을 가지고 남들보다 오랫동안 지속할 수 있게 만들었고 그러면 당연히 그 분야에 대해 잘 알고 잘하게 된다. 필자가 성취한 대부분 것들의 비결은 그 뿐이다. 그 메커니즘을 한번 설명해 보고자 한다.

우선, 한동안 그 일을 자주 할 수 있어야 한다. 직업처럼 의무적으로 당연히 하게 되는 상황이 아니라면, 습관이 필요하다. 습관적으로 그 일을 계속하고 집중하는 일종의 '관성'을 만드는 일, 그것이 첫 시작이다. 그렇게 되면 당분간은 비교적 적은 스트레스로 그 일을 할 수 있으며, 확보된 시간 동안 그 일의 여러 면에 대해 충분히 알고, 또한 잘하게 될 가능성을 갖게 된다.

그러고 나서 어느 정도 그 일을 하는 것에 안정이 되었다면 그 일의 과정이나 결과에서 오는 사소한 것들에 스스로 애착을 만드는 것이 필요하다. 습관과 관성으로 확보된 어느 정도 시간은 이 애착을 만들기 위한 '유예 기간' 정도가 된다. 그 기간 내에 애착을 잘 형성하지 못하면 자신이 하는 공부에 재미를 붙이기 어렵고, 당연히 힘든 수험 생활을 견디기만 해야 하며 능률은 갈수록 떨어질 수밖에 없다. 어떤 일이든 자신이 하는 일에 애착을 붙여야만 장기간 집중해서 큰 스트레스 없이 집중할 수 있다.

여기서 말하는 애착은 흥미나 재미, 그리고 만족감을 뜻할 수 있다. 즉, 그 일을 함으로써 긍정적인 피드백을 받을 수 있는 것에 주목하고 그것을 크게 부각시킨다. 장기 시험을 준비하는 수험 생활로 치자면 남들보다 이른 시간에 무언가 시작한다는 대견함, 하루를 공부로 꽉 채우고 나서 스톱워치를 보며 느껴지는 포만감, 규칙적이고 절제된 생활로 얻어지는 몸과 정신의 상쾌함, 새로운 지식을 하나하나 알게 되는 흡족함, 이전에 못 풀던 문제를 풀 때의 성취감, 쉽고 간단한 문제들을 척척 풀어가는 수월함, 다소 거만하고 위험하기는 하지만 남들보다 더 잘 알고 더 좋은 성적을 받았을 때의 우월감, 내가 할 수 있는 최선을 다하고 있다는 뿌듯함, 이른 아침의 적막함, 어두운 귀갓길의 고요함, 꿈을 가지고 도전하고 있다는 설렘, 내가 간절히 바라고 있는 것이 이루어질 것 같다는 두근거림 등 이런 것들일 수 있다. 물론, 이런 것들은 습관적이고 그리고 규칙적으로 어느 정도 꾸준히, 열심히 공부하고 어느 정도 시간이 지났을 때 느낄 수 있는 것들이 대부분이다. 그래서 처음 시작이 습관이라고 언급했다.

그렇게 해서 자신이 해야 하는, 혹은 지금 하는 일이 자신이 어느 정도 좋아하는 일, 아니 최소한 꺼려지지 않는 일이 된다면 그 일은 오래 스트레스를 받지 않고 집중할 수 있는 일이 될 것이다. 그러면 자연스레 그 일을 잘하게 되고 자신의 목표와 가까워진다. 이것은 건전한 습관을 유지하며 인생 전반을 행복하게 살 수 있는 힌트이기도 하다.

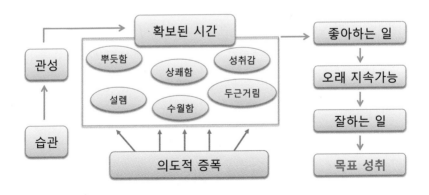

06

공부 과정

(1) 현장 강의와 온라인 강의

현장 강의

강의실 내 자리

강의실 내 자리는 당연히 호불호가 갈리는 주제다. 하지만 일반적으로 장기 시험에서는 정규 학교와 다르게 수강생의 대다수가 수업에 대한 의욕이 강하다. 그래서 공부에 유리한 앞쪽의 중앙 좌석이 인기가 높다. 강사와 eye contact에도 유리하고 칠판이나 화면에 대한 시야각도 좋기 때문이며 이것이 또 수업 집중에도 유리하다. 하지만 경쟁이 치열하다면 자신에게 그 정도 스트레스를 이겨내고 자리를 차지할 가치가 있는지 재차 생각해 볼 문제이다. 물론, 집중해서 잘 들은 수업일수록 복습에 수월한 것은 사실이다. 하지만 장기 시험에서의 공부는 단 한 번의 수업으로 끝나는 것이 아니다. 아무리 최적의 환경과 최고의 컨디션으로 강의에서 집중을 잘하였다고 하더라도 재차 복습하고 암기, 문제 등 다른 형태로 몇 번을 더 공부해야 해당 내용이 자기 것이 된다. 그렇기에 수업에서는 적당한 에너지를 대가로 치르는 것이 타당하다고 본다. 한편, 맨 앞자리는 일반적으로 경쟁이 덜한 편이다. 시야각이 좋지 않고, 강사의 질문이나 데모 등 수업에 참여하게 될 가능성에 대한 부담이 있기도 해서이다. 수업 참여에 적극적인 사람이라면 고려해볼 만하다. 대략적인 좌석이 채워지는 순서를 그려보면 다음과 같다.

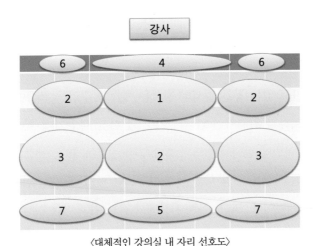

〈대체적인 강의실 내 자리 선호도〉

물론, 강의실마다 약간씩 다를 수 있다. 강의실이 크다면 측면 자리의 가치는 더 떨어지고 강의실이 작다면 측면 좌석과 뒷좌석의 가치는 더 올라간다. 무척 큰 강의실의 경우 중간에 따로 모니터가 있을 수도 있어 조금 더 뒷좌석 선택에 부담을 덜어줄 수도 있다.

한편, 대규모 강의실일수록 강의실 입구 쪽 선호도가 높아진다. 수업 중 화장실에 가는 편의성이나 수업 후 빠른 퇴실의 이유 때문이다. 그리고 한 가지 더 고려 해봄직한 것은 큰 강의실일수록 외부 환기에 유리한 정도이다. 그것은 입구일 수도 있고 환기구 근처일 수도 있는데 시간이 지남에 따라 혼탁해지는 강의실 공기 때문이다. 밀폐된 곳에서 이산화탄소 농도가 높아져 기준치를 초과하면 졸림과 집중력 저하, 심할 경우 두통과 구토를 유발할 수 있다[38].

좌석 선택은 개인 취향이 반영될 수 있는 여지가 매우 크지만 아무래도 선호도에는 이유가 있는 법이기에 몇 가지를 언급했다. 참고하여 수업 집중력을 높일 수 있도록 하면 좋겠다.

예습

누구나 알고 있는 공부 순서의 정석은 예습 – 수업 – 복습이다. 실제 수업을 준비하기 위해서 수업 직전에 지난 시간 배운 내용 복습을 다시 한번 하고, 이번에 진행될 진도의 예습을 하는 것이 좋다. 이것을 위해 가장 이상적인 시간은 수업 시작 시간보다 조금 더 일찍 와서 집중력 있게 내용을 보는 것이다. 또한, 쉬는 시간에도 잠시 쉬고 다음 시간 시작하기 전에 꿋꿋이 앉아 책을 살펴보는 것이다. 실제로 이렇게 하는 우수한 사람들이 있다. 그러나 말은 쉬울지 몰라도, 이런 집중력을 꾸준히 발휘하는 사람은 정말 흔치 않다. 필자도 못 했다. 몇 번 시늉은 해봤지만 이내 실패했고, 그렇게 하는 것이 좋다는 사실도 까맣게 잊게 되었다. 하지만 수업 전 예습을 뒷전으로 했기에 나의 본고사 성적이 더 높아지지 않았다고는 생각지 않는다. 필자의 집중 능력상 그렇게 지속했더라면 과부하로 인해 더 결과가 좋지 않았을 것으로 예상하기 때문이다. 다시 말해 지난 시간 복습 – 오늘 시간 예습 – 수업 – 직후 복습 등 일반적으로 추천되는 과정을 따라 할 수 있다면 좋지만 그렇지 못하다고 해서 굳이 스트레스를 받을 필요는 없다는 뜻이다. 특히, 학교에서와 다르게 장기 시험에서는 워낙 내용도 방대하고 종일 집중해야 하는 시간도 압도적으로 많아서 자신의 현재 집중 역량에 맞추어서 해야 한다. 이상적인 방법을 따라 하려고 무리하기보다는 자신에게 맞는 최적의 노력을 하는 것이 좋다고 본다. 그런 면에서 현실적으로 예습은 필수 의무가 아니다. 단, 예습을 포기하더라도 복습은 꼭 하여야 한다. 실제 효과 면에서도 복습이 예습보다 훨씬 뛰어나다고 이야기하는 학습 전문가들이 많다. 필자도 둘 중 복습의 효과를 훨씬 많이 체감했다. 만약 예습의 효과를 깊게 실감했다면 어떻게든 그것을 이어갔을 것이다. 그러나 개인적으로 복습에 비해 예습은 효과를 크게 체감하기가 어려웠다. 내 경험과 예습을 잘하는 주위 사람들을 관찰해본 결과, 예습은 의지도 중요하지만 습관과 더불어 책을 보는 속도와 집중력을 제법 요한다. 빠르게 훑어보면서 낯선 내용을 파악해야 되기 때문이다. 대강 제목만 보는 식으로 예습을 한다고 하더라도 아는 내용을 훑어보는 복습보다는 더 어려운 것이 사실이다. 특히, 국어와 사회같이 아는 내용들이 어느 정도 있는 지식형 과목보다 수학, 과학 같이 이해를 요하는 과목일수록 예습의 어려움과 그 효용성은 감소한다.

수업 중 잠이 오면

수업 시간 중 졸고 있는 것은 습관적인 면이 가장 크다. 항시 졸고 있는 사람들이 있고, 절대 졸지 않는 사람도 있다. 물론, 점심 식사 직후처럼 사람들 대부분이 졸려 하는 시간대는 있다. 자신이 그 시간대 외에도 자주 졸음이 온다면 항시 졸고 있는 습관성 쪽인 것이고, 그 시간대에도 웬만해서는 졸지 않는다면 절대 졸지 않는 사람 쪽과 가깝다고 생각하면 된다. 여기서 논할 방법들은 앞서 언급했던 '의지력에 따른 집중력 전략의 효과'의 전제조건과 같다. 중간층 사람들에게 꿀팁이 되지만 양극단 부류에 해당하는 도움말은 아닐 수 있다.

〈수업 중 잠이 오면 Tip〉

자신이 습관성 수업 졸음증이 있다면 반드시 오프라인 강의를 듣지 말고 온라인 강의를 들어야 한다. 그래서 졸리지 않을 때 듣거나, 혹은 꾸벅꾸벅 졸다가 놓친 부분이 있다면 다시 들을 수 있어야 한다. 아무리 실강이 주의 집중도가 높다고 하더라도 중간중간 빠지고 놓친 부분이 있다면 무용지물이다. 그런 빠진 부분들이 공부하는 내내 계속 자신을 괴롭힐 것이며 그것에서부터 출발한 내용이 결국 시험에 나오게 된다.

잠이 오면 엎드려 잠시 수면을 하는 것이 가장 확실하고 좋은 방법이다. 단 15분만 편하게 자고 깨면 머리가 맑아지는 경우가 많다. 하지만 피곤한 채 꾸벅꾸벅 졸게 되면 그것이 비록 한 시간이라고 하더라도 피곤은 잘 가시지 않는다. 잠이 올 시점에는 커피, 몸부림 모두 효과가 크지 않다. 물론, 실제 오프라인 수업을 듣는데 강사 앞에서 수업 중에 대놓고 엎드려 자기는 어렵다. 그래서 그 수업 타이밍이 잠이 올 시간대이거나, 몸이 피곤하다 느껴진다면 수업 전에 약간 잠을 자는 것이 가장 좋다. 쪽잠 시간은 타이머를 맞추고 10분~20분 사이가 적당하다. 처음에는 조금 어렵지만 연습하면 당장 맨정신에서도 잠깐 잠을 잘 수 있게 된다. 이것은 머릿속에 생각을 없애고 몸을 완전한 이완시킴을 통해 이루어진다.(쪽잠에 대한 더 자세한 이야기와 잠에 드는 방법론적인 내용은 뒤에 나오는 7장 생활 전략 중 5) 수면 파트에 있다.)

그 외에 잠을 깨기 위한 합격생들의 노하우 중에 '미리 준비한 차가운 음료 마시기', '먼저 졸고 있는 다른 사람 관찰하기', '뒤에 나가 서 있기', '세수하고 오기' 등이 있다. 그러나 수업 중 자리에서 일어나는 것은 큰 의지가 필요하며, 그 외 방법들은 수험생들 사이에서 효과에 대한 공감이 대부분 적었다. 그나마 비교적 쉽고 유용한 잠을 깨는 방법은 껌을 씹는 것이라고 본다. 치아로 저작하는 행위는 뇌를 자극하여 활성화시키는 역할을 한다[39]. 실제로 껌을 씹는 동안 뇌 부위의 혈류가 활발해진다[40]거나 주의력과 지적수행능력을 향상시키고[41] 기억에 긍정적 역할을 한다[42]는 등의 연구 결과들이 있다. 단, 껌을 너무 오래 씹지는 않도록 하자. 껌을 일정 시간 이상 씹는 경우 스트레스로 작용할 수도 있다[43]. 또한, 오랜 시간 저작은 치아나 턱관절에 무리를 줄 수 있고 턱 근육을 과도하게 발달시킬 수도 있다. 껌 씹기는 15분 정도가 적당하다[44]. 치과를 업으로 삼고 있는 필자도 되도록 30분 이상은 껌을 씹지 않으려 한다.

수업 녹음

현장 수업을 듣는다면 녹음을 권장한다. 순간적으로 집중력이 떨어지거나 필기 때문에 놓치는 내용이 있을 수 있는데 그 내용이 중요하거나 자신에게 꼭 필요한 부분일수도 있다. 그런 일은 언제든 발생할 수 있고, 막상 발생하면 동영상 강의와 다르게 돌이킬 수 없다. 그 빠진 내용을 찾아 채우기 위해 소모해야 하는 시간적, 정신적 소모가 크다. 아니, 보통은 빠진 내용을 채우기보다는 빠뜨렸다는 사실조차 금세 잊고 수업을 마치게 된다. 그래서 실력의 공백이 생긴다. 그를 예방하기 위해 실강은 되도록 녹음을 하는 것이 좋다.

또한, 과목에 따라서는 놓친 부분뿐 아니라 전체 수업내용의 1차 복습을 녹음으로 하는 것이 이점이 많은 경우도 있다. (녹음 파일로 하는 복습에 대한 자세한 내용이 조금 뒤에 나오는 (2)이론 공부 – 〈복습〉파트의 '강의 녹음 듣기 복습' 내용에 있다.)

수업 녹음을 이용하는 것은 온라인 강의와 비교했을 때 실제 강의가 가진 단점을 어느 정도 보완해 주는 장치가 된다. 그리고 녹음 파일은 마음대로 배속을 설정해 들을 수 있고, 실강의 현장감을 다시 느껴볼 수 있는 등 훌륭한 부가 효과들도 있다. 이런 장점들 때문에 가능한 한 실강 수업은 녹음하기로 결정하고 수강 신청하는 것을 권장한다. 단, 주의해야 할 점 하나는 녹음을 하고 있다고 해서 수업에 소홀해지는 일은 절대 없도록 해야 하겠다.

온라인 강의

온라인 강의, 다른 말로 동영상 강의, 인터넷 강의(이하 편의상 인강)는 인터넷이 보급된 이후 시작되어 점차 보편화가 되었고 언젠가부터는 수강생이 오프라인 강의보다 훨씬 더 많이 선택하는 형태가 되었다. 이에 따라 강사들의 양극화는 더 심해졌고, 수험생들의 일반적인 선택지를 줄여주는 역할도 했다. 시간과 장소의 제약이 없다 보니 굳이 오프라인 학원에 출석할 일이 줄었고 결국 수험 준비 장소와 수험 준비 기간의 다변화까지 이끌어냈다. 즉, 인강의 보편화는 수험 시장에 있어서 완전한 지각 변화를 만들었다고 할 수 있다. 여기에서는 인강 시청속도에 관한 이야기와 인강 공부 중 주의할 점 몇 가지에 대해 언급한다.

강의 배속 결정하기

처음 특정 인강을 듣기 시작할 때 영상 재생 속도를 결정해야 한다. 먼저, 강사마다 억양, 발음 정확도, 말하는 속도가 달라서 이에 따라 자신에게 적절한 배속은 차이가 있을 수 있다. 또, 같은 강사라도 수강하는 사람의 지식을 받아들이는 능력이나 이미 그 내용이 익숙한지에 따라 적정 배속이 달라질 수 있다. 그리고 필기 속도 역시 수강 형태에 영향을 많이 줄 수 있다. 자신이 필기 능력이 뛰어나다고 하더라도 필기하고자 하는 내용이 많다면 필기하는 속도는 더딜 것이며 그에 따라 강의 배속을 줄이든지, 중간에 더 자주 멈추며 필기해야 하게 된다.

〈동영상 강의 배속 결정〉

강의 배속 형태를 결정함에 있어 일반적으로 두 가지 유형이 있을 수 있다. 1배속이나 그 이하 재생을 하며 가능한 한 멈추지 않고 필기를 적절히 따라 하며 수업을 듣는 유형과 약간, 혹은 그 이상 빠르게 수강하며 필요시 멈춰 필기를 보충하는 유형이다. 물론, 두 가지 모두 장점은 있지만, 필자는 후자를 조금 더 추천하는 편이다. 즉 자신이 듣기에 강사의 말이 '약간 빠르다' 정도의 느낌이 좋다고 보는데 강사들은 의도적으로 말을 또박또박 다소 느리게 하는 경향이 있어서 1배속보다는 조금 더 높은 속도를 권장한다. (물론, 여러 시도 후에 1배속 시청에 정착하였다면 괜찮다.)

보통 느린 말 보다는 빠른 말이 덜 지루하다. 또, 재생 속도를 높여 강사의 말이 약간 빨라지면 조금 더 간결하게 들리며 집중이 잘된다. 이유 한 가지는 문장의 시간적 길이가 짧아지기 때문이다. 한 문장을 느리게 말하거나 읽으면 문장의 앞 내용들을 순간적으로 잊으며 문장 전체 의미를 이해하는데 불리하게 될 수 있다. 그래서 이해와 집중을 위해선 문장이 짧은 편이 좋은데, 문장의 원래 길이는 청자가 조작이 불가능하지만 인강 속도를 빠르게 해서 인위적으로 문장의 시간적 길이를 짧게 만들 수는 있는 것이다. 또한, 주로 음악에서 연구된 결과들을 보면 템포(tempo)가 빠른 소리일수록 각성(Arousal)을 불러일으키는 효과를 낸다[45]. 각성도 증가는 집중력을 증가시키며 작업능력을 향상시킨다. 템포가 빠른 강의자의 목소리 또한 템포가 빠른 음악과 비슷한 역할을 할 수 있다고 생각된다.

반면, 너무 빠른 속도로 시청하는 것도 좋지만은 않다. 내용이해가 어려울 수 있다는 점도 있고, 필기가 어렵다. 그렇다고 자꾸 멈춰서 이해를 하고, 필기를 하자니 내용 흐름이 자꾸 끊겨 오히려 집중에 방해가

될 수 있다. 또, 짧은 시간을 투자한 것은 그만큼 기억에서도 빨리 사라

진다는 점도 염두에 두어야 한다. 사람은 시간을 투자한 것에 비례하여

그것을 기억할 확률이 높다.

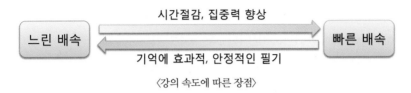

〈강의 속도에 따른 장점〉

컨설팅 시 설문하였을 때는 수험생 대부분이 1.2 ~ 1.6배속 사이를 선

택하는 것으로 조사되었다. 필자도 많은 강의를 1.4배속 기준으로 강사

나 내용에 맞춰 약간씩 속도를 달리했다. 물론, 필요하다면 1배속이나

그보다 더 느리게 시청하는 것도 틀렸다 할 수 없고, 도무지 속도를 1배

속 이상 올릴 수 없이 빠르게 말하는 강사들도 간혹 있기도 하다.

멈추는 습관의 통제

강의를 중간에 멈출 수 있다는 것은 온라인 강의의 큰 장점이다. 그러

나 이것이 잘못 습관화되면 과도하게 멈추는 버릇으로 강의 흐름을 저

해할 수 있다. 자신이 강의를 멈출 수 있다는 사실 때문에 오프라인 강의

보다 집중을 덜하게 되고, 이것이 내용을 놓쳐 강의를 자주 되돌리게 만

드는 원인이 될 수 있다. 강의를 자주 멈추거나 되돌리는 것은 습관이 될

우려가 있다. 그래서 의식적으로 주의하여야 한다. 중요한 내용을 놓쳤

으면 돌아가서 다시 봐야 하고, 필기가 많이 밀리고 있다면 잠시 중단해

필기를 보완한 후 시작하는 것이 맞지만 빈도가 늘지 않게 해야 한다. 이

를 위해서는 역시 제한 요건이 있는 것이 좋다. 아무런 기준 없이 편안하

게 온라인 강의를 시청하는 것보다는 시간 기준이 있는 것이 필요하다는 말이다. 필자가 제시하는 기준은 대략 2시간 강의면 2시간 안에 끝내라는 것이다. 강의 배속에서 이야기했듯이 보통 1배속으로 보는 경우는 적다. 2시간(120분) 강의를 1.2배속으로 쉬지 않고 듣는다면 러닝 타임(running time) 자체는 100분이다. 즉, 20분 정도 시간 단축을 할 수 있으므로 그 20분 정도를 보충 시간 한계점으로 사용하라는 것이다. 물론, 수강자나 강의자마다 차이가 있을 수 있다. 필자도 어떤 강의 과목은 필기할 것이 너무 많거나 교재가 부실하거나 혹은 내용이 너무 어려워 원래 강의 시간의 두 배 가까운 시간이 걸리기도 하였다. 최우선은 강의 내용 습득과 다시 보기 쉽게 기록하는 것이기 때문이다. 하지만 집중력 향상과 시간 절감을 위해서는 해당 강의마다 자신만의 기준을 정해놓는 것이 좋다. 이에 있어 필자가 1차적으로 제시하는 기준은 위와 같다. 강박관념을 가지고 너무 스트레스를 많이 받을 필요는 없지만, 시간 기준을 세우고 그것에 맞추러 노력하는 것이 효율성을 만든다.

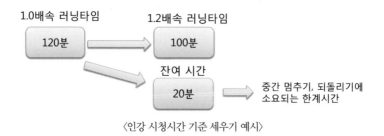

〈인강 시청시간 기준 세우기 예시〉

강의와 진도 미루지 않기

멈추는 습관 외에 인강 공부의 장점을 단점으로 바꾸는 한 가지가 더 있다면 강의를 자꾸만 미루게 될 수 있다는 점이다. 이 역시 미룰 수 있다는 '가능성'이 있어서 더 강제성 있게 진도를 나가지 못하고 준비가 안 됐다거나 다른 사정을 핑계로 수강을 연기하는 악순환을 반복하게 된다. 스스로 진도를 잘 나가는 편이라면 괜찮지만 그렇지 못하다면 자신이 습관적으로 강의를 미루고 있는지 점검해볼 문제다. 필요하다면 언제까지 강의를 끝내겠다는 목표를 세운 후, 주간 목표량을 채울 수 있도록 강제성 있는 장치들을 만드는 것이 좋다. 강제성 방법들을 3가지, 즉 자신과 약속, 다른 사람과의 약속, 물리적 제한으로 나누어 볼 수 있다.

첫째, 자신과의 약속이다. 이로 해결 가능하다면 다소 번거로움을 줄일 수 있다. 목표인 언제까지 수강을 마치려면 일주일에 얼마만큼, 그리고 오늘 얼마만큼 해야 하겠다고 계속 의식하고 실행하는 것이 중요하다. 또, 일과 계획표대로 특정 시간이 되면 다른 하던 것을 내려놓고 무조건 동영상 강의 시청을 시작하기로 마음먹고 지키는 것도 도움이 된다. 그것들로만 어느 정도 진도가 잘 지켜진다면 이어 나오는 방법들을 고민할 필요가 없겠다.

둘째, 다른 사람과의 약속으로 강제력 장치를 만들 수 있다. 함께 스터디 하는 사람 중 한 명과 이야기해 서로 계획 진도까지 진행하고 있는지 확인해 주기로 하는 것이다. 또는 부모님, 형제에게 확인해 달라고 부탁할 수도 있겠다. 단지 다른 사람이 진도를 나갔는지 내게 물어봐 주는 것만으로도 효과가 있다. 단, 진도를 체크하기 위해서만 스터디를 만드는 것은 조금 과하다고 본다. 뒤에 스터디에서 자세히 이야기하겠지만 스터디는, 조성하고 운영하거나 참여하는 데 노력과 시간이 필요하며, 잡담하며 시간을 낭비하는 등 오히려 공부에 방해될 여지가 충분히 있다. 그래서 가능한 스터디는 필요한 내용에 대해서만 적게 하는 것을 권한다. 물론 다른 스터디 하는 것은 없고 진도 체크 스터디 하나만 한다면 크게 반대하지 않겠지만 다른 스터디들이 있는데 진도 체크 스터디까지 따로 한다면 여력 낭비라고 본다. 다른 스터디로 모였을 때 스터디원 중에서 마땅한 인원과 잠깐 서로 체크하는 정도면 충분하다. 또한 진도 체크만을 목적으로 하는 스터디는 특성상 금세 와해가 될 가능성이 비교적 크다는 것을 염두에 두어야 한다.

셋째는 물리적인 제한이다. 대학교나 도서관에 노트북 열람실 등 동영상 강의를 시청할 수 있는 공간이 있고 사용 시간 제한이 있다면 예약을 해놓고 그 시간에만 시청할 수 있게 한다. 또는 가능하다면 그런 기관에서 노트북, 태블릿 등 시청 도구를 특정 시간 동안만 대여 할 수도 있겠다. 혹은 다른 사람과 시간을 정해놓고 기계의 시청기회를 나눠 사용하는 것도 방법이다. 애플리케이션을 통한 해당 기기 사용 시간제한도 고려해볼 방법 중 하나이다. 즉, 그 시간 외에는 인강을 시청할 수 없다면 미루지 않고 시청하는데 좀 더 도움이 된다는 이야기다. 조금 부끄러울 수 있는 이야기이지만 필자는 스터디 카페 등에 정확히 3시간 이용료의 현금만 지참하고 가서 정확히 그 시간 안에 해당 강의를 끝내고 올 수 있도록 했던 경험도 있다.

1. 자신과의 약속	2. 다른 사람과 약속	3. 물리적 제한
• 목표수강기한인지 • 하루공부 List 이행 • 절대적 시작시간 엄수	• 스터디원과 진도체크 • 부모, 형제에게 부탁	• 장소적 제한 • 영상기기 제한

〈강의와 진도 미루지 않기 방법들〉

무조건 복습 후 다음 진도 나가기

앞서 동영상 강의 시간을 정해놓고 지키는 것도 강의를 미루지 않게 하는 좋은 수단이라고 언급했다. 그러나 만약 현재 지난 시간 복습이 완료되지 않았다고 한다면 복습을 먼저 해야 하는지 강의 진도를 먼저 나가야 하는지 고민할 수 있다. 이때는 강의를 하루 미루더라도 복습을 먼저 하는 것이 낫다. 복습이 안 되어 그전 내용에 대해 소화가 아직 안 되었다면 그다음 수업은 효과가 반감되거나 전혀 의미가 없을 수도 있다. 다시 한번 강조한다. 강의 진도 시청과 복습에서 우선순위는 복습이다. 시간이 부족하면 짧게라도 복습은 반드시 하고 다음 진도를 나가도록 하자.

(2) 이론 공부

이론 공부 속도와 자세함 정도

장기 시험에서는 공부 분량이 많아서 한번 보고는 고사장에서 기억할 수 있는 것이 거의 없다. 그래서 여러 번 봐야 하는 것이 맞다. 모두가 알고 있는 사실이다. 그런데 간혹 어떤 사람들은 다 회독을 해야 한다는 강박관념 때문에 급하게 1회독을 끝내려 한다. 강박관념이 아니더라도 이론 공부만 할 시기에 느끼는 지루함과 어려운 내용에 진도가 느려지는 답답함 때문에 빨리 1회독을 끝내고 2회독 때 자세히 보려고 생각할 수도 있다.

그러나 대강 훑어보는 초벌 읽기를 하는 사람이라면 모를까, 단순히 다 회독을 고려해 첫 회독을 과도하게 빠르게 끝내는 것은 좋은 방법이 아니다. 수험생 대부분은 수험 기간이 지날수록 시간이 부족하면 부족했지 남지 않는다. 또 일찍 수험 생활을 시작하여 시간 여유가 중간에 생긴다고 하더라도 초반이 아닌 시기에 시간을 들여 특정 과목을 기초부터 차근차근 보기는 매우 어렵다. 그래서 일반적으로 처음 볼 때 가장 자세하게 내용을 볼 기회가 된다. 그때 내용을 확실히 이해하고, 공부한 흔적을 남기고 지나가는 편이 좋다. 낯선 내용이 어렵겠지만 참고 꼼꼼히 진행한다면 두 번째 볼 때는 훨씬 더 보기 편하게 된다. 내용 보는 속도도 몇 배 빨라진다. 뭐든지 처음 한 번이 어려운 거다. 재시 이상도 마찬가지다. 1회독 시 가장 자세하게 공부하기를 권한다. 물론, 전반적으로 자세히 보라는 이야기지 어려운 내용을 이때 아니면 안 된다며 끝도 없이 붙잡고 있으라는 말은 아니다. 내용에 따라서는 다음 기회를 노릴 수 있고, 그 당시에는 아무리 봐도 잘 모르겠다가 전체 내용을 다 끝내고 나서 보면 쉽게 이해되는 경우도 있다.

반대로 과하게 더디 보는 사람들도 있다. 그 경우에는 해당 과목에 기초가 너무 없거나 자신에게 잘 맞지 않는 형태의 공부를 하는 경우일 가능성이 크다. 시간이 허락한다면 차라리 기초 과정을 듣고 다시 그다음 과정을 진행하는 것을 추천하며, 돌아가기가 어렵다면 적절한 하한선을 두어야 한다. 과하게 시간을 소비하며 1회독을 할 수는 없다. 가능한 시중 학원의 커리큘럼 (2달 과정인 코스라면 2달 이내)에 맞추는 것이 좋으며, 아무리 더디 걸린다고 하더라도 1.5배 이상(2달 커리큘럼이라면 3달)은 느리게 가지 말자. 그리고 자신의 공부 속도가 느린 편이라면 당연히 매일매일의 공부 시간은 다른 사람들보다 더 많아야 한다. 수험 생활을 일찍 시작하는 것도 좋겠지만 같은 기간이라도 밀도 있게 매일 더 많은 시간 공부를 하는 것이 필요하다. 공부했던 것들은 시간에 비례해 머릿속에서 더 많이 사라지기 때문에 공부 속도가 느릴수록 불리한 면이 있다. 어느 정도 적당한 시간에 다시 복습을 시작해야 한다. 그래야 공부했던 내용이 기억에서 너무 희미해지기 전에 붙잡을 수 있다.

이론 공부 체크하며 책 읽기

읽기 중 체크의 필요성

책을 볼 때는 줄을 치거나 표시를 해야 한다. 어떤 책이든 반드시 그렇다. 다시 봐야 하기 때문이다. 자신이 준비하는 시험의 기본 교재라면 적당한 간격을 두고 최소 5번, 권장 7번 이상 봐야한다. 그런데 그 7번을 더 효과적으로 보기 위해서는 처음이 중요하다.

책 내용에는 더 여러 번 반복해야 할 기본 개념, 반드시 장기 암기해야 할 것, 나중에 다시 찾아보며 참고해야 할 지표, 그 주변 내용을 모두 아우르는 정리표나 문구가 있고 반대로 한번 읽고 넘어가도 자연스럽게 인지되는 것, 단순 참고가 될 수 있는 내용, 영원히 다시 보지 않아도 무방한 것들이 있다. 그런 것들을 적절하게 분류해서 효율적으로 보려면 책을 처음 볼 때 줄을 치고 체크해야 한다. 그러고 나서 다시 볼 때는 모든 내용을 전부 다시 보기보다는 좀 더 줄어든 내용을 더 빠르게 봐야 한다. 이때 내가 직접 만든 밑줄과 체크 표시에 의한 포인트가 있는 것과 아무것도 없는 것에는 다시 보는 시간뿐 아니라 집중도, 전달력에 있어서 무척 큰 차이가 난다.

따라서 반드시 체크를 하면서 책을 봐야 한다. 그런데 그 체크하는 방법을 잘 모르거나 있어도 중구난방인 경우가 많다. 일관적이고 가시성 좋게 체크를 해야 훨씬 더 효과적으로 공부를 하며 시간을 절약할 수 있다. 그 구체적 방법들에 대해서 다룰 것이다.

체크는 자신이 해야 한다

다시 보기 위한 내용 체크는 스스로 해야 한다. 물론, 처음부터 무엇이 중요한지 판단하기 어려운 것이 사실이다. 하지만 그 능력이 당장은 완벽하지 못해도 시도해야 한다. 불완전해도 하는 것이 도움 되며, 해 버릇해야 그런 구별 판단력도 늘어난다. 이것 또한 공부에서 얻을 수 있는 중요한 능력이다.

한편 정말로 필요하다면 남의 체크가 조금 도움이 될 수 있겠다. 하지만 지문의 포인트들과 중심 내용은 사람마다 약간씩 다를 수 있으며 또한 자신이 직접 한 것에 비해서는 효율이 많이 떨어진다. 책을 다시 볼 때 기존 표시가 되어 있지 않은 부분은 과도하게 소홀히 넘어가게 되는데, 그런 내용 중에는 처음 표시자는 한 번 보고 충분히 이해나 각인이 되었거나 혹은, 중요하지만 이미 자신은 너무 잘 알고 있는 내용이 있을 수 있다. 또한, 줄을 그으면서 그 내용이 새로 한 번 더 머릿속에 깊게 새겨지는 효과가 있는데 남의 것을 이용하면 그 기회를 얻지 못하게 된다. 필자는 단순히 두 번 그냥 읽는 것보다는 한 번 읽으며 밑줄을 치는 것이 효과면에서 더 나을 수도 있다고 본다. 앞서 기억력 전략에서 시각적인 정보에 오감 같은 다양한 감각을 동원한다면 기억에 더 효과적이라는 언급을 했다. 밑줄을 긋는 것 역시 체성감각을 활용하는 공부 방법이 기도 하다. 마지막으로 자신이 줄을 그어놓은 책을 읽는 것과 다른 사람이 해놓은 책을 읽는 것에는 집중되는 정도가 다르며 애착 정도에서 차이가 난다. '애착'이라는 것이 어떻게 보면 다소 유치할 수도 있지만 그런 애착들이 모여서 공부에 대한 의욕과 흥미를 결정한다.

체크 시기

기본서로 공부하는 경우라면 첫 회독 시, 책 내용에 체크를 하면 된다. 고민할 것이 별로 없다. 반면, 강의를 들으며 공부하는 경우는 조금 애매할 수가 있는데 이 경우 강의 내용을 첫 복습할 때가 책에 체크를 집중적으로 하는 시기가 된다. 물론, 멀티플레이에 능한 사람들의 경우 강의를 들으면서 책 내용에 표기를 꼼꼼히 잘하는 경우도 있다. 그러나 필자처럼 그러다가는 강의 내용을 놓치기 십상이라면 강의 때는 최소한의 표기만 하고 첫 복습 시에 주된 내용 체크를 하면 된다. 강의를 녹음 복습 하는 경우라고 해도 강의 때보다는 녹음으로 복습을 할 때가 체크하기에 더 용이하다. 이미 한 번 들은 익숙한 내용이며 추가로 필요한 필기들도 이미 되어 있는 상태여서 여유가 있기 때문이다.

체크하는 방법 – 밑줄

줄을 치고 표시하며 읽는 것은 이미 요약된 강의 교재보다는 기본서처럼 줄글로 되어 있는 책일 때 그 필요성과 효과가 두드러진다. 그러나 강의 교재도 표시를 해야 하며, 우리가 공부할 때 어느 정도 줄글로 된 책자를 만나게 되는 경우가 대부분이다. 여기서 제공하는 필자의 실질적인 방법들을 기준으로 시작해 점차 자신의 요령을 개발해 나가기 바란다.

　체크하는 방법의 가장 기본이자 첫 번째는 밑줄을 긋는 것이다. 그것에 대해 자세하게 이야기해 보려 한다. 먼저 자신이 글을 읽고 있다는 집중력을 위해서 모든 문장에 줄을 치는 사람들이 있는데 좋은 방법은 아니라고 본다. 추후에 다시 볼 때 책에 글자 외에 불필요하게 많은 밑줄로 가독성이 떨어지게 된다. 즉 지면이 무의미하게 한층 더 복잡해져 그중에서 내용을 찾거나 골라보기 더 어려워진다. 지면에 표시는 해당 내용을 더 단순하게 보기 위함, 혹은 추가적인 다른 정보를 주기 위해 해야 한다. 단순히 더 복잡하게 만드는 행위는 낙서에 가깝다. 단, 이런 사실에도 불구하고 모든 문장에 줄을 그으면서 보는 것이 처음 볼 때 집중력을 압도적으로 높여준다는 사람들이 있을 수 있다. 이때는 모든 문장에 줄을 긋는 것은 연필로 하고, 다른 색 볼펜으로 중요한 문장에 다시 줄을 치도록 해야 하겠다.

　밑줄은 내용의 포인트, 해당 챕터를 잘 요약해 놓은 문구, 혹은 시험에 나올 수 있는 사실 등에 그어야 한다. 사실, '포인트를 찾아 줄을 치겠다.'라는 생각만으로도 책을 보는 집중력을 높여줄 수 있다. 굳이 읽지 않아도 기본 상식으로 알 수 있는 내용은 넘기며, 너무 자주 봤거나 반복되는 내용 또한 제외하며 줄을 긋는다. 줄을 긋는 것은 나중에 반복해서 책을 볼 때 이 밑줄 위주로 읽기 위해서이다. 그래서 줄을 너무 많이 긋는 것도 바람직하지 않다. 물론, 얼마나 기본 지식을 알고 있는지, 그리고 책 내용의 난이도에 따라 차이가 있겠지만, 1회독 시 밑줄은 아무리 많아도 전체 지면에 50% 이내여야 하며 20~30% 이내가 적당하다고 본다. (기본서가 아니라 이미 요약해 놓은 '정리서'라면 비율이 좀 더 높아도 된다.)

밑줄의 색상 선택

한편 처음 책을 볼 때 기본적으로는 한 가지 색상을 선택해 줄을 치도록 권한다. 종류가 많으면 산만해져 집중력을 흩뜨리고 포인트를 구별하기 어렵게 된다. 줄 기본 색상은 파란색(청색 계열)이 가장 적당하다고 할 수 있다. 파란색은 혈압과 심장 박동을 내려 줘 마음을 침착하게 만들어 주는 효과가 있어 공부에 집중하는 데 도움을 준다[46]. 필자 또한 검은색, 갈색, 주황색, 녹색 등 여러 가지 색상을 시도해본 끝에 청색에 정착했다. 적당히 눈에 띄며 자극이 적은 색이기 때문이다. 붉은색같이 너무 자극적인 색으로 줄을 많이 그어놓는 경우 그 자체로 색이 강해 내용 자체가 눈에 잘 들어오지 않는다. 또, 처음부터 돋보이는 색상을 너무 많이 사용할 경우 더 중요한 내용에 표시할만한 색을 선정하기가 어렵다. 이에 더해 붉은색이 많으면 눈의 피로를 가중시키며 정서에 좋지 않을 가능성까지 있다.(붉은색은 식욕, 성욕을 자극하는 색깔이며 정신 분열증 관련도 있다.) 자극적 색은 밑줄보다는 중요 표시를 할 때 사용하는 것이 좋다.

반대로 연필이나 검은색은 비교적 눈에 띄지 않아 줄을 그은 내용과 긋지 않은 내용의 차별성이 다소 떨어질 수 있다. 전체적으로 다시 읽으며 추가로 다른 색상 밑줄을 그을 계획이 있는 것이 아니라면 연필이나 검은색으로 기분 줄을 긋는 것 역시 추천하지 않는다.

그래서 적당히 시선을 끌며 눈에 자극도 덜한 청색 계열이 가장 낫다고 본다. 그러나 혹, 파란색이 너무 지루하게 느껴지거나 마음에 들지 않아 다른 색상을 원한다면 파스텔 계열 색상의 색연필을 선택하여 줄을 그어보기를 권유한다. 역시 적당히 눈에 띄며 시각적인 자극을 별로 주지 않기 때문인데 개인적인 경험에서 비롯된 추천이다.

물론, 색상 선택은 개인 기호에 따르는 것이기도 하지만 위 내용을 참고하여 기본 밑줄 색상을 선택해 보기 바란다.

색상의 다양성

기본 줄을 긋는 것 외에 필요에 따라 지면에 정보 표시를 할 수 있다. 중요 내용이라든지, 기출에 출제되었던 내용, 혹은 장단점이 구별되는 내용, 이해하지 못한 내용 등을 다른 색을 이용해 표기할 수 있다. 그런데, 지면에 색상을 너무 다양하게 사용하는 것도 좋지 않다. 산만한 지면은 역시 추후 가독성이 떨어지게 되고 눈을 피로하게 만들기 때문이다. 따라서 평균적으로 한 페이지에 등장하는 색은 많아도 5가지를 넘지 않는 것이 좋다고 본다. 책이라면 기본적으로 하얀 바탕에 검은색 글자가 있기 마련이니 그 2가지 색을 제외하면 대부분 지면에 주되게 표기하는 색상은 3가지 이하 정도가 적당하다. 너무 단일 색상으로만 표기해도 포인트를 구분하기 어렵지만, 반대로 너무 다양한 색상도 해가 될 수 있으니 명심하여 절제된 색 사용을 하도록 하자.

여러 가지 표시 방법들

밑줄 외에 책에 표시하는 다른 구체적인 방법들을 살펴보도록 하자.

① 시험에 출제가 예상되는 내용이나 핵심 내용, 혹은 빠뜨리거나 실수하기 쉬운 내용은 대부분 하는 것처럼 필자도 붉은색 별 표시를 했다. 다시 언급하지만, 붉은색은 강하고 자극적인 색이니 적당히 사용하도록 해야 한다.

② 다시 보지 않아도 되는 것은 과감히 X 표시를 하는 것이 좋다. 잘 요약된 부분이나, 중요한 것 표시 외에 중요하지 않은 것 표시에 있어서는 소홀한 경우가 많다. 중요한 것이 눈에 띄는 것도 좋지만, 전체를 다시 볼 때 보지 않아도 되는 내용이 있다는 것도 큰 도움이 된다. 그 부분들을 제외하며 본다면 보는 속도가 빨라질 뿐 아니라 미련 없이 넘어갈 수 있어서 훨씬 복습이 수월하다는 인상을 받게 된다. 물론, 자신이 생각한 중요하지 않은 내용이 후에 연습문제에 나오는 등 필요한 부분일 수도 있다. 그러니 자기 판단을 과신하지 말고 나중에 지울 수 있도록 연필로 X 표기 하는 편을 추천한다.

③ 강의 중 잘못 알아들었거나 이해가 안 되는 것은 연필로 물음표 표시해놓는다. 모르는 것을 모른다고 체크해 두지 않을 경우 나중에 잘못된 개념이 생기기 쉽다. 방대한 내용을 공부하다 보면 시간이 지나고 나서 정확히 기억할 수 없는 내용이 많고 심지어 그 내용을 이해하지 못했다는 것조차 기억이 잘 나지 않을 수 있다. 그 상황에서 잘 이해하지 못한 내용에 별다른 표기가 없다면 얼렁뚱땅 잘못된 개념을 잡고 넘어갈 수 있다. 혹은 이해했던 내용 같은데 다시 보니 이해가 안 된다며 스트레스를 받기도 한다. 이 두 가지 모두 학습 경쟁력을 떨어뜨린다.

또한, 모르는 것을 체크해 두면 추후에 누군가에게 질문할 때 해당 내용을 찾기가 쉽고, 컨디션이 좋거나 사전 지식들이 쌓인 상태에서 해당 내용의 이해를 다시 한번 집중적으로 시도해 볼 수 있다는 장점이 있다. 그러니 꼭 표시를 해둬야 한다. 표기 방법으로는 연필로 물음표 표시하기 외에 앞서 스톱워치에서 등장했던 포스트잇 플래그를 이용할 수도 있다. 해당 내용에 붙여 놓으면 좀 더 눈에 잘 띄기도 하고, 해당 내용을 이해한 뒤 포스트잇을 떼기만 하면 되기 때문에 지우개보다 제거가 편리하다.

① 시험에 출제가 예상되는 내용이나 핵심 내용, 혹은 빠뜨리거나 실수하기 쉬운 분 하는 것처럼 필자도 붉은색 별 표시를 했다. 다시 언급하지만, 붉은색은 강한 색이니 적당히 사용하도록 해야 한다.

② 다시 보지 않아도 되는 것은 과감히 X 표시를 하는 것이 좋다. 잘 요약된 부한 것 표시 외에 중요하지 않은 것 표시에 있어서는 소홀한 경우가 많다. 중요 띄는 것도 좋지만, 전체를 다시 볼 때 보지 않아도 되는 내용이 있다는 것도 큰 그 부분들을 제외하며 본다면 보는 속도가 빨라질 뿐 아니라 미련 없이 넘어갈 씬 복습이 수월하다는 인상을 받게 된다. 물론, 자신이 생각한 중요하지 않은 내 습문제에 나오는 등 필요한 부분일 수도 있다. 그러니 자기 판단을 과신하지 말 울 수 있도록 연필로 X 표기 하는 편을 추천한다.

④ 넘버링 할 수 있는 목록 나열이 나오면 번호를 부여한다. 번호가 있으면 몇 가지 항목인지가 한눈에 쉽게 들어오며, 각 목록에 번호로 이름이 붙음으로써 항목 간의 차별성이 생긴다. 당연히 기억에 유리하다.

를 미루고 있는지 점검해볼 문제다. 필요하다면 언제까지 강의를 끝내겠다는 목표를 세운 후 주간 목표량을 채울 수 있도록 강제성 있는 장치들을 만드는 것이 좋다. 강제성 장치 방법을 3가지 즉, ①자신과 약속, ②다른 사람과의 약속, ③물리적 제한으로 나누어 보았다.

⑤ 특별히 주목해야 할 단어들에는 동그라미(○) 표시와 네모(□) 표시를 적당히 섞어 쓴다. 지문에서 동그라미와 네모를 친 단어들은 다시 볼 때 확실하게 주목하게 된다. 예를 들어 자주 나오는 서수들인 첫째, 둘째, 셋째 같은 순서들에 동그라미를 사용해 표기한다면 각 순서 내용을

끊어서 한 번에 파악하기가 쉬워진다.

첫째 '의지'에 관해서는 우선 그간 오래 수험을 지속했으므로 시험이 끝난 후 ㄷ
잠시라도 해보길 권한다. 둘째 4번째 이상의 도전이라면 공부 방법에 관해서는 ㅈ
생각해 봤으면 한다. 단순히 해당 시험의 후기들을 훑으며 해당 시험 시장의 공부
고민하는 대신 집중력, 암기력 관련 책들, 다른 공부법에 대한 것들, 타 시험 성공

또한, 해당 단어들에 추가 설명을 쓸 때 단어에 동그라미 또는 네모로
표시한 후 글을 작성하는 것이 해당 설명의 정확한 위치를 알 수 있어서
좋다. 동그라미와 네모 사용을 굳이 구분해 보자면, 필자의 경우에는 동
그라미는 조금 더 친숙하고 쉬운 단어들에 사용하고, 네모는 조금 더 딱
딱하거나 덜 익숙한 단어에 사용하는 편이다. 예를 들어 다음 문장에서
'뼈', '신장', '소장'은 동그라미이고 조금 어려운 단어인 '항상성'은 사
각형이다.

"우리 몸의 가장 큰 칼슘 저장소인 뼈, 칼슘 배설을 주관하는 신장 =콩팥 신체 내로 흡수되는 ㅋ
슘 양을 결정하는 소장의 세 기관을 조절함으로써 체내 항상성을 유지한다."

47)

⑥ 한 가지 정의에 대해 중간에 내용을 설명한 후, 후반에 요약해 놓았
다면 그곳으로 과감하게 화살표를 긋는다. 혹은 질문이 나오고 중간에
이유가 나오며 후반에 결론이 나온다면 마찬가지로 질문과 결론을 화살
표로 잇는다. 설명이나 이유 등은 대체로 한번만 읽어보면 되기 때문이
다. 두 번째 볼 때 중간에 있는 내용을 무시하고 화살표를 따라 바로 중
요 포인트나 결론만 확인하면 되기 때문에 역시 가독성이 좋아진다.

일반적으로 두 가지 유형이 있다. ①배속이나 그 이하 재생을 하며 가능한 멈추지 않고 필기를 적절히 따르며 수업을 듣는 유형과 약간, 혹은 그 이상②빠르게 수강하며 필요 시 멈춰 필기를 보충하는 유형이다. 물론, 두 가지 모두 장점은 있지만 필자는 후자를 조금 더 (추천)하는 편이다. 즉 자신이 듣기에 강사의 말이 '약간 빠르다'정도의 느낌이 좋다고 보는데 강사들은 의도적으로 말을 또박또박 다소 느리게 하는 경향이 있기 때문에 1배속보다는 조금 더 높은 속도를 권장한다. (물론, 여러 시도 후에 1배속 시청에 정착하였다면 괜찮다.) 재생 속도를 높여 강사의 말이 약간 빨라지며 조금 더 간결하게 집중이 잘되기 때문이다. 그것은 그 말을 놓칠 수도 있기 때문에 더 집중하는 이유도 있지만, 무엇보다 문장의 시간적 길이가 짧아지는데 그 원인이 있다. 사람의 단기기억력에는 한계가 있다. 문장이 길어질 경우 조사나 주

⑦ 새로운 개념이나 핵심 단어들은 형광펜을 칠해 놓는 것도 좋은 방법이다. 나중에 다시 그 개념을 찾아볼 일들이 종종 있을 수 있기 때문인데, 형광펜으로 단어 자체에 하이라이트 시키는 것은 볼펜으로 체크하는 것보다 더 눈에 띄게 된다. (물론, 잘 된 교과서는 책 뒤쪽에 단어 인덱스를 첨부해 놓는 경우도 많으니 단어 검색은 인덱스를 이용할 수 있다.)

힘든 그 한순간, 졸린 한시기를 어떻게든 견뎌 내느냐가 중요할 수 있다. 그때 그런 장 목표를 자신에게 제시해 특정 순간을 넘기는 것이 도움이 된다. 또한, 그런 한순간 후에 공부하는 것이 한결 편해지는 경우를 나는 '스터디 하이'라고 부른다.

⑧ 제목과 부제목들이 자주 나뉘는 형식의 책이라면 제목들과 부제목들에 형광색을 칠해 제목 가독성을 좋게 하는 것도 나중에 다시 보기가 좋다. 특히 큰 제목, 중간 제목, 소제목들이 자주 번갈아 가며 나온다면 현재 내가 공부하고 있는 곳의 범주가 헷갈릴 수 있다. 이때 제목들에 있는 형광색은 내용의 섹터들을 쉽게 구분할 수 있게 해준다. 또한, 하이라이트 하면서 제목들의 범주를 확인하고 좀 더 멀리서 전체 흐름을 파악할 수 있는 장점이 있다. 그래서 공부 중간중간 하이라이트 하는 것

보다는 공부 전후 한 번에 따로 작업하는 것이 더 효과적이라 본다. 필자는 큰 제목에는 다소 색이 강한 붉은 계열 형광펜을, 중간 제목에는 그보다 연한 색인 하늘색 형광펜을, 소제목에는 그보다도 약한 연두색 형광펜을 이용해 하이라이트 하였다.

그러나 이 방법은 다시 한번 내용을 훑어봐야 하며, 형광펜을 색별로 따로 들어 표기해야 하기 때문에 약간 번거롭다. 그래서 모든 책을 공부할 때 항상 하는 방법은 아니다. 다행히 근래에는 책들이 컬러로 나오면서 제목별로 색깔을 다르게 프린트하는 경우가 있어 수고를 덜게 해준다.

3장 장기시험의 전략

1. 수험준비와 커리큘럼
1) 수험준비
모든 것에는 처음시작이 있다. 그 시작이 준비되었다면 이후 과정들은 충분히 안정적으로 진행될 가능성이 크며, 경쟁자들에게 큰 이점으로 작용 할 수 있다. 때문에 시험을
2) 4가지 주요커리큘럼
수험생들이 결정하는 주요 공부커리큘럼으로 크게 4가지를 방향을 생각해 볼 수 있다.
① 기본서: 학원을 거의 이용하지 않고 마치 교과서처럼 기본이 되는 책을 이용해 독학공부
② 종합반: 학원을 가장 많이 이용. 한 학원에서 모든 과목을 주로 직접 학원교실에 나가 수강

2. 학원과 강사결정
1) 학원
대부분의 장기시험시장에서 혼자 독학을 하는 것이 아니라면 학원을 이용하게 된다. 특히 수험

3장 장기시험의 전략

1. 수험준비와 커리큘럼
1) 수험준비
모든 것에는 처음시작이 있다. 그 시작이 준비되었다면 이후 과정들은 충분히 안정적으로 진행될 가능성이 크며, 경쟁자들에게 큰 이점으로 작용 할 수 있다. 때문에 시험을
2) 4가지 주요커리큘럼
수험생들이 결정하는 주요 공부커리큘럼으로 크게 4가지를 방향을 생각해 볼 수 있다.
① 기본서: 학원을 거의 이용하지 않고 마치 교과서처럼 기본이 되는 책을 이용해 독학공부
② 종합반: 학원을 가장 많이 이용. 한 학원에서 모든 과목을 주로 직접 학원교실에 나가 수강

2. 학원과 강사결정
1) 학원
대부분의 장기시험시장에서 혼자 독학을 하는 것이 아니라면 학원을 이용하게 된다. 특히 수험

⑨ 너무 어려워 포기하거나 지금 보류할 것엔 S 표기를 한다. S는 skip의 첫 글자를 뜻하는 약어다. 언뜻 보면 물음표나 X 표시와 헷갈릴

수 있다. 물음표는 놓치거나 당시 못 알아봐 차후에 다시 확인해 볼 내용이기에 추후 보완이 되면 물음표 표시를 지우거나 아니면 S로 바꿀 것들이다. 즉 내용에 대한 판단 전인 것. 반면, S는 이미 판단이 끝나 포기하거나 이해를 연기하는 것이다. 또, X는 시험에 나오지 않을 내용이거나 내가 분명히 알고 있어 확실히 다시 보지 않을 내용이다. 물론, 이것은 필자의 하나의 체크 요령일 뿐이니 참고만 하자.

※ ? : 강의 중 놓친 것이나 이해가 안 되는 것, 의문점. 다음에 볼 때 확인해 해결할 것.

※ S : 확실히 확인하였으나 일단 지금은 skip, 차후 필요시 이해나 암기, 공부 시도.

※ X : 출제 외 범위, 중복 내용, 아는 내용 등. 특별한 사유 없이는 다시 안 볼 내용.

⑩ 장단점 목록은 다른 색으로 밑줄이나 선을 그어 표기해 둘 수 있다. 예를 들어 장점 목록은 하늘색으로, 단점 목록은 분홍색으로 줄을 그어 놓는다면 차후에 해당 부분에서 장단점을 구분하기 쉽다. 어떤 특징이 장점이었는지, 단점이었는지 잘 기억이 나지 않을 때 색상 구분은 기억에 도움이 될 수 있다.

Two stage는 약 2~3주 간격으로 두 번에 나누어서 수술을 하게 되는데, 각각의 수술시간이 짧고, 협측이나 구개측 점막의 어느 한 쪽이 ①
골편에 붙어있게 되므로 원심측 골편에 혈행을 더 많이 유지시킬 수 있다. 그러나 두 번에 나누어서 수술을 해야 하는 번거로움과 교정력 ②
을 가하는 시점이 늦어진다는 단점이 있다. ①

장

단

48)

이 모든 체크 요령들은 다음에 다시 보기 위함이다. 가독성을 더 좋게 만들며, 다시 볼 때 읽을 양을 줄이고 시간을 단축하기 위함이다. 이렇게 해서 기본 줄글의 책을 정리집 내지 요약집처럼 만드는 것. 즉, 일반적인 교재를 1회독 하는 중에 자신만의 교재를 만들어 가능한 읽기 좋게 하는 것이다. 혹은 강사의 요약 책이 대상이었다면 새롭게 자신에게 특화된 정리 노트가 만들어지게 된다.

체크하려고 내용을 구분하는 것부터가 내용에 집중하게 만드는 이점이 있으며 분량이 줄고 가독성이 좋아진 자신만의 교재는 당연히 책을 다시 볼 의욕을 돋우게 된다. 이런 작업을 하며 읽은 것과 아무 계획 없이 읽은 것은 다시 볼 때 어마어마한 차이를 만든다. 다시 반복 강조하지만, 공부의 두 가지 핵심, 공부 내용은 다시 봐야 하고 볼 때마다 보는 양과 시간이 줄어야 한다는 원칙을 잊지 말도록 하자.

물론, 위에 언급한 구체적인 방법들은 필자에게 최적화된 것들이다. 참고하거나 출발점이 될 수 있지만, 자신에게 맞춰 스스로 방법들을 만드는 것이 더 이롭다. 자기만의 방법들이 공부에 더 흥미를 유발하기 때문이다. 그리고 당연히 한 번에 이 많은 방법을 모두 소화해 그대로 따라하기는 어렵다. 3~4가지부터 시작해서 체크하는 법을 연습하고 그것들이 익숙해지면 점차 다른 방법들도 도입하면 된다. 기본 밑줄과 빨간 별 표시는 대부분이 하는 기본이니 제외하고 가장 먼저 따라 해볼 3가지로, X 표시, ? 표시, 동그라미/네모 표시를 추천한다. 그 후 숫자 동그라미와 화살표도 따라 해보고 그 외 다른 것들도 기호에 맞게 자신의 공부법에 도입하거나 응용해 본다면 좋을 것이다.

〈추천하는 체크 방법 도입 순서〉

항목	표시 방법	항목	표시 방법
기본 밑줄	파란색 밑줄 or 파스텔 계열 색연필	새로운 단어 및 중요 개념단어	노란색 형광펜
2회독 시 추가 밑줄	갈색 or 보라색	대 제목	붉은색 형광펜
출제 가능성 높거나 핵심 내용	빨간색 별표 ☆	중간 제목	하늘색 형광펜
다시 보지 않을 내용	'X' 표시	소 제목	연두색 형광펜
놓친 내용 또는 순간 이해하지 못한 내용	연필로 '?' 표시 또는 포스트잇 플래그사용	포기내용 또는 보류	'S' 로 표시 (skip의 약어)
주목이 필요한 단어	첫째, 둘째, 항상성 동그라미, 사각형	단점 목록	핑크색 밑줄과 문단 옆에 '단' 이라 기록
직관적 연결 필요, 또는 중간내용생략	단어 → 결과 화살표	장점 목록	파란색 밑줄과 문단 옆에 '장' 이라 기록
가짓수 나열, 또는 방법 개수 나열	숫자동그라미 (① ② ③ ④..)		

＊ 필자의 체크 요령 예시

복습 시 체크에 기반을 두어 읽는 방법

2회독 이상 시에는 1회독 때 표시해놓은 것들 위주로 책을 읽으면 된다.

시간 여유가 된다면 다시는 보지 않으려고 X 표시한 내용만을 제외하고 표시하지 않은 것들까지 모두 본다면 좋다. 이때 줄을 긋지 않은 내용 중에서 다시 줄을 쳐야 할 것 같은 내용은 추가로 줄을 그을 수 있다. 필요하다면 다른 색상을 이용해 줄을 그어 1회독 시 그은 것과 서로 구분한다.

시간 여유가 없거나 해당 교재 중요도가 낮다면 2회독 시에 줄 긋지 않은 내용까지 제외하고 본다. 그 후 점차 회독 수를 늘려가면서 암기가 잘되지 않는 것들, 문제를 풀 때 자주 등장하는 것들, 혹은 지나 보니 중요하다 깨닫게 되는 것들에 중요 표시를 더한다. 그리고 나서는 시간을 최소화해 책 전체를 보려고 할 때나 혹은 시험 직전에는 중요 표시 내용 위주로 회독 수를 늘리면 된다. 또한, 회독 시마다 X 표시가 늘어나면 점차 더 간소해질 것이다.

	1회독 시	2회독 시	그 이상 회독 시	시간 최소 회독 또는 시험 직전
X	X 표시 내용			
	줄 긋지 않은 내용	밑줄 없는 내용 (선택사항)		
—	줄 & 각종 표시 내용	줄 & 각종 표시 내용	줄 & 각종 표시 내용	
★	중요 표시 내용	중요 표시 내용	중요 표시 내용	중요 표시 내용

복습

복습의 필요성

무엇이든 자신이 확실히 공부해야 하겠다거나 잊지 말아야 할 중요한 지식이라는 생각이 든다면 여러 번 다시 봐야 한다. 그것을 한 번 읽는다고 해서 절대 자신의 것이 되지 않는다. 복습하지 않는 내용 대부분은 시간이 지나면 거짓말처럼 기억 저편으로 사라지기 때문이다. 그래서 지식을 장기 기억으로 만들기 위해서는 복습과 기억에 끊임없이 집착해야 한다.

본서도 마찬가지다. 수험에 필수적인 정말 중요한 내용을 지금 알았다고 하더라도 시간이 지나면 대부분 잊어버린다. 그리곤 정작 그 정보가 필요한 판단의 순간이 오면 까맣게 잊고선 하지 말라는 방법을 택하기도 한다. 그런 수험생이 많을 것임을 필자는 안다. 그래서 줄을 긋고 표시를 하여 그를 중심으로 최소 2~3번은 복습해 봐야 비교적 중요 내용을 놓치지 않고 기억할 수 있다. 만약, 지금 내가 수험 생활을 해야 하는데 본서와 같은 상세한 수험 관련 책을 만났다면 이렇게 했을 것이다. 우선 전체를 전반적으로 한 번 모두 읽으며 내게 중요한 부분을 체크했을 것이다. 그리고 그 체크한 것을 빠르게 다시 읽는 한편, 해당 시점들에 스케줄 알람을 해놓고 그 시점에 맞춰 해당 파트를 다시 읽었을 것이다. 예를 들면 정리 노트를 만들 즈음인 4월, 모의고사를 보기 시작할 5월, 문제 풀이에 들어가기로 한 6월, 시험을 일주일 앞둔 8월 셋째 주에 스케줄 알람이 울려 책의 해당 페이지를 참고해 그 내용이 실질적으로 필요한 시점에 다시 복습하며 지식을 완전하게 할 것이라는 뜻이다. 이런 식으로 중요한 지식에 대한 집착이 기억을 공고히 한다. 그리고 시험이란 것은 누구의 기억이 그 시점에 더 선명한지를 테스트하는 것이다. 자신만의 복습 룰과 그것의 철저한 이행만이 합격 확률을 높인다.

이 책을 통틀어 가장 많이 강조하는 것이 복습과 반복이다. 앞에서도 수차례 강조했고 앞으로도 또 강조하겠지만 이 파트에서는 실질적인 복습 방법을 이야기해 보고자 한다. 물론, 복습의 범주는 넓다. 공부했던 책을 다시 보는 것 외에도, Daily 암기 노트도 복습이고 정리 노트, 기본 문제, 스터디 등도 크게 보자면 복습의 범주에 속한다. 그러나 여기서는 강의나 기본서로 공부를 처음 한 후 그 내용에 대해 다시 최초로 보게 되는 '초기 복습'에 대해 주로 다룰 것이다.

최초 복습 시기

강의를 듣거나 기본서로 처음 공부한 내용은 늦어도 이틀 이내에 복습하기를 권장한다. 물론 최초 복습 시기에 대해서 여러 의견이 있다. 앞서 언급했던 에빙하우스가 저서에서 학습 후 처음 9시간 동안 망각속도가 가장 급격하다고 했다는 이유로 9시간 내 최초 복습을 권장하는 경우도 있다. 또는 공부한 직후, 혹은 반드시 하루 내에 복습해야 한다고 말하는 공부 전문가들도 있다. 하지만 필자가 기준으로 제시하는 복습 시기는 '이틀 이내'이며 이유는 이렇다. 강의의 경우 보통 하루 분량을 짧게는 2시간, 길게는 3~4시간을 이어서 하는 경우가 대부분이다. 특히, 실강이라면 강의 후 한층 더 체력이 소진된 상태인데 이 상황에서 같은 과목을 바로 복습하기가 쉽지 않다. 하루에 여러 과목 공부를 목표로 한다면 당일 진도가 나간 단일 과목 강의에다가 복습까지 마치려면 다른 과목 공부는 어려울 수 있다. 결국, 지루함과 시간적 이유로 장기 시험에서 강의 직후 복습이나 당일 복습은 현실적이지 않을 수도 있다. 그렇다고 복습을 너무 뒤로 미룰 수는 없다. 수업이나 첫 공부 후 복습까지 걸리는 시간이 멀수록 복습은 점점 더 불리해진다. 기억이 잘 나지 않기 때문이다. 그 때문에 복습에 걸리는 시간도 더 길어진다. 미룰수록 내용을 놓칠 확률이 높아지고 시간도 더 걸리니 얼마나 비효율적인가? 따라서 수업 직후나 당일은 아니더라도 많은 시간이 지나지 않아 아직 감각이 살아 있을 때 복습을 통해 내용을 소화하고 정리해 두는 것이 중요하다. 필자가 제안하는 그 한계는 이틀이다.

이틀은 또 다른 의미도 갖게 되는데, 강의들이 일주일 내 '월, 수, 금' 혹은 '화, 목' 이런 식으로 배정된 경우가 많다. 그에 맞춰 많은 수험생이 한 과목의 공부 계획을 그런 형식으로(일주일에 2~3차례 공부) 세우는 경우가 많다. 즉, 이틀이 지나면 그 과목의 새로운 내용을 공부해야 한다. 즉, 아무리 늦어도 그다음 내용이 나가기 전에는 반드시 복습을 해야 한다는 말이다. 이전 범위 복습이 안 되어 있는 상태에서 진도를 나가는 것은 실패와 직결되는 나쁜 흐름이다. 그것이 반복된다면 시험에서 좋은 성적을 받을 수 없는 것은 너무나 당연하다.

즉, 요약하자면 최초 복습은 너무 이르면 그 과목이 지겨울 수 있고 너무 늦으면 기억이 희미해져 비효율적일 수 있으며 다음 진도 전에 복습을 마치지 못하게 되니 최대 2일 이내라는 기준을 세우는 편이 좋다. 2일 이내 중에서 수험생 자신의 스케줄과 해당 과목의 특성 그리고 개인의 공부에 대한 인내심을 고려하여 스스로 결정하면 된다. 필자의 경우 복습 시기를 보통 만 하루 뒤로 잡았다. 예를 들어 월요일 오전에 생물 강의를 듣는다면 다음 날인 화요일 오전에 생물 복습을 하는 식이다.

복습 시기에 대해 한 가지 더 이야기하자면, 앞서 언급했듯 몇 번째 복습이든 복습에서 중요한 것은 어떤 내용을 '잊을까 말까' 하는 시점에 보는 것이다. 그때가 가장 적절하다. 아직 기억이 완전히 생생할 때도, 기억이 너무 희미해져 떠올리기 어려울 때도 아니다. 그리고 그 적절의 적당한 기준을 하루, 일주일, 한 달로 제시한 것이 에빙하우스 망각곡선을 참고한 필자의 데일리 암기 노트 규칙이었다. 다시 한번 적절한 복습의 시점과 자신만의 기준을 강조하니 잊지 않기 바란다.

최초복습은 이틀이내 | 반드시 복습 후 다음진도 | '잊을까 말까' 할 때가 가장 효과적인 복습

복습 방법

복습하는 방법에 대해서 질문하는 수험생들이 있다. 일반적으로 강의를 들으며 공부하는 경우 혼자 공부하는 것에 익숙지 않아 나오는 질문이다. 물론, 복습 방법도 개인차가 있을 수 있다. 그러나 보편적으로는 수업했던 내용을 처음부터 다시 천천히 읽고 이해가 필요한 내용은 다시 한번 논리를 확인해 보는 것, 그리고 단순 지식형 내용은 다시 하나하나 보면서 당장 반드시 암기가 필요한 대상들을 골라내는 일을 말한다. 최초 복습을 할 때 앞서 언급했던 표시를 잘해야 한다. 시간을 써도 이해되지 않는 것이 있다면 차후 꼭 해결할 것('?' 표시), 혹은 과감하게 넘길 내용('S' 표시)으로 체크해두는 것, 기본 밑줄, 넘버링, 다시 보지 않을 것 체크('X' 표시) 등을 말한다.

한편, 필자는 특정 과목에 대해서는 초기 복습으로 녹음 복습 방법을 선택해 공부하였다. 특히, 지금도 간혹 정말 좋은 내용의 꼭 필요한 세미나의 경우 전 범위 녹음 복습을 하는 편이다. 몇 가지 조건이 맞고 자신이 정말 완벽히 내용을 습득하고 싶은 과목이 있다면 녹음 복습은 좋은 선택이다. 녹음 복습에 대한 장단점과 그에 적합한 과목에 대해서이어 이야기하려 한다. 물론, 녹음 복습은 실강(오프라인 강의)에 해당하는 이야기이다.

강의 녹음 듣기 복습

수업 내용의 90% 이상 이해하지 못했다면 녹음된 강의 내용 전체를 다시 듣는 것을 추천한다. 그것 자체를 최초 복습으로 삼는 것이다. 특히 자신의 집중력이 낮거나, 다른 생각을 많이 하거나, 필기가 느린 경우 필히 녹음 복습으로 보완하거나 동영상 강의로 형태를 바꿔 다소 느리더라도 꼼꼼히 공부하는 것이 필요하다. 실제로 제법 머릿속에 많이 남아 있는 것 같은 강의들도 녹음 파일로 다시 들어보면 인지하는 것보다 더 많은 것들을 자신이 놓쳤거나, 그새 까맣게 잊었다는 것을 알게 된다.

나의 경우 여러 과목 중 '생물' 과목은 녹음 복습을 원칙으로 하였었다. 그때 당시를 떠올려 보자면 처음 생물 수업을 듣고 머릿속에 정리가 도무지 되지 않는 것이 처음엔 내 이해력이 낮고, 기초가 적어서인 줄 알았다. 하지만 수업이 끝나고 녹음을 들어보니 이해도가 순식간에 매우 좋아졌다. 집중력 문제였던 것이다. 실제 강의에서보다 녹음을 들으며 다시 복습할 때가 같은 내용인데도 훨씬 더 집중을 잘할 수 있었는데, 그것의 몇 가지 이유를 분석해 보자면 이렇다. 첫째, 장소의 차이다. 강의실은 보통 많은 사람으로 가득하고 조금씩 공기가 혼탁해진다. 그에 따라 시간이 갈수록 집중력이 급감하는데 이때 내 마음대로 쉴 수도 없다. 반면, 복습하는 공간은 일반적으로 쾌적하며 언제든 잠깐 멈췄다가 다시 진행할 수 있다. 두 번째로는 한 번 들었던 내용이라는 친숙함 때문이다. 강의 내용을 많이 이해하지 못했다고 하더라도 전반적인 흐름과 대강의 내용을 안다는 것이 이해 능력에 여유를 준다. 그리고 세 번째로는 오로지 소리에만 집중하기 때문이다. 이미 필기가 어느 정도 되어 있어서 필기하느라 집중력을 흩뜨리는 일이 덜하며, 역설적일지 모르겠지만 강사와 아이 콘택트로 순간의 집중력을 높이는 것보다도 오히려 눈에 다른 것이 보이지 않을 때 집중력이 높아질 수 있다. 강의실에서는 강사의 움직임, 칠판이나 화면, 그리고 내 필기 교재, 주위의 여러 사람 등 눈에 들어오는 정보가 너무 많은 반면 독서실에 앉아서 녹음을 들을 시에는 오로지 내 필기 노트만 보면 된다. 이는 필기 교재와 강사, 강의 화면을 눈으로 연달아 쫓으며 혼란스러워할 필요가 없다는 말이다. 시각 정보가 많이 입력되면 끊임없이 다른 생각들을 불러일으켜 내용에만 집중하기 어려울 수 있는데 그런 것들이 원천적으로 차단된다. 그런 면에서 녹음 복습은 강의의 이해도와 놓칠 수 있는 세부 내용에 대한 완결성을 높이는 동시에 효과적인 복습을 한다는 강력한 장점을 가진다.

물론, 강의 시간만으로 그 내용을 전부 소화하고 강의 시간 내에 대부분의 책 내용까지 읽고 머리에 남기는 일부 대단한 머리들도 있다. 그러나 경험상 그렇게 하고 복습에 소홀한 사람보다 보통 머리가 강의를 듣고 꼼꼼히 녹음 복습하며 내용을 소화한 경우가 더 낫다. 공부에서 머리 차이는 공부 시간 차이로 어느 정도 극복이 가능하다. 단, 단순 동일 반복 시간보다는 이런 녹음 복습 등 좀 더 구체적으로 도움이 되는 다양한 방법을 통해 공부 시간을 늘려야 경쟁력이 생긴다.

한편, 온라인 강의를 2번 들어 본 커리큘럼도 있었는데 효과 면에서 녹음 복습이 더 나은 듯 느껴졌다. 물론 강사에 따라, 과목에 따라 차이는 있을 수 있지만, 필자의 느낌은 그랬다. 완전히 동일한 것에는 약간 지루함을 느끼지만, 비슷하지만 조금 다른 형태의 공부법이 더 집중력을 올려주는 느낌이랄까. 그래서 온라인 강의는 두 번 반복해서 듣는 것보다는 적정한 선에서 멈추기와 돌려보기로 완결성을 높인 후 필기가 되어 있는 교재로 일반적인 복습을 하는 것이 낫다는 것이 필자의 판단이다.

물론 녹음 복습의 단점도 있다. 강사가 손으로 어딘가를 가리키며 수업하는 비중이 높다면 녹음만으로는 알아듣기 어려울 수 있다. 혼자 책을 보며 복습하는 것보다는 아무래도 다소 시간이 더 걸린다. 하지만 최초 복습에 시간을 조금 더 소비한다고 하더라도 강의 소화에 완결성을 높이는 것이 더 낫다. 더욱이 복습을 철저하게 해 두면 차후 재복습 시간을 줄일 수 있다.

다시 필자의 경험으로 돌아가서, 만약 녹음 공부 방법을 몰랐더라면, 혹은 알고도 시행하지 않았다면 나는 생물 과목의 실력을 절대 그렇게 최상위급으로 높일 수 없었을 것이라 단정한다. 대학에서 생물학을 전공하고 수험에 응시하는 인원도 많았기에 필자 같은 비전공자에다가 암기력도 많이 뒤떨어지는 사람이 상위 1% 이내 성적을 받는다는 것은 쉽지 않은 일이었다. 그것의 주 비결로 Daily 암기 리스트, 그리고 생물 스터디 2가지를 꼽지만, 실제 내용을 이해해 기본을 갖추는 데 있어서는 녹음 복습이 가장 큰 역할을 하였다. 사실 당시 녹음 복습은 필자만 유별나게 시도했던 것은 아니고 그 과목에 대해서는 녹음 복습을 하는 수험생들이 곧잘 있었다. 그래서 수험 생활이 끝나고 차후 컨설팅 중에 수험생들에게 녹음 복습에 대해 종종 물어보기도 하였는데 녹음 파일을 들으며 복습했다는 수험생 중에 수업을 못 따라간 사람은 한 명도 없었다. 반면 도중에 해당 과목을 중도 포기했다고 하는 사람들은 하나같이 수업 녹음 복습에 대해서 몰랐거나 하지 않았다. (물론 녹음 복습을 하지 않고도 강의를 잘 소화한 경우들도 있다.) 즉, 비교적 어려운 수업에 대해서 녹음 복습이 수업을 따라가는 데 결정적인 수단일 수 있다.

녹음 복습 필요 과목 & 과목별 최초 복습 방법

무조건 모든 수업을 녹음 복습해야 한다고 말하지는 않는다. 물론, 시간 제약상 그렇게 하는 것도 어려울 것이다. 그래서 녹음 복습이 필요한 과목이 있는지를 탐색해야 한다. 우선, 과목 특성에 따라 다를 수 있다. 수학이나 물리같이 굵직굵직한 개념 이해가 주를 이루는 과목의 경우에는 수업을 잘 들어 이해도가 높다면 전체 녹음 복습은 보통 필요하지가 않다. 교재를 보며 다시 한번 이해한 것을 되새겨 보는 것으로 충분하다. 집중해서 들은 수업에서 이런 과목들 내용을 이해하지 못했다면 수업 녹음을 듣는다고 해도 이해하지 못할 가능성도 크다. 그런 경우 강의 단계나 강사를 바꿔 보든지, 그도 아니면 누군가 자신에게 1:1로 맞춤형으로 설명해 줄 수 있는지 찾아봐야 할 것이다. 이런 과목들은 놓친 부분을 다시 체크해 보는 식의 녹음 복습이라면 몰라도 전체 녹음 파일 복습은 권장하지 않는다.

반대로 완전히 극단적으로 암기가 필요한 과목도 녹음 복습의 효과가 떨어진다. 예를 들어 영어 단어 암기라든지, 의과에서 약학이나 병리학의 경우라든지 단순 나열된 법 항목에 관한 것이라면 짧게 끊어지는 내용을 여러 번 단순 암기하는 것이 중요하지 누군가의 설명을 더 듣는다고 해서 크게 도움이 되지 않는다. 그 시간에 암기를 조금이라도 더 하는 것이 낫다고 본다.

전체 녹음 복습의 효과가 가장 큰 과목들은 이해와 암기가 적당하게 안배된 과목, 특히 이해할 내용이 부분부분 산재해 있고 '스토리'가 있는 과목들이라고 본다. 대표적인 과목이 생물이나 역사, 경제, 정치 같은 과목이라 생각하는데 이런 과목들은 짧게 끊어지는 부분이 많아 부분별 놓칠 가능성이 비교적 크다. 극단적 이해 과목들에 비해 큰 개념 이해, 혹은 어려운 난이도의 이해 항목이 적어 다시 천천히 들으면 수월하게 이해할 수 있는 내용이 많다. 그리고 반대편인 극단적 암기과목과 다르게 다시 혼자 여러 번 보는 것보다 누군가 전달력 좋은 목소리로 이야기해 주는 것이 기억에 깊게 남는 경향이 있다.

그래서 과목별 최초 복습 방법에 정리해 보았다. 참고로 필자는 수능을 제외하더라도 대학교의 여러 과목, 그리고 DEET 시험 및 치전 내 국시(법을 포함해 20가지가 넘는 과목 수) 등 수많은 과목 덕에 다양한 과목에 대해 생각해 볼 기회가 있었다.

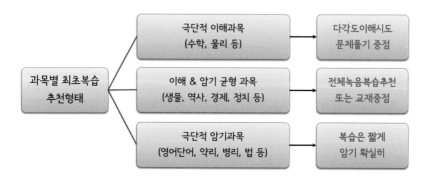

〈과목별 최초 복습에서 추천하는 방법들. (단, 최초 복습 이후에 암기와 문제 풀기 복습은 어느 과목이나 공통된다.)〉

물론, 이해&암기 균형 과목 외에 다른 과목들도 필요에 따라 녹음 복습을 이용할 수 있겠고, 반대로 이렇게 필자가 녹음 복습을 추천하는 과목들이라 할지라도 수업에 따라 내용이 적고 강사가 반복을 충분히 해주며 자신이 90% 이상 확실히 수업내용을 소화했다면 강의 자료나 필기 내용만으로도 복습해도 부족하지 않다고 본다. 공부 방법에 절대적인 것은 없다. 단지, 선 경험자의 시행착오를 참고하고, 여러 방법의 존재를 듣고 논리적으로 이해되는 방법을 선택해 하나씩 시도해보는 것이 옳다고 본다.

녹음 복습 방법

실질적인 녹음 복습법에 대해 짚고 넘어가고자 한다. 우선 녹음 복습할 과목을 선별하고 녹음 장치를 무엇으로 할지 결정해야 한다. 녹음은 휴대전화로도 가능하지만 녹음과 재생 기능만 가진 전용 녹음 기기를 따로 이용하는 것이 더 낫다. 휴대전화는 전화나 연락이 올 수도 있고, 다른 여러 기능의 사용이 가능해서 휴대전화를 시야에 두는 것만으로도 집중력을 흩뜨릴 수 있다. 그에 더해 차후 녹음 파일 확인 시에도 다른 휴대전화 기능에 유혹을 받을 수 있기에 단지 녹음 파일들만 일목요연하게 정리되어있는 전용 녹음 기기가 좀 더 유리하다.

그 후 수업 중에 녹음을 한다. 우선 모든 수업에 대해 녹음하기를 권한다. 전체 내용을 다 듣지 않는다고 하더라도 중간에 놓치는 부분을 보완해야 할 수도 있기 때문이다. 수업을 들으며 간혹 이해하지 못한 부분이 있다면 연필이나 포스트잇으로 체크를 해 둔다. 가능하다면 내용을 놓쳤다고 생각되는 순간 녹음기 액정을 켜 현재 녹음 경과 시간을 대략적으로 체크해 교재의 해당 페이지에 연필로 적어 두는 편이 좋다. 놓친 내용에 대해 연상할 수 있는 관련 단어들까지 함께 적어 놓으면 금상첨화다. 기록하지 않는다면 강의가 끝난 후에는 자신이 놓치거나 이해하지 못한 내용이 있다는 그 사실조차 기억하지 못할 가능성이 크다. 이로 인해 공백이 생길 수 있으니 가능하면 적어두도록 하자. 또는 강사의 관련 없는 잡담이 길어지거나 수업 진행에 문제가 있어 지연되는 등 다시 들을 필요가 없는 구간이 있다면 그런 구간의 끝 시간(다시 강의 내용 시작 지점)을 잘 표기해두면 좋다. 그래야 녹음 복습할 때 그런 구간을 건너뛰어 조금이라도 더 시간을 절약할 수 있다. 그리고 녹음을 하는 한편 어느 날 자신의 수업 녹음에 차질이 생겼을 경우를 대비해 녹음 파일을 구할 수 있는 루트를 미리 만들어 두도록 하는 것이 좋다. 강사의 커뮤니티, 또는 녹음을 하는 근처의 다른 수험생이나 지인을 파악해 두는 일이다.

이제 정해진 복습 시간에 강의 녹음 내용을 처음부터 끝까지 들으면 된다. 이때 녹음 파일을 노트북이나 PC에 옮겨 전용 재생 프로그램을 이용해 듣기를 권한다. 그래야 배속을 자유자재로 빠르거나 느리게 하고(반드시 단축키를 애용하도록 하자), 커서를 통해 구간 이동을 자유자재로 하며 필요한 부분들을 찾고 반복해 들을 수 있는 편의성을 누릴 수 있다. 녹음 복습 시에는 실제 강의보다는 빠른 속도를 감당할 수 있기 때문에 배속을 늘려 듣는다. 필자는 1.8배속 정도를 선호했다. 당연히 강사의 말 속도나 발음 정확성, 자신의 내용 이해도에 따라 크게 달라진다. 경우에 따 3배속 가까이도 어느 정도 잘 들리는 강사도 있는 반면에 1.2배속 이상 속도를 낼 수 없는 경우도 있다.

한편, 자신의 강의 내용 이해도가 충분히 만족스러운 정도라면 혹은,

녹음 복습 효과가 의문인 과목이라면 표기해둔 놓친 부분들만 선별하여 강의 녹음을 들으면 되겠다. 이 경우 확실히 시간이 절약된다. 그러고 나서 필기 내용으로 일반적인 복습을 하면 된다.

이렇게 녹음 파일로 최초 복습이 끝난 후에는 암기할 내용을 정리해 암기 노트 작성을 완료하든지 문제를 푼다든지 하는 다음 복습 과정으로 넘어가면 되겠다.

녹음 파일은 이름을 잘 붙여 체계적으로 잘 정리해 두는 편이 좋다. 그래야 당장 복습할 때뿐만 아니라 차후에 필요해서 찾을 때 시간을 절약할 수 있다. 날짜와 챕터, 내용 및 필요할 경우 강사명 정도를 포함하면 된다.

이름	수정한 날짜	유형
190429 Chap 24_감각계 1.MP3	2019-04-28 오전 9:…	MP3 파일
190429 Chap 24_감각계 2.MP3	2019-04-28 오후 1:…	MP3 파일
190429 Chap 24_감각계 3.MP3	2019-04-28 오후 5:…	MP3 파일
190501 Chap 25_효과기 1.MP3	2019-06-09 오전 8:…	MP3 파일
190501 Chap 25_효과기 2.MP3	2019-06-09 오전 10…	MP3 파일

〈녹음 파일 정리의 예〉

공부 방법 중 누적 복습

개인적인 생각으로 누적 복습에 대해 그리 긍정적이지 않다. 물론, 복습하지 않는 것보다는 좋지만 효율적인 면에서 떨어진다고 본다. 누적 복습이란 1~5까지 공부 분량이 있다면 1을 공부하고 1 복습, 2를 공부한 후 1, 2 복습을 하고 3을 공부 후 1, 2, 3을 복습하는 식이다.

장점은 방법을 이해하기 쉽고, 다른 계산이나 정리가 필요 없어 따라 하기 쉽다는 것이다. 그런 장점 덕에 많은 사람이 사용하는 것 같다. 하지만 이렇게 하면 계획을 정말 잘 짜서 규칙적으로 지키지 않는 한 앞부분만 과도하게 반복하게 되는 경향이 있다. 아무리 내용이 익숙해져 속도가 빨라진다고 하여도 시간 소모가 크다. 누구나 경험해 본 적이 있을 영어 단어 암기를 예로 떠올려 보자. 1일 차 암기할 분량을 모두 암기하고 2일 차에 1일 차까지 누적 복습한다. 이렇게 하여 5일 차에는 다시 1, 2, 3, 4, 5일 차 복습을 하게 되는데 이쯤만 돼도 상당히 피로하게 된다. 분량이 많아지면 단순히 눈길을 준다는 것만으로도 소요되는 에너지와 걸리는 시간이 많기 때문이다. 나름대로 영어 단어를 외워본 사람들이라면 이렇게 하지 않고 해당 파트에서 잘 외워지지 않는 것만 체크해서 그것들 위주로 다시 암기하고, 그 후 더 넓은 범위에서 더 암기되지 않는 것들을 추려놓고 그것들만 더 여러 번 보는 식으로 공부할 가능성이 크다. 각 내용을 차별화 두는 것. 그것이 효율성의 답이다. 공부 내용 복습도 그렇게 해야 한다. 본서의 daily 암기 리스트 내용을 다시 복습하자면, 자신이 잘 외워지는 것을 필요 이상으로 여러 번 보는 것은 낭비다. 반면 8번 봐야 외워질 것을 7번에서 그치는 것은 큰 아쉬움이다. 그렇기에 앞서 설명했듯이 암기 리스트를 만들어서, 보다 암기가 잘 안 되는 것을 체크해서 차별화 복습하는 식이 누적 복습보다 효율적이다. 더 많이 봐야 할 내용은 '앞 파트'가 아니라 여러 파트 중에서 '익숙해지지 않는 내용'이다. 또한, 단시간 안에 무조건 여러 번 보는 것보다는 적당한 간격으로 여러 번 보는 것이 장기 기억화하는 것에 유용하며 시간을 절약할 수 있다는 점을 명심하자.

그럼에도 누적 복습 방법을 선택하고자 할 시에는 뒤 파트까지 진도가 나갔을 때 무조건 1부터 다시 시작하는 것이 아니라 적당한 선을 두어 반복하도록 하자. 예를 들자면 최대 3회 복습으로 규정하고 3을 공부한 후 1~3을 복습하지만 4를 공부한 후에는 2~4를 복습하고 10을 공부한 후에는 8~10을 복습하게 되는 식을 뜻한다. 이어 나오는 그림을 참고하자.

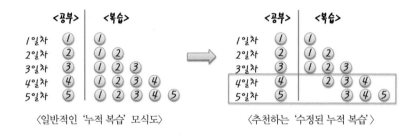

〈일반적인 '누적 복습' 모식도〉　　　　〈추천하는 '수정된 누적 복습'〉

초기 내용 복습 후 기본문제 풀기

초기 내용 복습을 한차례하고 나서는 반드시 문제를 풀어야 한다. 그래야 초기 공부가 완료된다 생각해야 한다. 문제라는 것은 '질문'이고 질문은 우리 뇌에 또 다른 자극을 준다. 단순히 내용을 이해하고 눈으로 읽어 익숙해지는 것과 답을 해야 하는 '문제'는 다른 차원의 공부 형태이기 때문이다. 그래서 문제를 풀다 보면 이론 공부에서 이해가 잘되지 않았던 내용이 이해가 되는 경우가 있고, 또 다른 관점을 발견하며 더 깊게 이해가 되기도 하고 반대로 이해했다고 생각했던 개념이 사실 자신이 정확히 이해하고 있지 않았음을 발견하기도 한다. 이에 더해, 내용 암기가 되었는지 직접적인 확인이 된다. 결국, 문제를 푸는 것은 이해와 암기 모두에 긍정적인 영향을 준다.

그래서 기본문제 풀기의 필요성은 과목의 종류와 무관하다. 단, 과학이나 수학 등 이해 위주의 과목이라면 문제 풀기가 조금 더 중요하고 문제를 풀어보는 시간이 더 많이 필요할 뿐이다. 그래서 기본서 대부분은 내용 한 단락이 끝나면 간단한 문제들이 있는 경우가 많다. 그것을 반드시 풀어봐야 한다. 강의를 듣는다고 하더라도 강사들은 강의 후에 대체로 특정 '문제들'을 지목하며 풀어보기를 권하는 경우가 대부분이다. 역시 그런 문제들을 반드시 풀어야 한다. 혹여나 문제가 제공되지 않거나, 제공되었다 하더라도 분량이 부족하다 느낀다면 따로 문제를 찾아서 풀어봐야 하겠다.

여기서 언급하는 '기본문제'는 간단한 개념 확인 등의 문제를 뜻하며 뒤에서 자세하게 언급할 '실전 문제'하고는 다르다. 실전 문제는 실제 시험에 대비하여 비슷한 유형, 비슷한 난이도로 구성된 문제들을 뜻한다. 이런 집중적인 실전 문제 풀이는 전체 이론 내용이 적어도 한 회는 끝난 후가 적당하다고 본다. 반면 여기서 언급하는 문제는 비교적 간단한 기초 개념, 암기 확인 문제들 혹은 기출문제 중에서 난도가 낮거나 빈출 되는 문제를 뜻한다. 물론, 해당시험과목 실제문제들이 단순 지식형 문제라면 굳이 기본문제와 실전문제를 구별할 필요가 없을 수는 있다. 기출문제 난이도 또한 굳이 나눌 필요가 없을 수도 있다.

한편, 문제를 풀 때 역시 어느 정도 체크를 해두는 편이 좋다. 틀린 문제, 반드시 나중에 다시 볼 필요가 있어 보이는 문제, 다시 볼 필요가 없는 문제, 실수해서 틀린 문제 등이다. 필자는 기본문제들도 항상 그런 식으로 체크를 했다. 문제 체크에 대한 구체적인 내용은 뒤쪽의 '(4) 문제 풀기'에서 자세히 다룬다.

초기 공부

'초기 공부'는 강의나 기본서로 처음 이론 공부를 한 후에 2일 이내 그 내용 복습을 하고 기본문제 풀기까지의 일련의 과정이다. 그리고 여기에 얼마 뒤 내용에서 나올 '암기 노트'까지 작성하게 되면 초기 공부가 완료되게 된다. 암기 노트의 제작 시점은 정해져 있는 것은 아니지만 보통은 내용 복습을 하면서 제작하게 되니 '내용 복습 및 암기 노트 제작'으로 묶도록 하겠다. 또한 내용 복습과 기본문제 풀기는 서로 순서를 교환할 수 있다. 즉, 순서를 바꿔 첫 공부 후 문제를 풀고 내용 복습을 해도 괜찮다.

〈초기 공부의 3단계〉

이렇게 세 단계에 걸친 학습 과정을 차근차근 완료해야 처음 배운 내용을 온전하게 머릿속에 가져갈 수 있다. 물론, 이것으로 해당 내용에 대한 학습이 끝나는 것은 아니다. 추후 반복적인 복습과 난도가 높은 문제들을 거듭 풀어봐야 하겠지만, 적어도 초기 공부는 이 세 단계를 착실히 수행함으로써 완성된다.

그렇지 않고 복습이나 문제 풀기를 소홀히 하게 되면 기본 실력에 빈틈이 계속 생겨난다. 특히, 진도에 쫓겨 강의만 듣고 복습을 못 하고 넘어가고 있다면 빠른 속도로 실패와 가까워진다고 보면 맞다. 머릿속에 정리되고 남겨지는 것이 없는데 계속 새로운 내용만 섭취해서 무슨 소용이 있겠는가. 필자는 각 단계를 마침으로써 얻는 지식의 완전성을 40 → 70

→ 90으로 제시한다. 즉, 강의나 기본서를 이용한 공부를 처음 함으로써 얻는 지식이 40%이며 복습과 암기 노트 작성까지 하게 되면 70%가 되고 문제까지 풀면 90%까지 지식 완전성이 높아진다. 시간이 없어 복습을 못 하게 되면 해야 할 초기 공부의 40%만 완료되는 되는 것이다. 이것은 쉽게 무너지는 지식 체계가 된다. 복습과 문제를 통해 못해도 80% 이상의 완전성을 얻어야 제대로 공부를 하고 있다고 볼 수 있다. 한편, 최대 90%라고 했으니 100%까지 남은 나머지 10%는 차후 그다음 공부들을 하면서 자연스레 채워지는 것이다. 초기 공부 시기에 완전성에 너무 집착할 필요가 없다는 것을 명심하기 위한 여백의 10%이다.

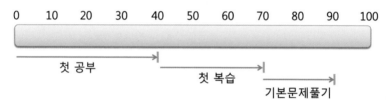

〈초기 공부에서 각 단계에 따른 지식 섭취 완전성〉

반복되는 내용 복습이 지루할 때

교재 복습을 몇 차례 반복하다 보면 집중력이 떨어지며 느슨해지는 느낌이 있을 수 있다. 특히, 더이상 필기나 체크할 것도 없고 내용에도 어느 정도 익숙해졌다면 더욱 단조로운 느낌이 들 수가 있다. 그런 상황에서는 공부하는 시간이 한층 더 힘들어지고 머릿속에 입력되는 느낌은 적기 마련이다. 이를 극복할 수 있는 두 가지 노하우를 이야기하려 한다.

첫 번째는 '집중력 전략' 파트에서 나왔던 '읽기 스톱워치'를 활용하는 것이다. 1페이지를 보는데 적절한 시간을 정한 후 스톱워치를 보며 시간제한 상태에서 보게 되면 집중력이 높아진다. 이에 따라 복습하는 시간이 줄어 효율도 높아지게 된다. 처음 공부할 때는 필기가 필요하다든지 이해하는 데 필요한 시간이 가지각색이라 읽기 스톱워치 쓰기가 수월하지 않을 수 있었지만, 복습 시에는 그런 변수가 적어 얼마든지 스톱워치 사용이 가능하다. 방법적인 자세한 내용은 앞서 나왔던 5)집중력 전략 – 읽기 스톱워치 기본방법을 참고하기 바란다.

두 번째는 내용을 따로 정리하며 보는 것을 추천한다. 정말 중요한 내용이라든지 자꾸만 잊어버리고 놓치는 내용을 자신만의 노트에 적어놓는 것이다. 그렇게 되면 책 내용을 다시 한번 점검하게 된다. 옮겨 써야 할 내용인지 아닌지 고민하게 되는데 거기서 집중력이 나온다. 또한, 그것들을 표나 혹은 도식으로 조금 더 효과 좋게 바꿀 수 있지 않을까 고민도 하게 된다. 그것은 다른 각도에서 내용을 살피는 것이며 내용을 머릿속에 새롭게 입력하게 만드는 동력이 된다. 정리 노트를 만드는 방법에 대해서는 뒤에서 자세하게 다룬다.

한편, 이 두 가지 방법을 동시에 사용하는 것은 무리가 있다. 정리하는 데 드는 시간이 다소 불규칙하고 잦기 때문에 그에 맞춰 읽기 스톱워치를 사용하는 것은 어렵다.

> **반복되는 책 읽기 복습이 지루할 때 :**　읽기 스탑워치 이용　|　정리하며 보기

본고사가 얼마 남지 않았을 때의 복습

시험이 가까울 때 공부 내용에 체크해 둔 것이 더욱 빛을 발한다. 그것들 위주로 많은 내용을 빠르게 볼 수 있기 때문이다. 그래서 처음 공부할

때 시간이 조금 더 걸리고 귀찮아도 체크를 잘 해두어야 한다는 말이다. 시험이 얼마 남지 않았을 때는 무척 빠른 속도로 전체 범위를 재복습해야 하는데, 이때 책의 모든 내용을 읽는 것이 아니다. 아무리 여러 번 봤어도 며칠 만에 책 몇 권씩 모든 글자를 다시 읽는 것은 거의 불가능하다. 체크해둔 것을 중심으로 보는 것이다. 그 체크해둔 것을 봄으로써 아련하게 멀어져 가고 있는 해당 부분의 기억들에 대한 접근성을 다시 확장하고 세세한 내용에 대한 완전한 잊어버림도 잠시 더 연기되게 만든다. 또, 아무것도 없는 지면보다 체크가 되어 있는 것이 어떤 것이 중요한지 덜 중요한지 눈에 띄며 또한 단조로운 느낌이 적기 때문에 보는 데 힘이 덜 든다.

한편, 전체 시험 기간을 1년 안팎이라 가정했을 때, 최소 마지막 1달 이상은 복습에만 전력을 다해야 한다. 이때 새로운 것을 섭취하면 안 된다. 새로운 것을 소화하고 복습할 시간이 충분치 않아서이다. 자신이 지금까지 꾸준히 공부를 잘 해왔다면 1달 전에 시작하여 그동안 봤던 분량 전체를 다시 보는 것만 해도 쉽지가 않다. 새로운 것을 보려고 시간을 소비하는 바람에 봤던 분량을 보지 못하는 것은 현명하지 못하다. 기존에 봤던 것들은 새로운 것보다 훨씬 더 빠른 시간에 많은 양을 볼 수 있게 되는데 그것들을 되살리는데 집중해야 한다. 또한, 30일 전 복습 시에도 더 중요하다 느껴지는 내용, 유난히 더 기억에서 희미해진 내용들 등에 계속 체크해야 한다.

본고사를 앞둔 1주일 내에는 전체 범위를 다시 한번 봐야 한다. 이때는 1달 복습보다 더 빠르게 전반적인 내용과 1달 복습 때 체크한 이론 내용, 문제 위주로 보면 되겠다. 그리고 시험 직전 1~2일 전, 이때는 전체 내용 복습을 하거나 가볍게 전년도 기출문제를 풀어보는 정도로 계획을 잡는 경우가 많은데 둘 중이라면 필자는 전체 내용 복습을 권하는 편이다. 문제를 푸는 기술이나 감은 쉽게 잊어버리지 않는다. 문제에서 봤던 내용 또한 기억에 잘 남는다. 그러나 이론 구석구석에 있는 내용은 기억이 오래가지 않는다. 그리고 무엇보다 문제를 푸는 것보다 내용 복습이 더 많은 양을 볼 수가 있다. 즉, 소위 단기 시험에서 쓰는 용어인 '시험 직전 눈에 바르는' 많은 양의 내용이 필요하다는 말이다. 따라서 시험 하루 이틀 전은 그렇게 집중해서 전체 이론 내용을 머릿속에 넣는 작업을 하는 것이 좋다.

물론, 이것은 어디까지나 공부가 계획대로 잘 이루어졌고, 심리 상태가 굳건하게 있을 때 가능한 일이다. 많은 수험생이 시험 전날은 긴장감이나 불안감 등으로 전혀 공부를 못 하기도 한다. 경우에 따라서는 1주일 전부터 공부 효율이 급격히 떨어지기도 한다. 뒤에 마인드 컨트롤에 대해서도 언급하겠지만 시험 전에 자신이 심리적으로 온건하지 않을 수 있음도 꼭 염두에 두어야 한다. 그에 따라 '플랜 B(차선책)'를 생각해 두도록 하자. 다른 것에는 그렇지 못하더라도 시험 당일과 시험 직전에 대해서는 꼭 대책을 고려해 두어야 한다. 예를 들어 만약 시험 직전 집중력 있는 공부가 어렵게 된다면 자신에게 익숙한 정리 노트, 혹은 미리 표시해 두었던 쉽지만 훌륭했던 문제들을 풀어보며 시간을 보내는 등의 계획을 세우면 좋다. 또한 막판 공부 계획은 밀리는 경우가 흔하다. 그렇기에 너무 빼곡히, 직전까지 계획을 세워놓기보다는 적정량을 최소 하루, 이틀씩은 여유를 두고 계획하는 편이 좋다.

정리하자면 첫 공부를 시작해 내용을 1일, 7일, 30일 후에 복습한 것과 대칭되게 본고사 일을 기준으로 30일, 7일, 1일 정도 전에 복습을 해서 마무리하면 된다. 큰 차이점은 공부 시작 1,7,30은 시작점 기준으로 각 시점일 뿐이지만 마지막 30,7,1은 종점 기준이며 시점인 동시에 기간이라는 점이다. 그래서 1달 전 전체 복습은 1주 전 전체 복습 시작 전까지 마쳐야 하므로 결국 3주라는 시간 동안 복습을 하는 것이고, 1주 전 전체 복습도 역시 1~2일 전까지 마쳐야 하므로 5~6일 정도 만에 해야 한다. 이어 나오는 도식을 참고하도록 하자.

* 편의상 표의 1칸을 2일로 계산
* 1730이지만 2일 이내 복습 권장함으로 '1일' 이 아니라 '2일' 로 표기
* 최소 1~2일 여유를 두라고 하였으므로 시험 직전 역시 '2일' 로 표기

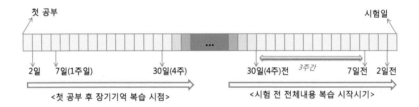

이론 공부 과정 주안점

과제는 반드시 한다

강의를 듣게 되면 이따금 강사들이 과제를 내주기도 한다. 혹은 기본서의 경우에는 따로 연습해보라 권장하는 것들이 있을 수 있다. 되도록 이런 것들은 꼭 실행한다는 원칙을 세우기 바란다. 단순히 보기엔 하찮

아 보이는 것일지라도 자신보다 월등한 실력을 가진 사람이 권하는 것은 이유가 있다. 특히 그들이 시키는 것은 기본기일 확률이 높다. 그런 기본기들이 탄탄한 실력의 바탕을 만들어 줌은 당연하다. 확신이 잘 들지 않아도 우선 해보면 그것을 통해 깨닫게 되는 것들이 많을 것이다.

장기 시험에서 강사가 주는 과제를 학교에서의 과제와 비슷하게 생각해서는 안 된다. 학교에서 과제는 보통 공부를 시키기 위함이거나 평가를 위함이 크다. 물론, 이것들도 하는 것이 도움이 되겠지만 하지 않는다고 하더라도 장기적으로 실력에 큰 문제가 된다고 보진 않는다. 숙제하지 않아서 생긴 공부 분량의 부족은 결국 언젠가 몰아서 해도 되는 부분이다. 무의식적으로 그런 것들을 알기 때문에 소홀한 경우가 많다. 하지만 그런 인식이 장기 시험공부 중 주어지는 과제에까지 적용되어서는 안 된다.

장기 시험에서는 모두가 공부를 어느 정도 열심히 하고 있어서 굳이 공부를 시키기 위해서 숙제를 내주는 것이 아니다. 평가의 필요성도 없다. 장기 시험에서 강사가 내주는 숙제는 기본 실력을 만들고, 그 시점에서 실력을 향상을 위해 꼭 필요한 것들이라 보면 된다. 기본 실력이란 것은 적정 시기가 있다. 그때 쌓아야만 그것을 토대로 그 이후에 나오는 내용, 응용된 내용 들을 쌓아갈 수 있다. 그래서 가능한 숙제를 내줄 때 즉시 하는 것이 좋다. 그때가 아니면 효과가 반감된다.

학창 시절이나 대학에서는 그렇지 못했다고 하더라도 장기 시험공부에 있어서 과제는 '무조건 한다.' 라는 원칙을 세워 성실하게 제때에 꼭 완수하도록 하자.

초반 공부 시 문제 난이도

초반에는 너무 어려운 문제를 풀지 않도록 해야 한다. 비교적 간단하고 쉬운 문제부터 접근해 자신감을 기르고 해당 과목에 재미를 붙일 수 있어야 한다. 문제를 풀고 나서 대다수(절반 이상) 틀리거나, 너무 구석진 곳의 내용이어서 해당 레퍼런스를 찾기 어려울 정도라면 공부 의욕이 저하된다. 따라서 공부했다면 충분히 풀 수 있는 문제, 레퍼런스를 쉽게 찾을 수 있는 문제들을 접해야 한다. 재시 이상도 마찬가지다. 그런 기본적인 문제들 안에 실력 향상의 핵심이 숨어 있을 수 있으니 소홀히 하지 않는 것이 좋다고 본다.

물론, 실력이 월등하거나 알고 있는 것이 처음부터 워낙 많은 경우, 문제를 해결하는 속도가 무척 빠른 경우는 충분히 더 어려운 문제까지도 접근할 수 있을 것이다. 그래서 자신의 실력과 상태를 제대로 아는 것이 사실 가장 중요하다. 그런 월등한 경우가 아니라면 처음부터 너무 조급할 필요 없다. 무엇이든 조급하면 설익게 되어 있다.

질문하기

강의나 교재를 이용해 모든 내용을 이해하면 좋지만, 보통은 그러기가 어려울 수 있다. 더욱이 언급되지 않는 내용에 대한 궁금증이 있을 수 있다. 이때는 질문을 구체적으로 메모해 두었다가 함께 공부하는 사람이든, 스터디원이든 혹은 강사든 질문을 하여 해당 궁금증을 해소하는 것이 바람직하다. 이로써 해당 분야에 대해 실질적인 지식을 얻을 수 있을 뿐 아니라 전반적인 이해도를 높일 수 있다. 또한, 호기심과 질문은 능동적으로 공부하게 만드는 트리거(방아쇠)이며, 공부의 재미를 꾸준히 느끼게 해줄 수 있는 연료 같은 존재다. 질문하기를 포기함으로써 그 불씨를 쉽사리 꺼뜨리지 않는 것이 좋다. 보통 질문을 잘하는 사람이 영리하며, 결국은 적절한 질문을 많이 하는 사람이 해당 분야에 대해 잘하게 되는 경우가 많다. 질문에 답해주는 사람 역시 긍정적인 효과를 얻는다. 질문을 주고받는 과정에서 사고가 확장되고 정리되며 그런 내용이 유난히 기억에 선명히 남기 때문이다.

단, 질문에 대해 생각을 하고 그것을 해결해 나가는 과정은 시간과 에너지가 상당히 필요한 일이다. 그래서 너무 과다하게 질문을 만들어 시간을 소모하지 말 것, 또한 너무 지엽적이거나 시험 범위가 아닌 내용은 가능한 배제할 것, 이 원칙들은 지키기 바란다. 특히 시험과 상관없는 원론적인 주제로 지나친 시간을 소비하지 않는 편이 수험생에게는 이롭다.

- 질문 : 되도록 참지 말고 기록 후 질문 할 것. ⇒ 수험동료 Or 스터디원 Or 강사
- 제한 사항 : ①과다한 질문으로 시간소모 ②너무 지엽적인 내용 ③시험범위 외 내용

오개념(misconception)

잘못된 개념을 줄임말로 소위 '오(誤)개념'이라 부르기도 한다. 공부를 잘하는 사람들은 이 오개념이 적다. 내용을 아직 많이 알고 있지 않아도 '분명하게' 알고 있다는 이야기다. 반대로 공부를 못하는 사람들은 상대적으로 오개념 비율이 높은 경우가 많다. 이것은 강사가 잘못 이야기해서 생기는 경우도 소수 있지만, 더 흔하게는 자신이 자의적으로 해석하여 알고 있거나, 착각한 상태에서 머릿속에 저장하거나, 혹은 기억이 혼선되면서 그것을 사실로 믿게 되는 경우다. 그런 지식이 굳어지면 실력에 결정적인 허점들이 생긴다.

물론, 모든 내용을 100퍼센트 다 이해하고 넘어가기는 어려울 수 있다. 그러나 핵심 내용이나 자주 나오는 내용은 반드시 확실히 이해하고 반복 기억해 오개념이 없도록 해야 한다. 또, 자신이 잘 이해하지 못한 것은 반드시 표시하고 지나가야 한다. 그래야 추후 그 표기한 것을 찾아 메우려 노력해볼 수 있으며, 해당 내용이 이해되지 않았다는 것조차 기억하지 못하고는 잘못된 개념으로 뭉뚱그려 머리에 넣는 일을 줄일 수 있다.

오개념은 그 자체로 성적 저하를 유발하기도 하지만, 자신감을 떨어뜨리며, 옳은 개념과 혼선을 줘 공부하기가 더 힘겹게 되고 결국 그 개념을 수정하기 위해서는 몇 배 더 많은 공부를 하게 만든다. 모차르트는 다른 곳에서 음악을 배우고 온 사람에게는 수업료를 두 배 받았다고 한다. 즉, 아무 바탕이 없는 것보다도 잘못되어 있는 것을 고치는 것이 더 어렵다는 사실을 방증하는 일화라 하겠다.

공부 도중 다른 내용 찾아보기

공부하다 보면 이전 내용을 찾아보고 싶을 때가 있다. 특히, 두 가지 개념이 혼동되거나 다른 곳에서 봤던 개념과 상반되는 것 같다거나 혹은 어렴풋이 기억이 나서 전 내용을 확인하고 싶을 때이다. 이럴 때는 시간이 좀 더 들더라도 가능한 그 즉시 찾아보고 혼동되는 것이 있다면 각각의 개념들을 옆에 정리해 확실히 하는 편이 좋다. 한번 혼동되기 시작한 내용은 앞으로도 계속 분별이 잘되지 않을 가능성이 크기 때문이다. 그래야 지식의 정확성이 향상된다. 다시 언급하지만 '분명히' 알고 있는 것은 공부를 잘하는 사람들의 특징이다.

물론, 공부 도중 즉시 찾아보는 것의 단점도 있다. 현재 공부하고 있는 흐름을 끊는 역할을 하며, 해당 내용 공부 시간을 지연시키게 된다. 그래서 약간의 선별은 필요하다. 나중에 다시 나오지 않을 만큼 사소하거나 아직 자기 수준에서 지나치게 어려워 감당이 되지 않는 것은 제외하는 것이 좋다. 바로 뒤 내용 중에 그런 헷갈리거나 상반되는 부분을 다시 정리해 주는 내용이 등장할 수도 있으니 확인해 보는 것도 필요하다.

한편, 찾기 어려운 내용을 과도하게 오랜 시간 찾다가 시간과 집중력을 모두 낭비해서는 안 될 일이다. 그래서 5분 이내에 해당 내용이 찾아지지 않는다면 우선 중단하고 메모를 해 두도록 하자. 필자는 해결하지 못한 혼동 리스트를 그 과목 기본서 커버 안쪽이나 개인적인 정리 노트에 메모지로 따로 붙여 두었다. 이때, 관련 내용에 대한 간략한 명칭과 해당 페이지를 꼭 적어두어야 한다. 그 후 시간 여유가 있을 때 한 번 더 관련 내용을 찾아보거나 혹은 새로 전체 복습하는 중에 찾던 내용이 나오면 그때 정리하는 시간을 가지면 되겠다.

다각도로 공부하기

우선 중심 내용이 익숙해지면 다각도로 공부를 해야 한다. 복습하고 간이 문제를 풀고, 스터디에서 문제를 내고 또 개념 추론 문제를 풀고 재복습, 암기하기, 정리하며 보기 등 다양한 접근이 필요하다. 오로지 같은 책을 반복해서 읽기만 하는 등 한쪽으로만 접근하다가 보면 당연한 논리와 기본 개념도 오히려 정확히 인지하지 못하거나 놓치는 경우도 발생한다. 이건 뇌의 특성 때문인데, 뇌는 우선 집중하기로 결정된 사항이 있으면 그것에만 몰두하여 다른 것들을 놓치고 말기도 한다.

'보이지 않는 고릴라 실험'이란 것이 있다. 농구 경기에 몰두한 관객들이 농구장에 등장한 고릴라를 한참이 지나도 보지 못한다[49]. 바라보는 것과 보는 것은 다르다. 인지 심리학에서는 이를 '무주의 맹시 (Inattentional blindness)'라고도 하는데 자기가 보고 싶은 것만 보고 생각하는 대로만 보기 때문에 발생한다. 공부에서도 이런 함정에 빠지는 경우들이 많다. 그래서 같은 방법으로 몇 번을 다시 그 부분에 대해서 보고 매년 공부해도 반복되게 놓치는 논리가 발생할 수 있다. 이번엔 공부하려 했던 내용 혹은 내게 꼭 필요할 수 있는 내용을 바라보고 있으면서도 못 볼 수 있다는 말이다. 따라서 공부 내용에 대한 다각도의 낯선 자극이 필요하다. 다양한 접근 방식과 참신한 질문들, 그것들이 반복 공부했음에도 모르고 놓치는 것들을 바로잡고 이해를 깊게 해줄 수 있다. 그래서 심지어는 새로운 해에 공부 시, 해당 과목 강사를 바꿔보는 것도 그런 면에서 도움이 된다. (물론, 기본이 되기 전에 쉽게 강사를 바꾸는 것은 좋지 않다고 앞서 강사 선택 이야기할 때 언급하였다.)

모름지기 동일 내용, 동일 반복을 통한 중심 내용 확립과 장기 기억화, 그리고 동일 내용, 다각도 반복을 통한 디테일과 깊이 향상 이 두 가지를 적절히 섞어 배합해야 실력을 얻을 수 있다.

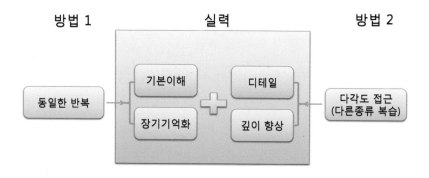

자신의 페이스 유지하기

수험 생활을 하다 보면 커뮤니티에서 혹은 스터디에서 다른 사람들의 공부 진도에 대해서 듣게 된다. 이런 것들이 자신의 커리큘럼과 진도를 체크해 볼 수 있게 하는 긍정적인 면도 있지만, 한편으로는 불필요한 불안감을 조성할 수도 있다. 누구는 벌써 이론서를 몇 회독 했다더라, 문제집을 몇 권이나 봤다더라., 벌써 파이널 과정을 듣고 있다더라. 등등. 참고할 수는 있겠지만 그런 것에 휘둘려서는 안 된다. 그 이야기를 듣고 잘 진행해 가던 공부 형태를 바꾼다든지 섣불리 추가로 상위 과정을 신청해 시작한다든지 해서는 안 된다. 진도에는 자기 페이스가 있는 법이고, 책도 보는 속도가 가지각색이다. 어떤 사람은 속독을 통해 학습서조차 매우 빠르게 보는 사람도 있고, 어떤 사람은 한번 볼 때 심도 있게 보느라 다소 속도가 더딜 수도 있다. 하지만 심도 있게 한 번 본 사람이 빠르게 2~3회독 한 사람보다 더 밀도 있게 머릿속에 내용을 남기기도 한다. 그런데도 그 심도 있게 보는 사람이 강박관념에 사로잡힌 나머지 감당 못하는 속도를 낸다면 훨씬 더 머릿속에 남지 않는, 의미가 적은 공부를 하게 될 것이다. 진도가 빠르다고 해서, 회독과 풀어본 문제량이 더 많다고 해서 항상 더 뛰어난 실력을 겸비하는 것은 아니다.

필자의 경험으로도 그랬다. 수험 생활 중 언제나 나는 꾸준히 공부했음에도 남들보다 이론 속도도 늦은 편이었고 문제도 늦게 풀었다. 그래도 꿋꿋이 내 페이스를 지킬 수 있었던 것은 공부함에 따라 비교적 확실히 머릿속에 이론들이 정리되고 있다는 확신이 있었기 때문이다. 그리고 결국 결과가 그 판단이 옳았다는 것을 보여주었다. 수험 생활 후반기에 가자 진도가 무척 빠르다고 자랑했던 수험생은 오히려 지식의 빠진

구멍을 뒤늦게 깨닫고 메우는데 시간을 많이 써야 했고 모의고사나 본 고사에서도 나는 앞서간 듯 보였던 사람들에 비해 훨씬 좋은 성적을 얻을 수 있었다.

그래서 자신의 공부 성향과 능력을 우선해서 잘 파악하는 것이 중요하다. 빠르게 여러 번 보는 성향이라면 그에 그치지 않고, 지식에 대한 다각도의 자극을 줄 수 있는 것들(예를 들어 응용 문제, 기출문제, 스터디, 정리하며 보기 등)을 함께 활용하는 것이 좋겠고, 천천히 보는 사람이라면 평균보다도 다소 뒤처지더라도 적당히 자신의 페이스를 유지하며 나중을 기약하는 것이 필요하다. 차라리 중요한 건 절대적 공부 시간이지, 초반에는 절대로 단시간에 더 많은 분량을 보았다는 것이 중요하지 않다. 단기간에 많이 본 것이 중요한 때는 마지막 한 달 남은 시기의 최종 복습을 할 때이다. 더욱이 이때 보는 속도는 지금까지 자신이 얼마큼을 어떻게 공부했는지에 달려 있지, 초반이나 중반의 속도와는 별개이다.

과목별 이론 공부 방법과 최신 출제 경향

본서에서 과목별 이론 공부에 대한 구체적인 내용은 다루지 않는다. 장기 시험별로 과목이 상이하며, 같은 장기 시험 안에서도 과목마다 구체적인 공부 방법들은 다를 수 있다. 예를 들어 어떤 과목은 이론 중심으로 암기를 철저히 하는 것이 필요할 수 있고, 어떤 과목은 확실한 개념 정리 후 문제 풀이 위주로 복습을 해야 할 수 있다. 기출문제의 중요성도 과목에 따라 차이가 있을 수 있으며 기출문제의 형식적인 면이나 경향성도 변화하기도 한다. 그런 것들은 해당 과목의 최신 기출문제를 참조해야 하며 해당 과목 강사의 견해, 또는 해당 장기 시험의 합격 후기들을 통해서 참고하는 것이 유익하겠다. 본서는 장기 시험 자체의 전반적인 공부법과 수험 생활에 대한 것에 포커스가 맞추어져 있음을 다시 한번 알린다.

책으로 공부하는 능력

책으로 공부할 줄 아는 것은 장기적으로 큰 도움이 된다. 수험 생활뿐만 아니라 살면서 공부해야 할 중요한 다른 일들도 많다. 장기 시험에 성공하고 만약 진학을 한다면 그때의 공부 역시 그렇고 더 나아가 사회에 나가서 보험, 세무, 부동산, 경영, 육아 등 모든 분야에서 어느 정도 집중적인 공부가 필요하다. 그리고 그 공부는 책이 가장 자세하고 정확하다. 따라서 책으로 공부할 줄 아는 것은 큰 힘이 된다. 물론, 공부하는 다른 매체들도 있다. 비용이 들지 않는 것으로 포털 검색과 유튜브(YouTube)도 온라인이 인간 생활과 밀접해진 후 유용한 공부 방법으로 자리 잡고 있다. 포털 검색은 특정 주제에 대해 찾기가 편하다. 또 짧은 시간 안에 여러 사람의 의견을 확인할 수 있다. 반면 유튜브 등 영상 지식은 훨씬 보기가 편안하다. 글을 읽는 것보다는 누가 이야기해 주는 것이 편하고 머리에 쏙쏙 박히기 때문이다. 그러나 두 가지 다 전문성은 책보다 떨어지며(전문가가 아닌 사람들의 콘텐츠도 많기 때문에), 지식의 완전성은 현격히 떨어진다. 그때그때 필요한 주제를 찾아 단편적으로 듣기 때문에 중요한 것들 몇 가지 이후에 세부적인 것들을 놓칠 가능성이 크다는 이야기이다. 그리고 그렇게 지식의 공백이 생기면 무엇인지도 정확히 모르는 내게 부족한 그 세부적인 것들을 주워 담기 위해서 다시 수많은 콘텐츠 중에서 헤매야 한다. 결국, 본 것 또 보게 되면서 시간 낭비할 가능성이 높다. 책은 그럴 가능성이 비교적 낮다. 책은 전문성 있는 사람이 전반적인 것에 대해 체계적으로 정리해 놓은 것이라는 점, 또한 한 권으로 엮여있어 공부해 놓은 후 필요한 것을 다시 찾아보기가 간편하며 전체 복습이 수월하다는 이점이 있다. 어차피 기억은 녹이 슬기 마련이다. 이때 수많은 영상과 수많은 검색어 중에 내가 공부했던 것을 다시 찾기는 어렵다. 그래서 나머지 매체도 장점이 있지만, 책이 주는 강점은 없어지지 않을 것으로 생각된다.

〈온라인 검색에 비해 책으로 공부하는 이점 : 완전성, 효율성, 복습 용이성〉

즉, 앞으로 살면서 공부해야 할 분야들에서는 혼자 책으로 공부해야 할 상황이 훨씬 더 많을 것이란 이야기다. 공부해야 할 때 빠르게 그 분야의 지식을 섭취하여 시간을 절약하고 해당 분야에서의 성공률을 높이기 위해서는 기본적인 책 공부를 할 줄 알아야 한다. 이후에 필요 추가 정보, 혹은 최신 지식을 위해 포털 검색과 유튜브, 논문 등을 통한 주기적인 공부가 의미가 있는 것이다. 그러려면 우선 책과 친해지고 책으로 공부하는 방법이 어느 정도 익숙해져야 한다. 그래서 책으로 공부하는 방법을 무시하지 말라는 말이다. 또한, 그런 의미에서 책으로 공부하는 몇 가지 실질적인 방법들을 앞서 소개했었다.

(3) 암기 노트와 정리 노트

암기 노트

암기 노트와 정리 노트는 다르다

암기 노트란 암기할 내용을 모아 놓은 것이다. 혹은 수학이나 물리같이 개념 이해가 주된 과목이라면 공식을 모아 놓은 '공식 노트'가 될 수도 있다. 이것들은 정리 노트와는 다르다. 정리 노트는 중요한데 놓칠 수 있는 여지가 있는 것들, 특히 표나 도식 등 정리되어 다시 찾아볼 만한 것들, 자신이 주로 실수하는 것들 등을 모아 놓은 것이라 할 수 있겠다. 암기 노트와 정리 노트는 분량도 다르고 그것의 공부 방향도 다르다.

우선 암기 노트를 이야기하자면, 이것은 무조건 명확하게 암기를 해야 할 내용이다. 책을 100% 암기하지는 못하더라도 이것들만큼은 확실히 외워서 입에서 술술 나올 만큼 알고 있어야 문제를 풀 수 있다. 또는 이런 암기 내용이 앞서 말한 '노드'가 되어 그 주변의 기억들에 대한 접근도 또한 향상시켜줄 수 있다. 그래서 파트별로 암기할 내용이 너무 많거나 너무 적은 것보다는 적당량의 암기 거리가 있는 편이 낫다. 어떤 파트는 암기 분량이 너무 많다면 조금이라도 줄여보고, 너무 없는 파트라면 조금 더 의도적으로 늘림으로써 그 파트들 또한 기억에 친숙히 접근할 수 있도록 하는 편이 좋다. 물론, 억지로 파트별로 양을 비슷하게 평준화하라는 이야기는 아니다. 너무 많거나 너무 적은 경우 조절할 수 있다는 이야기이다.

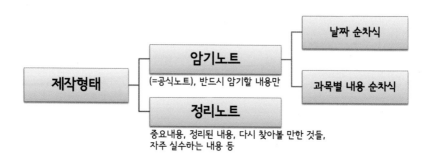

암기 노트의 필요성

정리 노트는 선택 사항일 수 있으며 심지어 과목별로 만들지 않기를 권장하기도 한다. 그러나 암기 노트는 꼭 만들기를 권한다. 물론, 학교 시험 같은 단기 시험이라면 굳이 암기 노트를 만들지 않아도 된다. 필요하다면 메모지에 암기할 내용을 한번 정리해 써본 후 그것을 암기하고는 시험 후 폐기하면 끝이다. 그러나 장기 시험에서는 그런 암기할 내용을 순차적으로 적고 정리해 반드시 남겨 두어야 한다. 시간이 지나면 기억은 리셋(초기화) 되고 이때 다시 내용을 반복 암기하여 장기 기억화해야 하기 때문이다. 이때 책을 뒤적여 다시 찾아보고 암기하기에는 다소 효율이 떨어진다. 하지만 암기 노트가 있다면 필요 내용만 비교적 쉽게 다시 암기할 수 있다. 반복해 말하지만, 다시 볼 때는 그전보다 편해야 하며 더 빨라야 한다. 너무 귀찮지 않아야 복습을 계속할 수 있다. 그러려면 처음 공부할 때 약간 번거롭더라도 암기할 내용만 따로 형식을 갖춰 모아 놓는 것이 유리할 수밖에 없다. 더욱이 암기 전략에서 앞서 충분히 언급했듯이 암기할 내용을 목록화시켜놔야 '체크' 하며 효율적으로 외울 수 있다.

암기 노트의 두 가지 형식

두 가지 형식이 있다. 날짜 순차적 형식과 내용 순차적 형식이다. 일반적이고 상식적인 형식이 내용 순차적 형식일 것이고, 앞서 본서의 '암기 전략' 에서 자세히 설명한 필자의 daily 암기 노트는 날짜 순차적 형식이다.

2019. 5. 13 월

1일	1주	1달	키워드	내 용
V			A	content1
			B	content2
V	V	V	C	content3
	V	V	D	content4
			E	content5

〈날짜 순차적 암기 노트 예시〉

〈화학 과목〉

1. 원자의 주기성
   ① 공식 1
   ② 공식 2
   ③ 공식 3
2. 결합과 분자구조
   ① 공식 1
   ② 공식 2
3. 고체, 기체, 상전이

〈과목별 내용 순차적 암기 노트 예시〉

두가지 형태의 암기 노트 각각의 장·단점, 그리고 단점 보완책을 표로 정리해 보았다.

	장 점	단 점	단점 보완책
날짜 순차적	• 복습 시기 산정 쉽다. • 항목 체크 쉽다. • 휴대가 더 쉽다.	• 특정 내용 검색이 어렵다. • 과목별 일괄적 암기 내용 복습이 어렵다. • 매일 규칙적 작성 및 암기 필요.	단점들은 차 후 정리 노트 제작으로 보완 가능.
내용 순차적	• 특정 내용 검색이 쉽다. • 과목별 전체 암기 내용 복습이 수월하다. • 매일 규칙적일 필요 없다.	• 복습 시기 산정 어렵다. • 항목 체크가 덜 용이 • 정리 노트와 구별이 모호할 가능성.	적절한 복습 암기 시점 계획에 더 신중할 것.

이런 암기 노트의 두 가지 형태 중 하나만 선택하기를 권한다. 두 가지 형태 모두 만들기에는 시간적 제약이 있으며 효율도 떨어진다. 필자는 수험 초반에 암기할 항목이 많은 한 과목은 daily 암기 노트를 이용해 날짜 순차적 암기를 하였고, 타 과목은 주로 내용 순차적 암기 노트를 만들었다. 그러나 수험 생활이 흐르며 점차 과목별 정리 노트가 생겼고 암기 노트는 더이상 사용하지 않게 되었다. 그러자 그다음 수험 생활에서는 daily 암기 노트로 모든 과목을 통합해 필요 내용만 암기하였고, 내용 순차적 암기 노트는 따로 만들지 않았다.

암기 노트를 만드는 시기와 방법

암기 노트는 강의나 기본서로 처음 공부를 한 후 첫 복습을 하는 시기에 만들어야 한다. 그때부터 공식이나 주요 암기 내용을 정리하고 적극적으로 외워야 해서이다. 미뤄서는 안 된다. 단순 암기과목이든, 이해를 통한 공식 암기가 주로 필요한 과목이든 암기하는 것은 실력에 밀접하게 관련이 있다. 초반에 확실히 해 둬야 그 파트 문제를 풀 때 유용하게 사용할 수 있으며, 다음 이론 내용 진도를 이어나갈 때 그전 내용 공부한 효과를 제대로 볼 수 있다.

날짜 순차적 암기 노트의 방법적인 면에 대해서는 앞서 암기 전략에서 daily 암기 노트에서 자세하게 설명하였기 때문에 여기서는 생략한다. 단, 날짜 순차적 암기 노트(데일리 암기 노트)에 대한 당부만 한번 더 하려 한다. 필자의 데일리 암기법을 사용하려고 결심했다면, 1730의 논리를 이해한 후 암기 폼을 만들어 일단 어느 정도 실행해 본 후 다시 한번 방법을 자세히 서술한 파트를 읽고 부족한 부분을 수정해 나가기를 권한다. 누군가 오랜 기간에 걸쳐 체득한 체계화된 상세한 방법을 단번에 완벽히 따라 하기는 쉬운 일이 아니기 때문이다. 그러나 효과는 확실하다. 날짜순 암기 노트 방법을 터득해 꾸준히 이어서 나간다면 개인적인 기억력 차이를 떠나서 충분히 중요 핵심 내용을 확실하게 장기 기억화 시킬 수 있으리라 믿는다. 그것이 수험생에게는 큰 무기가 될 것이다.

앞서 여러 이야기에서처럼 필자는 시간순 암기 노트를 조금 더 추천하는 편이다. 하지만 자신이 복습 암기 계획만 잘 세운다면 내용순 암기 노트도 충분히 괜찮다. 내용 순차적 암기 노트의 경우 과목별로 작은 노트 하나를 적당히 정해 그 과목 공부할 때마다 암기할 내용만을 따로 적으면 된다. 쉽게 사라질 수 있는 메모지보다는 메모지에 썼다가 다시 옮겨 쓰더라도 계속 한 과목의 내용을 이어서 쓸 수 있는 작은 노트를 권한다. 내용 순차적 암기 노트는 날짜 순차적 암기 노트처럼 매일 작성할 필요도 없어서 비교적 규칙에 자유로울 수 있다.

분량의 적절성은 어떤 형식의 암기 노트이든 동일하게 중요한 주제이다. 암기하기로 정하는 분량이 자신의 역량에 비해 너무 적거나 너무 많은 경우 효율이 떨어지며 지칠 수 있기 마련이다. 처음부터 적절한 판단이 서기는 어려우니 암기 노트를 만들고 암기를 수행함에 따라 차츰 분량을 수정하도록 하면 되겠다. 그리고 주기적으로 암기하되 체크해서 암기가 덜 된 것을 골라 외우기 바란다. 또한 체크는 연필로 해야 다음번에 지우고 다시 전체 암기를 실시하며 체크할 수 있다.

다시 강조하지만, 암기 노트는 매우 중요하다. 시간을 들여 암기 노트를 만들고 암기를 해야 실력이 오른다. 그리고 그것을 주기적으로 다시 반복 암기해 자신의 머릿속에 장기 기억화 시킬 때 장기 시험에 적합한 기억력을 만들 수 있다.

> **암기노트 : 첫 복습 시 제작 | 분량 적절히 | 주기적 반복 | 체크하며 외우기(by 연필)**

정리 노트

정리 노트의 필요성

공부를 잘하는 사람들은 대부분 자신만의 과목별 정리 노트를 가지고 있다. 그것이 기본적인 실력의 바탕이 되며 시간이 지나고 나서 다시 그 과목의 실력을 온전하게 되찾을 때 큰 도움이 된다. 정리 노트에는 혼동되는 것, 착각하기 쉬운 것, 많이 찾아보는 핵심적인 내용 등을 잘 정리해 놓는다. 그렇게 정리를 잘해 두면 수험 기간이 지나면서 기억이 희미해지거나 머릿속에 혼선이 있을 때 쉽게 찾아볼 수 있게 된다. 물론, 기본 교재에서도 찾아볼 수는 있겠으나 자신의 정리 노트보다는 내용이 훨씬 많아서 아무래도 검색하는데 시간이 더 걸리게 된다. 다시 볼 때는 조금이라도 더 편하고 수월해야 더 찾아보려는 의지가 생길 것이고 공부 능률이 오른다. 찾지 못하거나 찾는 데 오래 걸리게 되면 의욕도 저하될 뿐 아니라 공부 흐름도 끊기게 된다. 잘 찾는 능력은 대단히 중요하며, 그러기 위해서는 적절히 기록하고 잘 정리해 두는 편이 유리하다.

정리 노트를 만들게 되면 단순히 눈으로 복습하는 것보다, 다른 각도로 이론 내용을 볼 수 있어서 또 다른 공부 효과가 생긴다. 중요한 내용, 혼동되는 내용을 찾고 그것을 어떻게 정리하여 기록할지 고민하기 때문이다. 그리고 정리 노트 제작이 제법 시간은 소요될지라도 기억에 남기는 데 유리하다. 적는다는 것 자체가 기억을 증진시킨다. 그리고 또한 저자의 형식을 자신에게 익숙하고 편한 형식으로 바꿔 적는다는 것에서 기억 효율이 높아진다. 같은 의미의 문장이라도 단어, 조사, 어미 등을 어떻게 쓰는지에 따라 기억하기 쉽고 어렵고가 달라지기도 한다. 당연히 자신에게 친숙하게 기록된 문장이 기억하기 쉽고 어려운 문장도 자신의 언어로 바꿔 쓴 문장이 자신에게 더 친숙할 가능성이 높다.

내용을 다시 찾아볼 계기를 만드는 일은 중요하다. 특히 다른 관점과 다른 긴장감으로 좀 더 집중력 있게 내용을 다시 볼 기회들이 필요하다. 언급했듯이 한 가지 내용을 단순히 똑같이 다시 보기만 해서는 지루하며 집중력이 현격히 떨어진다. 다른 종류의 복습이 필요하며 그래서 정리 노트 또한 그런 관점에서 중요하다. 다시 찾아보려는 의욕을 고취시키며 약간 다른 종류의 복습을 하게 만들기 때문이다.

> **정리노트 장점 : 혼동/착각/핵심 내용 검색이 수월 | 다른 관점 복습 | 기억에 효율적**

정리 노트를 만들 과목 선정

모든 과목의 정리 노트를 만들지 않아도 된다. 우선 자신감이 생기는 과목, 어느 정도 내용이 온전히 머릿속에 잘 들어와 정착되고 있는 과목부터 정리 노트를 만들어야 한다. 그래야 어떤 것이 중요한 내용이고 어떤 내용을 어떻게 정리해서 적을지 대강이라도 짐작할 수 있기 때문이다. 문제를 풀며 공부하는 것과는 달리 정리 노트 제작은 그것을 실행하면서 이해가 되고 몰랐던 것을 알게 되는 그런 것이 아니다. 즉, 정리 노트 제작 자체가 새로운 실력을 만든다기보다 현재 실력을 정리해보고 공고히 하는 것이다. 그러니 그럴 만큼 기본 뼈대가 완성된 과목이어야 한다. 보통 한 시점에 여러 과목이 동시에 그러기는 어렵다. 그러니 한두 과목씩 순차적으로 하면 된다.

또한, 과목의 분량도 생각해 봐야 한다. 정리해야 할 내용이 과도하게 많은 과목은 정리 노트 제작을 권하지 않는다. 필자의 시험에서도 생물 과목은 정리 노트 만드는 것을 오히려 만류했다. 아무리 줄여도 정리 노트 제작에 너무나 오랜 시간이 걸릴 것이기 때문이며, 다행히 강사의 요약 노트가 따로 잘 나와 있어 자신이 만든 것은 아니지만 아쉬운 대로 그것을 이용할 수 있었다. 당시 이 과목의 이론 강의시간을 기준으로 타 과목들과 단순 산술적 비교를 해보면 이론분량이 가히 4배 이상 많았다. 사정이 그러하니 그 과목의 이론을 혼자 따로 정리해 적어보겠다는 것은 다소 섣부른 생각일 수 있었다. 그럼에도 불구하고 당시 장기 시험에 대한 지식이 충분치 않았던 필자는 정리 노트 제작을 시작하였는데 1개 단원을 진행해 보고 앞으로 소요될 시간을 계산해보니 무모해 보였다. 그래서 과감히 그만두었다. 그러나 그만두지 않은 일부 수험생도 있었는데, 대체로 결과는 좋지 않았다. 실제로 컨설팅 중 생물 과목 정리 노트를 만들다가 시간을 너무 소비해 수험 생활을 실패한 것 같다는 수험생도 있었다. 그래서 어떤 공부 방법이 앞으로 지속 가능할지 잠깐씩 가늠해보는 것도 꼭 필요한 일이다. 공부는 혼자 하는 것이기에 아무도 그것이 비효율적이며 잘못되었다고 말해주지 않는다. 그래서 스스로 깨쳐야 한다. 어느 정도 머릿속에 정리가 되지 않는 상태에서의 정리 노트 제작, 또는 과도하게 많은 분량의 과목 정리 노트 제작은 바람직하지 않다.

정리노트 추천하지 않는 과목 : 과도한 분량 과목 | 아직 기본실력이 되지 않은 과목

정리 노트를 만드는 시기

암기 노트를 처음 공부하고 복습할 때 만들기를 추천했다면 정리 노트는 그 반대다. 처음 공부할 때는 절대 만들지 않도록 한다. 우선 처음 배울 시에는 배우는 것 자체에 시간 소요가 많으며 복습, 부가적인 기본문제 풀기, 암기 노트 등 부가적인 것에도 소요하는 시간이 많아서 정리 노트까지 만들 시간이 없다. 시간이 있다고 하더라도 아직 어떤 것이 중요한지 파악할만한 내공이 부족하다. 그리고 우선 해당 과목 내용에 대해서 한 번은 끝마쳐야 그 과목 분량이 감이 오며 전체적인 관점에서 그 과목을 바라볼 수 있게 된다. 즉, 암기 노트는 기본 실력을 만들기 위해 제

작하는 것이라면, 정리 노트는 기본 실력이 된 후에 자신의 그 기본 실력을 기록해 두는 것이다. 그리고 그 정리된 실력 위에 따로 나오는 예외 케이스, 혼동 케이스를 기록해 반복 학습하기 위함이다. 따라서 정리노트는 쉽사리 이른 시기에 만들기보다는 전체 내용이 한 번 이상 끝내고 기본적인 이해와 암기들이 된 상태에서 재차 복습할 때 만들기를 권한다.

또한, 정리 노트는 모든 과목을 한 번에 만들지는 않기 바란다. 시간적측면 때문에 그렇다. 그 시기에 집중하고자 하는 과목, 기꺼이 그 과목에 시간을 더 들이고자 하는 시점에 그 과목에 대해서 만들 수 있다고본다. 필자는 첫해에 1과목, 두 번째 해에 2과목, 세 번째 해에 1과목의정리 노트를 만들었다. 한 해에 1~2과목밖에 만들지 않았다는 뜻이다.만약 첫 번째, 두 번째 만에 합격했다면 나머지 과목 정리 노트는 없었을 것이다. 하지만 공부에 대한 관점과 능력이 많이 향상된 지금 만약필자가 5과목인 장기 시험을 새로 준비한다면 그해에 정리 노트를 만들3과목을 선정하여 1과목씩 차례차례 1->1->1 형식으로 만들거나 4과목을 선정하여 2과목씩 2->2 형식으로 만들기로 계획할 것 같다. 그러고나서 혹여 다음 해에 다시 시험 준비를 한다면 나머지 과목의 정리 노트를 만들지 고민하게 될 것 같다.

다음으로, 본고사 시험 날짜가 얼마 남지 않은 때(약 1개월 이내)에 정리노트 만드는 것을 추천하지 않는다. 정리 노트를 만들고 소화할 시간적여유가 되지 않기 때문이다. 시험이 얼마 남지 않은 시점에 정리 노트를만드는 행동은 당해 시험 성적이 아니라 그다음 해 시험 성적을 올리는일을 하는 것과 같다. 시작하게 되면 관성과 매몰 비용 때문에 작업을 마치기 위해 계속하게 될 가능성이 크다. 보통 정리 노트 만드는 일은 더 집중도 잘 되고, 암기 등 새로운 지식을 머리에 넣는 일보다 수월한 일이기 때문에 탄성을 받게 된다. 그러다 보면 다른 것들 공부하기도 벅찬 시험 전, 전체 복습 시간에 정리 노트 제작으로 한 과목에 압도적인 시간 소비를 하게 된다. 당연히 다른 과목 공부할 시간이 많이 줄어들며, 해당 과목은 정리 노트 만드는데 시간을 많이 들였기에 그 과목에 더 시간을 쓸 여유가 되지 않아 막상 중요한 복습과 문제 풀기도 못 할 수 있게 된다. 정리 노트는 그것을 베이스로 해서 추가 공부해 실력을 최고조로 올리는 것이 포인트인데 단순히 '정리 노트 만들기'로 끝이라면 의미가 없다. 결국, 그 정리 노트는 그해 수험 생활의 유작이 되고 말 수 있다.

정리 노트는 실력을 늘리고 장기적인 효율성을 위해서 꼭 필요한 자신만의 무기이다. 그해 시험이 끝난 후에 지식을 남기기에도 자신의 정리 노트는 매우 큰 역할을 한다. 하지만 정리 노트의 제작은 꽤 많은 시간을 소비하는 일이고, 그 시간을 들여 단순히 '정리 노트를 만들었다'라고만 해서 해당 과목의 실력이 단번에 수직 상승하는 것이 아니기 때문에 주의하여야 한다.

> 정리노트 제작 시기 : 해당과목 기본 실력 형성 후 | 이론전체 1회독 후 재 복습 시
> 주의점 : 여러 과목 동시에 X | 시험직전에 만들기 X

노트 선택

스프링 노트를 권장한다. 제본된 일반적인 공책은 노트를 단면으로 접어 보기가 어렵지만 스프링 노트는 단면으로 접기가 훨씬 수월하다. 따라서 휴대하며 보기가 편하다. 크기도 일반적인 수험서들보다는 작은

편이 휴대성을 높여준다. 필자는 A4 사이즈보다 작은 B5(250x175) 사이즈의 비교적 얇은 스프링 노트를 선택했다. 과목의 분량을 고려하기는 해야겠지만 노트의 두께 역시 다소 얇은 것으로 결정해야 휴대 부담이 적다. 또한, 과목별로 색상만 다른 같은 종류의 노트를 사용하면 통일성과 더불어 쉽게 구분이 되기 때문에 좋다. 특정 과목 정리 노트를 여러 책 사이에서 찾으려고 마음먹었을 때 해당 색상을 떠올리며 쉽게 정리 노트를 찾을 수 있게 된다. 그리고 규격이 같아야 함께 보관하거나 휴대하기가 쉽다.

〈과목별 정리 노트 색상 규격화 예시〉

정리 노트 만드는 구체적인 방법

정리 노트를 만드는 방법 자체는 과목마다, 그리고 개인의 원하는 방향에 따라 충분히 다를 수 있다. 이 부분에서 제시하는 필자의 방법을 무조건 따라 해야 하는 것은 아니니 스스로 생각하는 방향이 있다면 여기서는 몇 가지 논리가 있는 주안점들만 참고하도록 하자.

정리 노트는 다시 이론서 전체 읽기를 하지 않겠다는 각오로 필요한 내용을 옮겨 적어놓는 것이다. 우선 그 과목의 큰 제목부터 필요한 정도의 주요 소제목들은 모두 노트에 옮겨 적는다. 이때 우측이나 하단에 필요 내용을 적을 수 있도록 적당한 여유 공간을 둔다. 정리 노트에 옮겨 적을 필요 내용이란 중요 핵심 내용, 정리된 내용, 다시 찾아볼 만한 것들 등이 포함될 수 있다. 혼동되는 것, 착각하기 쉬운 것은 특별히 잘 정리해 기록해 놓아야 한다. 사실, 그런 내용이 주로 나중에 다시 찾아볼 만한 것들이며 실제 시험에 빈출하는 내용일 확률이 높다. 반면, 중요한 내용이더라도 너무나 당연해서 누구나 잘 알고 있는 내용, 반복 학습을 통해 충분히 장기 기억된 내용, 또는 과도하게 지엽적이거나 어려워 단념(포기)한 내용 등은 옮길 필요가 없다.

정리 노트는 일종의 개인 지식의 '아지트'가 되는 것이다. 여기에 계속해서 자신이 공부하면서 생기는 새로운 정리 내용, 모의고사나 실전 문제에서 새로 추가된 내용뿐 아니라 자주 실수하는 내용, 스스로 깨치게 된 점, 자신만의 풀이 방법, 노하우 등을 옮겨 적으면 된다. 그렇기에 처음부터 절대 완벽할 수는 없다. 모든 필요한 내용을 옮겨 놓을 수 없으며, 그래서도 안 된다. 기본적인 것들을 써놓아 뼈대를 만들고 그 후에 필요한 것들은 차츰 더 추가해 나가는 것, 즉 공부하다가 정리가 잘되어 있다거나 새로운 것들이 나오면 계속 정리 노트에 추가하여 완성도를 높여가는 것이다. 그렇기 때문에 정리 노트에는 당장 정리해 놓는 것들 외에 일정 여백들을 미리 확보해 두어야 한다.

한편, 정리가 잘 되어 있거나 중요한 내용이어서 꼭 옮기고 싶은데 너무 내용이 많거나 부피가 크고 그릴 것이 많아 갈등 되는 것이 있을 수 있다. 이런 것들을 굳이 모두 옮겨 적을 필요는 없다. 시간도 많이 소요되며 간결성도 떨어뜨릴 수 있기 때문이다. 대신, 포스트잇 같은 메모지에 그런 내용을 일률적으로 메모해 놓도록 하자. 또는 정리 노트 맨 앞이나 맨 뒷장에 따로 적어놓을 수도 있다. 단, 이때 반드시 내용과 교재의 page가 함께 기록되어야 한다. 그래야만 다시 검색하기가 쉽고, 차후에 중요 내용 복습을 일괄적으로 할 수 있다.

그렇게 만든 정리 노트가 있다면 이제는 두꺼운 기본교재를 모두 다 보는 것이 아니라 정리 노트와 추가로 기록된 교재의 페이지들만 발췌해서 보게 되면 자신에게 필요한 내용을 쉽고 빠르게 복습할 수 있게 된다. 또한 이렇게 자신만의 정리 내용, 자신만의 문제 풀이 방법들이 차곡차곡 쌓인 정리 노트 덕분에 공부 능률은 올라가고 당연히 실력 향상이 따라온다.

다음은 모의고사에서 전국 1등도 받아봤던(85% 득점) 유기화학 과목 정리 노트 중 일부이다. 물론, 노트에 자필로 되어 있던 것인데 가독성을 위해 활자체로 옮겼다. (My)라고 기록한 것은 나만의 노하우이며, 붉은색 V 표시는 연필 체크를 통해 부족한 내용을 선별적으로 추가 공부하는 방식을 취하다가 시험 직전에는 형광펜으로 과감하게 표기해 집중력을 높였던 내용이다. 단순 문자 설명보다는 도움이 될 것 같아 첨부하니 이해와 감을 잡는 데 활용하기 바란다.

1. 이성질체의 종류 (93p)

　　구조 이성질체 / 입체 이성질체

　　1) 이성질체의 종류

　　　거울상 이성질체(대칭면)이 있고 없고,

　　2) 카이랄 Vs 비카이랄 화합물

　　　분자식 - 연결법 - 거울상체크

　　3) 이성질체의 종류 및 구분법

　　　　　　　　카이랄 중심 존재 ←—— X ——→ 카이랄 화합물

　　4) 카이랄 중심
　　　　　　→는 제조 때문에
　　　　　　←는 알렌 등 때문에 성립 X (104p)

　　　　• 카이랄 중심이 1개인 화합물은 대칭 평면 존재 X → 항상 카이랄 화합물

　　5) 카이랄 중심의 표기법 : R 또는 S배열

　　　　　　　 $\boxed{R}$ $\boxed{S}$　단, 엄지로 ④번 가르키고
　　　　　　　　　　　　　　나머지 세개는 반대편으로 쭉
　　　오른손으로 돌렸을 때　왼손으로　　　　모아줄것(My)

2. 라디칼 반응 (287p)

　　1) 라디칼의 안정도　　　$(\dot{C}H_3 < R\dot{C}H_2 < R_2\dot{C}H < R_3\dot{C})$
　　　　열역학적 속성 / 반응속도적 속성

　　2) 알케인의 라디칼 할로젠화 반응　　✓ 라디칼　빛, 열, 과산화물 첨가시 반응속도 증가
　　　(1) 메커니즘　　　　　　　　　　　　특징3　O2가 저해제 작용
　　　(2) Cl2 , Br2만 사용　　　　　　　　　　　자리이동 (재배열) X
　　　(3) 라디칼 반응인지 알 수 있는 이유

〈정리 노트 예시〉

Check할 주요내용 및 예외case
(20XX년)

35p중간 pK 표
55p상단 끓는점, 녹는점 비교 필기
159p하단 알릴,벤질의 콘주게이션
160p중간 생체내의
180p하단 DBN, DBU
207p하단 메커니즘
225p중간 알켄의 안정도
242p상단 의 탈색반응
255p상단 알켄, 알카인 반응성 비교
318p상단 알카인/다이엔 안정성 비교
356p하단 F.C 알킬화반응 메커니즘

〈옮기기 어려운 내용 메모〉

정리 노트 만들 때 주의할 점 2가지

정리 노트를 만들 시 주의할 점 두 가지만 언급하려 한다. 우선, 정리 노트에서 핵심은 '분량 컨트롤'이다. 너무 자세하면 정리 노트 제작에 시간이 오래 걸리고 내용을 줄여 뽑는다는 정리 노트의 의미가 없게 된다. 반면 분량이 너무 없어도 계속 다시 책을 찾아봐야 하니 의미가 저하된다. 적절성이 가장 중요한 것인데 이것은 역시 사람마다 다르다. 특히 초심자들은 과도하게 자세한 정리 노트를 만들기 십상인데 이는 아직 정리 노트를 만들 만큼의 내공이 부족해 중요한 것, 필

요한 것 선별을 잘못하기 때문이다. 그래서 공부 초반에 정리 노트를 만들지 말 것을 앞서 강조했던 것이다. 그리고 어느 정도 실력이 된다고 하더라도 적절한 분량을 한 번에 알기는 어렵다. 그래서 이따금 현재 정리 노트의 분량이 적절한지 가늠해보고 분량 조절을 해주는 편이 현명하다.

두 번째 주의할 점은 차후 추가하는 내용에 대해서는 reference를 반드시 적어야 한다는 것이다. 예외 케이스를 간단하게 적어놓고는 시간이 지나면 그 내용이 어떤 사실에 기반을 둔 것인지 알고 싶을 수 있고, 그 간단한 기록만으로는 내용이 좀처럼 이해가 되지 않을 수도 있다. 심지어 자신이 잘못 적어놓은 것인지 확인해야 할 필요성이 있을 수도 있다. 이때 reference가 적혀 있지 않다면 방대한 공부 범위 중 그 내용을 찾기란 쉽지가 않다. 그래서 순차적인 책 내용이 아니라 여기저기서 가져오는 내용이 있다면 그에 대해서는 간략히 reference를 기록해 둬서 차후 참고할 수 있도록 초기에 습관을 들이는 것이 필요하다.

> **정리노트 제작 시 주의할 점 2가지 : ① 분량 Control | ② Reference 적기**

암기 노트 정리 노트를 꼭 자신이 만들어야 할까

암기 노트, 정리 노트를 학원이나 강사가 이미 만들어 놓은 기성품을 사용하거나 앞서 공부한 사람들이 만든 것을 물려받는 것을 생각할 수 있다. 그것이 더 시간적인 효율성이 있을 거라고 생각할지도 모르겠다. 또한, 중요 내용에 대한 분별도 자신이 직접 하는 것보다 나을 것이라 여길지 모른다. 하지만 필자는 시간이 다소 걸려도 가능한 한 직접 만드는 것을 권한다. 먼저 타인과 나는 다르다. 그가 쉬운 내용이라고 당연시 인식하여 기록하지 않고 넘어간 것이 내게 공백이 될 수 있다. 또한 제작하는 자체에서 하게 되는 공부와 기억의 효율, 자신의 언어로 인한 친숙함 때문이다. 그리고 가장 중요한 마지막 이유로 스스로 만든 것에 대한 '애착' 때문이다.(책에 체크를 스스로 해야 한다고 강조할 때도 '애착'을 언급했었다.) '애착'은 공부 능률을 올린다. 자신이 직접 한 것이어야 애착이 가고 그것을 통해 무엇인가 더 하고 싶어진다. 그곳에 쓴 에너지와 시간을 헛되이 끝내고 싶지 않아서라도 그것에 계속해서 추가 보완하며 완전체를 만들 의욕이 생긴다. 사실, 살면서 다른 모든 것들도 마찬가지다. 정말 자신에게 중요하며 오래 참고해야 하겠다는 생각이 드는 대상은 반드시 자신만의 스타일로 다시 정리한 자료를 만들어 보관해야 한다. 그것이 진짜다. 그것이 기억을 체계화시킨다. 설령 시간이 정말 많이 지나 그 분야에 대해 완전히 잊는다고 해도 자신만의 정리 노트는 가장 빠르고 효과적으로 기억을 복원시켜 줄 것이다. 이때 남의 노트가 기억을 살려주지 않는다. 남의 노트를 보고 싶지도 않을 것이며 아니, 이미 폐기했을 확률이 높다.

결국, 자신이 만들어 애착이 가는 자신만의 맞춤형 정리 노트가 더욱 효과적이며 자주 볼 의욕을 돋워준다는 뜻이다. 그래서 시간이 걸려도 직접 만들어야 한다. 상위 득점한 수험생일수록 타인의 암기 노트/정리 노트를 이용했을 확률보다 스스로 맞춤 암기 노트/정리 노트를 만들었을 가능성이 높다.

암기 노트와 정리 노트는 분량을 줄여 복습하는 결정적인 수단

반복 강조하지만 복습할 분량을 줄이는 것은 매우 중요한 공부의 키포

인트다. 다시 봐야 할 내용을 원래 양의 절반으로만 줄였다고 해도 큰 발전이다. 비록 분량은 절반으로밖에 못 줄였다고 하더라도, 그 절반으로 줄이기 위해 여러 내용 중 그 내용을 골라냈던 순간적 집중력, 그리고 이미 봤던 내용이라는 익숙함 때문에 다시 보는 시간은 절반이 아닌 훨씬 더 짧은 시간만이 소요된다. 그렇게 다시 볼 내용을 줄이는데 앞서 자세하게 이야기했던 체크하는 것, 그리고 이 장에서 이야기한 정리 노트가 대표적인 수단이 된다.

반드시 정리 노트를 만들어야 한다고 강조하기는 어렵다. 정리 노트 없이 장기 시험에 성공한 사람들도 많다. 더욱이 정리 노트는 제작하는 데 시간이 제법 많이 소요되는 공부 방법이다. 그래서 무조건 강요하기도 어렵고, 한 번에 모든 과목을 죄다 만들어 버리겠다고 달려들어서도 안 된다. 하지만 분명 큰 도움이 되는 공부법임으로 차분히 그리고 긍정적으로 고려해보면 좋겠다. 장기 시험은 보통 2년 이상 하는 경우가 많으니 못해도 한 해에 자신감이 생겨가는 한두 과목 정도는 정리 노트를 만들어 보도록 하자.

(4) 문제 풀기

이론과 문제

이론 공부 vs 문제 풀기
이론 공부와 문제 풀기 공부는 따로 분리해서 생각해 볼 필요가 있다.

공부 형태가 다르기 때문이다. 어느 하나가 더 중요하다고 말하기 어려우며 적절히 조화시키며 공부를 해야 하겠지만 과목별로 차이가 조금씩 있을 수는 있다. 이론 내용이 많고 암기할 분량이 많은 과목일수록 이론에 좀 더 치우쳐야 할 가능성이 높다. 반면 이론을 안다고 해도 문제를 푸는 것은 별개인 과목, 또한 문제 푸는 스킬과 속도가 필요한 과목일수록 문제 풀기에 시간을 더 할애하여야 한다. 특히, 영어, 수학, 화학, 물리 같은 경우는 문제를 풀이하는 속도가 중요하며 또한 문제로 배우는 내용이 많아서 어느 정도 이론 이후에는 가능한 많은 문제를 풀며 오답 정리를 해야 한다.

한편, 문제 풀기로 공부하는 것이 글을 읽는 이론 공부보다는 덜 지루하고 비교적 공부하기가 쉽다. 어느 정도 공부하다 보면 알게 되는 차이인데 다음과 같은 이유 때문으로 보인다. 우선 문제를 푸는 것은 책을 눈으로 보는 것과 다르게 공부할 것이 분명하다. 즉, 한 가지 사실에 초점을 맞춘다는 점에서 수많은 여러 내용을 눈으로 보며 지나쳐야 하는 이론 공부와 다르다. 그리고 생각을 하게 만들기에 지루함이 덜하다. 단순히 머리를 쓰지 않고 수동적으로 받아들이는 메커니즘인 이론 공부보다, 문제 풀기는 질문에 대한 답을 해야 하니까 생각을 하게 만든다. 그래서 소크라테스는 질문을 통해서만 배울 수 있다고 했던 것일지도 모른다. 질문은 질문을 받는 사람의 뇌를 자극하니까. 또한, 이론과 달리 시험과 비슷해서 생동감을 느낄 수 있다. 대부분 시험의 실제 본고사 시험장에서도 문제를 풀게 되는 것이지 이론 내용을 써 내려가는 것이 아니다. 그리고 마지막으로 맞고 틀림이라는 평가가 있다는 것에서 더 긴장감을 준다.

물론, 이론이 너무 부족한 상태에서 문제를 푸는 것은 이론 공부보다 더한 스트레스를 유발한다. 누구나 자꾸 모르는 것만 질문을 받으면 짜증 나기 마련이다. 하지만 보통 적당한 공부량이 있다면 앞서 언급한 여러 이유 때문에 문제를 푸는 것은 이론만을 보는 것보다는 다소 편한 공부법이다.

문제는 재시 이상들이다. 시험을 처음 치르는 사람들이야 아는 것이 없으니 이론부터 차근차근 공부할 수밖에 없지만, 재시 이상부터는 이론은 어느 정도 알기 때문에 이론과 문제 풀기의 우선순위나 비중은 선택 사항이라고 생각해버린다. 그래서 공부하기 편한 문제 풀기 위주로 공부를 하는 경향이 있는데 아니 된다. 이론 내용을 소홀히 해서는 안 된다. 편한 공부부터 하는 것보다는 가급적이면 더 힘이 드는 공부부터 하며 앞날의 공부 형태는 좀 더 나아질 것이라고 기대하는 것이 낫지 않을까 싶다. 필자는 그렇게 하였다.

참고로 일반적인 수험생들이 느끼는 공부 형태에 따른 힘든 정도는 다음과 같다.

〈더 어렵고 하기 힘든 공부〉

즉 좌측으로 갈수록 어렵고 지루하며 우측으로 갈수록 좀 더 편하고 시간이 잘 간다는 이야기. (물론 그렇다고 문제 풀기 시간이 쉽다는 것은 아니다. 상대적으로 그렇다는 것이다.) 이를 참고해 그해 커리큘럼을 계획하는 편이 좋다. 또, 그렇기에 이에 따라 하루 집중이 잘 되고, 잘되지 않는 시간 대에 적절히 공부형태 배정해 공부 효율을 높이는 것이 현명하다.

이론 공부 + 문제 풀기

앞서 두 가지가 다른 형태이며 이론을 먼저 공부하기를 권했다. 그러나 이것은 주된 공부를 이론을 먼저 할 것인지 문제 풀기를 먼저 할 것인지를 언급한 것일 뿐, 둘은 항상 함께해야 한다. 단, 이론 공부를 할 때는 실전 문제 풀기보다 개념 확인하는 정도의 간단한 문제, 기본문제들을 곁들여 풀이하는 것이 좋다. 그리고 그 단계를 지나 실전 문제 풀기를 할 때는 문제만 풀이 하는 것이 아니라 역시 이론을 함께 봐야 한다. 이때는 이론을 처음 보는 것이 아니라 복습하는 단계이며 암기도 어느 정도 되어 있는 상태일 것이기 때문에 이론 복습 시간이 문제를 푸는 시간보다 적게 걸린다. 수험 종반에 가서도 마찬가지다 두 가지는 함께 병행되어야 한다. 최종 복습으로 빠르게 내용을 읽으며 풀었던 문제를 다시 풀고 모의고사 문제를 풀어보면 된다.

오답 노트는 정답률 90% 이상일 때 고려

이론 내용 중 핵심 내용만 뽑아 다시 보기 위해 정리 노트를 만든다고 하였다. 그와 대칭적으로 문제를 풀고 그중에 핵심 문제만 간추리는 것이 오답 노트라고 할 수 있다. 그러나 장기 시험에서 오답 노트는 그다지 추천하는 방법이 아니다. 수능과 달리 과목별로 풀어봐야 하는 문제들의 양도 많으며 장기 시험 대부분은 문제의 난이도가 높다. 그래서 보통 만점자가 속출하지 않는다. 최상위권 수험생이라고 하더라도 틀리는 문제가 제법 있다는 이야기다. 오답 노트는 수많은 문제 중 자신이 틀리거나 자신을 괴롭히는 문제가 극히 적을 때 의미가 있다. 한 문제집에서 몇 문제만 다시 보면 될 정도여야 의미가 있다는 말이다. 많아야 10개 중에 한 문제 이하로 틀릴 정도가 되어야 고려해볼 만하다고 본다. 그런데 지금 자신이 10개 중에 5문제를 틀리고 있는데 그것들을 모두 옮겨 적거나 따로 오려 붙이기를 할 것인가. 그것은 효율적이지 않다. 그 대신 문제에 체크하는 것이다. 다시 볼 문제, 보지 않을 문제, 좋은 문제 등을 자신만의 식별기호로 체크해 놓고 나중에는 그것을 기반으로 하여 다시 봐야 한다.

문제도 나중에 다시 풀 것을 고려 – 체크할 것

문제 역시 이론과 동일하게 한 번 보고 끝나는 것이 아니다. 시간이 지나고 머릿속에 수많은 정보가 들어오게 되면 다시 그 문제를 봤을 때 자신이 그 문제를 풀이했는지조차 기억이 나지 않을 수 있다. 물론, 이론보다야 기억할 확률이 더 높지만, 망각을 간과해서는 안 된다. 틀린 문제, 좋은 문제는 꼭 다시 풀어봐야 한다. 그리고 다시 문제를 풀어 볼 것을 고려하여 문제지가 손상되지 않게 하는 것이 중요하다. 필자는 해당 문항이 있는 페이지 하단에 답과 풀이를 기록하거나 문제에 연필로 정답을 표기한 후 다시 풀어볼 필요가 있다고 판단되는 문제는 표식들을 일일이 지웠다.(문제 표기와 풀이 정리법 등의 예시는 뒤에 등장한다.) 별것 아니라 생각할 수 있고 귀찮을 수 있다. 그러나 나중에 다시 그 문제들을 풀려고 봤을 때 표기가 되어 있다면 문제를 풀 의욕이 줄어든다. 풀이하는 것이 아니라 단순히 보는 것이 되기 때문이다. 이미 정답이 표기된 문제는 정답을 고민할 필요가 없어서 집중력이 떨어지게 된다. 틀린 문제라 하더라도 가장 매력적인 오답을 제외하고 찾게 되는 것이라 의미가 적다. 그래서 말끔하게 새로 문제를 풀 수 있도록 환경을 미리 정비해 두어야 한다.

또 한 가지, 채점과 오답 정리를 한 후 문제에 체크를 해야 한다. 이 역시 나중에 다시 볼 것을 고려하는 것이며 체크에 기반을 두어 다음에는 더 **빠르게** 문제들을 분류하여 보려는 것이다. 체크하는 방법 역시 스스로 만드는 것이 좋다. 단, 너무 다양하게 체크해 두려고 하면 그 방법 유지가 어려울 수 있다. 적당히 단순해야 한다. 다음은 필자의 문제 체크 방법이니 참고하기 바란다.

① 다시 보지 않을 문제는 연필로 'X' 표시를 한다. 현재 자신의 수준에 비해 너무 쉬운 문제들이다. 이 문제에 관한 내용은 본고사 시험일까지 기억할 거라고 판단되며, 똑같은 문제가 시험에 나온다면 당연하게 맞출 수 있다는 확신이 들면 X 표시를 하면 된다. 이 문제들은 나중에 다시 풀지 않을 예정이며 눈길도 주지 않고 넘어갈 생각이다. 또한, 해당 문제집을 나중에 다시 볼 때 그때 자신의 수준에 따라 추가로 'X' 표시하는 문제들이 생겨날 수 있겠다. 실력이 높아질수록 이런 문제들이 많아진다. 그렇게 되면 다시 볼 때 보는 양이 확연하게 줄어들며 한결 공부하는 것이 수월해진다. 물론 자신이 과감하게 'X' 표시를 하는 문제 중 일부는 사실 다시 볼 필요가 있는 문제일 수도 있다. 예상치 못하는 망각이 있을 수도 있다는 말이다. 하지만 그것들은 극소수다. 그런 예외

들을 우려해서 훨씬 중요한 효율성을 놓치는 것은 현명하지 않아 보인다. 남는 시간에 다른 문제들을 더 풀어보는 것이 낫다.

> **√ 3.** • ①A ②B ③C ④D ⑤E

②좋은 문제는 녹색으로 'V' 표시를 해 둔다. 그 문제를 맞았는지 틀렸는지는 중요하지 않다. 중요한 개념을 깨우쳐 주는 문제, 이론을 정리해 주는 문제 등 자신이 판단하기에 좋은 문제여서 무슨 일이 있어도 꼭 몇 번은 더 풀어보고 싶은 문제에 표시를 한다. 나중에 한참 자신감이 떨어졌을 때 정답을 맞혔는데 'V' 표시를 한 문제들만 골라 풀어보면 도움이 된다. 어렵지 않으면서 중요하고 좋은 문제들인데 정답을 맞힐 수 있다는 것은 자신이 기본적인 실력이 있다는 확신을 할 수 있기 때문이다.

> **4.** • ①A ②B ③C ④D ⑤E

③해당 문항이 문제를 다시 풀어볼 정도의 시간 투자를 할 가치는 없어 보이지만 특정 보기 항목은 다시 체크해 보는 것이 필요할 경우 해당 보기에 노란색 형광펜을 칠한다. 이제 나중에 이 문제를 다시 볼 때는 문항을 빠르게 읽고 보기 한 가지만 체크하고 넘어가면 된다. 문제를 찬찬히 읽고 생각해 풀어보는 것보다는 시간적, 정신적 절약이 된다.

> **6.** • ①A ②B ③C ④D ⑤E

④틀린 문제는 붉은색으로 사선을 긋는다. 대부분이 사용하는 채점 방식이다.

⑤ 난도가 높은 문제는 **빨간색**으로 별표를 한다. 이 역시 대부분이 어렵거나 중요하다는 표기를 할 때 사용한다. 필자는 이론 내용에 있어서 중요하다는 표기로 붉은 별 기호를 사용했지만, 문제에는 붉은 별은 어려운 경우에만 사용했다. 단, 강사가 중요한 문제라고 지정한 경우에는 파란색 별 기호를 사용하기도 했다.

S 10.　• ①A ②B ③C ④D ⑤E

⑥ 난도가 지나치게 높거나 너무 지엽적인 것을 묻는 문제, 혹은 문제의 논리에 동의하지 않거나 잘못되었다고 판단되는 문제는 주황색으로 'S' 표기를 했다. Skip의 약자이고 그 문제는 추후 수정되거나 특별한 일이 있지 않은 이상 거르겠다는 표시이다. 이런 문제들이 많아서는 안 되겠지만 꼭 필요한 체크 방법이다. 100% 모두 가져갈 수는 없다. 가끔 버리거나 포기할 문제가 있는 것이 당연하다. 물론 해당 과목 만점을 목표로 한다면 이야기가 다를 수 있겠지만, 일반적으로 어려운 장기 시험에선 특정 과목 만점이 거의 나오지 않는다. 수년 동안 오로지 그 과목만 공부해야 마스터할 수 있을 것이다. 그러니 완전성보다는 효율성이 중점을 두어야 한다.

7.　• ①A ②B ③C ④D ⑤E

⑦ 그 외에 아무것도 표시하지 않는 문제들이 있을 수 있다. 이런 문제들은 나중에 다시 그 문제집을 볼 때 상황에 따른다. 당연히 다시 풀어보

는 것이 좋지만 만약 그 당시 시간이 여의치 않다면 아무 표시되어 있지
않은 문제는 풀지 않을 수 있다는 말이다. 이론 공부 체크에서 줄 긋지
않은 내용이 2회독 시 선택사항이었던 것과 동일하다.

즉, 문제집 복습 풀이 시에는 X 표시 외의 모든 문제를 다시 풀어보려
고 계획하는 것이 맞지만 만약 그때 상황이 여의치가 않다면 우선순위
에서 가장 밀리는 것은 아무런 체크가 없는 문항이다.

정리하자면 다음 표와 같다.

항목	표시 방법	항목	표시 방법
① 다시 보지 않을 문제	'X' 표시	④ 오답문제	붉은 '/' 표시
② 좋은 문제	녹색 'V' 표시	⑤ 난이도가 높은 문제	붉은색 별표 ☆
③ 특정 보기만 다시 볼 필요가 있는 경우	특정 보기에 노란 형광펜	⑥ Skip의 약자, 과한 난이도나 이상한 문제로 판단되어 거르는 문제	주황색 'S' 표시

＊문제 체크 요령 예시

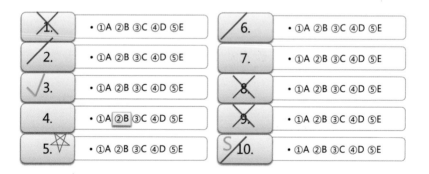

〈문제 체크 예시〉

오답 정리 후 따로 문제 체크를 하지 않는 수험생들은 후에 그 문제집을 다시 볼 때 모든 문제를 풀거나 틀린 문제만 풀게 된다. 모든 문제를 다시 풀려 하면 시간이 많이 소요되고 지루할 수 있다. 오답 문제만 푼다고 하면 놓치는 부분들이 발생하며 다시 틀릴 확률이 높은 오답 문제들만 풀어보는 것 자체도 심리적 부담이 될 수 있다.

반면 문제 체크를 한 경우에는 다시 볼 때 확실히 편하다. 문제들을 차별화해서 볼 수 있어서 효율적이고 덜 지루하다. 따라서 문제를 풀고 오답 정리를 한 후에는 나중을 위해 반드시 문제를 분별해 체크해 두도록 하자.

기본문제와 기출문제 풀기

기본문제

복습 파트에서 먼저 다뤘듯이 기본문제라는 것은 기출문제나 본고사를 대비한 실전 문제와는 다른 연습 문제, 기초 문제 등을 말한다. 이것들은 가벼운 암기 테스트, 기본 개념 확인 및 기본기의 반복 훈련 같은 것들이다. 기본서나 강의를 통해 첫 공부를 하고 그 후 다시 이론 내용 복습을 한 후에 꼭 이런 기본문제들을 풀어보라고 권하였다. 이것들은 비교적 간단한 문제이기 때문에 조금 더 빠른 시간 안에 가볍게 풀 수 있으므로 부담이 적은 반면 기본기를 다져주는 문제이다. 소홀하지 않아야 한다. 또, 문제 체크는 이때부터 해야 한다. 기본문제들도 나중에 다시 풀어야 하기 때문이다.

한편 기본문제가 본인이 감당하기에 너무 분량이 많을 수도 있다. 혹은 감당할 수 있어도 문항수가 많으면 다소 지루할 수도 있다. 이럴 때는 우선 '홀수 번호' 혹은 '짝수 번호'만 골라서 문제를 풀이하도록 하는 것도 방법이다. 그 이후 즉시든 나중에든 여유가 된다면 나머지 문제들을 순차적으로 풀이하면 된다. 이렇게 하면 부담도 줄일 수 있고, 체감하기에 문제를 풀어가는 속도가 빠르게 느껴져 덜 지루하다. 만약 10번까지 문제가 있다면 1, 3, 5, 7, 9의 다섯 문제만 우선 풀게 되는 것. 이렇게 하는 것이 똑같이 다섯 문제만 풀고 마친다고 하더라도 앞쪽 문제인 1~5번까지만 풀이하는 것보다 낫다. 특정 출제 주제가 앞쪽이나 뒤쪽에 다소 편향되어 있을 수 있기 때문이다. 즉, 전체 범위를 분량을 줄여 더 골고루 풀 수 있다는 것이 핵심이다.

기출문제의 중요성

기출문제가 중요하다는 것은 어디에서나 들을 수 있는 이야기이다. 연습 문제도, 예상 문제도 아닌 기출이 된 '실제 문제'는 출제될 본고사 문제에 대한 직접적인 감을 잡게 해준다. 또한 그 문제를 보는 것만으로도 일 년에 한 번뿐인 장기 시험에 대한 긴장감을 다잡아준다. 그래서 피하지 않고 수시로 마주해야 할 것이 바로 기출문제이다. 그리고 기출문제는 보통 문제의 질이 좋다. 일반적인 연습 문제, 예상 문제들보다 한 문제마다 제작에 들어간 시간과 비용, 절차와 검토되는 정도 또한 다르기 때문이다.

그러나 한편으로 기출문제 중요성도 과목마다 다를 수 있다. 필자가 준비했던 시험도 분량이 많고 이론에 치중된 생물 등의 과목은 기출문제의 형태를 아는 것은 필요했지만 같은 내용이 반복되어 출제되는 비중이 매우 낮아 기출문제 내용의 중요성이 비교적 떨어졌다. 반대로 물리 같은 이해와 개념 위주의 과목은 기출문제와 거의 유사한 형태로 문제들이 다시 출제되기 때문에 기출문제에 최우선하는 것이 필요했다. 특히 그런 경우 기출문제의 질이 매우 높아 그 문제들 자체로 큰 개념 이해 공부가 되기도 한다. 또한 동일한 과목도 시대에 따라 출제 경향성이 다를 수 있다. 고도의 사고력을 요하는 문제들 위주였다가 수험생 수준에 맞춰 낮아지는 경우가 있고, 출제 자원이 고갈되어 추론에서 단순 지식 형태의 비중이 높아지기도 한다. 혹은 기초 지식들 위주의 문항이었다가 과목의 출제 형태가 정립되고 강사와 수험생들 수준이 높아지면서 더 복잡하고 어려운 형태로 출제되기도 한다. 특정 시기에는 계산 문제 비중이 높아지기도 한다. 따라서 그런 시류들을 파악해야 한다. 해당 과목 강의를 듣는다면 강사가 경향성에 대해 언급해 주기도 하며 그렇지 않으면 해당 시험의 과목별 최신 기출문제를 참고로 하여 스스로 파악하도록 해야 한다.

기출문제 표기하기

기출문제는 조금 더 특별히 다뤄야 할 부분들이 있다. 바로 출제 경향성을 체크하는 것이다. 이를 위해 기본서 등에 기출문제를 표시하는 방법이 있다[50]. 문제를 풀이하는 것이 아니다. 기출문제마다 자신의 교재에서 레퍼런스 문구를 찾아 그곳에 〈00' 연도 기출 0번〉 이런 식으로 표기하면 된다. 이때는 문제 자체보다는 문제의 해설을 참고해 출처를 찾는 것이 낫다. 이런 식의 기출문제 표기는 출제 경향성을 파악하는 한편 교재 목차와도 익숙해질 수 있는 좋은 방법이다. 머리를 쓰는 일이 아니기에 소요하는 시간에 비해 비교적 힘이 들지도 않는다.

기출문제 표기를 통해 어떤 내용이 자주 출제되며 어떤 내용이 낮은 빈도로 출제되는지를 파악해 그에 맞춰 공부 시간 배분을 다르게 하며, 필요시 출제율이 낮은 파트는 과감히 버릴 수도 있다. 이런 표기를 통해 출제 경향성에 대한 감을 충분히 잡는 사람들은 그해 시험문제를 예측하기도 한다.

한편, 직접적인 기출문제 표기법은 이론 내용이 많으면서 암기 위주인 과목에 좀 더 적당하다. 수학, 화학이나 물리같이 개념과 문제 풀기 위주의 과목은 특정 페이지의 구체적인 각 내용에 기출문제를 표기하는 것이 의미가 적다. 대부분의 큰 개념들이 매해 반복되어 출제될 것이기 때문이다. 그래서 이런 과목들은 '특정 이론 내용을 기억하고 있느냐' 보다는 개념을 이해한 상태에서 '문제를 풀이하는 방법'이 더 중요하다. 따라서 이런 과목들은 매년 '어떤 단원에서 몇 문제가 출제되는지' 정도만 체크해 보면 된다. 그리고 나서 출제 경향성이 낮은 단원의 중요성을 조금 더 낮게 가져가면 된다.

그런데 사실, 학원과 강의를 이용한다면 이것은 해당 과목 강사의 역할이기도 하다. 기출에 기반을 두어 자주 출제되는 곳을 더 강조하고 더 반복해 가르친다. 이에 더해 교재에 그런 식으로 기출을 표기해놓은 강사들도 곧잘 있다. 물론, 기출 표기를 자신이 직접 해 보는 것이 더 효과적이라고 생각되나 시간이 다소 걸리는 일이기 때문에 직접 하기보다 그런 것들을 참고해 볼 수도 있겠다. 그렇기에 강의를 듣는 사람들에게는 기출문제 표시를 직접 하는 것이 꼭 필요하다고 권장하기는 어렵다. 반면 내용이 많은 암기 과목을 기본서에 기반하여 강의 없이 혼자 공부하고 있는 환경이라면 출제 경향성을 파악하기 위해 꼭 필요한 방법일 수 있다.

> * 출제 경향성 파악 : 기출문제 표기 또는 단원별 출제 빈도 체크 등을 통해
> 집중할 내용과 적당히 할 내용을 분별.
> * 기출문제 표기법 필요: 기본서 독학 수험생 | 이론내용 암기 위주의 과목에 더 적절.

기출문제 접근 방식 2가지

기출문제는 크게 두 가지 관점에서 접근할 수 있다. 첫째는 실전 연습과 현재 자기 실력 파악, 둘째는 학습과 익숙해지기이다. 언뜻 구분이 안 될 수 있다. 둘의 큰 차이는 '얼마나 반복을 하느냐'이다. 즉 실전 연습(주로 시간 관리 연습)과 현재 자기 실력 파악을 위해서는 단 한 번만 그 문제들을 사용할 수 있다. 그리고 학습과 익숙해지기는 끊임없이 그 문제들로 배우고, 풀이법과 문제 형태에 익숙해져야 하기 때문에 되도록 여러 번 그 문제들을 풀어봐야 한다. 그래서 연차별 기출문제 중에 그 두 가지를 기준으로 나누어야 한다. 혹여 전자(실전 연습과 현재 자기 실력 파악)를 먼저 하고 그 문제들을 다시 후자로 이용하면 안 되냐고 생각할 수도 있다. 하지만 시기가 다르다. 전자는 수험 초기부터 할 수 있는 것이 아니다. 어느 정도 수험 기간이 지나 실력이 적당히 되어야 실전 연습과 현재 자기 실력 파악이 의미가 있다. 반면 후자는 초반기에 더 필요하다. 따라서 한 기출문제로 두 가지 관점의 장점을 온전히 동시에 얻기는 어렵다.

그래서 가장 최신 1~2개년 문제들을 실전 연습과 현재 자기 실력 파악용으로 사용하길 권한다. 최신 기출 내용이 비교적 최근 경향성과도 맞기 때문에 자기 실력 파악과 실전 연습용으로는 더 적절하다고 볼 수 있다. 실감도 더 난다. 반면, '문제의 질'이나 개념 자체가 예전 것들(특히 고전 문제)이 더 좋을 확률이 높다. 해당 시험이 거듭될수록 좋은 개념 문제들의 원래 소스(original source)는 고갈되고, 더 지엽적인 내용이 출제되고 있을 확률이 높기 때문이다. 더구나 학원가에서 만드는 해설들도 가장 최신 문제들보다는 비교적 조금 지난 문제들이 잘 정립되어 있다. 비슷한 문제나 재출제 파트도 작년, 재작년 시험 내용은 최대한 배제할 가능성이 크지만, 예전 시험과는 약간 겹칠 수도 있는 일이다. 따라서 최신 기출문제보다는 조금 지난 문제들이 학습에 더 유리할 수 있다. 물론, 시험의 역사가 너무 오래되어 예전 문제들이 관점 자체가 다르거나, 중간에 큰 변화로 예전 문제들과 범위나 경향성이 많이 다르다면 그 문제들을 반복 학습용으로 택할지는 재고해야 하겠다.

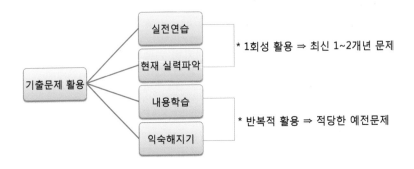

한편, 문제집에서 기출문제를 '연도별'이 아닌 '단원별'로 묶어 놓는 경우도 있다. 이런 경우에는 실전 연습이나 현재 실력 파악 용도로 기출

문제를 활용하기가 어렵다. 그래서 필자는 연도별 기출문제집을 더 선호하는 편이기는 하나 단원별 기출문제집 역시 나름대로 장점들이 있다. 특히, 한 단원에 대해 집중적인 기출문제 풀이로 그 주제의 출제 경향성에 익숙해지는 것은 큰 강점일 수 있다. 단, 기출문제의 과도한 누적으로 분량이 부담될 수 있다. 이럴 때는 앞서 기본문제에서처럼 우선 '홀수 번호' 혹은 '짝수 번호'만 골라서 문제를 풀이하도록 하는 것도 방법이다. 그 이후에 여유가 된다면 나머지 문제들을 풀이하면 된다.

한편, 주의해야 할 점 한 가지는 자기 실력 테스트를 위해 바로 작년 시험문제를 풀었다 하여도 그 성적을 그대로 믿으면 안 된다는 것이다. 특히 이번 해 강의를 들었다면 알게 모르게 이미 강사들이 직전 연도에 출제된 내용에 대해 더 중요하게 언급하고, 비슷한 문제도 이미 만들어 연습해봤을 가능성이 크기 때문. 당연히 자기 실력보다 조금 더 잘 나오는 것이 일반적이다. 물론, 아직 실력완성이 덜 되었거나 그해 시험이 자신과 잘 안 맞으면 자신의 실력보다 훨씬 더 잘 안 나올 수도 있다. 중요한 것은 항상 평정심과 차분함이다.

기출문제는 얼마나 풀어야 하나

확보할 수 있는 기출문제가 적다면 문제가 되지 않지만, 이미 시행 횟수가 오래되어 기출문제가 많이 쌓여 있다면 얼마만큼의 기출문제 분량을 섭렵해야 할지 고민일 수 있다. 자신의 능력치에 따라 감당할 수 있는 범위는 다를 것이다. 또한 해당 시험의 문항 수, 한 문항 당 풀이에 걸리는 평균 시간 등에 따라 다를 수 있다. 하지만 보통은 최근 5개년 치 정도면 충분하다고 본다. 거기에 여유가 된다면 조금 더 예전 문제들이나 초창기 문제들도 참고해보면 좋을 수 있다. 앞서 이야기했듯 고전 문제들은 나름 그 시험의 중요 내용, 핵심이 되는 내용을 짚어주는 경향이 있어서 참고해보는 것도 좋다. 그러나 내용 복습과 정규 문제 풀이도 따라가기 벅찬 상태에서 너무 욕심부릴 필요는 없다. 기출문제 분량이 부담된다면 5개년 정도, 그도 정말 어렵다면 3개년 정도는 확인하고 공부해 보도록 하자.

기출문제를 적게 공부했다거나 아직 전혀 풀어보지 못했다고 너무 조급할 필요는 없다. 마음먹고 하루, 이틀 시간을 내면 충분히 몇 회를 풀고 정리해볼 수 있으니 바로 일정 계획을 세우고 시행하면 된다. 그리고 기출 풀이한 양이나 시기가 절대적으로 중요한 것도 아니다.

> **기출문제 분량 : 최소 3개년 | 일반적으로 5개년 | 필요 시 그 이상, 고전문제까지 섭렵**

기출문제 풀이 시점

기출문제를 언제 풀어야 할지 고민할 수 있다. 크게 ① 공부 시작 전, ② 각 단원 공부 내용의 초기 공부가 끝난 후, ③ 이론 전체 내용이 1회 끝난 후, ④ 문제 풀이 시 함께, ⑤ 본고사 직전 이 정도의 5가지 경우를 생각해 볼 수 있다.

수험기간 ⟹			
이론중점 공부	문제풀기 및 이론복습	재 복습 및 최종정리	본고사
① ② ③	④	⑤	

우선, 과목마다 차이가 있을 수 있으니 해당 과목 강사나 합격한 선 경험자의 의견을 참고하는 것이 필요하다. 그렇지만 혹시라도 선택해야

하는 문제라면 필자는 대부분 과목에서 '③이론 전체 내용이 1회 끝난 후'를 추천한다. 다른 시점들의 특징과 함께 자세히 보자.

'①공부 시작 전'의 경우 본격적인 이론 공부 전에 기출문제를 한 번 눈으로 보는 것은 의미가 있다. 그러나 풀어보는 것은 의미가 있을지 의문이다. 물론, 영어 같은 경우는 그동안 어느 정도 정규교육 등을 통해 배웠으니 풀어볼 수 있겠다. 그러나 그 외 타 과목들은 배웠다고 하더라도 기억이 나지 않거나 수능이나 대학 시험에 비해 그 난도가 높아 현재 자신의 실력으로는 풀기가 거의 불가능할 것이다. 재수생 역시 시험 후 몇 달 동안 머리를 비워 실력이 떨어져 있으니 풀어보는 의미가 적다. 단, 수험 생활이 처음이라면 본고사 실제 문제가 어떤 형태인지는 파악이 필요하다. 특히 장기 시험은 학교 시험과 다르게 낱낱이 암기해 옮겨 쓰는 형태는 거의 없다. 문제가 객관식이라면 이에 맞춘 정도의 암기가 필요하다. 문제 질문 및 보기 형태와 질문하는 구체적인 정도, 문제 길이 등은 확인해 보는 것이 도움이 된다.

'② 각 단원 공부 내용의 초기 공부가 끝난 후(이론 공부 도중)'의 경우도 괜찮은 선택지이다. 또한, 기본문제 대신 기출문제를 풀어보라고 권장되는 경우라면 이때 풀어야 하겠다. 하지만 따로 제시되는 기본문제가 있다면 기출문제까지 풀기에는 무엇보다 시간이 여의치 않을 가능성이 크다. 그리고 타 단원과 연계되는 문제라든지, 좀 더 심화 내용까지 공부 및 암기가 필요한 기출문제들의 경우는 풀기 어려울 가능성이 높다.

'④문제 풀이 시 함께', '⑤본고사 직전'의 경우는 다소 늦어 보이는 경향이 있다. 적정한 시기에 실제 문제를 경험하고 실전 감각을 익혀야 한다. 그래야 앞으로 본격적인 많은 양의 문제 풀기를 할 때 그 문제의 좋고 나쁨, 기출문제와 비슷한 느낌을 어느 정도 구별할 수 있기 때문이다.

'③이론 전체 내용이 1회 끝난 후'의 경우는 앞서 언급한 단점들이 모두 해소되는 시점이다. 이론을 전혀 모르는 것이 아니니 어느 정도 풀이할 수 있으며, 전체 내용을 모두 봤기에 어느 정도 통합적인 사고가 가능하다. 그리고 해야 할 것이 많은 단원별 초기 공부가 끝났기 때문에 비교적 시간적 여유도 있을 가능성이 크다. 또한, 실전 문제를 집중적으로 풀기에 앞서 문제 질을 판단할 수 있는 기준을 익힐 수 있다.

한편, 보통 실전 문제들은 기출문제보다 조금 더 어렵다. '연습보다 실전은 조금 더 어렵게 하라'는 취지가 있다. 그리고 너무 지엽적이거나 논란의 여지가 있을 수 있는 문제까지 포함하기 때문이며, 1문제당 풀이 시간은 크게 고려하지 않고 문제를 만들기 때문으로 보인다. 여하튼 그래서 문제의 난이도를 굳이 비교하자면 기본문제 〈 기출문제 〈 실전 문제 정도로 생각할 수 있다.(당연히 기출 연도에 따라 차이가 있을 수는 있다.) 그래서 기출문제는 기본문제에서 실전 문제로 난이도가 급변하는 시점에 완충 역할도 해줄 수도 있다. 일찍 수험을 시작해 여유가 있는 수험생의 경우엔 본격적인 실전 문제 풀이 직전, 순전히 2주~1달 정도를 따로 빼놓고 기출문제 풀이 및 정리를 하는 경우도 있다. 그 정도는 아니더라도 이론 전체 내용이 1회 끝난 직후 최소 2~3일은 확보해 기출문제를 풀어보기를 권한다.

이상으로 기출문제 풀기 시점을 '③이론 전체 내용이 1회 끝난 후'로 권하는 이유였다.

> **권장하는 기출문제 풀이 시점 : 이론 전체 내용이 1회 끝난 후**
> → 풀이 가능 | 통합적 사고 가능 | 시간적 여유 | 실전문제 감각확보 | 난이도 완충역할

기출문제 정리 방법

기출문제를 풀고 정리하는 방법이다. 기출문제 역시 한번 풀고 끝낼 것이 아니라 특정 문제들은 몇 번이고 더 풀어봐야 한다. 이때 체크를 하며 풀어야 한다. 체크하는 방법은 앞서 다루었다.

기출문제는 기존 출제된 문제이다. 일반적으로 앞으로 다시 반복되어 똑같이 출제될 가능성은 낮다. 그러나 중요 내용이기에 무시하기도 어렵다. 그래서 수험생 입장에서는 이것들을 어떻게 정리하고 넘어갈지 고민하기도 한다. 출제된 그 내용 자체만 집중적으로 공부할 것이 아니라, 그 내용을 중심으로 그 근처 내용까지 함께 정리하라고 권한다. 출제 경향성을 파악하고 새로 그 옆의 내용이나 다른 방식으로 출제될 수 있는 내용까지 공부해 보게 되며 머릿속 지식을 되새길 수 있다. 예를 들어 생물이라면 DNA binding domain(유전자에 붙게 하는 일반적 단백질)으로 알려진 4가지 중 첫 번째 것에 대한 기출문제를 풀었다면 나머지 3가지까지 함께 간단히 특징을 정리해 문제 하단 여백에 적어 보면 된다.(예 1) 또는 사건의 순서를 올바르게 나열한 보기를 찾는 문제에 자신이 암기한 내용을 좀 더 구체적이고 순차적으로 기록해볼 수 있겠다.(예 2) 이때 우선, 암기된 것 위주로 정리해 적어보고 찾아봐야 하겠다면 내용을 찾아보도록 한다. 혹은 수학이나 물리같이 공식이 자주 사용되는 과목이라면 사용된 공식을 하단에 한번 적어보도록 한다.(예 3) 그런 문제가 나오면 그 공식으로 접근해야 한다고 감을 잡을 수 있으며 공식 암기 정확성을 한 번 더 확인해 볼 수 있다.

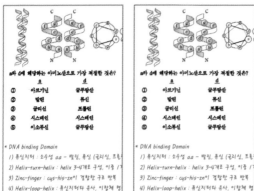

예1) 생물 기출문제 예시[51]

예2) 한국사 기출문제 예시[52]

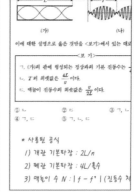

예3) 물리 기출문제 예시[53]

One point Tip

자신 없고 싫어하는 과목 대처법

수험생마다 과목에 대한 선호도가 다를 수 있는데 어떤 경우에는 정말 유난히 자신에게 어렵고 공부하기 힘들게 하는 과목이 있을 수 있다. 하지만 그렇다고 하여 과목 하나를 포기해 버리면 합격과 상당히 멀어진다. 이를 위한 팁 2가지를 언급하려 한다.

지금은 소아과 의사가 된 함께 공부했던 스터디원이 있다. 당시 그녀가 정말 기초도 없고 적성에 안 맞아 힘들어하던 과목이 있었는데 나중에 이야기해 보니 해당 과목에서 꽤 좋은 성적을 받은 것이었다. 그래서 노하우를 물어보니, 해당 과목이 정말 어렵고 어떻게 해야 할지 몰라서 아침에 공부 자리에 앉자마자 해당 과목 기출문제를 2회씩 무조건 풀고 하루 공부를 시작했다는 것이다. 그렇게 매일 수 개월간 하자 그 과목이 익숙하고 한결 편해져 시험을 잘 치를 수 있었다고 한다. 그처럼 싫거나 유난히 자신 없는 과목이 있다면 하루의 '특정 시간'을 정해 해당 과목에 대해 항상 '반복해 공부할 내용'을 우선 배정해 두도록 하자. 단, 그 반복할 내용은 대상이 분명해야 하며 기출문제 풀이를 특히 권장한다.

두 번째는 그 과목을 잘하고 즐겨 하는 수험생이 주위에 있다면 적극적으로 그 과목 공부의 느낌을 물어보는 것이다. 모든 과목은 그 과목만의 특색과 느낌을 지니고 있는데 그중에 좋게 느껴질 수 있는 느낌들을 찾아가는 것이다. 예를 들어 영어라면 수학처럼 복잡한 풀이 과정이 필요한 것이 아니며, 국어처럼 애매모호 하지 않고 명료하게 답이 나온다는 특색, 암기한 단어가 지문에 나왔을 때의 반가움, 듣기에서 한 문장씩 더 알아 들게 될 때의 쾌감, 반복되는 문법 표현들이 술술 풀리는 느낌, 공부할 때 다양한 교양 지문들을 읽을 수 있다는 재미 등일 수 있다. 그렇게 그 과목에 흥미를 붙일 수 있는 단서들을 찾아간다면 해당 과목에 대한 인식을 조금씩 바꿀 수 있을 것이며, 그 과목을 공부하는데 조금 더 긍정적일 수 있을 것이다.

실전 문제 풀기

이론 복습과 병행해야 한다

'실전 문제 풀이' 란 본고사를 대비해 비슷한 문제들을 주되게 풀어보는 과정이다. 그런데 이론 공부를 끝내고 이제 집중적인 문제 풀이를 한다고 하더라도 이론을 놓아서는 안 된다. 따로 이론 복습은 꾸준히 해야 한다. 문제들이 모든 이론을 다 다룰 수는 없다. 따라서 문제로 더 익숙해지고 그 이상 알게 되는 내용이 있다 하더라도 반대로 그보다 훨씬 더 많은 내용은 문제에서 다루어지지 않기에 잊혀간다. 그래서 문제를 단원별로 풀고 있다면 그 풀고 있는 단원에 맞춰 혹은 자신이 계획한 이론 복습 스케줄에 맞춰 계속하여 이론 복습 진도를 이어가야만 한다.

해설 없는 문제는 되도록 풀지 않는다

단순 시간 체크용이 아니라면 정답을 알 수 없거나 해설이 없는 문제는 풀지 않는 것이 낫다. 물론, 자신이 절정의 고수라서 찾아볼 문제가 극히 적다면 괜찮다. 그러나 그렇지 않다면 해설이 없는 상태에서 직접 문제들의 출처를 찾아보며 풀이한다는 것은 매우 비효율적인 일이다. 찾아도 해결이 안 되는 경우가 종종 발생하는데 그런 문제를 풀고 고민한 것은 시간 낭비에 가깝다. 문제를 풀이하는 이유는 알고 있는 것을 굳건히 하고, 몰랐던 것을 알고 머릿속에 다시 정론을 만들려는 것이다. 그런데 해설이 없어 기준과 논리가 부정확하다면 머릿속에 정립되는 것이 매우 적게 된다. 오히려 막연한 추측성 논리로 혼란과 오개념을 유발할 수도 있다. 문제란 것은 답과 논리와 출처가 기록되어 있어야 제대로 된 공부를 할 수 있는 수단이 된다.

문제 풀이 강의

문제 풀이 학원 수업이 따로 존재하는 경우가 있다. 특히 어려운 시험일수록 문제 풀이 수업이 학원가에 잘 갖추어져 있고 그것을 수강하는 수험생들의 비율이 높다. 이유는 혼자 문제를 풀이하려 해도 잘 풀리지 않기 때문이다. 그런 수험 시장이라고 하더라도 자신역시 무조건 따라서 문제풀이 수업을 들어야 하는 것은 아니다. 혼자 할 수 있으면 혼자 해도 된다. 필자가 생각하는 어느 정도의 기준은 10문제가 있다면 그중 8문제 정도(80%)는 풀이해서 답을 낼 수 있고, 그 풀이한 문제 중에 절반 이상 정답이라면 충분히 혼자 해도 될 만한 실력이라 본다. 또는, 문제 집의 해설을 보면서 90% 이상 이해할 수 있다면 된다. 하지만 그 이하라 면 문제 풀이 수업을 들으며 천천히 실력을 늘리는 것도 좋은 방법이다. 특히, 실력이 한참 모자란 초시생의 경우 억지로 어려운 문제 풀이를 혼자 하려다 좌절감을 키울 수 있다.

괜히 특출한 머리를 지닌 일부 합격생의 말을 듣고 어설프게 혼자 하는 공부를 따라 할 것도 아니며 반대로 모두가 하는 것을 보고 강의 없이 혼자 하는 것이 불가능하다고 생각할 것도 아니다. 사람에 따라서, 혹은 같은 사람이라도 현재 자신의 상태에 따라서 다를 수 있다. 그래서 필자 가 어느 정도 기준을 제시해 준 것이다.

문제 풀이 수업을 들으면 강사와 함께 다시 한번 이론을 복습하며 다 질 수 있다. 풀이하는 테크닉이 필요한 문제들에 대해선 강사의 방법을 배울 수도 있다. 문제 풀이 강의에 새로운 고급 이론을 추가해 가르치는 강사도 있으며 새롭게 정리된 내용을 보여주기도 한다. 그런 여러 장점 도 있는 반면에 단점이라면 혼자 하는 것보다 다소 시간이 걸리기 때문 에 문제를 풀어 볼 수 있는 양이 제한되기 마련이다. 당연히 해설을 듣는 것보다는 눈으로 읽는 것이 훨씬 빠르며, 쉬운 문제는 굳이 해설을 자세 히 들을 필요가 없다. 그래서 문제 풀이 강의를 듣기로 하였다면 실강보 다는 온라인 강의를 선택해 이해가 잘되지 않는 문제만 선별적으로 참 고하는 것도 좋은 전략이 될 수 있다.

문제 풀이 강의 수강 시 주의할 점

문제 풀이 강의를 듣는다면 반드시 혼자 문제를 풀고 나서 강의를 들어야 한다. 다른 진도가 아무리 밀려 있어도 이것은 철칙이다. 문제를 먼저 풀어보지 않고 강의에서 풀이하는 방법만 배우겠다고 생각해서는 안 된다. 직접 고민하고 생각해 본 후에 풀이법과 해설을 듣는 것과 그렇지 않은 것은 너무 큰 차이다. 수업 집중도뿐만 아니라 머릿속에 남는 것이 전혀 다르다.

많이 틀릴 것 같아 무섭다 하여도 최소한 '답'은 내야 한다. 독창적인 논리라도 한 가지를 선택하는 것이 지레 겁먹고 건너뛰는 것보다 낫다. 그렇게 함으로써 그 문제의 요지에 대해서 좀 더 생각해보며 시간을 쓰게 만들어 해당 주제에 대해 낯설지 않게 한다. 그리고 내게 선택받은 문항이라는 한 가지 특별함을 더 만든다는 것에도 의미가 있다. 일반적인 객관식 오지선다형에서 정답이라는 항목에다가 내가 택했던 항목, 한 가지까지 더해 친숙해지는 것이다. 또한 무작위로 소위 '찍은 것'이 아니라면 일반적으로 오답은 가장 매력적인 선택지였다는 것에서도 의미가 있다. 왜 그것을 선택하게 되었는지 생각해 볼 문제다.

실력에 따른 문제 풀이 강의 공부 방법 4가지

문제 풀이 강의를 들을 때의 공부 방법이다. 자신의 실력 수준이나 선호도에 따라 선택하면 된다. 일반적으로 가장 권장하는 방법은 4가지 방법 중 첫 번째 방법으로 다음과 같다. 먼저 강사가 제시해 주는, 혹은 예상되는 범위까지 문제를 풀이한다. 그리고 해당 범위까지 이론 내용을 복습한다. 그 후 문제 풀이 강의를 들으며 강사의 해설을 참고한다. 이어서 강의를 마치고 혼자서 문제 풀이 강의 복습 및 정리를 하고 필요한 문제들을 다시 풀어보면 된다. 가장 이상적인 방법이다. 그런데 이것이 어려울 수 있다. 워낙 공부했던 내용을 많이 잊어버렸거나 문제 난도가 높아 풀기 어렵다면 먼저 '이론 복습'을 쭉 한다. 그렇게 해서 기억이 생생한 상태에서 책을 덮고 문제를 풀면 된다. 그러고 나서 문제 풀이 강의를 듣고 복습을 하는 것은 첫 번째와 동일하다. 세 번째로 두 번째 방법으로도 잘 안될 수 있다. 이때는 이론 복습을 한 후 책을 편 상태에서 참고하고 찾아가며 문제를 풀어 볼 수 있다. 이하 뒤 내용은 동일하다. 마지막으로 그도 정말 어렵고 시간만 소비되는 것 같다면 이론 복습을 하고 풀이 수업을 들은 후 그에 맞춰 문제 이해 및 풀이 방법을 암기하면 된다.

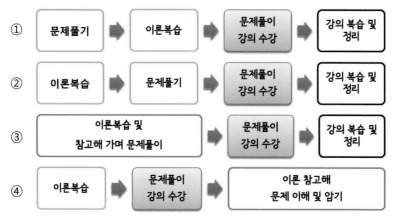

〈문제 풀이 강의 수강법의 4단계〉

설명한 4가지 방식 중에서 ①번 ②번 방식 정도가 좋다. 실력을 떠나서 그 둘 중 기호에 맞게 선택하여도 무방하다. 그러나 ③, ④번 정도로 해야 한다면 기초가 부족할 가능성이 높다. 특히 이론 공부하며 복습과 암기, 그리고 기본문제 풀기를 소홀히 했을 확률이 매우 높다. 만약, 자신의 상태가 ④번 정도의 선택을 필요로 한다면 현재 공부 단계가 적절한지 새고해야 한다. 자기 수준을 넘는 공부에 끌려가는 것보다는 늦었더라도 다시 기본기를 다지고 와서 제대로 된 공부를 스스로 리드해 가는 것이 낫다.

답치기 테크닉

한편, 단순 지식형 내용이 많은 과목의 객관식 문제 풀이 시 '답치기'라는 테크닉이 있다. 문제를 직접 풀이 하는 것이 아니라 답을 미리 체크해 두고 문제의 질문과 답만 반복하여 학습, 암기하는 형태다. 사실, 이런 방식은 의치대 학과시험에서 주로 사용하는 기법이기는 한데 장기 시험에서도 이를 이용해 제법 효과를 보는 경우도 있다. 분량이 무척 많은데 시간이 급박하거나 공부가 아직 충분히 되지 않은 시점에 문제를 꼭 풀이해야 할 때 유용할 수 있다. 단, 암기내용이 주를 이루는 과목이어야 하며 객관식과 단답형 형태의 문제에 한정된다. 또한, 문제풀이 강의를 들을 때가 아니라 혼자 많은 양의 문제를 섭렵할 때 사용하는 방법이다.

문제 풀이 문항별 풀이 기록 법

해설을 보고 오답 정리를 할 때 효율성을 위해, 그리고 지나고 나서 자신이 풀이했던 문제들의 논리를 확인해 보기 위해 문제를 풀 때 문항별로 정돈하여 기록해 두는 것이 좋다. 특히 이렇게 하면 실수를 예방할 수 있을 뿐만 아니라 기록하며 정답을 고른 자신의 이유 역시 정리가 된다. 우선 문제 지면이 충분할 시 하단에 "① X ㅣ 옳지 않은 이유" 이런 식으로

기록하면 된다. 이어 나오는 보기는 다시 "② O | 옳은 이유" 이런 식으로 기록할 수 있다. 반드시 결론(O, X)을 먼저, 그리고 이유를 뒤에 써야 한다. 이유를 먼저 쓰게 되면 이유의 내용 길이가 보기마다 다를 수 있어서 결론(O, X)이 보기마다 일렬로 위치하지 않게 된다. 그렇게 되면 답을 결정하기 위해 각 보기의 O, X를 체크할 때 가시성이 떨어진다.

① X | 세기성질X, 크기성질O
② O | (표준조건 가정하에)자발적 맞음
③ X | 질량보존에 위배된다.
④ X | 흡열 반응
⑤ X | 엔트로피 감소함.

① 세기성질X, 크기성질O | X
② (표준조건 가정하에)자발적 맞음 | O
③ 질량보존에 위배된다. | X
④ 흡열 반응 | X
⑤ 엔트로피 감소함. | X

〈문항별 풀이 정리법〉

또한, 보기에 대해 결론을 낸 것이 확실하지 않은 경우 자신만의 표식을 따로 해 놓으면 좋다. 필자의 경우 결론은 냈지만, 확신이 들지 않는 경우는 O, X 아래에 밑줄을 그어 표시하는 식이었다. 전혀 모르겠으면 비워두거나 물음표를 해둔다. 이런 방식으로 표시를 해 두면 채점과 오답 정리를 할 때 해당 보기를 조금 더 신경을 써서 볼 수 있다. 혹은 그렇게 잘 모르겠는 특정 문항만 선별적으로 오답 정리를 할 수도 있다.

문제는 손상시키지 않고 문제집의 하단에 정답과 풀이를 한 경우 나중에 다시 문제를 풀 때 기존의 풀이로 인해 방해받지 않게 된다. 그리고 재차 문제를 풀어본 후 아래쪽으로 눈길만 주면 기존의 풀이와 해답을 확인할 수 있으니 간편하다.

그런데 한편으로 문제집의 구성상 문제마다 서로 가깝게 위치하는 바람에 하단에 문항별 풀이를 기록할 공간이 부족할 수 있다. 이럴 때는 보기 기호 왼편이나 우편 등 여백에 결론을 표시하고 이유를 연필로 적도록 한다.(예시 그림 참고) 이런 경우 오답 풀이를 하며 다시 풀어야 할 문제라 판단되면 표기한 것들을 모두 지워 다음 풀이 시 방해받지 않게 한다. 혹 지우는 번거로움이 너무 부담된다면 다음번엔 불투명한 자나 혹은 종이로 한쪽 면만 가리고 문제를 풀면 된다. 문제 외부에 표기했기 때문에 지우기도 편하고, 일률적으로 가리기도 쉽다.

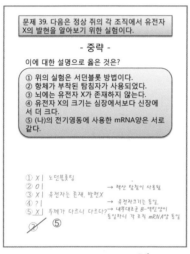

〈풀이와 오답 정리 예시 1[54]〉

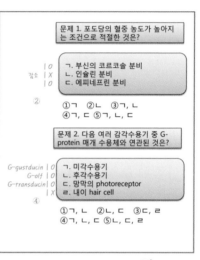

〈풀이와 오답 정리 예시 2[55]〉

한편 그래서 따로 정답 기록 노트를 사용하기도 한다. 즉 문제집은 전혀 더럽히지 않도록 노트에 정답과 이유를 기록하는 것이다. 좋은 방법이기는 하지만 단권화가 되지 않기에 둘을 함께 보관하기가 번거로울 수 있다. 또한, 다시 볼 때 문제별, 정답별로 다른 지면을 계속 이동하며 찾고, 시선을 줘야 하기에 다소 불편한 면이 없지 않다. 한 페이지에서 모두 해결할 수 있는 편이 훨씬 편하다. 문제와 그것의 정답과 해설, 그리고 나의 예전 답과 이유 등 모두가 함께 있는 형태 말이다. 항상 다시 볼 때 편한 방법을 생각해보고 적용하는 것이 반복 학습에 대한 의욕을 높인다.

문제 풀이 분량

과목당 최소 2~3권 이상의 문제집을 풀이하는 것이 좋다. 특히, 출제자 한 명의 문제집보다 다른 출제자들의 문제집을 혼용하여 풀어보는 것이 필요하다. 아무리 훌륭한 출제자라고 하더라도 한 사람이 생각해내는 다양성에는 한계가 있다. 또한, 그래서 영향력 있는 강사들은 그런 결점을 보완하기 위해 여러 경로를 통해 문제들을 수집해 오기도 하는데, 그렇다고 해도 그 편집자의 스타일이 반영될 수밖에 없다. 그래서 기출을 포함한 다양한 출처의 실전 문제들을 풀어보는 것을 권한다. 출제자뿐만 아니라 출판사나 학원이 다른 문제집도 구해 풀어보는 것이 좋다. 이것은 모의고사에서도 마찬가지로 적용되는 방향성이다.

한편, 다른 어려운 시험도 많지만, 필자가 준비했던 시험은 문제 자체가 특히 어려운 시험이었다. 그래서 처음 시험을 준비하는 수험생들의 경우 이론을 다 듣고도 2~3개월간 한 과목당 문제집 한 권씩도 풀기가 어려웠다. 그렇다면 다양한 문제집을 섭렵하겠다고 너무 욕심을 부리지 않는 것이 좋다. 실력과 시간이 부족한데 괜한 분량만 늘리는 것은 옳지 않다. 그런 경우에는 문제집 1권만이라도 확실히 하고 기출문제로 보완하는 것도 괜찮은 전략이다. 우선해야 할 것은 '소화할 수 있느냐' 이지 '분량' 이나 '다양성' 이 아니다. 필자는 첫해에 기출문제도 얼마 보지 못했고 과목당 문제집 한 권씩만을 꼼꼼히 풀었다. 그리고 영어나 다른 전형들이 평균이라면 합격할 수 있는 본고사 성적을 받았다.

문제 풀이 반복 횟수

다시 보지 않을 문제라는 표시인 'X' 문제들을 제외하고는 최소 3번 정도는 풀어봐야 한다. 풀이한 문제량도 늘고, 시간도 많이 지나고 나면 어떤 문제들은 자신이 풀었던 것인지조차 기억이 희미할 수 있다. 그래서 다시 반복해 똑같은 오답을 고르기도 한다. 역시 이를 해결하기 위해서는 반복이 필요하다. 반복 학습을 통해 문제의 내용이든 풀이 방법이든 익숙해지고 기억을 생생하게 만들 수 있다. 다행히 단순 이론 내용과 다르게 문제는 조금 더 기억될 확률이 높다. 경험상 적절한 간격을 두고 3번 정도 반복하면 문제 대부분이 머릿속에 남아있게 되는 것을 알 수 있었다. 기억력이 좋지 않은 필자도 그러하니 대부분 그 정도면 충분하다 본다. 대신 3번째 볼 때는 또 다른 체크를 해 둬야 한다. 이때는 형광펜 등으로 더 눈에 잘 띄도록 표시하여 그래도 익숙해지지 않는, 마지막에 가서도 한 번 더 봐야 할 것이라 판단되는 몇 안 되는 문제들은 따로 또 표시하도록 하자. 앞서 '최소 3번'이라 언급한 것은 일반적인 내용이 3번 정도 반복하면 된다는 것이다. 이상하게 잘 안되는 내용이 있을 수 있으니 그것들은 따로 선별하여, 될 때까지 봐야 한다.

문제 풀이와 실력의 단계

앞서 문제를 풀 때는 체크를 하며 풀어야 한다고 하였다. 확실히 아는 문제, 좋은 문제, 틀린 문제, 건너뛸 문제 등이다. 그러나 공부량이 많이 부족했거나 이론 정리가 너무 안 되어 있다면 체크의 의미가 없을 뿐 아니라 체크를 하기조차 어려울 수 있다. 무엇이 중요한지, 무엇을 알고 모르는지조차 인지하지 못하니 말이다. 특히, 섣불리 넘어간 문제 풀이에서 너무 많이 틀리게 되면, 오답 정리하는 것도 무척 지루하고 의욕이 떨어지게 될 것이다. 그래서 그런 피드백들 때문에 공부가 잘 진행되는 사람과 잘 진행되지 않는 사람은 갈수록 격차가 크게 벌어진다. 머리가 뛰어나 빠르게 실력의 궤도에 올랐거나 그렇지 않더라도 노력을 통해 탄탄한 실력을 지닌 사람은 문제 풀이를 통해 몇 배의 시너지 효과를 얻으며 빨리 달릴 수 있다. 반면, 그렇지 않은 사람은 점점 더 공부가 힘겨워지며 속도가 더뎌지기 때문이다. 특히, 강의를 들으며 이론 공부를 수동적이고 형식적으로만 했던 수험생들은 능동적으로 진행해야 하는 문제를 풀어야 할 시점에서 많이 당황하고 과정 진행이 어렵게 된다.

사실, 이론 공부를 차근차근 잘하고 암기를 제때 잘해 놓으며 기본문제를 착실히 풀어줬다면 주된 문제 풀이 시간은 이론 공부 시기에 비해 비교적 시간도 잘 가고 덜 고되다. 그것이 정상이다. 그러나 그렇지 않으면 정신적으로 부담이 많이 되며, 스트레스를 더 받고 공부 의욕도 감소된다. 그래서 첫 단추를 잘 끼워야 한다. 그러기 위해선 역시 기본기를 잘 닦는 것이 필요하다.

실력에도 단계가 있다. 문제를 주되게 풀기 전에 최소한 밀도 있는 이론 1회독과 주요 내용 암기는 되어 있어야 한다. 그리고 현란하게 많은 내용을 알고 있는 것보다 정말 중요하고 필요한 것들을 확실히 알고 있는 것이 중요하다. 언뜻 보기엔 너무 쉬워 보이는 것들일지라도 말이다. 그런 것이 바로 '기본기' 이다. 그래서 다음 파트에서는 그런 기본기에 대해 집중적으로 이야기를 해 보려 한다.

07
공부의 기본기

복싱

　내 이야기이다. 20대 후반부터 해왔던 '복싱'이라는 운동이 있다. 시작은 거창하지 않았다. 사실, 입대 전에는 운동을 그리 즐겨 하지 않았었고 군대에서야 모두가 하는 것처럼 웨이트트레이닝(weight training)을 시작했다. 비록 강력한 근육질의 몸을 만들지는 못했지만, 관련 책과 단백질 보충제까지 사서 나름대로 열심히 했다. 또, 제대하고 복학을 한 후에도 1년 반을 이어서 피트니스 센터(fitness center)에 다니며 근력운동을 했다. 하지만 어느 정도 되니 몸도 더이상 변화가 없는 듯 느껴졌고 매일 똑같은 숫자 세는 근력 운동이 지루했다. 앞서 이야기했듯 어떤 습관이든지 유효 기간이란 것이 있다. 그 유효 기간 내에 그 습관에서 나름대로 재미와 성과를 얻지 못하면 그 습관을 계속 이어가기는 어렵다. 내게 단순 근력 운동은 재미를 붙이기 어려운 운동이란 점이 분명했다.

　그리고 나서 대안으로 다니기 시작한 것이 당시 거주지에서 가장 가까이 있는 운동 공간인 복싱 체육관이었다. 발을 비롯해 신체 여러 부위를 쓰는 킥복싱이나 이종 격투기에 비해 복싱은 두 손만 쓰기에 다소 간단해 보일 수 있지만 쉬운 운동은 아니다. 단순히 펀치 하나 뻗는 것만 봐도 그 사람이 어느 정도 운동을 했는지 가늠할 수 있다. 그만큼 한 동작을 완성하기 위해서도 많은 시간과 노력이 필요한 것이다. 하지만 그렇게 점점 향상되는 무엇인가가 있다는 것에 난 재미를 느꼈던 것 같다. 함께 운동하는 사람들과 친해지기도 하고 굳이 PT(personal training)를 받지 않아도 코치들에게 꾸준한 가르침을 받을 수 있는 점 역시 마음에 들었다.

그런데 필자는 수험 기간에 따라, 그리고 치과 공부를 위해 지역을 계속 옮기다 보니 그에 따라 체육관을 자주 옮길 수밖에 없었다. 치전원에 다닐 때까지 총 7군데 정도를 다닌 것 같다. 그러는 중 내가 유별났던 점은 새로운 곳에 갈 때마다 항상 '다른 곳에서 배운 티 내지 말고 가장 기본부터 다시 하자'라고 마음속으로 다짐했다는 것이다. 실제로 잘하는 것이 없다고 생각하기도 했지만, 무엇보다 그렇게 저자세로 임해야지 더 잘 배울 수 있다는 생각에서였다. 다른 곳에서 배우고 와서 잘하는 척하는 사람에게 성심껏 지도해 줄 관장님들은 흔치 않을 것이기 때문이다. 더욱이 관장님마다 스타일이 달라서 상대방이 어디서 어떻게 배우고 온 것인지 모르는 이상, 동작이 잘못되었다고 지적하기도 어렵지 않겠는가. 그래서 항상 나는 새로운 체육관에 가서 운동을 배운 적이 있냐는 관장님 질문에 "아 처음은 아니에요. 그런데 제대로 할 줄 아는 것이 없으니 여기 스타일대로 처음부터 배울게요.", "나이도 어리니까 말씀도 편하게 하세요."라고 했다. 그러면 그곳의 관장님은 처음엔 다소 경계하는 눈빛을 보이다가도 내 말을 듣자마자 "아 그래~"하며 활짝 웃으신다. 그리고는 적극적으로 가르쳐 주신다. 어찌 그리 겪는 분마다 똑같은지 재밌다. 그래서 항상 나는 새로운 곳에서 다시 그곳에 맞춰 기본동작을 가다듬는 데 시간을 많이 보냈다.

그런데 언제부터인가 운동을 하다 보면 사람들이 내게 얼마나 운동을 했는지 물어보고는 했다. 뭔가 안정감이 느껴진다는 이유에서였다. 워낙 무슨 운동이든 처음 배울 때부터 "어설프다.", "리듬을 못 잡는다." 등의 악평을 들었던 나인지라 의아했다. 군대에서 검도를 배울 때도 여러 장병 앞에서 얼마나 갖은 모욕을 받았는지 모른다. 그래서 처음엔 그냥 '잘못 봤겠지' 싶었다. 그러나 그런 소리는 차츰 더 자주 듣게 되었고 이제는 심지어 프로 선수가 들렀다가 한번 지도를 해 보고 어디서 배웠는데 이렇게 기본이 탄탄하냐는 칭찬까지 듣게 되었다.

모든 것이 겸손한 콘셉트를 잡고 기본에 충실한 결과였다. 결국, 복싱은 치전원 2학년 때 광역시 생활 복싱 체육대회에 나가 체급 준우승까지 했다. 우승이 아쉬웠지만, 치전원 특성상 긴 학교 시험 기간 등 여건이 충분치 않았기에 그 정도면 나름 성과였다. 졸업 전에 우승을 꼭해 보리라 생각했으나 그 이후에 학교는 더 바빠졌고 개인적으로 더 중요한 일들이 연이어서 있었기 때문에 끝내 대회 날짜와 일정을 맞추지 못했다.

내 성과에 대해 내세우려고 이 이야기를 시작한 것이 아니다. 여기에 내가 공부에 대해 말하고자 하는 자세 두 가지가 완벽히 포함되어 있기 때문이다. 내가 운동에서 그랬던 마인드는 공부에서도 마찬가지로 필요한 것들이다. 공부하는 사람에게 필요한 자세는 우선 '기본기가 탄탄해야 한다' 라는 것. 그리고 한 번에 합격하지 못해 다시 시작한다고 하더라도 절대, '겸손해야 한다.' 라는 것이다. 물론, 경우에 따라서 자기 PR 시대에 자신감을 가지고 매사에 임하는 것도 필요할 수 있다. 자신의 가능성에 대해서는 자신감이 있어야지 매사에 의욕이 생기는 것이 사실이다. 하지만 배우는 사람 입장에서는 항상 겸손해야 한다. 그래야 다른 사람의 말도 귓속에 들어온다. 그래야 더 노력하게 되고 기본기가 차곡차곡 단단하게 다져진다.

복싱에서도 기본동작이 불안전하며 화려한 기술만 뽐내는 사람보다는 동작은 많지 않아도 기본이 탄탄해 보이는 사람이 훨씬 위협적인 법이다. 그리고 훨씬 더 가능성이 있다. 튼튼한 기초 위에 실력이 안정적으로 차근차근 쌓일 것이기 때문이다. 공부도 마찬가지다. 어려운 문제, 많은 문제, 지엽적인 문제를 맞혔다고 하며 좋아할 것이 아니다. 기본적으로 암기해야 할 내용이 확실히 암기되어 있는지, 공식에 대한 이해도가 확실한지, 숫자 계산은 정확하고 빠르게 하는지 그런 것들이 더 중요하다. 그것부터가 합격을 위한 지름길, 그리고 고득점을 위한 필수조건이다.

또한, 대부분의 기본기는 다소 쉽고 당연하며 별것 아닌 것처럼 보이기도 한다. 두 번째 이상 시험을 준비하는 상황에선 그 내용은 이미 자신은 잘 알고 있다고 생각할지 모른다. 그런 마음으로 기본기에 소홀하다 보니 또다시 점수가 잘 나오지 않는다. 하지만 재시 이상으로 갈수록 더 겸손해야 한다. 겸손한 마음가짐을 갖지 않으면 기본기에 집중하기가 더 어렵기 때문이다.

기본기 | 겸손

기본 과정을 다지고 최상위 실력에 등극하다

　나의 실제 수험 생활 공부 이야기이다. 이 역시 기초를 다지고 성공한 일화이다. 필자가 수험 생활을 하던 당시 가장 흔하게 다음과 같은 이론 강의 과정으로 세분되어 있었다. ①기본 과정, ②일반 과정, ③심화 과정이 그것이었는데 이 3가지 과정 중에 수험생 수준에 따라 권장되는 출발 레벨이 달랐다. ①기본 과정은 문과 등 기초 지식이 전혀 없는 사람에게 적정하다고 하였고 ②일반 과정은 과학적 기초 지식이 있는 일반적인 이공계 수험생에게, 그리고 ③심화 과정부터 이론을 시작하는 것은 관련 과목 전공자나 재수생에게 권장되었다. 이어서 나오는 도식을 보면 이해하기 쉬우며 이후부터는 편의상 ①, ②, ③ 숫자로만 이야기하려 한다.

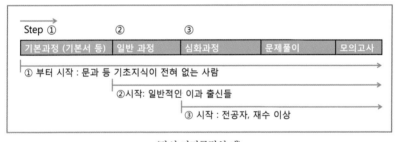

〈당시 커리큘럼의 예〉

　첫해 시험 준비를 할 때 이과 출신이었던 필자는 권장대로 ②단계 과정부터 이론 공부를 했다. 그리고 대부분 과목에서 중위권에서 중상위권 성적 정도를 받았다. 그리고 이듬해 다시 공부를 시작하며 과목별로 계획을 짰는데 이때 '유기화학'이라는 한 과목의 실력이 마음에 너무 걸렸다. 전해에 심화 이론까지 공부했지만, 내가 문제 풀이 요령만 익혀

겨우 시험을 치렀다는 느낌을 받았고 기초적인 것들도 잘 모르는 것이 많아 보였다. 그러다 보니 이번 해에 이 과목만큼은 집중해서 실력을 끌어올려야 합격을 할 수 있을 것 같았다. 그래서 유기화학 과목은 ①과정부터 다시 차근차근 공부를 하였다. 시간 관계상 다른 과목들까지 너무 자세히 할 수 없으니 재수생인 나는 다른 과목들은 권장 사항대로 대부분 ③과정부터 공부를 시작하였다. 당시 어렴풋했던 내 추측은 들어맞았다. 차곡차곡 쌓은 기본기를 통해 유기화학 과목의 실력은 일취월장했고 어느 순간부터 내게 가장 자신 있는 과목이 되었다. 결국, 본고사에서 유기화학을 포함한 2과목이 극상위권 성적이 나왔고 다른 과목들은 상위권 정도 성적을 받아 전체 상위 1% 성적을 받을 수 있었다.(극상위권 성적을 받은 다른 한 과목은 생물 과목이었는데 이 과목 역시 그해 심화 강의 외에 따로 기본서를 읽으며 공부했다. 그러나 그 효과는 생물 스터디나 데일리 암기 노트 효과에 가려 확신이 어렵다.)

그리고 우여곡절 끝에 다시 공부하게 된 다음 해. 더이상 전체 성적에 대한 욕심은 없었다. 그러나 한 과목 '화학' 만큼은 실력에 아쉬움이 있었다. 다른 과목에 비해 이해도가 얕은 것 같고 머릿속에 정리가 잘 안 된 느낌이 있었다. 남을 가르칠 정도의 실력이 되지 않는 과목이라 여겨졌다. 실제로 모의고사에서도 단일 과목 석차로서는 다른 과목에 비해 현저히 떨어지는 것이 화학이었다. 그런데 그때 내게 부족한 부분이 고난도 이론 과정이 아니라 생각되었다. 이미 ③과정은 2년에 걸쳐 두 번 연속 공부했었다. 그래서 다시 한번 이 과목만큼은 '① 단계부터 공부를 다시 해보자' 라는 생각을 하게 되었다. 웬만큼 저자세가 아니고는 문과생, 초심자에게 권하는 과정으로 돌아가 기초부터 공부하는 것이 쉬운 일은 아닐 것이다. 더구나 전해 본고사에서 전 과목 총점 전국 30등을 하고 그 선택을 했다. ①과정을 확실히 하고 시간이 없으면 ③과정은 하지 않으려 했다. 작년 공부했던 내용 복습 정도면 된다고 봤다. 그런데 기본이 되니 그 이후는 일사천리였다. 매우 순조롭고 빨랐다. 그래서 ③과정까지 새로 공부했다. 한편, 이때 혼자서 기본서로 따로 공부해 볼까 하는 생각을 잠시 했다. 할 수만 있다면 기본서로 기본을 다지는 것도 좋은 방법이기 때문이다. 그러나 당시 난 이미 수험 공부에 대한 의욕을 다소 줄인 상태였기 때문에 좀 더 편한 형태인 강의 이용을 선택했다. 다행히 원하는 강사의 기본서를 교재로 하는 ① 단계 강의가 있어 그것을 이용했다. 그러고는 절대 자만하지 않고 강의에서 강사가 하라고 하는 사소한 과제와 연습들도 성실히 했다. 결국, 화학도 최상위 실력을 가질 수 있었다. 그래서 모의고사에서 화학 단일 과목 석차로도 전국 10위권 안에 종종 들었고 전 과목 성적이 고르게 높으니 모의고사 전국 차석까지 가능했던 것이다.

한편, 본고사에서는 시험 형식상 동일 시간의 타 과목에 시간 배정을 우선하다 보니 시간 부족으로 화학 과목을 다 맞추지는 못했다. 그러나 만점에 가까운 점수를 받았고 시험 후에 다시 체크해보니 내가 못 풀 문제는 없었다. 그것이 기본에서 비롯된 실력이다.

기본의 중요성

프로일수록 기본기가 강하며, 고수라고 해도 기본기 훈련을 게을리하지 않는다[56]. 필자가 그동안 만났던 다양한 분야의 실력자들도 역시 기본을 강조했다. 앞서 말했듯 필자 자신도 부족했던 기초 내용을 다시 다지고 비로소 실력을 얻었다. 그리고 그것들을 지키기 위해서 계속된 반복 훈련을 했다. 사실, 필자가 두 번째, 세 번째 공부 시작을 할 시기는 해당 수험 시장에서 시험공부를 준비하기에 이른 시간이 아니었다. 아니 오히려 이론을 새로 시작하기에 다소 늦은 시간이기도 했다. 그러나 무엇이 중요한지를 분명히 알았기 때문에 과감히 그런 결정을 했다. 누구나 마찬가지다. 핵심을 안다면 조금 늦었다고 생각할 때라도 얼마든지 기본기를 다잡고 앞선 사람들을 추월할 수 있다. 그리고 시간이 갈수록 탄탄한 기본의 진가는 더욱 발휘될 것이다. 물론, 그렇다고 해서 오로지 '기본만' 해서는 안 되겠지만, 가장 먼저 집중해야 할 것이 기본 내용이고, 또 실력이 오른다 해도 소홀하지 않고 꾸준히 갈고닦아야 하는 것이 기본이라는 이야기다. 우선순위를 그것에 두어야 한다.

자신이 해당 과목에 대한 사전 지식이 어느 정도 되며, 그것을 토대로 빠른 시간 안에 합격 가능한 점수 정도만 받겠다고 생각한다면 기초적인 내용을 건너뛰고 심화 과정부터 하는 것도 만류하지 않는다. 그러나 시험을 잘 치르지 못하여 다시 공부해야 한다거나, 다른 전형에서 불리한 점들이 많아 본고사 성적을 가능한 잘 받아야 하는 상황이라면 반드시 심화 과정보다는 그전 과정들에 더 주목하라고 말하고 싶다. 성적 향상이나 상위 성과를 위해서는 무엇보다 기본기가 확실해야 한다.

특히, 자신이 작년 성적에서 상위 20% 이하라면 필히 그 과목의 기본기가 부족하다고 봐도 무방하다. 그런데도 많은 수험생이 '나는 재수생이니까' 하며 기본 과정은 무시하고 심화 과정부터 공부한다. 혹은 기초는 건너뛰고 주요 과정에만 다시 집중한다. 그래서 성적 상승이 잘되지 않는다. 잘 안될수록 기본에 집중해야 한다.

물론, 시간 제약 상 모든 과목을 그렇게 기본부터 하기는 쉽지가 않다. 전부 기초부터 공부하려면 수험을 꽤 일찍 시작하거나 공부 속도가 매우 빨라야 할 것이다. 그래서 그렇지 못하다면 필자처럼 한해 한두 과목이라도 기본 내용부터 다시 다져보라고 권한다. 끌려가던 한 과목이 다른 과목을 이끌어주는 과목이 된다면 합격할 가능성이 매우 높아진다. 설령 다시 공부하게 된다고 하더라도 기본부터 다시 다져 탄탄한 실력을 만든 과목은 큰 힘이 될 것이며, 그로 인해 다른 과목 공부를 위한 여유 시간이 확보 된다.

공부의 흥미를 위해

공부에 재미를 붙이기 위해서도 기본은 중요하다. 누구든지 못하는 것이 재미있기는 어렵다. 반면 누구나 잘하는 것에 흥미를 느끼기는 쉽다. 그래서 어릴 적 부모들은 그토록 자녀들에게 칭찬을 많이 해주며 긍정적인 행동에 흥미를 붙이도록 돕기도 한다. 반면, 수험 생활은 홀로 하는 것이기에 누군가 칭찬하며 도와주지 않는다. 스스로 승리의 경험을 얻어야 한다. 이때 실력도 없는데, 어려운 것을 먼저 한다든지 잘 안되는 것을 계속 붙잡고 있다가 보면 하고 있는 공부가 좋아지기 어렵다. 반대로 쉬운 것부터 수월하게 해나가며 순조로운 느낌을 받는다면 칭찬과 똑같은 효과를 얻을 수 있다. 그래서 기본부터 차근차근 진행하며 승리의 경험을 얻는 것이 공부의 흥미를 위해서도 중요하다. 물론, 그 이후에는 쉬운 문제만 풀 것이 아니라 조금씩 난도를 높여 어려운 문제들도 차츰 풀어나갈 때 성취감을 느끼며 흥미를 지속해 유지할 수 있다.

기본이 확실히 되면 그다음 과정은 아주 순조롭고 빠르게 진행이 된다. 하지만 기본이 되지 않으면 진도를 나가고 또 시간이 갈수록 끊임없이 무너져 내린다. 그리고 어디서부터 잘못되었는지 자각조차도 못한다. 배웠는데 모르면 그 좌절감은 크다. 시간이 많이 지났는데 자신이 가장 기초적인 것도 모른다는 사실을 알게 되면 그때 꺾이는 의욕은 결정적이다. 그래서 기본이 중요하다. 그것을 잊지 않고 녹슬지 않게 끊임없이 반복 암기하고 되새기고 또 반복 연습해야 한다.

지식의 정확성

사람들과 함께 공부하다 보면 그 사람의 학벌이나 지금까지 공부한 양과 별개로 지식의 정확성이 보인다. 그리고 5개를 부정확하게 알고 있는 것보다 아직 1개, 2개를 알더라도 정확하게 알고 있는 쪽의 합격 확률이 높다. 이는 진도가 다소 느리더라도 지식이 머릿속에 분명하게 정리되어 가는지가 얼마나 중요한지를 알려준다. 물론, 진도가 너무 느린 경우 완료해야 할 후반기 과정 학습이 부족해 그해에는 불합격할지 모른다.

하지만 그런 사람은 그다음 해는 합격할 확률이 매우 높다. 반대로 지식이 성기게 형성되어 다소 불분명한 개념들을 가지고 있는 경우는 시간이 지나고, 심지어 해가 지나도 중구난방으로 빠져 있는 지식 탓에 성적이 쉽사리 오르지 않는다. 한 개를 알아도 정확히 알고 넘어가는 것. 기억이 혼동되는 시점이 오면 즉시 찾아보고 정리해 지식을 바로잡아 놓을 것. 그것 또한 공부에 있어서 기본적인 한 가지이다.

지식 형성의 단계

우리의 뇌는 새로운 분야의 지식을 섭취할 때 특정 지지기반이 있어야 그곳 위로 차곡차곡 부가적인 정보를 쌓지, 산만한 여러 데이터를 가리지 않고 마구 받는다고 지식이 체계적으로 만들어지지 않는다.

어떤 파트에 순차적인 지식으로 A, B, C, D, E라는 개념이 있다고 하자. 이때 한 번에 감당이 잘 안 된다면 C, D, E를 적게 보거나 심지어 전혀 안 본다고 하더라도 A, B를 확실히 하고 넘어가는 것이 좋다. 그리고 그 후에 다시 볼 때 C, D 그리고 나중에 또 그 후에 E를 차곡차곡 쌓으면 된다. 하지만 대충하자는 식으로 처음부터 A~E까지 비슷하게 두리뭉실하게 공부하고 넘어가면 시간이 지날수록 비교적 더 지식이 불명확해지고 다시 돌아와 공부한다고 해도 A, B, C, D, E가 한꺼번에 머릿속에서 정처 없이 맴돌 것이다. 지식 체계를 차곡차곡 쌓으려면 그래서 기본에 충실해야 한다는 이야기다. 처음엔 동일하게 공부하기보다 여러 내용 중에 기초가 되는 내용, 핵심 내용을 먼저 확실히 해두는 것이 좋다. 그러면 시간이 지나 기억이 희미해졌을 때도 A를 다시 잠깐 보면 나머지가 연이어 선명해질 수 있는 지식체계가 형성된다. 그것이 잘 된 공부 방법에서 나온다. 이건 '응결핵'이라고도 볼 수 있고 앞서 말한 '노드'와도 일맥상통한다. 눈사람을 만들 때 시작은 눈을 한 움큼 단단히 뭉치고 그것을 굴려 점점 커지게 만드는 것과 같겠다. 단단한 응어리가 내부에서 중심을 잡고 있는 것, 뭔가 무너지려 해도 그것을 기반으로 다시 시작할 수 있는 핵심. 그게 기본 내용에 대한 깊은 이해도와 확실히 장기 암기된 기본 내용에서 비롯된다. 한 번에 너무 많이 가져가려 하지 말고 기본이 되는 몇 가지를 확실하게 가져가자. 그래서 자신의 지식에 Core를 만들자. Core가 형성된 후에 sub 지식을 붙여야 한다. 나무 기둥이 온건히 세워진 뒤 다른 여러 곁가지가 붙어야 굳건하고 오래가는 지식체계가 형성된다는 말이다.

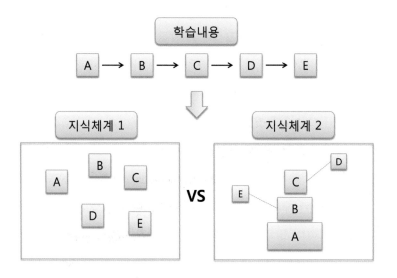

1회 획득 가능량의 개인차

한편, 처음 공부를 할 때 자신이 소화할 수 있는 양은 제한적이며 개인차가 있다. 모든 내용이 망라된 기본서는 두말할 것 없고 아무리 낮은 단계 강의라고 하더라도 많은 내용을 가르친다. 출제 범위 이상을 모두 포함하기 위해 상당히 많은 지식을 자세하게 담게 된다. 그런데 이때 그 모든 것을 한 번에 소화할 수 있다고 착각해서는 안 된다. 또한, 개인차가 있어서 100% 가깝게 내용을 섭취하는 탁월한 사람도 있지만, 전혀 그렇지 못한 사람이 대부분이다. 단순히 생각해 새로운 영어 단어와 뜻 10개를 단 1회만 보여주고 테스트해보면 그것의 9개 이상을 기억하는 사람이 있는가 하면 7개, 5개, 심지어 겨우 1, 2개만 기억하는 사람이 있는 것과 동일하다. 물론, 이 경우는 단기적이고, 암기력에만 관한 것이지만, 실제 이해를 동반한 공부 내용을 받아들임에도 그런 식으로 개인차가 있다. 자신이 어느 정도씩 가져갈 수 있는 사람인지에 따라 공부 계획도 조금씩 달라져야 하고, 사실, 합격률 자체에서도 차이가 있다. 한 번에 많이 가져가지 못하는 사람은 무리해서는 안 된다. 자신의 머리가 이미 한 번에 입력 가능한 양을 제한해 뒀는데도 '뱁새가 황새 따라가듯' 욕심을 내다가는 일을 망치게 된다.

그럼 이런 경우는 어떻게 해야 할까? 공부 내용에 대해서는 영어 단어와 다르게 모든 항목이 동일하지 않다. 다른 것들을 위한 기본 단계적인 내용이 있고, 더 중요한 핵심 내용이 있으며 매우 지엽적인 내용 심화 내용 등 다양하다. 당연히 그중에 '기본', '가장 핵심이 되는 내용'이 먼저라는 이야기다. 앞서 예를 들었던 A~E 중에 A, B가 그런 내용일 것이다. 너무 어렵거나, 지엽적인 것들은 나중에 해도 된다. 또 못해도 그 탓에 다른 내용이 연관되는 경우도 별로 없다. 심지어 어차피 다 같이 틀린다 생각해도 어느 정도 맞다. 그러나 기본 내용은 그것이 그 과목 여러 지식의 베이스가 되며, 심화 과정에 가면 나중에는 나오지 않는 경우가 많다. 강사도 당연히 수강생들이 그것들을 잘 안다는 가정하에 수업을 진행하기도 한다. 그러나 공부하는 사람은 그런 내용을 당시 소화하지 못했거나 시간이 지나 잃어버릴 수 있다. 그러고는 자신에게 무엇이 부족해 심화 내용이 이해가 잘 안 되는지, 왜 문제 풀이하는 속도가 느린지도 잘 모르게 될 수 있다.

시간이 지나서 기본이 탄탄해지면 그 위에 쌓는 것은 수월하다. 오히려 개인 머리 형태에 따라 처음에 30%밖에 가져가지 못하는 사람이 50%까지 탄탄하게 쌓으면 그 후 100%까지는 다른 누구보다도 더 빠를 수도 있다. 혹은 다른 사람들은 시간이 지나도 절대 90%를 넘기지 못하는데 처음엔 느린 사람이 100%까지 이를 수도 있는 최고치의 차이도 종종 본다. 대기만성형, 여러 위인에서도 그와 같은 예를 찾을 수 있다. 그러니 처음 공부할 때는 가능한 무엇보다 기본기들을 챙겨야 한다. 자신이 다른 사람들에 비해 한 번에 받아들일 수 있는 양이 적다고 판단될 경우 더욱 기본에 충실하고 후일을 기약하여야 한다. 그래야 다음이 있다.

반면 한 번에 섭취를 많이 할 수 있는 사람들도 마찬가지다. 오히려 너무 많은 양을 한 번에 받아들일 수 있으면 그중에 무엇이 중요한지 더 혼동될 수도 있다. 초반에 더 확실히 갈고닦아야 할 내용은 기본기이다. 그리고 사실, 실력이 최고로 올라가도 역시 그것이 중요하다고 생각이 들기 때문에 기본기 연습을 손에서 잘 놓지 않게 된다. 모든 분야의 고수들이 그렇다.

<1회 획득 가능량의 개인차에 따라 추천되는 우선지식 예시>

기본기란 무엇인가

그렇다면 도대체 기본기란 정확히 무엇일까? 기본의 중요성에 대해 너무 강조하다 보니 다소 추상적이라고 느껴졌을 수도 있다. 여기서 필자가 언급했던 '기본'이라는 것들은 크게 3가지 의미가 있다.

첫 번째는 '기초 내용'이라는 뜻이 있다. 이것들은 앞서 필자가 경험했던 강의 커리큘럼을 들어 충분히 설명했다. 뒤 단계의 심화 내용에만 집중하지 말고 앞 단계 내용의 공백이 있지 않은지 살펴보고 다져야 한다. 몇 번이고 반복해야 한다.

두 번째는 '중요한 내용'이라는 뜻이 있다. 내용 중에서도 모든 것의 근간이 되는 부분, 자주 나오는 내용, 혹은 잘 정리된 내용 등이 있다. 그런 내용에 더 집중하고 더 많이 반복하여 완벽히 기억하라는 이야기다. 물론, 여기에서 맹점 하나는 어떤 것이 중요한지를 아는 '눈'이 필요하다는 것이다. '기초 내용'이야 과정이 다르니 참고해 볼 수도 있고, 주로 앞쪽 내용이기에 구별하기 어렵지 않을 수 있지만 '중요 내용'들은 책의 여기저기에 혼재해 있다. 그래서 이런 것들을 어느 정도 구별해낼 수 있어야 한다. 강사가 이야기해 주는 것도 있다. 특히, 중요하다며 암기하라는 것은 반드시 완벽히 암기하고 있어야 한다. 연습해보라고 하는 것은 반드시 그렇게 해야 한다. 그것이 기본이다. 그리고 강의를 듣지 않고 공부하거나 강의를 들어도 이야기해 주지 않는 부분은 스스로 판단할 줄 알아야 한다. 어떤 것이 중요한지 아는 능력. 사실 이런 능력은 겉으로는 잘 보이지 않아도 대단히 중요한 능력이다. 다행히 해당 분야를 더 공부해감에 따라서 혹은 중요한 것을 찾는 연습을 통해서 향상되는 것으로 보인다.

세 번째는 성공하기 위해서는 중요하다는 것을 모두 다 알고 있지만 잘 지키지 않는 공부 기법들이다. 복습해야 한다는 것, 반복 암기해야 하는 것, 공부 시간이 어느 정도 충분히 나와야 한다는 것, 공부 외의 중독된 것에 빠지지 않아야 한다는 것 등이다. 그런 것들 지키지 않고 성공했다며 자랑하는 일부 사람들의 말에 현혹되어서는 안 된다. 그런 기본을 안 지킨다고 무조건 실패하는 것은 아니며 지킨다고 무조건 성공하는 것도 아니다. 하지만 지키는 것이 성공 확률을 높여 주는 것은 확실하다. 단순히 합격한 사람이 아니라 깊이 있는 실력자들은 그런 기본에 충실하기 마련이다.

세계 최고의 인재로 평가받는 이들이 철저하게 지키기 위해 노력하는 것이 '기본'이다. 또한 '기본'은 스스로 성장하는데 가장 중요한 가치이기도 하다[57].

기본을 지키는 사람은 성장한다. 수험생 자신이 무척 뛰어나 단번에 경쟁에서 치고 나갈 수 있는 사람이 아니라면 수험 생활과 충분한 공부량을 통해 스스로 계속 성장해야 한다. 그리고 기본기를 꾸준히 지키는 사람이 가장 높은 성장 가능성을 갖는다.

> **기본기 : 기초내용 | 중요내용 | 당연한 공부기법**

핵심은 단순하다

반복적으로 몇 가지에 대해서만 과도하게 말한 느낌을 받을 수 있다. 그러나 대부분 분야에서 방법론의 핵심은 단순한 몇 가지밖에 없다. 그것만 끝까지 잘 지키면 그 분야에서 목표를 이룰 수 있다고 본다. 그리고 그 단순한 핵심 몇 가지는 경험자들 이야기를 듣고 글로 읽고 하면서 누구든 접했을 가능성이 크다. 그러나 많은 사람이 그것을 듣고도 핵심 지식이라는 것을 알지 못하거나, 안다고 해도 시간이 지나면서 망각하기 때문에 성취하지 못한다. 그래서 반복하여 되뇌고, 재결심하여 장기간 자신의 룰 안에서 벗어나지 않고 정진하는 사람이 성취한다. 짧은 다음 파트에서는 수험 생활 공부에서의 핵심 몇 가지를 더욱 분명하게 짚고 공부 방법론 자체에 대해 요약하고자 한다.

08

공부 방법론

여러 가지 공부 방법들

세상에는 정말 다양한 공부 방법이 있다. 수많은 방법이 그럴듯할 수 있지만 자신에게 적용할 수 있는지를 우선 생각해 봐야 한다. 성공한 사람의 방법이라고, 우수한 결과를 낸 노하우라고 무조건 따를 것은 아니다. 사실, 가장 적합한 방법은 사람마다 다를 수 있다. 그 사람의 기초 지식 정도, 이해·암기·집중력 등 공부 기본 능력, 공부 의지와 집념, 공부 여건 등 모든 것이 다르기 때문이다. 그래서 비교적 자신과 동일한 조건인 사람의 공부법 이야기가 조금 더 자신에게 일리 있을 수 있다. 그러나 우리는 보통 공부법을 제시하는 상대방의 조건에 대해 자세히 알지 못함으로 자신의 조건과 비교하기가 쉽지 않다.

또한, 여러 공부법을 자신에게 맞는지 직접 시도해보기에도 무리가 있다. 어떤 방법에 대해 이론적으로 자세히 알게 되는 것조차 시간이 걸리며 그것을 실행해 보고 자신과 맞는지 판단하는 것에는 더 많은 시간이 걸린다. 그래서 바쁜 수험 일정 중에 여러 방법 모두 실행해 볼 여유가 없다. 그렇다면 많은 공부 방법론들을 어떻게 이용해야 하며 어떤 선택을 해야 할까.

우선 여러 가지 방법들을 이론으로 접해보는 것 자체는 꼭 필요한 일이다. 자신의 방법을 맞춤 계발하려고 해도 보고 들은 것이 있어야 가능하기 때문이다. 무의식중에라도 알고 있는 방법들이 있어야 하니 여러 곳에서 많은 방법을 접하는 것은 좋다. 이뿐만 아니라 다양한 방법들을 들어보고 찾아봐야 하는 또 다른 이유는 일정한 핵심들을 파악하기 위해서이다. 여러 방법 중에서 공통된 중요 개념이 있다. 핵심은 단순하다고 했다. 그 요지를 파악하고 머릿속에 깊게 새길 필요가 있다. 한 명이 말하는 것보다 여러 사람이 비슷하게 말하는 것을 들을 때 더 설득력이 생기고 강하게 기억되는 법이다.

여러 방법들을 접해봤다면 이제 그중 가장 논리적으로 납득이 되고 공감 가는 방법을 택해 실행해 보기를 권한다. (그래서 자신이 왜 그런 방법을 선택해 공부했는지 설명하지 않는 공부 방법은 그다지 추천하지 않는다.) 논리를 이해하고 공감했다는 것은 자신과 공부 방법을 제시한 그 사람이 비슷한 조건일 가능성이 비교적 크다는 것이다. 결국, 해당 공부 방법이 자신에게 적합할 가능성도 기대해볼 만하다. 그리고 방법의 논리를 이해하며 따라 할 때 그 방법의 실행도 쉽고 돌발 상황도 대처가 가능하다. 결정적으로 이해하고 따라 하는 형태여야만 그것에서 새로 자신만의 방법으로 변형하기가 수월하다.

> **수많은 공부 방법들 : 공통된 핵심개념 찾기 | 논리적으로 이해되는 것 선택**

장기 시험공부의 핵심 두 가지

필자가 여러 공부 방법들을 겪으며 깨우쳤던 것과 또 여기서 주로 강조했던 공부 방법 중 가장 주목해야 할 핵심은 두 가지로 요약이 가능하다. 이 기준들은 꼭 지켜야 하며 그것은 공부를 잘하는 사람 대부분이 동의하는 부분이다.

첫째, 반복해야 한다. 필자가 제시한 방법이 아니더라도 반드시 반복할 수 있는 계획을 세우고 자연스럽게 반복하게 되는 장치들을 고안해야 한다. 어떤 공부 방법이든 이것에 입각하여 계획을 세워야 한다. 자신은 언제, 어떻게, 얼마나 반복할지를 결정하고 실행하여야 한다. 장기 시험공부 중에 많은 양의 정보를 머릿속에 넣기 위해서 절대적으로 필요한 것은 적절한 반복이다.

둘째, 다시 볼 때 같은 범위에서 보는 양과 시간은 줄어야 한다. 그를 위해서는 처음 볼 때 확실히 이해하고 넘어가야 하며, 다시 볼 때 편의를 도울 수 있는 표시, 혹은 내용 정리들이 필요하다. 항상 다시 볼 때 시간이 조금이라도 더 적게 걸릴 방법을 고민하며 공부해야 한다.

어떤 방법을 선택하고 어떤 방법을 스스로 계발하든 이 2가지 핵심은 꼭 명심하고 지켜야 한다. 또한, 여기서는 간결성을 위해 2가지만 언급했지만, 사람마다 느끼는 여러 가지 다른 핵심들이 있을 수 있다. 필자가 언급한 2가지 외에도 스스로 여러 공부 방법 중 핵심을 찾아내어 인지하고 있도록 하자.

장기시험 공부법의 핵심 두 가지 : 반복 | 볼 때마다 분량과 시간 줄이기

한 가지 자세하고 실질적인 매뉴얼

여러 공부법들로 요점들을 파악했다면 이제 괜찮은 공부법 하나를 택해 구체적으로 따라해 보는 과정이 필요하다. 그런데 수많은 공부에 관한 지식들도 대단하고 중요하지만 대부분은 이론일 뿐 실제 공부에는 적용시키기 어려운 경우가 많다. 실질적인 방법론이 필요하다. 그리고 그 방법론, 혹은 공부 매뉴얼은 반드시 세세하고 구체적이어야만 한다. 그래야 따라할 수 있다. 사실, 본서에서도 그런 가이드라인을 제공하고자 자세히 공부법 전반에 대해 서술하고 있다.

한편, 공부 방법을 한 번에 너무 다양하게 시도하는 것도 좋지 않다. 여러 가지 방법들 속에서 과도하게 우왕좌왕하며 시간을 많이 버리게 되고 실력을 갖추기 어렵게 되기 때문이다. 그래서 자신에게 우선 도입해봐야 할 것은 일관적인 한 가지 방법이다. 여러 가지 중에 논리적으로 납득가는 한 가지 방법을 선택해 일관성 있게 따라 해 볼 필요가 있다. 그것이 여기서 제시하는 필자의 방법이 아니라고 해도 괜찮다. 한동안은 결정한 하나의 방법을 따라하며 어느 정도 익숙해질 필요가 있다.

자신만의 공부법 형성

공부 방법에는 특정한 정답이 있는 것은 아니며 자신에게 적합한 방법은 남들과 다소 다를 수 있다. 필자가 여기서 구체적으로 제시하는 것들 또한 하나의 '예' 일뿐이다. 단순히 '책을 읽을 때는 체크를 해야 한다.', '암기 페이퍼를 만들어야 한다.', '정리 노트를 작성하자.' 이렇게 막연하게 말하는 것보다는 실질적이고 구체적인 모습들을 보여줘서 감을 잡고 방법적 힌트들을 얻을 수 있기에 하나하나 자세하게 이야기하고 보여줬다. 물론, 당장은 필자의 방법들을 완전히 똑같이 따라 해도 좋다. 여러 시행착오 후에 완성되어 꾸준히 오래 이어온 것임으로 다른 사람들도 충분히 따라 할 수 있으리라 본다. 하지만 그보다는 필자의 방법들을 따라 하면서 어느 정도 익숙해지면 그것을 토대로 조금은 변형된 자신만의 방법들을 만드는 것이 좋다. 적절히 자신의 시험과 자기 개인에 맞게 변형시키고 첨가하여 맞춤형 방법들을 개발해야 한다. 그렇게 할 때 공부 능률이 높아지며 공부에 더 흥미가 생기고 결국, 필자를 넘어서는 공부 고수가 될 수 있을 것이다.

　　이렇게 해서 최종 목적지인 '자신만의 공부 방법'을 만들 수 있는 순서를 설명했다. 그것을 다음과 같이 순차적으로 간단히 나타내볼 수 있다.

〈자신만의 공부 방법을 만드는 과정〉

수정 및 보완

　　공부 방법론에 대해 마지막으로 이야기하고 싶은 것은 '전략의 수정'이다. 아무리 자신만의 맞춤형 공부 방법을 잘 만들었다고 하더라도 단번에 완벽할 수는 없다. 계속해서 부족한 점을 보완해 완성도를 높여야 한다. 수정/보완하는 노력 또한 공부하는 사람으로서의 또 하나의 기본 자세이다. 귀찮아하지 말고 다시 평가해보고 필요한 부분은 효율성 있게 변경하도록 하자.

그리고 그와 함께 시간이 지나 본서에 있는 필자의 구체적인 공부 방법들을 다시 참고해보길 권장한다. 기본은 반복해야 한다. 한 번에 여러 노하우들에 대해 깊게 이해하거나 디테일한 모든 것을 가질 수는 없다. 특히 필자가 말한 다양한 방법을 당장 시도해보면 좋겠지만, 지금 그것들을 시도할 타이밍이 안 맞아서, 혹은 따라 할 조건이나 환경이 안 되어 지금 당장은 시도해보지 못할 수도 있다. 하지만, 수험생이라면 언젠가는 필자가 했던 고민을 똑같이 고민할 날들이 분명히 올 것이다. 그때 본서의 내용을 다시 확인하면 또 다른 도움이 될 것이다. 무엇인가 시도해 본 후 다시 볼 때는 또 다른 것들이 보이기 때문이다.

One point Tip

수험 기간을 통해 얻어야 할 한 가지

수험 기간을 통해 성공적인 본고사 성적 외에 얻을 수 있는 깃 한 가지는 바로 자신에게 적합한 확실한 공부법이다. 특히, 학교 시험 등과 같은 단기 시험에 대한 공부법이 아니라 장기적인 관점의 공부 방법 말이다. 장기 시험은 그 기간도 길며 다른 일에 방해받지 않고 공부에만 집중할 수 있는 유일한 환경이다. 공부에 대해 깊게 생각해 볼 수 있고, 장기적인 공부법에 대해 충분히 스스로 테스트하고 수정, 보완해 볼 기회가 된다. 이런 시기는 인생에서 다시 오지 않을 가능성이 크다.

하지만 '공부' 자체는 이번 한 번으로 끝나는 것이 아니다. 장기 시험이 끝나고도 겪어야 할 단편적인 시험들과 공부들은 무척 많다. 자신의 직업적 일에서뿐만 아니라 생활과 경제, 그리고 신기술 이용 등 끊임없이 학습할 상황과 맞닥뜨리게 될 것이다. 수많은 강의를 듣고 다양한 책을 봐야 할 것이다. 또한, 세상은 점점 더 공부할 줄 아는 사람을 원하고 있다. 사회는 복잡해지며 새로운 것들, 기존에 있더라도 변하고 첨가되는 것들이 빠른 속도로 많아지기 때문이다. 다행인 것은 다른 공부들을 할 때는 수험 생활과 같이 절박하거나 마음 졸이며 공부하지 않아도 된다는 것이다. 하지만 그때 지쳐버린 의욕으로 학습을 등한시할 것인지, 아니면 장기 기억화 시키는 자신만의 방법을 알고 있기에 의욕을 가지고 그 공부를 대할지는 대단히 큰 차이를 유발한다.

그날들이 왔을 때 자신의 강점이 바로 이 장기 시험 준비를 통해 얻은 자신만의 공부법과 공부에 대한 자신감이라면 좋겠다.

스터디에는 공부 강제력의
비결과 공부 내용 장기 기억에 대한
중요한 힌트들이 숨어있다.
질문을 주고받고,
시험을 보며 다각도로 머리에서
공부한 내용을 꺼내는 연습을
하는 것이 좋다.

Strategy of Long-Term Test

제6장

스터디 전략

PART – 06

01

스터디 소개

스터디 호불호와 권장 사항

대부분의 수험 시장에서 스터디라는 공부형태가 존재한다. 특히 고시와 전문직 등 몇 가지 어려운 시험에서 서술형인 2차 시험을 대비해 대다수가 스터디를 하는 경우도 있으며, 면접 역시 스터디로 준비하는 경우가 무척 많다. 하지만 스터디는 호불호가 다소 갈릴 수 있는 공부 방식이다. 합격생이나 좋은 성적을 받은 수험생 중에서는 스터디에 대해 부정적으로 이야기하는 사람들도 더러 있다. 보통 이런 사람들은 혼자 공부할 줄 아는 사람들이다. 하지만 스터디의 장점은 많다. 필자는 아무리 혼자 하는 공부에 능숙한 사람이라고 하더라도 잘 조직된 스터디는 오히려 날개를 달아줄 것이지 방해를 주지 않는다고 확신한다. 실제로 필자가 치전에 다니며 스터디에 대해 좋지 않은 인식을 가진 동기들을 스터디에 참여시켜 효과를 보게 한 경험들도 곧잘 있었다. 힌트는 구성원과 스터디 방식에 있다.

사실, 스터디는 수험 시장에서만 관찰되는 공부 형식이 아니다. 의치대 교육과정에서도 비슷하게 '폴리클'이라는 소규모 상호 세미나식의 커리큘럼이 있으며 이때부터 학생들은 실질적이고 효과적인 임상 학습을 한다. 일반 회사의 그룹별 순환식 발표나 다른 직업들의 소규모 그룹학습 형태도 마찬가지다. 더 나아가 미래의 교육방식은 아직까지 일반적 형태인 일대다 교실수업은 거의 없어지고 이런 식의 소규모 그룹토론 방식만 살아남을 것이란 예측[1]도 나오고 있다.

물론 그렇다고 하여도 스터디를 절대 하지 않겠다거나 여건상 할 수 없는 수험생이 있을 수 있다. 그런 경우 무리하게 스터디를 해야 한다고 권하지 않는다. 하지만 이 파트의 초반부인 스터디 장단점까지는 꼭 읽어 보기 바란다. 경쟁자들이 어떻게 효율을 내고 있는지를 알아야지 그에 맞춰 불리한 부분을 다른 방법으로 보충할 수가 있기 때문이다. 또한 스터디에는 공부 강제력의 비결과 공부 내용 장기 기억에 대한 중요한 힌트들이 숨어있다. 질문을 주고받고, 시험을 보며 다각도로 머리에서 공부한 내용을 꺼내는 연습을 하는 것이 좋다. 학습에 관한 많은 연구에서도 단순한 반복 읽기는 시험 등의 복습 기법에 비해 별로 도움이 되지 않는다는 것이 실험을 통해 입증[2]되어 있다.

반면, 스터디를 계획 중이거나 현재 참여 중이라면 이곳의 내용을 꼼꼼히 읽어 보고 재차 체크해 보기 바란다. 비효율적인 스터디에 참여하는 것은 불합격한 사람들이 실패의 원인으로 지목할 만큼 치명적일 수 있다. 또한 필자가 언급하는 한두 가지의 노하우가 효율을 크게 바꿔 줄 수 있으며 세세한 모집 방법 이야기는 스터디를 계획하는 시점부터 좋은 가이드라인이 될 수 있을 것이다.

'스터디'라는 용어와 스터디 특징

우선, '스터디'라는 용어에 대해 짚고 넘어가자. 사실 '스터디 그룹'이 정확한 명칭이다. 즉 공부하는 모임인 것이다. 그러나 수험생들은 줄여서 '스터디'라고 부른다. 수험생뿐만 아니라 취업 스터디, 면접 스터디, 독서 스터디 등도 존재하니 특정한 공부 목적 혹은 생산적인 활동을 위한 목적으로 모인 단체라고 생각해 볼 수 있겠다.

한편, 이들은 보통 소규모이고 그 기간도 길어야 몇 개월 정도로 짧은 경우가 대부분(독서 모임 등 제외)이다. 또한, 목적을 이루고 나면 금세 흩어져 새로운 길을 가기 때문에 장기 시험과 마찬가지로 노하우 축적이나 체제 정립이 다소 어렵다.

더구나 다른 분야의 스터디 그룹에 참여해 보았다고 하더라도 자신이 해 보지 않은 분야는 생소하기에 스터디그룹 진행 방향을 결정하기가 어렵다. 조건에 따라 스터디 방법은 달라져야 하는데 전에 했던 다른 스터디와 과목이 다르고 대비하는 시험 유형이 다르거나 혹은 스터디 목적이 다르기 때문이다. 그 때문에 다 같이 처음이나 다름없는 모여든 사람 중에 목소리 큰 사람의 말대로 이끌리는 경우가 많다. 그러나 잘 운영되는 스터디와 그렇지 않은 스터디의 효과는 그 차이가 너무나 극명하다.

필자의 스터디 경험

장기 시험을 준비하기로 결심한 순간부터 지금까지 스터디는 항상 내게 큰 도움이 되는 한 가지 공부 방법이었다. 지금까지 참여했던 스터디를 되뇌어 보자면 텝스 학원에 다니며 참여했던 각 과정의 텝스 스터디부터 수험 생활 중 스터디, 치전 재학 중 스터디와 졸업 후 임상 스터디까지 정말 다양하다. 기간 또한 면접 준비처럼 1개월 정도 짧게 진행한 것부터 생물 암기 스터디나 독서 모임처럼 수년간 이어서 했던 것까지 그 범위가 넓으며, 1회로 끝난 것부터 새로 여러 회 반복한 것들까지 무척 다채롭다.

영어	본고사, 치전입시	치전 재학 중, 졸업 후	그 외
텝스학원 스터디 영어뉴스 청취 스터디 영단어 암기 스터디	언어추론 풀이 스터디 생물 암기 스터디 생물 기본서 스터디 문제 풀이 스터디 출석 모임 면접 스터디	아침 공부 모임 치과 기초과목 스터디 치과 면허국시 스터디 독서 모임 치과 임상 스터디 그룹	입사 직무검사 스터디 입사 면접 스터디

〈필자가 참여했던 여러 종류의 스터디〉

활동에 대한 강제력과, 여러 사람이 모여서 발생하는 시너지효과, 정보 공유 등 나에게 딱 맞는 스터디의 장점들 때문에 나는 스터디에 매료되기 시작했고 언젠가부터는 직접 스터디를 모집하고 운영하기에 이르렀다. 그 결과 수많은 스터디를 경험할 수 있었고 그로 인한 노하우 축적과 만족할 만한 성과들 또한 따라왔다. 그중에서도 가장 좋은 성과를 냈고 여러 방법을 고민하고 시도한 끝에 체계적인 시스템을 구축했던 것은 역시 생물 암기 스터디이다. 그렇기에 여기서는 본고사 준비를 위한 다른 스터디들은 비교적 짧게 언급하고 생물 스터디의 형식인 내용 암기 스터디에 관해서는 좀 더 자세히 기술한다.

사실 생물 과목은 본고사 시험을 준비하기 전 내게 두려운 과목이었다. 분명 많은 분량의 내용을 암기하는 것이 중요한 과목인데 나는 워낙 암기에 자신이 없었다. 더구나 생애 첫 수능 당시 선택했던 생물 2 과목에서는 절반 가까운 문제를 틀리며 절망했던 경험까지 있었다. 그래서 어떻게든 다른 과목보다 이 과목만큼은 더 열심히 해서 성과를 내야 하겠다는 생각을 했던 것 같다. 그런데 수많은 과정 이후 아이러니하게도 난 다른 과목보다도 오히려 생물에서 더 좋은 결과를 얻었다. 그뿐만 아니라 입학부터 치과의사로서의 지금까지도 당시 만들어 놓은 생물학적 이해도와 장기 기억된 지식은 다른 과목보다도 훨씬 더 내게 많은 도움을 주고 있다. 그 비결은 데일리 암기 페이퍼와 생물 암기 스터디라고 당연하게 꼽는다. 그 때문에 여기에 '스터디'라는 공부 장치에 대해 자세히 기술해 보려 결심한 것이다.

그러나 필자와 같은 케이스와 또 다른 스터디를 하는 많은 수험생이 있음에도 불구하고 앞서 기술했듯 합격생 중 일부는 스터디에 대해 부정적인 견해를 갖는 경우들도 종종 보게 된다. 이는 잘못된 방식 스터디에 대한 경험이 있기 때문이기도 하지만 실제로 자신의 공부 스타일에 견주어 봤을 때 장점보다 단점이 더 많다고 여겼기 때문이기도 하다. 그래서 스터디의 장단점 및 자신에게 필요성이 있는지를 먼저 정확히 파악할 필요가 있다.

02

스터디 장단점

스터디의 단점 1 – 시간 소비

스터디의 가장 큰 단점 중 하나가 아마도 시간 낭비의 가능성일 것이다. 대화와 소통은 분명 중요한 감정적 해소 방법이고 정보를 얻는 주요 도구임은 확실하다. 그러나 주제가 자꾸만 공부와 관련이 없는 것으로 흐르거나 공부에 관련된 것이라고 하더라도 일부의 개인 고민 상담에만 시간을 많이 쏟게 된다면 문제가 있다. 만약 잡담 시간이 길어지면 그것을 의식하고 적당한 선에서 마무리하는 것이 필요하다. 반복해서 잡담을 길게 하는 사람이 보통은 정해져 있으니 구성원들의 발언 기회를 적당히 분배하는 것이 좋다. 그리고 스터디를 진행하는 시간 동안에 공부 외의 이야기가 나온다면 누군가가 주지시켜주는 것이 필요하다. 그 주제들은 스터디가 끝나고 이야기하자고 해야 한다. 스터디의 본 내용 중간에 다른 이야기가 자꾸 등장하면 공부의 흐름을 끊을 뿐만 아니라 점점 더 스터디에 소요하는 시간이 길어진다.

스터디는 하나의 그룹이고 시스템이다. 그래서 그룹을 갖추고 시스템을 정비하고 유지하는 데 시간이 소비된다. 특히, 스터디를 모집하고 운영하는 대표는 더 많은 시간을 소비하게 된다. 처음 생각보다도 스터디를 조직하는 것은 더 많은 노력이 필요할 수도 있다. 그래서 대표는 스터디 효율을 위해 그런 것들에 대해 먼저 감안할 수 있어야 한다. 일단 스터디를 모집하고 나면 스터디 유지를 위해 필요한 일들을 적당히 구성원에게 배분할 수 있어야 한다. 그래야 시간 소비를 줄여 스스로 지치지 않을 수 있고 후에 생길 수도 있는 피해의식을 사전에 방지할 수도 있다. 그리고 스터디 구성원들은 스터디 대표의 그런 노고를 적절히 이해해 주고 능동적으로 참여해야 할 것이다.

또한, 스터디는 하나의 약속이다. 그런데 그 약속을 지키지 않음으로써 시간이 많이 소비되기도 한다. 스터디 모임 시간에 늦는 구성원이 있는 경우 그를 기다리며 시간을 낭비하게 된다. 제한 장치가 없으면 누군가 습관처럼 늦고 그것이 나중에는 분위기가 되어 스터디를 망치게 될 가능성이 높다. 그래서 벌금제 등 확실한 규율을 만들어야 한다. 이는 뒤에서 조금 더 자세히 설명한다.

> **<단점 1> 시간소비 : 잡담 / 모집과 운영에 필요한 시간 / 모이는 시간에 늦는 경우**

스터디의 단점 2 – 오개념 형성

두 번째 단점은 오개념 형성의 가능성이다. 스터디 구성원에는 보통 전문가나 월등한 실력을 가진 사람이 있는 것이 아니기 때문에 서로 잘못된 것을 믿고 주장하게 될 수 있다. 그럴 경우 함께 산으로 가게 된다. 비슷비슷한 사공이 많아 그렇다.

심지어 똑같이 잘못 알고 있는 경우도 있다. 필자의 경험을 빌리자면

6명이 함께 반대로 주장하는 것을 필자 혼자 주장하여 끝내 뒤엎은 주제도 있었다. 당시 좋은 본고사 성적을 받고 나서의 웬만한 확신이 없었다면 아마 다수의 의견대로 믿고 넘어갔을 일이다. 그렇게 잘못된 개념이 생긴다. 그리고 그런 것들이 시험에 나온다.

불확실한 것은 그렇다고 이야기하는 것이 좋다. 그리고 가능한 레퍼런스를 함께 말하는 것이 좋으며 누군가 이야기하는 것이 약간이라도 믿기지 않는다면 적극적으로 그 내용의 출처를 찾아보는 것이 필요하다. 귀찮아하거나 괜한 의심이라며 불편해하지 않아야 한다. 또, 나중에라도 자신이, 혹은 구성원이 잘못되었다는 것을 알게 되면 반드시 수정해 공지해야 한다. 이를 부끄러워하거나 지적한다고 기분 나빠해서는 안 된다. 뽐낸다고 시기해서도 안 된다. 절대로 지식 정정하는 과정에 감정을 넣어서는 안 된다. 누구나 자주 틀릴 수 있고 실수할 수 있다. 하나씩 바르게 알아가는 것이 중요한 것이며 그로 인해 조금씩 나아지는 것이 의미 있는 일이다.

> **<단점 2> 오개념 형성 예방법 : 출처 찾기 / 차후 정정 / 불확실한 것 인정하기**

스터디의 단점 3 – 진도와 실력 차이

여럿이서 함께 하다 보면 어느 정도 타협해야 하는 것이 있다. 바로 공부 진도이다. 당연히 개인마다 공부하는 속도가 다르고, 생각해 둔 커리큘럼이 상이해서 스터디를 시작하는 시점에 진도가 서로 맞지 않을 수 있다. 이런 경우 서로 적절히 진도를 맞춰야 하는데 보통은 큰 차이가 나지 않아 서로 약간의 양보로 해결이 된다. 그러나 과도하게 차이가 난다면 억지로 맞추려 할 필요는 없다. 다른 진도의 스터디를 찾아보는 것이 좋겠고, 그 차이로 인한 마이너스 요인들이 스터디를 하는 장점들보다 크다면 단호히 스터디를 하지 않는 것이 더 이롭다.

진도는 동일하여도 과도한 실력 차이 또한 마찬가지로 문제가 있다. 사실, 어느 정도 차이나 실력의 다양성은 해당 스터디의 단점보다도 오히려 스터디를 잘 돌아가게 하는 윤활제 역할을 할 수 있다. 그러나 잘 하는 사람이 알려줘도 알아듣지 못할 정도로 기본적인 실력 면에서 차이가 많이 난다든지, 다른 스터디 구성원들보다 훨씬 더 많은 시간을 투자해도 스터디 분량을 따라오지 못하는 사람이 있다든지 한다면 문제가 있다. 그런 경우 해당 스터디 모임은 경쟁력이 다소 떨어질 수 있다. 그러나 이런 점이 있다고 누군가를 모임에서 의도적으로 퇴출시키는 것은 좋아 보이지 않는다. 정확한 규칙이 정비된 스터디 모임이라면 보통은 해당 구성원이 계속된 페널티에 못 이겨 자진해 그만두기 마련이다. 물론, 그전까지 스터디 장은 그 사람을 가능한 한 챙기고 도와주는 편이 스터디 결속력에 도움이 될 것이다.

그리고 이런 차이들을 사전에 예방하려면 스터디 모집공고부터 신경을 쓰는 것이 좋다. 어떤 교재로 어디서부터 진행할 것이며, 필요하다면 어느 정도 과정에 있는 분들을 우선해 원한다고 고지를 해야 한다.

<단점 3> 진도와 실력차이 : 모집공고 시 진도, 과정 표기 / 과도한 차이 시 그만두기

스터디의 단점 4 – 인간관계 스트레스

스터디의 큰 단점이자 가장 조심해야 하는 부분은 인간관계에서 오는 스트레스이다. 원래 학교나 직장 등 다른 곳에서도 공부나 일, 시험 등보다도 사람 관계에서 얻는 스트레스가 더 큰 경우가 많다. 사람은 없으면 없는 대로 외로워서 문제, 있으면 있는 대로 나와 안 맞는 사람이 항상 있어서 문제가 된다. 스터디도 사람끼리 하는 것이기 때문에 감정 대립이나 한쪽에서 감정이 상할 수 있는 일들도 종종 발생한다. 그래서 싸우기라도 한다면 큰 스트레스가 된다. 특히 잘 안 풀리고 대립이 심해지면 한쪽이 떠나기를 결심하는 경우도 있다. 필자의 스터디 내에서는 아니지만 심지어 그 때문에 학원, 독서실을 옮기는 것도 보았다. 그렇게 된다면 수험 생활에 큰 손해가 아닐 수 없다. 앞서 잡념이야기하며 언급했지만, 인간관계 갈등은 두뇌에 가장 강력한 자극제가 된다. 공부는 생각하면서 해야 하는 것이어서 그 두뇌 자극을 이겨내기가 거의 불가능하다. 워낙 다른 사람을 만날 일이 없는 수험생이기에 스터디는 그런 인간관계 스트레스의 가장 큰 원인이 될 여지가 있다. 그렇기에 스터디에서 서로의 관계에 대해 신중하며 조심해야 할 필요가 있다.

수험생은 본래 심적 여유가 있기 어려운 상황에 있다. 미래에 대한 불확실과 본고사에 대한 중압감 때문이다. 그래서 전에는 양보를 잘하던 사람도 수험생이 되고 나서는 자신을 좀 더 생각하며 무의식중에 이기적으로 행동하기가 쉽다. 나도 그렇고 상대방도 그럴 수 있다는 점을 꼭 염두에 두며 사람을 대해야 한다. 즉, 스터디 등 같은 수험생끼리는 내가 한 번 더 양보해야 한다는 생각을 가져야 한다. 그래야 상대방이 느끼기엔 서로 평등한 관계라고 인지될 수 있다. 역으로 지금 저 사람하고 모든 것들에서 제법 공평하다고 느낀다면 그 사람은 마음속으로 한 번 더 양보하고 있을 가능성이 크다. 상대방을 위해서 양보하는 것이 아니라 나자신을 위해서 양보한다고 생각하고 한 걸음 더 물러서서 행동하는 것이 좋다. 그래야 스터디도 탄력 있고 결집력 있게 오래 유지될 수 있다.

한 가지 더 조심해야 할 것 한 가지가 실력 차이가 난다거나 그날 유난히 풀었던 문제가 잘 맞는다고 우쭐대는 일이다. 자신의 자신감은 높아질지 몰라도 다른 사람의 에너지를 빼앗는 것이다. 스터디는 모두가 같이 계속 긍정적인 것들을 얻어 가야 하는 것이지 일방적인 이득은 스터디를 무너뜨린다. 서로 서운한 감정이 생기고 그게 커지거나 지속되게 해서는 안 된다. 자신의 실력이 뛰어나다고 해서, 또는 좋은 모의고사 성적을 받았다고 해서 그것을 굳이 드러내거나 자랑하려 하지 않는 편이 현명하다. 반드시 겸손하자.

스터디의 '관계'에 대해 조금 더 조언하자면 스터디를 하며 수험 기간 중에는 서로 적당히 거리를 두는 것이 서로의 공부에 이롭다. 우선 친해지고 편해지면 공부에 대한 강제력이 다소 떨어지게 된다. 잡담도 많아진다. 그래서 평소에 친한 사람끼리만 스터디를 하는 것도 별로 좋지가 않다. 또한, 시험이 끝나기 전까지는 서로 높임말을 사용하는 편이 좋다. 나이에 따라 누구는 존댓말을 하고 누구는 반말하면 자연스레 권력이 생긴다. 평등하게 유지되어야 할 스터디 그룹에서 구성원 간 의견의 무게가 달라지는 것이다. 또, 경우에 따라 말은 못해도 듣는 입장에서 반말이 기분 나쁠 수도 있는 일이다. 그런 불평등이 연소자로 하여금 불만을 유발할 수 있는 한편, 연장자는 동생으로 여겨지는 구성원에게 배우려는 의지가 적어지고 가르치려 하게 될 경향이 크다. 따라서 서로 존중하고 배려해 줄 수 있도록 적어도 스터디가 끝날 때까지는 서로 존댓말 사용을 권장한다. 이것은 수험 기간 동안 적당한 거리를 유지하기 위해서도 필요한 일이다. 말을 편히 하여 너무 거리가 가까워지면 각자 모두 예민해져 있는 상황에서 선을 넘는 언행으로 서로에게 상처를 줄 수도 있으니 말이다. 한편, 이런 제안은 연소자가 이야기하기는 부담일 수 있다. 그렇기에 그룹에서 비교적 연장자가 적당한 기회가 있을 때 기준을 갖고 선을 긋는 편이 좋다.

이렇듯 스터디의 4번째 단점은 인간관계로 인한 스트레스를 받을 수 있다는 가능성이다. 또한 갈등이 발생하지 않았다고 해도 관계에 신경을 어느 정도 써야 하니 그런 노력에 대한 기회비용이 있을 수 있겠다.

> **<단점 4> 관계 스트레스 : 양보 / 자랑하지 않기 / 서로 높임말 사용 / 적당한 선**

스터디의 단점에 대해 정리하자면 크게 4가지 시간 소모, 오개념 형성의 가능성, 맞지 않는 진도와 실력 차이, 그리고 인간관계로 인한 스트레스 가능성이 있을 수 있다. 물론, 이것들은 어디까지나 '가능성'이다. 사전에 예방을 하고 잘 조절한다면 단점들은 최소화할 수 있다.

스터디의 장점 1 – 강제성

가장 큰 강점은 강제성이다. 사람들 대부분이 그렇다. 누군가와 약속을 했을 때 의무 의식이 좀 더 강해진다. 또한 다른 사람이 나를 지켜본다고 생각할 때 책임이나 계획을 좀 더 온전히 이행하려는 의지가 생기기 마련이다. 그런 면에서 혼자 오직 자율의지에만 기대어 공부하는 것보다 스터디의 이점이 있다. 특히, 필자처럼 부족한 의지력과 게으른 성격 일부를 가진 사람들에게는 그 필요성이 더 클 수 있다.

반대로 의지가 강하고 혼자서 오랜 기간 공부하는 것에 자신이 있는 사람에게는 이런 스터디 강제력의 필요성이 적을 수 있다. 사실 본서에서 말하는 강제력을 위한 방법들 무엇이든 그런데, 강제성은 사람들 대부분의 생산성을 높이는 것이 확실하지만 이상적인 원리는 아니다. 시키지 않아도 스스로 할 수 있는 것이 가장 좋다. 굳이 스터디를 조직하고 모임을 위해 이동하고, 다른 이야기를 섞어하며 시간을 소비하는 것보다 그 시간에 혼자 꾸준히, 그리고 굳세게 공부를 이어서 하는 것이 나을 수 있다. 하지만 집단 강제성의 효율을 넘어설 만큼 장기간 높은 집중력을 발휘할 수 있는 사람은 소수이다. 공부는 대체로 혼자 하는 것이 맞지만 오로지 혼자서만 해야 한다는 주장은 대다수에게는 맞지 않을 수 있다. 그래서 필자는 스터디 같은 '수험생끼리의 약속'을 긍정적으로 이야기하는 편이다.

가능하다면 수험 기간 중에 좋은 방식으로 함께 공부하는 일부 시간을 갖기를 권장한다. 장기 시험 하나를 치르기 위해서는 최소 6개월에서 1년 정도가 걸린다. 그 긴 시간 대부분의 매일을 아무도 만나지 않고 공부만 하는 일은 너무 힘들 수 있다. 또한 강제성 없이도 수월하게 공부했던 의지력 강한 사람도 시간이 지나며 의지가 무뎌지고 지칠 수 있다. 그 공부 의지를 자연스레, 그리고 뒤에 나오는 다른 장점들까지 함께 제공하는 것이 스터디이다.

또한, 강제력과 유사한 스터디의 장점 중 하나로 '마감 효과'를 들 수 있다. '마감 효과'란 시간이 급박하고 다급한 상황에서 집중력이 높아지는 현상[3]을 말한다. 즉, 스터디 모임 시간이 임박해오면 공부에 대한 몰입도가 높아지고 평상시 이상의 효율을 발휘하게 되는 것이다. 특히 이론 스터디 중 암기 시험을 중점으로 하는 스터디의 경우 그 효과가 극대화된다. 누구나 학창시절 겪게 되는 평상시의 공부 효율과 시험 기간의 공부 효율 차이를 떠올려 보면 되겠다. 이런 시험의 이점에 대해서는 얼마 지나지 않은 뒤쪽에서 좀 더 자세히 다룬다.

<장점 1> 스터디는 타인과의 약속 → 강제성 | 마감효과

스터디의 장점 2 – 지식 교환

스터디의 두 번째 장점으로 '지식 교환'을 들 수 있다. 어떤 파트에 대해 좀 더 설명과 비유를 잘하는 사람이 있다면 그 이야기를 참고해 부족한 이해를 보완할 수 있다. 어떤 내용의 암기 노하우나 자신이 계발한 훌륭한 암기 문장이 있다면 그런 것들 역시 공유할 수 있다. 그리고 모르는 내용 해결에도 어느 정도 도움이 될 수 있다. 물론, 어려운 내용에 대해서는 모두 다 모르기도 하고, 잘못해서 오개념이 생겨날 가능성도 있기는 하다. 그렇지만 아무래도 여럿이 머리를 맞대면 바르게 해결되는 내용이 훨씬 더 많다. 또한, 누군가에게 물어봤던 내용, 누군가에게 대답해 준 내용에 대해서는 기억에 더 깊게 남는다. 특히, 가르쳐주면서 자신의 지식이 정리되는 점, 한 번 더 생각해보며 깨우치게 되는 점들도 무시할 수 없다. 각각의 개인들이 협력이나 경쟁을 통해 공동의 지적결과물을 만들어 낼 수 있는 집단적 능력, 바로 집단지성[4]이라 할 수 있다.

그러나 한편으로, 특정 주제에 대해 논쟁이 일어나거나, 논의 시간이 너무 길어지거나, 혹은 주제에서 벗어난 이야기들을 한다면 제재를 해야 한다. 구성원 중 인지력이 높은 사람 혹은, 최고령자가 적절히 그런 통제 역할을 담당해 줘야 한다. 그렇지 않으면 질문 답변은 안하는 것이 나을 수도 있다.

<장점 2> 지식교환 : 서로설명 / 암기문장공유 / 질의 응답

스터디의 장점 3 – 공감대 형성

괜찮게 이어지는 스터디는 수험생의 감정적인 면에서 크게 도움이 될 수 있다. 아무리 친했던 친구라고 하더라도, 가족이라고 하더라도 수험 생활에 대해서는 잘 모른다. 또한 아무리 성공적인 수험 생활을 했던 합격생이라고 하더라도 지나고 나면 달라지는 것이 많고 세세한 점들은 잘 기억이 나지 않는다. 하지만 수험 생활을 함께 하는 동료라면 아무리 서로 성격이 다르다고 하더라도 큰 공감대가 생긴다. 사소한 모든 감정을 서로 이해할 수 있고 같은 고민을 함께 나눌 수 있다. 하지만 무작정 그런 공감대만을 위해 수험생들을 찾아 사귈 수는 없다. 그런 점에서 공부를 주제로 만나고 어느 정도 공감대 형성을 곁들일 수 있는 스터디의 강점이 있다. 물론 수험 생활은 그 특성상 외로운 것이 맞고 받아들여야 하지만, 공부 스터디를 통한 잠깐의 정서 안정 정도는 적절히 유지된다면 큰 도움이 될 수 있다. 수험 생활을 너무 지독하게 하지 않을 수 있는 실마리가 거기에 있다.

재수할 때 알고 지냈던 K 양이 그랬다. 그때 그 동생은 3번째 시험을 치르는 것이었는데 전년도에 너무 힘들게 공부했다고 말했다. 좁은 독서실에 틀어박혀 두문불출하고 식사도 독서실에서 혼자 해결하며 공부를 했는데 성격이 점점 어두워지고 예민해지더니 급기야 시험 보기 한 달 전부터는 멘탈(mental)이 붕괴되면서 너무나 불안하고 힘들어서 도저히 시험을 잘 치를 수가 없었다고 한다. 하지만 그해에는 내가 만들었던 스터디에 들어와 8개월 정도 지속하며 매주 1~2회씩 스터디 구성원들과 만나 이야기도 하며 공부했더니 전년도 같은 정신적 어려움이 전혀 없었다고 한다. 그녀는 결국 좋은 성적을 받고 서울권 의치전 학교에 진학할 수 있었다.

이는 필자도 마찬가지다. 스터디 구성원들과의 긍정적 만남은 적당한 심리적 안정 역할을 해주었다. 또한, 합격 후 수험 생활에 대한 추억 중 가장 큰 하나가 바로 그들과의 시간이다. 그들과는 아직도 연락하며, 그들을 생각하면 합격 후 새로 만든 관계들과는 또 다른 어떤 애틋함과 따뜻함이 있다. 바로 아무것도 가진 것 없을 때의 공감대 형성 때문일 것이다.

그만큼 제대로 갖춰진 스터디를 만나 괜찮은 방향으로 꾸준히 공부한다면 지식적 혜택 외에도 심리적인 일석이조 효과를 충분히 가질 수 있다. 물론, 그런 스터디를 찾기 어렵다면 필자가 이곳에 상세히 쓰는 방법들을 토대로 스스로 스터디를 만들어 운영하는 것도 좋다.

스터디의 장점 4 - 정보 공유

고립되어 혼자 왜곡된 길로 가지 않기 위해서 정보 공유가 필요하다. 사람은 완벽할 수 없기 때문에 10가지의 선택사항이 있다면 그중 적어도 1가지 이상은 나쁜 선택을 할 수도 있다. 공부 방법이나 수험 생활 계획에 대해서도 마찬가지로 비효율적인 방법들이 있을 수 있는데, 그것이 그 시험의 좋은 성적을 받기에 큰 결점이 될 수도 있다. 그런 경우 그 사람이 다른 면은 매우 우수하다고 하더라도 합격 확률이 많이 낮아질 수 있다.

실례로 필자가 치전원 학생일 때 의치대 국가고시 불합격한 선배들의 이유를 모두 궁금해하고는 했는데 교수님이든, 선배든 한결같이 입을 모아 '혼자 공부한 사람들이 곧잘 불합격한다.'라고 하였다. 그들이 학교 다닐 때 공부를 못하던 사람들도 아닌데 유난히 그렇다고 한다. 이유는 비교할 대상이 주변에 없다 보니 독단적인 길을 가는 경향, 그리고 기본적인 매일의 긴장감 조성이 잘 안 되기 때문이다. 그래서 각 학교 대표들은 학생들이 꼭 학교에 나와서 함께 공부하도록 무던히 노력하고 규율을 정한다.

물론, 대세에만 따르면 합격하는 면허증 국가시험하고 남들보다 특색 있게 잘해야 하는 일반적인 장기 시험은 성격이 좀 다르다. 또한, 다른 사람들과 다른 왜곡된 방법이라고 무조건 잘못되었다고 할 수 있다. 하지만 여러 명이 모여서 방법들을 이야기하다 보면 대게는 더 괜찮은 방법이 모색되는 경우가 많으며 특히, 교재나 강의들을 선택할 때 큰 도움이 된다. A 교재를 본 사람 입장에서는 B 교재를 어떻게 평가하는지, C 강사의 D 강의는 얼마나 도움이 되는지 등 이런 것들은 혼자서 모두 다 경험해 보기 어렵기 때문에 간접경험을 참고해보는 것이 꼭 필요하다. 그 외에 타인과 비교하여 자신의 대략적인 공부 진도를 가늠하게 해주는 것, 최신 시험 정보 등도 타인과 공유하면 좋다.

물론, 인터넷을 통해서도 다른 사람들의 정보를 얻을 수 있다. 그러나 너무 단편적이고 정리되어 있지 않으며 자신에게 정확히 적합한 이야기를 찾기는 어렵다. 또한 무엇보다 익명성을 이용한 거짓과 광고가 꽤 섞여 있는 것이 함정이다. 그래서 오프라인 논의에 장점이 있다. 정보 공유는 지금 함께 같은 분야를 공부하며 자주 볼 수 있는 사람들 즉, 스터디 구성원끼리 하는 것이 가장 쉽고 편하며 정확하다. 현재 자신의 상태에서 자신에게 필요한 것에 대해 구체적으로 짚어 이야기해볼 수 있다. 또한, 수많은 정보 속에서 여러 불필요한 검색 시간을 들이지 않을 수 있다.

하지만 이런 장점에도 불구하고 지역적인 불리함이라든지 사정이 있어 혼자 공부할 수밖에 없는 경우도 있다. 이럴 때는 꼭 해당 공부를 준비하는 사람들의 커뮤니티라든지 멀리 있는 다른 지인을 통해서라도 주기적으로 소통하며 자신의 계획이나 판단을 재고해 볼 필요가 있다. 그것이 자신이 크게 왜곡될 수 있는 확률을 낮춘다.

> **<장점 4> 정보공유 : 교재 / 강사 / 공부 방법 / 커리큘럼 / 현재진도 / 최신 시험 정보 등**

이렇듯 스터디는 장단점이 혼재되어 있다. 자신이 어떻게 이용하는지에 따라 해가 될 수도 있고 실질적인 공부에 도움이 되는 한편 힘이 되어줄 수도 있다. 스터디를 하지 않는다면 스터디의 장점들을 눈여겨보고 그것을 보완할 방법들을 생각해보는 편이 좋다. 자신의 경쟁자들은 그런 식으로 효율을 내고 있을 테니 말이다. 반대로 스터디를 한다면 단점들과 위험성을 의식하고 경계해야 한다.

장기 시험은 일반적으로 누군가 계속해서 잔소리하지도 않으며 강제로 공부를 시키지도 않는다. 오로지 자신과의 싸움이다. 그러다 보니 자칫 무의식중에 느슨해질 수 있다는 것이 특징이다. 그 때문에 주기적인 긴장감을 가질 수 있는 여러 가지 수단들은 충분히 유익한 공부 기법이다. 그중에 크게 유효하며 큰 비중을 차지할 수 있는 것이 스터디이니 그 장단점을 다시 한번 잘 비교해 보도록 하자. 이어서 장기 시험을 하며 진행할 수 있는 스터디 모임의 구체적인 종류에 대해 다루어 본다.

스터디 단점	스터디 장점
• ① 시간소비	• ① 강제성
• ② 오개념형성	• ② 지식 교환
• ③ 진도와 실력차이	• ③ 공감대 형성(심리적 안정)
• ④ 인간관계 스트레스	• ④ 정보공유

03

스터디 종류

장기 시험에 있는 스터디 종류들은 유형과 방식에 따라 다음과 같이 세분화할 수 있다. 이어 나오는 분류 도식을 함께 참고해 감을 잡아보도록 하자. 우선 관련된 분야에 따라 크게 공부 · 생활 · 면접 관련으로 나눌 수 있겠다. 그리고 공부 관련된 스터디는 유형에 따라 진도 체크 · 이론 · 문제 풀이 정도로 나눌 수 있다. 이 중에서 이론 스터디는 또 그 방식에 따라 크게 이해 · 암기로 2가지로 나눌 수 있는데 그에 따라서 설명하기 · 전체 암기 · 문제 내기 3가지 방식 정도를 고려해 볼 수 있다.

한편, 생활 관련된 스터디는 사실, '스터디'라고 하기보다는 '모임' 정도가 적당한데 두 가지 출석 · 식사 정도로 나뉠 수 있다. 또 이와 함께 본고사 시험 후에 진행할 수 있는 면접 스터디도 있다. 이것들에 대해 대체로 간단하게 설명하고, 주로 공부에 직접적인 도움이 될 수 있는 이론 스터디에 대해서 좀 더 자세히 이야기하려 한다.

① 진도 체크 스터디

기본서 진도나 수강하는 강의 진도의 강제력을 위한 스터디 모임이다. 서로의 공부 진도를 비교해 볼 수 있고, 누군가 수시로 체크한다는 생각에 조금 더 공부에 속도감을 줄 수 있다는 장점이 있다. 그러나 그런 이유만으로 스터디를 조직하고 진행하는 것에는 다소 시간적 기회비용이 크다고 보인다. 앞서 6장의 6)공부 과정– '강의와 진도 미루지 않기'에서 이야기했지만, 필요하다면 온라인으로 공부 시간 인증하는 모임에 참여하거나 진행 중인 다른 스터디의 구성원과 따로 약속하여 체크하는 정도가 나아 보인다. 다른 사람이 확인해 주는 것이 분명 도움이 될 수 있지만, 그것만을 위해 새로운 관계를 만들고 시간을 따로 할애해 만나는 것은 다소 과도하다. 단, 다른 스터디를 진행하는 것이 전혀 없다면 진도를 체크하고 지식과 정보를 나누는 식의 모임을 갖는 것도 그리 나쁘진 않아 보인다.

② 이론 스터디

이론 스터디는 이론 내용의 공부 자체를 위해 스터디 모임이다. 당연히 '스터디'를 처음 생각할 때 가장 많이 떠올리는 유형이 이런 스터디 유형이며 필자도 장기 시험을 준비하면서 이론 스터디 하나쯤은 하는 것이 좋다고 생각한다. 물론, 과목에 따라서 이론 스터디의 필요성이 달라질 수 있다. 주로 내용 분량이 많고 암기가 집중적으로 필요한 과목이 적당하다. 앞서 녹음 복습 필요 과목에서의 분류를 참고하자면 이해&암기 균형 과목과 극단적 암기 과목이 이론 스터디에 적당하다. 반대로 극단적 이해 과목은 이론 스터디보다는 범위를 정해 공부하고 문제를 풀어 오는 식의 문제풀이 스터디를 추천한다.

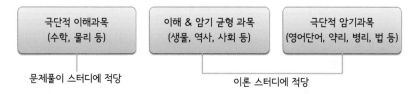

이론 스터디는 크게 3가지 종류 즉, 설명하기 · 전체 암기 · 문제 내기 정도가 있다. 우선 설명하기 방식을 이야기해 보도록 하자. 필자가 아무것도 모르던 수험생 초년 차에 참여했던 스터디에서 이 방식을 사용했다. 그 스터디는 5개월 정도 진행되었는데 지나고 나서 구성원들 대부분이 방법 면에서 후회했다. 우선은 스터디에 소모되는 시간이 무척 많았다. 그리고 말하는 사람은 그것을 준비하고 남에게 말하며 해당 내용을 기억에 더 깊게 새기는 장점이 있는 반면에 듣는 사람은 대체로 지루해했다. 더구나 구성원이 6명이었기 때문에 내가 설명하는 파트는 1/6밖에 되지 않았다. 훨씬 많은 시간을 듣기만 해야 했다. 특히 내용에 대한 이해도가 낮고, 전달력이 부족한 구성원의 설명 시간은 솔직하게 곤욕이었다. 또한, 가장 큰 문제점은 자신이 설명을 맡은 부분 외에 다른 부분은 공부를 잘 해오지 않았다는 점이었다. 남이 설명해 줄 파트이기 때문에 공부 강제력이 없었다. 절반이 훨씬 넘는 분량을 말이다. 단, 설명하기 방식의 스터디는 내용 하나하나를 짚으며 진행하기 때문에 중간중간 질문이 쉽고 전체 이해도를 높이는 것에는 효과가 좋다. 그래서 암기보다는 이해형 이론 스터디라고 필자가 분류하였다. 하지만 내용 중 일부라면 모를까 모든 내용을 모두가 이해할 때까지 설명하는 스터디 형식은 그리 바람직하지 않다. 분명 설명을 잘 해주는 사람도 있다. 그러나 그것은 강사가 할 일이고 전반적으로 그들이 더 잘한다. 이해가 부족하면 온라인 강의나 강의 녹음을 한 번 더 듣는 것이 낫지 않을까?

그래도, 자신이 말해보는 것이 기억에 잘 남는 것 같다고 여기는 사람이 있을 수 있다. 또 실제로 자신의 친구에게, 부모님 앞에서 내용을 이야기해 보며 지식을 다졌다는 수험생도 있다. 실제로 그렇기도 하다. 말하며 이해된 것이 머릿속에서 정리되기도 하고 기억에도 효과적이다. 하지만 관련되지 않은 누군가에게 말하는 방법은 지속하기 어렵다. 상대방은 흥미가 전혀 없는데 관련 없는 일로 계속 시간을 할애해야 하기 때문이다. 그것보다는 자신의 설명을 녹음기로 녹음해 보는 것을 추천한다. 단순히 녹음한다는 약간의 긴장감 때문에 누군가에게 말하는 것과 유사한 효과를 볼 수 있다. 뒤에 인출 효과를 이야기하겠지만, 기억을 꺼내어 본다는 면에서 시험과 유사한 효과를 볼 수 있다. 단순 반복 읽기보다는 효과적이다.

한편 필자는 첫해 수험 생활에 실패하고는 잘못되던 점을 리스트화하였고 그중에 '잘못된 스터디 방식'도 하나의 항목을 차지했다. 지금 생각해보면 스터디라는 모임에 대한 관점 자체가 잘못되었었다. 스터디에 대해 여럿이 모여 '함께 공부' 하려는 생각이어서는 안 된다. 공부는 혼자 하고 그것을 스터디에서 '확인' 한다는 생각으로 접근해야 한다. 물론, 앞서 스터디의 장점에서 언급한 것처럼 지식 교환, 질의응답 등 스터디 시간 자체에도 공부가 되는 면도 있다. 그러나 그것은 부수적인 이득일 뿐 그것이 메인이 되어서는 안 된다는 말이다. 이론 스터디의 주요 효과는 공부 강제성에서 온다. 그런데 '설명하기' 방식은 강제성보다는 모여서 함께 공부하려는 목적이 훨씬 강하다. 그래서 결국, 효율이 떨어질 수 있는 방식이라는 말이다.

그렇다면 공부 강제력을 위해 공부해 온 것을 '확인' 하는 방법이 무엇이 있을까? 단연코 '시험' 이다. 물론, 필기 내용 같은 공부 흔적을 확인하는 방법, 서로 간단한 질문을 해 보는 방법 등도 있다. 그러나 충분히 약간의 시간만 써서 공부한 흉내를 낼 수 있다. 그렇게 된다면 진정 자신에게 도움이 되지 않을뿐더러 스터디 그룹의 분위기를 해치게 된다. 그런 방법들보다는 공부 의무감이 확실하고 공부한 것을 명확히 확인할 수 있는 '시험' 을 보는 편이 좋다. 그리고 그 시험은 크게 두 가지 방식으로 나눌 수 있다. 전체 암기와 문제 내기다.

전체 암기는 흔히 '빽빽이', 혹은 '통암기' 라는 명칭으로도 알려져 있다. 일정 범위까지를 정해 각자 공부를 해 온 뒤 시험을 보는데 각 소제목을 적어놓은 종이에 내용 전부를 적는 형식이다. 이 방식의 가장 큰 장점은 시험을 본다는 긴장감을 유지하면서도 시험을 위해 준비할 것이 적다는 점이다. 단순히 종이와 소제목만 적으면 되기 때문에 어떤 문제 형식을 만드는 것보다 훨씬 더 수월하다. 하지만 단점도 많다. 우선 많은 내용을 전부 적어야 하기 때문에 모여서 시험 보는 시간이 길어진다. 또, 세세한 내용까지 모두 적을 수 있을 정도로 암기하려면 적지 않은 부담이 되며 내용보다도 그 내용의 존재까지 암기해야 하는 데서 비효율이 크다. '존재 암기' 라는 것이 이해가 잘 안 된다면 다음 예를 참고하자.

과전법(1391)	직전법(1466)
• 복무 대가로 경기 지방의 토지 지급 • 전/현직 관리에게 수조권 지급 • 원칙상 세습 불가하나 수신전/휼양전 명목으로 세습	• 지급 토지 부족 현상 발생 • 현직 관리에게만 지급 • 수신전/휼양전 폐지

〈이론 내용〉[5]

다음 표의(가)에 들어갈 제도에 대한 설명으로 옳은 것은?

과전법 → (가) → 관수 관급제 → 녹봉제

① 해당 지역의 조세와 역 징발권을 부여하였다.
② 현직 관리에 한하여 수조권을 지급하였다.
③ 국가에서 직접 세금을 거두어 관리에게 지급하였다.
④ 인품과 관품에 따라 전지와 시지를 지급하였다.

〈실제문제〉[6]

여기서 전체 암기식 스터디 시험을 준비하려면 과전법과 직전법에 대해 각 3가지 항목의 내용의 '존재' 를 완벽히 암기해 적어야 한다. 내용을 충분히 알고 있지만 스터디 시험을 보는데 갑자기 직전법의 2번째 항목이 무엇이었는지 떠오르지 않을 수 있다. 그러면 그 스터디 문제를 틀릴 것이고 공부한 보람을 느끼지 못한다. 하지만, 실제 본고사 문제가 객관식이라면 예시한 문제처럼 단지 그 '사실'만 인지하고 있으면 된다. 단순히 읽어보고 옳고 그름을 판단할 수 있으면 되지 항목들을 모두 줄줄 암기할 필요는 없다는 것이다.

물론, 이런 식의 '존재 암기' 정도의 세세함도 어느 정도는 필요하다. 데일리 암기 페이퍼라면 암기 확인용 질문을 만들어야 하니까 필자라면 다음처럼 항목화하여 완벽히 암기했을 것이다.

> **직전법의 포인트 3가지 :**
> ①토지 부족 발생 ②현직 관리에게만 지급 ③수신전/휼양전 폐지

하지만 이런 내용은 앞서 이야기한 노드, 핵심 기억 등의 일부만 필요하다. 과도하게 많은 내용을 이런 식으로 암기하기에는 두뇌의 용량이 아깝다. 장기 시험은 오랫동안 기억해야 할 분량이 너무나 많기 때문에 가능한 자신의 기억용량을 효율적으로 써야 한다. 한번 쭉 외우고 다시 모두 잊고 하는 식의 공부는 바람직하지 않다. 사실, 여담 하나 하자면 이런 식의 묻지 마 통암기 시험들이 의치대 시험의 많은 부분을 차지한다. 그렇기에 그것을 경험한 사람들이 공부한 양에 비해 머릿속에 남는 실제 사용할 수 있는 지식이 적다고 토로하며 의치대 교육의 개선 필요성을 주장하는 경우가 많다.

그렇듯 전체 암기의 큰 단점 한 가지는 바로 중요한 내용, 그렇지 않은 내용의 구별 없이 모두를 대단히 자세히 암기하여야 한다는 것이다. 그

보다는 중요한 내용은 더 자세하고 완벽히 암기하고 그렇지 않은 내용은 적당한 시간 투자로 가볍게 암기하고 더 세세한 내용은 '눈에 바르는' 정도만 보면 된다. 그런 차별성이 효율을 만들고 지식을 체계적으로 형성할 수 있게 해 준다. 또한, 기본을 지킬 수 있게 해 준다.

문제 내기 방식의 스터디가 그런 면에서 장점이 있다. 누군가 문제를 내온다면 그 시험문제를 위해 공부하는 사람 입장에서는 어떤 문제가 나올지 모르니 우선은 약속한 분량 모두를 공부해야 한다. 하지만 한편으로 중요한 내용의 출제 확률이 더 높으니 그런 것들을 더 자세하게 암기하게 된다. 물론, 출제되는 문제 형식은 어려운 단어의 철자까지 암기하는 형식을 지양하고 적당히 지식을 꺼내보는 연습을 할 수 있는 형식이어야 한다. 그런 구체적인 면들에 대해서는 뒤쪽에서 자세히 안내한다. 문제 내기 스터디 방식의 또 다른 장점은 출제하며 시험 출제자의 관점에서 내용을 살펴볼 수 있다는 점이다. 어떤 내용이 더 중요한지 찾게 되고 문제로 내기에 좋은지 그렇지 않은지, 모호한지를 깨닫게 된다. 그리고 문제를 만들면 응용력이 생긴다. 단순히 복습하며 책을 읽는 것이 아니라 착각하고 헷갈릴 만한 것, 다른 사람이 틀릴만한 것을 찾고 생각해보며 내용을 보는 관점을 달리하게 된다. 또한, 문제를 구성하기 위해 다른 단원과 통합해 연결해 보기도 한다. 이런 것들은 앞서 설명했듯이 다각도 접근(다른 종류 복습)을 통해 내용에 대한 디테일, 깊이 향상 효과를 가져온다. 그런 것들이 좋은 실력을 만든다.

한편, 문제 내기 스터디의 최대 단점은 출제하기 위해 꽤 시간이 소요된다는 점이다. 물론, 몇 차례 경험을 갖게 되면 제법 속도가 붙기는 하지만 그렇다고 하여도 시간이 걸리는 것이 사실이다. 하지만, 이때 걸리는 시간도 공부가 되는 시간이라고 여기는 것이 좋으며, 차후 본고사가 가까워짐에 따라 출제 문항 수를 줄여 부담을 줄일 수 있다. 또한, 문제를 만드는 시간을 하루 중 집중이 잘되지 않는 시간대에 배치하는 측이 전체적인 공부 효율을 높여준다. 다른 단점으로, 서로의 실력이 보증되지 않는 상태에서 출제한 문제의 질에 대한 의구심이 있을 수 있다. 그러나 그 문제로 공부를 한다고 하기보다는 '스터디 문제'는 내가 내용 암기를 하는데 강제성을 주는 수단이라는 관점으로 접근해야 한다. 다른 스터디원 문제의 질이 좋다면 다행이지만 그것은 부수적인 이득일 뿐이다.

마지막으로 문제를 어떻게 내야 할지 처음에는 감을 잡지 못해 부담을 가질 수 있다. 이는 뒤에서 구체적으로 설명하고 이미지를 통해 예시를 보여줄 예정이니 참고하기 바란다. 이곳에서는 스터디 종류에 대해서 개관하고 있다.

> 전체 암기 방식 : '시험'의 장점 | 출제 준비 시간↓ | 시험 시간 ↑ | '존재 암기'의 비효율

> 문제 내기 방식 : '시험'의 장점 | 출제 준비 시간↑ | 항목별 공부의 차별성 | 다각도 접근

③ 문제 풀이 스터디

문제 풀이 스터디를 위해 적당한 과목은 앞서 언급했듯이 암기보다는 이해를 바탕으로 많은 문제를 풀어봐야 하는 과목, 또 문제를 풀이하는 방법이 중요시되는 과목이다. 수학, 물리, 화학 등이 여기에 포함될 수 있다. 하지만 이 또한 혼자 충분히 해결할 수 있다면 굳이 스터디가 필요

하지 않다. 혼자 해결이란 것은 다음 3가지 요소가 충족되면 된다.

첫째, 문제의 정답률을 떠나 정답 해설을 보고 문제의 95% 이상 이해가 된다.

둘째, 질 좋은 여러 문제를 구할 수 있다.

셋째, 문제를 푸는 양과 속도가 강제력 없이도 적당한 수준 이상이다.

혼자 해결할 수 있는 조건으로 제시한 이 3가지는 문제 풀이 스터디의 장점이기도 하다. 그래서 이런 장점들이 전혀 필요 없다면 문제 풀이 스터디는 고려할 필요가 없다.

먼저 문제 풀이 스터디의 방식을 말하자면 2가지 방식이 있을 수 있다. 약속한 범위까지 문제를 풀어와 그것을 서로 확인하고 잘 안 되는 문제들을 서로 질문하는 형식이 있다. 그리고 다른 방식으로 실제와 같은 긴장감과 시간제한을 위해 함께 모여 모의고사 문제 등을 푸는 방식이다. 후자는 그다지 추천하지 않는다. 시간제한이 있다고 하더라도 서로 문제를 푸는 시간이 많이 다르기에 허투루 보내는 시간이 많으며, 그런 실전 연습을 위해 시간을 들여 매주 함께 모이는 것은 시간 소비에 비해 득이 적은 것 같다. 필자 역시 이런 방식을 겸해 봤지만, 의미가 적다고 느껴졌다. 차라리 좀 더 실전 같은 연습인 전국 모의고사를 자주 보는 것이 낫다고 생각한다. 그래도 정 필요하다면 모이지 않고 온라인상에서 이야기하며 시간을 정하고 풀어보는 것도 비슷한 효과를 낼 수 있다.

> **문제를 풀고 오답정리 후 모여 질문 > 함께 모여 그 자리에서 문제 풀기**

〈 권장하는 문제풀이 스터디 형태 〉

약속 범위까지 문제를 풀고 오답 정리를 해 오는 전자의 방식을 조금 더 설명하자면, 먼저 교재가 동일해야 한다. 동일한 내용이어야 풀이 방법을 토의해 볼 수 있기 때문이다. 또한, 서로 실력 수준이 크게 차이 나지 않아야 한다. 너무 일방적인 설명은 비효율을 만든다. 특히, 너무 많은 문제를 짚고 넘어가려면 스터디 시간이 상당히 소요된다. 풀어온 문제 중에 적당 수의 문제에 대해 언급되어야 한다. 그리고 문제를 풀어오지 않는 경우 벌금을 부과하는 등의 규칙이 있어야 강제력이 생기고 체계가 잡힌다.

한편, 풀이하는 방법을 적당히 공유하게 되면, 내가 풀지 못한 문제의 풀이 방법에 대한 힌트를 얻을 수 있고, 자신의 방법을 설명하며 머릿속에 다시 한번 해당 문제에 대해 정리가 된다. 그 역시 내용이 기억에 선명하게 남게 된다. 그리고 여럿이 모이면 각자 다른 강사의 이론을 들어본 경험이 있는 경우가 많아 그에 관해서 풀이법이나, 이론 설명법의 정보를 공유할 수 있다. 문제 풀이에 적당한 과목들은 그렇게 관점과 설명법에 따라 내용에 대한 이해도가 달라지기 때문에 그런 것이 꽤 도움이 될 수 있다.

필자가 본고사 준비를 할 당시에는 강사의 강의용 문제 풀이 교재 외에 시중에 정식 출판된 문제 풀이집이 적었다. (규모가 크지 않은 수험시장일 경우 그럴 가능성이 크다.) 그래서 겹치지 않는 각자 강사의 문제집을 서로 교환해 풀기도 하며 문제 풀이 양을 늘릴 수 있었다. 그뿐 아니라 서로 어떤 문제집이 괜찮은지 그렇지 않은지, 어떤 것들이 수정, 개정되었는지 등의 정보를 공유할 수 있다는 점이 문제 풀이 스터디를 통해 얻을 수 있는 장점이라 할 수 있겠다.

④ 출석 모임

공부하는 장소에서 출석 체크를 하는 모임이라고 생각하면 된다. 아침 정시에 일어나기가 어렵거나 필자처럼 늑장을 부리는 성격이라면 도움이 될 수 있다.

다른 스터디들은 내 공부 시간을 꽤 할애해야 한다. 스터디를 조직하고 유지하고 모이고 흩어지고 잡담하고 등 비록 그것이 효율성 있게 공부하기 위함이라고 하더라도 스터디를 위해서 따로 귀중한 시간을 들여야 하는 부담이 있다. 그러나 출석 스터디는 다르다. 그 모임에 참여함으로써 시간 소비보다는 공부 시간이 확보된다. 따라서 필요성을 느낀다면 망설이지 말고 바로 참여해보거나 출석 모임을 조직해보는 것을 추천한다.

가장 간단하고 실질적인 형태는 공부하는 장소에서 잠깐 모이는 것이다. 그러기 위해서는 독서실이나 도서관 등의 '같은 장소'에 있는 사람들과 해당 모임을 해야 한다. 그것이 여의치 않다면 온라인을 이용할 수 있다. 같은 장소에서 공부하지 않더라도 온라인을 통해 출석이나 공부 시간을 인증하는 모임은 얼마든지 찾을 수 있다. 혹은 시험과 상관없는 사람이라도 그에게 부탁하여 온라인 1:1 대화방을 만들고 항상 도착 시간을 보고하는 식으로 해도 된다. 물론, 스마트 기기를 전혀 쓰지 않는다면 문자로 해도 충분하다. 타인이 확인한다는 사실만으로도 어느 정도 강제성이 생기는 것이다. 그 외에 아침 기상과 공부 시작에 대한 다른 이야기들은 뒤쪽 7장 생활전략에서 언급한다.

출석 모임 : 오프라인 출석 모임 / 온라인 출석 인증 / 타인에게 출석 보고

오프라인 출석 모임에 대해 더 자세히 이야기해보려 한다. 우선, 출석에 대한 페널티로 역시 대부분 벌금제를 시행하게 되는데 그 금액 수준이 적당해야 한다. 벌금이 너무 낮으면 벌금을 쉽게 내 버리고 늦는 경우가 잦을 수 있다. 조금은 부담이 될 정도여야 한다. 반대로 지각이나 결석 벌금이 너무 큰 경우 좀 더 시간을 잘 지키는 경향은 있으나 몇 번 결석하고는 벌금이 부담되어 금방 스터디를 그만두는 인원이 발생할 가능성이 높다. 모임 구성원이 쉽게 다시 구해진다면 모르겠지만 그렇지 않거나 단순히 구성원을 모으는 과정 자체도 부담일 수 있기에 타격이 생긴다. 가능한 한 구성원이 바뀌지 않고 출석 모임이 꾸준히 잘 진행되게 하는 편이 좋다. 따라서 벌금 수준을 처음에 적당히 잘 정해야 한다.

그리고 역시 과하게 구성원이 바뀌는 경우는 좋지 않아서 시간을 정하는 것도 약간의 유연성을 주는 편이 좋다. 출석 시간을 정함에 있어 5분 내지 10분 유예시간을 주는 것이다. 즉, 예를 들자면 오전 9시가 출석 시간이라면 9시 5분까지는 과금되지 않고 5분 이후에 지각으로 규정한다. 그렇게 하면 사실상 9시 출석이 아니라 9시 5분 출석인 것이 되는데 이 경우가 내 경험상 구성원들이 지각하지 않게 될 가능성이 더 컸다. 반면, 시간을 8시 55분으로 정하니 더 많은 비율의 사람들이 지각을 자주하는 재밌는 현상도 목격할 수 있었다. 머릿속에 9시 정각이라는 무의식적인 기준점이 있어서인 것 같다. 그래서 정각을 기준으로 이야기하되 5분 정도는 여유를 주는 편이 좋다. 더구나 이렇게 하면 먼저 도착한 사람들이 잠깐 이야기를 나누는 등 기다리며 짧게나마 친목을 쌓을 수 있는 여유시간도 생긴다.

그리고 출석 모임에 주말이나 휴일을 포함할지를 미리 공고하거나 첫 모임에서 결정해야 한다. 일요일은 공부를 쉬거나 늦게 시작하려는 수험생이 많기 때문이다. 또한, 이처럼 수험생마다 가끔 여유를 가지는 날이 필요할 수 있으니 일주일에 하루는 출석 스터디를 하지 않는다든지, 전날 자정까지 사전 불참 의사를 밝힌 경우 결석 벌금을 감해주거나 제해 주는 것도 방법이다.

하지만, 당일 아침에 핑계를 대고 안 올 수 있는 소지는 무조건 차단해야 한다. 물론, 실제로 몸이 안 좋거나 급한 일이 있을 수 있지만, 그 때문에 예외를 허용해 준다면 악용하는 사람들이 반드시 생겨나고 모임의 강제성과 형평성은 크게 훼손될 수 있다. 그렇게 되면 그 모임은 곧 와해된다. 그러니 지각이나 결석에 대해서는 당일 사유 불문임을 사전 고지해야 한다.

필자의 한 출석 모임을 구체적으로 예시하자면 다음과 같다.

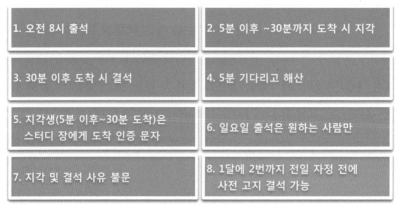

1. 오전 8시 출석	2. 5분 이후 ~30분까지 도착 시 지각
3. 30분 이후 도착 시 결석	4. 5분 기다리고 해산
5. 지각생(5분 이후~30분 도착)은 스터디 장에게 도착 인증 문자	6. 일요일 출석은 원하는 사람만
7. 지각 및 결석 사유 불문	8. 1달에 2번까지 전일 자정 전에 사전 고지 결석 가능

〈출석모임 규칙 예시〉

온라인 인증은 단체 채팅방을 만들어 날짜가 포함된 도서관 좌석 배정 인증표를 찍어 올린다든지, 시계 등 매번 바뀌는 매체를 찍어 올리면 된다. 이때 반드시 정직하게 해야 자신에게 장기적 관점에서 도움이 된다.

한편, 단순 출석 보고는 강제성은 조금 적더라도 스터디 구성원 모집이나 구성에 시간을 쓸 필요도 없고 필요하다면 자신의 출석 시간을 좀 더 자유롭게 변경할 수 있다는 장점이 있다. 필자는 멘토링을 진행했던 학생들에게 필요한 경우 이 방법을 썼다. 1:1이며 그들을 믿었고, 이미 공부 시간 확인 등을 통해 열심히 하는지는 검증이 되는 부분이기에 굳이 출석에 대해 다른 인증 없이 SNS로 출석 알림만 확인 받았다.

⑤ 식사 모임(생활 스터디)

'식사 모임'이라고 명칭을 했지만 사실 비공식적인 은어로 '밥터디'라 하기도 하고, 함께 식사하고 아침 출석 모임까지 겸하면서 통칭해 '생활 스터디'라고 부르기도 한다. 심리적인 상승작용과 생활 강제력을 위해 이같이 스터디를 의도적으로 모으기도 한다. 보통 학원에 다니지 않고, 다른 이론 스터디들도 따로 하지 않으며 홀로 공부하는 경우에 이런 모임의 필요성을 조금 더 느끼게 된다.

사실 함께 공부하는 지인이 있다면 그것이 생활 스터디와 비슷하다고 볼 수 있다. 수험 동료와 식사 등을 함께하며 공부하는 데 있어서 외로움을 줄이고 감정 공유를 할 수 있다. 필자도 3번째 공부하는 시기에는 함께 생활하는 지인들이 있었다. 한 명은 학부 시절부터 알고 있던 동생이었고 한 명은 그해 스터디를 조직하며 새로 알게 된 동생이었다. 그해 수험 초반에는 매끼 식사도 함께 하였다. 그러다가 도시락을 만들어 오자던 아이디어에 필자 혼자 따르지 못해 식사는 따로 하게 되었다. 그런 식으로 약간의 의견 갈림과 형태 수정도 있기는 했지만, 그 그룹은 정신적으로 가장 피폐했던 당시 내게 큰 힘이 되어 주었다. 공부하다가 함께 문방구에라도 외출할라치면 참 설레고 행복했던 것 같다. 지금 생각하면 정말 소소하고 애틋한 일이다. 그런 경험들을 생각해보면 생활 스터디의 장점도 분명히 있다.

하지만 반대로 단점들도 있다. 아무래도 혼자 식사하는 것보다는 여럿이 시간을 맞추고 또 어느 정도 대화하면서 식사하는 것이 시간이 더 소요된다. 더구나 필자처럼 식사 중에 내용 암기를 하는 사람과는 시간 활용 면에서 많이 뒤처질 수밖에 없다. 그리고 필자 경험으로는 다른 사람과 식사를 하고 나서는 공부 하러 들어가기가 무척 싫게 느껴졌다. 매번 그랬다. 아무래도 잡담이 공부보다 즐겁게 느껴져서 일 것이다. 하지만 앞서 언급했듯 공부에 재미를 붙이기 위해서는 공부보다 더 즐거울 수 있는 행동은 가급적 자제하는 것이 필요하다. 또한 관계는 대립할 수 있다는 위험성도 무시하기 어렵다. 수험생은 남 생각하기 어려울 정도로 예민한 상태인 경우가 많고, 모두 중요한 시험을 준비할 만큼 자존감도 어느 정도 높은 사람들이다. 더구나 문제가 생겨도 그것을 풀 만한 시간 여유조차 적다. 특히, 낯선 관계에서 점차 가까워지는 가운데 의도하지 않은 말로 오해하거나 상처받는 사람이 생긴다면 그 부작용은 꽤 크다. 사람과의 관계에서 오는 스트레스는 그 무엇보다 크다는 것을 다시 강조한다.

결론을 말하자면, 식사 모임은 장점도 있지만 공부 효율보다는 서로 감정 의지에 더 많이 치우친 형태이기에 추천하기 어렵다. 원래부터 알고 있던 사람들끼리 공부를 하고 있다면 모르겠지만, 굳이 그를 위해서 새로운 사람들이 모이는 것은 득보다 실이 많아 보인다. 그런 모임들 대부분이 오래가지 않고 분열되는 것을 목격했다. 수험 생활은 혼자 할 수 있다면 혼자 하는 것이 좋다. 가장 효율적이다. 그래도 누군가 함께하는 이득이 클 것 같은 사람이 있다면 단순 식사 모임보다는 출석 스터디나 공부 관련 스터디부터 먼저 하기 바란다. 그리고 그중에 자신과 성격이 어느 정도 맞을 것 같은 사람과 함께하는 시간을 조금씩 늘리는 식으로 수험 메이트를 만들어 가는 것을 권장한다.

⑥ 면접 스터디

면접 스터디는 주로 본고사가 끝난 후에 결성된다. 일반적인 장기 시험에서 보통 1차 합격 후에 추려진 인원에 대해 면접이 있기 때문이다. 따라서 본 면접 스터디에 대한 자세한 내용은 본고사가 끝나고 나서 참고하는 것이 바람직하다.

면접 스터디 경험이 없다면 한두 번쯤은 면접 스터디에 참여해보는 것을 추천한다. 면접 스터디는 이미 본고사가 끝난 후이기에 시간에 대한 부담이 적은 편이다. 또, 다른 사람 앞에서 실전 연습을 해보는 것에 의미가 있는 것임으로 구성원이 누군지도 별로 중요하지가 않다. 낯선 사람 앞에서 자신을 얼마나 표현할 수 있는지, 당황스러운 질문에 어떻게 대처하면 될지를 생각해보고 연습해보는 것이다. 서로 모르는 사람이라면 스터디 진행하는데 충분하다.

단, 모의 면접을 너무 많이 해볼 필요는 없다. 같은 사람들과 너무 자주 해도 긴장감이 떨어지고 서로 비슷한 질문만 하게 되기 때문에 효과가 떨어진다. 그런 면에서 면접 스터디 초반부터 서로 자주 보고 또 서로 너무 친해지는 시간을 많이 갖는 것도 좋지 않다. 어느 정도 낯선 사람들이기 때문에 모의 면접 연습이 의미가 있는 것이다. 그래서 혹시 같은 면접을 준비하는 다른 면접 스터디와 연락이 닿는다면 나중에는 구성원들을 서로 바꿔 면접 연습을 해보는 것 또한 좋다. 새롭게 낯선 사람들 앞에서 말하려면 그 느낌도 다르고 또 그들의 색다른 질문도 경험할 수 있을 것이다.

면접 스터디 하면서 자주 나올 수 있는 질문들, 이를테면 짧은 자기소개, 지원 동기, 자신의 장단점, 가장 기억에 남는 경험 이런 것들 몇 가지는 직접 적어보고 차후 계속 수정하여 완성하도록 해야 한다. 또한, 낮은 영어점수나 많은 나이, 공백기 등 자신의 결점이 될 수 있거나 공격받을 수 있는 요소는 충분한 대비를 해 둬야 한다. 소홀히 생각하다가는 실제 면접장에서 날카로운 그 한두 가지 질문에 잘 대처하지 못해 무너지기도 한다.

당연히, 면접장에서 실제 나올 수 있는 모든 질문을 사전에 연습할 수는 없다. 연습했더라도 수많은 연습 질문들에 묻혀 기억도 잘 나지 않을 것이다. 그러나 앞서 언급한 기본적인 단골 질문 몇 가지를 확실히 준비해 놓아야 한다. 그렇게 하여 실제 면접장에서 그 질문들이 나오면 그것들에 대해서는 자신 있게 대답할 수 있을 것이고 그것으로 다소 면접 분위기를 자신의 것으로 끌고 갈 수 있게 된다. 면접이나 발표 등에서는 시작 부분이 상당히 중요하며 좋은 시작은 그런 당연한 질문들에 대해 적절히 준비된 답변이 큰 도움을 준다.

<**면접 준비 기본내용**>

단골질문
: 자기소개, 지원동기, 자신의 장단점 등

자신만의 결점
: 낮은 영어점수, 공백기, 부족한 경험 등

한편 면접 스터디는 한두 차례 참여해보면 충분해서 이미 몇 차례 경험이 있는 사람들은 잘 참여를 하지 않는다. 본고사 점수가 충분히 안정권이거나 점수가 많이 부족한 경우도 면접 스터디를 하지 않는 경향이 상대적으로 더 크다. 결국, 간절한 사람들이 더 의욕적으로 면접 스터디를 하는 경우가 많으며 그들은 합격의 경계선에서 있는 사람들이다. 그러다 보니 면접 스터디 구성원들은 일반 스터디의 구성원들보다는 비교적 합격하는 비율이 높다.

그런 면에서 면접 스터디는 좀 더 실질적인 인맥이 될 수 있다. 함께 합격한다면 그 공감대 형성은 다른 누구보다도 크다. 특히 성취 전, 만나서 같은 길을 가는 인맥은 각별함이 있다. 합격 전 설렘도 함께 하고 합격도 함께 나눈다는 큰 동질감이 형성된다. 그로 인해 합격 후의 진로에서도 충분히 좋은 인맥으로 작용할 수 있다. 반대로 자신이 떨어졌다고 하더라도 그들은 큰 인맥이 될 수 있다. 그들의 공부법, 합격 노하우, 수강했던 강사들에 대해 참고할 수 있다. 그런 것에 대해 조언을 부탁한다면 합격자들은 아마 적극적으로 이야기해 줄 것이다. 특히 '입시'라면 그들과의 관계는 더한 큰 강점을 준다. 실질적인 그 입시의 합격생 정보를 확인할 수 있기 때문이다. 단, 전제는 있다. 자신의 자존심을 확 낮춰 그들과 연락할 수 있어야 한다. 물론, 이것이 결코 쉬운 일은 아니다. 필자 경험상 그들을 떠올리는 것 자체가 불합격의 기억을 생생하게 회상하는 것과 거의 동일하기 때문에 무척 괴롭다. 하지만 열등감에 그들과 단절한다면 당연히 그 중요한 것들을 얻을 수가 없다. 쿨(Cool)하게 "내년에 후배로 들어갈 테니 잘 부탁드립니다."라고 한 뒤 최대한 그들에게 도움받는 자세가 현명하다. 반드시 자존심을 버려야 한다. 이럴 때는 그

꼿꼿하고 못난 감정이 아무것에도 도움 되지 않는다. 용기로 그 벽을 넘어서야만 합격 가능성이 높아진다.

04
스터디 구성하기와
전반적인 규칙

참여 스터디 개수의 적정성

출석 스터디를 제외하고 공부 관련 스터디는 1개가 적당하고, 많아도 2개 정도만 하는 것이 좋다고 본다. 보통 스터디는 일주일에 2~3회 하는 경우가 가장 많은데 2개의 스터디를 한다고 하면 일주일에 4번~6회를 스터디로 시간을 소모하게 된다. 만약, 그 이상이면 자기 혼자 공부하는 시간을 너무 많이 빼앗게 된다. 특히 일률적인 시간 확보가 되지 않고 스터디 등을 위해서 자꾸만 자리에서 일어나야 한다면 공부 흐름을 번번이 깨기가 십상이다. 물론 한 번에 참여하는 스터디 개수의 적정성은 현재 개인의 공부 형태나 선호도에 따라 다소 다를 수 있다. 특히, 학원 강의를 많이 듣고 있어서 개인 공부 시간이 많이 부족하다면 스터디를 가능한 한 더 줄이거나 전혀 하지 않아야 할 수도 있다. 반대로 강의를 거의 듣지 않고 혼자 공부한다면 스터디에 시간 배정을 조금 더 할 수도 있겠다. 하지만 앞서 이야기한 것들을 이유로 어떤 경우에도 공부 관련 스터디는 많아도 2개를 넘지 않는 편이 좋다. 강의를 듣는 시간과 스터디 시간 그리고 혼자 공부하는 시간 비중을 수험 시기마다 적당히 조절하도록 하자.

스터디 참여와 모집

수험생이 얼마만큼 많은 장기 시험인지, 그리고 자신이 어느 지역에서 공부하는지, 또 스터디를 하고자 하는 시기가 수험 기간 중 언제인지에 따라서 스터디는 구하기가 쉬울 수도 있고 어려울 수도 있다. 스터디 시스템을 이용하고 싶다고 하더라도 스터디 모집과 참여는 또 다른 변수로 작용할 수 있다는 말이다. 이를 고려해서 스터디 계획을 세워야 한다.

우선 이미 잘 짜여 있는 스터디에 들어가면 가장 좋다. 특히 스터디 경험이 없다면 직접 조직보다는 참여부터 해보는 편이 낫다. 좋은 스터디에 참여하기 위해서는 시간을 들여 스터디 모집 글들을 주기적으로 살펴야 한다. 여러 종류의 모집 글들을 꾸준히 보다 보면 어떤 스터디가 체계적인지 그렇지 않은지, 모집자가 수험 경험이 적당히 있는지 아닌지를 판가름할 수 있게 된다. 즉, 좋은 스터디 주최자를 어느 정도 구별할 수 있는 눈을 길러야 한다. 그것이 자신의 스터디 결과, 더 나아가 수험 생활의 운명을 단순히 운에 맡기지 않는 현명한 전략이다.

또한, 경우에 따라서는 자신이 직접 스터디를 조직해야 할 수도 있다. 사람을 모으고 그룹을 운영한다는 것이 수험생으로서는 시간적으로나 정신적으로나 부담이 될 수도 있는 일이지만 꼭 필요하다면 해야 한다. 모집 광고를 할 수 있는 곳은 크게 온라인과 오프라인이 있으며, 온라인으로는 학원 또는 강사의 커뮤니티, 같은 입시를 준비하는 사람들 카페, 혹은 인근 대학교 커뮤니티가 있을 수 있다. 그리고 오프라인으로는 학원이나 도서관, 독서실 등의 공식적인 게시판, 혹은 출입문에 붙이는 비공식적인 포스트잇 등의 방법이 있을 수 있다. 그런 다양한 채널을 이용해 단기간에 재빠르게 스터디를 구성하는 편이 오래 끄는 것보다 훨씬 좋다.

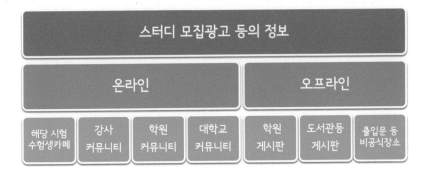

그리고 어느 정도 가이드라인을 확실히 정해놓고 구하는 편이 다른 수험생들의 관심을 얻고 모집에 성공할 확률을 높인다. 그 스터디를 함께하면 확실히 자신에게 도움이 될 것 같아야 사람들이 모인다. 필자의 경우에도 한번은 비교적 수험 기간 중 늦은 시기에 문제 풀이 스터디를 모은 적이 있는데 고투 끝에 다행히 적정 인원을 모을 수 있었다. 그런데 나중에 알고 보니 그들 중 몇 명은 스터디를 할 생각이 전혀 없었는데 우연히 커뮤니티에서 보고 글 써놓은 내용에 이끌려 스터디에 참석했다는 것이었다. 이처럼 어느 정도 시간을 내서 내용 또한 신중히 작성해야 여럿의 관심을 얻을 수 있고 성공적으로 모집될 가능성이 크다. 그를 위해서는 역시 다른 스터디 모집 글들을 계속 살펴보고 모집 방향에 대해 생각해보는 등의 노력이 필요하다.

한편, 그렇게 고심까지 하며 스터디를 모아 대표를 하는 것이 다소 부담일 수 있다. 하지만 자신이 직접 스터디원을 모으는 경우 아무래도 스터디 방식이나 진도, 모임 시간대를 정함에 있어서 좀 더 자신의 말에 힘이 실린다. 그리고 자신의 질문이나 자료 요청에도 스터디 구성원들이 조금 더 긍정적으로 반응할 것이다. 그런 약간의 장점들도 있으니 필요하다면 용기와 의지를 가지고 스터디를 조직해 볼 일이다. 마지막으로 필자는 스터디를 모집할 때 대부분 이메일을 이용해 신청받았으며 규격화된 간단한 정보를 요청했다. 공부 중간에 휴대전화 전화나 문자로 방해받고 싶지 않았기 때문이며, 내가 원할 때 한 번에 확인하여 처리하기 위함이었다. 규격화된 간단한 정보란 다음과 같았다.

> **준비시험 / 시험횟수 / 이름 / 성별 / 나이 / 전화번호**
> **예) PEET / 재시 / 홍길동 / 남 / 25 / 010 1234 5678**

물론, 이것은 어디까지나 스터디 구성원을 구하기 쉬운 경우의 이야기다. 스터디 조성이 어려운 상황(지역, 시기)이라면 지원자를 조금이라도 번거롭게 하는 것은 스터디 조직 자체를 어렵게 만들 수 있다. 필자도 지방에서 수험 생활을 할 때에는 휴대전화 번호를 바로 올리고는 누구라도 지원해 주면 감사해하였다.

구성원 성별

공부하는 그룹에서 성별이 무엇이 중요하냐고 할 수 있다. 하지만 스터디 구성원의 성별도 스터디를 유지하기 위해서는 약간은 중요한 주제일 수 있다. 스터디 분위기 때문이다. 다행히 여성으로만 구성된 스터디는 잘 진행되는 경우를 종종 보았다. 하지만 반대로 남성만으로 조직된 스터디는 영락없이 분열되는 경우를 곧잘 목격할 수 있었다. 이는 여대는 있어도 남대는 없는 것과 비슷하다. (물론, 여대, 남대는 역사적 관점을 고려해야 하는 문제이다. 남대가 있었거나 신설된다면 선호도가 낮을 것이라는 맥락의 이야기.)

그렇다고 하여 성별을 반반 맞추는 것도 우스운 일이기에 필자는 보통 여성 스터디원 '최소 2인'을 고수했다. 여성 스터디원이 1명이라면 그가 그만둘 경우 난감해질 수 있으며, 여성들은 보통 짝을 지어 다니고, 홀로 남자만 있는 곳에 들어가기 부담스러워하는 경향이 있기 때문이다. (단, 총원이 4인 이하면 한 명이라도 상관이 없겠다.) 운이 좋게도 필자가 모집한 대부분의 스터디에서는 공개적인 성별 제한 없이도 최소 남녀 비율은 맞출 수 있었고, 그 덕인지 좋은 스터디 분위기를 꾸준히 유지할 수 있었다. 더 다행인 것은 남성 스터디원이 여성 스터디원에게 실연을 겪는 일은 있었어도 스터디 구성원 간에 연애하는 일이 발생한 적은 없었다는 것이다. 그럴 틈을 주지 않아야 한다. 타이트한 스터디 과제를 제시하고, 친목 도모를 위한 사적 모임은 최소화하여야 한다.

스터디 인원

진도 체크 스터디의 경우 2~3명 정도로 인원이 적은 편이 낫다. 각자 상대방의 사소한 진도 흐름을 체크해 주며 시간을 써야 하는데 사람이 많다면 시간도 걸리고 지루해질 수 있기 때문이다. 그 외의 다른 스터디에서 적정 인원은 4~7명이라고 본다. 최대 인원 7에 관련해서는 필자가 수년간 여러 번의 스터디를 하며 컨트롤하기 적절하다고 생각하는 최다 인원이었을 뿐임으로 자신의 역량마다 다소 다를 수는 있겠다. 하지만 너무 인원이 많으면 주의가 산만해지고 개개인의 공부 역할(문제 내기나 질문 등)이 적어져 스터디 효과가 다소 떨어질 수 있으니 어느 정도 제한을 둬야 하는 것이 맞다. 한편, 최소 인원을 4명으로 하는 이유는 적절히 다양성 있는 의견 제시와 분위기 때문이다. 최소 3인 이상은 되어야 문제나 결정사항에 일대 다수가 성립되어 방향성이 좋아진다. 그리고 스터디는 항상 중도 이탈 인원이 있을 수 있음을 고려해야 한다. 적은 인원으로 진행하다가 1~2명이 개인 사정으로 인해 스터디에 불참하는 날이 잦거나 심지어 그만둔다면 스터디가 쉽사리 깨질 수 있다. 원래부터 둘이서 하는 스터디였다면 상관없지만 여럿이 하다가 둘만 모이게 되면 스터디 분위기와 의지가 크게 꺾이게 된다. 따라서 가끔 결석하거나 이탈할 수 있는 인원도 고려하여 항시 3인 이상 스터디를 할 수 있도록 최소 인원은 4인 정도가 적당하다고 본다.

물론, 스터디 모집이 잘 안 되거나 다른 사정이 있다면 둘이서라도 해야 할 수도 있다. 이때 주의해야 할 것은 스터디 구성원이 둘뿐이라면 자신의 사정에 맞게 규칙이나 모임 시간 등을 자꾸 바꿀 소지가 커진다는 점이다. 규칙이 자꾸 바뀌는 것은 유연성이 아니라 혼란과 강제력의 상실을 만든다. 쉽게 생각하지 말고 처음 정한 규칙은 가능한 한 지키도록 하며 스터디를 진행해야 하겠다.

● 진도 체크 스터디 적정 인원 : 2~3인
● 그 외 이론 / 문제 풀이 / 출석 모임 / 면접 스터디 등 적정 인원 : 4~7인

스터디 장소

스터디를 진행하기 위해 매우 중요한 제반 요소이다. 이론 스터디를 위해서는 비용이 들지 않는 도서관, 독서실 등의 스터디 공간이나 세미

나눔이 가장 좋다. 학원에서 제공하는 모임 공간을 이용할 수 있다면 그 것도 좋다. 만약 그도 어렵다면 금액을 지불하더라도 카페의 공간 또는 전문적인 스터디 카페 공간을 사용해야 할 수도 있다. 반면, 출석 모임 은 조금 더 자유롭다. 단순히 휴게실 등의 공간에 잠깐 모였다 흩어지면 되기 때문에 장소 확보 부담이 적다.

스터디를 모집하는 사람은 스터디 장소에 대해 먼저 어느 정도 생각해 보는 편이 좋다. 당장 답을 내지 못한다고 하더라도 말이다. 그리고는 스터디 첫 모임 때 먼저 생각한 방안들을 제시하며 스터디 장소에 대해 논의해 보도록 하자. 다행히 여럿이 모여 이야기해 보면 어느 정도 괜찮 은 대안이 나올 가능성이 높다.

실력 스터디 구성 경험

필자가 참여하거나 직접 구성했던 스터디들의 구성원들은 모두 성격 들이 좋아 스터디 자체에 크게 스트레스를 받거나 문제 된 적은 없었다. 하지만 구성원들의 성격도 물론 중요하지만, 실력이나 성실성 또한 중 요한 요소일 수 있다. 그래서 조금 더 내 성적 향상에 실질적인 도움을 받고자 실력 좋은 사람들과 스터디 하고 싶다고 느낀 적이 있다. 특히, 최상위권 학부 출신 수험생들은 성실과 실력 면에서 어느 정도 검증이 되었다고 생각해서인지 주로 자교 커뮤니티에서 스터디를 조직하는 것 으로 보였다. 그에 반해 다양한 수험생들이 섞여 있는 수험가에서는 '어 떻게 하면 좀 더 서로 상승작용을 얻을 수 있도록 실력위주 스터디를 구 성할 수 있을까' 하며 고민했던 것이다. 그리고 결국 다음과 같은 방식 으로 스터디를 모집했다.

여러 과목에 관한 문제 풀기 스터디였는데 모집 시부터 재수생 이상, 그리고 자신이 한 과목이라도 자신이 있어 과목 장을 맡아 줘야 한다는 조건으로 모집하였다. 이렇게 모인 스터디 원들은 각기 한 분야에서는 한가락 하는 실력자들이었고, 다른 스터디 구성원들에게 자신이 부족한 부분을 배우는 한편, 자신이 잘하는 과목에서는 책임감을 가지고 스터디를 이끌었다. 혹, 스터디 중 해결하지 못한 부분은 그 과목 장이 직접 강사에게 질문을 통해 알아 오는 식으로 완전성을 더했다.

한 과목에 자신감이 생겼다는 것은 큰 가능성이다. 하나를 잘 해봤다는 것은 그 실력형성 메커니즘에 대해 알고 있다는 것이고 다른 과목에도 적용하여 잘하게 될 가능성이 충분하다. 또, 잘하는 과목의 점수로 못하는 과목을 보완할 정도가 되기 때문에 일반적으로 그들의 수험 성공률은 높을 수밖에 없다. 결국, 필자가 그런 방식으로 모았던 6인의 3과목 문제 풀이 스터디는 내용도 충분히 만족스러웠으며 시기의 차이는 있었지만, 구성원들 전원이 합격해서 모두 의사, 치과의사가 되었다.

주의할 점은 앞서 스터디 모집에서 언급했던 것과 동일하다. 이렇게 모집부터 유별나게 굴기 위해서는 스터디에 참여하려는 수요층이 제법 있는 모집 환경이어야 한다는 것이다. 스터디원 구하기도 어려운 상황에서 괜한 부담되는 조건을 걸어 스터디 조직에 실패하고 시간을 소비해 버리면 손해가 클 수 있으니 주의하여야 한다. 또한, 스터디를 모집하는 자신도 어느 정도 실력이 되어야 구성원들도 믿고 따라올 수 있으며 스스로에게도 도움이 된다. 일반적으로 구성원 간의 실력 차이가 많이 나는 그룹은 그 상태로 오래 이어나가기 어렵다. 한 과목이라도 자신의 실력을 키우는 것이 먼저다.

스터디 간격과 소요 시간, 시간 배치

스터디 하는 과목과 형식에 따라 다를 수 있지만, 일반적으로 1주일에 1~2회, 그리고 시간은 1~2시간이 적당하다고 본다. 물론, 스터디 내용이 좋다면 3시간도 괜찮다. 여러 과목 문제 풀이 스터디의 경우 필자는 시간 가는지도 모르고 4시간에 가깝게 토의하며 풀이 방법을 공유하기도 했던 것 같다. 하지만 긴 스터디 시간은 본고사에 가까울수록 부담이 될 수 있다. 따라서 수험 기간이 흐를수록 스터디 하는 시간을 줄이는 것이 좋다. 시험이 가까워지면 어차피 혼자서도 집중력 있게 공부하기 때문에 스터디 강제력의 필요성이 덜하다. 기본적인 암기보다는 혼자 정리하고 문제를 풀어볼 시간이 많이 요구되기에 스터디의 내용적인 측면에서도 필요성이 덜하다. 그래서 기존에 스터디 2시간 하던 것을 1시간 반으로, 1시간으로, 그리고 1주일에 2회에서 1회로 점차 줄이는 식으로 방향을 잡아야 한다. 만약, 문제 내기 형식의 스터디를 하고 있다면 문제 수를 줄임으로써 스터디 시간을 줄일 수 있다. 10문제씩 출제하던 것을 5문제로, 다시 3문제로 줄이면 된다. 반면 스터디 빈도가 줄어든다면 한 번에 공부해 오는 분량이 자연스레 많아지게 된다. 이때 차근차근 공부를 잘했다면 더 많은 분량을 더 단기간 안에 소화할 수 있게 된다.

그리고 스터디 시간이 다소 길다고 한다면 스터디 시간 배정을 식사 전이나 공부 마감 직전으로 하는 편이 좋다. 즉, 스터디가 끝나면 점심 시간 혹은 저녁 시간이 되게 하거나 스터디 끝나고 얼마 지나지 않아 집에 갈 수 있도록 시간 배치를 하라는 말이다. 스터디를 준비하기 위해 긴장하고 집중하며 에너지를 쏟고, 또 스터디에서 시험을 보거나 문제를 토의하며 힘을 많이 쓰니 지칠 수 있기 때문이다.

스터디의 강제력 수단 - '벌금'

스터디 규칙의 강제력을 위해 '벌금'이라는 수단이 주로 사용되는데 적극 찬성한다. 매우 개인적인 생활을 하고 있는 수험생들 사이에서 벌금만큼 깔끔하고 분명한 다른 대안을 찾기가 어렵다. 간혹 '공부를 안 하게 되면 자기 손해일뿐이니 벌금은 필요하지 않다'라고 주장하는 사람도 있다. 하지만 그런 강제력 수단이 없으면 차츰 규칙을 소홀히 여기게 되고 스터디의 조직력은 약해져 쉽게 와해되기 쉽다는 것을 경험상 알고 있다. 물론, 처음에는 새 의지와 낯선 사람들에게 부끄러운 모습을 보이지 않기 위해 누구나 열심히 한다. 그러나 시간이 지나면 열심히 안 하는 사람은 곧 나타나게 된다. 더군다나 공부를 안 해오거나 스터디에 지각, 결석을 하게 되면 자신에게만 손해가 아니다. 스터디 분위기를 저해하여 다른 사람에게도 피해를 준다. 이때 아무런 제재가 없다면 다른 구성원들에게는 불만이 발생하기 쉽고, 그들 또한 아무렇지도 않게 규칙을 어길 수 있는 여지를 주게 된다. 그래서 규칙을 위한 강제력 수단은 꼭 필요하고 그중 벌금제가 가장 명료하다. 그리고 이를 통해 공동자금이 형성되기 때문에 차후에 스터디 공간 대여료에 사용할 수도 있고 가끔 결속력을 다지기 위해 다과나 회식비로 사용이 가능하다. 공금을 이용한 회식은 참여도가 매우 높으며, 수험생 스트레스를 단번에 날려 버리고 재 활력을 불어넣기도 한다. 필자도 수험 생활 초반에 한 달에 한 번씩 스터디 구성원들과 그런 시간을 가졌던 것들이 지금까지도 좋은 기억으로 남아 있다. '불안함 속에 잠시 허락된 행복'이라고 할까? 물론, 수험 생활 중반기 이후부터는 회식 같은 것을 하고 있을 여유가 없다. 그때 모이는 벌금은 본고사가 끝나고 사용하면 된다. (단, 시험 성적이나 합격 발표가 나오기 전에 모여야 모두가 모일 수 있을 가능성이 높다.) 이어서 시행착오를 끝낸 필자의 벌금제에 대한 노하우 몇 가지에 대해 언급하려고 한다.

첫째, '벌금제'라는 규칙과 정확한 벌금 액수는 스터디를 조성하는 초반에 정해야 한다. 모두 의지가 있을 때 말이다. 시간이 어느 정도 지난 후 '벌금제'라는 규칙을 제안하려고 하면 비교적 열심히 하지 않는 사람들은 자신이 금전적 손실을 가장 많이 볼 것 같다는 생각에 벌금제에 동의하지 않거나 금액을 과도하게 하향하자고 주장할 수 있다.

둘째, 지불해야 할 벌금이 발생할 때마다 금액을 수거하는 번거로움을 줄이기 위해 디포짓(Deposit)이라는 예치금 규칙을 사용하는 것이 좋다. 즉 미리 각자로부터 일정 금액을 걷어둔 후 그로부터 벌금을 제하며 최종적으로 남는 금액을 스터디가 끝난 후 돌려주는 형식이다. 이때 필자는 스터디가 종료될 때까지 '디포짓 낙장 불입' 원칙을 미리 고지하고는 중도에 스터디를 이탈하는 인원에게는 걷은 돈을 돌려주지 않았다. 중도 이탈은 다른 구성원들에게 실례이기 때문이다. 남겨진 구성원들의 힘을 빼는 행위인데 이때 그가 남기고 가는 유산이 있다면 충분치는 않아도 다른 사람들에게 소소한 위로가 될 수 있다.

셋째, 벌금 규칙 중에 결석 벌금은 과제 벌금이나 시험 벌금보다 더 커야 한다. 그래야 과제를 하지 않았거나 암기 시험공부를 덜 했다고 결석하는 경우를 막을 수 있다. '스터디 유지'에서 가장 중요한 것은 구성원들의 매회 참석률이다. 누군가 약속한 분량을 전혀 하지 못했다면 그날 스터디에 참석하지 않는 것이 당장 그에게는 시간 사용의 효율 면에서 유리할 것이다. 하지만 그렇게 할 수 있다는 가능성이 생긴 순간 스터디의 강제력은 빛을 잃기 시작한다. 그 사람은 다시 다른 핑계로 과제를 하지 못할 것이고 스터디에 불참하게 될 것이며 다른 스터디원들도 따라 하게 될 가능성이 크다. 차라리 과제를 못 했지만, 결석 벌금이 크기 때문에 스터디에 나와 보고는 자신이 공부해 오지 않는다면 스터디에 와서 시간을 낭비하게 된다는 것을 철저히 깨닫는 편이 낫다.

넷째, 결석 벌금에 대해서는 사전에 사유 불문임을 확실히 해야 한다. 물론, 피치 못할 사정으로 불참할 수 있다. 또 어떤 이유든 그 상황이 돼서 그 사람의 이야기와 사정을 들으면 일리가 있게 느껴질 수 있다. 하지만 그렇다고 사정을 이해해주고 넘어가 주기 시작하면 역시 그를 악용하거나 조금만 핑곗거리가 생기면 공부를 덜하게 된다. 또한, 예외 조항을 정하는 것도 번거롭고 나중에 그 예외 조항에 해당하는지 판단하거나 협의하는 것도 수험생에게는 충분한 부담이 될 수 있다. 따라서 간단명료하고 확실하게 모든 벌금은 사유 불문으로 하는 편이 이롭다.

> 벌금제 : 처음에 정하기 / 디포짓, 낙장 불입 / 결석 벌금 > 과제 벌금 / 사유 불문

스터디장의 역할

스터디는 하나의 그룹이고 그룹에게는 리더가 필요하다. 보통 그 리더는 해당 스터디를 처음 모은 사람이 담당하는 경우가 대부분이다. 어찌되었든 리더가 결정되었다면 그 사람은 책임의식을 가지고 대표의 역할을 해나가는 것이 좋다. 물론, 가능한 소수의 의견을 존중하며 다수의 의견을 따르는 등 민주적인 절차를 따라야겠지만 의견들이 분분할 때는 적당히 끊고 대표가 결정할 수 있어야 한다. 특히, 단순히 목소리 큰 사람의 이익대로 스터디의 방향이 흘러가지 않도록 대표가 적절히 주도해

이끌어 가는 것이 필요하다.

이에 더해 그런 스터디의 조직과 운영 자체만으로도 수고이기 때문에 다른 역할들은 분담하는 편이 좋다. 예를 들어 총무를 선발해 벌금을 관리하게 하고, 장소 섭외부장을 지정하여 스터디 장소에 대한 책임을 일괄하도록 하는 식이다. 그 외에 질문 담당을 정해 그날 질문을 정리해 단체 채팅방에 올리는 역할을 만들 수도 있다. 리더가 그룹을 위해 조금 더 시간과 노력을 투자하는 것도 필요하지만 이처럼 적당히 분담할 수 있는 일들은 아웃소싱함으로 레버리지를 만드는 편이 좋다. (레버리지는 다른 사람들의 시간, 경험, 네트워크를 이용해서 더 짧은 시간에 더 많은 일을 하는 것이다[7].) 이것이 스스로 지치지 않으면서도 스터디 그룹을 더 가볍고 효율적이게 지속해 나갈 수 있는 현명한 방법이다.

05

문제 내기 스터디의
구체적인 방법

스터디 방식에 대한 고찰

로디거 교수는 학생들을 두 그룹으로 나눈 다음, 자연사에 관한 자료를 공부하도록 했다. A 그룹은 네 차례에 걸쳐 공부했고, B 그룹은 한 번만 공부했지만, 그 대신 시험을 세 번 봤다. 일주일 후 두 그룹은 같이 시험을 치렀는데, B 그룹의 점수가 A 그룹보다 50퍼센트 더 높았다. 그들은 양적으로 A 그룹의 4분의 1밖에 공부하지 못했지만, 훨씬 더 많은 지식을 습득했다. 로버트 비욕의 제자인 캐서린 프리츠라는 학생은 이러한 실험 결과를 본인의 학업에 적용했다. 캐서린은 평소 하던 양의 절반밖에 공부하지 않았는데도 학점이 100퍼센트 향상되었다고 말했다[8].

사람들 대부분이 시험을 단순히 '테스트하는 수단'으로만 생각해 봤을 가능성이 크다. 공부를 얼마나 했는지 확인하고 평가해 점수화하기 위한 용도로 말이다. 그래서 '시험'하면 먼저 스트레스부터 받는다. 그런데 시험이 개인에게 미치는 효과와 공부에 대한 긍정적 작용은 따로 있다.

첫째가 공부 강제성이다. 시험을 치러야 하면 마음속에 긴장감이 생긴다. 그리고 사람들 대부분이 시험 보기 하루 전 그리고 수 시간 전에는 집중력이 극도로 높아져 다른 때 하던 공부량보다 훨씬 많은 양을 공부할 수 있게 된다. 기한도 정해지기 때문에, 더이상 늑장 부리지 않고 그 시간에 맞춰 공부를 끝내게 한다. 바로 앞서 언급한 '마감 효과'이다. 물론, 이는 필연적으로 어느 정도 스트레스를 유발한다. 때로는 이를 과도한 부담으로 여기는 사람도 있기는 한데 그런 것 보다는 이런 작은 시험 스트레스로 실력을 늘려 본고사에 대한 큰 스트레스를 줄이는 것이 더 현명해 보인다. 절대 편하게만 공부하려고 해서는 안 된다. 우리가 살면서 얻는 값진 것들은 대부분 불편함을 감수하며 부딪치고 강제력을 위해 스스로 제한을 걸어야 얻을 수 있는 경우가 많다. 시험은 불편하지만, 그 때문에 확실하게 공부를 하게 만든다. 그것이 바로 시험이 주는 공부 효과의 첫 번째 비밀인 공부 강제력이다.

두 번째는 '기억의 인출 효과'이다. 사실, 위에 예시를 들었던 인지 심리학자 헨리 뢰디거 교수의 실험에서 시험의 장점에 대한 주요 관점은 이런 '기억의 인출 효과'였다. 다시 말하지만 단순히 반복해서 읽는 것은 그 효과가 적다. 다른 방식의 자극들로 기억에 되새길 때 더 효율적인 장기 기화가 가능하며 그중 하나가 바로 기억을 인출 해내는 것이다. 시험을 통해 기억을 떠올려보고, 빈칸을 완성해 보고, 직접 적어보는 편이 장기적으로 기억할 확률이 확연히 높다는 뜻이다. 특히, 헨리 뢰디거 교수는 그의 저서에서 시험을 통해 시험에 나오지 않았지만, 관련 있는 자료의 기억 및 인출 능력도 함께 향상되었다는 흥미로운 연구 결과도 제시한다9). (그 외에도 뢰디거 교수는 수많은 실험과 논문들을 통해 시험을 학습 기법으로 활용하는 것의 장점에 대해 역설하니 필요하다면 참고해볼 만하다.) 물론, 스터디 시험뿐만 아니라 혼자 내용을 적어보는 방법도 어느 정도의 기억 인출법이라 할 수 있다. 또, 이론 공부를 한 후 기본 문제나 기출문제를 푸는 것도 사실 일종의 지식 인출 과정이 맞다. 그러나 여럿이 보는 시험은 확실히 더 높은 긴장감과 강제성을 띤다는 점이 다르다. 혼잣말할 때와 누군가에게 말할 때가 다른 느낌인 것과 같다. 또한 문제를 만들며 중요한 내용을 직접 찾아보고, 그렇게 출제된 중요 내용을 객관식에서 찾는 것이 아니라 직접 적어본다는 데 의의가 있다.

세 번째 시험의 긍정적 효과는 '부족한 부분 확인'이라는 측면이다. 이는 장기 시험공부의 핵심으로 언급했던 '같은 범위에서 점차 보는 양과 시간은 줄어야 한다.'라는 측면에서 최고의 수단이다. 시험을 통해서 내가 잘 알고 있고, 확실히 암기된 부분이 무엇인지 알 수 있다. 반대로 그렇지 않아 보완해야 할 부족한 부분을 직접적으로 알 수 있게 된다.

> 시험의 긍정적 효과 : ① 공부 강제력, 집중력 향상 / ② 기억 인출효과 / ③ 부족한 부분 확인

일반인들도 의·치대의 공부 분량이 많다는 것을 알고 있다. 그런데 그 많은 공부를 하게 만드는 원동력은 대부분 '시험'을 통해서다. 시험을 많이 치르기 때문에 공부할 수밖에 없는 시스템이다. 의·치대 재학생들은 다들 나름대로 공부의 일가견이 있고 성과도 봐왔으며 무엇보다 수년간의 집중 공부에 대한 의지가 있어 의·치과에 입학을 했다. 그런데 그런 그들도 시험이 없는 동안은 공부를 거의 안 하거나 효율이 매우 떨어지는 공부를 한다. 그러나 시험이 가까우면 모두가 어마어마한 양

의 공부를 해치울 수 있게 된다. 그런 시험을 매주, 혹은 매시간 치르는 것이 의·치대의 시험 문화다. 시험이 적다면 아마 의·치대 생활의 스트레스와 공부량도 일반학부와 별반 다르지 않을 것이다. 물론, 시험을 많이 볼 수밖에 없는 것이 학과 공부 내용 특성에 기인하는 것도 있기는 하지만 시험이 공부하게 만드는 결정적 수단이라는 것을 의·치대 교수님들은 경험적으로 잘 알고 있는 것으로 보인다. (한편, 존재 암기 등 너무 불필요한 것들까지 세세하게 암기를 요구하기에 필자는 의치대 공부 유형과 평가 자체에 대해서 그리 긍정적이지는 않다.)

결국, 스터디도 공부를 위해 구성원끼리 돌아가며 출제해 시험을 보는 방식이 가장 좋다고 본다. 그 외에 탁월한 강제력을 만들 수 있는 다른 방식이 있다면 좋겠지만 현실적으로 없다. 필자의 경험과 생각으로는 그렇다. 비록 전문가가 아닌 일반인들이 출제하니 문제의 질적인 면은 떨어질 수 있다. 하지만 스터디에서 시험의 의미는 그 문제 자체만으로 얻는 공부 지식보다는 '시험'이라는 수단 때문에 긴장감 가지고 공부하게 된다는 것, 기억을 인출하고 암기가 부족한 부분을 알 수 있다는 데 있다. 그에 초점을 두어야 한다.

혼자 비슷한 일상을 반복하는 수험 생활은 다소 나태해질 수 있다. 학교같이 누군가 과제를 내주고 검사하는 사람도 없고, 딱히 채찍질하며 잔소리하지 않는다. 특히, 학교의 체계적인 학습 시스템과 자신도 모르게 긴장하고 공부하게 만들던 주기적인 시험이 없다는 것을 대부분 눈치채지 못한다. 그 때문에 본고사가 그리 가깝지 않다면 매너리즘에 빠져 단지 책만 하염없이 보고 있을 뿐, 공부 효율을 놓치는 경우가 많다.

그래서 학교의 단기 시험에 강했던 우등생들도 장기 시험에서 속절없이 무너지는 일이 잦은 것이다.

이때 그 효율을 극도로 높여 줄 수 있는 것이 바로 스터디다. 특히, 암기 공부에 대해 스터디의 '시험'이라는 도구는 탁월한 효과를 보여 준다. 긴장감을 가지고 타이트하게 공부 시간을 쓰게 한다. 그런 과정을 매주 끊임없이 이어간 수험생하고 아무 제한 없이 혼자 편하게 적당히 암기하며 적당히 진도를 나간 수험생의 지식 섭취량은 비교할 수 없게 벌어진다.

물론, 암기는 개인차가 크기 때문에 방대한 양이라 할지라도 선천적 암기능력이 뛰어나 혼자서도 잘하는 사람도 있고 암기 공부 자체에 익숙해서 잘 소화해 내는 사람도 있다. 보통 그런 사람들은 한 번을 봐도 타인보다 더 많은 것을 기억할 수 있다. 이에 더해 꾸준한 공부 의지까지 갖춘 그런 수험생들에게는 스터디를 굳이 추천하지 않는다. 하지만 그렇지 않은 수험생 대부분에게 스터디는 합격과 불합격을 가를 만큼 영향이 클 수 있다. 특히, 암기능력이 다소 부족하거나 암기가 너무 하기 싫은 공부 유형 중에 하나라면 단연코 스터디 시험을 추천한다.

문제 내기 스터디의 제한 요소와 교재

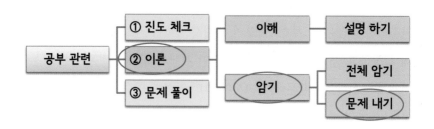

현재 시험 보는 방식의 스터디에 대해 이야기하고 있다. 그런데 이 방식을 택하는데 적합한 과목과 그렇지 않은 과목이 있다. 앞서 분류했던 것처럼 문제 내기형식의 스터디는 이론 스터디의 한 유형인 암기 방식에 속한다. 그 때문에 우선, 이론 스터디에 적합한 과목이어야 한다. 앞서 여러 과목 중에 극단적 이해 과목보다는 암기에 치우친 과목일수록 이론 스터디에 적합하다고 하였다.

또한, 암기 스터디를 위해서는 교재가 반드시 똑같아야 한다. 그리고 그 교재에서 스터디 시험문제를 내야 한다. 언뜻 생각할 때는 내용만 비슷하면 다른 교재여도 상관없지 않을까 싶을 수 있지만, 교재가 다르면 매번 범위를 정하기도 어렵고, 출제 내용의 레퍼런스를 서로의 교재에서 찾기 어려워 계속 혼선이 있을 수밖에 없다. 그것들은 구성원 사이에 불협화음을 만들기에 충분하다.

문제 내기를 기출문제로 대체 가능할까

구성원이 직접 시험문제를 만들어 오는 것의 효율성이 떨어진다고 생각해 스터디 시간에 해당 범위 기출문제를 푸는 등의 형태로 진행할 수도 있다. 문제를 만들기 어려운 과목이거나 시험이 얼마 남지 않았다든지 등의 사정이 있다면 그렇게라도 해야 한다. 하지만 일반적인 경우 문제 내기 대신 기출문제를 사용하는 것은 추천하지 않는다. 이유는 다음과 같다. 장기 시험의 본고사는 객관식인 경우가 많은데, 객관식 특성상 직전에 얼마나 공부했는지가 비교적 영향을 덜 미치기 때문에 스터디 모임에 공부를 안 해올 가능성이 더 높다. 정답을 객관식 보기에서 고르면 되기 때문에 공부를 적게 했어도 예전 공부량으로 어느 정도 문제를 맞힐 수 있기 때문이다. 심지어 급한 경우 이미 가지고 있는 기출문제 답을 보고 오는 스터디원이 발생할 수도 있다. 반대로 열심히 공부하고 암기했어도 기출문제는 맞히지 못할 수도 있다. 기출문제는 한 단계 건너 생각하거나 다른 단원과 연계해 추론해야 하는 경우도 곧잘 있기 때문이다. 이는 공부 의욕을 꺾는다.

따라서 지정한 범위 안에서 동일한 교재로 단편적인 시험문제를 직접 내오는 것이 좋다. 그렇게 하면 스터디 시험을 치르기 전까지 한 자라도 더 내용을 보기 위해 집중할 수밖에 없다. 며칠간, 혹은 몇 시간 전까지 공부한 효과가 즉각적으로 나타나기 때문이다. 거기에서 공부에 대한 강제력과 효율이 좀 더 강하게 만들어진다. 또한, 암기형 단답식 문제 위주여야 정답을 직접 적어보며 앞서 말한 '기억 인출 효과'를 극대화할 수 있다. 마지막으로 레퍼런스를 포함한 단편적 시험문제여야만 정답 내용을 찾기 쉬워 더 의욕 있게 교재를 찾아보며 한 가지 교재에 익숙해지게 만든다.

문제 내기 유형

그렇다면 어떤 방식으로 출제하면 될까? 앞서 전체 암기 방식을 설명하며 이야기했던 '존재 암기'의 형태를 가능한 한 지양하면서 여러 가지 다양한 형태로 출제를 하면 된다. 어떤 리스트를 순서와 존재까지 암기해 모두 작성하라고 하거나 매우 지엽적인 명칭을 직접 쓰라고 요구하는 것은 좋지 않다. 내용에 대해서 알고 있다면 풀 수 있어야 한다. 대체로 어떤 것이 언제 진행되었고, 크고 적고, 옳고 그름 정도를 판단할 수 있는 정도의 암기가 주를 이뤄야 한다. 단, 정말 중요한 것들은 '인출 효과'를 위해 전체를 모두 직접 써 볼 수 있도록 제공해야 한다. 필수 내용에 대해서는 앞서 언급한 '존재 암기' 또한 유효한 암기 전략일 수 있다는 말이다. 즉, 정말 중요한 것들은 세세한 암기를 요하는 것도 좋지만 내용 대부분은 객관식이나 서술형 등 해당 시험 형태에 적합한 정도의 암기를 유도해야 한다.

또한, 가능하면 출제한 레퍼런스를 적어주는 편이 좋다. 그래야 해당 내용을 서로 찾아보기 수월하며 시간을 아낄 수 있다.

이해를 돕고 문제 내기의 다양한 방식의 아이디어 힌트를 주기 위해 필자의 스터디 문제 예를 첨부한다. 문제 내기는 한두 번 해 보면 금방 익숙해진다. 또한, 직접 출제해 봄으로써 '다른 관점 공부'의 기회 또한 얻을 수 있게 되는 긍정적인 면도 있으니 너무 시간 낭비라고 생각하지 않았으면 한다.

예시처럼 단답식, 보기 중 고르기, 크고 작은 것 동그라미로 고르기, 선 잇기, 찾아 쓰기, 간단한 객관식, 표 채우기, 이해 내용 적기, OX 퀴즈 등 다양한 방식을 활용하면 지루함을 덜 수 있다. 또한, 암기 지식에 여러 가지 경로로 접근하며 기억을 더욱 공고히 할 수 있다.

한편 예시에서는 필자가 워드프로세서로 만든 시험문제를 첨부했지만, 굳이 컴퓨터로 타이핑을 할 필요는 없다. A4용지에 자필로 시험문제를 만든 후 복사하는 식으로 시험지를 제작하여도 충분하다.

< 3월9일 생물 스터디 시험(9 장) >
출제자 : OOO

1. 세포분열 후기 방추사 단백질 (8~9p)
세포분열 후기에 염색체가 끌려가며 동원체 방추사에서
는 ( )단백질이 방추사를 분해하며, 극성방추사에는
(dynein / kinesin / miosin)이 작용한다.

2. 진정 염색질은 Histone acetylation (↑ / ↓)
(5p) DNA methylation (↑ / ↓)
이질 염색질은 Histone acetylation (↑ / ↓)
DNA methylation (↑ / ↓)

3. 세포 주기 선 잇기 (12p)

미토콘드리아 증식 •   • G₂기
DNA 복제 •   • G₁기
엽록체 증식 •   • S기

4. 세포질 분열 – M기 말 (9p) – 찾아쓰기

소포체, SER, 골지체, 액포, 미세소관, 미세섬유,
미오신, 키네신, 디네인, 세포막, 세포판, 격막형성체

식물은 ( )에서 유래한 소낭들이 극성 방추사를
따라 적도판 근처로 이동하여 ( )라는 구조를
형성한다. 소낭들은 서로 융합해 새로운 ( )을 이
루고 내용물이 분비되어 ( )을 형성하게 된다.

5. 1차 생산자 증가의 제한요인 세가지 (5-167p)
(① ② ③)

**6. 다음중 핵의 염색질(chromatin)을 염색하는데 적
절하지 않은 시약은? (3p)**
① 메틸렌 블루 ② 헤마톡실린 ③ 에오신 ④ 아세트산 카민

7. 성장 호르몬의 분비증가 요인 6가지 (257p)
① ② ③
④혈당(↑ / ↓) ⑤혈중 a.a 농도 (↑ / ↓)
⑥혈중 지방산 농도 (↑ / ↓)

8. HPV, RSV 바이러스 비교 (25~26p)

	HPV	RSV
핵산		
envelope여부(O,X)		
주 발생조직		

9. Southern blotting 다음 과정에 대해 설명(346p)
1) depurination이란?

2) Nc Paper에 UV를 쪼이는 이유.

10. OX 퀴즈
○ 코헤신 복합체는 코헤신 + kleisin이며 코헤신이 끊어
져야 자매 염색분체 분리가 일어난다. 19p ( )
○ 유전적 부동이란 우연한 변화로 유전적 다양성이 증가
하는 것이다. 11p ( )
○ XY도 4분염색체를 형성한다. 33p ( )

11. 1) K^+ 분비촉진 호르몬 : ( ), 263p
K^+ 분비촉진 세포 : ( ) 265p
2) Ca^{2+}재흡수 촉진 호르몬 : ( ) 269p

12. 시상하부는 (신경 / 상피 / 결합 / 근육)조직이고 뇌
하수체 전엽은 (신경 / 상피 / 결합 / 근육)조직, 뇌하수
체 후엽은 (신경 / 상피 / 결합 / 근육)조직이다.

13. 다음중 문맥과 직접 연결되어 있는 곳은?
(227, 253p, 3-256p)

뇌하수체 후엽, 뇌하수체 전엽, 연수, 척수, 비장, 생식기, 부신
시상하부, 위, 이자, 소장, 간, 심장, 안구, 사구체, 신우, 세뇨관

14. 질소 순환 (5-170p)

다시 정리하자면 스터디는 공부한 것을 확인하는 형태로 진행되어야
하며, 그 확인 수단 중 가장 탁월한 것은 시험이다. 이때 시험문제들은
누구라도 적절히 공부하고 중요 내용을 확실히 암기하면 충분히 맞출
수 있는 방식이어야 하며, 적당한 정도의 다양한 기억 형태를 자극해야
한다. 이런 단편적 암기들을 확실히, 그리고 반복적으로 해둬야 기본이

갖춰진다. 그리고 그 기반들이 있어야 기출문제같이 한번 꼬아 놓은 지식 문제나 추론 문제 등에 접근할 수도 있는 것이다. 모든 것에는 단계가 있다.

스터디 문제는 분명히 실력 향상에 큰 도움이 된다. 오히려 기출문제와 동하게 단순 객관식 문제들만 계속 풀어보는 것보다도 더 큰 실력 향상을 이룰 수 있다. 실전과 약간 다른 형태의 연습. 정형화되어 있지 않아 다양한 형태로 시도해볼 수 있고, 피드백을 높은 빈도로 받으며, 잘 안되는 부분을 빠르게 찾아 조정할 수 있는 형태의 연습. 그런 연습을 책 〈탤런트코드〉의 저자 대니얼 코일은 '심층 연습'이라고 일컫는다. (심층 연습을 통해 재능을 뛰어넘어 정상의 실력가를 만든다고 하는데 대니얼 코일은 저서에서 브라질 축구의 비결 '풋살'에서, 미국의 조종사 육성 프로그램의 시행착오 예를 들며 설득력을 높인다[10].) 필자는 스터디 문제가 그런 일종의 '심층 연습'이라고 본다. 스터디 문제 유형은 실제 본고사 문제인 정형화된 객관식과는 다른 형태지만 오히려 기억에 대한 다양한 방향의 자극들을 통해 실제 본고사 실력을 높일 수 있는 그런 심층 연습 툴인 것이다.

문제 내기 방식 스터디의 인원

구성원이 많아지면 문제 내기 부담이 적어지지만, 결집력과 스터디 효율은 떨어진다. 반대로 구성원이 적으면 출제빈도에 부담이 생길 수 있다. 필자가 생각하는 문제 내기 방식 스터디의 적정 인원은 최대 7~8인, 최소 4인 정도이다. 물론, 정말 모두 다 대단히 열심히 하는 사람들이라면 3인도 괜찮다. 참고로 필자는 문제 내기 방식의 스터디 인원으로

5~7인 정도를 가장 선호해 항상 그 정도 인원을 유지했다.

한편, 가능하다면 출제해 오는 인원은 2명씩이 좋다. 출제한 사람은 문제와 답을 알고 있는 자신의 출제 시험에 대비해서는 공부를 잘 하지 않는 경향이 있기 때문이다. 2명씩이면 자신이 출제자라고 하더라도 자신 외의 다른 사람 출제를 의식할 수밖에 없다. 그 2명이 동일한 범위에 대해 출제해도 되고 서로 범위를 나눠서 출제하여도 큰 상관이 없다. 하지만 필자 경험상 범위를 나눠서 출제하게 되는 경우가 훨씬 더 많았다. 또한, 2명이 출제한다면 스터디 총원이 5명, 7명처럼 홀수라면 조금 더 좋다. 출제하는 짝이 바뀌기 때문이다. 출제 조합의 변화가 있는 편이 지루함을 덜고 출제 경향 예측을 어렵게 한다.

반면, 스터디 인원이 4인 이하라면 출제 빈도의 부담을 덜기 위해 2명이 아니라 1명씩 문제를 내 오는 것이 적당하다. 다음 도식을 참고하자.

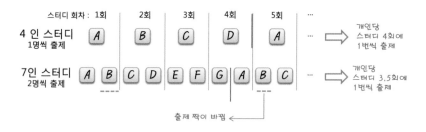

문제 내기 스터디의 다른 공부 형식들

문제 내기 스터디의 주요 공부 효율은 시험이라고 이야기하였다. 하지만, 시험을 치르고 출제자가 정답 설명을 해 준 후 그것만으로 모임을 끝내기에는 다소 부족한 느낌이 들 수 있다. 그래서 시험을 치르는 것 외에 몇 가지 더 이론 스터디로써 장점이 될 수 있는 점들을 곁들이면 금상첨화다.

우선, 내용에 대한 질문 시간을 가지는 것도 좋다. 이번 스터디 시험 진도까지의 내용 중 이해가 덜 갔거나 궁금증이 있는 사람이 있다면 질문을 하고 누군가 아는 사람이 설명을 해주는 방식이면 된다. 단, 과도하게 시간이 흐르지 않도록 경계해야 하며 시험과 관련 없는 불필요한 질문은 제한하는 것이 필요하다.

그리고 스터디 교재 외에 풀어야 할 기본문제 등이 있다면 그것을 점검하고 질문을 할 수도 있다. 필요에 따라 문제를 풀어오지 않았으면 벌금을 부과할 수도 있다. 기본문제 풀기가 다 끝나면 기출문제를 풀어오고 질문을 나눌 수도 있다.

출제 진도 2차 흐름

만약 이론 스터디를 하고 있는 내용의 분량이 무척 많다면 어느 정도부터는 한 가지 흐름이 아니라 두 가지 흐름으로 시험을 보는 것이 도움이 된다. 구체적으로 설명하자면 다음과 같다. 필자가 이론 스터디를 했던 생물이라는 과목은 그 내용의 분량이 압도적으로 많았다. 강의로 치자면 1회 4시간 반씩, 일주일에 3회를 4달 반가량 이어가야 했다. (산술적으로 243시간이 나온다. 분량 비교의 구체적 기준을 가늠하기 위해 자세히 기록한다.) 이때, 스터디에서 시험 진도 흐름을 강의에 맞춰 1개로 가져가자면 4개월이 지난 후에야 다시 처음 내용을 복습하게 된다. 이렇게 순환주기가 과도하게 길다 보면 너무 많은 내용이 기억 저편으로 사라지게 될 것이다. 따라서 못해도 코스의 중반인, 2개월 정도 지난 후에는 기존 내용 복습 시험 외에 다시 처음부터 시작하는 새로운 내용 흐름 시험을 발생시키는 것이 좋다. 즉, 그렇게 되면 기존의 진도에 따른 시험, 그리고 새로운 진도에 따른 시험, 이렇게 2개를 보게 된다. 만약 스터디 문제 내기를 두 명이 하고 있었다면 1명은 1차 흐름을 출제하고 나머지 한 명은 2차 흐름을 출제하면 되겠다. 스터디 시험 내용 흐름에 대해 모식도를 그려보면 다음과 같으니 이해에 참고하면 되겠다.

이런 2차 흐름 발생에 관한 것은 해당 과목의 이론이 무척 많은 경우에 해당된다. 내용이 많을 때 2차 흐름의 시작 간격에서 경험상 1달은 조금 부담이 되는 것 같고 2달 정도가 적당해 보인다.

이처럼 스터디 과목의 이론 분량이 2개월 이상으로 길어지는 경우 2차 흐름 발생에 대해 고려해 보는 것이 좋겠다. 그리고 그런 초반 1, 2회독 시험 이후에는 1회 시험 범위를 적절히 늘려 최소 2달 이내에 전체 진도를 끝마칠 수 있게 하는 것이 좋다. 그리고 나서 점차 그 간격을 좁혀 나중에는 1개월 이내에도 전체 분량 복습 시험을 끝마칠 수 있도록 하면 된다.

이렇게 해서 필자는 보통 스터디에서 해당 과목의 이론 내용을 4~5회독 진행하였고, 추가로 수업과 개인적 복습까지 합하여 항상 이론 내용 7회독 정도를 진행하고 시험을 봤다.

06

이론 스터디 참여 마음가짐과
이탈 결정

수험을 준비함에 있어 '생활'과 '공부'라는 두 가지 큰 맥락이 있듯이 스터디에도 두 가지 큰 맥락이 있다. 바로 '관계'와 '공부'이다.

첫째, 관계에 있어서는 앞서 스터디 장단점에서 언급했지만, 자신이 한 번 더 양보하며 의견을 조율하는 편이 필요하다. 절대적으로 구성원끼리 대립이나 다툼을 만들지 않아야 하기 때문이다. 수험 생활이 아니라고 한다면 관계의 진전을 위해 가끔 대립도 필요하고 서운한 말도 할 필요가 있다고 필자는 생각한다. 그러나 수험 생활은 그런 과정을 겪을 겨를이 없으며 갈등으로 인한 정신적 피해도 배가 된다. 그러니 최대한 조심해야 하며 적절히 서로 도움이 되는 관계로 남아야 한다. 그러기 위해선 서로 적당히 친하고 적당한 시간만을 공유하는 것이 좋다. 적어도 수험 생활이 끝나기 전까지는 고슴도치처럼 서로의 간격을 잘 지켜야 한다. 그리고 혹시라도 한 번 더 양보해도 해결되지 않는 서운함이 생긴다면 직접 말하기보다는 스터디 장이나 다른 구성원을 통해 간접적으로 메시지를 전달하는 편이 좋다. 그편이 서로의 감정 자극이 덜하다. 공부가 아니라 생활적인 측면 때문에 수험을 망치는 경우를 종종 보듯이 공부가 아니라 관계 때문에 스터디를 그만두었다는 경우도 종종 듣고 보았다. 몇 번 양보하고, 메시지를 전달해도 잘 안 된다면 그 그룹에서 빠져나와야 하는 것이 맞다. 하지만 중요한 것은 감정적인 순간에는 결정하지 않아야 한다는 것이다. 감정이 충분히 누그러진 후에도 같은 생각이면 그때 결심해야 한다. 또한, 다른 스터디에 참여할 기회가 충분히 있는 수험 초기라면 괜찮겠지만 그렇지 않다면 조금 더 참으며 고민해 볼 일이다.

두 번째로 스터디 공부에 대한 마음가짐이다. 성실성 정도는 각자 다르다. 대체로 개인이 그동안 '지속해온 성향'이라는 측면이 강하지만 간혹 인생 시기의 간절함에 따라 그것이 달라지기도 한다. 부디 다른 시기에는 그렇지 못했다고 하더라도 수험 생활에서는 반드시 공부에 성실해야 한다. 스터디에 참여하는 순간부터 스스로 절대 빠지지 않고 약속한 과제를 잘하겠다고 굳은 결심을 해야 한다. 학교에 결석을 처음 한 번 하면 다시 추가로 결석하는 것은 쉽게 되듯이 한 번 스터디 분량을 안 하고 불참하게 되면 그를 반복할 가능성이 매우 크다. 따라서 그 '처음 한 번'을 만들지 않아야 한다. 혹여나 피치 못할 상황으로 불참이 생겼다면 무엇보다 우선해 그것을 메워야 한다. 결석한 일자의 시험문제를 받아 공부한 후 따로 풀어보는 등을 말한다. 그리고 그 번거로움과 효율의 저하를 철저히 느끼고는 다시 그렇게 하지 않도록 몸이 체득해야 한다. 필자는 스터디 결석자에게는 그다음 스터디 모임 때 이전 결석한 날의 스터디 문제까지 함께 시험 보도록 규칙을 정하기도 했다.

한편, 스터디 진도나 수준을 따라가지 못하는 것이 연달아 생긴다면 스터디를 계속할지 결정을 내려야 한다. 시간을 들여 해당 과목에 좀 더 집중해서 스터디를 따라가 보든지 혹은, 자신과 페이스가 맞지 않다고 판단하고 과감히 스터디를 그만두든지 해야 한다. 소화가 안 되는 음식은 영양분이 되지 않는다. 오히려 소화 과정에서 에너지만 소비하게 된다.

반대로 스터디 구성원들의 성실성이나 공부 능력이 자신에 비해 월등히 떨어질 수도 있다. 그리고 스터디 운영방식이 자신이 생각하는 것과 너무 다른 것 역시 문제가 될 수 있겠다. 그런 경우 역시 너무 늦지 않게 조율해 보고 이탈을 결정해야 하겠다.

수험 컨설팅을 진행할 때 필자는 스터디에 대해 항상 '양날의 검'이라는 단어를 썼다. 스터디는 잘 활용된다면 공부 효과를 극대화할 수 있지만 반대로 잘못 참여하면 시간을 크게 소비할 수 있기 때문이다. 본 내용을 참고하여 꼭 훌륭한 스터디 모임을 정비해 수험 생활과 공부에 날개를 달 수 있었으면 한다.

One point Tip

스터디를 통해 알 수 있는 한 가지 : 자신의 능력치

지금까지 살아오며 아무리 오랫동안 공부를 해 왔다고 하더라도 자신의 실질적인 공부 능력을 직시하기란 어려울 수 있다. 잘못 알고 있는 경우도 빈번하다. 이는 자신의 공부 성과나 학습 정도를 남과 직접적으로 비교하기 어렵기 때문이다. 학교 공부는 사전 지식이 다르거나 수업을 들은 후 복습한 양이 다를 수도 있는 등 변수가 너무 많다. 더군다나 결정적으로 그런 내용에 대해 같은 사람과 반복해서 이야기할 기회도 적다. 그래서 보통은 잘 모른다.

그런데 장기 시험의 스터디를 하는 경우 이런 것들에 대해 좀 더 확실히 체감할 기회가 될 수 있다. 일반적으로 동일한 강의를 듣는 사람들이 함께 스터디를 하며 대부분 모두 다 열심히 하기 때문에 공부량도 비슷하다. 그리고 계속 만나다 보니 특정일의 컨디션이나 다른 무작위적 변수를 최소화해 타인과 여러 차례 비교해 볼 수 있다.

이때, 이해에 관해서는 몰라도 아는 척 입을 다물 수 있기 때문에 수업 내용은 어땠는지, 설명이 알아듣기 쉬웠는지 의견을 나누는 편이 좋다. 특히, 이해가 안 되는 것에 대해서는 자존심을 버리고 먼저 물어볼 줄 알아야 한다. 그래야 배울 수 있다. 재밌는 사실 한 가지는 누군가 어렵다고, 이해가 잘 안 된다고 언급하면 그제야 다른 사람들도 자신도 그렇다며 표현하는 경우가 많다는 점이다.

필자는 스터디를 자주 하였기 때문에 같은 내용에 대해 여러 사람과 이야기해 보며 나와 상대방의 능력을 비교할 수 있었다. 그래서 이해력, 암기력, 집중력 등 비교적 내 기본 공부 능력치가 높지 않았다는 것을 확실하게 알아 보완책을 만들 수 있었다. 또한, 수험 후에는 멘토링을 통해 동일한 강의를 들은 여러 학생과 이야기를 나누어 그 능력치를 파악하고는 맞는 대처법을 제시할 수 있었다. 그런 과정 중에 많은 수험생이 얼마나 자신의 기본 능력치에 대해 착각하고 있는지도 알 수 있었고, 그에 따른 전략이 효과를 발휘한다는 것 또한 체감할 수 있었다.

물론, 그렇게 남과 비교해봐서 좋을 것 없다는 의견도 있다. 자신이 부족하다는 것을 알면 위축되기만 하고, 뛰어나다고 느끼면 자만하게 된다는 것이다. 하지만 그것은 다소 부정적인 관점의 사고방식이다. 실체를 아는 것에 대해 두려워해서는 안 된다. 자신에 대해서 좀 더 제대로 알고, 같은 시험을 준비하는 사람들의 평균치를 알아야 공부의 전략이 제대로 설 수 있을 것 아닌가. 그것이 지피지기, 백전백승의 시작이다.

수험 생활을
잘하기 위해선 잘 짜인 하루가
그대로 반복되도록 해야 한다.
생활 리듬이 깨지지 않도록
다른 변수를 발생시키지
않아야 한다.

제7장

생활 전략

PART _ 07

01 하루 일과

혼자 하는 공부 | 가끔 소통할 수 있는 상대의 존재 | 하루 시간표에 공부 유형 배치 | 필자의 수험 생활 하루 | 수험 생활 일지

02 기상과 공부 시작

수험 생활의 첫 단추 '기상' | 기상을 위해 중요한 요소들 | 수면의 과학적 이론 | 기상 노하우 '라디오 알람' | 기상 직후 행동 | 공부 시작을 위한 출석 | 시작이 좋아야 기분이 좋다

03 식사

먹는 것의 중요성 | 식사 모임 vs 혼자 식사 | 아침 식사 | 간헐적 단식과 다이어트 | 주된 식사 | 매운 음식은 자제 | 과식하지 않고 약간 부족하게 | 수험 생활에 도움이 되는 음식과 영양분 선호 | 수험생 영양제 | 수험생 미네랄(무기질)

04 운동

수험 생활 중 운동의 필요성 | 수험 생활은 운동하기 좋은 환경 | 운동의 종류 | 가장 좋은 운동은 달리기였다 | 적절한 운동 강도와 필자의 혈류 이론 | 운동 빈도와 1회 지속 시간 | 하루 중 운동 시각 | 운동 결심과 시작
※ One point Tip – 자신감을 불러일으키는 운동 중 자기 암시

수험 생활은 거의 오로지 자신의 일상생활 관리가 어려운 것이다.

장기 시험을 준비할 때 공부만큼 중요한 것이 생활이다. 생활이 안정적이지 않고 자기 관리가 잘 안 되면 충분한 공부 시간 확보가 어려우며 공부에 대한 집중력도 떨어질 수밖에 없다 . 심지어 수험 공부를 지속할 수 있을지 없을지도 생활을 어떻게 하느냐에 따라 결정되기도 한다. 사실 이것은 어디에서나 똑같다 . 학교에서도 공부만큼 학교생활측면이 참 중요한 일이고, 직장이나 군대에서도 역시 일이나 훈련보다도 생활이 더 중요한 측면들이 있다. 단, 다른 상황에서는 어려움이 다른 사람들과의 관계에서 오는 것이 일반적이지만, 수험 생활은 거의 오로지 자신의 일상생활 관리가 어려운 것이다. 자기 관리. 이것은 다른 사람과의 관계보다 더 쉬울 수도 있고 더 어려울 수도 있다. 하지만 아무래도 혼자 하는 것이 다른 변수들이 적다. 그 때문에 자신이 효과적인 방법으로 잘 계획하고 꾸준히 실행하기만 한다면 어렵지 않게 안정적인 수험 생활을 조직할 수 있으리라고 본다.

01
하루 일과

혼자 하는 공부

수험 생활은 기본적으로 홀로 하는 생활이다. 아무리 함께하는 동료가 있고 주기적으로 만나는 스터디원이 있다고 해도 근본적으로 공부는 혼자 집중하는 것이며 결과 또한 전적으로 주위 사람들과는 독립적이다. 합격·불합격 여부를 자신이 홀로 받아들이고 책임져야 한다. 심지어 함께 공부하는 스터디원이라 하더라도 절대 그가 자신이 잘 되기를 진심으로 원해 주지 않는다. 가족 외에는 아무도 걱정해 주지 않는 것이 정상이다. 자기 자신은 스스로 챙겨야 한다. 따라서 수험생은 마음가짐부터 '수험 생활은 원래 혼자다' 라는 생각을 확실하게 해야 한다. 그래야만 수험 생활에서 오는 단절감과 외로움을 어느 정도 감내할 수 있다.

종일 공부만 하다 보면 말을 할 일이 전혀 없는 날들도 있다. 이를 필자는 '하루 0마디의 신화' 라고 표현하기도 했다. 인생에서 흔치 않은 경험이다. 그런 날들도 있을 수 있음을 받아들이고, 그렇게 혼자 열심히 무엇인가에 매진하였음을 자신의 역사에 새기기 바란다. 후에 그런 경험을 친구나 자신의 자녀에게 이야기한다면 누구라도 고개를 끄떡이며 열심히 했고, 어려운 시간을 견뎠다는 사실을 인정해 줄 것이다. 종일 아무와도 대화할 일이 없으며 하루 공부가 마무리되었을 때 스스로 '오늘도 수고했어.', '잘했다.' 라고 칭찬해 주면 된다. 그뿐이다. 그것이 수험 생활의 하루다.

가끔 소통할 수 있는 상대의 존재

공부는 혼자 해도 가끔은 대화하고 수험 정보도 공유할 수 있는 상대가 있는 것이 좋다. 가능하면 같은 공부를 하는 사람이 좋다. 한 달에 한 번이라도, 직접 만나지 않고 전화로라도 공부의 어려움에 대해 공감하며 수험 생활에 대해 소통할 수 있다면 답답함을 조금이나마 풀고 다시 달릴 힘을 얻게 해 줄 것이다. 그런 사람이 있다면 그 존재를 소중히 생각하고 먼저 연락해 관계를 유지하도록 하자.

단순히 정서적 유대감뿐 아니라 같은 공부를 하는 사람과는 여러 방법론적인 부분들과 커리큘럼도 상의해 보고 최신 정보들을 공유할 수 있다는 장점이 있다. 비록 공부 방향의 결정은 내가 하는 것이고 자신만의 방법들이 있기 마련이지만 자신의 결정과 행동을 누군가와 맞춰 봄으로써 크게 어긋날 가능성을 줄일 수 있다. 수험 생활은 워낙 폐쇄적이고 혼자 하는 것이기 때문에 치명적인 나쁜 결정이나 습관이 있다고 하더라도 그것을 인지하기조차 어려운 경우가 많다. 그래서 가끔은 자신의 방법과 선택 중 그것이 최선인지 혹은, 효율성이 떨어지는 것은 아닌지 누군가와 이야기해 보는 것도 좋다. 이런 대화는 같은 시기에 같은 공부를 하는 사람과만 가능하다. 시험을 준비해보지 않은 주위 사람은 전혀 알

수가 없고 그 시험에서 이미 합격한 사람이라 할지라도 시간이 지나면 수험 준비 당시의 세세한 것들은 많이 잊어버리기 마련이라 적절한 조언이 어렵다. 또한, 수험 시장은 매해 그 판도가 달라지기도 하니 더욱 그렇다. 그래서 현재 함께 같은 공부를 하고 있는 사람과의 의견 교환이 필요하다.

그래서 수험생 사이에서는 대화할 때 정서적인 유대만 쌓을 게 아니라 그런 종류의 실무적인 대화도 해야 한다. 현재 자신의 진도가 어느 정도인지, 나의 이런 방법은 타인은 어떤 이유에서 그렇게 하고 있지 않은지, 다른 사람은 어떤 커리큘럼을 계획하고 공부환경을 조성하는지 말이다. 물론, 필요성에 의해 바쁜 수험 생활 중에 억지로 무리해서 그런 관계를 만들 필요는 없겠지만 기회가 된다면 주기적으로 접촉할 수 있는 상대방과의 관계를 유지하는 것이 좋다.

하루 시간표에 공부 유형 배치

앞서 '문제 풀기'에서 이야기했듯이 공부 형태에 따른 지루함 정도는 차이가 다소 있다. 이에 따라 하루 시간 내 배치를 잘해야 한다. 특히, 공부가 잘 안되는 시간대에 암기같이 지루하고 진행하기 어려운 공부를 해야 한다면 능률이 많이 떨어질 수 있다. 필자의 경우 암기는 이동 중이나 식사 시에 혹은 아침에 공부 시작하자마자 진행하였다. 그리고 본문 읽기의 경우 점심 식사 후에 시작하여 쪽잠을 빠르게 유도했고, 잠이 오면 즉시 쪽잠을 취한 후 가장 맑은 정신인 상태에서 본문을 읽어 내려갔다. 한편, 스터디는 체력 소모를 많이 일으키기 때문에 가능한 오전, 오후 시간대의 끝에 배치하여 스터디를 진행한 후 식사를 하며 잠시 쉬

〈더 어렵고 하기 힘든 공부〉

거나 바로 귀가할 수 있도록 하였다. 오프라인 강의인 실강의 경우는 시간이 정해져 있으니 그에 따를 수밖에 없지만 내가 공부 시간대를 정할 수 있는 온라인 강의는 보통 오후 중반 이후에 진행하는 경우가 많았다. 문제 풀기는 집중력이 꺼져가는 시간대인 점심 식사 전이나 하루 공부 마감 전으로 잡는 편이었다. 하지만 다른 형태의 공부를 하다가도 집중력이 많이 저하되거나 공부 능률이 많이 떨어지는 느낌을 받으면 문제 풀기를 먼저 하는 식이었다. 문제 풀기가 덜 어렵도 덜 힘든 공부 형태이기 때문이다. 시간대에 따른 컨디션은 개인마다 다를 수 있으니 자신에게 적합한 시간 배정을 하도록 하자.

필자의 수험 생활 하루

필자의 수험 생활 하루를 정량적으로 언급해보자면 이렇다. 나는 보통 아침 7시 정도에 공부를 시작했다. 그 시간을 규칙적으로 지키기 위해서 때에 따라서는 새벽반 오프라인 수업을 듣기도 하고 출석 스터디도 하였다. (아침 공부 시작의 이른 정도는 공부 의지와도 상관이 깊다. 필자도 재시 때까지는 아침 7시를 고수했지만, 훨씬 더 여유 가지고 공부를 했던 세 번째 수험과 치과 국시를 준비할 당시는 9시까지 출석하는 경우가 많았다. 간절한 만큼 공부 시간을 늘리기 위해서는 결국 아침 시간을 당길 가능성이 높다. 물론, 밤늦게까지 공부하겠다고 정한 사람들에게는 다른 이야기이다. 그래서 절대 기준은 스톱워치다.)

일반적으로 저녁 11시에서 11시 반 사이에 하루 공부를 끝마쳐 스톱워치 시간은 total 11~12시간 정도를 유지했다. 그런데 수험 생활도 운동뿐 아니라 학원이나 스터디, 개인 생활과 관련한 일 등의 여러 변수가 있어서 변동성이 조금 있다. 특히 그날 컨디션에 따라 집중력과 공부 인내력도 제법 달라진다. 그래서 순수 공부 시간이 적은 날들은 10시간 이하도 곧잘 있었고, 컨디션이 좋고 공부도 잘되는 날은 13시간 반까지도 가끔 기록했다. 물론, 필자의 하루 중 공부 공간에 있는 시간은 16시간 반가량이었기에 얼핏 보면 공부 시간을 더 늘릴 수 있을 것 같지만 실제는 쉬운 일은 아니었다. 그것이 현실이며 나의 한계였던 것 같다.

한편, 식사 시간도 스톱워치로 체크하곤 했는데 식사 중에 암기를 하였기에 너무 빠르게 시간을 끊지 않았고, 왕복 이동 시간까지 해서 보통 30~40분 정도를 소요하였다.

공부 시간이든 식사 시간이든 실제로 측정해보고 기록해야 한다. 그렇지 않으면 가늠할 수 없고 좋은 쪽으로 착각하는 경우가 많다. 기록하였다고 해도 수험 생활이 끝나고 지날수록 스스로 더 열심히 했다고 믿을 수 있다. 합격자들의 그런 과장된 말에 기죽지 말자. 필자조차 다시 기록을 살피고 실질적인 통계를 내 보니 그동안의 내 어림짐작보다 공부 시간은 낮았다. 위 언급한 수치는 실제 데이터에 기반을 둔 것이다.

일주일 중 쉬는 시간은 수험 기간중 시기에 따라 달랐다. 수험 초기에는 일주일 중 하루 전체를 쉬며 활력을 도모했다. 그러나 점차 수험 생활에 리듬이 붙고 공부 시간을 아끼다 보니 수험 기간 후반부로 갈수록 훨씬 더 적은 시간만 쉬게 되었다. 본고사를 2~3달 앞두고 한참 궤도에 올랐을 당시부터는 금요일이나 토요일 저녁 3시간 그리고 일요일 아침 1시간 정도만 쉬었다.

하루 공부 : 공부시작 7시, 마감 11~11시 반(운동날은 2시간 전) / 한끼 식사시간 30~40분
스탑워치 하루 공부시간 : 평균 11~12시간 / 최고수준 13시간 반 / 최저수준 9시간
정해진 휴식 시간 : 수험초기에는 일주일 중 하루 / 수험 후기에는 일주일 중 약 4시간

〈필자의 수험 생활 하루 예시〉

수험 생활 일지

기록 관련 이야기다. 앞서 스톱워치 파트에서 처음 등장했던 수험 생활 일지를 이쯤에서 떠올릴 수 있을지 모르겠다. 필자는 매일 스톱워치를 쓰면서 공부 시간을 기록했다. 그리고 그뿐 아니라 점차 다른 여러 가지 기록들도 일지에 추가하게 되었는데 주로 다음과 같은 것이었다. 먼저 특정 공부 커리큘럼 시작 및 끝에 대해 메모했다. 예를 들어 3월 5일 칸에 '/생물 기출문제 풀이 시작', 5월 1일 칸에 '생물 기출문제 풀이 끝/' 이런 것들이다. 이는 나의 공부 흐름을 넓은 관점에서 볼 수 있게 해 주며 만약, 다음 해 다시 공부하게 되면 실질적인 각 커리큘럼 속도에 대해 가늠할 수 있게 된다. 또, 공부 장소에 있는 시간을 더 늘리고자 출석 시간과 퇴장 시간을 기록해 좀 더 시간 확보에 대한 동기 부여를 했다. 그리고 유독 그날 공부 시간이 적게 나왔다면 그 이유에 대해서 적으며 반성하거나, 적절한 이유가 있다면 추후 돌이켜보며 참고할 수 있게 하였다.

그리고 중요한 기록 한 가지 더. 그날 컨디션과 그 이유를 고민해보고 기록 했다. 수험 생활은 일정한 일과 덕분에 변수들 대부분이 고정되어 있으니 내 몸을 테스트해 볼 수 있는 대단히 좋은 기회였다. 예를 들어 내가 발견한 내 몸의 특징으로는 카페인에 민감해서 저녁 식사 전후해 카페인 섭취 시 밤에 잠이 오지 않는 것이 확실했다. 그리고 공부할 때 타이트한 바지를 입으면 뭔가 모를 불쾌감이 느껴지며 머리가 혼미해졌다. 또, 두꺼운 양말과 과식 역시 집중력을 확실히 흩트리고 자꾸 잠이 오게 하는 원인이었다. 특히, 필자의 생활 패턴에서는 운동하고 그 이틀 후가 컨디션이 가장 좋다는 것을 알게 되었다. 따라서 그에 맞춰 수험 생활 동안 컨디션을 조절했고 시험 당일에도 역시 그에 적절하게 준비했다. 이것들은 기록을 통해 복기하고 그들 중 일관성을 찾으며 발견하게 되는 것이다. 기록이 없다면 알기 어려운 것들이 많다. 혹은 알았다 해도 적어두지 않으면 쉽게 잊고 만다. 본서에서 말하고 있는 여러 생활 전략은 필자의 수많은 고민, 그리고 섬세한 테스트와 기록을 통해 깨닫게 된 것들이고 또 그들이 다시 새롭게 정리되어 세상에 나온 것이다.

이처럼 테스트와 기록을 통해 자신의 생체 리듬과 자신에게 적합한 집중 환경에 대해 잘 아는 것이 중요하다. 수험 생활 초기에 여러 시도를 통해 그런 자신의 특성을 파악해 놓고 적어 둔다면 긴 수험 생활 동안 높은 공부 효율을 낼 수 있는 환경을 조성할 수 있다. 그 뿐 아니라 수험 후반기에 본고사가 가까워지며 초조하거나 감정 동요가 생길 때 그동안 공부한 기록을 통해 자기 확신할 수 있으며, 시험 당일 최상의 컨디션을 유도할 수 있는 전략적 토대가 될 것이다.

02

기상과 공부 시작

수험 생활의 첫 단추 '기상'

실력을 갖추기 위해서는 많은 양의 공부 시간이 필수적이다. 그리고 그 공부 시간은 하루의 공부 시작 시간과 대단히 밀접한 관련이 있다. 공부 장소에 일정한 시간 출석하는 것은 규칙적인 수험 생활의 가장 기본이다. 그리고 그 일정한 시간 출석은 역시 아침 기상과 떼려야 뗄 수가 없다. 그래서 '기상'은 수험 생활의 첫 단추라고 할 수 있다. 이제 그 '기상'부터 이야기해 보려 한다.

기상을 위해 중요한 요소들

기상을 위해 중요한 요소 중 하나는 '수면'이다. 기상은 수면 후에 일어나는 이벤트이기 때문에 어느 정도 수면과 함께 생각해 봐야 한다. 물론, 수면에 관한 내용은 이곳에서도 언급하겠지만 뒤에서 더 자세히 다룰 예정이다.

그리고 기상을 위해 중요한 다른 한 가지는 '긴장감'이다. 즉, 마음의 상태이다. 누구든 오늘이 시험 당일이거나, 현재 일어난 시간이 약속 시간에 늦은 시각이라 한다면 정신이 든 순간 바로 일어날 것이다. 심지어 다음날 중요한 일이 있어 많은 긴장을 하고 잠에 들었다면 알람 소리 전에 깨는 일을 경험하기도 한다. 그러나 반대로 평상시의 일요일 아침이라면, 특별히 그날 할 일도 없고 약속도 없어 늦게 일어나도 아무런 상관이 없다고 하면 대부분 늦잠을 자게 된다. 그렇듯이 기상하는 것에는 '마음의 긴장 상태'가 대단히 중요한 요소이다. 그래서 확실한 목표의식과 그에 대한 간절함이 기상 의지에 결정적인 영향을 미친다. 그것들이 있다면 본고사는 너무도 중요한 이벤트로 무의식중에 인식되어 있을 것이고 이에 따라서 일상생활에 감도는 기본적인 긴장감이 잠에서 깨는 과정을 좀 더 쉽게 만들어 준다.

위 두 가지 요소 '수면'과 '긴장감'을 잘 컨트롤해 아무런 장치 없이 꾸준하게 스스로 기상을 잘할 수 있다면 최고다. 그 능력만으로도 어떤 일이든 성취가 가능할 것이다. 하지만 그것이 어렵다면 혹은 조금 더 기상을 수월하게 하기 위해서는 다음 내용의 필자의 노하우와 여러 가지 제한 장치, 방법들을 참고하기 바란다.

수면의 과학적 이론

수면은 일반적으로 깊게 자는 잠이면서 꿈을 꾸지 않는 'Non-Rem 수면'과 얕게 자며 꿈을 꾸는 'Rem 수면'으로 구성되어 있다. 여기서는 이해하기 쉽게 깊은 잠, 얕은 잠으로 명칭 하겠다. 깊은 잠은 신체와 뇌가 모두 깊숙이 잠이 들어 휴식을 취하는 상태이며 이 깊은 잠의 효율이 주로 수면전체의 효율을 결정하며 몸에 누적된 많은 피로를 풀게 한다.

또한, 이 깊은 잠의 깊이와 질은 주로 수면 직후 90분 정도에 가장 높아서 이때 숙면을 하는 것이 중요하다[1]. 반면, 얕은 잠 또한 우리에게 필요한 수면의 형태인데, 이때는 몸은 휴식을 취하고 있지만 뇌는 깨어있는 상태로 뇌가 일하며 꿈을 꾸게 되고 그 와중에 기억이 정리되고 장기 기억화가 일어난다고 알려져 있다.

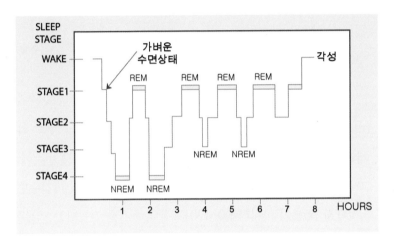

본서의 수면 파트가 따로 있음에도 기상에 관련한 파트에서 수면의 유형에 대해 언급하는 이유는 이런 잠의 형태에 따라서 잠에서 깨기가 '쉽다', '쉽지 않다' 로 나뉘기 때문이다. 즉, 깊은 잠을 자는 동안에 깨려고 하면 상당히 불쾌하며 일어나기 어렵고 얕은 잠에서 깨려 하면 기상이 비교적 수월하다. 따라서 기상을 쉽게 하려면 자신이 얕은 잠을 잘 때 일어나게 만드는 것이 좋다.

한편, 수면 주기는 90분을 주기로 순환한다는 것이 한때의 지배적인 이론이었다. 그래서 수면 시간마저 1시간 반 단위로 정하는 것이 유리하다 하였다. 그래서 만약 6시간이 일어나기 쉬운 얕은 잠을 자는 시점이

라면 다른 수면 패턴을 찾으려면 7시간 반이나 4시간 반을 고려해야 기
상하기가 쉽지, 그 간격이 아닌 5시간, 6시간 등은 오히려 깊은 잠을 자
는 순간일 수 있어서 기상에 적절치 않을 수 있다는 말이다.

〈수면 주기 90분을 가정한 기상에 유리한 시점 예시〉

　그러나 이 '90분'이라는 수치가 항상 일정하게 적용되는 것은 아니
다. 개인마다 차이가 있을 수 있으며 개인도 컨디션이나 다른 변수에 의
해 그날그날 차이가 있을 수 있다. 그래서 현대에는 성인의 야간수면주
기가 정확히 90분이 아니라 90-120분 정도 주기를 갖는다는 이론[2]이
좀 더 설득력을 얻고 있다. 또한, 한 사람의 하룻밤 수면 중에서도 시간
이 갈수록 전체적인 수면 깊이도 점차 얕아지기에 초반보다는 후반에
기상이 쉬운 것이 사실이다.

　따라서 앞서 등장한 에빙하우스 망각곡선에서의 수치처럼 '90분 주
기'는 적당한 기준은 될 수 있지만, 절대적 기준은 아니다. 개인이 자신
에게 맞는 시간을 찾아야 하고 그날그날 다른 상황에 대처할 수 있는 환
경을 만드는 것이 좋다. 참고로 필자는 보통 '5시간 반 ~ 6시간'과 '7시
간 내외' 시점이 비교적 잠에서 깨어나기 쉽다.

　이런 '얕은 잠 기상의 수월성' 이론에 기반하여 스마트폰의 특정 애플
리케이션들과 스마트 밴드가 개인의 수면 패턴을 분석하여 적절한 시간

에 깨워주기도 한다. 그러나 그것이 그리 정확하지는 않다. 더구나 수험생들은 그런 전자기기를 잘 사용하지 않는 경향이 많아서 이어 필자가 제시하는 아날로그적 노하우들이 더욱 도움이 될 수 있겠다.

기상 노하우 '라디오 알람'

기상을 쉽게 하려면 자신이 얕은 잠을 잘 때 일어나게 만드는 것이 좋다. 이때 그 시점을 찾는 것도 좋지만, 기상 시간 직전에 가능한 얕은 잠을 자도록 유도하는 방법 또한 생각해 볼 수 있다. 그것이 필자의 라디오 알람이었다.

즉, 내가 알람을 설정해 놓고 일어나기로 한 시각보다 5분 정도 이른 시각에 라디오 알람을 맞춰 둔다. '라디오 알람'이란 일정 시각이 되면 라디오가 켜지는 것을 말한다. 라디오에서는 보통 음악 소리나 사람의 목소리가 잔잔히 흘러나오기에 시끄러운 알람 소리로 잠에서 깨는 것보다 훨씬 덜 불쾌하게 잠에서 깰 수 있다. 또 만약 깊은 잠을 자는 시각이라면 비교적 온화한 소리가 조금씩 의식을 자극해 얕은 수면을 유도하게 된다. 물론, 이때 라디오 볼륨은 너무 작거나 너무 크기보다는 귀에 잘 들어올 만큼 적당한 것이 좋겠다.

한편, 이런 라디오 소리만으로도 완벽히 기상할 수 있다면 좋겠지만 대부분은 음악이나 목소리 등의 작은 소리를 듣고 그냥 누워있거나 다시 얕은 잠을 자게 된다. 그래서 '본 알람'이 필요하다. 좀 더 시끄러워서 일어나 꺼야 하는 알람으로 기상을 하게 만드는 것이다.

라디오 알람을 이용하면 여러 장점이 많다. 다른 하나의 장점은 의식이 들었을 때 그 시점이 일어나야 하는 시간인지 아닌지를 시계를 보지 않고도 알 수 있다는 것이다. 새벽에 일어났는데 라디오 소리 없이 조용하다면 더 수면해도 되는 시간대이다. 반대로 의식이 들었는데 라디오가 켜져 있다면 이미 기상 시간이니 주저할 필요가 없다. 피곤함에 본 알람을 껐다고 하더라도 과도하게 피곤한 것이 아니라면 계속되는 라디오 소리로 기상해야 한다는 의무감을 느끼게 된다. 이는 깊이 잠에 빠지는 것을 어느 정도 예방할 수 있다. 특히, 라디오를 자주 듣다 보면 해당 프로그램의 어느 '코너' 정도면 어느 '시간대'구나 하는 것까지 시간을 보지 않고도 알 수 있다. 혹시 평상시 듣지 않던 프로그램이나 코너가 흘러나온다면 기상 시간, 혹은 집에서의 출발 시간을 넘겼다는 것을 인지할 수 있다.

라디오가 아니더라도 기호에 따라 자신이 좋아하는 노래들이 일정 시간에 흘러나오는 음악 알람도 어느 정도 효과를 낼 수 있다. 그러나 음악보다는 라디오를 추천하는데 이유는 음악은 리듬이 있는 데다가 만약 똑같은 노래가 매일 반복되면 익숙함을 만들 수 있기 때문이다. 그것이 의식을 깨우는 데 효과적이지 못할 수 있다. 반면 라디오는 중간중간 사람의 목소리가 나오고 내용도 다르다. 일반적으로 사람은 노랫가락보다는 누군가 내게 이야기하는 '사람의 목소리'에 의식적으로 더 귀를 기울이게 된다. 따라서 단순 자장가가 될 수 있는 음악보다는 모닝콜에 가까운 라디오를 추천하는 것이다.

한편, 이렇게 필자가 예전에 사용했던 수면 패턴을 이용한 2단계 알람 방식은 현재에는 '스마트 알람'이라는 기능 혹은 기기들로도 알려져 있다. 여러 잔잔한 소리를 본 알람 전에 지원하며, 일어날 시간이 되면 조명이 켜지는 등의 기능도 있으니 참고해 볼 수 있겠다. PC를 통해 알람

서비스를 제공하는 웹사이트, 프로그램 또한 다양하다. 좋아하는 노래를 알람으로 설정할 수도 있고, 잠에서 깰 수밖에 없는 자극적인 소리를 알람으로 삼을 수도 있다. 컴퓨터에서 알람이 울리면 모니터를 켜고, 마우스를 잡고, 정신을 차리고 알람을 끄는 X 표를 눌러야 하기 때문에 잠에서 깨는 데에 도움[3]이 될 수도 있다.

물론, 일반 생활에서는 스마트 알람까지 신경을 쓰는 사람이 많지 않다. 필자 또한 마찬가지라 지금은 이런 스마트 알람까지 고려해 생활하고 있지는 않다. 여러 변수로 기상 시간이 다소 불규칙한 경우가 많기 때문인데, 그때마다 본 알람에 스마트 알람까지 변경하는 것이 다소 번거롭다. 더구나 가족과 함께 생활하기 때문에 조심스럽다. 그러나 수험생은 다른 변수가 없는 규칙적인 생활을 보통 혼자 하게 되니 이런 구체적이고 정밀한 설정들이 한 번의 수고로 좋은 효과를 계속 발휘할 수 있게 된다.

기상 직후 행동

기상 직후 5분의 행동이 그날의 몸 상태를 결정하는 데 중요하게 작용할 수 있다[4]. 필자도 경험상 이 이론에 어느 정도 동의한다. 유익한 아침 기상 습관을 만들어 하루 전체의 공부 능률을 올릴 수 있다면 좋은 강점이 될 것이다.

먼저 알람이 울리면 한 번에 일어나는 것이 좋다. 스누즈(Snooze) 알람으로 몇 번에 걸쳐 일어나기도 하는데 2번째, 3번째 알람에 일어나는 것은 두뇌를 혼란스럽게 만들며 무력감 즉, 정신이 맑지 않은 상태를 만들 수 있다[5]. 한 번 스누즈 버튼을 누르기 시작하면 몇 번이고 더 누르며 그

것이 습관이 될 가능성이 높으니 주의하여야 한다.

아침에 햇빛이 들어오게 하는 것 또한 아침을 깨우는 좋은 방법이다. 자연 광선은 몸에 코르티졸을 방출을 유도하여 종일 집중하고 현명한 결정을 내리게 도와준다[6]. 하지만 이 방법은 4계절에 따라 일출 시간이 계속 변하며 그날 날씨 또한 햇빛을 보기 어려울 수 있다는 한계가 있다. 때에 따라 이용해 볼 수 있다.

특히, 필자가 추천하는 수면 직후 좋은 습관 하나는 '물 한 잔 마시기'이다. 잠을 깨는 데 도움이 되며 신진대사를 촉진하고 수분을 보충해 줘 건강에 좋다. 또한, 아침 물 한 잔은 변비 예방의 효과가 있으며 정신을 맑아지게 해준다. 단, 이때는 자극적일 수 있는 차가운 물이나 졸음을 유발할 수 있는 따뜻한 물보다는 상온의 물이 좋다. (가장 맛있고, 흡수가 빠르며, 교감신경을 자극하는 물의 온도는 약간 시원한 정도인 11~15도라고 한다[7].)

유튜브를 이용해 동기 부여 영상을 시청하는 것도 한 가지 방법이다. 물론, 필자가 공부할 당시에는 유튜브가 활성화되어 있지 않았기에 사용해보지 않았다. 하지만 집필하고 있는 지금 사용하는 방법이다. 잠에서 깨기 어렵거나 정신을 확실히 차렸다고 하더라도 생산적인 일을 할 의욕이 들지 않을 때 내가 하려는 일과 관련 있는 영상 시청은 꽤 도움이 된다. 의지가 확실한 사람의 목소리와 실제 공부법에도 도움이 되는 콘텐츠는 긍정적인 기운을 불어 넣어주며 공부에도 충분히 유익하다.

아침에 샤워를 한다면, 뜨거운 물보다는 미지근하거나 차가운 물을 선택해야 한다. 뜨거운 물은 몸을 이완시키며 긴장을 풀어주기 때문에 더 졸릴 수도 있다[8].

그 외에도 간단히 할 수 있으면서 잠을 깰 수 있는 일종의 미션을 한 가지 정해 놓는 것이 정신을 차리는 데 도움이 된다. 예를 들어 기지개 켜고 스트레칭하기, 창문 열고 바깥바람 쐬기, 바로 세수하기, 양치하기 등이 있다.

이렇게 일정한 기상 시간과 기상 후 좋은 습관을 어떻게 해서든 2~3개월은 유지해 보기 바란다. 앞서 공부의 순서에서도 66일을 이야기했듯이 힘들더라도 일정 시간 참고 지키면 그 이후에는 습관이 되어 비교적 지속하는 것이 수월해진다.

공부 시작을 위한 출석

보통의 수험생은 학교에서와 같은 출석 시간 등이 정해져 있지 않다. 이로 인해 자유롭게 공부할 수 있다는 편함이 있지만, 결과의 책임은 스스로 져야 한다. 필히 계획한 시간에 공부를 시작하여야 한다. 또한, 공부 시간 스톱워치를 쓰고 있다면 실질적인 공부를 하는 시간을 조금씩 더 늘리려 하게 될 텐데 이때 아침에 공부를 시작하는 시간은 큰 영향을 준다.

먼저 아침에 정해진 시간에 정확히 기상해야 한다. 그리고 기상과 출석 시간 사이에 머뭇거리는 시간을 최소화해야 한다. 기상 후 공부하는 자리에 착석까지는 또 다른 이야기일 수 있기 때문이다. 아무런 제한 없이 의지만으로도 하루 공부 시작까지 잘 진행된다면 최상이다. 그러나 그렇지 못하면 이 역시도 강제력을 동원해야 한다. 먼저 자신과의 약속을 통해 해결할 수 있으면 좋다. 공부 장소 출석 시간을 확실히 정하고 매일의 실제 출석 시간을 기록에 남기는 것이다. 공부 시간 기록하는 일지에 출석 시간도 매일 기록하면 된다. 아무런 제한이 없는 것보다 이렇게 자신과 시간 약속을 하고 기록을 하면 스스로 조금 더 출석 시간에 대해 의무감을 느낄 수 있다.

그로도 충분치 않다고 생각된다면 출석 모임을 고려해 보는 것도 좋다. 바로 '다른 사람과의 약속'이다. 이는 앞서 스터디-출석 모임에서 자세히 언급하였으니 여기서는 생략한다.

또 다른 형태의 강제력으로 물리적인 제한을 사용할 수 있다. 먼저 도서관 등에서 공부하여 항상 그날 공부하는 좌석을 선점해야 하는 경우 자신이 좋아하는 어느 자리에서 공부하기 위해서는 적어도 어느 정도 시간에는 와야 한다는 의무감을 만들 수 있다. 물론, 공부 자리가 공부하는 데 큰 영향을 미친다고 필자는 보지 않는다. 단순히 개인 선호도와 약간의 편함이 있을 수 있다. 하지만 그것에 조금 더 큰 의미를 부여해 출석 시간제한을 만들기도 한다. 교통수단에 대한 시간을 강제력으로 만들 수도 있다. 부모님이 출근할 때 공부 장소까지 이동시켜 준다든지, 대중교통 시간의 간격이 커서 특정 시간에 맞춰야 한다든지 하면 이에 해당할 수 있다.

그리고 또 하나, 필자는 한동안 출석용 강의를 들은 적도 있다. 당시 이른 아침에 시작하는 녹화 강의가 있었고, 신청했다. 일명 새벽반이다. 그래서 아침 7시 10분까지 학원에 가서 강의를 들었어야 했으므로 항상 그 시간에 맞게 기상할 수밖에 없었다. 이를 통해 하루 공부 시작 시간을 충분히 앞당겨 유지할 수 있었다. 물론, 이런 방법은 생활 주변에 이에 해당하는 강의가 존재해야 하며, 강의 시간에 늦지 않는 것에 대한 강박관념이 커야 의미가 있겠다.

1. 자신과의 약속	2. 다른 사람과 약속	3. 물리적 제한
• 출석시간 설정 • 매일 출석시간 기록	• 오프라인 출석모임 • 온라인 출석인증 • 타인에게 출석보고	• 도서관 좌석 집착 • 교통수단 시간제한 • 출석용 새벽반 강의

〈아침 공부 시작 시간을 지키기 위한 방법들〉

시작이 좋아야 기분이 좋다

하루의 시작은 그날 기분을 많이 좌우할 수 있다. 기분 역시 공부하는 데 있어 중요한 요소이다. 정해진 시간에 가볍게 일어나서 준비하고 오늘도 열심히 공부할 생각을 하며 집에서 출발한다. 아직 사람이 많지 않은 이른 아침거리를 걸어 독서실 혹은 도서관으로 들어간다. 텅 비어있는 도서관 자리 중에 좋아하는 자리를 선택하거나 내가 처음인 독서실 안에 들어가 형광등 스위치를 켜면 기분이 좋아진다. 공부를 열심히 하고 있다는 자부심이 생기고 처음부터 승리의 경험을 가지고 하루를 시작하게 된다. 이런 피드백들은 수험 생활에 활력을 주며 무의식중에 자신감을 불어넣는다. 자신의 목표가 실현될 것이라는 확신이 조금씩 커지게 된다.

필자는 아침 7시 공부 시작을 하였다고 이야기했다. 많은 수험생이 아침 9시 정도에 공부를 시작하기 때문에 다소 이른 시간이라고 생각될 수 있다. 하지만 보통 하루 공부 시간을 늘리기 위해서는 아침 시간을 당길 수밖에 없다. 특히 대중교통을 이용하는 수험생이라면 더욱 그럴 것이다. 물론, 모두가 그렇게 할 필요는 없으며 자신이 공부가 잘되는 시간대가 있다면 그에 따라 늦게 시작하여 조금 더 늦게 공부를 끝내는 것도 좋은 자기 패턴이 될 수 있다. 그러나 장기 시험의 수험 생활은 규칙적이어야 하며 그를 위해서는 무엇보다 기상 시간과 공부 장소 출석 시간이 일정해야 한다. 그것만은 꼭 지키기 바란다. 장기 시험의 수험 기간은 길다. 수험 생활 말기에 고생하는 경우, 혹은 합격을 하였다고 하더라도 수험 생활이 건강에 해롭다는 사람들은 대부분 불규칙한 수험 생활을 하는 경우이다. 그러나 규칙적인 생활을 한 필자는 오히려 수험 생활이 내 몸의 건강을 향상시켰으며 내 몸의 좋은 패턴을 발견할 기회까지 주었다고 확신한다.

혹시라도 출석에 대한 동기 부여가 잘 안된다면 7시 정도의 평일 이른 아침에 서울 외곽에서 주요업무지구로 향하는 서울 지하철을 이용해 보기 바란다. 빼곡하게 들어선 사람들이 서로 부딪치며 역동적으로 움직이고 있다. 그들은 적어도 한두 시간 전에 기상해서 아침을 시작하고 있을 것이다. 아무리 게으른 사람도 직업이 정해지면 수년을 혹은 수십 년을 그렇게 산다. 그들 중 대다수가 다음과 같이 이야기한다. '학창 시절부터 이렇게 이른 시간부터 열심히 공부하였다면 더 유리한 직업을 가지거나 혹은 더 나은 근무조건을 가졌을 것'이라고. 인생의 어느 시기에 정신을 차리고 열심히 하느냐에 따라 많은 것이 좌우된다. 직장에 취직해 누군가 시키고, 혹은 내 일을 하더라도 먹고살기 위해 어쩔 수 없을 때 하는 것보다는 자신의 의지로 자유롭게 할 수 있을 때 부지런히 한다면, 미래에는 훨씬 더 많은 기회와 성취를 얻을 수 있을 것이다. 바로 지금이다. 반드시 정확한 시간에 일어나고 계획한 시간에 공부를 시작하도록 하자.

03

식사

먹는 것의 중요성

수험 생활을 하며 무의식중에 몸을 해칠 수 있는 3가지로 필자는 음식, 공기, 생각을 꼽는다. 그중에 첫 번째는 음식이다. 음식은 평소 일상생활에서도 중요하지만, 수험 생활에서는 더 중요하다. 꾸준히 공부하기 위해서는 적절한 컨디션과 집중력의 유지, 그리고 기본적인 건강이 뒷받침되어야 하는데 이것에 먹는 것은 큰 영향을 주기 때문이다. 수험 생활 중이 아니라면 그날 약간 집중이 안 되는 것도 큰 상관이 없고 건강에 문제가 생겼다면 이를 호전시킬 수 있는 여유가 있다. 하지만 수험생에게는 그런 이벤트에 시간을 낭비할 여력이 없다. 특히, 집중력을 높이면 공부 효과는 배가 되니 어떤 것을 먹을지, 어떻게 먹을지에 반드시 신경을 써야 한다.

식사 모임 vs 혼자 식사

앞서 6장 스터디전략 – '생활 스터디' 내용에서 식사 모임의 장단점을 이야기하였다. 다시 정리하자면, 공동식사의 장점은 공감대 형성과 수시로 정보 공유가 가능하고, 외로움을 달랠 수 있다는 것이다. 함께 나가 맛있는 음식을 먹고 올 수도 있다. 하지만 두드러지는 단점으로 혼자 식사하는 것보다 시간 낭비의 가능성이 많으며 식사가 끝나고 재몰입하는 데 다소 방해가 될 수 있다는 것이 있다. 또한, 구성원 사이 대립이나 그룹이 와해가 될 가능성이 있다.

이에 반해 혼자 식사하는 것은 시간 배정과 사용도 자유롭고, 식사 메뉴 결정 또한 자유롭다는 장점이 있다. 시간 관리의 효율성으로 따지자면 당연히 혼자 식사하는 것이 맞다. 단점으로는 외로움이 가장 클 것이고, 주위 사람들의 시선이 의식될 수도 있겠다. 그러나 수험 생활은 기본적으로 혼자 하는 것이기에 기본적인 외로움은 감내해야 할 부분이다. 또한, 주위의 시선 같은 것을 두려워해서는 안 된다. 다른 사람들은 혼자 밥 먹는 사람이 누구인지 자세히 관찰하지 않는다. 관심이 없다. 더구나 수험생의 수험 생활 때의 모습과 수험 생활이 끝나고의 모습은 차림새도, 낯빛도 전혀 달라서 지금 자신을 보는 사람들이 나중의 나를 구별해내지 못한다. 물론, 혹시 이전에 알던 사람이 알아볼 수는 있다. 그러나 이는 자신이 혼자 무엇인가에 정진하고 있다는 모습을 보여주게 될 뿐이다. 그에게 수험 생활을 하고 있음을 알림으로써 더 열심히 할 동기 부여로 여기면 된다. 보통 대학 내에서 공부하는 사람들이 이런 '시선' 문제를 다소 신경 쓰기도 한다. 하지만 수험 생활을 거쳐 성공한 거의 모든 사람이 장소에 상관없이 혼자 밥 먹는 것에 익숙하다고 말한다는 점을 반드시 기억하기 바란다.

식사 모임과 혼자 식사는 각각의 장단점이 있다. 혹시라도 함께 공부하는 사람이 있다면 그의 존재를 소중히 여기고 앞서 말한 공동식사의 장점을 살리고 단점을 주의하면 되겠다. 하지만 그렇지 않고 대부분 수험생처럼 혼자 공부하고 혼자 식사해야 하는 상황이라면 그것이 당연한 것임을 받아들이고 '혼자'의 효율성을 최대한 누리도록 하자.

아침 식사

1995년 캘리포니아 주립대학의 연구 발표에 따르면 아침 식사가 기억력과 집중력, 학습 능력, 문제 해결 능력을 향상시켜 준다고 하였다[9]. 또한, 아침 식사가 기력을 높여주고 피로감을 덜 느끼게 만들며 인지 기능을 향상시켰다는 연구[10], 아침 식사 습관이 학업 성취도에 영향을 미친다는 연구[11] 등 아침 식사의 장점에 대한 연구결과는 대단히 많다. 그렇기에 누구든 아침을 먹는 것이 학습에 도움이 된다는 사실을 한 번쯤은 들어 보았을 가능성이 크다. 단지 중요하다는 것을 알지만 잘 안 하게 될 뿐이다. 마치 학습에서 '복습'처럼 말이다. 하지만 평소 학교에 다닐 때와는 다르게 수험생 대부분이 복습하는 것처럼 아침 식사 또한 평소에는 하지 않았다고 하더라도 수험 생활에서는 하는 편이 훨씬 유리하다.

아침 식사의 영어 단어인 Breakfast의 어원을 보자면 중단한다는 의미인 'break'와 기아라는 뜻의 단어인 'fast'가 합쳐져 있는 것을 알 수 있다[12]. 아침 식사는 다른 식사와 다소 다른 면이 있는데 밤잠(night's sleep)이라는 이벤트 때문에 그 전 끼니와의 간격이 꽤 길다. 그래서 만약 아침 식사를 거르면 다른 끼니보다 훨씬 긴 약 18시간 정도의 식사 공백이 생기게 된다. 이는 뇌에 치명적인 영양부족인 '기아' 상태를 유발할 수 있다. 결국, 아침과 밤새 금식은 인지력, 특히 작업 기억에서의 정보 검색 속도에 역효과를 낳는다.

필자는 군 제대 후부터 지금까지 특별한 일이 없는 한 아침 식사를 혼자 챙겨 먹고 있다. 수험 생활 때에도 당연히 그렇게 했다. 컨디션을 위한 일이기도 하지만 오전에 공복감을 자꾸 느끼는 것이 불쾌했고, 이로 인해 위장에서 비롯된 냄새를 주변에 풍기는 것도 싫었기 때문에 꾸준히 지켜온 오랜 습관이다. 하지만 내가 그렇게 했다고 방법 설명도 없이 무턱대고 남에게 강요할 수는 없다. 그래서 좀 더 구체적인 도움말을 작성하려 한다.

아침을 못 먹는 대부분의 이유가 아침 식사 시간보다 그만큼의 잠을 더 자고 싶기 때문인 경우가 많다. 또는 아침 기상 직후엔 그다지 배고픔도 없고 입맛도 없게 느껴져 허겁지겁 준비하고 집을 나서고 만다. 두 가지 모두 기상 시간과 집에서 출발 시간 사이가 지나치게 짧아 발생하는 일이다. 밤늦게 불필요한 음식물을 섭취하고 수면한 것이 아니라면 아침에 일어나 시간이 약간 지나면 배고픔을 조금은 느끼는 것이 정상이다. 그래서 조금 더 일찍 일어나서 행하는 다른 일이 있다면 허기를 느끼게 해 식사 욕구를 좀 더 증가시킬 수 있다. 예를 들어 예전의 필자처럼 아침마다 간단히 영어 발음 연습을 한다든지, 간단한 운동을 한다든지 이다. 가벼운 산책도 좋다. 주의해야 할 점은 책 읽기처럼 잠에서 깨기 어려운 정적인 행동보다는 좀 더 활동적인 행동이 기상 직후 습관을 이어나가기가 수월하다. 물론, 공부 시간이 부족하다면 그런 행동을 할 여유 없이 바로 식사를 해야 할 수도 있다. 필자도 수험 생활 중기부터는 아침에 일절 다른 행동을 하지 않고 시간을 아꼈다. 하지만 그때는 이미 형성된 습관이 행동을 이어가게 해 준다. 즉, 그다지 식욕이 느껴지지 않아도 아침 식사를 한다. 그러니 어느 정도 습관이 들 때까지만 외출 전 약간의 아침 시간을 마련해보자.

그리고 식사 시간을 아침 준비 시간과 따로 생각할 것이 아니라 그것에 포함해야 한다. 즉 아침 식사 시간 10분, 외출 준비 10분 이렇게 생각하지 말고 '외출 준비 20분' 이런 식이다. 따로 생각하면 아침 식사가 선택 사항이 되지만 '외출 준비' 처럼 어쩔 수 없이 해야 되는 시간에 포함한다면 자연스럽게 시간이 확보된다. 식사 시간은 처음엔 30분 정도를 생각하지만 습관이 되고 환경을 잘 갖춰두면 혼자 챙겨 먹는다 해도 10~20분이면 충분하다.

필자는 시간에 있어서 게으른 편이다. 늦장도 많이 부리고 미리미리 도착 못하고 사람들 대부분처럼 약속 시간에 딱 맞추는 경우가 훨씬 많다. 그런데도 아침을 항상 먹고 다니는 이유는 이처럼 습관이 되고 나서 준비 시간에 식사시간을 아예 포함하여 생각하기 때문이다.

> **아침식사 습관 만들기 : 아침에 하는 일 만들기 / 외출준비시간에 식사시간 포함해 생각**

사실, 당장의 잠을 참지 못해 식사 시간을 확보 못 하는 것이나, 아침 식사 중요성을 알지만 지금 배고프지 않다고 식사를 하지 않아 나중에 고생하는 일은 마시멜로 이론(만족 지연 이론[13])에 정확히 위배 되는 일이다. 현명하다면 만족 유예 의지를 통해 지금 당장 어려움이나 귀찮음보다는 나중의 더 큰 이익을 추구하는 것이 맞다. 수험 생활도 그래서 하는 것이 아닌가. 나중을 위해 지금을 참는 힘. 이것은 어떤 분야이든 성공을 위한 진리다.

한편, 가족과 함께 생활하는 수험생이라면 상관없지만 혼자 생활하는 수험생은 식사 형태에 대해 고민이 될 수 있다. 필자의 경우 밥 자체는 직접 전기밥솥을 이용해 짓거나 고시원에 거주할 때에는 그곳에 있는 것을 이용했고, 일찍 귀가하는 날 반찬가게에서 반찬을 구입하여 두었다가 아침 식사를 하였다. 오징어채 무침, 콩자반 장조림처럼 저작이 필요해 아침 시간에 두뇌를 활성화할 수 있고 단백질을 공급하며 쉽게 상하지 않는 반찬을 선호했다. 그리고 혹시 고시가 또는 대학가에서 공부할 경우 간단한 아침 식사를 제공하는 곳이 종종 있으니 찾아보고 이용하는 것도 좋은 대안이다.

간헐적 단식과 다이어트

간혹 수험 기간 중 체중 관리를 위해 간헐적 단식을 시도하는 경우가 있다. '간헐적 단식(Intermittent fasting)'은 국내 지상파 방송 SBS의 끼니 반란이라는 프로그램을 통해 대중들에게 널리 알려졌는데, 관련 논문들도 상당수 존재하는 비교적 검증된 식이 요법[14]이다. 필자도 그 개념 자체에 대해서는 긍정적으로 본다. 특히 단식 기간에 따른 호르몬 변화와 장내 세균 변화는 대단히 놀랍다. 그러나 간헐적 단식은 성장호르몬 관련 IGF-1호르몬과 체지방을 감소시키는 효과가 있으므로 성장기 연령과 임신 예정인 여성에게는 금기라고 전문가들은 언급[15]하며, 계속 뇌에 포도당을 공급해야 하는 수험생에게도 필자는 권하지 않는다. 대다수의 직업적 활동이나 취미 활동과 다르게 공부는 공복감을 잊고 계속하여 집중하기가 어렵다. 신체는 정적이며 계속하여 머리를 쓰며 생각해야 하기 때문이다. 그래서 단식이나 다이어트는 대체로 수험생에게 추천하지 않는다.

그래도 체중 때문에 본인에게 정말로 다이어트가 필요하다면 간헐적 단식의 방법 중에 끼니를 거르는 형태(IF, Intermittent fasting)를 지양하고 단식모방식단(FMD, Fasting Mimicking Diet) 혹은 시간제한 식사법(TRF, Time-restricted feeding)[16]을 이용하길 권한다. 간헐적 단식은 비교적 간단하고 수월한 감량요법이라 많은 사람이 시도하며, 그 여러 방식 중 아침 식사를 거르는 방법이 가장 먼저 널리 알려졌기에 이쯤에서 언급을 하였다.

주된 식사

여기서 주된 식사란 아침 식사를 제외하고 독서실, 도서관 등 공부하는 공간에 있는 동안의 식사인 점심, 저녁 식사를 뜻한다. 물론, 식사는 반복적이고 다소 지루한 일상에서 '한 줄기 빛'과 같은 존재일 수 있다. 맛있는 음식을 먹으면 기분이 좋아지고 스트레스가 풀리기도 한다. 하지만 수험 생활에서 너무 맛있는 음식과 자극적인 음식은 피하는 편이 좋다. 공부에 방해가 되기 때문이다. 우선 기대되는 그 식사에만 관심을 집중하면 상대적으로 공부에 흥미가 떨어지기 마련이다. 다음으로 수험생은 맛보다는 건강을 중시해야 한다. 모두가 그렇지는 않지만, 맛을 중시한 음식들은 양념과 조미료가 필요 이상으로 첨가되어 건강에는 좋지 않은 경우가 많다. 마지막으로 맛있는 음식을 선호하여 선택하다 보면 개인 취향에 따라 음식물 섭취가 편향되게 되는데 이는 영양분을 골고루 섭취하지 못하게 된다.

수험생에게는 양을 줄이고 맛보다는 영양을 중시한 균형 잡힌 식단이 더욱 필요하다. 그리고 그 식사시간이 규칙적이어야 한다. 그런 면에서 일상적인 식사는 대학 내 구내식당이나 일반 백반 뷔페가 적당하다. 물론, 가끔은 스터디원들과 맛있는 음식을 먹으러 갈 수도 있겠고, 일주일 중 공부를 쉬는 날에는 자신이 먹고 싶은 음식을 찾아 먹을 수도 있을 것이다. 그러나 수험 생활 중 주된 식사는 이렇게 건강과 영양분 균형을 의식해 정해진 식당을 이용하는 편이 좋다. 그곳에서 체계적으로 다양한 음식들을 순환시킴으로 비교적 고른 영양분을 제공할 것이다. 또한, 굳이 식사 메뉴를 선택하거나 장소를 탐색할 필요가 없어서 신경도 덜 쓰게 된다. 장소에 도착한 후 음식이 나오기까지 대기하는 시간이 짧아 보통은 시간도 절약되며 대부분 식사제공 시간이 정해져 있기에 자연스레 규칙적인 식사시간이 유도된다는 점도 유리하다.

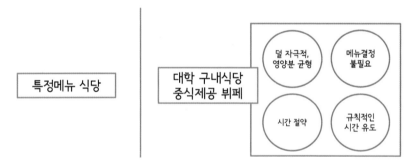

〈주된 식사 장소의 고려〉

한편, 이런 대학 내 구내식당들이나 일반 중식 제공 뷔페도 그 질이나 신선도가 제법 차이 나기도 하다. 그래서 필자는 대학에서는 대학 내 모든 구내식당을 돌아보며 식사해보고 그중에 주로 갈 식당을 정했고, 고시가에서도 역시 인접한 다양한 중식 뷔페들을 많이 경험해보고 그중에 주로 갈 식당을 정했다. 필자처럼 모든 곳을 탐색할 필요는 없겠지만 한 군데보다는 적어도 2~3곳은 비교해보고 거리와 음식의 신선도를 고려해 식사 장소를 결정하기 바란다.

매운 음식은 자제

매운 음식 섭취가 사망률[17]과 비만[18], 고혈압[19]을 감소시킨다는 긍정적 연구결과들이 있다. 또 스트레스를 감소시킨다는 명목아래 한국 사람들은 매운 맛을 제법 선호하기도 한다. 하지만 한편으로 고추 등 매운 음식을 장기간 다량 섭취한 사람들에서 인지능력과 기억력을 저하가 발견되었다는 연구[20]가 있다. 필자도 매콤한 음식을 좋아하지만 경험상 공부 컨디션을 저하시킨다 생각했기에 수험 생활 중에는 가능하면 피했다.

사실, 매운맛은 정상적인 미각이 아니다. 우리 혀의 미뢰에는 단맛, 쓴맛, 신맛, 짠맛, 감칠맛의 5가지 수용기만 있고 매운맛은 없다. 매운맛은 혀 전체에 퍼져 있는 통각 수용기를 통해 전달된다. 즉 통증이라는 이야기다. 이 고통에 대한 뇌의 반응으로 엔도르핀이 분비되 쾌감을 준다. 그것이 바로 스트레스를 줄이는 매운맛의 매커니즘[21]이다. 하지만 통증은 집중력을 떨어뜨리고 판단력을 저하시킨다. 복통이나 두통 시 사고 기능이 저하되는 것처럼 통각을 자극하는 매운 음식을 먹을수록 머리가 혼미해지는 경험을 하게 될 가능성이 높다. 따라서 항상 맑은 정신을 유지해야 하는 수험생에게 매운 음식은 적절치 않다. 쉬는 날이라면 모를까 평상시 수험 생활에서는 과도하게 매운맛은 되도록 멀리하는 것이 유익하다.

과식하지 않고 약간 부족하게

포만감은 집중력 저하와 졸음을 유발한다. 반면 약간의 공복은 집중력을 늘린다. 이것은 몸의 혈류 분배로 이해해 볼 수 있는데 수면 파트에서 필자의 혈류 이론에 대해 자세히 이야기할 계획이며 지금은 '에너지'라고 해두도록 하자. 음식은 에너지원이기는 하나 그것을 소화하는 과정에서 상당한 에너지를 필요로 한다. 단순 대사에 소모되는 에너지뿐아니라 신체의 수많은 근육(평활근)을 움직여야 하기 때문이다. 음식 섭취량이 많아 위와 장에 음식물이 가득 찰 경우 에너지 소모는 훨씬 더 가중된다. 마치 무거운 물체를 들수록 골격근의 피로도가 급격히 증가하는 것과 같다. 그래서 과한 식사로 인해 소화 과정에 에너지를 많이 쏟으면 상대적으로 뇌로 갈 에너지는 적어지며 일정 시간 동안 집중력이 저하되기 마련이다. 따라서 수험생은 한 끼 식사량을 많지 않게 하는 편이 유리하다.

사실, 지키기가 쉽지 않은 일이지만 '소식'은 대부분에게 옳은 건강 생활 방식이다. 소식하는 사람이 장수한다는 사실은 널리 알려져 있다. 영양공급이 부족한 것이 아니라면 소화 기관이 무리하게 많은 에너지를 쓰지 않는 편이 몸에 이롭기 때문이다. 또한, 오랜 시간 앉아 있는 직업과 과다한 영양분 섭취가 결합 되면 복부비만을 증가시키는 결정적인 원인이 된다. 복부비만은 각종 질환과 연계된다. 특히, 운동을 하더라도 앉아 있는 시간이 지나치게 길 경우 그 운동 효과를 상쇄해 대사증후군 위험을 높인다[22]. 수험생은 일과 특성상 앉아 있는 시간이 모든 직업 중 둘째가라면 서러울 만큼 길다. 열심히 공부 한다면 그런 정적인 생활 형태 자체는 피할 수가 없으니 최소한 영양 섭취에 과하지 않도록 주의하여야 한다.

앞서 언급한 수험 기간에 너무 맛있는 식사를 하는 것도 좋지 않다는 또 다른 이유가 여기에 있다. 맛있는 음식은 당연히 과식을 유발하기 쉽기 때문이다. 필자 역시 맛있는 음식을 중간에 의지로 끊지 못한다. 예전 시대의 왕들이 단명한 이유 중 하나를 과식에서 찾기도 하는데[23] 당연히 왕들에게는 산해진미를 대령하니 자주 과식할 수밖에 없지 않았을까? 따라서 수험생은 '맛있는 음식을 조금만 먹겠다.' 라고 할 것이 아니라 과식할 수 있는 환경을 조성하지 않는 것이 필요하다. 자극적이지 않고 담백하며 건강에 좋은 음식을 골라 적당량만 식사하도록 하자. 물론, 수험 기간 내내 맛없는 것만 먹으라는 것은 아니다. 적어도 평소에 주로 먹는 식사는 그런 것으로 배정을 해 두라는 이야기다.

또한 '아침은 왕처럼 저녁은 거지처럼 먹어라' 라고 하는 흔한 건강상식이 있다. 하지만 고칼로리 아침 식사가 집중력을 떨어뜨렸다는 연구 결과가 있다[24]. 아무리 아침 식사라고 하더라도 적당량의 칼로리를 섭취하는 편이 좋다.

필자는 수험 생활 당시 특별한 일이 없는 경우 항상 식사량을 줄이려 하였고, 그로 인해 비교적 빨리 찾아오는 공복감은 포도당 캔디나 견과류로 보완했다. 물론, 초콜릿이나 과일 등도 괜찮다. 적게 식사하고 그런 간식으로 보충하면 된다. 현명한 수험생이라면 금세 알아차린다. 식사량을 절제하는 것이 공부에 도움이 된다는 것을.

수험 생활에 도움이 되는 음식과 영양분 선호

언제인가 건강에 관심이 높아진 내게 발견된 음식이 브로콜리다. 브로콜리는 비타민과 미네랄, 식이섬유가 많은 양 함유되어 항암 효과, 시력 개선, 혈압 조절, 피부 미용, 두뇌 건강 등에 좋다. 그래서인지 '건강식품'이라고 하면 어디에도 빠지지 않는 것이 브로콜리가 아닌가. 치매를 예방하며 뇌의 성장과 발달에 좋기에 수험생에게도 당연히 좋을 것이었다. 결국 수험 생활을 결심한 후 난 브로콜리를 좋아하기로 했다. 그래서 기회가 될 때마다 브로콜리를 우선해 섭취했다. 수험 생활 중에는 밤에 브로콜리를 직접 손질해 놓았다가 아침마다 먹기도 했다. 처음엔 식감이 조금 이상했는데 먹다 보면 괜찮아지더라. 지금은 제법 좋아한다. 맛은 사실 아무 맛이 느껴지지 않는 정도지만 씹을 때 느껴지는 약간의 상쾌함이 있고, 내 몸에 유익하고 머리가 나아진다는 느낌에 기분이 향상된다. 그런 긍정적인 암시는 얼마든지 만들어도 좋다.

물론, 음식물 섭취에 가장 우선은 편중된 것보다 고른 영양소를 섭취하는 것이다. 하지만 좀 더 두뇌기능을 향상시키며 수험 생활에 도움이 되는 음식과 영양소들이 있으니 그것들을 가능하면 더 좋아하고 자주 섭취하는 것이 유익하다. 이는 주로 오메가3, 비타민 A와 식이섬유, 카로티노이드(carotinoid, 동식물계 색소 군)가 포함된 음식들로 생선류, 신선한 야채와 채소, 견과류 등이 있다. 좀 더 구체적인 음식물을 예로 들자면 두뇌 회전, 뇌기능 향상, 학습 능력 향상 등을 위해 수험생이 먹으면 좋은 음식으로 시금치, 달걀, 견과류, 잡곡밥, 고등어, 연근, 해조류, 블루베리 등[25]이 대표적으로 추천되고 있으니 참고하자.

　또한, 행복 호르몬이라고 불리는 세로토닌이 수험생에게는 한층 더 중요하다. 세로토닌은 기분을 향상시키고 숙면을 하게 만든다. 이것이 부족하면 자기 조절력이 떨어지고 우울감의 악순환에 빠질 수 있다.[26] 실제로 대부분의 항우울제는 이 호르몬의 체내 농도를 인위적으로 높이는 방법을 사용한다. 따라서 적당한 음식 섭취로 몸에서 세로토닌 생성을 원활하도록 하는 것이 좋다. 우리 몸에서 세로토닌을 합성하기 위해서는 아미노산 트립토판(바나나, 빵, 파스타, 연어, 고등어 등에 풍부)과 비타민 B6(간, 고기, 효모, 감자, 옥수수, 바나나, 땅콩 등)가 특히 중요하니[26] 해당 음식을 선호하면 유익하다.

　이와 더불어 네덜란드 라이덴 대학 연구팀에 따르면 행복감을 가장 높이는 식품은 요구르트, 김치와 같은 프로바이오틱스가 풍부한 발효식품이라고 한다. 이는 장에 유익한 균을 증가시켜 부정적인 생각과 공격적 사고를 줄게 하는 것으로 나타났다. 또 기분 향상에 도움이 되는 다른 식품으로 다크초콜릿(코르티졸 수치 낮춤), 과일과 채소(엽산 풍부), 커피, 버섯(비타민D, 프로바이오틱), 녹차(테아닌) 등이 있다고 뉴욕타임즈에서 보고[27]한 바 있다. 수험생은 폐쇄적인 생활을 하며 불안감과 긴장감 같은 감정이 비교적 높아서 기분이 요동칠 수 있다. 물론, 가장 중요한 것은 긍정적인 생각을 하는 것이지만 그 외에도 이렇게 기분을 향상시킬 수 있는 영양분 등을 참고하여 수험 생활에 활력을 더하면 좋을 것이다.

수험생 영양제

우리 몸에 필요한 영양 성분은 식품으로 섭취하는 것이 가장 좋다. 하지만 바쁜 현대인들과 1분이 아쉬운 수험생들에게 영양분을 고려한 꼼꼼한 식품 섭취는 어려운 일이다. 그래서 차선책으로 영양제를 선택하여 필요한 영양소를 보충한다. 특정 영양소들을 최적으로 유지하는 것은 기억력과 집중력, 두뇌 회전에 도움을 줄 수 있으니 이를 이야기해 보려 한다.

우선 영양소의 명칭에 혼선이 있을 수 있다. 예로 비타민 B 계열에서 B1을 어디에서는 티아민 또는 싸이아민, 타이아민으로 부르기도 한다. 모두 동일하게 B1이다. 중복과 빠뜨림을 방지하려면 대상의 이름을 분명히 하는 것이 기본이기에 우선 명칭을 정리해 본다. 또한 베타카로틴은 섭취 시 체내에서 비타민 A로 변형되기 때문에 거의 동일한 영양소 섭취로 간주해야 한다. 이런 명칭들을 정리해 보고 수험생에게 특히 중요한 영양분에 음영, 굵은 글씨로 표시하여 다음 표로 제시한다.

요약 먼저. 수험생은 집중해서 눈을 많이 쓰며, 두뇌로의 원활한 혈행 공급과 뇌세포(시냅스) 생성이 중요하다. 그런 점에서 필수영양소 중에는 비타민A, 비타민C, 오메가3, 비타민B1, B2, B6, B9, B12 정도를 최적으로 유지하는 것이 좋다. 또한 평균 이상으로 실내 생활을 주로 하기 때문에 비타민D도 챙기는 편이 낫다. 이외에 포스파티딜콜린(기억력, 인지 능력, 숙면), 프로폴리스(면역력), 그리고 눈 건강이 좋지 않다면 루테인 정도 추가로 고려해 볼 만하다. 또 그밖에 언급되고 있는 성분들에 대해 본 주제 끝부분에 도식으로 정리해두었으니 참고해 보도록 하자.

수험생에게 꼭 필요한 오메가3(비타민 F, 필수지방산)에 대해서 먼저 자

성분명	다른 명칭 또는 전구체
Vit. A	레티놀, 베타카로틴(β-carotene)
Vit. B 계열	여러 종류
Vit. C	아스코르브산(ascorbic acid)
Vit. D	칼시페롤(Calciferol), 에르고스테롤
Vit. E	칼시페롤(Calciferol), 에르고스테롤
Vit. K	필로퀴논, 메나퀴논
그 외 Vitamin : F(필수지방산), L, P, U, M	

성분	다른 명칭
B1	thiamin(타이/싸이/티 아민)
B2	riboflavin(리보플라빈)
B3	niacin(나이/니 아신)
B5	pantothenic acid(판토텐산)
B6	pyridoxine(피리독 신/살/사민)
B7	biotin(바이/비 오틴)
B9	folate, folic acid(엽산)
B12	cobalamin(코발아민, 시아노/메틸/디옥시아데노실 코발라민)

성분명	다른 명칭 또는 구성성분, 전구체
오메가 3 (필수지방산)	알파-리놀렌산, DHA, EPA, ALA, DPA
오메가 6 (필수지방산)	감마-리놀렌산, 리놀레산, 아라키돈산

〈필수 영양소 중 수험생에게 특히 필요한 영양소(굵은 글씨)〉

세히 이야기해 보려 한다. 많이들 알고 있듯이 오메가 3(DHA, EPA)는 두뇌기능에 도움을 주는 으뜸 영양소이다. 오메가3 지방산의 구성 성분 중 하나인 DHA는 뇌·신경조직·망막조직을 구성하는 주요성분으로, 세포 사이 연결을 원활하게 하여 신경호르몬 전달을 촉진하고 학습 능력을 향상시킨다. 관련 전문자료들도 상당히 많은데 DHA를 많이 섭취할수록 읽기와 학습 능력이 더 높은 것으로 밝혀진 연구[28] 등이 있고 이들이 인지 향상, 치매 치료 및 예방, 그리고 정서적 혜택도 준다는 종합적인 리뷰[29] 또한 잘 알려져 있다. 한편, 오메가3는 앞서 이야기한 기분 향상 호르몬 세로토닌의 분비에 관여하는데 런던 정신건강재단 연구팀에 의하면, 오메가3 지방산이 부족한 사람은 우울증 위험이 높아지며, 감정 기복이 심해질 수 있다고 한다[30]. 오메가3에 대한 전문자료를 찾아보면 이상적인 복용량에 대해서는 이견이 있어도 그 효과에 대해서는 거의 이견이 없어 보인다. 식품의약품안전처(식약처) 역시 오메가3는 기억력 감퇴, 혈행과 혈중 중성지질 개선, 안구 건조에 도움이 된다고 언급하였다. 즉, 오메가3는 두뇌와 눈을 많이 사용하며 마인드 컨트롤이 필요한 수험생에게 꼭 필요한 영양소라고 할 수 있다. 반드시 신경을 써 섭취하도록 해야 한다. 식약처의 오메가3 권장량(DHA와 EPA의 합)은 하루에 500~2000mg이다. 적어도 500mg 이상 오메가3를 섭취해야 그 효과를 기대할 수 있다[31].

그 외에 다른 비타민 중에서 비타민C는 대표적인 항산화제로서 피로 회복을 돕는다고 잘 알려진 영양소이다. 수용성 비타민이라 크게 지나친 용량이 아니라면 주목할 부작용은 없으니, 권장 섭취량보다는 상한 섭취량에 기준을 두고 보충하는 것이 좋다. 또 비타민D는 칼슘 흡수와 호르몬 분비, 면역에 역할을 하는데 음식 섭취를 통해 얻거나 햇빛이 피부에 닿을 때 체내에서 생성할 수 있다. 권장하는 비타민D 합성을 위한 올바른 방법은 팔, 다리를 내놓고 일주일에 3~4회, 10~20분 정도씩 한낮에 햇볕을 쬐는 것[32] 이지만 보통의 수험생에겐 어려운 일임으로 영양제를 통해 섭취하는 편이 현실적이다.

눈 건강에 대해서는 비타민A(베타카로틴) 외에 루테인이 잘 알려져 있으며 그 외로 제아잔틴, 안토시아닌, 아스타잔틴 등이 도움이 될 수 있다[33]. 특별히 좀 더 관심이 있는 사람이라면 참고해 볼 만하다.

기억력에 있어서 포스파티딜 콜린의 연구가 비교적 많다. 세포막의 인지질을 구성하는 성분 중 하나인데 기억력 향상, 인지 능력 및 뇌의 기능 향상에 효과가 있다[34]고 보고되고 있으며, 실제 복용 후기들에는 숙면에도 도움이 된다는 의견들이 많다. 그 외에 기억력 향상에 있어서 역시 세포막 인지질층을 구성하고 있는 포스파티딜 세린, 이노시톨이 알려져 있다. 콜린을 많이 함유한 대표적인 식품으로 메추리알이 있다. 또, 소고기, 달걀노른자, 푸른 잎채소(브로콜리, 미니 양배추 등), 효모, 간 등도 콜린을 함유한다. 이노시톨을 함유한 식품으로는 간, 양조효모, 멜론, 자몽, 건포도, 땅콩, 양배추 등이 있다[35]. 한편, 이들은 모두 레시틴의 구성 성분 중 하나이다. 따라서 레시틴을 섭취함으로써 비슷한 효과를 볼 수 있다. 레시틴은 계란노른자[36]에 가장 많고, 콩, 은행, 장어, 엿기름에도 있다. 그 외에 생약으로 정확한 작용 성분들과 정확한 기전은 명확하지 않지만, 은행잎 추출물(ginko biloba) 또한 기억력에 효과가 있다고 언급된다.

다음으로 일상적인 건강에 있어서 중요한 것이 면역력이다. 하지만 면역력은 생활적인 면과 식습관, 그리고 운동이 가장 중요하며 앞서 다른 파트 영양소들의 적정치가 우선이다. 그 이후에 추가로 도움 될 수 있는 것이 프로폴리스다. 홍삼 또한 면역력과 피로 회복에 많이 언급되지만 필자 경험으로는 하루 이틀 단기적인 체감 효과에 그쳤다.

그렇다면 이런 성분의 영양제를 어떻게 섭취하면 좋을까? 우선 일반적인 비타민 A, B, C, D 군은 '종합 비타민제'로 한 번에 구성되어 있는 경우가 많다. 그렇기 때문에 종합 비타민제를 하나 선택하여 복용하는 것이 간편하다. 단, 이들 중 일부 영양소가 빠져있는 경우가 있으니 선택한 종합 비타민제의 영양소 성분을 한 번쯤은 따져보는 편이 좋다. 또한, 영양소 모두가 들어 있다고 하더라도 함량이 제각각으로 다르기에 조금 더 관심이 있다면 각 영양소의 일일 섭취량을 고려할 수 있다. 특히, 부족한 영양군을 보충하겠다고 추가로 다른 영양제를 선택할 경우 과잉 공급이 될 수 있으니 해당 영양소의 상한 섭취량을 참고해야 한다. 비타민 A, D, E, K 등 체내에서 잘 배출되지 않는 지용성 물질의 경우 과량 섭취 시 문제가 될 수 있으니 주의하여야 한다.

영양 섭취 기준에 대해서는 대한민국 보건복지부의 한국인 영양 섭취 기준과 1일 영양 성분 기준치를 첨부한다. 적정량의 수치는 연령에 따라 약간씩 다르다. 그리고 사실 약과 영양소는 체내 농도를 따지는 것이기에 적정치는 개인의 체중과 상관관계가 있다. 따라서 데이터의 기준으로 삼은 해당 연령의 평균 키와 몸무게를 우선해 제시하였다. 자신이 해당 연령의 기준 체중과 차이가 많이 난다면 그에 따라 차이 나는 비율을 적당히 가감해 참고하자.

구분	연령	기준신장 (cm)	기준신장 (cm)	에너지 (kcal) 필요추정량	단백질 (g)	식이섬유 (g)	총수분 (ml)
					권장	충분	충분
남자 (세)	15-18	173.3	63.1	2,700	65	25	2,600
	19-29	174.8	68.7	2,600	65	25	2,600
	30-49	172.0	66.6	2,400	60	25	2,500
여자 (세)	15-18	160.9	53.1	2,000	50	20	2,000
	19-29	161.5	56.1	2,100	55	20	2,100
	30-49	159.0	54.4	1,900	50	20	2,000

〈각 연령별 기준신장, 기준 체중과 기초영양분 수치[37]〉

보건복지부가 제시한 영양소 섭취 기준에는 평균 필요량과 권장 섭취량, 충분 섭취량, 상한 섭취량이 있다. 자료에 따르면 인체 필요량에 관한 과학적인 근거가 있을 경우에는 평균 필요량과 권장 섭취량을 제정하였고, 근거가 충분하지 않은 경우에는 충분 섭취량을 제정하였으며, 과잉 섭취로 인한 유해영향에 대한 근거가 있는 경우에는 상한 섭취량을 제정하여 제시하였다고 한다. 다음 제시하는 표는 필자가 자료를 최대한 간소한 것으로 평균 필요량 데이터는 제외하였으며 일반적인 수험생 연령의 데이터만을 가져왔다. 기본적으로 권장 섭취량을 우선해 참고하는 것이 좋고, 비타민D처럼 권장 섭취량이 제시되지 않은 영양소의 경우에는 충분 섭취량의 데이터를 기록해두었으니 그를 고려하면 된다. 과다 섭취 우려가 있는 영양소에 대해서는 상한 섭취량을 참고하도록 하자.

구분	연령	비타민A (μg RAE)		비타민C (mg)		비타민D (μg)		비타민E (mg) α -TE		비타민K (μg)
		권장	상한	권장	상한	충분	상한	충분	상한	충분
남자 (세)	15-18	850	2,300	105	1,500	10	100	11	500	80
	19-29	800	3,000	100	2,000	10	100	12	540	75
	30-49	750	3,000	100	2,000	10	100	12	540	75
여자 (세)	15-18	600	2,300	95	1,500	10	100	11	500	65
	19-29	650	3,000	100	2,000	10	100	12	540	65
	30-49	650	3,000	100	2,000	10	100	12	540	65

〈각 연령별 한국인 영양 섭취 기준[37] – 비타민(B계열 제외)〉

구분	연령	B1 티아민 (mg)	B2 리보플라빈 (mg)	B3 니아신 (mg NE)		B5 판토텐산 (mg)	B6 피리독신 (mg)		B7 비오틴 (μg)	B9 엽산 (μg)		B12 코발아민 (μg)
		권장	권장	권장	상환	충분	권장	상환	충분	권장	상환	권장
남자 (세)	15-18	1.3	1.7	17	30	5	1.5	65	30	400	900	2.7
	19-29	1.2	1.5	16	35	5	1.5	100	30	400	1,000	2.4
	30-49	1.2	1.5	16	35	5	1.5	100	30	400	1,000	2.4
여자 (세)	15-18	1.2	1.2	14	30	5	1.4	65	30	400	900	2.4
	19-29	1.1	1.2	14	35	5	1.4	100	30	400	1,000	2.4
	30-49	1.1	1.2	14	35	5	1.4	100	30	400	1,000	2.4

〈각 연령별 한국인 영양 섭취 기준[37] – 비타민 B계열〉

＊오메가3 하루 권장섭취량 : 0.5g~2g (식품의약품안전처 기준38))

한편, 일반적인 권장 섭취량(RDA, Recommended daily allowance)은 결핍증을 예방하기 위한 수치일 뿐이며 영양소들이 이상적으로 기능하기 위해서는 최적 섭취량(ODA, Optimum Daily Allowance)을 고려해야 한다는 이론들이 있다. 그 ODA 수치들을 찾아보면 위에 보건복지부에서 제시한 영양소의 상한 섭취량의 수치와 거의 비슷하다. 따라서 최적 기능을 원한다면 앞서 제시한 표의 상한 섭취량을 따르는 것이 좋겠고 상한 섭취량이 제시되지 않은 영양소들의 ODA 값은 따로 셰리 리베르만 저서를 참고하여 다음과 같이 제시하니 참고하자.

B1 티아민 (mg)	B2 리보플라빈 (mg)	B5 판토텐산 (mg)	B7 비오틴 (μg)	B12 코발아민 (μg)	콜린, 이노시톨	레시틴
50-100mg	15-50mg	50-100mg	400-800mg	200-400mcg	50-200mcg	200-500mg

〈몇 가지 영양소의 최적 섭취량(ODA)[39] - 그 외에는 섭취기준표의 상한 섭취량 참고〉

또, 영양소에 관심을 가지고 찾아보다 보면 단위가 달라 혼동될 수 있다. 다음을 참고하자.

0.001 mg = 1 μg = 1 mcg = 40 IU (Vit D) = 0.02 IU (Vit C) = 3.33 IU, 1 RE, 1 RAE (Vit A)

＊IU, international units : 영양소의 생체에 대한 효력을 수치로 나타낸 국제단위. g, mg, μg 등의 정해진 고유 질량 단위와는 다르게 영양소 종류별로 환산법이 상이함.

본서에서는 영양소의 종류와 섭취량에 대해 꽤 상세히 설명하였지만 사실 나의 수험 기간에는 이 정도로 꼼꼼하게 영양제에 신경을 쓰지 않았다. 기본적인 것만 하였다. 섭취 제품의 영양소별 함량이나 최적 섭취량 같은 것들도 굳이 따져보지 않았다. 하지만 수험생 중에는 영양제에 대해 꽤 잘 알고 체계적으로 복용하는 사람들도 종종 보아왔기에 본서에서는 따로 자세하게 정리해두고 있는 것이니 관심이 있고 여력이 되는 사람만 참고하면 되겠다. 그렇지 않다면 필자처럼 기본만 하면 된다.

앞서 이야기했듯이 무엇이든 기본이 가장 중요하고 먼저다. 영양제에서 그 이상은 선택사항일 뿐이다. 그렇다면 수험생의 영양제 섭취에 있어서 기본은 무엇일까? 종합 비타민과 오메가3를 섭취하는 것이다.

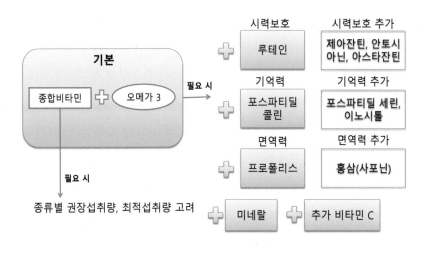

〈수험생 영양제 섭취 추천 정리〉

기본에서 한 걸음만 더 나아가 우선 고려할 것은 자신이 선택한 종합 비타민에 필자가 제시한 비타민A, 비타민C, 비타민D, 비타민B 계열이 빠지지 않고 들어가 있는지 살펴보고 필요한 성분을 보충하는 것이다. 두 번째는 시력, 기억력, 면역력에 관한 영양제 등을 따로 더 섭취하는 것이고, 좀 더 여력이 된다면 필자가 제시한 보건복지부 일일 섭취량 표를 따라 종류별 권장, 최적 섭취량을 고려할 수 있다. 그리고 마지막으로 시력, 기억력, 면역력에 대한 추가 성분 섭취를 검토해 볼 수도 있겠다.

수험생 미네랄(무기질)

무기질은 화학 주기율표에서도 찾을 수 있는 단일 원소 물질들이다. 이들은 앞서 언급된 영양소에 비한다면 크기와 질량이 매우 작으며, 인체에도 비교적 소량이 필요할 뿐이지만 우리 몸에서 중요한 역할들을 한다. 특히 다른 영양소들의 작용을 도우며 체내 주요 효소의 보조인자(cofactor)로 작용하기에 일부가 결핍된다면 아무리 다른 영양소들을 많이 섭취한다고 하더라도 제 효과를 낼 수가 없다. 그런데 현대인은 비교적 미네랄이 부족한 토양에서 재배된 작물을 섭취하며 정수된 물을 섭취하기 때문에 미네랄 섭취량은 다소 부족하다고 알려져 있다. 여기서는 수험생에게 주로 필요한 미네랄 몇 가지만 언급하고 넘어가려 한다.

아연은 일명 학습 미네랄로 불릴 만큼 기억력과 집중력 증강과 연관이 있다[40]. 또한, 칼슘도 기억력과 집중력을 높여주고 뇌의 신경 안정을 도모해 준다[40]. 세 번째로 마그네슘은 스트레스 방어에 효과가 있고, 부족 시 우울증과 불면증이 생길 수 있다[40]. 그래서 수험생은 아연(Zn), 칼슘(Ca), 마그네슘(Mg)을 최적의 수준으로 유지하는 것이 유익하다. 그리고 젊은 여성들은 철분이 부족해 빈혈을 겪는 일이 종종 있으므로 철분(Fe)

까지 추가해 섭취하면 좋다. 그 외에 망간(Mn) 또한 기억력을 향상시키고 심리적인 초조함을 줄여 스트레스에 강해지게 하며[41] 구리(Cu) 역시 뇌와 신경계 건강 유지에 중요[42]하다. 그러나 이 둘은 하루에 적은 양만 섭취하여도 충분하며, 자연과 식품에 풍부하게 존재하여 결핍보다는 과잉이 문제 되는 경우가 더 빈번하다.(단, 대한 영양사협회에 따르면 30~40대 여성 기준으로 구리와 망간의 일상 섭취량이 권장·충분 섭취량에 비해 약간 적다고 발표하였다[43].)

한편, 칼륨(K)은 다량 무기질로 체내에 풍부하며 뇌에 산소를 공급해 머리를 맑게 하는 역할을 하는데,[44] 나트륨과 길항 작용해 서로를 체내에서 배출시키는 경향 탓에 체내에서 부족해질 수 있다. 특히 짜게 먹거나, 가공식품을 선호하면 나트륨 과잉이 될 수 있어 상대적으로 체내 칼륨이 적어질 수 있으니 주의하여야 한다. 칼륨은 바나나, 시금치, 육류, 생선, 토마토 및 호박에 풍부하다[42].

> **수험생 미네랄 추천 : ① 아연, ② 칼슘, ③ 마그네슘 / + 철분(여성) + 필요 시 칼륨, 망간, 구리**

보건복지부에서 제시하고 있는 미네랄의 종류는 15가지로 다량 무기질 5가지(칼슘, 인, 나트륨)와 미량 무기질 10가지(철, 아연, 구리, 불소, 망간, 요오드, 셀레늄, 몰리브덴, 크롬)이다. 이 중 위에서 설명한 수험생에게 좀 더 필요할 수 있는 미네랄 7종류의 일일 섭취량 기준치를 골라 표로 아래에 제시했으니 참고하면 되겠다.

구분	연령	아연(mg)		칼슘(mg)		마그네슘(mg)		철(mg)		망간(mg)		구리(µg)		칼륨(mg)
		권장	상한	권장	상한	권장	상한	권장	상한	충분	상한	권장	상한	충분
남자 (세)	15–18	10	35	900	3,000	400	350	11	45	4	9	840	7,000	3,500
	19–29	10	35	800	2,500	350	350	8	45	4	11	800	10,000	3,500
	30–49	10	35	800	2,500	370	350	8	45	4	11	800	10,000	3,500
여자 (세)	15–18	9	30	800	3,000	340	350	14	45	3.5	9	840	7,000	3,500
	19–29	8	35	700	2,500	280	350	14	45	3.5	11	800	10,000	3,500
	30–49	8	35	700	2,500	280	350	14	45	3.5	11	800	10,000	3,500

〈각 연령별 한국인 영양 섭취 기준[37] – 미네랄(무기질)〉

영양소과 미네랄은 그 종류가 많고 한 가지의 영양소도 기능이 다양하다. 또한 상세하고 정확히 하려면 각 영양소 간, 미네랄 간의 상호작용, 하루 중 각 영양소의 최적 섭취 시기 등까지 고려해야 하기 때문에 상당량 이상의 추가 공부가 필요하다. 더욱이 의견이 분분한 사항들까지 있으므로 수험생이 이 이상으로 더 자세히 할 필요는 없다고 본다. 앞서 이야기했듯 필자는 수험 기간 동안 기본적인 영양제 섭취만 하였다. 그리고 많은 영양소가 아침 식후 섭취가 권장되기에 주로 그때 한 번 섭취하는 것으로 단순화하였다. 그것으로도 충분했다. 그러니 적절한 선에서 영양제에 신경을 쓰기 바란다. 또, 영양제보다 우선할 것은 적당히 균형 잡힌 식사이다. 즉, 고른 영양을 섭취하는 것이다. 비록 본문에서 언급되지 않은 영양소와 미네랄이라고 하더라도 최저 수준 이상은 유지하는 것이 좋다.

한편, 영양제를 섭취하는 목적은 수험 생활 동안 좋은 컨디션을 유지하며, 활발히 기능하는 두뇌를 만들기 위해서였다. 영양제 보충은 시간이 거의 들지 않고 단순히 섭취해서 얻는 것이기 때문에 비교적 간편하고 수월하다. 하지만 그만큼 영양제로 해결할 수 있는 것이 제한적이다. 컨디션과 두뇌의 활력을 위해 더 중요한 것은 규칙적인 생활과 운동, 그리고 수면이다. 이들이 수험 생활 동안 건강한 몸 상태를 유지하는 데 있어 결정적이다. 이어지는 파트에서 운동과 수면에 대해 다룬다.

04
운동

수험 생활 중 운동의 필요성

'수험 생활 중 운동을 해야 하는가?' 라는 질문에, 의견이 약간 갈리기도 한다. 하지 않는 것이 낫다는 사람들은 운동이 컨디션이나 건강을 크게 향상시키는 것도 아닌데 공부하는 시간을 다소 희생해야 하니 불필요하다고 말한다. 반대로 운동이 필요하다고 말하는 사람들은 운동하는 시간이 아깝지 않으며 운동이 공부의 효율을 확실히 높여준다고 주장한다.

이처럼 서로 다른 의견들이 있지만, 수적으로는 후자 쪽을 지지하는 사람들이 더 많다. 필자 또한 명백히 운동이 공부에 도움이 된다는 입장이다. 아니, 운동은 장기 시험공부에 꼭 필요하다고 본다. 물론, 1~2주 정도의 단기 시험을 위한 공부라면 운동도 하지 않고 수면 시간도 줄이며 시간을 최대한 아껴서 공부하는 것도 괜찮다고 본다. 그러나 수개월 이상 공부해야 한다면 운동도 하고 수면도 적당히 취해 건강과 컨디션을 확보하며 지속 가능한 공부를 해야 한다. 그편이 더 현명하다.

우선, 몸을 어느 정도 이상 움직여야 두뇌 회전에 도움이 된다. 우리 몸은 그렇게 설계되어 있다. 똑같은 자세를 계속 유지할 때, 똑같은 행동을 계속할 때 뇌는 지루해하며 좀처럼 활성화되지가 않는다. 주위를 주기적으로 환기해야 기억력도 향상되고, 생각도 맑아지며 전반적인 머리도 좋아진다. 계속 앉아 있을 때보다 어디론가 이동할 때, 샤워할 때, 운동할 때 평소에 없던 창의적인 생각들이 솟아나는 것이 괜히 그런 것이 아니다.

실제로 몸의 움직임과 뇌의 활성에 밀접한 연관이 있다는 연구결과들이 많다[45]. 운동은 신체 건강뿐 아니라 인지능력과 학업 성과도 향상시킬 수 있다는 연구결과[46], 유산소 능력 또는 체력과 학업성취 사이에 연관이 있다는 연구[47], 고강도 운동을 한 사람의 암기 속도가 하지 않은 사람의 암기 속도보다 더 빨랐다는 사실[48], 운동이 해마의 용량을 증가시키며, 며칠 전 학습 내용에 대한 기억력까지 개선한다는 등[49] 수도 없다. 이는 분자 수준에서도 증명되었는데 운동으로 증가 된 뇌유래신경성장인자(BDNF)가 뇌에 작용해 뇌세포의 증가와 혈관 형성을 촉진한다고 알려져 있다[50]. 결국, 이제까지 신경과학적으로 연구된 머리가 좋아지는 방법 중에서 가장 효과가 좋다고 밝혀진 것이 바로 운동이다[51].

또한, 운동은 수면의 질을 개선한다. 오랫동안 운동을 해온 필자는 경험적으로 알고 있는 사실 한 가지가 있다. 운동하고 그 효과가 있는 며칠 동안은 잠을 효과적으로 자게 된다는 점이다. 이로 인해 아침 기상도 수월하며 비교적 더 적은 시간 수면을 해도 개운함을 느낀다. 반면 운동을 한참 동안 못하게 되면 수면의 질이 떨어져 자연스레 수면 시간이 길어진다. 운동은 단순히 하루 중의 일부 시간을 빼앗는 것이 아니다. 수면 효율을 높여 그만큼 수면 시간을 다소 줄일 수 있고, 컨디션을 향상시킬 수 있는 밑바탕이 되기 때문이다.

　모두가 알다시피 운동은 건강 자체에도 도움이 된다. 감기와 같은 질병에 대한 기본적인 면역력을 상승시킬 뿐 아니라 종일 똑같은 자세를 오랫동안 유지함으로 발생하는 목, 허리 등의 통증을 예방할 수 있다. 다른 사람보다 신체 활동량이 낮고 같은 자세를 지속하는 수험생에게 운동은 건강을 위해 더 필요한 요소라 할 수 있다.

　더불어 운동은 수험생의 스트레스 해소에도 효과적이다. 물론, 처음 운동 습관이 잡히기까지는 운동이 오히려 다소 스트레스가 될 수 있다. 하지만 시간이 지나 운동 습관이 자신의 일상에 잘 자리를 잡게 되면 운동은 점차 스트레스를 해소하는 도구가 된다. 매일 앉아 있는 시간을 벗어나는 유일한 탈출구가 되기 때문이며 운동으로 온몸의 혈액 순환이 촉진되면 두뇌에도 신선한 산소와 영양분이 더 원활히 공급되기 때문이다. 그래서 운동을 하면 기분이 좋아지며 그에 따라 자신감도 생겨난다. 이는 불안함으로 가득하고 다소 폐쇄적인 생활을 하는 수험생에게 매우 긍정적인 효과라고 할 수 있다.

　결론적으로 운동은 수험생에게 꼭 필요하다. 공부하며 운동에 소홀해서는 안 된다. 특히 수험 생활에서의 운동 효과는 본고사가 다가올수록 진면목을 발휘한다. 시험이 가까워지면 스트레스도 더 심해지고 체력적으로도 많이 힘들기 때문이다. 본고사가 끝나야지만 완치되는 이유 모를 몸살 등도 겪게 될 수 있다. 하지만 이때 운동을 꾸준히 해왔던 사람은 몸이 아프게 될 가능성이 낮으며 공부 스트레스와 불안감도 운동하는 시간을 통해 어느 정도 해소할 수 있게 된다.

〈수험 생활 운동의 장점〉

두뇌 회전 ↑	학습기억 향상	수면의 질 개선
건강 (질병, 통증 예방)	스트레스 해소	기분 개선, 자신감 증진

수험 생활은 운동하기 좋은 환경

수험 생활만큼 운동 습관을 만들고 실천하기 좋은 환경도 없다. 남자들이 군대에서 효과적으로 운동을 하는 것과 비슷한 이유인데, 수험 생활은 하루하루가 매우 정형화되어 있고 다른 변수들이 없기 때문이다. 즉, 식사나 수면 등의 일과 패턴이 똑같고, 다른 사람과의 약속이나 시험 기간, 여행 등 운동 시간 패턴을 교란하는 돌발 이벤트가 없다. 음주나 폭식 등의 운동효과를 저해할 요소 또한 없으며 일과 중에 기분 전환하는 시간이므로 운동에 대해서 긍정적 이미지를 형성하게 된다. 더 나아가 보통의 일상과 다르게 수험 생활에서는 운동보다 월등히 더 재미있을 수 있는 것들(이를테면 TV, 영화, 게임, 데이트 등)을 거의 하지 않기 때문에 운동에 재미를 붙일 수 있게 될 가능성도 더 높다.

가끔 수험 생활이 자신의 건강을 훼손시켰다거나 수험 생활로 목 디스크(추간판 탈출증) 등을 얻었다고 하는 합격생도 있는데 이는 운동을 하지 않아서일 가능성이 높다. 언급했듯이 수험생은 계속 앉아 있는 생활을 하며 활동량이 부족하기에 운동하지 않으면 신체에 문제가 생길 소지가 있다. 하지만 반대로 운동하기 좋은 환경인 수험 생활 동안 꾸준한 운동을 한다면 오히려 자신의 건강을 향상시킬 수 있다. 필자는 수험 생활을 통해 오히려 더 신체가 좋아졌다고 여긴다. 꾸준히 규칙적으로 운동했고 절제된 생활을 했기 때문이다. 그리고 한 가지 더, 수험 생활 덕택에 평생토록 나를 이롭게 할 좋은 습관인 운동에 재미를 붙였다.

운동의 종류

그렇다면 어떤 운동을 하는 것이 좋을까. 물론 종류보다는 꾸준히 할 수 있는 것이 더 중요하다. 하지만 약간의 방향성이라면 단순 걷기나 일반 요가 등 비교적 정적인 운동보다는 빠르게 걷기, 달리기, 자전거 타기, 구기 종목 등 좀 더 동적이되 과하지 않을 정도의 유산소 운동을 권한다.

필자가 시험 준비 당시 가장 많이 했던 운동은 조깅이었다. 또한, 그 외에 꽤 오래 복싱 체육관에 다니기도 하였고 비가 와서 조깅을 할 수 없는 날에는 비를 맞지 않는 곳에서 줄넘기를 하거나 독서실 계단 오르기를 2하는 경우도 있었다.

다른 수험생들의 운동 형태를 보자면 피트니스 센터를 다닌다는 경우가 가장 흔하고 수영이나 조깅, 빠르게 걷기 빈도도 높다. 그 외에 주제 있는 운동들, 예를 들어 검도, 복싱, 태권도 등의 체육관도 좋고, 주짓수, 크로스핏, 필라테스 등도 좋다. 전에는 다소 과격해 보였던 운동들도 근래는 대부분 다이어트, 생활 헬스 개념으로 운동하기 때문에 몇 주만 적응하면 그 뒤로는 다음날 과하게 피로하지 않으며 무리하게 운동을 시키지도 않는다. (물론 혹여나 과한 운동량을 요구한다면 체육관 측에 상황을 이야기하고 프로그램을 재구성 받도록 하자.) 종목보다는 가급적 거주 장소나 공부 장소에서의 거리를 우선순위에 두고 한두 가지 운동 습관을 만드는 것이 좋다. 거리가 멀게 되면 이동에 시간이 더 소요되며, 아무래도 운동하러 가는 것의 의지가 떨어지는 경향이 있다. 제일 중요한 것은 접근성과 그 운동을 함으로써 조금이라도 반복되는 재미를 찾을 수 있느냐이다. 그것이 '스트레스를 받는' 것이 아닌 '스트레스를 해소하는' 편한 운동 습관을 만든다.

가장 좋은 운동은 달리기였다

20대 중반부터 점차 알게 된 것이 달리기의 매력이다. 달리기는 성취감과 건전한 즐거움을 주는 상당히 생산적인 행동이다. 나는 그것을 깨닫게 된 이후로 단축마라톤에도 곧잘 참여하곤 했다. 수험 생활에서는 2번째 시험을 준비하는 내내 수험가 근처 공원을 달렸던 것이 기억에 남는다. 당시에는 거주지 근처에 마땅한 운동 공간도 없었고 비용 또한 절감하기 위해서 조깅을 택했지만, 지금은 그 맛을 들이니 피트니스 센터에 등록해 놓고도 외부 조깅을 하고는 한다.

물론 언젠가부터 국내 외부 활동에 대해 '미세먼지'라는 제약이 생겨 외부에서 달리는 것을 선뜻 남들에게 추천하기는 쉽지가 않다. 하지만 종일 실내 한 곳에만 앉아 있는 수험생에게 외부를 달리는 것은 매우 큰 답답함 해소 수단이 될 수 있다. 근처 공원이나 천변로, 혹은 대학교 운동장도 괜찮다. 대기 질이 나쁘지 않은 날은 한번 달려보자. 달리기만큼 쉽고 간편하고 효과가 좋은 운동은 없다.

만약 달리기를 한다면 꼭 음악을 듣기 바란다. 음악은 달리기에 재미를 붙일 가능성을 높여준다. 또한, 달리는 중에도 덜 힘들게 한다.(실제로 음악은 운동 중 느낄 수 있는 통증을 완화한다[52].) 운동에 맞게 비교적 경쾌하고 밝은 음악, 리듬감 있는 음악이 좋다. 그리고 일반 유선 이어폰은 달리는 동작의 반동으로 흘러내릴 가능성이 있으므로 블루투스 이어폰이나 귓바퀴에 걸어 고정하는 이어폰 등 조깅에 적합한 형태의 것을 사용하는 편이 현명하다. 또 한 가지 음악의 효과, 음악은 자신의 그 시기를 뇌리에 깊게 남긴다. 필자는 지금도 운동 중에 가끔 그때 듣던 서정적인 랩이라도 들리면 수험 생활 시기를 다시 생생하게 떠올리게 된다. 그것은 하나의 추억이기도 하지만 아무것도 가진 것 없이 도전하던 그때를 상기시키며 나를 겸손하게 해 주고, 나태해지지 않게 한다. 인생을 살며 재점화 수단을 가진 것은 행운인 것 같다.

그렇다면 달리기를 어느 정도 하는 것이 좋을까? 체내에 긍정적인 호르몬들을 방출시키고 체지방을 연소시키기 위해서는 중강도 정도의 전신운동을 30분 이상 실행하는 것이 효과적이다[53]. 그래서 필자는 보통 4Km 정도를 25~30분쯤 뛰었다. 준비운동 등의 운동 전, 후 동작까지 포함한다면 40분 정도 운동한 것이다. 체육관에서 순수 운동 시간도 그정도였다. 수험생에게도 그처럼 1시간 이내의 운동 시간, 달리기라면 20분~30분 정도를 추천한다. 물론 운동을 전혀 하지 않던 사람이 처음부터 20분간 연속해 달리기는 어려울 수도 있다. 그 경우 며칠은 빠르게 걷기부터 해서 달리는 시간을 조금씩 증가시켜 가면 된다. 속도에 얽매일 필요도 없고, 쉬엄쉬엄하면 된다[54]. 약간의 연습만 순차적으로 된다면 20분 정도는 누구든 즐겁게 달릴 수 있다.

적절한 운동 강도와 필자의 혈류 이론

건강과 컨디션 유지를 위한 운동으로는 무산소 운동보다는 유산소 운동이 좋다. 근력 운동이나 전력 질주 등의 무산소 운동은 젖산을 생성해 비교적 피로감을 유발하기 때문이다. 하지만 반대로 너무 약한 강도로 운동을 하게 되면 시간은 시간대로 쓰고 운동의 효과는 적을 수 있다. 따라서 적당한 강도를 찾아야 한다. 예를 들어 달리기를 한다고 하더라도 너무 느리게 하거나 너무 빠르게 하는 것보다는 자신에게 적당한 빠르기를 찾아야 한다.

그렇다면 적당한 강도의 기준은 무엇일까? 최소한 땀이 날 정도로 운동하는 것이 좋다. 땀이 생성된다는 것은 다음 도식의 과정들이 충분히 진행되어 체내와 피부의 온도가 많이 올라갔다는 것이다.

즉, 운동을 통해 운동과 관련된 기관의 산소, 영양분 공급의 필요성이 커지게 되고, 그에 따라 심장이 흥분하며 피를 많이 내뿜기 시작한다. 이로 인해 해당 기관으로 가는 혈관들 즉, 통로들이 확장되어 많은 혈액이 공급되고 그 과정들이 바쁘게 진행되다 보면 심부 온도가 상승한다. 그리고 인체는 그 온도 상승을 해소하기 위해 피하 혈관 또한 확장시켜 열을 발산하며 한편으로 땀을 생성해 피부 온도를 낮춘다.

여기서 체온이 상승한다는 것과 혈관들이 확장되어 혈류 순환이 원활해진다는 것이 핵심이다. 땀은 단순히 그 증표일 뿐이다. 이때 넓어진 혈관 통로들을 통해 저류되어 있던 노폐물과 세포들이 적절히 순환하게 된다. 동의보감에 의하면 '통즉불통(通卽不通)·불통즉통(不通卽通)' 즉, 아픈 것은 통하지 않기 때문이요, 아프지 않은 것은 통하기 때문이라 한다[55]. 이는 기(氣), 혈(血), 체액(水)이 잘 통하지 않고 막혀 있어서 통증이 오고 질병이 생긴다고 볼 수 있는데 서양의학과 접목하면 바로 '혈관과 림프관의 흐름성'이라 볼 수 있다. (림프관은 면역과 물질 교환을 수행하는 혈관과 다른 또 하나의 인체 통로이다. 이곳은 혈관과 다르게 심장의 강한 압력이 닿지 않기 때문에 주로 운동할 때, 골격근의 움직임 압력에 의해 순환이 된다.) 즉, 운동을 통해 혈관이 확장되고 혈류 흐름성이 좋아지면 건강에 관련된 많은 문제가 해결될 수 있으며, 문제가 될 소지들에 대한 예방이 된다.

또한, 체온 상승과 건강의 연관성은 널리 알려져 있다. 체온이 1도 떨어지면 면역력이 30%가 저하되며[56], 체온을 1도 올리면 면역력이 5배 높아진다[57]. 그래서 동양 의학, 서양 의학을 막론하고 현대 의학은 온열치료에 관심을 갖고 있다. 체온을 높여 건강에 결정적인 면역력과 자연 치유력을 상승시킨다는 것이다. 그런데 이렇게 체온을 높이는 데 있어 운동은 더할 나위 없이 좋은 수단이다. 앞서 언급한 메커니즘에 의해 1차로 심부 체온이 상승하고 그 열을 방출하기 위해 피하 혈관을 확장함으로써 2차로 표면 체온이 상승된다. 결국, 땀이 날 정도의 운동은 전신적인 체온 상승을 일으키게 되며 면역력을 극대화한다.

결국, 운동은 혈관을 확장시키고 체온이 상승시킬 수 있도록 약간의 땀이 나거나 그를 체감할 수 있을 정도가 적당하다. 자신에게 맞는 그 정도 강도와 지속 시간을 스스로 찾아 나가야 할 것이다.

사실, 여기서 언급한 혈관 확장과 체온 상승은 서로 밀접한 연관이 있다. 그리고 그 매개체가 되는 혈류, 더욱이 이 혈류가 어떤 곳에 집중되는지는 생활 속에서 인체에 일어나는 많은 현상을 설명하고 이해시켜줄 수 있다. 이에 관해서는 수면에서도 다시 자세하게 언급할 예정이며, 이는 생물학을 공부하여 그 이해를 바탕으로 최고 성적을 내고 다시 서양 의학을 한동안 공부한 필자가 제시하는 하나의 이론이 된다. '혈류 이론'이다. 물론 집필을 위해 다시 찾아보고 공부하니 같은 맥락의 이야기를 동양 의학에서도 많이 찾아볼 수 있었다.

> **적절한 운동 강도 : 땀을 흘릴 정도 → ① 체온상승 ㅣ② 혈관확장(혈류교환 원활)**

한편, 운동의 형태로 유산소 운동을 추천했지만 유산소 운동 중에서도 필자가 가장 좋아하는 것은 인터벌 트레이닝이다. 시간 대비 효율이 가장 높은 운동 형태이기 때문이다. 이는 강도를 변화시키며 운동하는 것인데, 여러 연구에서 근력 운동만 한 그룹이나 유산소 운동만 한 그룹보다 인터벌 트레이닝 그룹의 운동효과가 훨씬 더 좋다는 것이 증명된다[58]. 달리기에서 인터벌 트레이닝을 하려면 3~4분에 한 번씩 속도를 바꿔주는 사이클을 3회 정도 반복하면 적당하다. 물론 인터벌 트레이닝은 달리는 속도와 시간을 주기적으로 확인해야하니 야외 달리기보다는 러닝머신(treadmill)에서 운동할 때 훨씬 더 용이한 형태라 할 수 있다.

운동 빈도와 1회 지속 시간

공부에 관련된 책을 보면 운동을 매일 해야 한다고 주장하는 경우도 있다. 그러나 필자의 경험이나 실제 수험생들을 관찰해보면 장기 시험 준비생에게 매일 운동하는 것은 현실적이라고 보기 어렵다. 운동 시간 자체뿐만 아니라 운동하는 곳까지 왕복 시간, 씻는 시간 등까지 더하면 아무리 짧게 운동하더라도 최소 1시간 ~ 1시간 30분 정도는 소모된다. 매일 그만큼을 운동에 투자하기엔 공부 시간이 축소된다는 면에서 수험생에게 부담일 수 있다.

필자가 군 제대 후 다년간 여러 운동의 빈도를 시도해 보니 주 3일 정도가 가장 컨디션 유지에 좋았다. 그래서 수험 초반에는 주 3일 정도 운동을 유지했다. 하지만 중반부터는 점차 공부 시간을 늘리며 운동은 주 2회로 줄이곤 했다. 다행히 컨디션 유지에 있어 많은 차이를 보이진 않았다. 실제로 운동과 뇌로 가는 혈관(carotid artery)의 경화도(stiffness)에 대한 연구에서 주 2~3회 운동 빈도로도 충분히 그 경화 방지 효과를 나타낸다고 한다[59]. 또한, 한 번에 45분씩 일주일에 3번, 적당한 유산소 지구력 운동 또는 고강도 인터벌 트레이닝이 건강 수명을 늘리는 텔로머라아제(텔로미어 길이를 유지, 보호, 또는 연장하는 효소) 활성에 가장 효과적이라는 연구가 있다[60]. 한발 더 나아가 흥미로운 국내 연구가 있는데, 연세대 보건학과에서 25만 명을 상대로 한 연구에서 주 3~4회 운동한 군에서는 여러 질병에 대한 예방 효과가 확실했으나 땀 흘리는 운동을 매일 했을 때에는 오히려 예방 효과가 줄거나 아예 사라졌다[61]. 이는 '신체 회복 시간'의 필요성 때문이다.

그래서 필자가 수험생에게 우선적으로 추천하는 빈도는 매일이 아닌, 주 2~3회(수험 초기 3회, 후기 2회), 1회 30분~1시간이다. 하지만 운동하는 종목과 강도에 따른 차이 그리고 개인차가 있을 수밖에 없다. 가볍게 매일 할 수 있다면 그것도 좋고, 정 여력이 안 된다면 일주일에 1회도 괜찮다. 가장 중요한 것은 규칙적으로 지속하는 것이다. 주 2~3회로 완전히 한정하기보다는 자신의 최적 리듬을 찾아보고 운동 빈도와 1회 지속 시간을 조금씩 조절하는 것이 필요하다.

우선순위	유형	강도	1회 지속 시간	빈도
종류보다는 접근성(거리)	유산소 위주	땀이 날 정도	30분~1시간 내외	주 2~3회

〈수험 생활 중 운동 권장 형태〉

하루 중 운동 시각

하루 중에 언제 운동을 할지가 고민일 수 있다. 신체 리듬을 보자면 운동에 가장 최적 시기는 오후 4시~6시로 알려져 있다. 그래서 스포츠 선수들도, 군인들도 이때 집중적으로 운동한다. 하지만 수험생에게는 공부 중간 리듬을 끊게 되고 운동 후 저녁 시간에 피로할 수 있기에 적극적으로 권장하긴 어렵다. 이른 아침 시간 운동 역시 그날 공부 중에 피로감을 줄 수 있으니 주의해야 한다.

그래서 수험생 때 필자는 주로 밤에 했다. 운동하는 날은 평소보다 2시간 정도 일찍 공부를 끝마치고 귀가하여 운동했다. 단, 잠자기 직전 운동은 수면을 방해할 수 있기에 운동하고 씻은 후 30분 정도 정리 노트를 보거나 일반 책을 보다가 취침하고는 하였다. 실제로 운동의 효과적인 측면에서는 똑같은 운동을 해도 (아침보다) 밤에 하면 효과가 높다[62]. 수험생에게는 공부 도중 운동하는 것에 비해 귀가 후 운동은 공부 장소로 다시 복귀하지 않아도 된다는 시간적 이점도 있어 조금 더 유리해 보인다.

운동 결심과 시작

운동에 대해 많은 이야기를 했지만, 도저히 환경이 여의치 않거나 마음이 내키지 않을 수 있다. 이런 경우 너무 압박감을 가질 필요는 없다. 운동하지 않고 합격하는 사람들도 얼마든지 있다. 단, 앞서 이야기 한 대로 공부는 같은 자세를 너무 오래 유지해야 하는 특성 때문에 신체에 무리가 될 수 있으니 주기적인 스트레칭이라도 꼭 하도록 하자.

한편, 처음 운동하기로 결심했다면 습관이 되기 전까지인 처음 2~3개월은 조금 힘들고 귀찮다 하더라도 반드시 참고 이어가길 바란다. 그 후에는 비교적 덜 힘들게 운동을 지속하며 그 긍정적 효과들을 모두 누릴 수 있을 것이다. 마지막으로 만약 본고사가 끝나고 다시 수험을 준비해야 한다면 잊지 말고 본격적인 수험 생활 전에 운동 습관부터 다시 정비하도록 하자. 그것이 자신감을 불어넣으며 앞으로 새로 시작할 수험 경쟁력을 한껏 높여줄 것이다.

One point Tip

자신감을 불러일으키는 운동 중 자기 암시

수험생 시절 필자는 외부 달리기를 하며, 혹은 체육관에서 혼자 운동을 하며 '나는 합격한다.', '나는 강한 사람이다.', '이번엔 내 차례다.', '조금 더 힘을 내야 보상받는다.', '나는 반드시 해낸다.'와 같은 다소 진부하고 말하기 좀 낯부끄러운 동기 부여 문구를 혼잣말로 중얼거렸다. 내가 진정 강한 사람이었다면 굳이 그런 스스로 암시를 하지 않았을 것이다. 마음을 다잡기 위해 되뇌었다. 원하는 것을 얻으려면 의지가 강해야 한다고 생각했기에 그런 의지가 강한 나를 만들려했을 뿐이다. 그리고 결국 바라고 암시하던 것들이 이루어졌다.

물론 아무것도 없이 처음부터 자신감이 넘쳐나는 대단한 사람들도 있다. 하지만 필자 같은 보통 사람들은 가진 것들이 생기고 성취한 것들이 어느 정도 보여야 비로소 자신감이 생긴다. 아직 아무것도 가지지 않았을 때는, 혹은 좌절감이 들 때는 이렇게 스스로 격려하고 자신감을 불러일으키는 것이 매우 중요하다. 무엇이든 선천적으로 원래 있는 것이 아니라면 의도적으로 만들면 된다.

한편, 자기 암시를 할 때는 가능한 긍정적인 단어를 사용하고 부정적인 단어를 사용하지 않도록 한다. 예를 들어 '나는 실패하지 않는다.'라고 하지 말고 '나는 성공한다.'라고 표현해야 한다. 부정적인 단어를 뇌리에 남기는 것은 좋지 않다. 우리의 잠재의식은 단어 자체에 집중하기 때문에 부정적인 단어를 쓴다면 무의식중에 그 단어와 친숙해진다. 반드시 긍정적인 단어를 쓰도록 하자.

05
수면

수면 시간과 수면 준비

수면을 이야기하다

수험생의 생활적인 면에서 가장 중요한 것으로 수면을 꼽을 수 있다. 수면 중에는 기억이 강화될 뿐만 아니라 망각의 과정도 일어나며 뇌기능과 마음이 최적의 상태가 되게끔 한다. 수면 시간이 부족하거나 밤의 리듬에 맞게 수면을 하지 못하면 기억력과 집중력이 떨어지고, 신체기능도 저하된다. 또, 면역 기능과 뇌기능 활성도도 떨어지며 정신과적으로도 취약해진다[63]. 따라서 수험생이 무엇보다 관심을 가지고 만들어야 할 것이 올바른 수면습관이다.

먼저, 수면 중에서도 수험생들이 가장 궁금해하는 것 중 하나가 바로 밤 수면 시간이 아닐까 싶다. 얼마나 자는 것이 적당한 것일까? 물론, 적당한 수면 시간은 개인에 따라 차이가 매우 크다. 일반적인 수면량의 평균은 7.5시간이지만 밤에 5시간만 자도 전혀 영향을 받지 않는 사람이 있는 반면, 9시간을 자야지만 충분한 수면을 하였다고 느끼는 사람도 있다[64]. 그런 개인차를 고려한다면 누군가가 제시하는 시간을 전적으로 따르기보다는 궁극적으로는 자신에게 맞는 수면 시간을 찾아가는 것이 옳을 것이다. 하지만 수면 시간에 대해서 선입견을 가지고 단정 짓거나 착각해서는 안 될 일이며 인체 리듬에 따라 어떤 패턴이 가장 효율이 높을 수 있는지, 그리고 다른 수험생들은 어떻게 하고 있는지에 대해 아는 것이 좋겠다. 그래서 여기서는 수면에 대한 필자의 경험들과 함께 비교적 과학적인 지식을 풀어낸 후 수험생에게 적절하다고 생각되는 수면 시간 구간과 수면 시간대를 이야기하려 한다.

수면 부족에 대한 선입견

20대 중반까지 내 선입견 하나는 '수업을 듣거나 책을 보려면 최소한 7시간 정도 넉넉히 자야 한다.' 라는 것이었다. 물론, 컴퓨터 게임을 하거나 다른 사람들과 어울리며 즐기는 놀이를 할 때는 밤도 지새울 수 있었지만, 공부는 정적인 활동이라 수면이 부족하면 금세 잠이 온다고 느꼈기 때문이다.

이 인식이 무너진 계기가 있었다. 대학교 학부 생활을 마무리 지으며 영어학원에 다닐 때였다. 당시 학교와 영어공부, 아르바이트 등까지 병행하며 수면 시간이 항상 부족했고 나는 역시나 학원 영어 수업 시간에 곧잘 꾸벅꾸벅 졸고는 했다. 그날도 전날 학교 졸업 과제를 하느라 5시간밖에 잠을 못 자고 왔던 터라 '오늘도 졸음을 참기 어렵겠구나.' 라는 직감을 하고 있었다. 그런데 수업 전 스터디그룹 모임이 있었는데 잠깐 여담을 하다 보니 그중 한 구성원(평범해 보였으나 명문대 재학생이었다.)은 전날 일이 있어서 밤을 완전히 지새우고 왔다는 것 아닌가. 내가 만약 그였다면 의미 없이 수업을 들을 것이 아니라 집에 가서 잠을 잤을 것 같았다. 어떻게 그 상태로 수업을 듣는다는 말인가. 그런데 그 사람은 학원에 출석했고 내 예상과 다르게 수업 2시간 내내 눈 한번 감지 않고 말끔히 수업을 듣는 것이었다. 전날 밤 5시간을 더 잔 나는 졸고 있는데 말이다. 마음의 상태 문제였다. 내가 불가능하다는 일을 눈앞에서 직접 목격하니 오랫동안 가지고 있던 선입견이 부서졌다. 그 이후로는 일시적으로 상당히 적은 양의 수면 후 공부를 할 때도 마음가짐이 달랐고 비교적 졸지 않았다. '잠을 적게 잤으니 졸릴 것이다.' 라는 고정관념을 스스로 깨고 '피곤해도 집중할 수 있다' 라는 믿음이 마음 깊게 자리 잡았기 때문이다.

사람은 자기 눈으로 직접 보고, 또 스스로 시도해 직접 경험할 때 완전히 믿게 된다. 그러고 나서야 그전에 자신이 가지고 있던 생각이 자신의 가능성을 옥죄던 선입견이었다는 것을 깨닫게 된다.

수면 후 기상의 수월함은 긴장감과 관련이 높다

수면은 양도 중요하지만, 그보다 질이 더 중요하며, 양이 적더라도 수면 부족에 대한 체감 정도는 마음속 긴장감에 따라 크게 달라지기도 한다.

예를 하나 들어보자. 평상시 꼭 8시간을 자는 사람이 있다. 그런 그가 전날 밤 5시간, 6시간밖에 수면하지 못했다면 잠에서 깨기가 어려우며 피곤한 하루를 보낼 가능성이 크다. 그런데 어느 날 학교 시험 전날 늦게까지 공부하다가 새벽 늦게 잠이 들었다고 하자. 다음날 시험 시간에 맞춰 일어나려 했는데 마침 배터리가 방전으로 알람시계가 울리지 않았다. 결국, 생각했던 것보다 훨씬 늦은 시간에 눈을 뜨고는 알람이 울리지 않고 늦었다는 사실을 알게 되었다. 자, 이때 일어나기 어려울까? 고작 5시간밖에 못 잤기 때문에 몸이 천근만근일까? 이불 밖의 강추위가 무서워서 다시 이불 속으로 들어가게 될까? 아닐 것이다. 누구든 벌떡 일어나 동물과 같은 빠른 속도로 집 문을 박차고 나갈 것이다. 시험 장소로 이동 중에 피곤함 또한 느끼지 못할 것이다. 시험 시간에 늦으면 어떻게 하나 하는 긴장감에 그럴 틈이 없을 것이며 전날 못 본 시험 내용을 빠르게 훑으며 고도의 집중력을 발휘하고 있을 거다. 즉, 정신의 긴장 상태가 몸의 피로감을 충분히 이길 수 있다는 예다.

다소 극단적인 예였지만 장기 시험을 생각하는 마음도 마찬가지다. 목표 성취에 대해 무척 간절하고, 지금 시점이 내 인생에 중요한 순간이라는 긴장감이 항상 머릿속에 각인되어 있으면 아침에 일어나 쉽게 졸릴 수가 없다. 필자가 그랬고, 필자가 봤던 많은 합격자, 그리고 공부로 성공해 책을 쓴 많은 사람에게 그런 긴장감이 있었다. 내 몸이 정말 피곤한 것인지, 게으름인지를 잘 알아야 한다. 게으름이라면 긴장감이 부족해서일 수 있다. 스스로 마인드 컨트롤을 통해 수험 생활 일상의 긴장감을 높이는 것이 좋다. 그리고 만약 그것이 잘 안 된다면 필자가 제시한 7장 생활 전략 1) 기상과 공부 시작, 또는 6장 스터디 전략의 ④ 출석 모임 파트를 참고하여 긴장감을 높이는 장치들을 도입하도록 하자.

공부 시간이 부족하다면 수면 시간을 어느 정도 줄일 수 있다

위의 필자 경험과 시험 기간의 예는 하루나 일주일의 비교적 단기 상황이다. 체감하기 쉽게 극단적인 케이스의 예를 들었다. 하지만 장기적인 상황도 마찬가지다. 내가 수험 생활을 하며 매일 취한 수면은 5시간 반 ~ 6시간 사이였다. 이는 학창 시절과 대학생 시절까지의 선입견으로는 불가능한 수면 시간이었다. 하지만 그것이 일상화되자 수험 생활 동안 내 컨디션은 매우 좋았고 그 패턴을 수험 생활 끝까지 유지할 수 있었다.

물론, 그것이 단번에 정착된 것은 아니다. 공부 시간이 부족해 수면 시간을 조금씩 줄이다 보니 가지게 된 루틴이다. 단계가 있는 법이다. 매일 8시간씩 수면을 하던 사람이 어느 날부터 갑자기 6시간씩만 수면하려 한다면 매우 괴로울 뿐 아니라 지속 가능성도 낮을 것이 뻔하다. 차근차근해야 한다. 그리고 또 하나 중요한 것은 수면 시간을 줄이는 것에 초점을 맞추는 것이 아니라 공부 시간을 조금씩 확보하는 데 초점을 잡아야 한다는 것이다. 비슷한 말 같지만 다르다. 처음부터 '잠을 줄여 공부 시간을 확보하겠다' 라는 것이 아니라, 할 일들이 많고 공부에 탄력이 붙어 공부할 시간이 부족하다 보니 점차 깨어 있는 시간을 더 늘리겠다는 식이어야 한다는 말이다. 그러다 보니 수면 시간이 자연스레 줄고 이에 적응하게 되는 원리다.

> **밤 수면을 줄이는 과정의 핵심 : 점진적 | 잠을 적게 자려(X), 공부시간을 늘리다 보니(O)**

그리고 수면을 줄여도 컨디션을 유지할 수 있는 전제조건 2가지가 더 있다. 먼저 운동이다. 주 2~3회 정도의 적절한 유산소 운동이 병행되어야만 수면 시간이 조금 부족해도 남은 수면 시간의 질을 높여 기상이 수월하게 된다. 지난 수험 기간뿐 아니라 필자의 현재 또한 마찬가지다.

여러 일과 집필을 병행하며 바쁜 일상 중에도 운동 습관을 유지하는 가장 큰 이유 중 하나가 바로 이 때문이다. 혹여 특정한 사정이 있어 몇 주동안 운동을 하지 않게 되면 운동을 할 때에 비해 한두 시간을 더 자도 피로가 풀리지 않고 아침에 개운한 기상이 어렵게 됨을 곧잘 체험하고는 한다. 즉, 운동은 아침 기상 성공 가능성을 높인다. 원래 기상 성공에 있어서 주요 요소는 몸의 피로감과 개인 의지력 두 가지이다. 피로감이 아무리 높아도 그만큼 의지력이 강하다면 기상에 성공하며, 상대적으로 피로감이 적어도 의지력이 너무 낮은 상태라면 기상에 성공하기 어렵다. 그러나 여기에 운동이라는 변수로 피로감을 낮출 수 있다면 보통의 의지력이라고 하더라도 기상에 성공하기 훨씬 수월해진다. 다음 도식을 참고하도록 하자.

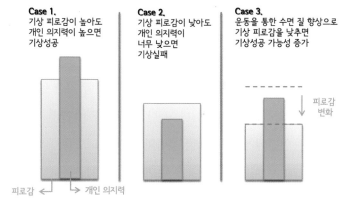

〈피로감과 의지력에 따른 기상 성공 가능성 그리고 운동〉

두 번째는 쪽잠이다. 쪽잠에 대해서는 바로 뒤 파트에서 자세하게 다룰 것이니 여기서는 간단히만 언급한다. 수험 생활에서 하루 1~2회의 쪽잠은 공부 능률 향상에 결정적인 도움을 준다. 기상 후부터 쌓인 피로를 말끔히 씻고 컨디션을 회복시켜 주는데 이는 밤 수면의 부족감을 충분히 보완해 주고도 남는다. 더욱이 필자는 밤잠이 7시간 이상 정도로 충분할 경우엔 피로도가 낮아서인지 오히려 쪽잠의 깊이와 효과가 반감되는 느낌을 받고는 했다. 그래서 내겐 6시간 이내 수면에 1~2회 쪽잠을 가미한 형태가 가장 적합한 생활 패턴이었다.

> 밤 수면을 줄일 수 있는 전제 조건 : ①'가능함'에 대한 믿음 | ② 긴장감 | ③ 운동 | ④ 쪽잠

정리해 보자. 수면을 어느 정도 줄여 장기적인 공부를 할 수 있다. 자신도 그렇게 할 수도 있다는 '믿음'이 가장 중요하고, 본고사에 대한 '긴장감'의 지속이 필요하다. 또한, 다소 짧은 수면 시간으로도 피로를 효율적으로 풀 수 있도록 규칙적인 '운동 습관'이 큰 도움이 되며 부족한 수면을 '쪽잠 전략'이 보완해 줄 수 있다.

여기서 오해하지 말아야 할 것이 있다. 공부 시간 확보를 위해 수면 시간을 줄이는 것을 이야기했지만 그렇다고 장기 수험 기간 동안 잠을 무조건 적게 자라는 이야기는 아니다. 제한선이 있다. 수면은 우리의 적이 아니다. 잠은 인간에게 꼭 필요한 것이며 공부에도 도움이 되는 측면이 무척 많다. 그래서 이어지는 내용은 수면에 대해 지금까지 기술한 내용과 정반대되는 것들이다. 즉 수면을 줄여야 한다는 주장이 아니라 수면이 필요한 이유들이다.

일정한 시간 이상의 수면은 필요

예전 학력고사 시절(1980년대 초 ~ 1990년대 초)에는 '4당 5락'이라는 말

이 있었다. 밤에 4시간 자며 공부한 학생은 붙고 5시간 자면서 공부한 학생은 떨어진다는 뜻이다. 그런데 오히려 당시보다 시험에 대한 경쟁은 더 심해졌지만, 지금은 그렇게 이야기하는 사람들은 찾아보기 어렵다. 공부에 있어 수면의 중요성이 과학적으로 차츰 입증되었기 때문이다. 전체 수험 기간을 놓고 봤을 때 수면을 극단적으로 줄이는 것의 효율이 크지 않다는 말인데 우리 뇌는 잠을 자는 동안 공부한 내용을 정리하고 장기 기억화하기 때문이다. 또한, 잠은 학습하고, 기억하고, 논리적 판단과 선택을 하는 능력 등 뇌의 다양한 기능들에 활기를 불어넣는다. 정신 건강에도 유익함을 주고, 감정 뇌 회로를 재조정한다[65]. 그리고 부족한 수면은 필히 면역력 저하를 일으킨다. 반대로 잠만 충분히 잘 자도 가벼운 질환은 쉽게 해소된다. 즉, 수면은 학습 능력을 유지시키고 장기 기억을 공고화하며 정신 안정에 도움이 되는 한편, 전반적인 건강에 핵심적인 역할을 한다.

> **수면 : 학습능력 유지 | 장기기억화 | 정신안정 | 전반적인 건강에 핵심역할**

따라서 수험생에게 수면은 학습력과 학습 효과 보존을 위해 적당량이 꼭 필요하다. 특히 장기 시험은 당장 경쟁자들보다 더 열심히 하는 것도 중요하지만, 더 중요한 것은 꾸준하게 열심히 하는 것이다. 지속 가능한 공부를 해야 한다. 수면이 과도하게 부족해 시간이 갈수록 급격하게 에너지와 공부 의지가 고갈되는 형태의 공부를 해서는 절대 안 된다. 따라서 수면 시간을 줄일 수는 있으나 무리하게 수면 시간을 줄여서는 안 된다. 그 적절한 구간이 중요하다.

적절한 수면의 양

일반적으로 최적 수면으로 제시되는 하룻밤 수면의 양은 7시간[66] 내지 8시간[67]이다. 하지만 이 기준은 건강을 위한 최적 권장 사항일 뿐이지 1분 1초의 공부 시간이 소중한 수험생에게 적당하다고 주장하기만은 어렵다. 신체의 최적 상태에서 벗어나는 정도가 약간이라면 이를 감수하고 깨어 있는 시간을 늘릴 수 있는 법이다. 즉, 시간의 가성비(가격대비 성능)를 따져볼 필요가 있다.

결론부터 말하자면 필자가 권장하는 수험생의 수면 시간은 최소 5시간에서 최대 7시간이다. 영국 유니버시티 칼리지 런던의 과학자들은 5,341명의 남녀를 대상으로 기억력, 추론 능력, 어휘력 등 전반적인 인지 상태를 6가지 항목으로 나누어 테스트했는데, 그 결과 7시간 수면을 한 사람들이 모든 항목에서 최고점을 얻었으며, 2등은 6시간 수면한 그룹이었다고 밝혔다[68]. 또 다른 연구에서도 7시간의 수면이 여성의 인지 능력에 가장 효과적이라는 결과가 나왔으며 8시간 초과 시엔 오히려 인지 테스트에서 낮은 점수가 나왔고 노화가 5~8년 앞당겨졌다고 한다[69]. (물론, 이 연구에서 정말 8시간 이상 수면했기에 인지력이 떨어지고 노화가 촉진되었는지, 신체 건강의 문제가 있는 사람들의 수면 시간이 길었던 것인지는 불분명하다.) 이 외에도 여러 문헌에서 충분한 수면의 기준을 7시간으로 제시하거나 가정하는 경우가 많다. 그래서 가능하면 수면을 충분히 취한다고 하더라도 수험생은 밤 수면 7시간을 넘기지 않는 것이 좋다고 본다.

최저기준 5시간 이하 수면의 위해성에 대해서는 역시 여러 연구결과가 있다. 특히 건강에 관한 보고들이 많지만, 그보다는 인지 능력에 관련한 연구에 대해 살펴보려 한다. 흥미로운 사실 한 가지는 데이터들에 의하면 수면 시간이 줄어듦에 따라 인지 능력, 수행 능력은 명확히 떨어짐에도 당사자들은 그를 인식하지 못하며 오히려 자신은 괜찮다고 주장한다는 것이다. 하지만 테스트해보면 그렇지 않다는 것이 증명된다.

수면 부족의 위해성 연구는 각국의 교통사고에 관련된 연구 결과에서 쉽게 찾아볼 수 있는데, 이는 생명과 관련된 매우 중대한 문제이기 때문이다. 그리고 교통사고는 단순 건강보다는 인지 능력과 순간 판단력에 관한 문제이기에 부족한 수면 시간과 공부 컨디션에 대해 고찰해 보는데 좀 더 의미가 있을 수 있다. 2016년 워싱턴의 자동차 협회 교통안전재단이 7천 명 넘는 미국인 운전자들을 2년에 걸쳐 조사한 중요한 연구 결과가 있다[70]. 수면 시간과 교통사고 확률을 통계화한 것인데 이는 수면 시간이 감소함에 따라 인지 능력과 판단력이 떨어진다는 것을 명확히 보여준다. 첨부한 막대그래프를 참고하자.

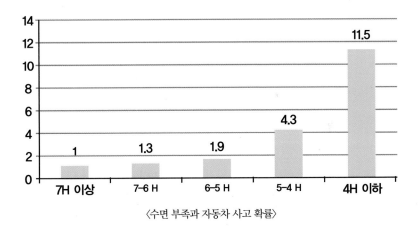

〈수면 부족과 자동차 사고 확률〉

주목해야 할 점은 수면 시간 감소와 사고 확률이 선형으로 정비례하지 않고 일정 구간에서 급격하게 증가한다는 것이다. 그리고 그 경계점을 바로 5시간이라 볼 수 있다. 즉, 최상의 컨디션을 포기하고 깨어 있는 시간을 좀 더 늘린다고 하더라도 5시간 이하로 수면을 줄일 시에는 득보다는 실이 훨씬 클 수 있다. 효율이 떨어진다는 뜻이다.

인지 능력과 판단력뿐 아니라 장기 기억화에 있어서도 수면 부족은 치명적이다. 수면을 극단적으로 줄이면 건망증이 늘어나고 학습한 내용이 뇌에 잘 저장되지 않는다는 연구들이 무척 많다. 그중 많이 인용된 연구 하나에서는 수면 중 습득한 지식과 정보가 뇌 측두엽에 저장되기 때문에 지식 습득한 날에 최소 6시간을 수면해야 한다는 결과를 도출해 낸다[71].

그럼 수험생의 하루 수면 시간에 관한 실제 사례들을 이야기해 보자. 필자가 컨설팅과 멘토링을 하며 설문했던 수험생들과 여러 합격생의 이야기를 종합해 보자면 수면 시간은 6시간 정도가 가장 많았다. 물론, 일부는 스스로 눈이 떠질 때까지 7시간 이상 충분한 수면을 했다는 합격생도 있고, 5시간 이하로 수면 시간을 줄인 극단적인 케이스들도 있었다. 다른 한편, 소규모 통계이긴 하지만 역대 대한민국 수능 만점자들 수십 명에게 수험 생활 수면에 대해 설문한 결과 평균 수면 시간은 역시 6시간~6시간 30분이 57%로 가장 많았다[72]. 앞서 언급했듯 필자 또한 수험 생활 동안 공부 시간을 늘리며 수면을 줄이고 적응한 시간이 6시간에 약간 못 미치는 정도였다.

물론, 수면 시간에 완벽한 정답은 없다. 적당량은 사람마다 다르고, 같은 사람이라도 시기마다 또는 그날의 여러 변수에 의해 달라질 수 있다. 8시간이나 4시간 수면도 마냥 틀렸다고 할 수는 없다. 하지만 여러 데이터와 수험생들의 사례, 그리고 필자의 경험으로 수험생 대부분은 6시간 정도의 밤 수면이 가장 보편적이며 적당해 보인다. 그 정도가 인지 능력을 크게 저하시키지 않고 장기 기억화에 지장을 주지 않는 선이다. 그리고 그 기준에서 개인차를 고려해 1시간 많은 7시간 상한선과 1시간 적은 5시간 하한선을 두고 자신에게 적절한 수면 시간을 찾아보도록 하자. 또한 다시 한번 강조하지만, 누구든지 어느 정도까지는 수면 시간을 줄여 적응할 수 있으며 줄일 시에는 반드시 시간을 두고 점차 조금씩 적응하기 바란다.

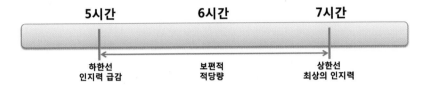

〈수험생 권장 수면 시간〉

수면 시간대

일반적인 건강 상식으로는 밤 11시 이전 취침이 권장된다. 숙면을 유도하는 멜라토닌이 밤 11시부터 새벽 2시까지 가장 활발하게 분비되기 때문이다[73]. 멜라토닌은 수면을 유도하고 잠을 잘 자게 할 뿐 아니라 항산화 기능과 다른 여러 호르몬을 조절하며 우울증과 스트레스를 감소시키는 기능까지 가지고 있다. 그런데 이 호르몬은 수면할 때 더 잘 분비된다. 따라서 11시부터 2시까지는 수면하는 것이 좋으며 이때 취하는 수면의 효율은 다른 시각 수면에 비해 2배 효과가 있다고 말하기까지 한다.

하지만 11시 이전에 취침하는 수험생이 얼마나 될까. 많지 않다. 이유는 11시 취침하려면 적어도 밤 9시 전에는 공부를 끝마쳐야 하는데 쉽지가 않다. 특히 공부하다 보면 9시, 10시에 막바지 집중력이 발휘되기 일쑤이다. 이 시간을 포기하기 어려운 것이다. 필자도 그랬다. 그런 현실적인 부분을 고려했을 때 필자가 권장하는 취침 시간은 자정 12시 30분 이전이다. 이유는 앞서 언급했듯이 잠의 깊이와 질은 수면 사이클상 수면 직후 90분 동안이 가장 좋은데 바로 이때 신체에서 멜라토닌이 분비되는 구간인 경우 그 효과가 배가 될 수 있기 때문이다. 그를 고려했을 때 새벽 2시에서 90분 전인 12시 30분이라는 계산이 나온다. (물론, 취침 시각을 밤 11시 반이나 자정까지 앞당길 수 있다면 수면에는 더 좋겠다.)

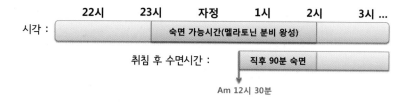

필자가 수험 생활을 할 무렵엔 이런 계산을 하지는 않았다. 스스로 여러 시도와 판단 과정을 통해 '12시 반 이전' 이라는 취침 시간이 형성되어 있었다. 경험으로 알고 있던 개인적인 것이 집필 과정 중에 알게 된 과학적이고 논리적인 부분과 일치하는 것인데 사실 이런 것들이 제법 많다. 놀라울 따름이다. 한편, 위에 언급한 수능 만점자들 통계에서 역시 취침 시간은 밤 11:30분~ 새벽 12:30 사이가 63%로 다른 시간대에 비해 압도적이었다[72].

지금까지 살펴본 것에 의하면 수험생에게 적절하다고 판단되는 밤 취침 시간은 12시(자정) 정도다. 그리고 인간의 신체 리듬상 늦어도 12시 반 전에는 수면하는 것이 좋겠다. 자신의 취침 시간을 결정하고 지키는 데 참고하도록 하자.

수면 준비를 위한 첫 번째 규칙 – 동일한 시간 패턴

미국 국립의학도서관(National Library of Medicine, US)과 미국국립보건원(National Institutes of Health)이 함께 발행한 건강한 수면을 위한 12가지 비결 중 첫 번째는 '수면 시간표를 지켜라' 이다[74]. 그것도 모자라 세계적인 수면 전문가 메슈 워커는 이 발표된 12가지 비결 중 단 하나만 기억하겠다면 바로 이 첫 번째 원칙을 택하라고 조언한다. 그만큼 같은 시간에 잠자리에 들고 일어나는 것이 수면의 질을 높이는 데 있어 가장 중요하다는 이야기다. 여기에 필자의 의견을 붙이자면 특히, 중요한 것은 취침 시각이다. 일반적으로 아침 기상 시간은 정해져 있는 경우가 많기 때문이다. 그러니 전날 밤 언제 잠자리에 드는 지가 그다음 날 컨디션을 결정한다고 해도 과언이 아니다. 반드시 시간을 정해놓고 정확한 시간에 취침하도록 하자.

또한, 일요일 등 공부를 쉬는 날에도 너무 늦게 일어나지 않도록 해야 한다. 대한수면학회에서 권장하는 수면을 위한 십계명중 첫 번째는 바로 '일요일에 늦잠을 자지 마라' 이다[75]. 일반 사회인이든 수험생이든 많은 사람이 평일에 부족한 수면을 주말에 보충하려고 늦게까지 아침잠을 자고는 한다. 그런데 그것은 수면 패턴을 만들어 가는 데 있어서 치명적이다. 앞서 제시한 적정 수면 시간(5~7시간) 이내라면 몸은 이에 맞춰 점차 적응하게 되어 있다. 그런데 애써 적응하고 있는 신체에 휴일 늦잠을 허용한다면 리듬에는 혼란이 온다. 예를 들자면 6시간 수면으로 정하고 약간 힘들어도 월, 화, 수 적정시간에 일어나다 보면 목, 금, 토로 갈수록 기상이 조금씩 더 수월해진다. 하지만 여기서 일요일 늦잠을 대량 투여해 주면 다시 월요일에는 기상이 무척 힘들게 되는 식이다. 그러니 꼭 리듬을 지켜야 한다. 휴일에 잠을 조금 더 보충해 주더라도 30분 이내여야 하며 그 시간은 일어나는 시간을 늦추기보다는 잠자리에 드는 시간을 약간 더 앞당기는 편이 낫다.

적절한 수면 환경 조성

수면의 질을 좌우하는 환경 중 하나인 취침 공간의 온도와 습도에 대해 알아보자. 수면을 위한 (이론적) 최적 침실 온도는 16℃~18℃로 약간 서늘하게 느껴지는 정도이다76). 물론, 이런 온도를 정확히 지키기는 현실적으로 어려울 수 있다. 그러나 취침 시에 방안 온도가 너무 높거나 몸에 열이 많이 오른 상태라면 잠에 들지 못하게 되거나 혹은 잠에 들어도 숙면이 어려울 수 있다는 상식 정도는 알고 있어야 한다. 반대로 신체 리듬상 기상 시간에는 체온을 다소 상승시켜 줄 수 있는 환경이 유리하다. 그렇지 않고 기상 시엔 방 안의 공기가 너무 차갑게 느껴질 경

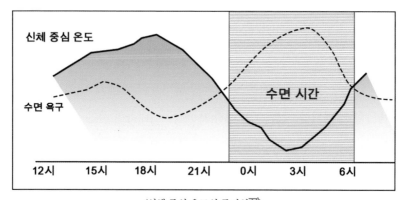

〈신체 중심 온도의 주기성77)〉

우 잠에서 깨어 이불 밖으로 나서기가 훨씬 어렵다. 여름보다 겨울철 아침에 일어나기 어려움을 느끼는 이유다. 이는 신체 중심 온도의 주기(cycle)로 좀 더 확실히 설명할 수 있는데 여기서는 생략한다.

한편, 개인적인 체감으로 온열 장판을 사용하면 잠을 좀 더 자게 되는 경향이 있었기에 전자기파 영향 때문이 아닐까 오래전부터 추측했다. (관련된 국내 연구에서 전기장판의 전자파가 수면 중 인체의 뇌파를 바꾸고 멜라토닌 등의 호르몬을 교란하여 수면의 질을 떨어뜨린다는 보고가 있다[78].) 그런데 전자파가 거의 없다는 온수 매트 역시 정도는 비교적 덜해도 수면 질 저하를 자각할 수 있었다. 이런 기기들은 보통 일정한 온도를 유지하기 때문에 수면 중 자연스런 신체중심온도의 변화를 방해할 수 있다. 수면의 질이 낮아져 신체 피로가 덜 풀린다면 당연히 기상이 어려워질 수 있는 일이다. 그래서 필자는 전기장판이나 온수 매트를 이용하는 경우 취침 전에만 잠자리를 데우도록(쾌적함과 신체 이완을 위해) 하고 끄고 자는 편을 택한다. 수면 중 체온 패턴 고려와 전자기파에 대한 염려 때문이다. 물론, 온열 기구 전자기파 위해에 관한 것은 사람마다 예민성에 따라 다를 수 있으며 기술 발전으로 전자기파를 극도로 낮추는 제품들도 있으니 수면에 유해하다고 무조건 단정할 수는 없다. 그래서 필자가 제시하는 가능성을 근거로 자신에게 적절한 수면 환경을 찾아보는 것이 중요하겠다.

습도는 온도에 영향을 받는다. 그래서 온도에 따른 최적 습도기준이 다르긴 하지만, 대체로 습도 40~60% 정도가 쾌적함을 준다. 이를 참고해 계절과 날씨에 따라 가습과 제습을 적절히 할 필요가 있다.

수면 환경을 쾌적하게 유지하는 것 또한 숙면을 위해 필요한 환경정리이다.

수면 전 야식, 카페인, 알코올, 운동, 조명, 핸드폰과 TV 불빛

저녁 식사 이후, 특히 수면 시간이 얼마 남지 않은 시점에 무엇인가 섭취하는 것은 다음날 컨디션에 악영향을 끼칠 수 있다. 잠을 잘 때는 온몸의 혈액과 에너지가 몸을 최적의 상태로 복구하는 것에 전적으로 활용되어야 한다. 그런데 그 타이밍에 소화 기관을 작동시켜야 한다면 온전한 회복 기능에 집중하기 어려워진다. 당연히 다음날 좋은 컨디션을 만들 수가 없다. 그런 관점에서 저녁 늦게 누군가를 만나는 것도 지양하는 편이 좋다. 누군가 만나게 되면 무엇을 먹거나 마시게 될 가능성이 크기 때문이다. 결국, 저녁만남은 단순히 그날 그 시간만 버리는 것이 아니라 다음날까지 어느 정도 영향을 주는 일이다.

주로 커피의 대명사로 쓰이는 '카페인'은 그 감수성에 있어 개인 차이가 크다. 하지만 일반적으로 카페인은 인체의 각성 상태를 유지하는 역할을 한다. 카페인의 반감기(체내에서 반으로 줄어드는 시간)는 개인의 간 상태라든가 나이, 다른 약물 복용 여부 등에 따라 다르지만 보통 성인의 경우 3~7시간 정도 걸린다[79]. 따라서 불면증이 있거나 카페인에 예민한 편이라면 늦은 오후부터는 카페인을 가급적 섭취하지 않도록 해야 한다. 카페인 함유 식품에는 잘 알려져 있는 커피나 에너지 드링크 외에도 콜라와 같은 몇 가지 일반 탄산음료뿐 아니라 홍차, 우롱차, 블랙 티, 얼그레이, 아쌈, 다즐링 등과 같은 일반 차도 포함된다. 다행히 녹차 등은 추가로 함유하고 있는 카테킨과 데아닌이 카페인 흡수를 방해[80]한다지만 일부 사람들은 역시 영향을 받을 수 있다. 또한 초콜릿과 아이스크림이나 과자, 시리얼 그리고 심지어 일부 감기약에도 소량의 카페인이 함유되어 있다고 하니 카페인에 예민하다면 이들을 과도하게 섭취하지 않도록 주의하는 것이 좋다[81].

알코올 역시 수면 중 Ram 수면을 억제하고 더 얕은 잠을 지속하게 만들어 수면의 질을 떨어뜨린다. 또한, Ram 수면의 중요한 기능 하나가 기업의 통합과 연상을 돕는 것이다. 연구 자료에 의하면 음주가 학습한 내용을 잊게 하는데 대단히 효과적인데, 실험에 의하면 그 영향이 3일 전 학습 내용에까지 미친다. 즉 오늘 술을 마시면 3일 전 학습했던 내용까지도 높은 비율(해당 실험에선 약 40%) 휘발된다[82].

운동은 취침 2시간 정도 전까지는 끝마치도록 권장된다. 운동은 중심 체온을 상승시키고 교감 신경을 활성화해 흥분상태로 만들어 수면에 적합하지 않은 면이 있기 때문이다. 그러나 필자는 보통 수험 스케줄상 취침 1시간 전 정도까지 운동을 했고 이로 인한 다른 부작용은 느끼지 못했다. 가능한 취침 시각 1~2시간 전에는 운동을 끝마치는 것이 좋으며 그 이후 잔여 시간에는 필요하다면 공부하던 내용을 추가로 보거나 수험에 도움이 되는 책을 읽기를 권장한다.

수면 장소의 조명은 가능한 어둡게 하는 것이 숙면에 효과적이다. 또한 수면 직전 TV나 핸드폰의 액정을 바라본다면 그것에서 나오는 청색광에 의해 힘들게 쌓아오고 있던 멜라토닌이 급격히 분해되니 경각심을 가질 필요가 있다.

쪽잠의 필요성

쪽잠은 '짧은 틈을 타서 불편하게 자는 잠'[83]이라는 사전적 의미를 지니고 있다. 여기서는 공부 중에 잠깐씩 취하는 잠을 일컫는다. 쪽잠은 주로 낮에 취하기 때문에 낮잠이라는 단어와 비슷하다 이해할 수 있는데 엄밀히 하자면 일반적인 낮잠에 비해 그 길이가 짧다는 것이 특징이다. 즉 '짧은 낮잠' 정도로 이해해도 되겠다. 하지만 여러 문헌이나 일상생활에서도 둘을 크게 구분하지 않고 섞어 쓰기에 여기서도 인용 등을 위해 쪽잠과 낮잠 두 단어를 다소 섞어 사용한다. 수험생들에게 물어보면 쪽잠을 취한다는 사람도 있고 그렇지 않은 사람도 있다. 하지만 인간의 신체 리듬을 안다면 쪽잠은 수험생 대부분이 이용해야 하는 보물과 같은 스킬이다.

문화나 지리적 위치에 상관없이, 모든 인류는 유전적으로 이른 오후에 각성도가 급감한다. 그래서 진정한 이상적인 수면 패턴은 밤에 더 길게 한차례 자고, 이른 오후에 짧게 낮잠을 자는 형태다. 인류학적, 생물학적, 유전적 증거가 그렇다는 것을 뒷받침한다[84]. 바로 몇 페이지 전 등장했던 〈신체 중심온도의 주기성〉 그림에서 '수면 욕구' 그래프 또한 참고해 볼 만하다. 그에 따르면 수면 욕구는 이른 오후부터 증가해 오후 3시 정도에 정점을 찍고 다시 감소했다가 밤늦게 다시 증가하는 패턴을 보인다. 즉, 점심을 먹고 오후에 졸린 것은 누구에게나 당연한 일이다. 이때 컨디션을 회복시켜 주는 것이 바로 쪽잠이다.

필자가 쪽잠 전략에 대해 이해하고 적극적으로 활용하기 시작한 것은 대학 학부 시절로 거슬러 올라간다. 당시 군 제대 후 복학하여 학점을 잘 받기 위해 노력하고 있었다. 좋은 성적을 위해서는 당연히 수업을 잘 들어야 하는데 유난히 점심 식사 후 수업은 졸음을 참을 수가 없었다. 그땐 하는 일들이 많아 7시간 이상의 충분한 수면을 할 수 없는 상황이었다. 아니 전날 밤 7시간을 자도 필자는 그 시간에 졸음이 왔다. 그래서 이런 저런 방법들을 다 이용해봤지만 소용없었다. 그러던 중 수업 전에 잠깐 수면을 하면 잠이 오지 않는다는 것을 몇 번의 경험을 통해 알게 되었다. 그래서 그때부터는 의도적으로 점심 식사 후 수업 전에 시간을 비워 놓고 수면을 했다. 물론, 처음에는 당장 잠이 오지 않는 상태에서 잠드는 것이 어려웠지만 노력하다 보니 가능해졌다. 그러자 매우 높은 확률로 수업 중 졸지 않았다. 그리고 그 깨우친 '잠드는 원리'는 본격적인 수험 생활 시 불면증을 겪던 밤잠에도 적용할 수 있었고 수험 생활 후 치전원을 거쳐 지금까지도 일상에 매우 유용한 나의 무기가 되었다. 그래서 지금은 컨디션이 많이 떨어졌다 싶으면 의도적으로 잠깐 자고 일어나 회복된 상태에서 집중력을 발휘한다. (잠드는 법에 대해서는 다음에 나오는 불면증 파트에서 자세하게 다룬다.)

그런 쪽잠의 효과를 깨달아 성공적으로 학부 생활을 마무리한 후 수험 생활을 할 때는 너무도 편했다. 시간에 맞춰 억지로 잠을 자지 않아도 되었고 점심 식사 후 잠의 신호가 오면 자연스레 아무 때고 바로 자면 되니까 말이다. 그 쪽잠 이후에는 아주 말끔한 정신으로 공부에 집중할 수 있었다. 그래서 심지어 나중에는 그 오후 잠이 오기를 적극적으로 기다리기까지 했다.

쪽잠의 효과

쪽잠(낮잠)의 효과에 대해서는 여러 문헌이나 수험 도움말에서 쉽게 찾아볼 수 있다. 낮잠에 관한 문헌을 개관한 학술 자료에 따르면 밤에 충분한 숙면을 한 사람이라도 낮잠을 자면 기분이나 각성도나 인지 수행 능력이 크게 향상된다고 한다. 심지어 낮잠은 '몰입(flow)'의 강도를 증가시키며[85] 인내심과 창의력 또한 증가시킨다[86]. 이에 따라 낮잠을 자는 사람은 낮잠을 자지 않거나 그 시간에 다른 활동을 하는 사람보다 복잡한 문제를 풀 확률이 두 배 높다[85].

또한, 짧은 단잠은 기억력 개선에도 상당히 효과적이다[87]. 잘 알려진 것처럼 수면은 뇌에서 단기 기억된 정보를 장기 기억화하는 역할을 하는데, 이때 단기 기억된 공간(해마)을 비우며 새로운 학습기억에 적합한 상태가 되는 것이다[88]. 이런 효과는 그 어떤 다른 사람들보다도 수험생에게 극적인 도움이 된다. 하루에도 머릿속에 수많은 지식을 새로 넣고 이를 장기 기억화해야 하니 말이다. 그래서 낮 공부 중 잠이 오면 곧바로 쪽잠을 취하는 것이 좋다.

또한, 위와 같은 효과들은 둘째로 하더라도 시간 효율적인 면에서도 그렇다. 편한 상태로 수면을 하게 되면 짧게는 10분, 길게는 20분 만에 체력을 회복할 수 있지만, 꾸벅꾸벅 졸게 될 경우 한 시간이 지나도 피로는 가시지 않을 수 있다. 그렇게 꾸벅거리는 것이 효율적이지 못하다는 것을 평소에는 잘 알고 있더라도 졸기 시작하면 그 행동이 무모하다는 것을 떠올리기가 어렵고 적절한 판단도 어렵다. 이는 수면 중에는 신경전달 물질인 도파민, 세로토닌, 노르아드레날린의 양이 극히 감소하기 때문이다[89]. 그래서 수업 때 꾸벅꾸벅 졸고 나서 아무런 조치도 하지 않은 자신이 왜 그랬는지 이해도 잘 안 되고 후회하는 경우가 종종 있는 것이다. 그러니 잠이 오면 판단력이 흐려져 시간을 허비하기 전에 얼른 잠깐 수면을 하고 일어나는 것이 현명한 방법이다.

졸음이 올 시에 공부 컨디션을 회복할 수 있는 길은 쪽잠밖에는 없다. 단순 카페인 섭취는 일시적으로 교감신경계를 자극해 집중력을 높이지만 궁극적인 해결책이 못 된다. 카페인 효과가 모두 떨어지면 좀 더 심한 피로감이 몰려온다. 즉 나중에 있는 에너지를 미리 당기어 쓰는 것이지 회복 효과가 아니라는 점이다. 졸음운전 방지 캠페인을 보면 그 효과의 차이를 더 분명히 알 수 있다. 졸음운전의 경우 자신만의 피해가 아니라 사망사고까지 일으키는 큰 문제이기 때문에 사회적으로 연구가 많이 되었다. 그중 가장 흔히 볼 수 있고 또 어쩌면 유일하게 제시되는 방법은 '커피를 마셔라', '허벅지를 꼬집어라'가 아니라 바로 '쉬어가라', '잠깐이라도 자고 가라' 하는 것이다. 그것이 졸음에서 벗어나 집중력을 높이는 가장 확실하고 근본적인 방법이기 때문이다.

> **쪽잠의 효과 :** 컨디션 회복 | 각성도, 인지력 향상 | 몰입도 증가 |
> 인내력, 창의력 강화 | 장기기억화, 기억력 개선

쪽잠 자는 시점

생체리듬인 서커디안(Circadian rhythm)리듬의 영향에 따라 졸음이 쏟아지는 시점이 아침에 일어난 뒤 6시간 정도이다. 이때가 낮잠 자기 좋은 시간[90]이라는 이론이 있다. 6시 반 정도에 일어난다고 하면 12시 반 ~ 1시 정도이니 일반적으로 점심 식사 후가 된다. 하지만 이는 절대적이지는 않다. 많은 연구들을 종합해 보자면 낮잠의 이점은 여러 요소의 상호작용에 따라 달라지기 때문에 최적 낮잠 시간을 특정할 수는 없다[91]. 개인마다의 취침시간, 기상시간, 밤 수면의 질에 따라 다를 것이며 개인의 그날 컨디션과 피로감 등에 따라서도 최적 시기는 충분히 달라질 수 있다. 일반적으로 '점심식사 후의 오후'라는 점만 확실할 뿐이다.

필자는 보통 하루에 1번, 점심 식사 후 1시간이 지나기 전에 쪽잠을 취했다. 그러나 수험 생활 후반기에는 날씨도 덥고 체력도 흐트러져서인지 아니면 입력되는 정보가 많아 지적 피로감 때문이었는지 분명치 않지만, 쪽잠을 두 번 자야만 했다. 보통 아침에 공부를 시작하고 얼마지 않아 잠깐 쪽잠을 취하고 역시 점심시간 후에 쪽잠을 1회 더 취했다.

주의해야 할 점 하나는 새벽 늦게까지 공부할 것이 아니라면 저녁 식사 이후에는 쪽잠을 자지 않는 것이 좋다는 것. 밤잠에 불면증을 유발할 수 있기 때문이다. 일반적으로 저녁식사 후의 이른 저녁시간은 수면금지시간대(forbidden zone for sleep)라고 불리며 잠이 오지 않는 것이 정상이다. 하지만 만약에라도 잠이 오는 날이 있다면 그때는 어떻게든 졸린 그 순간을 참고 잘 넘기는 편이 좋다. 이뿐만이 아니다. 어느 정도 자신의 쪽잠 패턴이 만들어지면 그 패턴을 망가뜨릴 수 있는 쪽잠은 취하지 않고 견디는 것이 낫다. 예를 들어 점심 식사 후 쪽잠을 항상 자는 편인데 점심 식사 직전에 잠이 온다면? 이때는 참는 것이 좋다. 그때 쪽잠을 취하게 되면 이미 컨디션을 회복해버려 점심 식사 후에는 잠이 잘 오지 않게 된다. 하지만 식후 집중력 저하는 역시 느껴질 것이기에 그렇게 신체 리듬이 얽혀지면 공부 컨디션에 장애가 생길 수 있다.

물론, 자신의 공부 시간 패턴에 따라 적절한 쪽잠의 시기는 달라질 수 있다. 예를 들어 자신이 주간형 공부 스타일이 아니라 야간형 공부 스타일인 경우가 있다. 즉, 평소에 아침 늦게 혹은 오후에 일어나 새벽 늦게까지 공부하는 패턴의 수험생이라면 점심 식사 후의 쪽잠보다는 저녁 식사 전이나 식사 후의 쪽잠이 권장된다. 이때의 잠도 마법과 같아서 밤 늦게, 새벽까지 맑은 정신으로 공부하는 데 큰 도움이 된다. 필자는 치대 수험 기간에 그렇게 하였다.

쪽잠 지속 시간

낮잠을 자면 무기력해지는 느낌을 받는다며 낮잠 자체를 꺼리는 사람들이 있다. 혹은 낮잠을 습관적으로 즐기는 사람들도 가끔 그런 느낌을 겪는다고 말하기도 한다. 이는 낮잠 지속 시간의 문제이다. 낮에 자칫 30분을 넘어 깊은 수면에서 잠을 깨게 되면 한동안 멍하고 개운치 않은 상태가 수 분에서 수 시간까지도 지속될 수 있는데, 이를 '수면 무력증(sleep inertia)'이라고 부른다[92]. 실험에 의하면 수면 무력증은 20분 이하

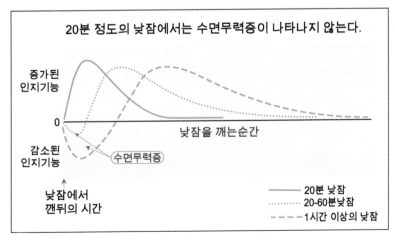

〈 낮잠 시간에 따른 수면 무력증[93] 〉

수면에서는 잘 나타나지 않는다. 하지만 20분 이상에서는 수면 무력증이 나타나며, 1시간 정도 되면 무기력을 느끼는 그 길이가 꽤 길어질 수 있다. 신체가 수면 사이클의 깊은 단계에 들어가기 때문이다. 위에 그래프를 참고하자.

이런 수면무력증을 비롯해 쪽잠 지속시간에 따른 효과 등을 포함한 여러 연구결과 건강한 성인에게 이상적인 낮잠시간은 약 10분 ~ 20분이라 할 수 있다[94] [95]. 그리고 필자는 정확히 15분을 권장한다. '15분'은 여러 시간 길이를 개인적으로 테스트해본 결과 최적 시간이기도 하고 전문가들이나 서적에서 가장 많이 추천되는 분량이기도 하다. 물론 개인 차이도 있을 수 있으니 자신에게 적합한 정도는 스스로 가늠해보자. 하지만 아무리 길어도 쪽잠은 30분 정도면 충분히 효과적인 수면을 할 수 있으며 이 시간을 넘겨버리면 언급했듯 오히려 정신을 가누지 못할 정도로 늘어지고 피곤해지는 수면 무력증을 겪을 수 있다. 혹여 30분을 넘겼다면 수면 무력증 상태를 피하기 위해서는 차라리 깊은 잠(3단계 수면)에서 벗어나도록 길게 90분 정도의 잠이 오히려 낫다[92]. 물론 90분의 길이라면 쪽잠이라는 명칭보다는 확실한 낮잠이라 불러야 할 것이며 그날 밤 수면에 드는 것을 방해할 가능성이 높다.

반면 지나치게 짧아도 효과가 적다. 10분 이내 쪽잠은 효과가 떨어진다. 또, 5분 정도 낮잠은 피로를 줄이고 활력을 높이는데 효과가 거의 없다는 실험결과가 있다[95]. 가능한 10분 이상 수면을 취하는 편이 좋다.

> 쪽잠 지속 시간 : 10 ~ 20분이 적당 / 15분 추천 / 최대 30분 / 30분 넘겼다면 차라리 90분

한편, 필자의 경험들에 의하면 상황에 따라서는 5분 휴식이 완전히 소용없지만은 않다. 일반적인 상태에서의 5분 정도 짧은 휴식이 효과가 미비한 것에는 동의하지만 현재 피로도가 극도로 달하는 상태라면 단 5분의 휴식으로도 컨디션을 꽤 많이 바꿀 수 있다. 이때는 심지어 의식이 수면에 들지 않아도 된다. 단, 휴식하는 법에 단련이 좀 되어야 하는데 머리를 비운 상태에서 몸을 완전히 이완시킬 수 있으면 된다.(이는 '잠이 드는 방법'의 상태와 유사하기 때문에 자세한 방법은 뒤 불면증 파트의 해당 내용을 참고하자.) 전신에 혈액을 순환시키는 데 약 1분이 소요된다. 5분 정도 몸을 이완시키면 전신 곳곳에 맑은 혈액을 공급하고 노폐물을 운반할 충분한 시간이 된다. 필자가 여기서 언급한 5분 휴식 법은 연습이 된다면 급박한 상황에서 매우 유용하게 사용될 수 있다.

쪽잠 시 타이머와 잠 깨는 법

필자는 쪽잠을 잘 때도 항상 타이머나 알람을 맞춰두었다. 물론, 공공장소에서 공부를 하는 경우가 많으니 소리가 아닌 진동을 알람으로 이용했다. 이렇게 타이머나 알람을 사용하면 과도하게 잠이 드는 것을 방지할 수 있다. 앞서 이야기했듯 30분 이상 쪽잠을 취하면 시간 낭비뿐 아니라 오히려 무기력감에 컨디션이 망가질 수 있기 때문이다. 또한, 간혹 가수면 상태, 생각, 꿈 등의 간섭 때문에 자신이 충분한 수면을 했는지 판단하기 어려울 때가 있다. 이때 알람은 수면을 더 취하지 않고 일어날 수 있는 정량적 근거가 된다. 시간을 관리해야 하는 사람에게 필요한 것은 이러한 적당한 기준선과 제한 장치이다.

쪽잠 후에도 잠에서 잘 벗어나기 힘들 때는 껌을 씹으면 비교적 도움이 된다. 물론, 밖에 나가서 잠시 바람을 쐬는 것이 남은 잠을 깨는 것에는 더 확실한 방법이지만 아무래도 비교적 번거롭고 보다 큰 의지가 필요해서 매번 실행하기가 쉽지 않을 수 있다.

커피냅(coffee nap)도 참고 해볼 만하다. 이는 낮잠 자기 직전에 커피를 마시는 것이다. 카페인의 각성 작용이 섭취 후 약 20분 뒤에 나타나기 때문에 바로 쪽잠을 청하는 것에는 방해를 주지 않으면서 15~20분 쪽잠 후 정신을 차리는 데 도움이 된다. 그뿐만 아니라 심지어 실험에 의하면 커피냅 그룹은 단순 낮잠 그룹보다 더 높은 수행 능력, 집중력, 기억력을 나타낸다[96]. 단, 주의할 점은 커피를 짧은 시간에 마셔야 하며 각성 효과가 나타나는 시간은 개인차가 있다는 것이다[97]. 또한, 단순 쪽잠만으로도 충분한 각성 효과를 볼 수 있고, 오히려 커피에 의해 추가 부스트(Boost) 효과를 받은 후엔 반작용으로 각성 저하를 느낄 수 있기에 필자는 커피냅을 선호하진 않는다. 해당 시간에만 최대로 능력치를 끌어올려야 한다면 사용해 볼 법하다.

앞서 두 번 이야기했듯이 수면 후 정신을 차리는 것은 몸이 극도로 피곤한 것이 아니라면 개인의 긴장감과 관련이 높다. 학교 시험 기간에는 평상시보다 적게 자도 피로감을 덜 느끼지만, 시험이 끝나고 나서 공부를 하려고 앉으면 쉽게 잠이 오는 것을 누구나 체감해 봤을 것이다.

필자 또한 마찬가지다. 살면서 언제나 마음속 긴장이 있지는 않다. 하지만 적어도 장기 시험 본고사를 준비할 때는 일상의 긴장감이 컸다. 특히 가진 것이 아무것도 없고 막막했던 수험 초기(초시)에는 더한 강박관념이 있었다. 쪽잠을 자다가 일어났는데 예상했던 시간이 5분만 더 지났어도 정신이 번쩍 들었다. '이렇게 하다간 떨어지겠다.' 라는 위기의식.

하지만 괜찮은 성적이 어느 정도 보장된 수험 기간 후반기, 그리고 치전에 입학해 평상시 공부할 때는 그렇지 않았다. 계획했던 15분 이상, 혹은 몇 차례를 자고 일어나도 피곤하다고 느껴지는 경우가 곧잘 있었다. 그처럼 건강에 문제가 있는 것이 아니라면 수면 후 기상은 개인의 평상시 마음 상태에 많이 좌우된다는 것을 알아야 한다. 또, 그에 앞서 그 긴장감이란 것은 목표에 대한 간절함이기도 하다. 내가 잠을 더 잔다면 합격에서 멀어진다. 자신의 꿈에서도 멀어질 수 있다는 생각이 든다면 마냥 퍼져서 잘 수가 없다. 자다가도 의식이 들면 몸서리치며 일어날 수 있는 확실한 꿈 그것이 필요하다. 오래전, 일용직 노동과 배달 아르바이트를 하며 돈을 벌어 서울대 법대에 수석 합격해 수많은 사람을 눈물 흘리게 했던 장승수 변호사.(《공부가 제일 쉬웠어요》의 저자) 그는 인터뷰에서 그것을 '자다가도 벌떡 일어날 꿈'이라고 표현했다[98]. 그것처럼 반드시 이루고 싶은 목표가 있는가? 가끔 그것을 생각하면 가슴이 뛰는가? 그것에 대한 경쟁을 생각하면 아찔하게 긴장이 되는가? 이런 질문들에 대한 대답이 '예스'라면 상당히 경쟁력 높은 상태라고 할 수 있다.

쪽잠 자는 자세

쪽잠은 편하게 누워 자는 것보다 공부하던 의자에 앉아 자는 것을 추천한다. 우선 공공장소에서는 누워 잘만 한 공간을 찾기도 어려우며, 찾는다고 해도 독립된 공간에서 누워 편하게 자면 제때 다시 일어나기가 쉽지 않다. 반면 의자에 앉아 자는 것은 다소 불편하며 공공장소에선 주위를 의식해서라도 보통은 너무 오래지 않아 깬다. 또한, 쪽잠은 대부분 점심 식사 후에 취하는 경우가 많다. 그런데 음식물 섭취 후 바로 눕는 것은 소화 작용에 부정적 영향을 끼치며 역류성 식도염을 유발할 수도 있다. 그래서 전문가들은 식사 후 눕는 것을 잘못된 생활 습관으로 지적한다[99]. 따라서 쪽잠 시에 눕는 것보다는 되도록 공부하던 장소에서 간소하게 잠을 청하기를 권장한다.

추천하는 쪽잠 자세로 2가지가 있다. 우선 필자는 엎드려 자는 것이 익숙하고 편하다. 의자와 책상만 있다면 언제 어디서든 가능한 자세이기에 부담이 없다. 하지만 이 자세가 불편한 사람들도 있다. 특히, 팔에

근육 양과 지방층이 적다면 팔을 베고 자기가 많이 불편할 수 있다. 그럴 시에는 팔에 끼워 사용할 수 있는 '낮잠 베개'(혹은 '쪽잠 베개', '팔베개')를 이용하면 된다. 또한, 엎드려 잘 때는 의자를 약간 뒤로 빼고 팔이나 베개로 머리를 받쳐 가능한 목과 허리가 일직선으로 펴지도록 하는 것이 좋다. 목이나 머리가 너무 구부러진 자세가 습관이 되면 통증과 디스크(추간판 탈출증)를 유발할 수 있다.

두 번째 자세로 등받이가 뒤로 기우는 의자에 몸을 똑바로 기댄 뒤 의

자의 머리 받침대(headrest)나 별도의 목 쿠션을 통해 목을 지탱하면 안정적인 수면 자세를 유지할 수 있다. 단, 이 경우는 그에 적합한 의자여야 한다는 한계가 있다. 또한, 이 자세는 엎드린 자세에 비하여 눈이 실내 불빛에 직접적으로 노출된다는 단점이 있으므로 수면 안대를 곁들인다면 좀 더 숙면할 수 있다. 이해를 돕기 위해 이미지를 첨부한다.

쪽잠의 이용

여기서 쪽잠에 대해 상당히 강조했지만 이에 대한 필요성 역시 개인에 따라 조금씩 다를 수 있다. 필자가 알고 있는 공부로 성취한 몇 사람도 수험기간 중 7시간 이상 충분한 수면을 취하고 낮 중에는 전혀 잠을 보충하지 않았다고 하였다. 그들도 물론 신체 리듬에 따라 오후에 집중력 저하를 느꼈지만 그 정도가 약했으며, 낮에 수면에 들기 어려웠다고 토로했다. 필자 또한 밤에 충분한 수면(7시간 이상)을 취한 날들 중의 쪽잠은 쪽잠의 깊이도 얕고 효과도 다소 적다는 체감을 했다.

그동안 쪽잠의 필요성이나 방법, 수면무력증과 적당한 길이 등에 대해 잘 몰랐다면 본문의 내용들을 참고해 쪽잠을 이용해 볼법하다. 하지만 밤잠의 질이 높고 양이 충분하기에 낮에 졸림이나 피로감을 적게 느끼고, 쪽잠을 청하려 해도 잘 되지 않는다면 굳이 억지로 쪽잠 전략을 사용할 것은 아니다. 무엇이든 획일적인 정답이 있거나 모든 사람에게 적용되는 절대 규칙은 없다. 여러 경험과 방법론을 참고해 자신만의 페이스를 만들어 나가면 된다.

불면증

불면증의 경험과 수험 생활 불면증의 원인

필자는 수험 생활 이전까지는 특별히 불면증으로 힘들어해 본 적이 없던 사람이다. 그런데 수험 생활을 하며 언젠가부터 자려고 밤에 누우면 잠이 오지 않았다. 머릿속에 여러 생각이 순환했고 한 시간이 지나도 두 시간이 지나도 정신은 말짱했으며 끝도 없이 잠이 안 왔다. 그런 패턴은 다음날 악영향을 주었기 때문에 반드시 벗어날 필요가 있었다. 그래서 학부 시절 쪽잠에 이어 다시 한번 수면 메커니즘에 대해 오랫동안 자세히 의식하기 시작했고 결국 '잠드는 방법'을 완전히 터득했다. 그렇게 무사히 수험 생활을 끝내고는 다시 불면증은 잊고 살았다. 밤에 누워 잠이 오지 않는다는 자각을 특별히 한 적이 없고 아주 간혹 있더라도 특별히 조치를 할 필요가 없이 곧 잠이 들었다. 그런데 치전원 공부를 끝내고 '국시 준비' 라는 또 다른 수험 생활을 하게 되자 다시 그 불면증이 찾아왔다. 물론 이때는 고민할 필요도, 시행착오를 겪을 필요도 없었다. 이미 알던 '잠드는 법'을 다시 이용하게 되었고 어렵지 않게 밤잠을 잘 수 있었다.

왜 유독 수험 생활에 불면증을 겪었을까? 물론, 사람에 따라 이를 겪지 않는 사람도 있지만 많은 수험생이 불면증을 호소한다. 그리고 어떤 경우엔 이 문제가 심해져 장기간 잠을 설치며 급기야 점차 잠자리에 드는 시간이 늦어지고 하루 생활 패턴이 완전히 무너지기도 한다.

일반적으로 불면증의 원인은 여러 가지가 있지만, 수험 생활 전에는 그렇지 않았다가 수험을 하며 불면증을 얻은 경우는 수험 생활의 고질적인 생활 특성과 관련이 높다고 생각된다. 한마디로 종일 앉아서 공부만 하기 때문이다. 다른 신체는 활동량이 극도로 적어 영양분과 산소를 담은 혈액을 많이 보낼 필요가 없다. 반면에, 머리를 집중적으로 사용함으로써 혈류가 온몸에 골고루 퍼지지 않고 두뇌에 집중된다. 더군다나 잠자리에 눕게 되면 중력의 영향을 덜 받게 되며 머리로 혈류를 보내기가 한결 수월해진다. 이를 통해 두뇌가 생생히 살아 숨 쉬니 잠이 잘 오지 않는다.

잠드는 방법과 혈류 이론

사실, 잠드는 과정을 과학적으로 자세히 이해하려면 시상(Thalamus)과 뇌간(Brainstem) 그리고 자율신경계에 대해 복잡하게 설명해야 한다. 하지만 현상적인 위주로 가장 쉽게 이야기하자면 '머리로 혈류가 적게 가게 하면 된다.' 라고 하면 이해가 가장 수월하겠다. (물론, 이조차 사실 '뇌에 포도당과 산소 공급이 집중되지 않게 하는 것'이란 표현이 정확하다. 경동맥에 의해 혈류의 양 자체는 거의 동일하게 유지된다.) 머리로 혈류가 적게 가도록 하려면 다른 쪽으로 혈류를 퍼트리거나 머리로 갈 필요성을 줄이면 된다. 그래서 필자의 '잠드는 법'은 두 가지에 주목한다. 첫째, 온몸을 이완시키는 것 그리고 둘째, 머리로 생각하지 않는 것이다.

먼저, 온몸을 최대한 이완시켜야 한다. 몸의 힘을 풀고 이완시키면 근육들의 긴장이 없어지고 말초혈관도 확장이 쉬운 상태가 된다. 말초(손, 팔, 피부 등)로 혈류를 많이 보낼 수 있게 되면 반대로 뇌로는 혈류가 덜 가게 되어 수면에 이르게 된다. 방법은 우선 신체의 모든 부분에 대해 완전히 힘을 뺀다고 생각하면 된다. 특히 스스로 생각하기에 지금 정도면 충분히 편안하고 힘이 빠진 상태라 생각할지라도 그로부터 한 단계, 혹은 몇 단계 더 힘을 뺄 수 있는 경우가 흔하다. 자신이 무의식 중에 이를 악물고 있는지, 볼 근육이 긴장되어 있는지, 이마에 힘이 들어가 있는지, 손가락들을 쥐고 있는지, 목에 힘이 들어가 있어 머리가 버티고 있는지 등을 확인해 봐야 한다. 편안하게 쉬고 있다가도 실제로 수면에 빠지면 고개를 떨구거나 잡고 있던 펜을 떨어뜨리는 경우를 우리는 종종 보거나 겪게 된다. 그것은 잠에 들기 전 힘을 다 빼지 않았었던 상태라는 증거다. 잠이 들었을 때도 잠들기 전과 똑같을 수 있을 만큼의 자세와 이완 상태를 만들어야 한다. 이는 하나의 '느낌'이라고 할 수도 있기에 어느 정도는 스스로 터득해 그 상태를 만들 수 있어야만 한다. 익숙해지면 오래 걸리지 않는다. 몇 초면 충분하고, 자주 힘이 덜 빠지는 곳들을 한곳, 한곳 체크한다고 하더라도 1분이 채 걸릴 필요가 없다. 물론 처음에는 잘되지 않고 시간이 걸릴 수도 있다. 한 번에 몸을 이완시키는 방법 적용이 잘 안 된다면 의학계에서 수면 유도 기법으로 잘 연구된 '점진적인 근육 이완 요법(PMR)[100],'을 사용할 수도 있겠다. 이것은 요가나 명상에서도 많이 사용되는 방법인데 전신 근육을 긴장시켰다가 서서히 풀어주는 운동이다. 간단히 설명하자면, 몸의 끝인 발가락부터 점점 상체로 올라오며 근육을 긴장시켰다 풀어주면 된다. 그런 식으로 이완 상태의 느낌이 어느 정도 익숙해지면 필자가 말한 대로 그 상태를 한 번에 만들면 된다.

두 번째로 생각하지 않는 것이다. 머리로 혈류가 적게 가게 되면 졸리게 된다. 앞서 기술한 대로 그래서 소화 기관으로 혈류가 집중되는 식후에 식곤증이 온다. 또한, 지루하게 느껴질 때, 단순한 것들이 반복되는 것에 졸림을 느낀다. 잠이 안 올 때 양을 세라는 것도 비슷한 맥락의 조언이다. 뇌를 쓸 필요가 별로 없게 되니까. 그래서 선천적으로 머리를 그렇게 만들 수 있는 것도 능력이다. 예를 들어 다소 무딘 편이거나 평소에 복잡한 생각을 잘 하지 않는 유형의 사람들이다. 그런 사람들은 대체로 불면증이 없다. 반대로 생각이 많고 예민한 사람들이 불면증을 자주 겪는다. 예민하지 않은 보통 사람들이라도 스트레스와 걱정으로 생각이 많아지면 잠이 안 온다. 흥분될 때, 머릿속이 복잡할 때 잠에 못 든다. 머리에 신선한 혈류가 집중적으로 계속 공급되고 있기 때문이다. 특히 수험생은 종일 다른 신체보다 두뇌를 압도적으로 많이 쓰기에 그쪽으로의 혈류 집중에 쉽게 적응된 상태이다. 뇌는 특성상 다른 신체처럼 사용이 많다고 피로감을 느끼는 기관이 아니다.(뇌는 피로를 모른다. 우리가 피로하다고 느끼는 이유는 뇌가 아니라 눈이 피곤하거나 한 과목을 공부하는 데에 싫증이 나기 때문[101]) 그래서 오히려 다른 신체와 다르게 사용량에 비례해 피로하지 않는다. 오히려 뇌를 많이 쓸수록 잠이 잘 오지 않고 각성과 의식을 관장하는 망상 활성계(reticular activating system)는 생생히 깨어 숨 쉬게 된다.

결국, 종일의 공부에 이어 수면 시에까지 뇌로 혈류가 집중되는 것을 막아야 한다. 이는 머리를 비우는 것이 필요하다는 말인데 아무 생각도 하지 않는 것이 가장 좋지만, 그것이 쉽지 않기 때문에 사실 '생각을 조절하는 노력'이 더 현실적이다. 의미 있고 논리적인 생각을 해서는 안 된다. 예를 들어 어떤 질문에 대한 답을 찾거나 계획을 세우는 일, 일어나지 않은 일들의 예측, 각종 고민, 과거의 일들에 대한 후회, 특히 감정을 크게 불러일으키는 생각들 등이 그것이다. 이런 생각들을 통틀어 필자는 '생산적인 생각'이라고 일컫는다. 자신이 그런 생산적인 생각을 하고 있다는 판단이 들면 바로 그 생각의 흐름을 멈춰야 한다. 만약 생각하려는 강도가 강해 저지하기 정 어렵다면 수면 자세를 바꾸거나 따뜻한 물을 한 잔 마시고 온다든지 하여 분위기를 반전시킨 후에 다시 생각을 조절해보도록 하자.

그렇다면 어떤 종류의 생각을 하면 될까? 과거에 있던 편안하고 좋은 분위기의 일을 회상한다든지, 주로 이미 머릿속에 있는 이미지나 배경을 떠올리는 것이다. 또는 아무 의미 없는 생각들이 머릿속에 둥둥 떠다니게 놔둔다. 즉 대뇌의 사고영역보다는 주로 기억 저장 영역에만 접근하는 것이며 이들은 '비생산적인 생각'에 속한다. 컴퓨터 하드웨어에 대해 상식이 있다면 좀 더 이해에 수월할 수 있는 비유가 있다. 새로운 작업 처리를 위한 CPU 사용은 최소화하되 메모리 저장 장치에 대한 단순 입출력은 괜찮은 것이다. 혹은 컴퓨터는 쉬고 있고 단순히 반복되는 화면보호기만 켜져 있는 것을 생각해 볼 수 있다. 그와 유사하다. 우리도 잠들기 위해선 뇌에서 단순기억을 꺼내는 것은 괜찮으나 사고영역을 활성화시켜 새로운 것을 만들면 안 된다. 이를 위해선 주기적으로 생각을 조절해야 한다. 그리고 내가 무슨 생각을 하는지 판단하는 또 다른 생각의 흐름이 필요한데 이를 '메타 인지'라고도 한다. 그런 류의 순간적인 판단은 수면을 특별히 방해하는 것 같지는 않다. 또한, 이를 통해 메타 인지를 자극하고 발달시킨다면 자신의 공부와 시험에도 큰 도움이 될 수 있다. 모든 학습은 메타 인지로부터 시작[102]되기 때문이다.

한편, 자신의 생각을 살펴보다 보면 깨닫게 되는 것이 하나 있는데 머릿속 사고의 흐름이 이어지다가 개연성이 전혀 없어 보이는 이미지 연상이나 생각이 이어진다면 곧 잠이 든다는 사실이다. 항상 그러한데 이는 그 상태가 바로 벌써 얕은 RAM 수면 상태로 진입한 것이기 때문이다. 예를 들자면 '카페 → 의자 → 나무 → 숲 → 동물' 이런 식의 흐름은 각 단어의 연관성이 있는 것인데 '카페 → 동물' 이렇게 선뜻 이해 안 되는 논리의 사고 흐름이 있을 수 있다는 말이다. 이런 때가 바로 잠드는 타이밍이다. 실제 하버드 의대 로버트 스틱골드 박사의 연구에 따르면 렘수면의 뇌는 논리적이고 단계적인 연상을 하지 않고 명백하지 않은 정보들 사이에 연결을 추구한다[103]. 그러니 그런 식으로 엉뚱한 사고 흐름이 포착된다면 그 이후부터는 잠드는 것에 대해 안심해도 된다. (단, 필자의 생각으로는 단순히 의미와 논리 없는 사고들이 산발적으로 발생하는 것 같지는 않다. 단지 RAM 상태 시 사고의 전환 속도가 매우 빠르고 특성상 그 과정들이 기억에서 빠르게 휘발되기 때문이라 여겨진다. 즉 중간의 여러 단계가 금세 지나가고 잊혀져 '카페' 와 '동물' 단계만 인식되기에 논리가 없는 것이라는 판단이 든다는 이야기다. 어려운 이야기니 이해가 안 된다면 넘어가자.)

잠드는 방법으로 온몸을 이완시키는 법과 머리로 생각하지 않는 법을 이야기했다. 언급했듯이 이 2가지는 '뇌에 혈류가 집중되는 것을 방지한다.' 라는 공통되는 하나의 원리로 통한다. 따뜻한 물로 샤워하면 취침에 도움이 된다는 말도 마찬가지다. 따뜻한 물은 피부 가까이에 있는 혈관들을 확장시킨다. 특히 말초혈관을 이완시키는데 이를 통해 전신으로 피가 잘 퍼지게 되고 그럼으로써 뇌에 혈류가 집중되는 것이 방지된다. 족욕이나 수면양말을 착용하라는 조언도 마찬가지다. 누구나 발이 따뜻하면 숙면을 할 수 있다[104]. 뇌와 가장 멀리 있는 발을 따뜻하게 하면 그만큼 그곳의 팽창된 혈관들을 통해 혈류가 잘 흐르며 뇌에 혈류가 집중되는 것을 가장 효과적으로 방지하게 된다. (물론, 그렇다면 운동 시에는 말초 근육 기관에 혈류를 많이 보내는데 왜 졸리지 않느냐고 반문할 수 있다. 이는 완전히 다른 상황이다. 교감 신경 활성화로 심장의 혈액 공급량 자체가 월등히 늘어나기 때문에 온몸에 혈액이 원활히 공급된다. 더구나 그런 식으로 심혈관 기능을 향상시키면 평상시 뇌에도 혈류 공급이 잘 되니 운동이 공부나 지능에 긍정적 영향을 주게 되는 것이다. 또, 그런 '혈행' 에 도움이 되니 수험생에게 오메가3도 섭취하라는 것이다.)

사실, 뒤늦게 알게 된 것인데 필자의 잠드는 2가지 요령은 미 해군에서 사용하는 수면법[105]과도 완벽히 일치한다. 이에서도 역시 2가지 포인트 즉, '몸을 이완시키는 것' 과 '생각 조절' 에 대해 언급한다. 미 해군 예비 비행학교에서 계발해 교육하는 이 비법은 6주 훈련으로 96%의 성공률을 보인다고 하며, 전쟁터에서도 2분 만에 잠들 수 있다고 하니 놀라울 따름이다.

그 밖의 수험 생활 불면증 원인과 해결법

수험생이 피하기 어려운 생활 습관적인 문제들 몇 가지에 대해 더 언급하고 수면 파트를 맺으려 한다. 앞서 하루 중 활동량 부족이 불면증의 원인이 될 수 있다 하였다. 특히, 수험생 중 운동을 하지 않거나 해도 빈도가 낮은 경우, 몸의 하루 자연 활동량이 낮은 경우에 이 경향이 심해질 수 있다. 이를 해결하기 위해서 추가 활동량의 필요성을 느낄 때 1~2Km(20~30분) 정도 걷는 식으로 활동량을 늘려 좀 더 몸을 피로하게 만드는 것이 도움이 된다. 신체 활동이 증가하면 보통 잠이 잘 온다. 신체에 피로도가 쌓이면 이를 해소하기 위해 여러 기관으로 혈류를 많이 보내게 되어 수면이 수월해진다.

공부 환경 특성상 햇빛을 받을 기회가 적다는 것도 불면증의 사유가 될 수 있다. 인체에 있어 햇빛은 Vit D와 수면 유도 호르몬인 멜라토닌 생성 등에 중요하다. 또, 햇빛은 신체 리듬에 관련된 여러 체내 인자들을 조절한다. 물론, 햇빛이 생성해내는 이런 물질들을 위한 보충제들도 있지만, 흡수율이나 효과 면에서는 햇빛을 통해 자연적으로 얻는 것만 못하다. 공부 장소로 출퇴근할 때, 식사하러 갈 때 혹은 잠시 산책하는 시간이 있다면 어느 정도 피부에 햇빛을 받게 하는 것이 좋다. 또한, 유리창을 통과하지 않고 직접 햇빛을 받아야만 해당 호르몬들이 생성된다는 점도 참고하자.

스트레스 또한 불면증과 수면의 질 저하를 일으킬 수 있다. 어느 정도의 스트레스는 수험생으로서 피할 수 없는 것임을 알고 받아들여야 하겠지만 과도하다면 예방법이나 해소할 방법을 찾아야 한다. 그것들로 인해 머리가 복잡하고 잠이 오지 않는다면 앞서 필자가 제시한 잠드는 방법을 참고해 숙면하도록 하자.

잠이 잘 오지 않은데 '반드시 잠들어야 한다.' 면서 너무 심하게 강박관념을 가지는 것도 오히려 불면증을 가중시킬 수 있다. 비슷한 맥락으로 '혹시 잠이 오지 않으면 어떻게 하지?' 라는 자각도 뇌를 순간적으로 활성화시켜 수면에 해롭다. 의무감이나 불안감보다는 편히 잠들 수 있다는 '자신감' 으로 생각을 바꿀 수 있다면 최상이다. 혹은 잠들지 않고 편하게 쉬기만 해도 피로가 풀어지니 괜찮다는 '안일함' 을 가지도록 하자. 실제로 눈을 감고 몸의 긴장을 완전히 이완시킨 뒤 머리를 비우면 수면과 어느 정도 비슷한 효과를 누릴 수 있다.

선천적으로 혹은 습관적으로 아침에 잘 일어나는 사람도 있지만 대부분은 전날 밤 수면의 질에 따라 기상의 수월함이 달라지며 하루 공부 활력에 차이가 생긴다. 결국, 전날 밤 수면은 그날 하루 공부 컨디션에 결정적인 역할을 한다고 할 수 있다. 현재 수면을 방해하는 요소가 있거나 근래 기상 시간이 늦어지고 힘들다고 한다면 지금까지 본서에서 언급한 내용들을 참고하여 어떤 것이 부족한지, 혹은 보완하면 좋을지 따져보고 조정하는 것이 좋겠다.

| 수면준비 | 규칙적인 생활 (휴일 늦잠 x) | 저녁식사 후 쪽잠 금지 |
| | 늦은 오후부터 카페인 섭취제한 | 적절한 방안 온도, 습도 조절 |

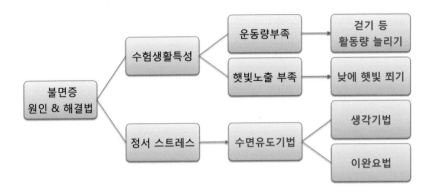

또한, 여기서 필자가 제시한 수면 준비와 불면증 원인 & 해결법을 모두 사용해봤는데도 불면증이 해소되지 않거나 혹은 수면 시간이 충분한데도 피곤함을 많이 느낀다면 병원을 찾아 의학의 도움을 받아볼 필요가 있다. 이런 수면 장애는 현대의학에서 하나의 질환으로 취급된다.

먼저 특별한 이유 없이 충분한 수면 시간에도 너무 피곤함을 느낄 경우 간의 기능 저하를 의심해 볼 수 있다. 간은 피로물질인 젖산을 대사하며 몸에서 발생한 독소와 활성 산소를 분해하는 역할을 한다. 그런 간에 문제가 생긴다면 피로감은 훨씬 커지게 된다.

다른 한편으로 평상시 기면증이 있거나 혹은 의식하고 있든 의식하지 못하고 있든지 코골이, 이갈이, 수면 무호흡증 등 수면의 질 저하가 의심된다면 수면 다원 검사를 받아보는 것이 좋다. 수면다원 검사는 수면 질환의 여부와 종류, 그리고 정도를 객관적으로 평가하는 검사 방법이다. 국내에서는 2018년부터 수면 다원 검사에 대해 국민보험이 적용된다106). 또한, 검사뿐 아니라 수면무호흡 양압기 치료 또한 건강보험 적용이 된다107). 따라서 전보다 수면 장애에 대해 의학적으로 진단받고 치료하는 부담이 적어졌으니 반드시 수면의 질을 높일 방법들을 동원해 경쟁력 있는 수험 생활을 지속하기 바란다.

06

휴식과 슬럼프

휴식

휴식과 슬럼프의 상관관계

휴식과 슬럼프 두 가지는 관련이 있다. 먼저 적절한 휴식은 슬럼프를 방지해 줄 수 있다. 반면에 너무 휴식이 짧아도, 또 과도하게 휴식 시간이 길거나 잦아도 공부 효율이 떨어지며 슬럼프가 유발될 수 있다. 그러니 자신에게 적당한 휴식에 대해 먼저 짚어 봐야 한다. 또한, 휴식은 슬럼프를 알 수 있게도 해준다. 공부가 힘들고 더 앉아있기 싫어지는 순간이 오더라도 일반적으로 약간 휴식을 취하면 괜찮아진다. 그런데 충분한 휴식을 취해도 더이상 공부가 잘 안되고 저조한 상태가 며칠 이상 지속된다면 슬럼프라고 진단하게 된다.

휴식에 대한 마음가짐

수험 생활을 잘하기 위해선 잘 짜인 하루가 그대로 반복되도록 해야 한다. 생활 리듬이 깨지지 않도록 다른 변수를 발생시키지 않아야 한다. 과음, 밤샘, 소화 안되는 음식, 과도한 영상 매체 시청, 감기 외 각종질병, 지나친 수면, 인간관계 갈등 등이 리듬을 깨는 흔한 변수들이다. 이것들은 한순간에 며칠의 학습 효율을 저해해 버릴 수 있다. 그리고 이런 것들은 주로 쉬는 시간에 하는 일이거나 휴식 시간으로 인해 비롯되는 이벤트들이다.

그래서 리듬 유지는 특히 휴식 시간에 중요하다. 운동선수들이 그렇다. 경기 중에는 굳이 리듬을 유지하려 애쓰지 않아도 저절로 유지가 된다. 문제는 경기가 중단되거나 모두가 잠깐 휴식하는 시간이다. 체조 선수들은 자기 차례를 기다리면서 계속 걸어 다니거나 움직인다. 다이빙 선수들은 따뜻한 물속에 몸을 담그고 체온을 유지한다. 이때 관중석의 사람들에게 시선을 보냈다가는 리듬이 흐트러지고 만다[108].

수험생도 마찬가지다. 수험 생활 리듬 유지를 위해서는 휴식 시간 또한 중요하다. 이때 과도하게 긴장이 풀어진 모습을 보이거나 다음날 지장을 주는 행위는 리듬을 무너뜨린다. 다시 공부를 시작하기가 싫어지게 한다. 그러니 공부 도중 쉬는 시간이라고 핸드폰 게임을 하거나 재미있는 웹툰(webtoon)을 찾아보지 말라는 이야기다. 인터넷 쇼핑을 하거나 SNS를 탐독하거나 자극적인 뉴스거리를 찾아 읽으며 시간을 보내지 않아야 한다. 이들은 과감하게 완전히 끊어야 한다. 안 하다 보면 충분히 안 해도 이상하지 않게 된다. 이런 이야기들은 필자 역시 이들에게 심하게 중독되어봤기에 하는 말들이다. 혹시라도 자신은 중독되지 않고 통제 가능하다 생각하는가? 그렇다면 더 해로울 수도 있다. 심각하게 빠지는 사람들은 한두 번 해 보고는 그 시간의 무모함과 해악을 확실히 깨달고는 다시는 안 할 가능성이 높다. 그런데 자신이 적당량만 통제 가능하다는 사람은 꾸준히 그 나쁜 행동을 하며 가랑비에 옷이 젖는지 모를 수 있다. 더불어 상대적으로 공부가 지루해지는 것은 설상가상이다. 공부보다 월등히 재미있을 수 있는 것으로 휴식을 취하거나 공부에 대한 보상으로 삼는다면 공부가 지겹고 재미없는 것이 당연하다. 다시 한번 본서의 〈5장 수험 공부의 전략〉 첫 파트의 두 번째 단계 '하얀 방 비유'를 되새겨보도록 하자. 재미는 상대적인 것이다.

또, 쉬는 날이라고 종일 잠을 자거나 그동안 못 만난 친구를 만나 실컷 놀거나 해서는 안 된다. 수면 파트에서 언급했지만 휴식하기로 한날 너무 늦게까지 잠을 자게 될 경우 애써 만들어 가고 있던 리듬을 깨트려 다음날 한층 더 기상이 어렵게 된다. 또 쉬는 날 친구들과 정신없이 놀다 보면 스트레스는 풀리겠지만 공부하기가 더 싫어진다. 공부 리듬은 망가져 효율이 더 떨어지게 된다.

우선 중요한 것은 마음가짐이다. 공부하는 도중 잠깐 쉴 때도, 일주일 중 휴식을 취하기로 한 특정 요일이나 시간대라고 하더라도 그 시간 역시 수험 생활 중 일부임을 잊어서는 안 된다. 절대로 수험 생활 이전 평상시처럼 시간을 보내서는 안 된다. 그 시간을 놀거나 즐기는 시간이라 생각하지 않아야 한다. 재충전하는 시간이고 머리를 비우는 시간일 뿐이다. 휴식 시간에 대한 올바른 마음가짐을 잊지 않도록 하자.

공부 도중 휴식 시간

교육학에서 한 가지 사건이나 활동에 집중하는 시간을 '주의 집중 시간'이라고 한다. 집중력은 개인차가 크며 주제의 관심 정도나 현재 상황에 따라서도 차이가 많이 난다. 하지만 초·중등학교 교육과정 총론에 따르면 평균적인 나이별 집중도는 초등 40분, 중등 45분, 고등 50분 정도이다[109]. 그래서 국내 초중고 학교들의 수업 시간과 쉬는 시간도 이에 맞춰있다. 따라서 대학생 이상의 성인은 한번 자리에 앉으면 최소 50분 이상은 공부를 이어갈 수 있어야 하겠다. 아직 공부 지속이 어렵다면 그 정도 시간 길이를 시작으로 하자.

또한, 연습에 따라 3~4시간 한자리에 앉아서 공부하는 것도 충분히 가능하며, 궤도에 오른 수험생은 아무리 적어도 2시간 정도는 이어서 공부할 수 있어야 한다고 필자는 여긴다. 휴식은 주의를 환기시키며 활력을 주기도 하지만 너무 자주 일어나게 되면 주의가 흐트러지며 몰입이 어렵게 되기 때문이다. 또한 휴식 시간이 잦으면 당연히 전체 공부 시간도 줄어들게 된다.

한편, 위에서 교육학의 연령별 평균적인 주의집중 시간을 제시하긴 했지만, 실제로 사람이 한 가지에 완전히 집중할 수 있는 시간은 그리 길지 않다. 뇌신경의 생리학적 과정 측면에서 집중 가능한 시간으로 제시되는 수치는 20분 남짓이며 심지어 2008년 성인 천명을 대상으로 진행된 조사에 따르면 평균 집중 지속 시간은 5분 7초였다고 한다[110]. 그래서 완전히 몰입해서 오랜 시간 집중할 수 있다는 것은 다소 비현실적인 이야기이며, 다시 최대로 집중하기 위해 마구잡이로 일어나 휴식을 취하는 것 또한 옳지 않다. 단지 집중도의 높낮이가 있을 것이고 적당히 그 흐름의 순환을 타면서 공부하는 것이 현실적이다. 그런 쪽으로 생각을 달리하면 집중 시간이 다 되었다고 쉬는 식의 시간 분배는 하지 않게 된다.

리듬을 타며 공부한다는 것은 어려운 공부를 어느 정도 했다면 이어서는 다른 형식의 조금 편한 공부를 하는 식으로 구성해 공부 지속 시간 자체를 길게 이어가는 것을 말한다. 예를 들자면 고도의 집중을 요하는 내용 암기를 실행하고는 그 내용을 다른 곳에 옮겨 정리하는 집중력이 덜 필요한 시간을 가지면 뇌가 상대적인 휴식을 하게 된다. 100문제를 한 번에 풀며 집중력을 급감시키고는 완전히 늘어지는 쉬는 시간을 가졌다가 채점과 풀이를 하는 편은 비효율적이다. 그보다는 20문제씩 집중해서 풀고 그 사이 채점과 오답풀이를 넣어 덜 집중해도 되는 시간을 섞는 편이 낫다. 과목에 대해서도 마찬가지일 수 있다. 어려운 과목을 몇 시간 연달아 복습 공부하기보다는 중간에 자신이 자신 있고 재미있어하는 과목 문제 푸는 시간을 섞어 넣으면 쉬운 집중을 하며 고도 집중 후 피로감을 낮출 수 있다. 이렇게 적당히 전략적으로 공부를 하면 중간에 자주 휴식 시간을 가지지 않더라도 훨씬 더 한 번에 오랜 시간 공부를 이어갈 수 있다. 또한, 쉴 때도 굳이 자리에서 일어나 밖에 나가는 것이 아니라 그 앉은 자리에서 스톱워치를 멈추고 잠시 다른 생각을 할 수도 있다. 이 또한 공부 리듬을 유지하면서 집중력에 활력을 더하는 좋은 휴식의 방법이다. 물론, 만약 도무지 집중이 잘 안되고 어려운 공부로 인해 스트레스를 많이 받았다면 자리에서 일어나 주위를 환기시키는 것도 필요하겠지만 말이다.

고도 집중	휴식	적당 집중	휴식	쉬운 집중	휴식

〈고전적인 공부 방식, 수업 방식〉

고도 집중	쉬운 집중	적당 집중	앉아 쉼	쉬운 집중	고도 집중	적당 집중	쉬운 집중	휴식

〈리듬을 타며 공부하는 방식, 오래 앉아 공부할 수 있는 방식〉

그래서 자신에게 보다 수월한 유형의 공부들, 혹은 옮겨 적기나 스터디 문제 만들기 같은 집중력이 덜 필요한 방식의 공부들을 아무 생각 없이 신나게 해치울 것이 아니다. 하루 중 공부 집중이 잘 안 되는 시간에 배정하거나 어려운 공부 뒤에 잠깐씩 배치함으로써 휴식의 필요성을 덜고 공부의 리듬을 타며 공부 지속 시간을 늘릴 수 있게 된다.

이는 마라톤과 동일하다. 잠깐 전력 질주했다가 멈춰서 쉬거나 걷거나 하는 것이 아니라 완급조절을 하며 달리는 행위를 오랜 시간 이어가는 것이다. 그러려면 계속 이어 달릴 수 있을 정도의 현재 자신에게 적당한 빠르기를 알아야 하고 필요에 따라 그보다 빨리 달릴 때도 있고 반대로 필요에 따라 느리게 달리기도 해야 한다. 그리고 자신의 적정 수준보다 느리게 달리는 행위를 안일하게 초반부터 하지 말고 다음번 힘이 들 때 사용하기 위해 아껴야 한다. 그렇게 연습에 의해 달리기가 점차 익숙해지고 폐활량이 좋아지면 20분, 30분이 아니라 4시간 풀코스를 달리는 것까지도 가능하게 된다. (일반인 기준 마라톤 풀코스는 약 4시간, 하프코스는 약 2시간 정도 소요된다.)

수험생도 똑같다. 각 식사 시간 간격인 4시간이 풀코스이다. 이를 목표로 하고, 최소한 하프코스(2시간)까지는 일어나 쉬지 않고 한 번에 완주할 수 있어야 한다. 즉, 그 정도는 계속 한자리에 앉아 있을 수 있어야 수험 공부 체력 경쟁력이 있다고 하겠다.

일주일 중 휴식 시간

주제가 휴식이니 내용도 잠깐 쉬어가도록 하자. 듣기만 해도 기분이 좋아지는 삶의 휴식 시간이 무엇일까? 아마 현대의 많은 사람에겐 '세계 여행'이 그런 존재일 것이다. 필자에게도 그런 기억이 있다. 시험에 합격하고 치전원 1학년 여름방학에 꿈에도 그리던 유럽여행을 홀로 떠났다. 한 달 동안 13개국 18개 도시를 여행했는데 각 도시마다 정말 넘치는 개성에 감탄을 했다. 붉은 2층 버스가 고풍스러운 거리에 잘 어울렸던 런던, 웅장한 흰 건축물들 사이로 펼쳐진 비 내리는 파리 거리, 프랑스의 아름다운 니스 해안, 동유럽 분위기가 물씬 풍기는 프라하, 대자연속 상쾌함과 여유 그 자체였던 알프스 산기슭 라우터브루넨 등. 이 글을 읽고 있는 수험생들도 지금은 열심히 공부를 해야 하겠지만 멋지게 시험에 합격한 후 그런 여행들을 다니는 상상을 해보도록 하자. 혹은 여행의 기억이 있어 가끔 떠올려 본다면 기분이 전환되고 다시 공부에 전념할 활력을 찾을 수 있을 것이다.

한편, 여러 도시 중에서 유일하게 역동적이고 활기가 느껴지던 도시가 있었으니, 베를린이었다. 다른 도시들이 휴양과 여행 느낌이 훨씬 큰 것에 반해 베를린은 사람들이 분주하게 움직이며 산업도시 느낌을 풍겼다. 실제로 2008년 세계 경제 위기 이후로 유럽 경제는 독일이 이끌어가고 있다고 해도 과언이 아니다. 비록 세계대전을 일으킨 전범국이긴 하지만 그만큼 그 당시 전 유럽을 상대해 전쟁할 만큼 독보적인 기술력이 있었고 이후 전쟁 폐허 속에서 '라인강의 기적'을 일으켜 지금이 된 것을 보면 분명 매우 우수한 민족임에는 틀림이 없다. 그런데 이 뛰어난 게르만 민족의 자존심에 상처를 입힌 유일한 민족이 있었으니 바로 유대인이다. 2차 세계대전 당시 유대인은 전 유럽에 걸쳐 분포했는데 그들은 각국의 금융계를 휘어잡는 한편, 건강하고 번식력도 좋았기에 다른 민족들에게 미움을 받았다. 결국 그런 유대인들의 너무 잘난 점들이 홀

러코스터(나치의 유대인 대학살)를 유발하게 된다[111]. 현대도 마찬가지다. 세계 인구의 0.2%밖에 안되는 소수민족이지만 노벨상의 20%를 차지하고 세계의 막대한 자본과 부동산을 소유한 것이 유대인이다. 그래서 그들의 교육과 문화를 배우려는 서적들도 곧잘 보인다. 도대체 어떤 점들이 이 민족을 뛰어나게 만드는가? 물론 그들의 여러 긍정적 특성들이 있지만, 이들이 가진 창의성의 비결 중 하나로 수천 년 동안 일주일 중에 하루를 정하여 안식일을 지키는 것을 꼽기도 한다[112]. 이들은 안식일을 생명처럼 지키는데 금요일 해가 진 다음부터 토요일 해 질 녘까지 하루 동안은 아무것도 하지 못하게 한다[113]. 단순히 일을 하지 않는 것뿐만 아니라 요리도 해서는 안 되고, 전기기구를 사용도 금지되고 심지어 차를 타서도 안 된다. 오직 쉼만 있을 뿐이다. 물론, 종교적인 신념에서 비롯된 것이지만 이렇게 하루를 경건하게 쉬며 머리를 비우고 새 활력을 찾게 된다.

일주일 중 얼마나 쉬는 것이 적당한지에 대해서는 많은 수험생이 고민하는 주제이다. 유대인의 예를 든 이유는 일주일 중 하루를 온전히 쉬는 것이 괜찮은 전략이라는 이야기를 하기 위함이다. 이 하루가 단순히 일주일 내내 공부하는 사람보다 1/7이라는 시간을 버린 것이 아니라 오히려 다른 시간을 더 값지게 만들고 슬럼프를 방지하여 장기적 관점에서 더 현명한 계획일 수 있다. 쉬는 날에는 공부에 대해서는 완전히 잊어도 좋다. 어설프게 신경 쓰는 것보다 오히려 전혀 생각지 않고 심지어 유대인처럼 금지하는 편이 오히려 더 도움이 될 수 있다. 단, 과도하게 즐기는 행위나 다음날 지장을 줄 수 있는 행동은 하지 않아야 한다. 유대인처럼 다소 경건하게 시간을 보내는 편이 좋다.

쉬는 요일에 관해서는 주말 중 하루를 택하는 편이 낫다고 본다. 대부분 수험생이 주말에 쉬는 편이다 보니 전체적인 분위기 때문에 그렇다. 필자 경험상 다른 평일에 쉬면 다른 수험생들은 공부하고 있으니 이상하게 불안감이 가중되는 한편 많이들 쉬는 주말에 혼자 풀(Full) 공부하자니 공부 의욕이 다소 떨어지는 느낌을 곧잘 받을 수 있었다.

물론, 일주일 중 휴식에 대해 무조건 일주일 중 하루를 쉬어야 한다고 주장하는 것은 아니다. 그렇게 해도 괜찮다는 말일뿐이다. 개인의 역량에 따라, 수험 생활 리듬을 타고 있고, 나름대로 공부에 성과와 재미를 어느 정도 느끼며 정서적 안정까지 되어 있다면 시간을 훨씬 더 늘릴 수 있다. 또한 일주일 중 하루를 쉬다가도 본고사가 앞으로 다가오면 공부 시간을 좀 더 늘리는 변화도 괜찮다. 자연스레 생기는 긴장감 덕분에 가능하다.

참고로 필자는 수험 초반에만 대개 일주일 중 하루를 쉬었다. 그 이후부터는 쉬는 날에 적게라도 공부를 꼭 했다. 시험을 5~6개월 앞두고는 쉬는 요일에도 오전은 공부를 하였고, 마지막 몇 달에는 쉬는 날에도 오후까지 공부하고 저녁 시간만 쉬는 정도로 수험 생활을 하였다. 쉬는 요일은 주로 주말이었지만 스터디 시간에 따라 변경되기도 하여 일주일 중 토요일, 일요일 혹은 금요일 저녁에 쉬는 것이 전부인 적도 있었다. 당연히 처음부터 그렇게 할 수는 없고 수험 생활이 최고 궤도에 오르고 공부에 어느 정도 흥미를 느끼고 있어야 가능한 일이다.

〈필자의 수험 생활 일주일 중 휴식 시간 예시〉

일주일 중 단 하루만 쉬었다니, 아니 일주일 중 단 2~3시간만 쉬고 공부만 했다고 하면 너무 휴식 시간이 짧다고 생각할 수 있다. 그러나 수험생은 합격을 하든지 하지 못하든지 시험이 끝나고 한동안 내리 쉬는 것이 일반적이기 때문에 일 년을 놓고 보면 적게 쉬는 것이 아니다. 또, 속세의 인연과 자신의 취미를 과감히 끊고 자신의 모든 시간과 집중을 다하는 것이 수험 생활 아니던가. 그러니 나중을 기약하고 지금은 좀 더 시간을 아껴 밀도 높은 공부로 합격 확률을 높이도록 하자. 아무리 못해도 최소한 주 6일은 온전히 공부할 수 있어야 한다.

휴식 시간에 할 수 있는 일들

필자의 경우 수험 기간 동안 항상 혼자 살았기 때문에 쉬는 날에는 편하게 거주지에 있는 경우가 많았다. 단순히 빈둥거리는 시간이 많았고 쓰고 싶은 글을 쓰고, 읽고 싶은 책을 읽기도 하였다. 또, 워낙에 생각이 많은 편이라 평상시 공부하며 하지 못한 이런저런 생각을 하다 보면 시간이 금방 갔다. 가끔은 음악 경연 프로그램을 시청하며 음악에 심취하기도 하였다. 단, 고시원에 거주할 때는 집에서 쉬기가 어려웠다. 워낙에 좁은 공간이었기 때문에 쉬는 느낌도 들지 않았고 답답하며 기분도 더 침울해지는 느낌을 받았다. 이때는 혼자 밥을 사 먹으러 나가거나 영화를 보기도 하였다. 산책이라는 명목하에 주변을 배회하기도 하였다. 물론, 수험 중반기부터는 쉬는 시간이 적었기 때문에 운동하고 밀린 집안일 하다 보면 시간이 모두 갔다.

다른 수험생들의 경험을 들어보자면 음악을 듣거나 스포츠 경기를 본다는 다소 건전한 답변들도 있고, 단순히 잠을 많이 자며 종일 집에서 빈둥거렸다는 경험, 드라마나 웹툰, 만화책 등을 봤다는 이야기들도 있었다.

한편, 쉬는 날 무언가 할 때는 혼자 하는 것을 권한다. 충분히 그래도 괜찮으며 수험생은 무엇이든 혼자 하는 것이 정상이다. 수험생 대부분 다 그렇게 한다고 보면 된다. 필자는 혼자 하는 것의 끝판왕은 고깃집에서 고기를 구워 먹는 것이라는 이야기를 듣고 정말 몇 번 그렇게 해봤다.(실제로 고기가 먹고 싶기도 했다.) 그랬더니 그다음부터는 아무것도 두렵지 않았다. 홀로 큰 식당에서 밥을 먹는 것, 홀로 영화를 보는 것은 아무것도 아닌 쉬운 일이 되었다. 혼자 시간을 보내며 혼자 결정과 판단을 하고 홀로 생각할 때 독립적이고 강해진다. 유능해진다. 반드시 혼자 있을 줄 알아야 한다. 그것 또한 수험 생활을 통해 배울 수 있는 중요한 한 가지이다.

다시 말하지만, 휴식하는 시간은 재충전의 기회이기 때문에 다음날 해가 될 수 있는 행동은 하지 않아야 한다. 몸을 피로하게 할 수 있는 과도한 육체 활동들, 머리에 잔상을 깊게 남길 수 있는 영상물들 시청 등을 피해야 한다. 스트레스 해소를 위해 영화를 보는 수험생들도 많은데 보더라도 가능한 잔잔한 것, 혹은 아무 생각 없이 보고 끝낼 수 있는 액션물이 좋다. 과도하게 잔인하거나 원색적인 영화, 웹툰, 소설 등의 매체는 피하는 것이 좋다. 그 자극적인 영상들이 당분간 머릿속을 맴돌며 잡념을 일으키고 공부를 방해할 가능성이 높다.

수험생 자신감의 물통

우리는 모두 보이지 않는 물통을 가지고 있다[114]. 이 물통을 '수험생 자신감의 물통'이라고 이름 하자. 또 우리는 모두 보이지 않는 국자도 하나씩 가지고 있는데 그것을 이용해 물통의 물을 한 움큼 채워 넣기도 하고 덜어내기도 한다. 계획대로 공부가 진행될 때, 공부를 통한 깨달음에 기쁨을 느낄 때, 남들보다 더 잘하는 느낌을 받을 때, 좋은 성적을 받았을 때, 하루 공부 시간이 만족할 만큼 나올 때, 주위 사람들에게 인정, 칭찬, 격려를 받을 때, 꿈이나 긍정적인 생각을 할 때 등 긍정적인 일들은 이 물통에 물을 한 국자씩 채워 넣게 된다. 반대로 공부 장소에 지각하고, 복습을 건너뛰게 되고, 스터디 과제를 못 해가고, 공부가 잘 안되고, 수업내용이 이해가 안 되고, 자꾸 틀리고, 나쁜 성적을 받고, 열등감과 비관적인 생각을 하고, 다른 사람과 감정적 대립을 하는 등 부정적인 일들은 수험생 자신감의 물통에서 물을 한 국자씩 비워내게 된다. 이에 따라 물통의 수위가 변하게 되는데 물통이 차오를수록 수험생은 안정되게 공부를 할 수 있으며 물통이 비어갈수록 불안하며 힘들게 된다. 더군다나 계속 물통의 물을 퍼내는 피드백만 받게 되면 드디어 물통의 바닥이 드러나는데 이때는 거의 없는 물을 바닥에서 국자로 퍼내야 하니 물통의 바닥이 긁히며 소음과 고통을 유발하게 된다. 이때가 바로 소위 '유리멘탈' 단계로 접어든 것이다. 이 정도가 되면 사소한 한두 가지 부정적인 사건들도 크게 마음을 뒤흔들며 공부에 큰 장애를 지속적으로 주게 된다. 그런 상태가 또 슬럼프와 연계된다.

　그래서 수험생은 평소 이 물통의 수위를 적당히 잘 유지해야 한다. 그 것이 예방이다. 지금은 괜찮더라도 언젠가 반복되는 물통의 퍼냄을 대비해 긍정적인 피드백들을 지속해 물통을 충분히 채워 두는 편이 좋다. 특히 자신감 물통의 물을 한 국자가 아니라 큰 바가지로 퍼내는 일이 몇 가지 있다. 무척 낮은 모의고사 점수를 확인할 때, 이론이 다 끝나 가는 데 기억나는 것이 너무 없고 정리도 전혀 안된 것 같을 때, 시험이 다가오는데 기본적인 문제도 틀리고 있을 때 등이다. 이런 상황들이 닥친다고 하더라도 평상시 물통을 잘 채워둔 사람은 물통의 바닥이 드러나지 않으니 평정심을 가질 수 있고 원인을 찾으며 다시 마음을 다잡고 공부를 이어할 수 있다. 하지만 평소 물통이 많이 비워진 사람들은 그런 일들로 쉽게 좌절하며 슬럼프를 겪게 된다.

　그런데 이 자신감 물통이 무조건 가득 차 있는 것 또한 좋지는 않다. 물통에 물이 흘러넘치는 것은 자만심이 될 수 있으며 공부를 얕잡아 볼 가능성이 생긴다. 적당히 퍼냈다가 다시 채우고 하는 과정들의 조화가 중요하다. 한 연구에 의하면 긍정, 부정의 상호 작용 중 가장 이상적인 것은 5:1이라고 하며 성장을 위한 최소 비율은 2.9:1이다[115]. (대략 3:1) 이를 로사다 비율(Losada ratio)이라고도 한다. 또한, 과도하게 긍정적인 피드백이 역반응을 발생시킬 비율은 13:1 이다[114]. 즉, 칭찬받는 것도 13번 연속해서 받으면 칭찬의 가치가 퇴색하고 진정성을 느끼기 어렵게 된다. 5번 긍정적인 피드백을 주었다면 한 번 정도는 동기를 자극할 수 있는 부정적 피드백을 주는 것이 상대의 발전에 이상적일 수 있다. 이것을 수험생 공부 시 문제 풀기로 바꿔서 이야기하면 이렇다. 4~5문제 중에 하나 정도 틀린다면 긍정적 피드백을 충분히 받으며 적당히 배움과 자극도 받는 이상적인 문제 풀이를 할 수가 있고, 14~15문제 중에 한 개를 틀릴 정도라면 너무 쉬운 문제집을 풀고 있어서 배움이 적고 다소 공부가 지루해지며 교만해질 수 있다.

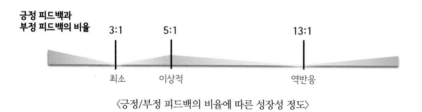

〈긍정/부정 피드백의 비율에 따른 성장성 정도〉

따라서 이 비율을 참고하여 난이도 조절 전략을 세움이 좋다. 물론 해당 시험 문제 자체의 난이도에 따라 이는 약간씩 달라질 수 있겠다. 만약 필자의 시험처럼 일반 수험생이 이론 공부를 하고 기출문제를 풀 때 2문제 중 1문제도 맞히기 어려울 정도라면 실력이 어느 정도 충분해지기 전까지는 기본문제와 선별된 수월한 기출, 난이도 낮은 실전 문제 위주로 문제를 풀어 정답률의 비율을 적당히 유지함이 현명하다. 또, 그렇기에 아직 실력도 적은데 어려운 문제로 걸넘지 말고 기본과 기초를 탄탄히 하라는 이야기이다.

한편, 자신이 가진 국자는 자신의 물통뿐만 아니라 다른 수험생의 물통의 물도 채우거나 비울 수 있다. 스터디를 하며 자신의 실력을 뽐내거나 빠른 진도를 과시하는 등의 행위는 다른 수험생들의 자신감 물통에 있는 물을 한 국자 퍼서 자신의 물통을 채우는 일이다. 그런 행위들이 당장은 도움이 될 수 있겠지만 장기적으로는 자신에게 해롭다. 상대방이 나를 부정적으로 보기 시작할 것이고 언젠간 이에 상응하는 말과 행동으로 그들도 내 물통을 비울 것이다. 반대로 타인을 격려하고 공부 자료를 공유하며 자신의 시행착오를 이야기해 주는 행위는 타인의 물통을 채워주는 행위다. 이는 긍정적인 상호작용이며 결국은 자신에게도 이롭게 된다. 나눔 자체에서 스스로에 대한 긍정적 인식이 생기며 언젠가는 그들도 내 물통을 채워주는 행동을 할 가능성이 높기 때문이다.

기분 전환을 위한 행동들

순간적으로 공부하기가 너무 싫어질 수도 있다. 또한, 문제도 잘 풀리지 않고 자신의 성공에 대해 확신이 떨어지기도 한다. 수험생은 그럴 때 불안해지고 심적으로 힘들다. 하지만 이런 순간, 혹은 이런 날을 모두 슬럼프라고 하기는 어렵다. 슬럼프는 이런 날들이 최소 3~4일 이상 연속으로 지속될 때를 말한다. 그런 것이 아니라면 그것은 슬럼프보다는 그날 '기분'으로 정의하는 것이 맞다. 사람마다 정도나 주기의 차이가 있지만, 누구나 기분 변화가 있다. 어떤 날은 자신감에 차서 어떻게든 모든 것이 이루어질 것 같지만, 반대로 어떤 날은 자신이 없고 도통 공부 진도도 잘나가지지 않으며 문제도 너무 안 풀린다. 심지어는 왜 지금 이 공부를 하고 있는지 모르겠는 생각도 든다. 필자도 지금은 힘 있는 문체로 성공한 입장에서 이야기하고 있지만, 수험 생활 중에는 간혹 그런 날들을 겪었다. 지금 생각하면 별것 아니지만, 당시에는 그 순간을 버텨내며 기분을 전환시키는 것이 절대 쉬운 일이 아니었다.

기분을 극복하기 위해서는 우선, 특정 원인 때문이 아니라 단순히 지금이 기분 사이클(cycle)의 최저점에 있는 것뿐이라고 생각하는 편이 도움이 된다. 즉 그날따라 문제가 많이 안 풀리고 내용 이해가 안 되고, 주변 사람들이 이상한 말을 하는 것이 아니라, 자신의 기분 주기 타이밍이 안 좋다 보니 민감하게 느껴지는 것 일수도 있다는 말이다. 하지만 곧 시간이 지나 그 침울한 기분이 상승하는 날이 오면 다시 괜찮아질 것이다. 그렇게 생각하는 것이 그날 '기분' 을 극복하는 데 도움이 된다.

우울한 기분을 극복하는 가장 좋은 방법 중 하나는 유머로의 전환이다. 모두가 잘 알고 있는 전 미 대통령 에이브러햄 링컨은 지나친 우울증 환자였다고 한다. 또한, 대통령이 되기까지 그 어떤 위인보다 수많은 실패를 겪어야 했다. 그러나 그가 그런 상황들을 극복하고 우울의 강을 건널 수 있었던 방법으로 '유머' 를 이야기한다[116]. 수험생도 우울이 찾아왔을 때 그 기분을 유머로 승화시킬 수만 있다면 최고다. 예를 들어, '오예! 또 틀리네, 그래 어디까지 연속해 틀리나 보자', '이야~ 기분 끝내주네. 이럴 때 하는 공부가 또 제맛이지' 하는 역설도 가능하다. 나를 힘들게 하는 사람이 있다면 그의 이상하게 생긴 코나 특이한 걸음걸이 등을 상상하며 한바탕 웃고 가엾게 여길 수도 있다. 물론 이는 마음속으로만. 아무튼 감정을 유머로 스스로 승화시키는 것이 쉽지는 않지만 취상의 방법이다.

내가 특히 기분 전환에 효과적으로 사용했던 것은 음악이다. 기분이 안 좋거나 감정이 나빠졌을 때 공부와 생각을 중단하고 클래식을 들었다. 또 쉬는 날 TV의 음악 경연 프로그램들을 보면 가슴이 뻥 뚫리고 스트레스가 풀리는 것을 확연히 느낄 수 있었다. 음악이 기분을 전환하는 효과를 가진 이유로 나는 음악에 섞인 감정에 주목한다. 특히 늘 듣던 편안한 리듬과는 약간 다르게 경연 프로그램은 가수들이 극도의 감정을 많이 섞는다. 그것이 좀 더 청자의 주의를 끌며 감정을 고조시킨다. 그리고 이것들이 사랑의 감정이든, 슬픔이든, 열정이든지 워낙 강도가 강하다 보니 내가 지금 겪고 있는 다른 안 좋은 감정, 이를테면 공부하며 느낀 설움이라든지 외로움, 어려움 등을 덮는 것 같다. 순간 깊게 몰입하게 해서 머리를 잠시 비우는 효과이다. 그리고 거기에 하나 더해 음악의 최대의 장점은 스토리가 있지도 않으며 말초적인 것이 아니라는 점에서 일회성에 그친다는 점이다. 비교적 그 이후까지 머리를 복잡하게 만들지 않는다. 하지만 반대로 강한 음악들은 주의를 흩뜨릴 수 있으니 공부를 하면서 자주 듣기보다는 꼭 기분 전환이 필요할 때, 혹은 쉬는 날 스트레스를 풀려 할 때 이용 할 수 있겠다.

또한, 다른 기분 전환법으로 강력히 추천하는 생활요법은 운동과 수면이다. 몸과 정신은 하나로 연결되어 있다. 운동으로 몸에 활력이 돌게 하며 뇌를 비우는 시간을 가지게 되면 기분 변화뿐 아니라 컨디션 향상 등 앞서 말한 여러 장점을 얻을 수 있다. 수면 역시 기분을 바꿀 수 있다. 잠깐 쪽잠을 취하거나 하룻밤 자고 나면 우리의 기분은 완전히 달라지기도 한다.

긍정적인 다른 사람과 대화를 하는 것도 도움이 된다. 기분은 하나의 에너지이기 때문에 그렇지 않은 다른 사람의 에너지를 얻어오는 것도 좋은 방법이다. 추가로 공부에 방해되지 않는 선에서 자신이 평소에 좋아하는 일이나 자신의 평온한 날에 자주 했던 것들 혹은 사랑하는 사람 등을 떠올려보는 것도 좋은 방법이며 새로운 물건을 사는 일도 기분 전환에 도움이 되기도 한다. 또, 수험생은 공부하는 장소를 잠시 바꿔 보는 것도 기분 전환에 큰 역할을 할 수 있다.

그 외에 심리학에서 기분 전환하는 방법들 몇 가지[117]로 '자세 바꾸기', '냉수욕', '햇볕 쬐기' 등도 추천 된다.

〈기분을 바꿀 수 있는 행동들〉

한편, 기분이 좋지 않을 때 가장 하지 말아야 할 것은 중요한 결정을 내리는 행동이다. 예로 수험 지속 여부, 사람 관계 등 이런 것들은 절대 기분이 나쁠 때 결정하지 말아야 한다. 또한, "오늘은 기분이 안 좋으니 아무것도 하고 싶지 않아. 쉬어야 하겠어." 이런 말을 밖으로 뱉는 것도 좋지 않다. 그것을 표현하고, 그것을 위한 시간을 마련해 줄 때 우울은 더 강화되는 경향이 있다. 단지 공부가 도저히 안 된다면 확실한 범위를 정해 그곳까지로 그날 공부는 일단락하고 운동이나 대화 등 앞서 말한 기분을 전환할 수 있는 무엇인가를 해보는 정도가 적당하다. 아무것도 하지 않고 있는 것은 그 나쁜 기분이 더 고조될 수 있기에 좋지 않다.

반면에, 의지가 강하고 목표 의식이 분명한 사람은 이런 기분들에 잘 휘둘리지 않는다. 자신이 당장 그런 사람은 아닐지라도 점차 그런 사람으로 되어가고 있다고 믿자. 또한, 잘하는 과목이 생기고 공부에 흥미와 탄력이 붙게 되면 기분 사이클 따위는 무의미해질 것이다. 자신의 기분은 완전히 잊고 공부하게 될 것이기 때문이다. 그 경지를 목표로 삼도록 하자.

슬럼프가 찾아오다

반복되는 지루한 일상. 수험을 결심하고는 합격 후기를 찾아 읽으며 자신감에 벅차있던 그 시절은 전혀 기억도 나질 않고, 문득문득 힘들다. 주위 사람들은 다 나보다 잘하고 더 열심히 하는 것 같아 한없이 자신은 작아지고, 형편없는 모의고사 점수는 적나라하게 이를 확인사살해 버린다. 성공한 사람들은 도대체 어떻게 견뎌낸 것일까? 공부는 어렵고, 집중도 안 되고, 외롭고 미래는 불확실하며 무한히 불안하기만 하다. 하룻밤, 이틀 밤, 며칠이 지나도 나아지지 않는다. 그렇게 슬럼프가 온다.

슬럼프는 수험 생활 도중 어느 때나 올 수는 있지만 보통 첫 이론 공부가 끝나갈 때, 문제 풀이를 어느 정도 진행하는 시점, 시험을 한 달 정도 앞두고 모든 커리큘럼이 끝났을 때 정도가 흔한 시기다. 또, 수험 연차에 따라 다르기도 한데 사실, 초시는 워낙 정신없이 바쁘고 낯선 여러 과정에 적응하느라 그런지 슬럼프를 겪는 경우가 비교적 적어 보인다. 또 아직 수험 생활에 깊숙이 발을 담그지 않아 발을 빼기도 쉽고, 일반적인 장기 시험 준비 기간상 2년, 3년을 염두에 두기 때문에 큰 부담도 갖지 않는다. 그래서 초년 차는 공부량에 비해 (초시라는 것을 감안하더라도) 워낙 성적이 안 나오거나, 지금 하는 공부가 시작부터 워낙에 싫은 것이었어야 슬럼프가 온다. 반대로 오랜 연차의 수험생들은 그 생활에 무뎌져 비교적 슬럼프를 적게 겪는 것으로 보인다. 그래서 재수생, 삼수생 정도에서 무언가 생각할 정도의 약간의 여유는 있지만, 성적이 잘 나오지 않고 수험 생활 패턴이 지루할 때 주로 슬럼프를 겪게 된다.

슬럼프를 겪지 않는 수험생들도 있지만, 일단 겪게 되면 그것을 하루 이틀에 쉽사리 떨쳐내기란 대단히 어려운 일이다. 물론, 그렇게 쉽게 기분을 바꿀 수 있는 정도의 상태라면 슬럼프라고 하지도 않을 것이다. 그러니 그 상태를 금세 해결할 수 있다고는 말하지 않겠다. 단, 무슨 일이 있어도 그 시기를 견뎌내야 하며 완전히 무너지지 않아야 한다. 그리고 가능하면 빨리, 그리고 효과적으로 그 상태를 벗어나야 한다. 번아웃(Burnout)된 상태에서 공부 의욕을 다시 돋우는 것이 절대 쉬운 일은 아니다. 하지만 이를 위한 몇 가지 긍정적인 방법들이 있다. 여기서는 그런 대응책들에 대해 짚어보려 한다.

그 전에 우선 중요한 것은 슬럼프같이 수험 생활에 치명적일 수 있는 상태가 오지 않도록 미리 예방하는 것이다. 앞서 언급한 수험생 자신감의 물통을 채워놓는 일이다. 점진적인 공부량의 증가, 그리고 적당한 간격의 휴식이 필요하다. 또한, 차근차근 공부해 나가야 자신감을 잃지 않고 흥미를 느끼며 공부하게 된다. 마지막으로 여러 긍정/부정 피드백들과 평상 시 자신의 나쁜 생각들을 인지하고 스스로 조율해 나가는 전략이 요구된다.

슬럼프를 이겨내기 위해 할 수 있는 일들

사실 필자의 수험 생활 기간 중 1, 2년 차 때에는 마땅히 슬럼프라고 여길 만한 시간이 없었다. 기분이 안 좋거나 공부가 잘 안되는 잠깐의 순간들이 있었지만 오래가지 않았다. 그러나 3번째 공부하는 중에는 다른 생각들도 많았고, 장기간 슬럼프에서 벗어나지 못했다. 이를 이겨낼 수 있었던 방법 중에 앞서 에세이에서 달리기와 글쓰기를 언급했다. 달리기는 운동에서 자세히 이야기했으므로 제외하고 여기서는 글쓰기와 다른 두 가지 항목을 더해 3가지를 이야기하고자 한다.

먼저 글쓰기다. 다음은 세계적인 베스트셀러 작가 스티븐 킹의 말이다.

'글쓰기는 내 삶을 더 밝고 즐겁게 만들어 주는 것이다. 글쓰기의 목적은 살아남고 이겨내고 일어서는 것이다. 행복해지는 것이다[118].'

수험 생활 당시 필자가 쓰기 시작했던 글들은 남들을 의식해 거창하고 멋진 글을 적어두려던 것이 아니었다. 단지 내 삶에서 겪은 강한 감정과 기구한 경험들을 기록해 두고 싶었을 뿐이다. 그런 소소한 글들이 차츰 내게 뭔가 의미 있다고 느껴졌고 그러자 나 스스로가 좋아졌다. 이것을 시작으로 이상하리만큼 아픈 기억들이 쉽게 잊혀갔고 비로소 다시 뛸 힘이 생겼다. 사실 수험 생활이 끝난 지금도 마찬가지다. 사람들이 나를 보면 밝고 쾌활해 보인다는 이야기를 하지만 실제 아직도 마음이 강하지 않다. 감정은 자주 요동친다. 자신감이 폭삭 내려앉을 때는 모든 것이 다 잘 안 될 것 같고, 내 능력은 적은 것 같고 막연한 불안감과 괴로움이 나를 가득 메운다. 그런 때 글을 써서 감정을 풀 수 있고, 전에 썼던 글들을 다시 읽으면 확실히 힘이 난다. 자신감이 재충전된다. 지금도 그렇고 수험 생활할 때에는 더욱 그랬던 것 같다. 그렇게 지내온 것이 내 수험 생활이었고 그렇게 살아온 것이 지금까지의 내 인생이었다.

우리는 살면서 감당하기 어려운 일들을 겪을 때 누군가에게 털어놓으면 한층 마음이 편안해지는 것을 느끼곤 한다. 그처럼 수험 생활 중 여러 가지 것들이 마음대로 되지 않아 슬럼프를 겪을 때 누군가에게 털어놓을 수 있다면 역시 좋을 것이다. 하지만 수험 생활에 대한 마음고생은 해보지 않았거나 이미 수험 생활을 오래 벗어난 사람들이 공감해 주기란 어렵다. 그렇다고 현재 바삐 수험 생활 중인 다른 수험생에게 이야기하기는 더 어렵다. 그럴 때 나 자신에게 이야기해 주는 것이 좋고, 그것이 바로 글쓰기가 된다. 기록은 매우 훌륭한 감정 해소의 수단이자 슬럼프 극복 수단이다.

두 번째는 책이다. 책은 시간 여유가 있어야만 읽는 것이 아니며, 단순히 지식과 정보를 얻기 위해서만 읽는 것도 아니다. 시간이 없는 와중에서 마인드 컨트롤을 위해 중요한 수단이 될 수 있는 것이 책 읽기다. 역사에 보면 성공한 사람들은 심지어 전쟁 중에도 책을 읽었다. 자신의 감정과 기분을 다스리고 전쟁의 혼란과 파괴적이고 자포자기적인 분위기에 빠져들지 않기 위해서였다. 조조, 나폴레옹, 알렉산더, 시저, 한니발, 광개토 대왕, 세종대왕, 이순신 장군 등 모두 어려워 보이는 상황에서도 끊임없이 독서했다. 전쟁은 최고의 경쟁 상태란 점에서 수험과 동일한 면이 있다. 경쟁에서는 더 괜찮은 전략이 필요하며 자신의 기분을 통제하고 이성적이면서도 긍정적인 사고가 필요하다. 이것들을 책에서 찾을 수 있는 경우가 많다. 수험생들도 시험이 너무 가깝지 않다면, 혹은 지금 너무 힘들다면 책으로 힘을 얻고 그곳에서 이 어려운 상황을 헤쳐나갈 지혜를 찾기 바란다. 물론 유튜브 등 다른 영상 매체들도 그 역할을 어느 정도 대신할 수 있다. 하지만 혼자 우직하게 공부하는 사람에게 있어서는 다른 유혹으로 빠질 여지가 많은 영상 매체보다는 확실하게 격리되어 있는 '책'이 좀 더 낫다. 무엇이든 단 한 번의 의지로 순항하기는 쉽지가 않다. 주기적인 재추진이 필요하다. 로켓이 그렇다. 단거리를 가는 것이라면 모르겠지만 하나의 계를 넘어 대기권 이상까지 올라가야 하는 로켓은 재추진 과정을 거친다. 처음 발사하고 중간에 연료통을 버리며 한 번 더 추진하는 것. 수험 생활도 그런 것이 필요하다. 단기적인 것이라면 한 번의 의지로 가능할지라도 장기 시험에서는 주기적인 새 추진력으로 힘을 얻어야 더 높이 멀리 가기 수월하다. 그리고 그 재추진에 책은 더할 나위 없이 좋은 연료통이다.

세 번째는 생각이다. 여러 생각 중에서도 독일의 철학자 프리드리히 니체의 운명관을 나타내는 용어 '아모르파티'에 대해 이해할 수 있으면 좋겠다. 프리드리히 니체의 용어로서 운명애(運命愛)라고도 하는데, 필연적인 운명을 긍정하고 단지 이것을 감수할 뿐만 아니라 오히려 이것을 사랑하는 것이 인간의 위대함을 보여 주는 것이라고 생각하는 사상을 말한다[119]. 아모르파티의 의미인 '네 운명을 사랑하라'라는 뜻은 결코 역경을 숙명으로 받아들이고 체념하라는 것이 아니다. 운명을 자신의 몫으로 인정한 후에야 비로소 버틸 힘도 생긴다는 뜻[120]이다. 즉, 현재 자신의 상황과 어려움을 마음 깊이 인정할 수 있다면 많은 것들이 달라진다. 한층 더 성숙하게 삶을 대할 수 있으며 수험 생활의 어려움 역시 다른 국면에서 바라볼 수 있게 된다. '왜 이런 시간을 내가 보내야 하나' 가 아니라 그냥 그게 내게 주어진 운명이자 필요한 과정이다. 마음속 깊이 받아들이면 초연해질 수 있다.

> **슬럼프를 이겨낼 수 있는 방법 3가지 : ① 글쓰기   ② 책   ③ 생각('아모르파티')**

자신감 되찾기

슬럼프에서 완전히 벗어나기 위해서는 스스로에 대한 자신감이 다시 생겨나야 한다. 수험생들이 할 수 있는, 간단하며 현실적인 자신감 찾는 법들을 소개한다.

첫 번째로 '아침에 공부하는 장소로 더 일찍 나오기' 이다. 특히, 수험생 대부분이 아직 공부하러 나오기 전에 공부를 시작해보도록 하자. 물론, 공부량과 공부 질은 시작 시간과는 또 다른 이야기이긴 하지만 일단 아침에 먼저 나와 공부를 시작하면 남들보다 앞서는 느낌을 받을 수 있다. 즉, 자신감을 얻을 수 있다.

두 번째로 '난도가 낮은 문제들 풀기' 이다. 정답이 많으면 그만큼 할 수 있다는 자신감이 올라간다. 이와 비슷하게 자신이 자신 있어 하는 과목 혹은 좋아하는 과목 공부 시간을 일시적으로 늘리는 것 또한 도움이 될 수 있다.

세 번째는 '매일매일 성과 기록' 이다. 그날 공부했던 것들을 하나씩 적어보면 성취감을 느낄 수 있게 된다. 특히 필자가 제시했던 공부 List 법을 사용하여 항목들을 하나씩 지워간다면 누구나 차츰 자신감은 얻을 수 있다.

또 한 가지 자신감을 불러일으키는 좋은 수단은 '자신의 과거 잘했던 무엇에 대한 회상'이다. 특히 그것이 노력의 결과이며 남들에 비해 특출하게 잘했던 것이라면 더 효과가 좋다. 단 한 번이라도 경험한 성공은 그 다음 성공에 매우 중요한 발판이 된다. 사실, 무엇인가 잘하게 되는 메커니즘은 비슷한 점이 많기 때문이다. 사소한 것이라도 괜찮다. 필자는 학창시절 테트리스 게임을 무척 잘했던 것, 어릴 적 제기차기를 잘했던 것까지 떠올리곤 했다.

자주 웃는 것 또한 자신감을 얻게 해준다. 굳이 웃긴 일을 찾을 것이 아니라 일상에서 많은 것에 미소 짓고 의도적으로 웃음을 줄 수 있다. 연구 결과에 따르면, 웃는 행위 자체만으로도 기분을 상승시키며 긍정적이게 만들 수 있다[121]. 더불어 앞서 슬럼프 극복수단이었던 글쓰기와 책 읽기 그리고 운동 역시 좋은 자신감 상승 수단이 될 수 있다.

마지막으로 자기 암시 또한 훌륭한 심리 컨트롤 방법이다. 매일 아침 거울을 보며 되뇐다. "나는 지금 충분히 잘하고 있어. 난 할 수 있다." 암시의 힘은 크다. 이 긍정적 암시 한마디가 자신감 물통에 매일 한 국자씩 물을 붓는 것과 같다. 이것이 물통의 바닥이 드러나지 않도록 도와줄 것이다. 또한 열심히 해도 자신의 실력이 정말 향상되는지 모르겠다면, 이런 문구를 써서 잘 보이는 곳에 붙여 두도록 한다. "나는 모든 면에서 날마다 더 나아지고 있다." (Day by day, in every way, I am getting better and better[122].) 자기 암시요법의 창시자로 알려진 에밀 쿠에의 이 문구는 처칠, 아인슈타인 등 많은 사람이 직접 해보며 효과를 체험하였다고 한다. 쿠에는 자기 암시에 관한 그의 저서에서 중요한 것은 '상상'이며 '의지'는 결코 상상을 이길 수 없다고 설명한다. 자기 암시가 자극하는 영역인 무의식과 상상의 위력은 어마어마하다. 그를 잘 이용하면 자신감을 충분히 불러일으킬 수 있다.

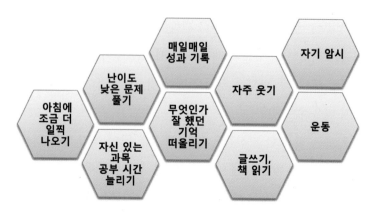

〈수험생 자신감 얻는 방법들〉

07

공부의 즐거움

가치의 끝판왕 공부

공부가 엄청 재미있거나 다른 무엇보다 흥미로운 대상이라고 하기는 어렵다. 하지만 분명 그 속에는 즐거움이 있고 좋은 느낌들이 있다. 실제 수능 만점자들을 인터뷰해보면 공부가 재미있다고 말하는 비율이 훨씬 더 많다.(재미있다, 매우 재미있다 63.4%, 재미없다, 매우 재미없다 13.3%[123]) 물론 아직 실력이 전혀 없을 때부터, 처음 공부 습관을 들일 때부터 재미있기는 어렵다. 필자가 5장에서 이야기했듯이 목표를 분명히 하고 절제한 후 어느 정도 궤도에 오르고 성과도 나오기 시작할 때 비로소 이런 공부에 대한 흥미를 조금씩 느낄 수 있다. 그리고 그것이 절대로 말초를 자극할 만큼 순간적이고 강력하지는 않다. 그러나 그 느낌은 인생에서 가장 중요한 무엇이며 긍정적이고 오래 여운이 남는다. 또한, 다른 사람이 따라 할 수 없는 압도적 격차를 만드는 대단한 과정이다. 우리는 순간적인 것보다는 오래가는 것에, 누구나 쉽게 지금 바로 할 수 있는 것보단 노력이 있어야 성취할 수 있는 것을 '가치 있다'라고 말한다. 그런 면에서 공부에 대한 즐거움을 알 수 있다는 것은 가치의 끝판왕이다. 그리고 그런 배우는 즐거움을 아는 사람이라면 인생의 여러 관문과 자신이 잘하길 원하는 분야에 있어서 무한한 가능성을 지닌 사람이라 할 수 있다.

인내와 최선을 다한 후의 만족감

앞서 집중력 파트에서 스터디 하이를 이야기했다. 달리기처럼 공부도 앉아있기 어려운 어느 순간을 참다 보면 좀 더 편해지며 쾌감을 느낄 수 있는 시간이 온다는 이야기다. 사실 달리기에서 말하는 러너스 하이는 단순히 '달리면 무조건 바로 행복해진다' 가 아니다. 힘든 순간을 참고 넘겼을 때 오는 감정이다. 공부도 역시 공부하는 시간이 마냥 쉽고 편하지만은 않다. 그러나 그것을 참고 이어갔을 때 오는 만족감 그리고 성취감을 알아야 한다.

마라톤을 할 때 보면 잘 뛰는 극소수 사람들 외에 대다수는 순위권을 목표로 하지 않는다. 무사히 자기 기량대로 최선을 다해 완주하는 것에 목표를 둔다. 스스로 시간 기록을 기준으로 한다. 그리고 나서 지나온 길들, 시간에 대한 성취감을 즐거움으로 삼는다. 공부하는 자세도 이와 같다. 물론 잘하게 돼서 순위권에 들고 성적이 가파르게 상승하는 것도 즐거움이겠지만 그보다 우선은 공부 시간 스톱워치를 기준으로 삼고, 자신이 할 수 있는 만큼 열심히 했다는, 혹은 지금 최선을 다하고 있다는 것에서 만족감을 찾을 수 있다. 하루가 지나고 한 달이 지나고 일 년이 지난 후 남들은 어렵다고 말하는 시간을 묵묵히 참고 견뎠을 때 지나온 시간에 대해 성취감을 느낄 수 있다. 그런 긍정적인 감정들에 주목해야 한다. 그래야 일 년이라는 장기 시험 준비 시간 동안 실력을 향상시키며 꾸준히 수험 생활을 이어갈 수 있다. 또한, 한순간 운이나 짧은 시간 반짝 노력한 것이 아니라 그 긴 과정을 거쳐 성과를 냈을 때 비로소 사람들은 그 사람을 특별하다고, 그 직업 자리·진학 자리를 차지할만하다고 인정해 준다.

그 모든 차이가 바로 어디서 즐거움을 찾느냐이다. 지금 친구들을 만나고 싶고, 게임을 하고 싶고, 놀러 나가고 싶은 것은 소비적인 즐거움을 추구하는 것이며 공부의 즐거움에서 점차 멀어지는 일들이다. 지금 공부한 후 보상으로 주는 TV 시청 시간에서 즐거움을 찾는다면 공부에서 오는 조건적인 즐거움밖에 얻을 수 없다. 그렇지 않고 단순히 열심히 했다는 것에서, 힘든 시간을 참고 견디며 긴 시간 공부했다는 것에서 즐거움을 찾기 바란다.

피드백

어떤 일이나 생활에 습관을 들이고 흥미를 붙이기 위해서는 지속적이며 적절한 피드백이 있어야 한다. 단기 시험이야 짧은 시간에 치르고 받는 시험 점수를 통해 바로 큰 피드백을 얻을 수 있지만, 장기 시험은 그런 것들이 부족하다. 특히 반복되는 비슷한 수험 생활 하루하루 자체에서는 지루함만 가득할 수 있다. 이때 스톱워치 시간 측정은 매일의 피드백을 만들어 준다. 그날 스톱워치 결과를 기록하고, 간단히 일과와 컨디션을 메모하는 등 평가와 발전을 도모하는 행위를 할 때 그 일에 조금씩 더 흥미가 생기고 애착이 생긴다.

다른 여러 피드백도 의식적으로 주목해 잘 활용한다면 좋다. 공부하면서 그동안 몰랐던 내용을 알게 되는 순간, 자신의 노력으로 이해가 되지 않던 부분이 이해가 되고 문제가 풀릴 때 수험생은 긍정적인 피드백을 받을 수 있다. 이는 당연히 열심히, 꾸준히 해야 맛볼 수 있는 피드백들이다. 그리고 그룹 스터디를 한다면 모임마다 벌금이나 시험 성적을 통해서, 또 모의고사를 통해서 피드백을 받을 수 있다. 그런 피드백의 기회들을 두려워하지 말고 자신의 성장 자극원으로 여기도록 하자. 피드백은 공부가 지루해지는 것을 방지하고, 결과 없는 비효율적인 노력을 지속하고 있는지 스스로 점검할 수 있게 한다. 어떤 일이든 피드백이 있고, 점차 부정적 피드백보다 긍정적 피드백이 많아질 때 그 일에 대해 즐거움을 느낄 수 있다. 반드시 피드백을 바라보는 관점을 바로잡고 적절히 활용하여 공부의 즐거움을 알아가도록 하자.

공부하는 즐거움보다 더 중요한 한 가지

공부의 즐거움보다 확실히 더 중요한 것 하나는 '꾸준함'이다. 물론 공부에 즐거움을 느끼면 꾸준히 할 수 있을 가능성이 더 높다. 그러나 공부에 충분히 흥미를 느낀다고 하더라도 꾸준히 공부하지 못하면 실패할 것은 뻔하며, 반대로 아무리 관점을 달리해도 공부가 재미없다고 느껴지지만, 그래도 꿋꿋이 공부를 이어간 사람들은 성공할 가능성이 높다. 최종 목표는 꾸준함이며 이를 위한 하나의 수단이 공부의 즐거움일 뿐이다.

본고사를 위해 공부 하고 수험 생활 하는 시간은 절대 '순간'이나 '잠시'가 아니다. 1년 동안 매일 같은 생활을 하기란, 쉽지가 않다. 당장 열의에 찬 목표를 세우고 공부에 흥미를 느꼈더라도 긴 시간 중 언젠가는 또 지루함을 느낄지도 모른다. 적당한 변화와 탄력적인 공부 리듬으로 공부의 밋밋함을 어느 정도 덜 수는 있지만, 결국엔 맞닥뜨려야 하는 것이 바로 이런 지루함이다. 그것을 잘 참지 못하면 실패하게 된다. 결국, 시험에 합격할 수 있는가는 지루함을 참아낼 수 있는지, 없는 지로 정해진다고 해도 과언이 아니다. 그런 지루함이 수험 생활 며칠 만에 혹은 몇 달 만에 또는 수년 차에 최고조로 나타날지 모르지만 말이다. 이를 잘 참아야 한다. 반복되는 지루한 일을 오랫동안 참고, 할 수 있다는 것은 탁월한 능력이다. 결코 모두가 가지고 있는 능력은 아니다. 그런 꾸준함을 훌륭한 가치로 여기도록 하자.

시험은 긴장의 대상이 아니다.
결과를 떠나서 본고사는
자신을 이 생활로부터 꺼내 줄 수 있는
유일한 구원 수단이며 지난 과정을
통해 만들어진 현재 실력에 대한
검색대일 뿐이다.

Strategy of Long-Term Test

PART 08

제8장

시험전략

01 전국 모의고사

전국 모의고사를 보는 이유 | 시험 준비물 | 시험에서 실수하지 않는 법 | 실제 시험장에서의 노하우– OMR 카드 작성법 | 시험 시간 관리 | 시험의 테크닉적인 부분 | 모의고사 리뷰와 오답 정리 | 모의고사와 본고사의 차이점

02 본고사

시험 직전 계획 | 본고사 전 패닉의 가능성과 대책 | 시험 시뮬레이션 | 시험을 치르는 환경 만들기 | 본고사는 모의고사처럼 | 긴장, 수면, 감기, 두통 관련 약물 | 긴장하는 이유와 심리 조절 | 시험 당일 | 본고사 자가 채점과 리뷰, 답안 확보 | 다음 일에 집중하기

01

전국 모의고사

전국 모의고사를 보는 이유

모의고사를 보는 이유는 크게 2가지이다. 먼저 실전과 같은 연습 때문이다. 모의고사는 일반적인 문제 풀이와 다르게 명확한 시간제한 내에 본고사와 똑같은 숫자의 문제를 풀어야 한다. 물론, 혼자서도 본고사와 유사한 난이도, 유형의 문제에 대해 타이머를 맞춰놓고 시간 관리 연습을 해볼 수는 있지만 아무래도 혼자 하는 것은 한계가 있다. 본고사와 유사한 낯선 장소에서, 낯선 사람들 사이에 앉아 실제 감독관이 주는 긴장감을 느끼며 OMR 카드를 직접 마킹한다는 점이 모의고사만의 차별성이다.

또한, 대략적인 자신의 위치를 파악하기 위해서이다. 개별 문제로는 문제별 난이도가 상이하고 다른 일률적이지 않은 점들이 많아 자신의 실력에 대한 객관적인 지표를 얻거나 실력 상승에 대해서 인지가 어렵다. 반면에 모의고사는 일반적으로 성적과 등수를 알려준다. 물론, 이것들이 본고사와는 차이가 많을 수 있고 완전히 실질적인 자신의 실력을 알려준다고 하기는 어렵지만, 어느 정도 가늠의 척도는 된다. 이는 공부에 대한 귀중한 피드백이 된다. 종종 이런 실제 자신의 처참한 위치를 확인하는 것에 대한 부담으로 모의고사를 거부하는 수험생들이 있는데 두려워하는 것보다는 실체를 확인하는 편이 도움 된다. 모의고사를 봤는데 실제로 등수가 현저히 낮다면 공부 방법을 바꾸든지, 공부하고 있는 커리큘럼 단계를 바꾸든지 이도 아니면 수험 생활을 조금 더 길게 보고 장기적 전략을 세우든지 하는 대책이 필요하기 때문이다.

이야기한 모의고사를 치르는 큰 이유 2가지 외에 작은 이유들도 있다. 우선 새로운 문제들을 접하고 추가적인 공부 하려 함이다. 모의고사 또한 문제 풀이의 한 축이기 때문에 모의고사에 등장한 새로운 문제들을 오답 정리하며 공부가 된다. 그리고 모의고사는 실수를 알아차리고 고치는 것에도 결정적인 도움이 된다. 일반 문제 풀이는 실수해서 틀리는 경우 별다른 체감이 어려워 단순히 지나치는 경우가 많지만, 모의고사에서는 실수한 소수의 문제들로 점수와 등수가 많이 뒤바뀌니 아무래도 더 실수에 민감해진다. 그런 실수들을 인지하였다면 꼭 실수하지 않기 위한 대책들을 반드시 세워야 한다. 시험 실수에 대해서는 본 파트에서 곧 자세히 다룬다.

또한, 긴장을 많이 하는 편이라면 되도록 모의고사를 많이 치러보기를 권한다. 그것이 실전을 완전히 극복하게 만들기는 어렵겠지만 확실히 도움은 된다. 흔히 들을 수 있는 말처럼 '모의고사는 실전처럼, 실전은 모의고사처럼' 치르면 된다. 자신이 시험에서 긴장을 많이 하는 편이라면 이어 나오는 본서의 '본고사' 파트도 모두 꼼꼼히 읽고 심리적인 것에 대해 반드시 대비하자. 필요하다면 긴장 완화 약물 섭취도 모의고사에서 미리 사전 연습해 볼 수 있겠다.

필자는 본고사에서 긴장도 많이 하는 편이었고, 내 위치를 파악하고 싶은 마음에 모의고사를 자주 봤다. 재시 때부터는 거의 모든 모의고사를 치렀다. (물론, 모의고사가 많지는 않아 1년 중 약 3~4개월을 한 달에 2회 정도씩 치렀다.) 따져보니 그해 시험 준비를 위해 6~7회 정도 모의고사를 치른 것 같다. 시험에 따라, 자신의 실력에 따라 적절한 모의고사 횟수는 다를 수 있지만 앞서 제시한 여러 장점을 위해 반드시 최소 2회 이상은 전국 모의고사를 치르며 실전 연습과 자기점검을 해보기 바란다.

〈모의고사를 보는 이유〉

시험 준비물

자신감은 확실한 준비에서 나온다. '시험에 대한 준비'라고 한다면 그동안 얼마나 또, 어떻게 공부했는지가 가장 결정적이지만 그날 마음가짐을 위해서는 사소한 시험 준비물 또한 영향을 줄 수 있다. 중요한 지참물을 빠뜨려서 허겁지겁하는 것도 시험에 큰 지장을 줄 수 있음이 당연하며 집을 나서며 무엇인가 빠진 것 같은 찝찝한 마음조차 시험장에 가지고 가면 안 된다. 이를 위해서는 모의고사부터 시험 준비물에 대해 점검해보고 자신만의 준비물 리스트를 작성해 두도록 하자. 아래는 필자의 시험 준비물 메모다. 나는 이것을 포스트잇에 적어 항상 시험장에 가지고 가는 나만의 정리 노트에 붙여 두고 집에서 출발 전 확인하였다. 이를 참고해 스스로 리스트를 만들어 보자. 혹은 지금 바로 여기에서 자신에게 필요한 항목에 동그라미 체크한 후 시험 보러 갈 때 점검하도록 하자.

필수	신분증, 수험표, 컴퓨터용 싸인펜(x2), 필기구(x2), 교통비
추가	공부할 자료, 껌, 스톱워치, 손목시계, 귀마개, 간식, 물, 보온병 얇은 겉옷, 휴대용 손난로, 치약 칫솔, 티슈, 물티슈

〈시험 준비물 예시〉

필수 항목들은 대부분 시험에서 꼭 지참해야 하는, 시험을 보기 위해 반드시 필요한 것들이다. 특히 컴퓨터용 사인펜이나 필기구는 분실하거나 잉크가 소진될 수 있기에 여유분을 지참하는 편이 좋다. 그리고 추가로 시험 시작 전과 쉬는 시간에 볼 수 있는 나만의 정리 노트나 공부 자료가 필요했으며 각성 상태 조절을 위해 껌을 챙겼다. 반입이 가능하다면 자신이 평상시 쓰던 스톱워치를 가져가 책상에 올려두고 시간을 수시로 점검하며 문제를 풀 수 있다. 또, 고사장에 시계가 있지 않거나 시계가 있어도 자신은 그 시계가 잘 보이지 않는 곳에 앉을 수 있으니 개인 손목시계를 착용하는 편이 좋다.

주위 수험생이 어떤 행동을 할지 모르니 귀마개도 도움이 된다. 앞사람이 다리를 떨어 소리를 낸다거나 귀에 거슬리는 이상한 잡음들이 있을 수 있다. 물론, 시험 감독에게 이야기하는 것도 좋지만 상황이 여의치 않다면 귀마개를 착용하므로 소음에서 비교적 자유로워질 수 있다. 그 외에 혹시 모를 배고픔이나 혈당 저하에 대비한 간식, 갈증을 체감하면 섭취할 물과 보온병, 그리고 체온 조절을 위한 무릎담요나 얇은 겉옷 등도 준비물에 넣을 수 있다. 추운 날씨에 손이 차가워지면 필기에 지장이 있을 수 있으니 핫팩이나 휴대용 전기 손난로를 지참한다. 또 고사장에서 점심 식사를 해야 하는 경우 치약과 칫솔, 혹시 시험장에 마련되어 있지 않을 경우를 대비한 티슈와 내 시험장 책상에 불쾌한 물질이 묻어 있는 경우 닦을 수 있는 물티슈까지. 확실한 대비책은 심지어 실제 그 이벤트가 발생하지 않을지라도 안정감을 준다.

시험에서 실수하지 않는 법

수험생 중에 월등한 점수로 합격하거나 합격선 점수에 많이 미달하는 경우는 소수다. 정규 분포에 따라 수험생 대다수가 합격선 근처에 몰려 있다. 즉 약간의 시험 점수로 합격과 불합격이 갈린다는 말이다. 그러기에 시험에서 실수하지 않는 것은 무척 중요하다. 실수한 한두 문제로 불합격하거나 한두 문제 실수하지 않은 덕에 합격하는 경우가 잦다.

실수를 줄이기 위해서 가장 중요한 것은 풀이와 답 기록을 정형화시키는 것이다. 즉, 각각을 구별하기 수월하게 체계적으로 기록하며 풀어나가는 것인데 앞서 자세히 언급했다. 다시 간략히 설명하자면 문제지 한편에 문항마다 X 또는 O를 기록하고 이유를 옆에 적으면 된다. 이는 O, X 개수를 보고 답이 하나만 나왔는지 확인하기 유리할 뿐 아니라 답을 기록할 때 가독성도 좋게 하여 실수를 줄인다. 또, 풀이가 필요한 문제뿐 아니라 보기가 단어로만 구성되어 있더라도 O, X를 보기 단어마다 잘 표기해 두면 확실한 소거가 되기 때문에 풀이가 좀 더 쉬울 뿐 아니라 실수도 줄일 수 있다.

```
① 개나리 X    ② 진달래 X    ③ 매화 O
④ 벚꽃         ⑤ 코스모스 X
```

그다음으로 중요한 것은 문제 풀이를 많이 하고 모의고사도 자주 보는 것이다. 충분한 양의 문제를 풀어봐야 풀이 실력이 늘어 혼동되는 주제들이 적어지며, 문제를 많이 풀다 보면 출제자의 빈번한 함정이 눈에 보이고 자주 실수하는 것에서는 자연스레 긴장하고 다시 한번 확인하기 때문이다. 이 두 가지가 기본이다. 그리고 그 외에 부가적으로 자주 실수하는 항목들에 대해 이어서 짚어 본다.

당연한 말이지만 질문을 잘 읽어야 하며 특히, 맞는 것을 고르는 것인지 틀린 것을 고르는 것인지 착각하면 안 된다. 틀린 것을 고르는 것인데 올바른 것을 고르거나 그 반대인 경우가 종종 있기 때문이다. 한 가지 팁이라면, 질문을 읽으면서 문장의 뒤쪽에 나오는 〈맞는〉, 〈적절한〉, 〈틀린〉, 〈아닌〉, 〈않는〉 등과 같은 정방향성 혹은 역방향성 단어에 동그라미를 치거나 따로 표시해 다시 한번 머릿속에 방향성을 확인하는 것이 좋다.

```
* 보기 중 지문에 대한 설명으로 옳지 않은 것은?
```

또한, 시간이 정말 촉박한 경우를 제외하고는 가능한 보기는 전체 모두를 봐야 한다. 앞쪽에서 답이라고 생각한 것보다 더 매력적인 답이 나올 수 있는데 이는 실제로 문제들이 여러 보기가 모두 옳지만 가장 적절한 것을 찾는 경우가 있기 때문이다. 이런 케이스는 반드시 모든 보기 중에서 비교해야 하니 보기 모두를 읽어야 한다. 그리고 보기를 이어서 더 보니 확실해 보이는 답이 2개, 3개 나온다면 맞는 것을 고르는 것인지 틀린 것을 고르는 것인지를 착각하고 있을 수 있다. 그런 실수들을 고려해서 항시 보기를 모두 확인하는 편이 좋다.

글씨는 또박또박 공들여 쓰지는 못하더라도 분명히 알아볼 수 있게는 써야 한다. 자신의 글씨를 잘못 봐서 실수하는 것은 하수다. 글씨 연습 교본을 하나 사서 약간은 연습해야 한다. 필자도 아직 많이 부족하지만, 글씨도 연습하면 조금씩 향상된다는 것을 체감하였다.

또한, 자주 실수하는 대목들로 지문의 숫자를 잘못 보거나 단위를 착각하는 경우들이 있다. 그리고 그래프나 도표 등장 시 X축, Y축의 항목을 잘못 보는 경우도 흔하다. 그런 가능성에 대해 주의해야 한다. 이런 것들 역시 실전보다는 모의고사에서 미리 한 번씩 경험하는 것이 좋은데, 열 번 누군가 언급해 주는 것보다 자신이 직접 그런 실수를 겪게 된 후에는 훨씬 더 예민해져 단위나 숫자를 다시 한번 째려보게 되기 때문이다.

시험 시간이 남으면 당연히 검토해야 한다. 사실 검토는 약간 귀찮은 느낌이 들 수 있는데 절대로 그 유혹에 빠지지 말고 답과 마킹을 재확인하여야 한다. 시간이 충분하다면 각 문제의 질문까지 다시 읽어 보는 편이 좋다. 또한, 단순계산의 경우 실수율이 높음으로 두세 번 다시 계산해 본다. 문제마다 잘못된 것을 찾는 문제인지 맞는 것을 찾는 문제인지도 다시 한번 확인하자.

실수하지 않기 위해서는 심리 컨트롤 또한 중요하다. 과도하게 긴장하거나 반대로 극단적인 자만심은 실수를 일으킬 수밖에 없다. 적절한 긴장감 유지가 필요하다. 그리고 실수를 많이 한다면 실수한 메커니즘이나 관련 내용을 따로 기록해 두는 것도 도움이 될 수 있다. 실수했다는 것을 잊고 되풀이하는 것이 문제이므로 그 실수를 반복 상기시키면 해당 실수에 대해 좀 더 경계할 수 있다.

한편, 최악의 드라마틱 한 실수는 OMR 카드 마킹에서 나온다. 답을 밀려 쓰거나 잘못 보고 다른 답을 옮겨 쓰는 것인데 이는 이어 나올 OMR 카드 작성법에서 확실한 도움을 얻을 수 있을 것이다.

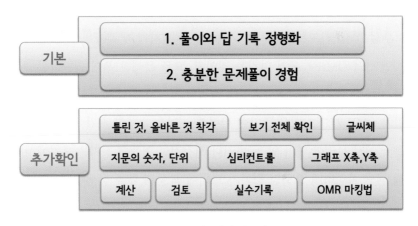

〈시험에서 실수하지 않는 법〉

실제 시험장에서의 노하우- OMR 카드 작성법

얼마 전 계산해 보니 나는 초등학교부터 중학교, 고등학교, 대학교, 전문대학원까지 정규 학교 과정만 총 20년 공부를 했고, 매 학기 2번의 시험 기간이 있었으니 대략 80번 정도의 시험 기간을 거쳤다. 또한 시험 기간을 제외하고도 모의고사, 본고사, 텝스, 토익시험 등 무수히 많은 OMR 객관식 시험을 치렀다. 셈해보면 시험에서 마킹 한 OMR 답안지만 수천 장이 넘을 터이다. 그렇게 많은 시험을 치르는 중에 가끔씩 답을 표기하는 법, OMR 카드 작성하는 법도 종종 고민하였고 시행착오를 겪어야 했다. 그중에서도 텝스는 시간적인 압박이 상당히 큰 시험이었기에 어떻게든 빠르고 정확한 OMR 작성을 위해 연구를 많이 했다. 그 결과 최종적으로 완성된 필자의 OMR 작성법과 간단한 테스트 결과를 이야기하려 한다. 비교적 사소한 요령들 일 수 있지만 조금이라도 답 표기에 시간을 단축하고 특히, 큰 실수를 방지하는데 도움이 될 것이다.

우선 OMR 카드를 작성하기 위해서는 문제지에 각 문제를 풀고 난 후 매번 답을 OMR에 옮겨 마킹할 것인지, 모든 문제를 풀어 일단락한 후 한 번에 문제지의 답들을 OMR에 마킹할 것인지를 정해야 한다. 전자는 만약 OMR 카드 작성을 중간에 잘못했을 경우 수정할 시간이 충분하다는 점에서 유리한 면이 있다. 그러나 시간적인 면에서 전자는 후자에 비해 훨씬 불리하며 오히려 절차가 많기에 작성 오류를 발생시킬 여지가 더 많다. 그래서 필자는 후자를 추천한다. 한 번에 옮겨 쓴다. 비공식적이지만 개인적으로 수차례에 걸쳐 모의 테스트해본 결과 마킹에 소요되는 시간만 고려했을 때 한 번에 마킹하는 것이 매 문제 마킹하는 것보다 2배 이상 빨랐다. 40문제 기준으로 매번 마킹하는 것은 마킹에만 평균 3분 46초로 1문제당 약 5.7초가 소요되었지만 한 번에 마킹하는 것은 평균 1분 40초로 문제당 2.5초 정도 소요되었다.

각 문제 풀고 OMR에 마킹	VS	모두 풀고 한 번에 OMR 마킹
1문제당 약 5.7초 소요		1문제당 약 2.5초 소요

〈마킹 방법에 따른 소요시간 비교〉

그 차이의 원인은 매 문제 마킹 시 볼펜을 놓고 컴퓨터용 사인펜을 드는 시간, OMR 카드로 시선을 옮기는 시간, OMR 카드 내에서 마킹할 위치를 찾는 시간, 다시 시선이 시험지로 돌아오는 시간, 컴퓨터용 사인펜을 놓고 다시 볼펜을 드는 시간 등이 항시 소요되기 때문이다. 반면에 한 번에 마킹한다면 펜을 바꿔드는 시간은 단 한 번으로 완전히 배제할 수 있으며 여러 문제를 묶음으로 마킹하기에 시선 옮기는 시간과 마킹 위치를 찾는 시간이 훨씬 더 줄어들게 된다. 또 절차가 단순해지고 짧은 시간 안에 일률적인 동작을 이어하니 실수할 여지도 더 줄어든다. 물론, 시험 시간에 항상 여유가 있는 편이며 문제마다 마킹하는 것이 심리적 안정감을 훨씬 더 많이 준다면 어쩔 수 없지만 앞서 언급한 2가지 이유로 한 번에 마킹하는 것을 추천하는 편이며 필자는 항상 이 방법을 사용한다.

한편, 시간 단축을 위해 답을 문제지에 표시하지 않고 바로 OMR에 옮겨 적는 방법은 실수의 여지가 크며 추후 특정 문제를 다시 풀이하거나 검토로 답이 변경된다면 수정이 쉽지 않기에 권하지 않는다. 또한 볼펜 없이 컴퓨터용 사인펜만 사용하는 것은 계산, 필기 등에 불리하기에 역시 권하지 않는다.

〈OMR 카드 예시〉

　문제를 모두 문제지에 푼 후 OMR에 일률적으로 마킹할 때에는 5개씩 끊어하는 것이 유용하다. 그래야 마킹 실수를 덜 수 있다. 예를 들어 체크한 문제지 답이 1번부터 10번까지 차례로 '3 5 2 3 5 1 3 4 2 3 …' 라고 한다면 OMR에 차례로 '1번에 3 5 2 3 5' 라고 되뇌며 마킹을 하고 그다음에 다시 문제지로 돌아가 6번 문제부터 '6번에 1 3 4 2 3' 이라고 되뇌면서 OMR의 6번부터 1 3 4 2 3이라고 마킹하면 된다. 이 방법은 조금만 익숙해진다면 규칙적인 숫자를 보기 때문에 마킹 실수할 확률을 확실히 낮춰주며 답안을 밀려 쓰지 않게 한다. 문제지 답을 OMR로 옮겨 적는 과정 중에는 계속 새로 시작할 문제 번호를 찾게 되는데 5개씩 끊게 되면 새로 보게 되는 문제들의 일의 자리 숫자가 1또는 6만 보게 되기 때문이다.(11, 16, 21, 26, 31… 등) 그런데 만약 중간에 다른 숫자가 나오면 오류다. 그 순간 내가 무엇인가 빠뜨리거나 실수하고 있다는 것을 알아 챌 수 있다. 이렇게 하지 않고 매번 옮겨 적는 개수가 달라지거나 혹은 한 번에 4개씩 혹은 6개씩 마킹을 하게 된다면 시작번호 숫자번호

규칙성이 없기 때문에 중간에 마킹을 잘못하기 시작해도 금세 알아차리기가 어렵다. (4개씩일 경우 마킹시작문항 끝자리 5, 9, 3, 7, 1을 보게 될 것이며 6개씩일 경우 7, 3, 9, 5, 1을 보게 될 것이다. 3개나 7씩이면 모든 숫자를 보게 된다.)

* **5개씩 끊어 마킹 시 시작 문항**　　　< 끝 자리 반복 >
  1 → 6 → 11 → 16 → 21 → 26...　1과 6만 반복

* **3개씩 끊어 마킹 시 시작 문항**
  1 → 4 → 7 → 10 → 13 → 16...　1,4,7,0,3,6,9,2,5,8 순으로 모든 숫자 등장

* **6개씩 끊어 마킹 시 시작 문항**
  1 → 7 → 13 → 19 → 25 → 31...　1, 7, 3, 9, 5 순으로 반복

〈답안을 몇 개씩 옮겨 적을 것인지에 따른 차이〉

사실, 할 수만 있다면 10개씩 외워서 옮겨 쓰면 일의 자리를 1만 보기에 가장 좋겠지만 일반적으로 10개의 숫자를 한 번에 암기하기는 어려워서 5개씩이 적당하다.

보통 마킹은 시간을 여유롭지 못하게 남겨두고 하는 경우가 많다. 만약 실수를 하게 된다면 간발의 차이로 수정도 못 하고 답안을 제출할 수도 있는 노릇이다. 실제로 주변에서 들은 중요한 시험에서의 경험담이다. 그러니 실수를 할 수 있는 가능성을 최대한 줄이는 일, 또는 실수를 했다면 빨리 알아차릴 수 있는 검사 장치를 사용하는 것이 큰 시험에서 인생 실수를 하지 않을 수 있는 현명한 방법이다. 나는 이 방법을 쓴 후로 OMR 카드를 잘못 작성한 적은 거의 없으며 특히 밀려 쓰는 등의 최악의 실수는 단 한 번도 한 적이 없다.

한편, 5개씩 끊어 마킹하는 도중 예기치 못한 상황이 있을 수 있다. 예

를 들어 3개만 마킹해서 1의 자리 수가 6과 1이 아닌, 8이 되었다면 그곳에서부터 다시 5개 문항씩 이어서 하지 말고, 2개만 옮겨 써서 마지막 문항 끝자리를 0을 만든 후 다시 1과 6을 매번 확인하며 마킹하기 바란다.(다음 그림 참고) 그리고 OMR 카드를 작성하는 시점에서 아직 답을 체크하지 못하고 건너뛴 문제가 있다면 해당 번호에 들어갈 숫자에 '빼고'라고 되뇌며 OMR 마킹시 비우면 된다.

* 중간에 개수가 어긋난 경우	* 건너 뛴 문제가 있는 경우
(25 → **28** → 33 → 38 → 43 ...) X (25 → **28** → 30 → 35 → 40 ...) O	예) '21번에 1, 3, 5, 빼고, 4'

다음은 일괄적인 이런 마킹을 '언제 할까'이다. 제한된 시험 시간에 마킹을 완전히 끝내야 하니 시점을 정확히 정해 놓고 그 시간이 되면 하던 것은 무조건 멈추고 마킹을 시작해야 한다. 한 번 시험에 50문항 이내라면 최소 5분, 100문항 이내라면 최소 10분은 잔여 시간을 남겨두고 마킹을 시작하면 된다. 필자의 방법대로라면 50문항 정도면 마킹하는 데 걸리는 시간이 2분 내외이다. 5분 전에 마킹을 시작했다면 만약 OMR을 중간에 잘못 작성한다고 하더라도 최소 한 번은 완전히 새로 작성할 정도의 여유가 있게 된다. OMR을 일괄적으로 모두 작성하고 나서도 시간이 남았다면 아직 못 푼 문제나 건너뛴 문제를 풀거나 검토를 하면 된다.

물론, 여기서 마킹 소요 시간과 마킹 시점에 대해 필자가 어느 정도 기준은 제시했지만 마킹에 걸리는 정확한 시간은 여러 변수에 따라 차이가 있을 수 있다. 시험 문제 스타일과 문항 수뿐만 아니라 개인의 행동속도와 컴퓨터용 사인펜의 특성, 마킹 자체를 얼마나 꼼꼼히 하는지 등도 시간차를 만든다. 따라서 수험생은 가능하다면 자신의 시험에서 마킹 시간을 직접 측정하거나 최소한 어느 정도 가늠해보고 이에 대한 맞춤 전략을 세우는 편이 정확하겠다.

또한, 모의고사 등과 다르게 본고사는 극도의 긴장상태일 수 있다는 점을 명심하자. 마지막에 시간이 너무 촉박하면 부담이 커 위험할 수 있다. 자신이 긴장을 많이 하는 유형이라면 너무 빠듯하게 필자가 제시한 정량적 시간에 맞추기보다 마킹여유시간을 조금 더 가지는 편이 안전하다.

> **한번에 OMR로 옮겨 쓰기 | 5개씩 끊어 마킹 | (50문항 이내 기준) 종료 5분전 마킹 시작**

〈추천하는 마킹 방식〉

시험 시간 관리

시험에서 마지막 문제까지 꼭 봐야 한다는 것은 중요한 진리다. 시험에서 마지막 부분 문제가 다른 문제들보다 특히 어렵다거나 시간이 더 많이 걸린다는 보장이 없기 때문이다. 그러니 끝까지 보지 못해 내가 간단히 풀 수 있는 문제를 놓치는 것은 현명하지 못하다. 그런 이유로 필자는 '마지막 문제는 대부분 쉽고 간단한 문제일 것이다.' 라는 전제를 항시 마음에 품고는 시험에서 가능한 끝까지 문제를 풀 수 있도록 했다.

시험 시간 관리를 위해서는 모의고사를 몇 회 이상 치러보는 편이 좋다. 자신이 준비하는 시험이 어려운 시험일수록, 혹은 자신이 항상 시험에서 시간이 부족한 편일수록 모의고사를 더 여러 번 치러보며 시험 시간 관리에 대한 확실한 대비책을 세워야 한다. 특히, 매년 본고사의 난이도가 다르듯이 모의고사 또한 난이도가 다른데, 모의고사가 굉장히 어려울 시를 경험해보면 좋다. 그 선경험이 만약 본고사가 어렵게 나왔을 경우 이에 대한 대비책을 미리 세울 기회를 주며, 실제 어렵게 출제된 본고사에서 당황하지 않고 시간 관리에 성공할 가능성을 높여준다.

그럼 이제 좀 더 자세히 시험에서 시간이 부족한 이유와 전략들에 대해 살펴보자. 모의고사에서 시간이 모자란 이유는 크게 세 가지가 있다.

첫 번째는 잘 모르거나 어려운 문제를 쉽게 넘어가지 못하고 오래 붙잡고 있기 때문이다. 미련이 많거나 승부욕이 강한 유형일수록 이 함정에 크게 빠질 수 있는데, 너무 쉬운 문제나 너무 어려운 것이 아닌 애매한 문제가 오히려 더 이런 딜레마를 유발한다. 조금만 더 생각해보고 풀이를 시도해보면 풀릴 것 같은데 답이 나오지 않는다. 그리고 시간이 지나면서 이미 써버린 시간이 아까워 그 문제에 더 집착하게 되는 것이다. 그래서는 안 된다. 반드시 체크해 두고 다음으로 넘어갈 줄 알아야 한다. 여기서 포인트는 체크를 함으로써 '단념과 끝'이 아니라 다른 문제 먼저 풀고 다시 볼 것이라는 '연기'라는 점이다. (물론 시간이 부족하면 못 보게 된다.) 그런 마음가짐이 좀 더 미련을 쉽게 놓을 수 있게 한다.

한편, 특정 문제뿐만이 아니다. 문제를 풀다가 너무 어려워 보이는 주제나 유형의 지문이 등장한다면 과감히 그 지문을 우선 건너뛰는 용기가 필요하다. 이는 특히 1지문에 여러 문제가 있는 국어 시험에서 유용할 수 있는데, 필자가 겪었던 어떤 시험에서는 단지 특정 지문을 건너뛰었는지 아닌지에 따라 대부분 수험생의 국어 점수가 크게 갈렸었다. 국어 문제 중간에 자세한 한옥건축 관련한 전문 내용이 나왔는데 이를 건너뛴 사람들 대부분은 큰 차질 없이 전체 문제를 풀이할 수 있었지만, 너무 어려운 그 지문에서 시간과 정신적 에너지를 많이 소비한 사람들은 전체 문제를 다 풀지 못하고 무너졌던 것이다. 그런 식의 문제라면 지문의 처음 몇 문장을 읽고는 바로 건너뛴 후 마지막에 그 문제를 다시 풀이하는 것이 현명했었다.

또 한 가지 염두에 둘 점은 매우 어려운 문제들을 시험지 초반에 배치해 수험생의 혼을 빼 놓는 출제 테크닉이다. 이런 경우 체감 난이도가 크게 상승하며 심리적으로 무너질 위험도 있다. 모의고사에서 이런 상황을 한 번쯤은 맞닥뜨리는 편이 좋으며, 출제진이 의도적으로 그렇게 할 수 있음을 알고 초반 문제라고 하더라도 과감히 건너 띄어야 한다.

시험 시간이 부족한 두 번째 이유는 머리에서의 입출력 속도가 평균보다 느리기 때문이다. 이것은 비교적 공부법에 관해 많이 듣고 연구해본 사람에게도 생소한 항목일 수 있는데 분명히 존재하는 한 가지 개별 특성이다. 사람마다 지식의 인출 속도가 명확히 다르다. 같은 정도의 공부를 했고 동일한 정도의 지식이 머릿속에 있더라고 시험에서 그것을 꺼내는 속도와 써 내려가는 속도는 확연히 다르다. 마치 사람마다 두뇌의 다른 위치에 관련 지식을 저장하거나 혹은 지식을 꺼내는 메커니즘이 다른 것인지 의심이 들 정도다. 이는 스터디에서 동일한 공부를 하고 동일한 문제를 제한 시간 내에 풀 때도 알 수 있으며 필자가 멘토링 시 암기 항목 빈칸들을 수험생들에게 채우게 할 때도 명확히 나타나는 특성이었다. 이 입출력 속도가 느린 점은 좀 더 확실한 암기 노력으로 약간은 보완할 수는 있지만 당장 급격히 변화시킬 수 없는 개인 고유 특성이다. 필자도 이 특성 탓에 불리한 경우가 많았다. 모의고사에서 전국 10등 안에 수시로 들던 시기에도 시험 시간이 여의치 않았던 것은 결국, 이 때문이며 특히 치전에서도 아무리 열심히 외워서 써도 입출력이 빠른 사람들보다 시험 보는 시간이 확연히 길었다. 그런 점에서는 항시 난 내 머리의 한계를 느끼곤 했다. 더군다나 먼저 언급한 '쉽게 넘어가지 못하고 오래 끌기 때문' 이라는 첫 번째 항목도 내게 해당하는 점이었다. 결국 필자는 앞서 언급한 시험 시간 부족 이유 두 가지를 모두 가지고 있었고 그래서 지금까지 봐왔던 많은 시험에서 시험 시간이 모자랐다. 그 탓에 문제를 못 보고 마킹한 문제들이 운에 따라 얼마나 잘 맞았는지에 따라 성적이 오락가락하고는 했다. 하지만 이를 극복하지 못했다면 지금이 있지 않았을 것이다. 이런 점은 나를 더 모의고사도 많이 보고 시간 관리를 연구하고 치밀한 전략을 세우게 해 줬다. 결과는 상위 1% 성적을 받았던 본고사에서는 끝까지 모든 문제를 볼 수 있었고, 운에 좌우되지 않았다. 사실, 시험 시간 관리는 앞의 두 가지 이유를 아무리 기술적으로 잘 보완해도 한계가 있다. 3번째 항목이 가장 중요하기 때문이다.

세 번째는 바로 실력 부족이다. 사실 이 항목이 가장 중요하고 다른 항목들을 상쇄시키거나 어느 정도 제거해 줄 수 있는 핵심이기도 하다. 물론, 위 2가지 특성(못 넘어가기, 입출력 속도 느림)을 적게 가진 사람은 실력이 낮아도 시험 시간이 부족하지 않지만, 위 2가지에 해당할수록 시간 내에 문제를 풀 수 있는데 있어 실력이 더 중요한 요소로 작용한다. 그래서 이런 사람들은 실력이 늘어갈수록 시험 점수가 훨씬 더 좋아진다. 또, 애매한 실력에서 시험 시간은 더 부족할 수 있다. 머리에서 꺼낼 것이 있어야 꺼내는 시간도 걸리는 것이며, 알쏭달쏭하며 문제가 풀릴 것도, 아닐 것도 같은 느낌이 있어야 못 넘어가게 된다. 즉, 아직 머릿속에 있는 지식이 희미하고 풀이 실력이 애매하다면 앞의 두 문제가 더욱 두드러지게 된다.

> 시간부족의 원인 : 한 문제 오래 붙잡고 있기 | 지식 입출력속도 느림 | 실력 부족

그렇다면 시험 시간을 줄일 수 있는 실력은 어떻게 배양하는가? 우선할 것은 공부를 충분히 하여 내용 이해도와 익숙함을 높여야 한다. 문제에 등장한 내용이 익숙하며 충분히 이해한 주제라면 당연히 문제의 요점을 빠르게 파악하는데 수월하다. 또한, 신속히 꺼낼 수 있고 헷갈려하지 않을 암기 지식은 지식형 문제들의 시간을 줄일 수 있다. 추론형 문제들 또한 잘 암기된 지식이 있다면 조금 더 빠르게 접근 경로를 찾을 수 있는 경우가 많다. 문제를 많은 양 풀어봄 또한 중요하다. 이를 통해 어렵거나 새로운 문제는 아니더라도 익숙한 유형의 문제 정도는 빠른 속도로 풀 수 있어야 한다. 이에 더해 문제 풀이를 반복함에 따라 자신만의 풀이 스타일이나 체계성을 갖추는 것이 필요하다. 그렇게 되면 어렵거나 새로운 문제도 자신이 문제를 풀이하던 개념 체계로 바꿔 생각해 볼 수 있다. 예를

Li Be | B C N | O F Ne

들어 좌측 표기는 필자의 화학 원자 관련 풀이 때 사용하는 형식이다.

2주기 원자들에 관한 문제가 나오면 항상 이같이 간단히 쓰고 시작한다. 주되게 묻는 원소와 여러 가지 성질이 바뀌거나 최소, 최대가 되는 두 구간에 직선을 긋고 봄으로써 내가 잘 알고 많이 봐왔던 개념 체계로 단숨에 바꿔 생각하게 된다. 당연히 풀이 시간이 절약된다.

다음은 생물에서 세포막 인지질층 종류에 관한 도식이다. 세포막 밖에 존재하는 C로 시작되는 2가지 인지질과 각각 S, E, I로 시작되는 세포 안 인지질 3가지를 표현한 것인데 관련해 질문이 등장할 시 이를 써놓고 생각한다. 역시 머릿속에 얽힌

C   C
S E I

지식을 어렵게 꺼내는 시간을 단축하고 단번에 익숙한 정형화 사고가 가능하다.

또한, 특정 유형의 문제들은 풀이법들을 완전히 정형화시켜 두어 따로 고민하지 않고 기계적으로 문제를 풀이하여 시간을 줄인다.

```
* 기체평형 part 풀이
① P로 풀이(T,V일정 시)
② PV로 풀이(T일정 시)
③ m이수로 풀이 (가장정확, but 시간↑)
```

```
* 용매적합성 문제 시
① 극성, 비극성 판단
② 반응물과 반응하는지 확인
```

물론 이런 노하우들이나 간단한 문제 접근 방식들은 해당 과목 강사가 가르쳐주는 것들도 제법 있을 것이다. 물론 그런 것들도 유용하지만 자신이 직접 만들어 사용하는 것들이 늘어나면 공부에 대한 동기 부여는 갑절이 되기 마련이다. 이를 위해서는 문제도 많이 풀어야 하지만 풀이법과 지식 정형화에 대해 고민하는 한편 가끔 자신만의 방법이 탄생하거나 확실해지면 자기 정리 노트에 잘 기록해 두어야 한다.

또한, 덧셈, 뺄셈, 곱하기 등 수학적인 계산은 빠르고 정확해야 한다. 이것 또한 공부하는 사람의 중요한 기본기다. 필자는 지금도 '37×25' 같은 두 자리 숫자 곱셈까지는 다른 사람들에 비해 월등히 빠르고 정확한 암산을 하는데 이는 트레이닝을 많이 했기 때문이다. 주로 게임 앱을 이용했다. 그래서 수험 생활을 할 때부터 지금까지 태블릿이나 스마트폰에 깔려있는 유일한 게임 앱은 계산 게임에 관한 것이다.

마지막으로 시간을 단축할 수 있는 좀 더 공격적인 노하우 한 가지를 언급하려 한다. 많은 시험이 실력이 늘면 시험 시간이 크게 부족하지는 않지만 어떤 어려운 시험들은 제법 실력의 궤도에 올라도 시간이 부족할 수 있다. 그때부터는 다른 시간 관리 전략이 필요할 수 있다. 바로 자신에게 오래 걸리는 문제 유형을 평소에 파악해 보고 실전 시험에서도 그 유형 자체를 거르거나 나중에 푸는 것이다. 예를 들어 필자의 경우엔 생물 과목에서 유전학 문제, 지문이 긴 실험 문제는 일단 풀지 않고 걸렀다. 물리 과목에서도 역학 문제는 우선 거르고 나중에 풀었다. 사실, 유전학과 역학은 오래전부터 내가 좋아하고 남들보다 좀 더 잘하는 분야였지만 그렇게 했다. 다른 문제 풀이보다 내겐 풀이에 시간이 걸리는 파트였고 잘못해서 한번 붙잡기 시작하면 도저히 끝을 내지 못하고 시간을 소비하는 경우가 빈번해서였다. 긴 실험 문제는 내용을 다 이해하면 쉽게 풀 수 있는 경우도 많기는 했지만 일단 읽고 이해하는 것까지 시간이 많이 소요되서 우선 넘겼다. 그것들은 마지막 문제까지 모두 본 후에 걸러 놓은 문제들을 풀었다. 물론 시험 시간이 부족하면 그 문제들은 결국 풀지 못하는 경우도 자주 있었다. 하지만 그런 전략을 통해 대부분 마지막 문제까지는 볼 수 있었고 그런 과정에서 마지막 즈음의 문제 중에 간단하고 쉬운 문제를 곧잘 발견하고는 회심의 미소를 지을 수 있었다. 그 전략은 효과도 좋아 정답률과 성적을 눈에 띄게 상승시켜줬다. 잘하는 파트에 대한 내 자존심을 버리면서까지 효율을 위한 전략을 택했기 때문이다. (필자의 시험은 대다수의 수험생이 시간 내 모든 문제를 풀기 어려운 시험이었다.) 영어 시험 텝스에서도 그랬다. 원어민조차 시간 부족에 시달리는 시험이었기에 문제를 다 풀려 하기보다는 추론형 문제같이 특별히 시간이 더 걸리는 문제 유형을 계획적으로 건너뛰었으며 그것들은 나중에 간단히 보기만 참고해 문제를 푸는 식이었다.

이처럼 중간에 등장하는 주로 시간이 오래 걸리는 유형의 문제는 계획적으로 건너뛰는 것도도 하나의 방법일 수 있다. 백점을 받아야 하는 시험이 아니라면 그런 문제 몇 개는 못 풀어도 괜찮다. 심지어 풀 수 있어도 다른 시간이 적게 걸리는 문제를 풀기 위해 전략적으로 안 보는 것도 방법이다. 완결성에 흠이 가는 것이 아니다. 오히려 중간에 그 문제가 등장해 주는 바람에 이를 제쳐놓아 시간을 벌 수 있다는 것에 고마워하자. 그것을 건너뛰지 못하는 어떤 수험생들은 그 탓에 뒤에 다른 쉬운 문제를 못 풀 수도 있으니 나에게 차별성이 생긴다.

물론, 이런 전략은 극심한 시간 부족에 시달리는 어려운 시험에 관한 이야기이다. 필자도 수능이나 치과 국가고시와 같은 시험에서는 크게 시간 부족에 시달리지 않았기 때문에 굳이 진작부터 건너뛰는 파트를 정하지는 않았다.

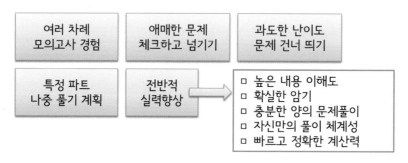

〈시험 시간 관리 전략〉

시험의 테크닉적인 부분

실력이 전혀 없으면서 문제를 푸는 요령만으로 좋은 성적을 거두려 하는 것만큼 얄팍한 생각도 없다. 그러나 어느 정도 실력이 된 후에는 그 시험에 맞는 요령과 풀이 노하우도 도움이 되는 것이 사실이다. 따라서 문제를 적극적으로 풀이하는 시기에는 풀이 테크닉적인 부분을 생각해

볼 필요는 있다. 다만, 적극적으로 그 요령들에 대해서 찾아보고 시간을 많이 써 연구해보는 방향은 권하지 않는다. 확실한 요령들 몇 가지는 그 분야의 문제 풀이를 충분히 하고 몇 번의 모의고사를 보면 스스로 터득할 수 있는 경우가 많다. 너무 요령에 치중하면 '실력'이라는 본질이 흐트러지기 마련이다. 최우선은 지식과 실력이다.

그래도 여기서는 시험에서 주로 언급되는 몇 가지 기술에 대해서 고찰해 보려 한다. 여러 시험에서 언급되는 요령들이 있는 것이 사실이며 참고로 시험 기술에만 관련된 책[1]도 있다.

첫 번째로 배점 높은 문제를 우선 풀이하는 방법이다. 즉, 각 문제들의 배점이 다른 경우 이를 살펴보고 높은 배점 문제를 먼저 풀어 점수를 확보하는 전략인데 다소 한계가 있다. 경우에 따라 다를 수 있지만, 일반적으로 배점이 높은 문제는 그만큼 더 어렵고 풀이에 시간이 걸리는 문제일 확률이 높다. 출제진들도 이를 고려해 배점하기 마련인데 과연 이 방법이 효율적인지 의문이다. 그래도 문제별 풀이 시간이 동일하며 다소 시간이 부족한 시험이라면 고려해볼 법하다. 반면에, 문제마다 배점은 같은데 파트마다 풀이 시간이 다른 경우가 있다. 이 경우라면 비교적 시간이 적게 걸리는 파트부터 풀이하는 편이 확실히 유리하다. 필자의 본고사에서도 A, B, C 3가지 과목을 한 타임에 함께 풀게 되는 형태가 있었다. 이때 과목별 배점은 동일했지만 B 과목이 비교적 풀이에 시간이 적게 걸리기에 항상 B를 먼저 풀이했다. 만약 시험 시간이 5분이 부족하면 A 과목이나 C 과목을 마지막에 풀면 1~2문제를 못 풀게 되지만 B 과목을 마지막에 풀면 3~4문제를 못 풀게 되기 때문이다. 그래서 B를 먼저 풀었고 그 후 좀 더 자신 있는 C 그리고 마지막으로 A를 풀이해 시험지에 인쇄된 순서

와는 다소 다르게 풀이를 했다. 한편, 한 과목이나 한 파트가 아니라 중간
마다 있는 시간이 적게 걸리는 특정 개별 문제를 굳이 먼저 찾아 풀 필요
는 없다는 생각이다. 찾는 데 시간이 소요되기 때문이다.

지문

> Easter Island, located west of Chile, is best known For the giant
> stone heads called "moai" that dot Its landscape. Almost 900
> "moai" exist, and they Average 13 feet tall and nearly 14 tones
> in weight. They were probably erected between 1400 and 1600
> AD. Some researchers believe the moai Represent important
> ancestors, such as chiefs; While others claim they may have
> acted as spiritual Conduits between the people and their gods.

질문

Q which is correct about moai according to the Lecture?

보기

(a) They are small stone sculptures in Chile.
(b) Over 1,000 of them exist on Easter Island.
(c) Researchers think they represent common people.
(d) They may have connected people with their gods.

〈영어 문제 예시〉[2]

　　두 번째로 보기를 먼저 읽고 지문을 읽는 풀이 테크닉이다. 시험 문제
는 보통 〈질문-보기〉 혹은 〈질문-지문-보기〉, 〈지문-질문-보기〉 식으
로 구성되는데 지문이 길거나 복잡할수록 보기를 먼저 훑어보는 것이
상당한 도움이 될 수 있다. 질문과 보기 유형을 알게 되면 지문을 읽을
때 방향성이 생기기 때문이다. 즉 얼마나 자세히 읽어야 하는지, 어느
부분을 좀 더 꼼꼼히 읽고 어느 부분을 빠르게 넘어가도 좋은지 짐작하
게 된다. 그래서 특히 보기가 숫자나 단어로 되어 있을 경우는 시간이
적게 걸림으로 항시 먼저 눈으로 훑는 편이 좋다. 반면에 보기가 긴 문
장들일 경우는 이것을 읽는 데 시간이 걸리며 지문을 읽고 다시 보기를
재차 읽으며 시간을 써야 하는 편이 많아 필자는 꺼렸다. 이런 경우 질
문만 읽고 보기는 가볍게 눈길만 줬다. 이를 넘어 작정하고 먼저 보기를

세세히 읽고 지문을 읽는 테크닉도 있다. 주로 국어나 영어 독해 중 본문에서 언급된 내용, 혹은 언급되지 않은 사실 자체를 찾는 유형의 문제에서 적용되는 테크닉이다. 이는 매우 유용한 요령일 수도 있지만, 필자처럼 순간 기억력이 안 좋은 사람에게는 어울리지 않는다. 지문은 스토리로 되어 있어 읽고 나면 머릿속에 잘 정리가 되는 반면에 보기는 단편적으로 끊어져 있는데 이를 4가지 이상 계속 머릿속에 넣고 있기가 경험상 어려웠다. 더구나 영어는 한글보다 더욱 쉽게 머릿속에서 휘발된다. 결국, 지문을 읽는 동안 보기들에 관한 기억을 유지할 수 없어 내게는 포기해야 하는 테크닉이었다.

> ① 고 배점 문제 혹은 짧은 시간 소요 파트 우선 풀기   ② 보기먼저 읽고 지문 읽기 테크닉

〈고려 가능한 시험의 테크닉들〉

모의고사 리뷰와 오답 정리

모의고사를 치르고 난 후 채점과 리뷰는 반드시 해야 한다. 그 둘을 하지 않는다면 단순히 시험 치는 연습만 하는 셈인데 그러기엔 시험 보는 시간이 다소 아깝다. 채점해서 성적을 확인하면 지금까지 공부한 것에 대한 피드백을 받을 수 있다. 또, 문제를 리뷰하면 지식적 측면에서 역시 한 단계 업그레이드되기 마련이며 앞서 말한 실수를 알아차리고 고치는 것의 단초를 발견할 수 있다. 이미 문제를 풀기 위해 꽤 많은 시간과 에너지를 쏟았지만 조금만 더 힘을 낸다면 이처럼 얻을 수 있는 것들이 많다. 시험만 보고 그것에서 멈추지 않도록 하자.

그렇다면 리뷰는 언제 하면 좋을까? 가능하다면 당일에 하는 것이 좋다. 물론, 시험을 치른 후 더이상 공부하고 싶지 않을 가능성이 높긴 하

지만 간단히 식사를 하고 조금 쉰 뒤 바로 그날 리뷰하여 모의고사에 대해 마무리 짓는 쪽을 권장한다. 그것이 정 어렵거나 다른 사정이 있다면 최소 1~2일 이내에는 모의고사 리뷰를 마무리 지어야 한다. 모의고사를 치른 후에는 단순 시험 문제뿐 아니라 시험의 긴장감, 시험 시간이 촉박할 때의 느낌, 혼동되는 문제에 대한 고민, 실수하게 된 논리, 기타 여러 자신의 판단들 등을 되돌아보는 편이 좋은데 이들은 머릿속에서 금세 휘발된다. 시간이 너무 지나면 떠오르지 않을 것이며, 당연히 이에 대한 대책을 세우기도 어렵고, 다음에 또다시 잘못된 판단이나 불필요한 긴장감을 반복할 가능성이 높게 된다. 또한 시험 문제 자체에 대해서도 마찬가지다. 아무리 문제와 해설이 있다고 하더라도 시간이 너무 지나게 되면 문제에 대한 기억이 잘 나지 않는다. 이에 따라 다시 문제를 이해해야 하는 등 리뷰에 시간이 더 많이 걸린다. 그럴수록 다른 계획된 공부에 차질이 불가피해지며 그런 부담으로 인해 리뷰를 포기하게 될 가능성 또한 높아진다.

한편 리뷰하며 오답 정리를 할 때는 적당히 할 필요가 있다. 물론 100점 맞아야 하는 시험이거나 자신이 최고 실력가라면 모르겠지만 그렇지 않다면 너무 어려운 문제들을 굳이 모두 해결하려 너무 스트레스를 받고 시간을 보내는 것은 합리적이지 않다. 모의고사에는 분명 만점 방지 문제같이 불필요하게 난도가 높은 문제들이 있고, 심지어 본고사와 다르게 잘못된 문제들도 곧잘 있다. 그런데 그런 것들을 모두 섭렵하겠다고 굳이 소중한 공부 시간을 낭비할 필요는 없다. 적당히 거르고 좋은 문제, 자신의 실력에 적합한 난이도 문제를 확실히 정리하는 편이 낫다. 만점이나 1등이 중요한 것이 아니고 합격이 중요한 것이며, 그러려면 전략적이고 효율적으로 공부할 필요가 있다. 모든 문제를 가져가려고 하지 말자. 특히 모의고사에서는 과도한 난이도나 조잡한 문제는 적당히 거르자.

단, 자신의 난이도 판단에 착오가 있을 수 있으니 각 문항의 정답률이 공개된다면 이를 꼭 확인하는 편이 좋다. 오지선다형이라고 가정했을 때 정답률이 40% 이하라면 제법 어려운 문제이며, 20% 이하라면 모든 수험생이 보기 중 무작위로 선택해도 나오기 어려운 확률이니 문제가 잘못되었거나 지나치게 의도된 함정 문제일 가능성이 매우 높다. 또한, 거르려 했던 문제라도 혹시 정답률이 70% 이상 되는 문제라면 자신이 실수했거나 착각 했거나 혹은 아주 기본적이고 당연한 것을 몰라서였을 수 있다. 이런 문제라면 되도록 섭렵하는 쪽으로 방향을 잡아야 한다.

> **리뷰는 가능한 당일, 못해도 1~2일 이내 | 모든 문제 섭렵할 필요 X | 정답률 확인**

〈모의고사 주안점 2가지〉

> **20%이내 - 함정, 잘못된 문항 | 40%이내 – 고난도 문항 | 70%이상 - 꼭 섭렵할 것**

〈모의고사 문항별 정답률에 따른 판단〉

모의고사와 본고사의 차이점

일반적으로 모의고사 문제는 획기적이거나 새로운 문제들이 아니다. 문제의 높은 비율이 기출문제들을 조금씩 변형했거나 기존에 어디엔가 있던 문제들이다. 심지어 다른 시험의 비슷한 과목에서 문제를 카피해 오는 경우들도 흔하다. 문제를 만드는데 들어가는 시간과 비용이 한정적이기 때문에 순리다. 그래서 모의고사는 기존 문제들에 익숙한 재수생 이상의 부류가 잘 치르는 경향이 있다. 하지만, 실제 그해 본고사는 다소 새로운 유형으로 출제되는 경우가 많다. 출제자들은 한 문제 한 문제를 고심해서 새로 만들며, 시중의 문제나 기존의 기출문제를 참고해 중복되지 않게 노력하기 때문이다. 그래서 모의고사와 본고사는 성적 차이가 다소 있을 수 있고, 기본 개념에 대한 이해도는 낮고 문제 풀이 요령에만 익숙한 N수생들이 모의고사에서는 선전하다가 본고사에서는 좌절하는 경우가 종종 발생한다. 반대로 실력을 차근차근 잘 쌓은 초시생들은 모의고사에서는 항상 벽을 느끼다가 본고사에서 대박을 터뜨리는 경우들도 있다. 따라서 재시 이상들이 모의고사 점수가 잘 나왔다고 우쭐할 필요도 없고, 초시생들이 점수가 낮다고 기죽을 필요 없다. 물론, 그렇다고 재시 이상이 무조건 모의고사 점수가 잘 나오는 것도 아니다. 누구든 아직 실력이 무르익지 않으면 드러나지 않을 수도 있는 법이다. 모의고사와 본고사는 분명 양의 상관관계가 있는 것은 사실이지만 일치하지 않는다. 충분히 뒤바뀌고 완전히 달라지기도 한다. 그러니 일희일비할 필요 없다.

또한, 수험 시장에 따라 약간씩 달라질 수 있지만, 일반적으로 모의고사를 주로 치는 사람들은 중위권과 상위권이다. 수험생들에게 모의고사를 치르는지 안 치르는지, 이유가 무엇인지 설문해보면 그렇다. 하위권은 모의고사에 자신이 없고 아직 준비가 안 되었다고 느끼기 때문에 잘 안 치르려 한다. 또, 공부는 하지 않지만, 본고사만 신청해 놓은 허수 등도 모의고사에서는 빠진다. 그래서 모의고사는 하위권이 다수 빠진 경쟁이다 보니 본고사보다 비교적 등수 비율이 좋지 않을 수 있다. 반면에 일부 최상위권들은 자신보다 하수들이 가득한 일반적 모의고사를 보고 자만하지 않기 위해서, 혹은 이미 실력이 최고조로라 굳이 필요성을 못 느껴서, 혹은 독하게 혼자 기본서를 파는 등 완전히 다른 커리큘럼을 타고 있어서 모의고사에 참여하지 않는 경우도 잦다. 그래서 모의고사에서 우쭐하다가 본고사에서 갑자기 등장하는 많은 실력자를 보고 그제서야 세상은 넓다는 것을 통감하기도 한다. 이렇듯 모의고사는 하위권과 최상위권이 제법 빠지는 경쟁일 수 있다는 점을 참고하기 바란다.

마지막으로 주의할 점 한 가지는 모의고사를 자주 보며 문제를 많이 풀다 보면 자칫 실제 출제 문제의 감을 잃을 수 있다는 아이러니한 점이다. 너무 지엽적이거나 지독한 문제, 혹은 비슷한 종류의 익숙한 반복적인 문제에만 길들어지는 탓이다. 그러나 본고사는 분명 기존에 없던 새로운 문제들이 즐비할 것이고, 더 분명하고 양질인 문제들일 가능성이 높다. 그러니 모의고사를 비롯해 충분한 문제 풀이를 하는 한편 기출문제도 잊지 않고 곧잘 접하도록 해야 한다. 문제 풀이 문제와 모의고사 문제 그리고 기출문제의 세 종류가 각자 다른 느낌이 있는데 그중 가장 실제 이번 본고사와 가까운 쪽은 기출문제일 수밖에 없기 때문이다.

> 모의고사 : 재수 이상이 유리 | 하위권과 최상위권의 잦은 부재 | 기출문제 잊지 말 것

02

본고사

시험 직전 계획

앞서 5장 수험 공부의 전략 – 6) 공부 과정 – 〈복습〉에서 본고사가 얼마 남지 않았을 때의 복습에 대해 자세히 언급했다. 그처럼 최소 본고사 1개월 전부터는 되도록 새로운 것을 보지 말고 복습하며 정리하는 시간을 가져야 한다.

또한, 시험 전 너무 빼곡히 계획을 세우는 것도 좋지 않다. 계획은 밀리는 경우가 많으니 가능한 본고사 전날까지 계획을 세우기보다는 하루 이틀 여유를 두고 세우는 편이 좋다. 물론, 정확히 들어맞는 계획을 세우고 이에 맞춰 실행하는 것이 말처럼 쉬운 일은 아니다. 그렇게 알고 있어도 마지막이 되면 허겁지겁 공부하게 되기도 하고 계획해 두고 보지 못하는 분량 때문에 쩔쩔매기도 한다. 많은 수험생이 그럴 수 있고, 필자도 이에 자유로울 수 없었다. 하지만 그런 것에 대해 너무 걱정하며 자책하거나 불안해할 필요는 없다. 마지막에 정리가 잘 되고 계획대로 되어 밀도 있게 공부한 것이 더 높은 성적을 기대할 수 있는 것은 맞다.

하지만 적어도 합격 · 불합격은 시험이 얼마 남지 않은 날들의 공부로 판가름 나지 않는다. 공부가 잘 안 되면 안 되는 대로 공부 관련된 다른 일반 책들도 보고, 쉬운 문제도 풀고 하면서 편안하게 시험을 맞이하도록 하자. 공부 일정을 완전히 지키는 것이 중요한 것이 아니라 마지막까지 심리적 안정감을 유지하며 꾸준히 공부 리듬을 이어가는 것이 훨씬 더 중요하다.

한편, 수험 생활 막바지가 되면 학원에서는 총 정리 강의, 핵심 요약 강의, 출제 예상 문제 강의 등이 진행되기도 하다. 이것들도 시험에 충분히 도움이 될 수는 있지만, 꼭 필요한 과정은 아니니 듣지 않는다고 부담을 갖거나 뒤처진다고 여길 필요가 없다. 마지막 즈음 강의들은 어느 정도 준비가 마무리되어 가고 있는 수험생들이 부가적인 도움을 받을 수 있는 콘텐츠일 뿐이다. 그것으로 현재 전혀 정리되어 있지 않던 지식이 새로 정리되지도 않으며, 실제 시험에 나올 많은 문제를 미리 알 수 있는 것도 아니다. 그런 강의에서 실제 운 좋게 적중시키는 문제가 있다손 치더라도 꼭 그 강의를 들어야 맞출 수 있는 것은 아니며 설령 그렇다 하더라도 극소수일 뿐이다. 마지막 즈음에는 밀도 있게 홀로 집중해 공부하며 기존 내용을 복습하는 편이 가장 효율적이다. 만약 그 과정 중에 여유가 있거나 미리 정리와 복습 과정들을 끝내 놓은 편이라면 막바지 강의들을 참고할 법하다. 즉, 관성적으로 강의에 의존하지는 말라는 말이다. 수험생은 학원 강의를 듣다가도 어느 정도 되면 스스로 독립할 줄 알아야 한다.

그 외에 시험이 다가올 때 정비하고 계획해야 할 것들이 있다. 다음은 본고사 직전에 명심해야 할 주위에서 흔히 들어볼 수 있는 원칙들이니 참고하자. 필자도 충분히 동의하는 내용이다.

- 새로운 내용을 보거나 새로운 문제를 풀지 않고 기존 내용, 문제들을 반복한다.
- 특히 시험 바로 전날은 공부가 잘 되지 않을 가능성이 높으니 고려해서 계획.
- 컨디션관리를 위해 일찍 잠들고 본고사 시험시간에 맞춰 기상하기.
- 실제 본고사와 동일한 하루 시간대별 과목패턴으로 공부를 한다.
- 식사도 특별한 음식은 금하고 되도록 하던 대로 하며 소화 잘되는 음식을 먹는다.

〈본고사 직전 1주일 몇 가지 원칙들〉

본고사 전, 패닉(panic, 공황)의 가능성과 대책

패닉(panic)은 갑작스러운 극심한 공포나 공황을 뜻한다[3]. 본고사가 다가올수록 긴장감이 고조되며 대다수의 수험생이 극도로 예민해지고는 한다. 그리고는 시험에 대한 두려움과 불안감이 고조되었을 때, 혹은 본고사라는 시험이 얼마 남지 않았다는 것이 갑자기 크게 와닿으며 패닉 상태에까지 이를 수 있다. 물론 정확한 시기에는 개인차가 있지만 이러한 패닉 현상은 1~2주에 전, 혹은 본고사 며칠 전에 갑작스럽게 찾아오는 경향이 있는데(물론 겪지 않는 수험생들도 있다.) 보통은 집중이 전혀 안 되며 지문을 읽어도 머릿속에 잘 들어오지 않는다. 공부를 많이 한 것 같기는 한데 당장 머릿속에 떠오르는 것이 적고, 공부했던 내용을 봐도 암기가 부족한 것들, 새롭게 보이는 것들이 많다. 심지어 당연하고 쉬운 문제도 틀리며 자신감이 심하게 저하될 수 있다.

이런 때일수록 마인드 컨트롤이 정말 중요하다. 특히 무엇이 어찌 되었든 결국 내면 깊숙이 자신을 믿는 힘이 필요하다. 이는 수험 생활 시작부터 끝까지 수험생에게 항상 필요한 덕목이지만 본고사에 이를수록 더욱 중요해진다. 우선, 지금까지 과정을 떠나서 그리고 지금 상태를 떠나서 결국 본고사를 치를 때는 모든 것이 정상화될 것이며 자신의 노력은 배반하지 않을 것임을 믿도록 하자.

패닉 상태일 때는 공부를 너무 억지로 하려고 하지 말고 자신이 좋아하고 잘하는 과목 위주로 시간을 할애하며 긍정적인 자기 암시를 계속하는 편이 좋다. 또한 자신이 그동안 나름대로 열심히 했다면 공부 시간 통계나, 일과 목표 수행 표 등의 지난 공부 기록들을 살펴보도록 한다. 잊고 있던 까마득한 자신의 노력에서 힘을 얻기 위해서다. 그리고 그동안 유지해왔던 운동 습관이 좋은 역할을 할 수 있다. 운동 파트에서 언급했듯이 운동의 장점에는 신체의 활력과 동시에 자신감을 불어넣어 준다는 점이 있다. 이는 시험을 앞두고 약해져 갈 수 있는 정신을 다잡아 불안감과 스트레스를 이겨내게 해준다.

시험 전 패닉은 웬만한 강심장이 아니라면 누구나 겪을 수 있는 단계이다. 동이 트기 전 가장 어두운 것처럼 한 시기일 뿐이다. 차라리 일찍 그런 기간이 오는 것은 좋은 일이다. 본고사 당일이나 하루 전날 갑작스레 긴장감이 한 번에 밀려온다면 회복할 여유도 없이 시험을 치러야 하니 말이다. 차라리 일찍 시험에 대한 현실감이 찾아오는 것은 그만큼 서서히 해소할 시간적 여유가 있는 것으로 긍정적으로 생각하도록 한다. 그동안 체크해 놓았던 적당한 난이도의 좋은 문제들을 풀고, 어렵지 않은 내용을 가볍게 공부하며 시간을 보내도록 하자.

시험 시뮬레이션

시험 당일 지나치게 긴장하거나 정돈되지 않은 모습을 보인다면 자신의 실력을 최상으로 발휘하기 어렵다. 이에 대비하기 위해서는 본고사가 아직 닥치지 않았어도 시험장의 모습을 머릿속에 그려 보는 것이 도움이 된다. 그뿐만 아니라 그날의 완전한 시뮬레이션을 해 보자. 특히 본고사 전날이라면 그 효과가 더 좋다. 그날 아침 일어나는 모습부터 나갈 준비를 하는 모습, 시험장에 가는 주변 모습, 그리고 시험장에 들어가서 대기하는 모습과 시험 중까지 모든 과정을 그려 본다. 그리고 혹시라도 빠진 물건들이나 준비가 소홀한 것들이 있는지 살펴본다.

또한, 만일의 사태에 대비하는 것이 좋다. 혹시 출발이 늦어지면 어떻게 할지, 시험 중간에 펜이 나오지 않거나 화장실에 가고 싶다면 어떻게 할지, 혹은, 첫 과목 초반부터 난도가 높아 막힌다면 어떻게 할지 그런 것들을 점검해본다. 필자의 경우엔 시뮬레이션을 하다 보니 '모의고사 시 사용하던 탁상용 스톱워치를 본고사에서 사용하지 못 하게 되지 않을까' 하는 고민이 생기게 되었다. 그래서 미리 출제 협의회 사이트에서 이에 관련한 질문을 찾았고, 웹페이지의 해당 승낙 답변 내용을 프린트하여 시험 당일 지참하였다. 시험 감독관에 따라 해당 내용 규정에 대해 무지할 수 있기 때문이었다. 우려했던 상황은 실제 발생하였고 준비 덕분에 잘 넘어갈 수 있었다. 물론 시뮬레이션을 통해 스톱워치가 없어도 당황하지 않고 잘 치를 준비까지 되어 있는 상태였다. 시험에 대해 나쁜 상황을 상상만 하는 것은 오히려 공포를 자극할 수도 있다. 하지만 상상한 일에 대한 확실한 대책을 세우는 한편, 그 일이 발생해도 여유 있어 보이는 스스로의 모습을 이어 상상한다면 나쁜 감정을 충분히 극복하고 그를 좋은 느낌으로 뒤바꿀 수 있다.

시험 치르는 환경 만들기

본고사를 치르는 순간에는 평소 입고 있던 옷, 신발(실내화), 볼펜 등 가능하면 모든 것을 공부할 때와 똑같이 맞추는 것이 좋다. 이것은 단순히 불안감을 감소시키기 위해서뿐만이 아니다. 기억 인출에 유리하다. 앞서 암기 전략에서 언급한 '맥락 부호화' 때문인데 실험에 의하면 교육자가 양복을 입고 학생들에게 단어를 외우게 시킨 후 다음날 감독자가 운동복 차림으로 시험을 보게 하면 학생들은 감독자가 양복을 입고 온 경우보다 시험을 잘 치르지 못한다[4]. 또 다른 실험에선 소음이 있는 환경에서 공부한 학생들은 소음 환경에서 시험을 더 잘 보고, 조용한 환경에서 공부한 학생들은 역시 그와 같은 환경에서 시험을 더 잘 보았다[5]. 기억은 그 당시 주위 환경, 시각 정보, 감정, 소음 정도 등과 함께 저장되기 때문이다. 따라서 공부할 때 항상 보던 스톱워치, 볼펜, 자신이 입고 있던 옷과 신발 이런 모든 것들을 가능한 한 유사하게 하는 것이 공부한 기억을 인출하는 데 있어 유리하다. 스스로 맞출 수 있는 조건들은 수험 공부 때와 맞추어 시험을 보도록 하자.

본고사는 모의고사처럼

이미 모의고사로 여러 번 연습해봤다면 시험을 치르는 과정과 부차적인 준비사항들은 익숙할 것이다. 모의고사를 보던 것처럼 하면 된다. 본고사는 여러 모의고사 난이도 중 한 가지 난이도와 비슷할 것이며 무엇보다 모의고사와 본고사의 절대적 시간 길이는 동일하다. 시험 시작까지가 여러 생각도 많이 들고 조마조마할 뿐이지 일단 풀이 시간이 시작되면 시간은 잘 가며 금세 시험은 끝나가게 된다. 본고사일도 그렇게 여느 모의고사처럼 아주 짧은 하루로 빠르게 지나갈 것이다. 괜히 본고사를 특별하다고 생각하지 말고 그냥 모의고사를 보던 루틴 중의 하나라고 여기도록 하자.

긴장, 수면, 감기, 두통 관련 약물

가능하면 약물을 사용하지 않고 해결하는 편이 좋지만, 긴장도 조절이 너무 안 되거나 수면장애, 통증 등 증상이 심하다면 의학적 약물의 도움을 고려해야 할 수 있다.

긴장을 완화하는 약물로 가장 많이 알려진 것이 한약인 '청심원(우황청심환)'이다. 청심원의 주성분은 '우황'으로 소의 담낭에서 나온 '결석'을 모아서 건조한 것이다. 혈압을 낮추고 심장의 열을 내리며 경련을 진정시킨다. 그런데 이들은 치료적 범위(Therapeutic window)가 "좁아" 용량을 잘 조절해야 한다. 조금만 부족하면 효과가 없고 조금만 많아지면 졸릴 수 있다[6]. 일반적으로 절반 정도만 복용하는 것을 추천한다. 또한, 특별한 긴장이나 항진이 없는 상태에서 복용하게 되면 졸음이나 집중력 저하를 일으킬 수 있어[7] 주의가 필요하다. 우황청심환 복용 시 개인차가 있으나 보통 인체에 흡수되는데 30분에서 1시간 정도가 소요된다. 효과가 나타나는 기대 시간은 복용 후 30분부터 4시간까지이며, 2시간째 최고가 되고 그 이후로 효과는 감소한다. 한편, 우황청심환은 보통 환제와 액제가 있는데 흡수가 빠르고 복용이 간편하다는 장점이 있어 액제를 많이 사용한다. 액제를 시험 당일에 먹는다면 30분~1시간 전에 복용하는 게 좋고, 환제는 1시간 전에 먹는 걸 추천한다[8].

청심원에 대해 자세히 이야기했지만 사실 약국에서 이런 한약을 사는 것보다 여유가 된다면 병원에 가서 전문가와 상담 후 약을 처방받는 것이 더 좋은 방법이다. 필자는 수험생 시절 그렇게 하지 못했지만 의료인이 된 지금은 그렇게 생각된다. 진정제를 처방받으면 되는데 정신과가 가장 정확하지만 '정신과'라는 이름 자체가 부담되거나 접근 상 여의치 않다면 내과나 일반 가정의학과 등에서도 충분히 진정제 처방이 가능하다.

반면에, 시험 시 각성도가 부족하여 주의 집중력이 과도하게 떨어지거나 참을 수 없는 졸음이 올 정도로 긴장감이 떨어진다면 메틸페니데이트와 같은 각성도, 집중력 향상 약물을 고려하는 경우도 있다. 하지만 이는 원래 ADHD 치료제로서 커피보다 각성 효과가 훨씬 강력[9]한 반면에 불면, 식욕감소, 두통 등이 흔한 부작용[10]으로 제시되니 주의해야 하며 반드시 의사와 상의해 처방받아야 한다. 각성 부족은 되도록 마인드 컨트롤이나 카페인 선에서 해결하는 편이 좋다.

수면 관련해서도 걱정된다면 미리 병원에 방문하여 처방을 받아 둘 수 있다. 하지만 그것이 여의치 않거나 갑자기 밤중에 불면을 겪게 된다면 1세대 항히스타민제가 들어있는 종합 감기약이 도움이 될 수 있다. 대표적인 1세대 항히스타민제로 디펜히드라민, 독시라민, 트리프롤리딘, 클로르페니라민 등[11]이 있으니 성분을 확인해 볼 수 있다. 단, 1세대 항히스타민제는 진정 작용이 강해 뇌의 정보처리 속도를 둔화시킨다는 보고가 있다. 집중력, 기억력 등이 감소할 수 있으니[12] 시험 당일 아침에는 복용을 자제하는 편이 좋다. 물론 지속 시간이 비교적 짧기에 밤잠 전에는 괜찮다.

혹시 본고사 당일 감기로 인해 콧물 등 불편감이 크다면 1세대 항히스타민제보다는 진정 작용이 적고 지속 기간이 긴 2세대 항히스타민제(세티리진, 베실산베포타스틴, 로라타딘 등) 또는 3세대 항히스타민제(펙소페나딘 등)를 복용하는 편이 좋다. 시험 기간이 가까워 감기에 걸리는 것이 걱정된다면 반드시 감기에 걸린 사람과 멀리해야 하며 절대 함께 식사하지 말고, 자주 손 씻기를 철저히 하며 오고 다닐 때는 가능한 마스크 착용을 해 호흡기를 보호 하도록 하자.

두통이나 신체에 다른 통증을 심하게 겪는다면 역시 진료를 받는 것이 우선이지만 당장 여의치 않다면 시중에 판매되는 아세토아미노펜(타이레놀 등)을 먼저 고려해볼 수 있다. 가장 부작용이 적고 안전하며 효과가 빠르기 때문이다. 상품명 펜잘, 게보린 등도 모두 아세토아미노펜이 주성분이다. 혹시 이들로 통증조절이 잘 되지 않는다면 이부프로펜

〈지나친 증상 존재 시 고려할 수 있는 약물〉

(Ibuprofen), 아스피린 등의 NSAID계열(비스테로이드소염제) 진통성분을 추가로 사용할 수 있다. 하지만 이들은 메스꺼움등 위장장애를 곧잘 일으키기도 하니 주의해야한다.

약물의 상품명은 곧잘 바뀌는 경향이 있어 여기서는 성분명을 주로 언급했다. 필요시 해당 상품의 성분을 확인해 적용하도록 하자. 그리고 진정제, 각성제, 수면유도제는 의사와 상의가 필요하며 반드시 모의고사 등에서 먼저 자신의 몸에 테스트해 본 뒤 복용하도록 하자.

긴장하는 이유와 심리 조절

필자는 열아홉 살 수능을 처음 보던 날 너무 긴장해서 전날 한숨도 못자고 시험을 치러야 했다. 시험 보는 순간에도 각성도가 극도에 달해 수만 가지 생각들이 머리를 복잡하게 했는데 시험을 치르는 내내 이따금 '여기서 풀이를 그만두면 어떨까', '지금 시험을 박차고 나가면 어떻게 될까?', '나중에 이 순간이 떠오를까' 와 같은 말도 안 되는 자각들까지 들었다. 그 이후로 재수 때는 청심원을 복용했고 몸에 잘 맞아 잠도 잘 잤고 시험도 잘 치렀다. 사실, 솔직히 말하자면 치전 시험 초시와 재시 때도 고민 끝에 이를 복용했다. 가장 농도가 약한 것을 구해 전날 밤 자기 전에 절반, 아침에 절반을 사용했다. 그러나 재시 실패 후엔 워낙 마음고생을 많이 하다 보니 오히려 아이러니하게 이를 극복해나가며 정신력은 강해졌다. 심리적으로 질겨졌다고 할까? 많은 것에 초연해졌고 큰일들에 별로 긴장도 안 됐다. 그래서 마지막 본고사뿐 아니라 치과 국가고시 등 그 이후부터는 어떤 시험이든 약물 종류는 전혀 복용하지 않았다. 필요가 없었다. 전날 밤 잠도 잘 잤고 시험 보는 순간 내내 집중력 조절도 잘 되었다.

　중요한 것은, 바로 스스로 해야 하는 심리 조절이다. 왜 긴장하는지 이유를 알고 이에 대해 생각 조절을 시도하는 것이다. 어떤 상황에서 지나칠 정도로 긴장을 하거나 부담을 느끼는 이유는 두 가지로 압축할 수 있다. 첫 번째는 '준비가 잘 안되어서'이고 두 번째는 '너무 간절해서'이다. 이는 특히 연애에서 잘 나타나는데[13]상대방에 대해서도 전혀 모르고, 그 사람을 만나면 어디에 갈지, 무슨 말을 할지, 어떻게 내 매력을 어필할지 전혀 준비가 안 되어 있다면 긴장이 된다. 또 그 사람을 너무 좋아해서 둘도 없이 간절하면 지나치게 긴장하여 일을 그르치게 된다. 그렇지 않고 철저히 준비도 하고 적당히 간절하면 자신감 있게 상대방을 만날 수 있다. 시험에서도 마찬가지다. 준비에 철저하고 덜 간절하면 지나치게 긴장되는 상황을 피하고 자신 있게 시험에 임할 수 있다.

　먼저 가장 중요한 준비는 당연히 그동안 시험공부를 열심히 했느냐가 큰 부분을 차지한다. 모의고사를 여러 번 치러본 모의 연습, 앞서 말한 생생한 시험 시뮬레이션과 돌발 상황에 대한 예상과 감정 연습, 그리고 이들에 대해 철저한 대비를 했다면 준비는 충분하다. 그다음 간절함을 줄이기가 필요하다. 긴장감을 완화하기 위해선 오히려 합격에 대한 간절함과 이 본고사라는 이벤트의 특별함에 대한 기대를 낮춰야 한다. 가령 이것이 내 유일한 시험이 아니라 이전에도 봤던 여러 시험 중 하나일 뿐이고, 또 안 되면 내년 시험이나 인생의 다른 기회가 있을 것이라는 생각 등이 될 수 있다.

> 지나치게 긴장하는 두 가지 이유 : ① 준비가 안 되서 ｜ ② 너무 간절해서

시험 당일

당일 시험 장소에 조금 일찍 도착하는 것이 좋다. 허겁지겁 도착한다면 차분한 상태에 도달하기 어렵게 되기 때문이다. 먼저 도착해서 다시 시뮬레이션을 해본다. 5분 정도 앉아 무엇을 어떻게 하면 될지 단계별로 그려본다. 시험이 시작된 뒤 자신의 첫 동작을 상상해본다. 수월하게 문제가 풀리고 집중하다 보니 어느새 시험이 끝나 있는 것을 그리면 된다. 실제로 그렇게 될 것이다.

시험 당일도 자신의 생각을 컨트롤하는 일은 대단히 중요하다. 때론 '간절하면 이루어진다.'라는 말이 자신감을 주지만 시험 당일만큼은 그 생각이 별로 도움이 되지 않는다. 앞서 말했듯이 과도한 긴장의 큰 이유 중 하나가 '너무 간절하기 때문'이기도 해서 그렇다. 그보다 필자는 진인사대천명[盡人事待天命]이라는 말을 좋아한다. 사람의 일을 다하고 나서 천명(하늘의 뜻)을 기다린다는 말이다. 즉, 결과가 나타나기 전에 신에게 기원하고 기도하는 것이 아니라, 원인이 되는 일들에 최선을 다하고 나서 천명을 기다린다는 것. 시험을 잘 봐야 한다는 강박관념을 가지지 말고, '이만큼 공부했으니 내 할 만큼은 다 했고 결과는 이미 정해져 있다.', '운명은 내 노력에 대한 대가로 하늘이 정해주는 것이지 내가 오늘 하루 어떻게 바꿀 수 있는 것이 아니다. 이미 결정되었다.' 이렇게 생각하는 것이다.

진인사대천명이라는 단어는 목표를 위해 최선을 다하게 해준다. 그리고 그 결과인 '시험'과 '합격'은 하늘의 일이니 그 뜻을 기다렸다 받아들이면 될 뿐이다. 이 정도면 공부할 만큼 충분히 했다는 마음으로 담담히 시험에 임하기 바란다.

본고사 자가 채점과 리뷰, 답안 확보

자신이 제출한 답안을 확보할지 하지 않을지 결정해야 한다. 사전 채점을 하지 않고 결과 발표 때까지 마음 편하게 기다리겠다는 수험생들도 있지만, 필자는 가능한 답안을 확보해 점수를 내보길 권한다. 일반적으로 성적이 공개되기까지는 시간이 걸리는데 본고사 예상 성적에 따라 그때까지의 계획을 세우는 편이 좋기 때문이다. 본고사 한 번으로 합격·불합격이 나뉘는 것이라면 모르겠지만 대체적으로 장기 시험은 1차 시험 이후 2차 시험이 있거나 시험 외에 다른 항목들의 전형이 존재한다. 어떤 것을 얼마만큼 준비해야 할지는 본고사 성적이 있어야 가늠할 수 있다. 예를 들어 성적이 아슬아슬할 것 같다면 아직 기회가 남은 공인 영어 시험에 사활을 걸고 열심히 해야 할 수도 있다. 또는 성적이 기대에 많이 못 미쳐 면접 비중이 높은 학교에 지원하는 것을 염두에 둔다면 면접 준비를 좀 더 일찍 할 수도 있는 노릇이다. 혹은 2차 시험 준비에 돌입할지, 내년 재시험을 준비할지 빠르게 결정해야 할 수도 있겠다.

한편, 예상 성적을 통한 다음 계획뿐 아니라 답안 확보가 필요한 또 다른 이유는 오답 체크를 위해서다. 물론 몇 문제 틀리지 않는 최상위권이라면 모를까 보통은 본고사 당일에 아무 생각도 없이 쉬고 싶지, 시험지를 들여다보고 싶어 하지는 않는다. 그러나 당장이 아니더라도 오답 정리는 해보는 것이 좋다. 자신이 이런 실제 시험에서 어떻게, 얼마만큼 실수하는지 알 수 있고, 운이 얼마만큼 작용했는지도 알 수 있다. 즉, 막연히 받은 점수가 아니라 점수의 실체를 알 수가 있다. 또한, 후년에 다시 공부한다면 본고사에서의 답안은 자신에게 큰 공부가 될 수 있으며 자신의 실력이 어느 정도 향상되었는지 비교해 볼 수도 있다. 그래서 답안을 남겨 두는 것이 좋은데 분명히 기록해 놓지 않고 시간이 지나면 자신이 어떤 답안을 선택했는지 기억이 희미해지기 마련이다.

〈답안 확보의 필요성〉

답안을 확보하려고 할 때 시험 후 시험지 반출이 허용되는 시험이라면 비교적 수월하다. 단지 시험 중 OMR뿐만 아니라 시험지에도 답을 체크하면 된다. 하지만, 시험지를 수거하는 시험이라면 답안을 수험표 등에 적어오는 것이 좋다. 혹여 적어 나오는 것이 허락되지 않는 시험이라면 시험이 끝난 당일 바로 복기를 해봐야 한다. 물론, 문제와 답안 자체가 공개되지 않는 일부 시험이라면 좀 더 복잡해질 수 있다. 사설 기관의 문제 복원 서비스에 도움을 받거나 그러기도 어렵다면 포기해야 할 수도 있다. 그러나 일반적으로 학원계가 형성된 장기 시험 시장의 경우에는 그다음 해 시험 자료를 위해서라도 기출문제는 구할 수 있는 경우가 흔하다.

보통 본고사 성적이 그다지 좋지 않을 것으로 예상되는 수험생일수록 자신의 답안을 확보하고 채점해보려는 의지가 약하다. 반면에 평소 성적이 좋았거나 본고사 치르는 동안에 느낌이 좋았다면 채점해보려는 의지가 크기 마련이다. 그러나 어떤 경우라도 자신의 답안을 확보하는 것은 필요하다고 보며, 답안 확보는 무조건 당일에, 그리고 채점은 조금 늦더라도 일주일 내에 해서 본고사 후 다음 계획을 잘 세우기 바란다.

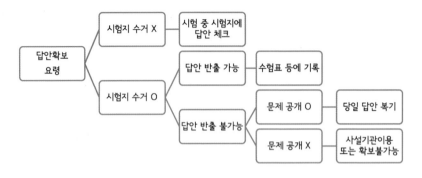

〈상황에 따른 답안확보 전략〉

다음 일에 집중하기

양궁은 대한민국이 오랫동안 전 세계에서 독보적인 우위를 점하고 있는 스포츠 종목이다. 국가대표 선발전이 올림픽에서 메달을 획득하는 것보다 더 어렵다는 말이 있을 정도니 어련할까. 이런 국내 양궁계에서도 신처럼 절대적인 존재로 받아들여지는 인물이 있으니 바로 신궁 김수녕 전 국가대표이다. "한국 양궁에서 '신궁'이란 별명은 오직 김수녕에게만 특권처럼 부여되는 칭호"이다[14]. 그런 그녀에게 언젠가 비결을 묻는 인터뷰를 했다. 그러자 김수녕 선수는 이렇게 답한다.

"시위를 떠난 화살에는 미련을 두지 않는다."

이는 수험생에게 꼭 필요한 명언이다. 특히, 시험이 점점 다가올 때나 실제 본고사를 치르는 중에도 이 말을 기억해야 한다. 지금까지 공부한 것은 이미 지나간 사실이니 하지 못한 공부에 미련을 가질 필요가 없다. 조금이라도 남은 시간에 집중해야 할 것이다. 또한, 시험 도중에도 초반 먼저 치른 과목에서 아쉽게 실수한 것들이 있거나 심지어 한두 과목을 완전히 망치더라도 절대로 그것에 연연하지 않아야 없다. 시위를 떠난 화살에는 미련을 둘 필요가 없다. 지난 시험을 이야기하거나 생각하지 말도록 하자. 본고사 마지막 종이 울릴 때까지, 초연하게 현재와 이다음 일에 대해서만 최선을 다하도록 하자.

아무리 긴장이 되고, 미루고 싶고, 외면하고 싶어도 수험생은 본고사에 임해야 할 수밖에 없다는 사실을 마음속 깊이 받아들여야 한다. 애초부터 이를 위해 수험 생활을 했던 것이고, 암흑과 같은 수험 생활을 끝내려면 본고사를 치러야 한다. 긴장의 대상이 아니다. 시험 결과를 떠나서 본고사는 자신을 이 생활로부터 꺼내 줄 수 있는 유일한 구원 수단이며 지난 과정을 통해 만들어진 현재 실력에 대한 검색대일 뿐이다. 총칼을 숨기고 요행으로 통과하길 원하는 것이 아니라면 검색대를 지나면서 걱정할 필요가 없다. 바꿔 말하면 공부를 너무 안 하고 운이나 속임수로 합격하기를 바라는 어긋난 생각이 아니라면 긴장할 필요가 없다. 기쁜 마음으로 가볍게 통과하도록 하자.

실패 원인을 반드시
경계해야 하며 만약 수험 생활을
하는 중에 자신이 그 방향으로
가고 있는 것 같다면 명확한 의지로
걸음을 멈추고 해결책을 모색해야 한다.
그것이 합격과 성공으로 가는
현명한 결단이 될 터이다.

제9장

수험 생활 실패의 이유
(수험생 컨설팅 중 설문내용)

PART 09

실패의 이유에 대한 질문 | 답변 분류별 비율 | 실패의 이유 Top 5 | 시간 관련, 계획 관련 실패 원인들 | 생활 관련, 마인드 관련 실패 원인들 | 공부 내용 관련, 스터디 관련 실패 원인들 | 분류 외 다른 원인들 | 불합격은 합격의 어머니

수험 생활 실패의 이유

실패의 이유에 대한 질문

불합격한 수험생에게 "당신은 왜 실패했다고 생각하십니까?"라는 질문을 단도직입적으로 하기는 대단히 어렵다. 혹여 주위 사람이 겨우 좋은 말로 돌려 물어본다고 한들 그는 '운이 좋지 않아서', '몸이 아파서', '공부를 열심히 안 했어'와 같은 자기방어적인 핑계를 대거나 두루뭉술한 답변을 할 가능성이 높다. 또한, 입시 기관에서 이벤트성으로 조사한다면 비교적 가볍고 성의 없는 대답을 얻을 확률이 높다. 그러나 문제점을 찾고 해결 방법을 모색해 주는 전문 컨설턴트라면 매번 그 질문을 쉽게 던질 수 있다. 그리고 거의 모두에게서 진정성 있고 구체적인 대답을 얻을 수 있다.

필자는 100회 이상의 수험생 컨설팅을 진행했고, 또 따로 수십 명의 수험생을 만나 주기적으로 멘토링 하며 상담했다. 그런데 이렇게 필자와 만나는 수험생 중에는 처음 시험 준비를 하는 사람들도 있었지만, 더 많은 비율의 사람들이 2번째 이상 시험을 치르려는 사람들이었다. 또한,

멘토링은 단 한 명을 제외하고는 모두가 재수생 이상이었다. 나는 그런 내가 코치할 재시 이상 수험생들을 만나기로 하면 항상 상담 전에 그전까지의 수험 생활 실패 이유를 곰곰이 생각해보고 적어오라고 과제를 내줬다. 당연한 수순이다. 자신의 약점과 실패 요인 분석을 해보지 않고 어떻게 동일한 승부에서 성공할 것인가. 단순히 어림짐작이 아니라 직접 써봐야 한다. 그래야 확실해지고 정리가 된다. 더 인상에 남는 일이 되며 잊으려 할 즈음 다시 보고 상기할 수 있는 기록이 된다. 그러나 많은 수험생이 단지 그 힘든 기억을 꺼내기조차 싫다는 이유로 마음을 달래며 단순히 힐링의 시간만 갖다가 실패한 요인 분석도, 제대로 된 새 계획도 없이 다음 수험 생활을 시작하고는 한다. 그런 수험 생활이라면 결과도 전년도와 비슷하게 될 가능성이 높다. 따라서 수험 실패 이후에는 약간은 쉬더라도 기억이 너무 희미해지기 전에 반드시 패인 분석을 해봐야 한다. 어떤 것에 실패한 후 다시 그것을 시도하든 안 하든 실패 요

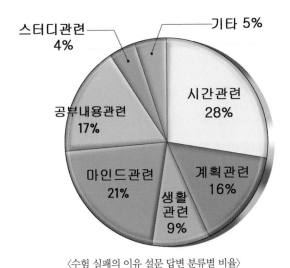

〈수험 실패의 이유 설문 답변 분류별 비율〉

인을 낱낱이 살펴보고 복기할 때 그 실패가 비로소 의미가 있는 일이 된다. 나중에 다른 어떤 일을 도전할 때에라도 성공 확률을 확연히 높일 수 있게 하는 차별점이 된다.

여기서는 필자가 만났던 수험생들이 고심 끝에 뽑아왔던 '수험 실패의 이유'들에 대해 이야기해 보려 한다. 선경험자들의 시행착오에서 배울 수 있는 것들이 많으리라 본다.

답변 분류별 비율

필자가 컨설팅과 멘토링을 통해 만났던 의학 전문대학원, 치의학 전문대학원, 약학 대학 입시, 한의학 전문대학원 등을 준비하는 118명 중 이미 실패를 경험한 수험생(재시 이상)은 70명이었다. 그중에 실패의 이유에 대해 응답한 45명의 수험생이 있었고 이들은 대부분 2~5개의 이유를 꼽았으며 이를 모으니 164개의 답변이 되었다. 답변들을 분류별로 묶어 정리했고 가장 많은 답변을 따로 정리해 보았다.

먼저 주목해 볼 것은 시간 관련된 항목이 가장 많다는 점이다. 그래서 필자가 그토록 스톱워치와 시간 제한을 두는 장치, 시간을 효율적으로 쓰는 방법 등에 대해 자세히 강조하고 이야기를 했던 것이다. 장기 시험 수험 1년은 분명 시작할 때는 길어 보이지만 지나고 나면 제법 짧고 또 시간을 알차게 이용하지 못했다는 점에 대해 아쉬움이 남게 마련이다. 시간을 어떻게 관리하며 공부 시간을 가능한 최대로 확보하는지가 수험 성공과 실패의 가장 결정적인 요소라고 해도 지나치지 않을 것이다.

두 번째는 마인드 관련된 이유이다. 이는 생각과 감정하고 관련이 있다. 처음 강렬했던 공부 의지와 동기는 사그라지기 마련이다. 열정보다 중요한 것은 끈기며 지속이다. 수험 공부는 혼자 하는 외로운 것이고 지독한 불확실성 때문에 불안할 수밖에 없으며 하루하루는 지겹게 느껴질 수 있고 어떤 공부든 경쟁이 있는 수험 시장은 내용이 어렵고 분량이 많기 마련이다. 이런 것들을 마음속으로 깊게 받아들이고 또 감내할 수 있어야 합격에 가까워진다.

한편, 공부 내용 자체와 실질적인 생활 자체에 대한 이유는 비교적 적다. 물론 답변 내용의 종류가 상당히 다양하다 보니 어떻게 분류하느냐에 따라 각 분류별 비율은 달리 볼 수 있음을 인정한다.(예를 들어 '계획' 분류를 '공부 내용' 분류에 포함시켰다면 분류 중 1위가 된다.) 또한, 보통은 일 년을 되돌아보게 되면 세세한 작은 방법적인 면들보다는 시간이나 계획 같은 큰 범주들이 인상에 남는다는 점도 사실이다. 하지만 그렇다 하더라도 직접적인 공부 내용에 관한 점은 상당히 적고, 이유들이 소수의 가지각색인 점은 인상적일 수 있다.

다음으로 가장 빈도 높은 이유 5가지에 대해 자세히 살펴보고, 각 분류별로 세부 내용에 대해 검토해 본다.

실패의 이유 Top 5

1. 복습 시간 부족	9.8 %
2. 멘탈 관리(마인드 컨트롤) 실패	9.2 %
3. 공부 시간 자체 부족	5.5 %
4. 자기 공부 시간이 적었다.	4.9 %
5. 건강관리, 체력관리 실패	4.9 %

재도전하는 수험생들이 스스로 분석한 그전 수험 생활 실패의 요인 중

가장 높은 빈도수를 차지하는 단일 항목은 바로 복습 시간 부족이었다. 더구나 3위 '공부 시간 자체 부족'과 4위 '자기 공부 시간이 적었다'는 이유들도 사실 말을 달리했을 뿐 복습 시간을 뜻하거나 그와 밀접한 관련이 있을 정도다. 즉, 시간에 쫓겨 복습을 못 하게 되어 실력을 쌓지 못하는 경우가 압도적인 실패 원인이라는 말이다. 그만큼 복습은 정말 중요하다. 앞서도 몇 번을 강조했지만, 다시 몇 번을 말해도 부족함이 없다. 복습이 밀리고 있다면 본인의 공부 시간 부족 때문인지, 과도한 공부 계획 때문인지를 필자가 제시한 스톱워치 시간을 기준해 판단해보고 무엇인가 조치를 해야 한다. 막연히 '괜찮겠지'하며 건너뛰어서는 안 된다. 강의가 조금 늦게 끝나는 것은 큰일이 아니지만, 복습을 한 번 안 하는 것은 큰일이라 여겨야 한다. 또한, 복습이 중요하다고 해서 처음 보는 것을 대충해서는 안 된다. 나중 복습을 위해서는 처음에 어떻게 보는지도 중요하다고 이야기했다. 다시 볼 때 편하기 쉽게 체크를 하고 자신만의 표식을 하는 것, 다시 볼 내용을 조금이라도 더 줄여놓는 것이 필요하다. 그리고 처음 내용에 대한 이해가 깊을수록 그 내용을 더 기억할 확률이 높으며, 기억하지 못한다고 하더라도 다시 봤을 때 기억 재생이 더 잘 된다. 반대로 이해하지 못하고 흘려보낸 내용은 잘 기억도 잘 되지 않고 두 번째 볼 때도 이해되지 않는다는 사실에 스트레스를 받을 가능성이 크다. 그래서 처음 공부할 때는 자세히, 그리고 그다음부터는 처음보다 빠르게, 최소 2~3배 이상의 속도로 복습하면 된다.

복습을 강제적으로 하려면 다시 볼 수 있는 여러 장치를 마련해 둬야 한다. 필자처럼 주기성 데일리 암기 노트를 실행하든지, 스터디를 한다든지, 달력에 다음번 새로 복습 날짜를 표기해둔다든지 등이 있다. 반면에 동일한 형태로만 책을 다시 읽으면 지루하기도 하고 비효율적이 될 수 있으니 단순 읽기 외에도 암기할 항목을 뽑아내 암기 노트를 작성하며 복습하고, 스터디에서 시험을 준비하며 집중력 있게 다시 보고, 문제를 풀 때 찾아보며 다시 보고, 정리 노트를 만들며 다시 보는 등 여러 각도로 다시 보기에 대해 접근하는 것도 잊지 않도록 하자.

2위를 차지한 '멘탈 관리 실패' 역시 수험생들이 정말 많이 꼽는 실패의 원인이다. 마인드 컨트롤을 못한 것인데 이를 어렵게 하는 원인으로 불안, 외로움, 조급함, 이성 문제, 인간관계 문제, 패배의식 등이 있다. 이런 감정이나 생각들을 잘 이겨내지 못하면 점차 공부 의욕이 감소하고 이를 겪는 기간과 빈도가 높아지다 보면 수험 실패의 원인으로 생각될 만큼 큰 제한 요소가 된다. 본서에서 역시 이와 관련해 상당히 많은 지면을 할애했다. 처음 부분인 2장 '공부를 하는 이유', 또는 7장 생활 전략의 '슬럼프'라는 다른 파트를 따로 둔 것도 멘탈 관리가 워낙 중요하니 이에 대한 도움을 주기 위해서였다. 한편, 멘탈 관리가 어려운 가장 큰 이유 한 가지는 공부가 잘되지 않기 때문이다. 내용이 어렵고 지루해 집중도 잘 안되고, 공부 내용은 이해도, 암기도 잘되지 않고 진도는 눈에 띄는 진척이 없다. 또 자신이 공부한 만큼 성과가 나오지 않는 것 같고 스터디 시험이나 모의고사에서도 그 현재 상태를 확인시켜 주듯 남들보다 문제를 많이 틀리는 것 같을 때 평정심을 갖기가 더 어렵고 쉽게 멘탈이 붕괴되기 마련이다. 그래서 자신의 수준을 잘 파악하여 이에 맞춘 공부가 필요하다. 자신이 감당하기 어려운 단계의 내용이나 문제를 처음부터 정복하려 기를 쓸 것이 아니다. 시간이 절대적으로 너무 부족한 것이 아니라면 부족한 기본기부터 채우고 가는 편이 좋다. 그런 면에서 단기간 합격한 사람들이나 진도가 빠르고 잘하는 주위 사람들과 너무 비교하지 않아야 한다. 또한, 목표가 분명해야 하며 공부에 대한 욕구를 그동안 충실히 쌓았어야 멘탈 유지가 비교적 수월하게 된다. 자신이 그런 에너지가 부족하다면 책이나 합격 수기 등을 통해 주기적으로 학습 동기를 재충전하고 자신의 기록들을 남기는 등 좀 더 섬세한 멘탈 관리가 필요하다.

3위 이유인 '공부 시간 자체 부족'은 다른 직업과 수험 공부를 병행하는 등 처음부터 공부 시간 확보가 덜 된 케이스가 있고, 시간 확보가 되어 있다고 하더라도 스스로 공부를 열심히 안한 경우에 해당된다. 다른 일과 수험 생활을 병행해서 합격하는 케이스가 없는 것은 아니다. 하지만 이런 경우는 시간뿐만 아니라 정신적으로 여러 가지 일에 집중이 분산되기 때문에 불리함이 명확하다. 가능하다면 수험 생활에 전업할 방법을 찾는 것이 좋고, 정 사정상 어렵다면 보다 특별한 의지로 좀 더 수험 기간을 길게 잡고 공부하는 편이 현실적일 수 있다. 스스로 공부를 열심히 안 한 경우엔 목표 설정이 부족하고 동기 부여가 잘 안된 것이기에 이 역시 공부할 준비 자체가 덜 되었다고 할 수 있다. 공부 방법을 고민하기보다는 무엇을 위해 공부하는지 고민해보고, 절실함이 정말 생기지 않는다면 장기 시험 준비 말고 다른 길을 찾아보는 것이 이로울 수 있다.

자기 공부 시간이 적었다는 답변은 주로 학원 강의를 과도하게 많이 듣거나 그 진도에만 끌려간 경우, 또는 지나친 다수의 스터디를 하는 경우다. 결국, 혼자 자신의 공부하는 시간이 실력 향상에 결정적인 법이다. 적절한 강의와 정말 필요한 스터디만 진행해 자기 공부할 시간을 확실히 확보해야 한다.

건강 관리 실패와 체력 관리 실패는 생활 관리를 못 해 생기는 대표적인 증표이다. 반복하여 이야기하지만, 장기 시험은 단기 시험과 다르다. 지속 가능한 공부를 해야 한다. 이를 위해선 짧은 시간 갑자기 불타올라 지칠 정도로 공부하는 것이 아니라 매일 약간의 체력은 남겨두어야 한다. 무엇보다 규칙적인 생활과 건강한 식습관, 운동이 중요하겠다. 생활의 전략에서 자세히 이야기했다.

다음으로는 각 분류별 세부내용을 살펴보도록 하겠다.

시간 관련, 계획 관련 실패 원인들

1. 복습 시간 부족	9.8 %
2. 공부 시간 자체 부족	5.5 %
3. 자기 공부 시간이 적었다.	4.9 %
4. 수험 공부를 늦게 시작	3.0 %
5. 공부 속도가 느림(시간 지연)	

〈시간 관련 원인들〉

1. 공부 계획 실패	4.3 %
2. 일부 과목을 포기함	3.7 %
3. 과목별 공부 시간분배 실패	
4. 공부 장소 거주지 선택 실패	
5. 강사 선택 잘못	

〈계획 관련 원인들〉

시간 관련 원인에서는 앞서 Top 5에서 언급한 내용 다음으로 수험 공부를 늦게 시작했다는 원인과 공부 속도가 느려 시간 지연이 많았다는 이유가 뒤를 이었다. 수험 공부를 늦게 시작하는 이유는 다양할 수 있으나 많은 케이스가 공인 영어 시험 등 합격에 필요한 다른 요소들 준비에 시간이 지연되기 때문으로 보인다. 수험 공부를 늦게 시작하면 단순히 공부할 기간 자체가 짧아질 뿐만 아니라 여러 가지 필수 계획이 헝클어지고 선택의 제한이 생긴다. 예를 들어 학원 커리큘럼에 맞지 않아 실강을 들을 수 없다든지, 특정 과정을 건너 띄어야 할 수 있다. 또한, 자신의 진도와 맞는 스터디를 찾기 어려우며 시간 압박으로 기본기에 치명적인 공백이 생길 가능성도 높다. 물론, 시험을 여러 번 치렀으며 어느 정도 기본기가 되어 있다면 수험 공부를 늦게 시작한다고 하여 크게 불리하진 않다. 그러나 처음 수험 공부를 시작한 해에는 평균보다 좀 더 일찍 수험 공부를 시작하는 편이 좋으며 두 번째 시험에 도전하는 수험생도 좀 더 자세히, 그리고 온전히 공부하고 싶다면 평균 정도, 혹은 그보다 좀 더 일찍 수험을 시작하는 편을 권장한다.

공부 속도는 글자를 읽는 속도가 느리거나, 문제 풀이하는 속도가 느리거나, 이해하고 받아들이는 것이 느린 경우이다. 그런데 이들 '속도'는 특정 사항에 대해서만 느리기보단 느린 사람은 일관적으로 대부분 사항에 대해 모두 느리고 빠른 사람은 대부분에 모두 빠른 경향성이 있다. 그래서 공부 속도 차이는 더 양극화된다. 공부 속도가 느리면 '공부 시간 부족'과 동일한 결과를 만든다. 그래서 반대로 '공부 시간이 부족'이라는 실패의 원인도 사실 공부 속도가 느려서인 경우들도 상당수 있다. 당연히 속도가 느리면 시간 부족을 더 체감할 것이고 속도가 빠르면 시간 부족을 덜 느낄 것이기 때문이다. 그래서 자신에 대해 잘 알아야 한다. 자신이 공부 속도가 느리다면 하루 공부 시간을 더 확보하고, 수험을 좀 더 일찍 시작해야 할 것이다. 반대로 공부하는 속도와 습득력이 빠르며 공부 방법까지 잘 갖춘 수험생이라면 심지어 수험 공부를 늦게 시작하더라도 수험 공부 시간 부족을 잘 느끼지 않을 수도 있다.

계획 관련해서는 공부 계획대로 실행하는 데 실패했다는 응답이 가장 많았다. 무리해서 계획을 세웠거나 적당한 계획일지라도 계획에 맞춰 진척되지 않았던 것이다. 그래서 계획을 실행할 수 있을 정도의 충분한 공부 시간 확보가 기본이며 자신에게 맞는 정도의 계획을 세워야 한다. 하지만 사실 누구도 처음 계획부터 완전히 그 적당량을 맞출 수는 없다. 우선 계획을 세우고 자신이 실행하는 정도에 맞추어 조금씩 수정해야 한다. 계속 맞춰가는 것이다. 그러나 한편으론 계획을 너무 자주, 완전히 갈아엎는 것도 옳지 않다. 일관되지 않은 것은 혼란을 만들어 습관이 되기 어렵고, 실력 형성에도 크게 방해가 된다. 실제로 계획을 너무 자주 바꾼 것을 실패 원인으로 꼽는 수험생도 있었다.

한편, 아무리 어려운 시험이라고 하더라도 일부 과목을 포기해서는 합격을 기대하기가 많이 어려워진다. 필자 경험으로 합격생 중에 특정 과목을 포기했었다는 사람은 경쟁이 덜 치열한 시기에 수험을 준비했던 사람이거나, 운이 정말 좋아 기대 이상으로 정답이 잘 맞았던가, 그게 아니라면 말은 포기했다고 말하더라도 어느 정도는 그 과목을 공부한 경우다. 현혹되지 말도록 하자. 특정 과목이 자신과 정말 너무 안 맞더라도 완전히 포기하기보다는 목표를 낮게 잡고 쉽게 나오는 기본적인 문제들 정도는 맞출 수 있어야 한다.

공부 장소나 거주지 선택 그리고 강사 선택 또한 계획의 한 부분인데 시행착오를 겪을 수 있다. 이런 것들은 선경험자 혹은 지금 함께 수험 생활하고 있는 다른 수험생들에게 적극적으로 묻고 의견을 나눠 정보를 확장해야 한다. 자신이 하나하나 모두 경험해볼 수 없으며, 상업적인 광고 때문에 온라인 등에서 신뢰성 있는 정보를 구별하기가 어렵기 때문이다.

계획 관련해서는 그 외에 '종합반에서 공부하며 느슨해졌다', '학원을 과신했다', '영어공부와 병행해서 실패했다', '목표가 부족하거나 목표를 너무 낮게 잡았다.' 등의 답변이 있었다.

생활 관련, 마인드 관련 실패 원인들

〈생활 관련 원인들〉		〈마인드 관련 원인들〉	
1. 건강관리, 체력관리 실패	4.9 %	1. 멘탈관리(마인드컨트롤) 실패	9.8 %
2. 밤 수면 시간이 너무 많았다.		2. 긴장감, 절실함 부족	3.7 %
3. 불규칙적인 생활		3. 집중력 부족	3.1 %
4. 불의의 사고		4. 주변 진도에 휘둘림	
		5. 자신감 부족	

생활 관련해서 '밤 수면 시간이 너무 많았다.' 라는 답변도 곧잘 있었다. 수면에서 이야기했듯이 아무리 컨디션을 생각하는 최대치라고 하더라도 7시간 이상 수면은 제한하는 편이 좋다. 원하는 수면만큼 모두 취하면서 간절한 목표에 최선을 다한다고 하기는 어렵다. 시험 당일이 아니라면 중요한 것은 최상의 컨디션이 아니라 효율이다. 약간의 인지력을 희생해서라도 많은 시간을 확보할 수 있다면 그렇게 해야 한다. 그 하방 제한선은 약 5시간 정도였다. 잠을 많이 자서 불합격했다는 이야기들은 곧잘 있었지만, 수면 시간이 부족해서 성공하지 못했다는 사람은 아직까지 만나보지 못했다.

한편 규칙적인 생활을 권장하는 이유는 장기적인 건강과 체력을 위해서다. 아무리 당장 공부가 잘되는 것 같다고 하더라도 불규칙적인 공부 패턴을 오래 이어가기 어렵다. 탈이 날 가능성이 높다. 생체리듬상 신체 활동할 때 햇빛을 조금이라도 보는 것이 낫고 멜라토닌이 분비될 때 수면을 하는 편이 효율적이다. 또한 낮잠을 많이 자는 것은 불규칙한 생활의 시작이 된다. 낮잠은 1회 15~20분을 권장하며 길더라도 30분을 절대 넘겨서는 안 된다.

그 외에 수험생은 비교적 사고를 당할 일이 적기는 하지만 충분히 있을 수 있는 일이다. 스스로 몸조심을 하는 한편, 만약 사고가 발생한다면 그래도 그 상황에서 할 수 있는 만큼 최선을 다하면 될 뿐이다.

마인드 관련 이유에서 언급되지 않는 것 중 가장 높은 빈도는 긴장감, 절실함 부족이었다. 목표가 분명치 않거나, 만약 수험에 실패해도 다른 도피처가 있어 그다지 시험 합격에 대한 열망이 높지 않을 수 있다. 또는 그동안 자신이 이룬 것들이 있어 시험 합격을 너무 쉽게 보는 경우도 긴장감, 절실함이 부족하게 된다. 특히, 인지도 높은 대학출신에 머리도 뛰어난 편인 사람들이 이런 경우가 곧잘 있다. 그래서 1~2년 차엔 열심히 하지 않아 실패하고는 뒤늦게 정신 차리고 정진해 합격하는데 겸손하고 절실하지 못한 탓에 수험 생활이 길어지는 것이다. 호랑이도 토끼한 마리를 잡기 위해선 사력을 다해 뛴다. 절대 자만하지 않고 위기의식을 느끼도록 마음을 다잡아야 한다.

집중력 부족은 원래 여러 잡다한 생각이 많은 사람이거나 혹은 그렇지 않더라도 공부 외에 다른 일들로 마음고생을 하게 될 경우 심하게 두드러질 수 있다. 외부 요인들을 강력하게 차단하고 필자가 제시한 집중력 증감 방법들을 시도함으로써 해결할 수 있다.

그 외에 주변 진도에 휘둘리지 않아야 한다고 당부했고, 실력에 대한 자신감은 열심히 하고 결과가 나와야 해소되기 마련이다. 그때까지는 실력에 대해 자신감이 부족할 수밖에 없다. 확신은 누구나 부족하다. 상위 1% 성적을 받고 다시 공부하던 필자도 합격에 대한 확신이 부족했다. 확신 부족은 수험생의 당연한 난제이므로 받아들여야 한다.

그 외 마인드 관련 원인으로 끈기와 꾸준함이 부족했다, 영어 점수가 낮아 불안감이 컸다 등도 있었다.

공부 내용 관련, 스터디 관련 실패 원인들

〈공부 내용 관련 원인들〉	〈스터디 관련 원인들〉
1. 기초 또는 이론 공부를 안 함 3.1 %	1. 스터디 구성, 방법 실패
2. 공부 방법을 몰랐다.	2. 스터디를 하지 않았다.
3. 개념 이해 부족	3. 스터디 시간이 과도했다.
4. 암기를 너무 하지 않음.	
5. 문제 풀이 양이 적었다.	

직접적인 공부 내용 관련해서는 '기초 또는 이론 공부를 안 했다' 라는 이유가 가장 많았다. 이는 특히 이미 아는 것이 많다고 스스로 생각하는 재수생에서 두드러지는 이유이다. 아직 기본 실력이 안 되어 있는데도 기본과정을 건너뛰거나 작년 공부한 이론을 가볍게 훑고 문제 풀이 위주로 공부하려 하다가 시험을 그르친다. 또한, 초시생 이더라도 시험 과목을 미리 대학에서 배운 관련 전공자라면 비슷한 결정을 하는 경우가 있다. 물론, 심화 내용부터 시작하는 등의 결정이 무조건 잘못되었다고 할 수는 없고, 과목마다 다소 다를 수는 있지만 기본과 이론이 탄탄하지 않으면 좋은 성적을 받지 못할 가능성이 높다는 것은 주지의 사실이다.

공부하는 방법을 잘 몰라 여러 시행착오를 겪고 실패의 원인으로 생각하는 수험생들도 있다. 본서를 통해 많은 부분 해결할 것이라고 보며, 해당 시험 합격 수기들을 적극적으로 참고할 필요가 있다.

단순 암기과목이 아니라면 그 과목 개념들을 잘 이해해야 문제를 잘 풀 수 있다. 단순히 책을 읽어 이해가 잘되지 않는다면 자신에게 적합한 적절한 강사를 골라 성실히 강의를 들어야 한다. 또 질문이 있다면 적극적으로 질의하고 궁금증을 해결하려 하는 편이 좋다.

암기 과목이든 이해 과목이든 추론 과목이든 분량의 차이일 뿐 암기는 실력의 필수 요건이다. 반드시 의식적으로 암기를 해야 하며, 가능한 암기 노트를 따로 만들어 주요 암기 항목들을 관리해야 한다. 암기하는 것이 싫다고 암기에 소홀하면 실력은 갖추어지지 않는다.

'문제 풀이 양이 적었다' 라는 이유는 주로 초시생들에게 나온다. 처음 공부할 때는 이론 공부에도 시간이 부족하다 보니 문제를 적당량 풀지 못하는 경우가 잦다. 그래서 초시생은 시험 준비를 조금 더 일찍 시작하는 것이 좋고, 사정상 그렇게 하지 못했다면 한 문제집이라도 여러 번 반복해 풀어보는 편이 낫다. 다른 낯선 문제집 한 권을 더 풀어보는 시간에 풀었던 문제집은 2회 이상 볼 수 있기 때문이다.

그 외에 오히려 지나친 문제 풀이로 정리가 안 되었다는 재시 이상의 수험생들도 있다. 또한, 문제 풀이하며 이론을 놓았던 것이 패인이었다는 수험생이 있는가 하면, '모의고사를 보지 않아서', '전반적으로 꼼꼼하지 못한 공부를 했다', '정리 노트가 없었다.', '기출에 소홀했다' 등의 이유들도 있었다.

스터디 관련해서는 스터디 구성이나 방법이 잘못되었다는 이유가 가장 빈도가 높았는데 이는 친한 사람들끼리 스터디를 하다 보니 강제력도 적고 낭비하는 시간이 많게 되는 경우, 효율이 낮은 방법을 선택한 경우 등이 해당된다. 자신의 실력에 맞지 않는 스터디에 참가해서 진도에 끌려가는 것도 문제가 될 수 있다. 그 외에 스터디를 하지 않고 혼자 공부한 것을 후회하는 수험생들도 있었고, 반면에 스터디 시간이 너무 많았던 것을 반성하는 수험생도 있었다.

분류 외 다른 원인들

본고사 직전 스퍼트 부족
정보력 부족
수험 기간 도중 수시로 많은 시간 낭비
핸드폰 게임을 많이 함
필기를 잘 못함(오래 걸림)
학교 지원 실수

분류에 포함되지 않은 몇 가지 이유들이 또 있다. 본고사 직전 스퍼트가 부족한 이유는 보통 체력 때문인 경우가 많다. 운동을 꾸준히 하며 지속 가능한 공부를 했어야 마지막에도 더 힘을 낼 수 있다. 스터디를 하지 않고, 강의도 듣지 않는 수험생은 수험 정보 등을 얻기가 훨씬 어려우며, 강의를 듣고 스터디를 하더라도 다른 사람에게 묻는 것을 꺼리거나 적극적으로 정보 나누기를 하지 않으면 정보에서 불리할 수 있다. 물론 이런 것들을 온라인에서 보충할 수 있으나 신뢰성이 떨어지며 다른 불필요한 것들을 보는 데 시간을 보내는 등 효율이 적을 수 있으니

주의가 필요하다. 한편, 입시 중에 수시 모집 인원이 있는 시험이라면 수시 모집에 관해서는 미리 준비해 둬야 한다. 한창 본고사 준비를 하는 중 수시 모집 서류를 챙기고 자기소개서를 작성하려면 공부 흐름이 끊기고 진도에 도태되어 큰 피해를 받을 수 있다.

아직 스마트폰 게임을 못 끊었다면 수험에 실패할 확률이 대단히 높다. 당장 삭제해야 한다. 정 안된다면 스마트폰을 지니고 다니지 않아야 한다. 필기를 잘 못하는 것에 해결책을 제시하기는 어렵다. 당장 연습을 한다고 빨리 쓰는 것이 되지는 않기에 약어 등을 적극적으로 쓰는 한편('미토콘드리아'라는 용어를 매번 '미토콘드리아'라고 쓰는 것과 'mt'라고 쓰는 것은 큰 시간 차이를 만든다), 정 안 되겠으면 스스로 필기하는 것은 과감히 제쳐두고 정리 본을 구해 사용하는 쪽이 나을 수 있다. 입시에서 학교 지원 실수는 정보력 부족과 동일하다고 본다. 시험이 끝난 후에 나태해지지 말고 시간을 많이 써서 여러 지원 가능 학교들을 비교 평가하고 합격 가능성을 따져봐야 한다.

불합격은 합격의 어머니

'실패는 성공의 어머니이다'라는 말은 모두가 잘 아는 에디슨의 명언이다. 수험 생활에서도 마찬가지다. 수험에 실패한 것이 합격으로 가는 문의 열쇠가 된다. 단, 이때는 실패를 그냥 실패로 두는 것이 아니라 원인을 찾아보고, 이를 적극적으로 개선할 때 가능하다.

필자가 수험생들을 만나 실패의 이유를 묻다 보니 설문 횟수가 늘자 언젠가부터는 새로운 답변은 거의 나오지 않고 비슷한 이유들이 반복되었다. 따라서 누군가 수험에 실패한다면 그 이유들은 대부분 앞서 짚어

본 목록 중에 있을 것이다. 그 실패 원인을 반드시 경계해야 하며 만약 수험 생활을 하는 중에 자신이 그 방향으로 가고 있는 것 같다면 명확한 의지로 걸음을 멈추고 해결책을 모색해야 한다. 그것이 합격과 성공으로 가는 현명한 결단이 될 터이다.

당연한 수순이다.
자신의 약점과 실패 요인 분석을
해보지 않고 어떻게 동일한 승부에서
성공할 것인가. 단순히 어림짐작이 아니라
직접 써봐야 한다. 그래야 확실해지고
정리가 된다. 더 인상에 남는 일이 되며
잊으려할 즈음 다시 보고
상기할 수 있는 기록이 된다.

정말 대단한 건
뛰어난 머리도 아니고 폭발적인
열정도 아니다.
수험생에게 정말 중요하며
필요한 것은 매일매일의 지루함을
참고 같은 일을 꾸준히
반복하는 일이다.

PART 10

제10장

공부 환경과 여러 도움 이야기들

01 공부 환경

02 여러 도움 이야기들

03 글을 마치며

01

공부 환경

장소별 주변 자극과 소음의 정도 및 보완 전략

앞서 5장 수험 공부의 전략 – 5) 집중력 전략에서 언급한 '집중 장소와 각성 상태'에 의하면 개인마다 이상적인 각성 상태를 위한 최적의 자극이나 소음은 다를 수 있다. 아무 소리도 없는 너무 조용한 곳이나 너무 시끄러운 곳이 아닌 개인마다 적절한 자극 정도가 있다는 말이다. 이를 위해서 각 공부 장소에 따른 주변 자극과 소음은 다음과 같으며 이에 따라 몇 가지 참고가 될 만한 부분들이 있다.

〈공부 장소의 주변 자극과 소음의 정도〉

공부 장소 변경을 시도해본다면 갑자기 자극 정도의 격차가 큰 장소보다는 격차가 작은 정소를 택해 시도해보는 편이 좋다. 예를 들어 자택에서 공부하던 사람이 갑자기 일반 카페에 가서 공부하려면 적응하기가 어려울 수 있다. 그보다는 독서실이나 도서관에서의 공부를 먼저 시도해보는 편이 낫다. 또는 평상시 교실에서 공부하던 것에 잘 맞는다고 여겼던 사람이라면 바로 독서실이나 자택에서 공부하기보다는 카페나 도서관에서 공부를 시도해봄이 좀 더 자연스럽게 받아들일 수 있는 하나의 단계일 수 있다.

반면 자신은 독서실에서 공부하는 편이 적합한데 갑자기 여건상 당장 교실에서 공부해야 할 수밖에 없다면 귀마개 등을 이용해 소음 정도를 낮추는 방법을 고려해볼 수 있다. 또, 도서관을 최적의 장소로 여기며 평상시 공부를 했었는데 휴관이나 문제가 생겨 집에서 공부해야 한다면 화이트 노이즈나 음악 등을 사용해 주위 자극을 조금 더 증가시켜 보는 전략을 고려해볼 수 있다.

공부 장소에서의 원칙

어떤 공간에서 공부하기로 했다면 그곳에 가자마자 반드시 공부부터 시작해야 한다. 절대 사전 동작을 하지 않는 것이 공부 시간을 확실히 확보하는 요령이다. 그래야만 스톱워치 공부 시간을 늘려갈 수 있다. 특히 집에서 공부하는 사람은 반드시 그렇게 하라. 나갔다가 집에 들어왔을 때, 아침에 일어나 책상에 앉았을 때 공부부터 해야 한다. TV를 켜지 않는 것 침대에 눕지 않는 것은 당연하고 잠깐 다른 책을 보고 싶어도, 물을 마시고 싶어도, 심지어 화장실에 가고 싶어도, 밥을 먹고 싶다 해도 반드시 공부부터 시작하고 참았다가 쉬는 시간에 그것을 하도록 하라. 혹시라도 꼭 해야 할 것들이 있고 그것들을 머릿속에서 잊어버릴 여지가 있다면 쉬는 시간에 할 일 리스트를 메모지에 기록해두도록 한다. 그 기록만 하고 바로 공부를 시작하는 것이다.

지금 당장 하고 싶은 유혹거리들에 대해서 자신이 적당히 시간 통제할 수 있다고 생각한다면 어리석다. 특히, 그 공간에서 시작을 무엇으로 하는지가 관성력의 대상을 결정짓는다고 생각하면 된다. 공부에 대한 관성력을 얻어야 한다. 그리고 그것이 습관이 되면 그다음부터는 비교적 매끄럽게 공부하게 된다. 그 장소의 그 자리는 효율 있게 공부하는 공간이 될 것이다.

집안 환경

집안의 경제적인 차이가 시험 성공의 유리함, 불리함에 영향을 줄 수 있는 것은 사실이다. 그것들은 조금 더 좋은 거주 요건, 적절한 영양공급, 충분한 교보재 등 때문일 수 있다. 그러나 그런 경제적 요건의 차이가 절대 수험 성공에 큰 요소라 할 수 없으며 과거 시대보다 그 격차가 훨씬 덜하다고 생각된다.

장기 시험에서 성공하기 위해 가장 결정적인 것이 공부환경은 아니다. 물론, 당장 내일 생활비조차 걱정해야 한다면 이야기가 다르겠지만 그런 극단적인 것이 아니라면 공부 의지와 공부 방법, 개인의 재능, 정보, 강사 선택 등이 장기 시험 성공, 실패에 가장 큰 영향을 미치는 요소이다. 그런데 그런 것들의 불평등 정도는 예전보다 덜하다. 컴퓨터와 책만 있으면 공부 방법과 정보는 어디에도 찾을 수 있다. 또한 강사가 큰 격차가 될 수 있는데, 전에는 매우 능력 있는 강사들 혹은 멘토 선생님들을 일부 부유한 사람들이 독차지하다시피 하였다면 온라인 강의가 활성화된 후부터는 이야기가 다르다. 1등 강사들은 온라인 강의로 더 많은 수험생에게 서비스를 제공하며 부와 명성을 축적하였기 때문에 일부의 소유물이 아니다. 이런 인터넷 강의를 통해 경제적, 지역적 유리함 및 불리함이 적게 누구나 훌륭한 강의 콘텐츠에 접근하여 배울 수 있다. 그런 시대적 배경이 비교적 공평함을 만든다. 또한, 주거 환경 등 수험 생활 중 다른 환경이 좋지 않으면 절박함은 더 커진다. 이들을 원동력으로 사용할 수 있어 공부 의지는 더 커질 수 있다. 그런 것들이 경제적 유리함을 충분히 이길 수 있다.

단, 일부 부모님의 사회적 위치를 이용한 또 다른 불법적이거나 불공정한 승리에 대해서는 여기서 고려하지 않기로 하자. 끊임없이 그런 일들이 존재하는 것으로 보이지만 그런 것을 부러워하거나 과한 피해의식을 느낄 필요 없다. 언젠가는 이런 선발에, 보다 완벽한 사회가 올 것이며, 공정한 경쟁에서 한 승리가 인생에서 큰 의미가 있는 것이다.

부모님의 서포트

수험생에게 자신을 응원하는 가족이 있는 것과 그렇지 않은 것은 큰 차이를 만든다. 부모님이 내 수험 공부를 전적으로 지지해 준다면 경제적으로 유리할 뿐만 아니라 심리적인 안정감도 크게 얻을 수 있게 된다.

수능 등의 공부는 전 국민 대부분이 다 하는 것이기 때문에 공부에 대해 부모님이 반대하는 일은 거의 없다. 하지만 성인이 된 후 특정 직업이나 진학을 위한 공부는 선택사항일 뿐인 데다가, 기회비용이 발생하고 실패하면 단순 공백기로 이후 진로에 영향을 미칠 수 있다. 이 때문에 수험생 본인보다 좀 더 인생 경험이 많아 장기적 안목을 가진 부모님 입장에서는 그 도전에 좀 더 보수적인 입장을 취할 수 있고 가끔은 강하게 반대하기도 한다.

물론 장기 시험에 대한 도전 결정은 성인인 자신 스스로 하는 경우가 대부분이며 그 책임 또한 자신의 몫이다. 하지만 그렇다고 수험 생활에 필요한 자금 확보가 자력으로 되어 있는 경우는 거의 없다. 더욱이 장기 시험을 준비하는 경우에는 그 성공 여부가 불투명하기 때문에 나를 조건 없이 서포트 해줄 수 있는 사람은 일반적으로 부모님밖에 없다. 그래서 수험 생활에 대해 꼭 부모님의 지지를 받는 편이 수험 생활을 하는데 훨씬 유리하다.

공부를 처음 시작할 때부터 몇 년 동안 가끔 보던 동생 J가 있었다. J의 부모님은 J가 취직을 하지 않고 수험행활 하는 것을 유난히 싫어했다. 당연히 재정적인 지원도 거의 해 주지 않아 J는 친척에게 돈을 빌리고, 친구들에게 부탁해 학원비와 생활비를 충당하며 공부해야 했다. 또한 공부를 마치고 집에 가서도 눈치를 봐야 했고, 밤샘 공부를 하고 늦잠이라도 자려고 할 때면 비수가 박힌 잔소리를 들어야 했다. 결국, 그 동생은 극심한 스트레스에 건강까지 악화되어 수험 생활을 그만두어야 했다. 반면 나의 부모님은 수험에 대해 전적으로 지지해 주셨고 덕분에 있는 살림은 아니더라도 경제적, 심리적, 시간적으로 부담을 덜고 안정적으로 수험 생활에 임할 수 있었다. 이처럼 부모님의 서포트는 수험 생활을 지속하는 것에 결정적으로 작용할 수도 있다. 그렇다면 어떻게 하면 좀 더 긍정적인 부모님 반응을 이끌어낼 수 있을까?

누가 봐도 될 것처럼 보이면 된다. 그리고 일반적인 상식에서 어떤 일이든 성공을 위한 최고의 보증수표는 성실이다. 즉 최선을 다하는 모습을 보여주면 부모님 대부분은 자식의 노력을 응원해 주는 것이 인지상정이다. 매일 아침 일찍 규칙적으로 공부하러 나가는 모습, 자신이 좋아하는 취미도 단호하게 끊고 궂은 날씨에도, 특별한 연휴에도 변함없이 정진하는 모습. 말로 어떻게 공부하겠고 지금 어떻게 하고 있고 하는 것보다 이렇게 행동으로 꾸준한 모습을 보여주는 것이 가장 효과적이며 설득력 있다.

사실 앞서 언급한 동생 J는 악조건 속에서도 열심히 하는 듯 내게 말은 했지만 실제로 성실해 보이지는 않았다. 눈여겨본 적이 있는데 공부 장소에 나오는 것도 불규칙했으며 복습 진도도 계속 밀리고 있었다. 들어보니 그의 부모님도 지금까지 살면서 봐왔던 J의 불성실한 점 때문에 수험 시작부터 반대하셨다고 했다. 당시 더 강렬히 반대하시는 것도 아마 그가 수험을 시작하고 나서도 극적으로 바뀐 모습을 보이지 못해서였지 않았을까 싶다. 반면 나의 경우에는 부모님과 함께 살지는 않았지만, 공부를 시작한다고 선언한 후 출석 모임 등을 하며 끊임없이 정시에 공부를 시작했다. 그래서 부모님이 이따금 안부를 위해 전화하셨을 때 항상 공부 장소일 수밖에 없었다. 이른 아침에 문득 아들이 생각나 전화를 걸어보니 도서관, 늦게까지 밤일을 하시고 아들이 걱정되어 전화해보니 도서관, 휴일에 나들이 가셨다가 아들이 얼굴이 떠올라 전화해보니 도서관. 그러니 열심히 하지 않는다고 의심할 수 있겠는가. 이에 더해 나는 성적까지 차근차근 올랐기에 그 신뢰감은 확고했고 계속해서 아들의 공부를 지지해 주셨다.

또 한 가지 중요한 점은 쉴 때의 모습이다. 쉴 때도 예전처럼 하고 싶은 것들을 하며 게으른 모습을 보여주는 것은 좋지 않다. 물론, 쉴 때는 푹 쉬고 하고 가장 싶은 일을 하며 스트레스를 푸는 것도 장점이 있을 수 있겠지만 어른들 보시기에는 그것조차 마음가짐이 흐트러졌다고 보시는 것 같다. 그럴 때는 부족한 잠은 늦잠보다는 일찍 잠을 청함으로써 보충하고, 휴일 집에서는 책 읽는 모습 등 긍정적인 취미를 보여드리는 것이 좋다. 물론, 독서를 싫어하는 사람들의 경우 독서가 쉬는 것이 아닌 것처럼 느껴질 수 있겠지만, 시도를 한번 해 보면 주위 반응도 좋고, 스스로에게도 이롭다. 또한 항상 수험 과목에 관한 책만 보다가 다른 내용이 가득한 책을 보게 되면 수험 생활 전보다는 더 책에 흥미를 가지게 될 가능성이 높다. 부모님과 함께 생활하는데도 휴일에 정 놀고 싶다면 집 밖으로 나가서 하고 싶은 것을 하며 노는 편이 좋다. 부모님 눈에 띄지 않도록 스트레스를 풀고 놀라는 이야기이다. 신경 안 쓰고 안 보는 것 같아도 내 가족과 주위 친구들은 장기 시험을 준비하는 나를 언제나 지켜보고 있다. 그리고 그것을 통해서 내 불투명한 장기 시험에서의 결과를 점치고 있을 가능성이 높다. 언제나 될 것처럼 행동해야 내 주변 사람들도 그렇게 믿고 자신도 그렇게 믿고, 심지어 자신의 운명도 그것을 믿게 된다.

　수험 생활을 하는 동안 성실하고 바른 모습을 가족에게 자연스레 보인다면 대부분 충분한 지지를 얻어 낼 것이라고 생각한다. 부모님의 응원은 다른 누구의 응원보다도 합격 확률을 높이는데 일조하는 항목이다. 그리고 이를 통해 결국 성공한다면 그 성실한 '노력의 과정'은 합격했다는 그 '결과' 자체보다도 오히려 더 오래 부모님이 기억하시고 자랑하실 일이 될 것이다.

02

여러 도움 이야기들

수험생의 자기 관리

미국의 범죄학자 조지 켈링(George Kelling)과 정치학자 제임스 윌슨(James Wilson)이 명명한 '깨진 유리창 이론'이라는 것이 있다. 건물의 깨진 유리창을 그대로 방치하면 나중에 그 지역 일대가 무법천지로 변한다는 것으로 무질서와 범죄의 전염성을 경고한 이론이다[1]. 이 이론은 범죄학뿐만 아니라 기업 경영과 조직 관리에도 적용되는 널리 알려진 개념인데, 총체적 위기는 사소한 위기관리의 부재에서 올 수 있기에 깨진 유리창은 바로 수선해야 한다는 것이 '깨진 유리창 이론'이 주는 교훈이다[2].

이것은 수험생 개인에게도 적용된다. 바로 '온전성에 크게 흠이 가는 한 가지 결함이 있을 경우 쉽게 다른 안 좋은 결함들이 발생하거나 총체

적 문제가 발생할 여지가 높다'라는 것이다. 예를 들어 핸드폰 게임을 즐겨 하는데 아직 끊지 못했다면 그것이 깨진 유리창이 될 수 있다. 아무리 잠깐씩만 한다고 하더라도 그 행동은 물리적인 약간의 시간만 빼앗는 것에서 그치지 않는다. 그 한 가지 습관은 자신이 다른 것을 열심히 하려고 해도 나는 그런 사람이라는 무의식적인 평가절하로 인해 더 나은 습관을 가지지 못하게 한다. 또, 주위 사람들도 당신의 그 한 가지 모습을 보고 합격하기 어려운 사람이라 단정하고 그렇게 당신을 대할 수 있다. 유리창 단 하나가 깨진 채 방치된 건물을 사람들이 쉽게 여기고 다른 유리창들도 점차 깨부수고 심지어 그 근처에서 온갖 범죄까지 일으켰던 것처럼 말이다. 그 때문에 '하나쯤이야' 하는 치명적인 악습이 있다면 당장 버리는 것이 좋다. 자신의 수험 생활에 있어 그런 큰 결점이 어떤 것이 될 수 있는지 진지하게 고민해봐야 한다. 잘 모르겠다면 주위 사람들에게 물어보고 결점이 확실히 인식된다면 개선해야 한다. 그것이 단순히 그 하나로 끝나는 것이 아니고 시발점이 되어 연쇄적으로 다른 안 좋은 행동들을 끌어들일 수 있으니 말이다. 당장 깨진 유리창을 수선하도록 하자. 그런 것이 수험생의 자기 관리 핵심축이 된다. 언제나 '될 것 같은 사람'처럼 행동하고 생각하자.

단기합격의 조건과 수험 생활 기간

대부분의 어려운 시험에선 1년 만에 합격하기란 쉽지 않다. 특히 그 시험이 시작된 지 5년 이상 지나 고착화, 안정화되고 재도전하는 수험생들이 제법 쌓인 시장이라면 더욱 그렇다.

물론 그럼에도 우선 목표는 1년 합격으로 잡는 편이 좋다. 당연히 가능한 한 빨리 합격하는 것이 좋고 한 번에 합격하는 것이 최상이기 때문이다. 또, 우선 목표를 그렇게 잡는 것이 좀 더 수험 생활 1년에 최선을 다할 수 있게 해준다. 물론 절대다수는 단기 합격할 수 없는 것이 현실이지만 자신은 그런 특별한 사람일 수도 있다. 단, 그런 특별한 사람이기 위해서는 몇 가지 조건이 맞아떨어져야 한다. 그 몇 가지 조건을 이야기해 보려고 한다.

먼저 자신의 인생 중 열심히 할 수 있는 특정 시기와 맞아야 한다. 일부 언제나 꾸준히 공부를 열심히 하는 사람도 있지만, 대부분은 인생 시기별로 편차가 있어 보인다. 중학교 때 공부에 비교적 소홀하다가 고등학교 때 정신 차려 열심히 한다든지 반대로 그동안 잘하다가 고등학교 올라가서는 공부에 흥미가 조금 떨어지는 식이다. 수능 때 공부에 매진하지 못했지만, 나중 장기 시험 준비 시기에는 경각심이 들어 누구보다 열심히 매진하는 경우도 있고, 반대로 수능 때 최고 성적을 거두었지만 대학 진학 이후로는 공부 의욕이 떨어진 경우도 너무 흔하다. (물론, 평생 꾸준히 안 하는 경우도 있다. 이들은 살면서 굳이 공부로 승부를 볼 필요가 없다.) 그래서 자신의 인생 중 지금 시기가 공부 의욕에 대한 최고조인 시기라면 매우 유리하다. 반면 평균 이하라면 그만큼 단기 합격하기는 거의 불가능 하다.

두 번째로 해당 공부 과목에 대한 자신의 적성, 능력치가 어느 정도 부합해야 한다. 이는 학창 시절 국어, 영어, 수학, 사회, 과학 등의 과목에 대해 비교적 수월하게 느꼈던 정도와 관련이 높다. '암기과목에 비교적 능한 사람', '이해 과목에 비교적 능한 사람'이 있기 마련이기 때문이다. 적성에 맞으면 좀 더 빠르게 실력 궤도에 오를 수 있으며 이에 따라 비교적 수월하게 그 과목 공부를 즐기며 몰입할 수 있다. 물론, 그런 면에서 수능을 잘 봤던 사람들이 유리할 가능성이 높다. 그들이 해당 과목에 대한 적성도 더 잘 맞을 가능성이 높고 그 과목에 대한 공부법에도 능통할 확률이 높다. 더구나 해당 과목에 대한 기초까지 겸비했을 것이다. 그래서 사실 장기 시험 합격에는 대학 전공보다는 오히려 학과 불문하고 전적 대학이 더 상위권일수록 시험 합격과 시험 기간 단축에 유리해 보인다. 물론 상위권 대학이 아니더라도 일부 과목에서 유독 강했던 사람이 그 과목이 포함된 수험 공부를 한다면 역시 제법 유리하다. 그 과목을 통해 비교적 쉽게 자신감을 얻을 수 있으며, 해당 과목이 다른 과목을 끌어줄 수 있기 때문이다.

마지막으로 단기 합격을 위해선 앞서 그 두 가지에 더해 운이 조금 도와주어야 가능하다. 실제로 장기 시험은 대부분 한 번에 결정되는 것이다 보니 시험마다 변동성이 있다. 그 '변동성의 최상'이 바로 운이 좋은 것이다. 앞서 두 가지가 다소 부족하더라도 시험 변동성에서 최상을 기록하는 행운을 얻었다면 단기 합격이 가능하다. 반면, 앞서 두 조건이 완전히 충족되더라도 변동성의 하단이라면 실패한다. 아무리 공부를 잘하고 열심히 한다고 하더라도 장기 시험에서 1년 만에 출중한 실력을 갖추기는 거의 불가능에 가깝다. 그래서 단기 합격을 위해선 약간이라도 시험의 운이 필요하다. 반면 재수부터는 시험에 불운할지라도 합격할 수 있는 실력을 만들 수 있다고 본다.

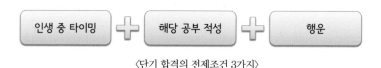

〈단기 합격의 전제조건 3가지〉

한편 대학에서 해당 과목 관련하여 전공했거나 본격적인 수험 생활 전에 미리 공부해서 쌓아 놓은 사전 지식이 있다면 단기 합격에 도움이 될 수 있다. 하지만 그것은 단지 '약간 유리하게 시작한다.' 뿐이지 절대 그것으로 어려운 시험에서 수험 기간을 확실하게 단축할 수는 없다. 아무리 대학 전공이 해당 시험 과목이라 할지라도 실제 시험에서는 거의 새로 공부해야 하는 경우가 대부분이다. 전공지식만으로는 합격할 수 있지 않으며 심지어 그 시험에 대해 집중해서 공부하다 보면 보통 1년, 아무리 길어도 2년이면 전공자와 비전공자의 시험에 대한 지식과 실력은 거의 비슷해진다. 어느 시험이나 그렇다. 따라서 전공이나 사전 공부가 앞서 언급한 3가지만큼 단기간 합격의 필수조건은 아니라 생각된다.

위 3가지가 최적에 이르지 못한다면 어려운 장기 시험에서 단숨에 좋은 성적을 거두기란 거의 불가능하다. 이는 수험 생활을 시작하고 수개월 지나다 보면 보통은 자신의 공부 수행 정도와 성취에 따라 어느 정도 체감할 수 있다. 공부 진도에도 별다른 막힘이 없고 다른 초시생들에 비해 성취도가 좋은 편이라면 단기 합격을 한층 더 기대해 볼 만하다. 그러나 반대로 공부하며 스스로 '한 번에는 어렵겠구나.' 라는 생각이 든다면 그것이 맞는 판단일 가능성이 높다. 이는 진도가 자꾸 밀리고 복습을 건너뛰게 되고, 다른 수험생들과 동일한 문제를 풀고 비교해 볼 때 평균 이하라면 더 확실해진다. 그렇다면 너무 강박관념을 가질 필요는 없다. 이에 맞춘 전략을 짜면 된다.

빠른 합격도 물론 좋다. 그러나 자신이 감당이 안 된다면 좀 더 수험 생활을 길게 보고 차근차근 공부하는 것도 경우에 따라선 필요할 수 있다. 어떤 이들은 1년 만에, 심지어는 6개월 만에 합격할 수 있었다지만,

자신의 수준에선 그들과는 다른 방법으로 차근차근 2년을 해야 합격을 위한 최선의 길일 수도 있다. 예를 들어 누군가는 2번 봐서 암기되는 것을 나는 10번을 봐야 암기가 되는데 이를 따라 모조리 2번만 보고 넘어갔다면 기억에 남겠는가? 같은 내용을 5분 만에 이해할 수 있는 뛰어난 사람과 30분 걸리는 느린 자신은 하루가 절대 같은 시간이 아니다. 또 두뇌의 입출력 속도가 빠른 사람은 하루 100문제를 풀지만, 자신은 30문제도 풀지 못하는데 아무리 하루 공부 시간을 늘린다고 해서 극복될 것이 아니다. 단순 속도뿐만 아니다. 어떤 사람은 두뇌 특성상 장기 기억에 능하지만 다른 어떤 사람은 그렇지 않을 수 있으며 동일한 방법을 쓰더라도 정확히 기억하는 정도에도 사람마다 차이가 있다. 그것이 선천적인 두뇌 성향이든, 후천적인 경험과 학습으로 발생한 차이이든 말이다. 또, 하루 순수 공부 시간을 최고 16시간 달성할 수 있는 사람이 있고 아무리 해도 8시간이 최선인 사람이 있으며 이미 영어 등 한두 과목에서 완전히 유리한 상태로 수험을 시작하는 사람들도 있다. 그러니 빨리 가는 사람이 있고 느리게 가는 사람이 있을 수밖에 없다. 그 점을 '인정' 하고 좀 더 길게 보자.

단, 방법이 틀리지 않고 열심히 한다면 보통 2년이면 어느 정도 좋은 성적을 거둘 수 있고, 아무리 어려운 시험도 3년 정도 차근차근 제대로 공부하면 누구나 성공할 수 있다고 보니 해보고 1년이 부족할 것 같다면 이에 맞춰 다시 계획하고 공부하도록 하자.

술과 담배

보통 다른 사람들과 함께 따로 자리를 갖고 시간을 보내는 술자리 특성상 음주는 그만큼 그날 공부 시간을 빼앗게 된다. 혹시 과음이라도 하게 된다면 며칠 동안의 컨디션을 완전히 망가뜨릴 수 있다. 그리고 그렇게 흐트러진 몇 날들이 그동안 공들여 쌓아온 규칙적인 생활 습관을 깨뜨릴 것이다. 머리는 흐리멍덩해질 수 있고 다시 아침에 일어나기가 어려워진다.

또한 음주는 기억력에 있어 절대적인 적이라 할 수 있다. 알코올은 BBB(뇌-혈관장벽)를 통과할 수 있는 몇 되지 않는 물질로 뇌세포를 직접적으로 파괴할 수 있다. MRI 촬영으로 뇌 조영을 실시한 결과 술을 많이 마시는 사람일수록 뇌의 크기가 줄어드는 것으로 나타났고[3] 심지어 술을 단 몇 잔 마시는 경우에도 기억 손실을 유발할 수 있다[4]. 또, 앞서 언급했듯 하룻밤 수면 전 섭취한 알코올은 그날 공부한 내용뿐만 아니라 며칠 전에 공부한 내용까지 휘발시킨다. 물론, 수험 초기에 스터디원들끼리 벌금으로 드물게 가벼운 회식 정도는 괜찮다고 보지만 과음을 하지 말아야 할 것이다.

담배 또한 수험 생활의 큰 적이다. 필자는 5년여간 피워오던 담배를 수험 생활을 결심하고는 끊었다. 당시 영어공부를 시작하던 때였는데 다른 것들은 둘째로 친다고 하더라도 시간이 너무 아깝게 느껴졌다. 보통의 흡연자라면 깨어있는 시간 동안은 2~3시간 이상 흡연 욕구를 참기 어려워 담배를 피우러 가기 마련인데 이때마다 오가는 시간을 포함하면 5~10분 정도 소모가 된다. 이렇게 하루 반 갑(10대) 정도만 핀다고 하여도 하루 시간 중 1시간 정도는 쉽게 소비된다. 당연히 공부 경쟁력이 떨어질 수밖에 없다. 또 담배 연기 역시 직접적으로 뇌세포에 손상을 입히는 것도 사실이다[5]. 그러니 쉽지 않은 일이지만 담배를 피우고 있다면 어떻게 해서든 단호하게 끊는 것이 시험에 합격할 확률을 확연히 높이는 길이 되겠다. 앞서 언급했지만, 실제로 합격하고 나서 보니 필자의 합격자 동기들 70명 중에는 담배 피웠다 끊은 사람들이 현재 흡연하고 있는 사람보다도 더 많았다.

수험 생활과 연애

수험 생활을 시작하기 전에 만난 상대와 교제하고 있다면 수험을 위해 지금 당장 헤어져야 한다고 주장하기는 어렵다. 하지만 최소한 수험 생활을 하는 도중 이성과 사귀려 한다면 이에 대해선 강력히 만류하고 싶다. 우선, 수험생은 미래가 불확실하며, 현재도 시간 여유가 있는 상태가 아니기 때문에 상대방에게 적당한 연애 상대가 되기 어렵다. 때문에 수험생이 연애를 하려면 자신이 그 처지를 넘어서는 특별한 장점이 있든지 혹은 자신의 눈높이를 많이 낮춰야 하는데 그것이 흔하거나 쉬운 일은 아니다. 또한 수험생은 일반인과 생활 패턴, 감정 패턴이 많이 다르기 때문에 관계가 계속 어긋날 가능성이 크며 이로 인한 스트레스와 시간 소비는 수험 합격 가능성을 낮춘다.

그렇다면 비슷한 처지에 있는 수험생끼리 서로 공감하며 연애를 하는 것은 괜찮지 않겠는가? 하지만 이것도 추천할 만하지는 않다. 우선 대부분의 장기 수험 생활은 수능이 아니고서야 합격자보다 불합격자가 훨씬 더 많다. 그러니 단순히 확률상으로도 둘 다 합격하기가 어렵다. 한 명은 합격하고 한 명이 떨어지는 경우가 흔한데 이럴 때 입장이 너무 달라져 서로 이해하기 어렵고, 일방적인 기다림이 되다 보니 교제가 오래 이어지는 경우가 매우 드물다. 또한 둘 다 합격하더라도 보통 합격 후 둘이 같은 지역으로 갈 가능성은 적다. 먼 거리에서 둘 다 새로운 환경을 접하며 연애를 이어가기란 대단히 어렵다. 보아왔던 수험생 대부분이 그랬다.

물론 연애를 꼭 오래 하거나 결혼에 성공해야 하는 것은 아니니 수험 생활 동안 잠깐이라도 만나면 되는 것 아닐까 싶을 수도 있다. 그렇다면 단기적인 관점에서 의지할 곳을 찾고 외로움을 줄이는 데 도움이 될 수는 있다. 하지만 아무래도 혼자인 것보다 둘인 것은 시간 효율적인 면에서 불리하다. 나는 밥을 조금 늦게 먹는 편이고 상대방은 식후 커피를 꼭 사서 들어가야 하는 식으로 서로의 행동을 기다리게 된다. 또, 서로 이야기하는 시간이 길어지고 좀 더 함께 있고 싶다 보니 공부 시간뿐 아니라 공부에 대한 흥미까지 빼앗는다. 더욱이 어느 날엔가 감정대립이라도 한다면 그것에 소비되는 시간과 정신은 다른 그 어떤 문제들보다도 큰 스트레스로 작용할 것이다.

수험 생활의 외로움을 꿋꿋이 참고 합격을 하면 만날 수 있는 이성의 범위가 훨씬 넓어진다. 안정된 상황이 되면 이성에게 받을 수 있는 호감도 또한 오르게 된다. 대부분 그렇다. 그러니 참도록 하자. 다시 한번 '마시멜로 이야기'를 떠올려야 할 대목이다.

한편, 수험에 성공한 사람들에게 수험 생활과 연애에 대한 의견을 물어보면 대부분 하지 않는 것이 낫다는 말을 한다. 다른 시험 성공기들도 그렇고 필자도 동일한 의견을 이야기했다. 그러나 다른 의견도 있다. 제법 어린 나이에 사법고시에 합격해 법관이 된 한 친구는 이성 친구가 있는 편을 옹호하였다. 심리적인 문제 때문이다. 단, 이때는 자주 만나는 사이가 아니라 일주일에 정해진 시간만 만난다는 '확실한 룰'을 지켜야 한다고 그는 말했다. 물론, 같은 공간에서 같은 공부를 하는 입장이라면 일주일에 한두 번만 만나는 것은 어려울 것이다. 그러나 그렇다고 하더라도 공부와 필수 생활 외의 것, 예를 들어 외식을 한다든지, 영화관 등 데이트를 한다든지 하는 일은 일주일 중 정해진 시간 외에는 절대로 해서는 안 되겠다. 그 경계가 무너지기 시작하면 점차 서로의 합격 확률을 기하급수적으로 떨어뜨리게 될 가능성이 높다.

연애 : 안 하는 것이 가장 이상적 , 효율적 | 할 거라면 특정 만남시간 정해 무조건 지키기

필자의 수험 생활 중에 연애를 했을까? 안 했을 것이라고 생각할 가능성이 높겠지만 했던 기간이 있다. 물론, 재수까지는 끊임없이 이성 생각이 나도 억누르고 단 한 번도 엇나가지 않았다. 연애하는 것이 내 수험 생활의 최선에 흠이 가는 것이라 여겼기 때문이다. 함께 공부하는 매력적인 이성들도 간혹 있었고 심지어 수업에서 이성이 먼저 말을 걸고 과도한 답례품을 주며 알려드린 연락처로 계속 문자하며 접근한 적도 있지만 단호한 태도를 보였다.(물론, 그분이 내게 접근했다는 것은 도끼병일 수도 있다. 또한 여러 유혹에 대해 가끔은 단호하지 못하고 가까스로 겨우 이겨냈다.) 그런데 상위 1% 성적을 받고 다시 시작한 3번째 수험 생활에서는 마음가짐도 달랐고, 더이상 지독하게 공부할 필요는 없다고 여겨졌다. 또 이래저래 드라마틱 한 우연이 인연이 되고 여러 계기가 생겨 공무원 시험을 준비하는 이성과 몇 개월 사귄 적이 있다. 처음엔 당연히 너무도 좋았다. 그동안의 실패에 대한 위로를 받기에 충분했고 낯선 곳에서 심적 안정을 얻고 다소 설레는 시간을 보냈다. 그러나 시간이 갈수록 서로의 공부에는 도움이 되지 않고 방해를 주는 경우가 많아졌고 급기야 헤어지게 되자 정말 최악의 시간을 맞이해야 했다. 받았던 즐거움의 몇 배에 해당하는 고통을 받고 깊은 암흑 속에서 허우적대야 했다. 머리에는 온통 그 생각뿐이었고 당연히 한동안 공부에 큰 차질이 있을 수밖에 없었다. 만약 내가 그전 해까지 공부해 놓은 것이 없었다면 그 해 불합격해도 당연한 일이었다. 그러니 경험자로서 조언하는데 되도록 수험 생활에 연애를 시작하지는 말자. (필자의 경험에 대해선 현 배우자에겐 실례지만 많은 사람에게 귀감이 되려고 애써 꺼냈다. 안 해본 사람이 말하는 것과 해본 사람이 말하는 것은 그 말의 무게가 다르니까. 꼭 도움이 되기 바란다.)

남녀 차이

수험 생활과 시험을 준비하는 데 있어서 생물학적 차이에서 비롯된 남녀의 특성에 대해 몇 가지를 짚어 보려고 한다.

첫 번째로 '체력'이다. 물론 일부 예외들은 있지만, 일반적으로 남성이 체력적인 면에서 우위를 점한다. 그 때문에 여러 운동경기에서도 남녀의 평가 기준이 다르며, 남녀별로 따로 나누어 경기한다는 것은 모두가 잘 아는 사실이다. 단순히 체격이나 힘뿐 아니라 마라톤을 보면 지구력 또한 남성이 더 우위에 있다고 하겠다. 여성은 상대적으로 체내에 체지방 축적이 우세하고 남성은 남성호르몬에 의해 근육 축적에 우세하기 때문이다. 또한 산소를 공급하는 혈액 내 적혈구, 헤모글로빈 밀도 또한 남성이 평균 10% 정도 더 많다. 이런 점들로 인해 체력적 차이가 발생하고 남성이 한 가지에 대해 최고로 집중하기가 더 유리한 것으로 보인다. 그래서 하루 순수 공부 시간 또한 12시간 이상 넘기는 데 있어서도 남성이 유리하다. 또, 간혹 하루 14시간 이상 초인적인 공부를 했다고 주장하는 사람들은 하나같이 모두 남성이다. 반면 여성은 남성보다 성실성

면에서 뛰어난 편이다. 그래서 비교적 어긋나지 않고 수험 생활도 착실하게 실행할 가능성이 높다. 또한, 그전 학교생활을 통해서 내신 성적도 비교적 잘 만들어 놓았을 가능성이 높다. 이런 남녀의 장단점들이 혼합되어 각 상황에 따라 서로에 대해 우위를 나타내기도 한다. 그래서 실제 상위권 대학 입시분석을 살펴보면 학생부 반영률이 높은 수시에서는 여학생이 상대적으로 비교 우위에 있고 정시는 남학생이 강세를 보인다[6]. 또한 수능 성적 자체에서도 그런데, 지난 15년간 수능을 분석해보면 대부분 과목에서 전체 평균은 여학생이 높지만 1등급 비율은 항상 두드러지게 모든 과목에서 남학생이 높았다[7]. 특히 시험이 어려울수록 남학생 비율이 높아졌다. 이는 대체적인 성실성에 의해 전체 평균은 여자가 높지만 최고로 집중할 수 있는 체력 차이와 이어 언급할 감정적 차이로 인해 최상위권에는 남성 비율이 높은 것으로 생각된다. 최상위권 남성 우세 현상은 필자의 시험을 포함하여 여러 장기 시험들에서도 마찬가지였다. 물론, 이에 대해 남성이 더 뛰어나다는 주장을 하려는 것은 결코 아니다. 남녀 지능은 동일하다고 생각되지만, 체력 조건과 호르몬에 따라 '열심 정도' 의 각 구간에서 유불리가 있어 보이는 것뿐이다. 오히려 2009년부터는 대학 진학률에서도 여성이 앞서고, 각종 고시 상위권에서도 여성이 두각을 나타내는 등 국내에서도 전체적인 여성 우위현상이 두드러지고 있다[8]. 자극적인 매체들의 유혹이 더 강렬해지고 체력과 감정을 보완할 수 있는 과학기술, 지식이 발전하면 언젠가 최상위권도 여성에게 탈환될지 모르는 일이다.

두 번째로 남성보다 여성이 좀 더 심한 감정 기복을 보인다. 감정 능력이 여자가 더 좋기 때문이다. 선택과 결정에 관한 걱정 센터인 전두 대피질, 직감 같은 본능적인 느낌을 처리하는 뇌섬엽 등이 여성들이 더 크고 빨리 성숙한다. 또한 보다 섬세한 감수성과 감응력을 가진 여성들에 비해 남성들은 감정을 다스릴 줄 아는 재능을 비교적 더 타고났다[9]. 이에 따라 여자의 우울증 발병률이 남자에 비해 2배나 높다[10]. 불안감 또한 여자가 남자에 비해 4배나 많이 느낀다고 한다[11]. 태생부터가 그런 성 차이가 있다는 뜻이다. 그래서 수험 생활 멘탈 관리에 있어서도 여성이 좀 더 주의를 기울일 필요가 있다.

세 번째는 호르몬 차이로 인한 생체 리듬적 특성이다. 여성은 한 달 컨디션이 일정하기 어렵다. 스스로 정확히 인지하지 못한다고 하더라도 호르몬 변화로 기분 또한 주기를 탄다. 그리고 한 달 중 마법에 걸리는 시기를 맞이하면 여러 불편함을 감수해야 하며 개인에 따라 크게 신체 컨디션 저하를 겪기도 한다. 반면 남자는 남성호르몬에 의해 끊임없이 성욕과 씨름하는 경우가 많다. 특히 나이가 어릴수록 그렇다. 일반적으로 남녀의 성욕은 차이가 큰데 실제로 섹스를 담당하는 두뇌 부분은 남자들이 더 크다고 한다. 이에 따라 어떤 연구에 따르면 20~30대 남자의 85%는 52초마다 한 번씩 섹스에 관해 생각하는 반면, 여자는 평균적으로 하루에 한 번 정도 생각한다고 한다[12]. 다소 과장된 연구 결과가 아닐까 생각이 들기는 하지만 충분히 일리는 있다. 그래서 남성은 끊임없이 발생하는 성적 생각과 욕구를 통제해야만 한다. 이런 점들로 인해 일어날 수 있는 남녀 서로의 유불리 점을 직시하는 한편 이성이 함께 수험 생활을 한다면 상대 이성을 이해해 줄 수도 있겠다.

네 번째로 멀티태스킹 능력은 여성이 더 우월하다. 멀티태스킹이란 여러 가지 일을 동시에 처리하는 능력을 말한다. 여자가 이 능력에서 더 우월한 이유에 대해서는 뇌의 좌우 반구를 연결하는 '뇌량'이 여성에서 더 발달되어 있다는 가설과 성 역할에 의한 인류학적 견해가 있다[13]. 또, 루벤 구어 박사와 라켈 구어 박사 부부의 fMRI 이용한 연구에 따르면 어려운 과제일수록 남자들은 두뇌의 한 부분만 집중적으로 활성화되는데 반해 여자들은 두뇌의 여러 부분이 동시에 활성화된다고 한다. 이로 인해 남자들이 멀티태스킹 환경에 스트레스를 더 많이 받을 뿐 아니라 심지어 이로 인해 주의력 결핍 장애까지 겪는다[14]. 공부에 있어서 멀티태스킹이 가장 많이 필요한 것은 강의를 듣는 순간이다. 그래서 조금 전 내용을 필기하며 다음 수업내용을 듣는 것에 있어 여성이 더 유리할 수 있다. 또한, 수험 생활 외에 다른 일들을 함께하고 있다고 해도 역시 멀티태스킹을 잘 못하는 남성에게 더 불리할 수 있다. 물론, 필자 경험상 멀티태스킹 능력은 남녀 차에 더해 개인차가 꽤 있다. 그리고 반대로 멀티를 못 하는 뇌가 그만큼 하나를 고도 집중하는데 유리할 수 있다. 중요한 것은 자신의 멀티태스킹 능력이 타인에 비해 확실히 떨어진다면 선천적인 것을 극복하기 위해 괜히 몸부림칠 것이 아니라 다른 방법을 찾아보는 것이 좋다는 점이다. 예를 들어 수업에만 집중하고 필기는 최소화한 후 필기 잘하는 여학생에게 필기를 얻기로 계획할 수 있다. 또는 수업 녹음을 이용해 대다수의 필기를 보충하거나 인터넷 강의를 활용하여 멈춰 필기하는 등의 방법을 이용할 수 있다. 수험 생활 역시 최대한 간소화하여 공부에만 집중할 수 있는 환경을 조성해야 할 일이다. 누구든 특히, 남자라면 자신의 멀티태스킹 능력을 재고해볼 필요가 있다. 두 마리 토끼를 모두 잡는 사람과 모두 놓치는 사람의 차이는 크다.

다섯 번째로 과목에 대한 성별 적성이다. 공간지각력은 남성이 좋은 편이다. 성호르몬이 공간지각력에 많은 영향[15]을 주기 때문이다. 이에 따라 수학, 물리 같은 경우 남성이 처음부터 유리한 경우가 많으며 최고 실력자 비율도 남자들이 많다. 45개국 남녀를 대상으로 한 연구에서, 남자들은 공간적인 임무를 수행하는 데 뛰어났으며 과학과 엔지니어링 테스트에서 더 높은 점수를 얻었다. 또, 전 세계 모든 문화권에서 물리 및 컴퓨터 과학, 수학, 엔지니어링 분야의 일자리를 남성들이 좌우하고 있다[16]. 반면 언어영역에 관해서는 평균적으로는 여성이 우월한 것으로 보인다. 성장기 언어 발달 또한 여성이 빠르며 역대 수능 통계들에서도 언어영역과 외국어(영어, 제2외국어) 영역 평균은 여성이 유의미하게 높은 경우가 대부분이다. 또, 제2외국어 선택이나 어문계열 전공 및 관련 일자리에서도 여성 비율이 눈에 띄게 높은 것도 이와 무관하다 보기 어렵다. 비교적 과학적인 근거로 뇌 기능을 분석하는 fMR 결과에서 여자가 남자보다 뇌의 언어 영역 및 정서 영역이 더 발달[17]되어 있다고 한다. 또, 언어 쪽이 수학이나 공학보다 암기력을 더 요하는 편이기에 여성이 유리한 것으로도 생각된다. 물론, 개인차가 있지만, 기억력에 영향을 미치는 여성호르몬 에스트라디올 덕분에[18] 대체적으로 기억력은 여성이 남성보다 좋은 편이기 때문이다.

물론 이런 결과들은 참고로만 삼을 일이다. 사실, 성적에는 성별보다는 환경요인이나 개인의 의지가 훨씬 더 많은 영향을 미친다. 수학 성취도에서 어머니의 학력이 대졸 이상일 때는 남녀 격차가 발견되지 않았다는 연구 결과[19]가 있다. 또한, 상식과 반대로 수학을 잘하는 여학생, 언어에 특출한 남학생도 얼마든지 있으며 전 세계적으로 보자면 오히려 여성의 수학 성취도가 더 좋은 국가들도 존재한다[20]. 중요한 것은 자신이 선천적으로 특정 과목에 약할 수 있다는 고정관념을 가지게 된다면 자신의 가능성을 제한하고 학습에 방해가 된다는 점이다. 반면, 자신도 잘할 수 있다는 자신감은 최악의 적성인 과목도 충분히 상위권으로 끌어낼 수 있다.

성격과 공부

필자가 멘토링을 진행할 때면 수험생들을 개별적으로 테스트하여 그 성격에 맞게 조언을 하고는 했다. 각 성격에 따라 공부를 위해 고려해야 할 것들이 약간씩 다를 수 있기 때문이다. 어떤 사람에게는 공부를 위해 당연한 것이 어떤 사람에게는 그렇지 않고, 각 성격에 따라 유혹거리의 그 강도도 전혀 다를 수 있다. 따라서 자신이 어떤 것을 특히 주의해야 할지 간단히 체크해보면 도움이 되겠다.

현대 전문가들이 주되게 사용하는 성격 테스트로 TIPI(10항목 성격 검사), MBTI 두 가지가 있다. 그중에서 비교적 간단하지만 유효한 지표인 TIPI에 대해 먼저 언급할 예정이며, 다음 내용은 성격학의 세계적 권위자인 브라이언 리틀의 저서 〈성격이란 무엇인가〉[21]를 주되게 참고하였다. 그림은 성격 유형 검사 TIPI의 5가지 요소이다.

〈성격의 5가지 요소 (TIPI)〉

먼저 '사람들에게 신뢰를 얻고, 자기 관리가 가능하다' 라는 질문에 긍정 정도가 높고, '무질서하고, 부주의하다' 라는 질문에 'NO' 로 답할 가능성이 높다면 첫 번째 항목인 [성실성]이 높다고 할 수 있다. 성실성은 학문이나 직업에서의 높은 성취도와 관련이 깊을 뿐 아니라 여러 삶의 질에서도 긍정적 결과를 얻을 확률을 높여준다. 당연히 성실성이 높은 사람이 수험 성공 가능성도 높다. 다른 어떤 성격 항목보다도 성공률에 직결된다. 따라서 자신의 성실도가 높다면 이를 자신의 큰 장점으로 여기며 자신감을 가지고 꾸준함을 유지하도록 하자. 단, 성실한 사람의 단점으로 '업무 효율이 낮다' 라는 연구 결과가 있다. 효율을 증가시킬 방법을 좀 더 적극적으로 찾아야 한다. 반면 자신의 성실성이 낮다고 여기는 사람들이라면 꾸준함이란 덕목에 대해 좀 더 집중해볼 필요가 있다. 필자가 본서에서 이야기하는 습관화와 여러 가지 공부를 위한 제한 장치들을 더 적극적으로 고려해볼 필요가 있다.

두 번째로 침착하고 정서가 안정적인 편인 동시에 불안하거나 화를 잘 내는 성향과 거리가 멀다고 한다면 [정서적 안정성] 항목의 점수가 높다고 할 수 있다. 그 반대의 성향은 [신경성]이다. 정서의 안정성은 수험 생활과 밀접한 관련이 있다. 소위 '멘탈' 이라고 볼 수 있는데 이것은 공부를 꾸준히 이어가게 하거나 혹은 자꾸만 슬럼프에 빠지고 몸이 아파지는 것과 관련이 깊다. 정서적 안정성이 높다면 수험 생활의 다양한 변수에 덜 상처받고 더 잘 대처할 수 있게 된다. 이에 따라 수험 생활 중 스트레스도 덜 받는 편이며 슬럼프도 적게 온다. 따라서 좀 더 강도 높은 공부 스케줄을 계획해도 괜찮을 수 있다. 단, 시험 부담감을 과도하게 적게 가지고 안일하게 수험 생활을 하는 일은 없어야 한다. 시간제한 툴(Tool)을 좀 더 엄격하게 사용하는 것이 좋다. 반면 신경성이 강한 성격의 경우 주체성이 비교적 낮고 감정이 다소 부정적이며 전반적인 만족도가 낮다. 또한 신체 면역성이 떨어진다. 이런 유형이라면 스터디를 좀 더 추천한다. 스터디는 합의로 공부 방향이 정해지며, 그 구성원들을 통해 긍정성과 느긋함을 자신의 생활에 좀 더 가미할 수 있기 때문이다. 대신 너무 예민하게 굴면 스터디 구성원들에게 피해를 줄 수 있으니 주의해야 하겠다. 건강도 더 세심히 살펴야 한다. 특히, 과도하게 수면을 줄이면 건강 악화는 훨씬 더 가중될 것이니 신경형은 충분한 수면 쪽이 더 나을 수도 있다.(단, 신경형은 비교적 수면 질이 낮고 불면증을 흔하게 겪는다.) 마인드 컨트롤 또한 다른 어떤 유형보다 중요하다 하겠다. 반면 신경성 성향이 높은 사람들의 장점도 있다. 안정된 사람은 보지 못할 위기, 모욕 등을 감지하고 고민을 더 한다. 이는 긴장감을 높여 공부 집중력을 증가시키며 공부 방법과 효율에 대해 좀 더 잘 인지하게 만든다.

성격의 5가지 요소 중 친화성과 경험 개방성 두 가지는 수험 생활과 공부에 비교적 관련이 적기 때문에 여기서는 언급하지 않는다.

마지막으로 외향성이다. 가장 많이 연구되는 성격의 주요 요소이며 이는 삶의 질을 이해하는데 매우 중요하다. 아마 성인이라면 자신의 외향 정도에 대해 어느 정도 인지하고 있을 것이다. 자신이 외향적이고, 열정적인 성향이 많은 반면 내향적이고 조용한 성격과는 거리가 멀다고 한다면 외향도가 높다고 할 수 있다. 반대의 경우는 내향성이 강한 것이다. 외향적인 사람의 전성기는 유치원 때이다. 이때 이후로는 대부분 내향적인 아이가 더 훌륭한 성적표를 받는다. 외향적 사람은 자극적이고 즐거운 환경에서 학습 효과가 좋기에 수동적으로 수업을 듣고 혼자 공부해야 하는 학교 환경과는 잘 어울리지 않는다. 폐쇄적인 수험 생활도 마찬가지로 외향 성격이 견디기 힘든 면이 많다. 또한, 외향적인 사람은 다양한 일에 흥미를 가지는 경우가 많아 유혹에도 약하며 주의가 산만하기도 하다. 그래서 이들에게도 스터디가 좀 더 적합하다. 사람을 만날 수 있는 시간을 가져 외향적 답답함도 해소하고, 다소 즐겁고 경쟁적인 분위기에서 공부할 수 있기 때문이다. 스터디의 강제력이 외향적 성격의 단점도 상쇄시켜 줄 수 있다. 또한 외향적 사람들은 보상 신호와 보상 기회에 대단히 민감하다. 휴식 때의 달콤한 일탈이나 시험 성적이 오를 때 자신에게 주는 선물 등 당근책을 적절히 쓴다면 이들에게는 좀 더 큰 효과를 얻을 수 있다. 반면 내향적 사람에게는 비교적 그런 것들이 큰 동기가 안 된다. 기억력은 대체로 외향적인 사람들이 좋아 보이나 이는 단기 기억에 한할 뿐, 장기 기억은 내향 사람이 낫다. 결국, 지적 성취에도 내향 사람이 유리한데 그래서 대체로 학교 성적도 내향적 사람이 더 좋고 대학 학점 또한 유리하다. 마지막으로 커피에 대한 연구가 있는데, 외향적인 사람은 커피를 마시면 업무를 더 효율적으로 수행하는 한편, 내향적인 사람은 오히려 업무능력이 떨어진다. 이는 내향성 외향성에 따른 기본적인 각성 수준 차이로 이해해볼 수 있다. 내향성 사람들은 기본적인 각성 수준이 높고, 외향성 사람들은 낮다[22]. 그래서 각성을 유발하는 자극제도 외향 사람에게 더 필요한 것이다. 반면 내향은 각성도를 낮출 방법이 필요한 경우가 더 많다. 각자의 성격에 따라 앞서 설명한 집중력 전략의 각성 상태 조절에 대한 것을 다시 한번 참고해볼 만하다.

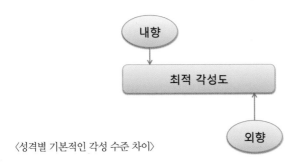

〈성격별 기본적인 각성 수준 차이〉

한편, 필자는 이런 TIPI 외에 처음에 말한 성격 유형 검사의 또 다른 공식적인 지표인 MBTI에 대해서도 자세히 생각해 볼 기회가 있었다. 바로 모교 치전원에서 신입생에게 항상 진행하는 MBTI 검사 때문이었다. 그 검사를 매년 하시는 교수님은 검사 시작 전에 말씀하시길 "어차피 너희들 경향성이 항상 똑같아. 내가 다 알아."라고 하셨다. 말씀대로 어떤 면들은 확연히 편향되었다.

주의초점	[E] 외향성(Extraversion)	[I] 내향성(Introversion)
인식기능	[S] 감각형(Sensing) √	[N] 직관형(iNtuition)
판단기능	[T] 사고형(Thinking) √	[F] 감정형(Feeling)
생활양식	[J] 판단형(Judging)	[I] 인식형(Perceiving)

〈MBTI 4가지 항목의 선호지표들〉

바로 이 도식에서 인식 기능과 판단 기능의 평가인 [S] 감각형과 [T] 사고형이 그랬다. 이 유형이 반대 유형인 직관형, 감정형보다 압도적으로 많았는데 이는 의과도, 약대도, 고시 합격생에서도 마찬가지일 것이라 본다. 단순히 직업적성보다는 시험 성취에 유리한 습관이라고 보이기 때문이다. (물론, 이런 성향을 가진 사람들이 시험을 잘 본 것인지, 아니면 수험생활을 오래 하다가 보니 이런 성향이 강화된 것인지 알기는 어렵다.)

시험에서 답을 잘 찾으려면 감정을 배제하고 논리적이며 분석적, 합리적 사고를 해야 한다. 또, 직관에 따르기보다는 하나하나 체계적으로 따질 수 있어야 하며 지극히 현실적이고 사실적이어야 하니 말이다. 또, '좋다, 나쁘다'의 판단보다는 '맞다, 틀리다'의 판단을 중시해야 하고 원리와 원칙 그리고 기준이 확실해야 한다.

물론 그렇다고 테스트에서 반대 성향 사람들이 없던 것은 아니다. 20~30% 정도는 두 가지 항목의 반대편인 [N] 직관형 [F] 감정형도 존재하였으니 자신이 반대편 성향이라고 너무 좌절할 필요는 없다. 또한 참고로 나머지 두 가지 항목인 주의 초점 방식 [E] 외향 / [I] 내향성 그리고 생활양식을 정하는 [J] 판단형 / [I] 인식형은 70명 구성원이 거의 정확히 절반씩이었다. 즉 시험 성취에는 그다지 연관성이 있어 보이진 않는다고 하겠다.

〈수험에 유리하다 보이는 MBTI 성격 특성 들〉

사실 성격은 다양성을 존중해야 하는 것임으로 그 성향에 대해 무조건적으로 권유하기는 어려운 일이다. 그러나 시험 성공률을 높이기 위해 바람직하다 여겨지는 가치관들이 분명해 보인다. 이를 위해서 적어도 수험 기간 동안은 자신에게 내재된 해당 성향을 좀 더 중시하고 강화한다면 시험 성적을 올리는데 유리할 수 있겠다. 물론, 합격 이후에는 너무 딱딱하고 꽉 막힌 사람이 되지 않도록 잊지 않고 반대 성향들도 골고루 개발하기를 권장한다.

수험 생활 옷차림

인간은 항온동물이다. 일정한 체온을 유지하려는 성향 탓에 주변 온도가 다소 높아도 스트레스, 낮아도 스트레스다. 몸이 온도 스트레스를 받으면 혈관을 확장하여 땀을 내든, 몸을 떨고 호르몬을 분비해 체온을 올리든 '에너지'를 소비하게 된다. 당연히 뇌로 가는 혈액의 최적화에 방해를 받게 되어 집중력이 떨어질 수 있다.

공부 장소가 집이라면 적정한 실내 온도를 위해 냉난방을 마음대로 조절할 수 있겠지만 일반적인 공공장소에서는 그것이 다소 어렵다. 그래서 보통은 자신이 착용한 옷에 의존할 수밖에 없으며 주변 온도를 느끼는 정도에 맞춰 그때그때 대응해야 한다. 여름이라고 해도 만약을 대비해 공부 장소에 얇은 긴소매 겉옷을 준비해두는 편이 좋다. 겨울에는 쉽게 벗을 수 있도록 상의는 여러 겹을 겹쳐 입는 것을 추천한다. 그것이 상황에 맞춰 조절을 가능하게 한다.

또한, 되도록 가볍고 편하며 느슨한 옷을 입는 편이 좋다. 꽉 조이는 옷은 체내의 혈류를 방해할 수 있다. 그것이 뇌로 혈행을 더 쉽게 만드는 것이 아니다. 특정 신체를 너무 옥죄면 신체는 그곳에 혈행을 보내기 위해 더 노력함으로 불필요한 피로를 만들 수 있다.

앞서 수면 시에는 손발을 따뜻하게 하는 편이 좋다고 언급했다. 발이 따뜻하면 온몸의 말초신경에 혈액이 풍부하게 가며 두뇌로 집중되는 것을 막아 수면을 편하게 한다. 반대로 공부할 때는 손발로 열이 모이지 않는 편이 좋다. 그래서 답답한 신발을 신는 것보다는 실내화를, 집에서는 맨발이 좋다. 단 손발이 너무 차갑게 느껴져 이에 따른 체온 조절 에너지를 소비하게 만들지 않을 정도여야 하겠다.

〈수험생의 옷차림〉

공부와 음악

공부할 때 듣는 음악이 도움이 되는지는 다른 이슈들보다도 비교적 활발히 연구된 분야 중 하나이다. 이 중에서도 일반인들에게 가장 많이 알려진 것으로는 클래식, 그중에서도 모차르트 음악이 사람의 인지능력을 향상시킨다는 '모차르트 효과'이다. 1993년 네이처에 발표된 논문에 의하면 모차르트 음악(Sonata in D major for Two Pianos k.448)을 경청하는 것이 추리 공간 능력을 향상시킨다[23]고 하였고, 이는 사회에 큰 반향을 일으켰다. 이어진 연구들에서 다른 모차르트 음악 혹은 슈베르트 음악 등도 수행 능력을 상승시켰다고 보고하였으며, 더 나아가 지능지수 향상, 기억력 향상과 여러 심리적 긍정 효과들이 있다는 주장들까지 나왔다[24]. 그러나 후속 연구 중에는 모차르트 효과를 부정하는 결과들도 상당하다[25]. 심지어 모차르트 효과를 최초로 주장했던 연구와 동일하게 재현된 실험에서도 효과를 확인하지 못함[26]에 따라 논란은 더 커지기도 했다. 그 외에도 배경음악의 영향에 대한 다양한 연구들이 있는데 배경음악을 들으면 집중력이 떨어지는[27] 등의 부정적 결과와 작업의 효율성을 높여주는[28] 등의 긍정적 결과들이 있지만 전반적으로는 긍정적 영향이 조금 더 우세한 경향을 보인다.

최근의 좀 더 세분화된 연구들에 따르면 음악이 학습에 영향을 미치는 정도는 그 사람의 인종(흑인, 백인 등), 성향(외향, 내향) 및 음악성(음악 훈련을 받은 사람이나 전공자), 기분이나 각성도 등의 현 상태에 따라 다르게 나타나며 현재 하는 공부가 어떤 유형인지(읽기, 쓰기, 추론, 공간지각 등)에 따라서도 달라진다. 또한 그마저도 해당 음악의 장르, 분위기, 자극 정도, 친숙함 등에 영향을 받는다. 이들을 하나하나 자세히 맞출 수 없기에 공부하며 듣는 음악이 도움이 되는지 방해되는지, 혹은 어느 정도 유익한지 따지는 것 자체는 다소 의미가 적다.

이야기를 달리하여 수험 생활과 공부 중에 음악을 실용적으로 사용할 수 있는 3가지 상황에 대해 짚어보려 한다.

첫 번째는 각성도 조절이 필요한 경우이다. 지금 상황이 지루하게 느껴질 때 외부 자극을 통해 각성 정도를 높일 수 있다. 이때 어느 정도 꾸준히 유지되며 언제 어디서든 쉽게 개인적 자극을 만들 수 있다는 점에서 음악이 유용하다. 만약 이런 자극성 각성효과 용도라면 외향성의 사람에게 배경 음악의 효과가 긍정적일 수 있다[29]. 앞서 성격과 공부에서 언급했듯이 외향적인 사람이 평상시 기본적 각성 수준이 낮기 때문이다. 반대로 긴장감이 고조되는 상황에서 각성 정도를 낮추기 위해서도 음악을 들을 수 있다. 물론, 이때는 빠른 템포나 시끄러운 음악이 아닌 클래식이나 비교적 잔잔한 음악, 혹은 귀에 익은 편한 선율을 사용하는 편이 나을 것이다.

〈음악의 각성도 조절 가능성〉

한편, 이렇듯 모든 음악은 사람을 자극하거나 진정시키는 사이의 어딘가에 존재한다[30]. 이를 토대로 음악을 자극성 음악과 진정성 음악으로 분류하기도 한다. 자극성 음악은 리듬이 짧고, 역동성이 강해 신체 에너지를 높이고 흥분, 긴장시키는 특성의 음악이며, 진정성 음악은 음이 지속적이고 매끄러워 신체 에너지가 덜 요구되며 명상적, 사색적, 이지적 특성이 있는 음악을 가리킨다[30]. 그리고 음악의 구성요소(musical component)는 볼륨, 템포, 피치, 모드 등 여러 가지가 있지만, 음악의 자극 정도를 가장 쉽게 구분할 수 있으며 또한 가장 결정적인 것이 바로 그 음악의 템포다. 즉, 템포가 음악으로부터 유도되는 각성의 수준을 결정하는 데 가장 중요한 역할[31]을 하며, 템포가 빠를수록 각성 유발이 크다고 할 수 있겠다.

자극성 음악   진정성 음악

〈음악의 자극성 분류〉

따라서 이에 따른 적당한 자극 정도의 음악을 시의적절하게 사용하는 것이 유리하겠다. 예를 들어 자신의 최적 각성도가 10인데 현재 7이라면 자극성이 3 정도인 음악을 사용하고, 현재 15의 각성도라면 5 정도의 진정성 음악을 사용하면 이상적일 것이다. 즉, 배경 음악이 과제 수행에 긍정적 영향을 주는지, 부정적 영향을 주는지는 결국 해당 음악에 의하여 유발된 자극이 최적 각성 수준에 얼마만큼 근접하는지, 또는 초과하는지에 따라 달라질 수 있다는 말이다. 물론 이런 정도를 그때그때 완벽히 맞추기는 어렵겠지만 이 개념을 참고해 어느 정도 음악을 각성도 조절에 이용할 수 있을 것이다.

두 번째 음악의 용도는 기분을 변화시키기 위해서이다. 각성 정도(인지력)와 달리 기분이 또한 현재 공부에 영향을 줄 수 있는데, 음악이 감정

을 불러일으키거나 기분을 조절한다는 것은 명확한 사실[32]이다. 따라서 우울한 기분을 향상시켜 공부에 활력을 주기 위해, 혹은 너무 들뜬 마음이 있다면 진정시키기 위해 음악이 사용될 수 있다. 특히, 한 연구에 의하면, 불안감이 낮은 사람에게는 효과가 없지만, 불안감이 높은 사람에게는 조용한 음악(진정성 음악, sedative music)을 배경 음악으로 들려주면 학과 시험이나 과목의 표준화 검사 점수를 높여준다고 한다[33]. 또한, 음악적 소양이 있는 사람(음악 훈련을 받은 사람이나 음악 전공자)은 그렇지 않은 사람에 비하여 음악이 정서에 미치는 영향이 더 크며[34], 남성보다 여성이 정서적 영향을 더 많이 받는 경향[35]이 있다.

수험생의 감정이 가장 크게 요동치는 시기는 슬럼프에 빠졌다거나 시험이 얼마 남지 않았을 때이다. 이런 과도한 좌절, 혹은 과도한 긴장에서 음악이 도움이 될 수 있다. 마음을 평온하게 해주는 잔잔한 클래식 음악이나 평상시 긴장되지 않은 상태에서 들었던 즐겁고 활기찬 음악을 이용해 보자. 또는 스스로 고양시키는 장엄한 음악 역시 시야를 넓게 해주며 자신감을 불러일으킨다는 점에서 좋은 효과를 줄 수 있다.

세 번째 음악의 용도는 주위 자극을 커버링(covering) 하기 위해서이다. 불규칙하거나 시끄러워 거슬리는 주위 소음이 있을 경우 음악이 비교적 정제된 선율로 그 소음을 상쇄시킬 수 있다. 카페나 여러 종류의 오프라인 매장에서 실내음악을 트는 것 역시 그런 효과를 준다. 실내에서 들리던 배경음악이 멈추면 갑자기 주위 이야기 소리와 소음이 한층 더 크게 들리는 것이 바로 이 때문이다. 따라서 공부하고 있는 상황에서 주위에 거슬리는 소음이 많거나 집중력을 분산시키는 이야기 소리 등이 있다면 의도적으로 이어폰을 사용해 음악을 들음으로써 그 자극을 커버

링할 수 있겠다. 물론, 이때는 너무 조용한 음악보다 좀 더 활동적인 음악을 약간 큰 볼륨으로 들어야 하겠으며 사실, 이 용도라면 귀마개로도 어느 정도 대체 가능하다.

과외 학습, 멘토링 등의 개별 사교육

사전적으로는 학교의 정규 수업 외 학습 형태를 통틀어 '과외'라고 하는데 우리 사회에서는 보통 1:1, 또는 소수만 모아 따로 교육을 지도받는 것을 '과외'라 주로 일컫는다. 즉, 사전에서는 일대다 방식의 학원 형태도 과외에 속하지만, 일반적으로 통용되는 의미에서는 학원을 제외하고 개별, 혹은 소규모 그룹별 사교육 형태를 뜻한다. 여기서는 사회적으로 통용되는 '과외'를 지칭해 이야기하려 한다.

우선 장기 시험에서 과외와 같은 개별 사교육은 특별한 경우가 아니라면 권장하지는 않는다. 대부분 수험 공부는 강의 등을 들으며 충분히 혼자 할 수 있으며 부족한 부분은 그룹 스터디로 보완할 수 있다. 그러나 필요한 경우도 있다. 이해력이 정말 좋지 않아서 쉬운 내용도 누군가 반복해서 설명해 줘야 한다면 고려해볼 수 있다. 그리고 일반적인 이해력을 가진 사람이라 할지라도 비용에 부담을 느끼지 않으면서 부분부분 빠질 수 있는 이해도를 극대화하고 싶다면, 또는 좀 더 강력한 공부 강제력을 얻고 싶다면 과외가 도움 될 수 있다고 본다. 하지만 이때 필자가 권장하는 과외 형식은, 모든 내용을 순차적으로 설명해 주는 방식보다는 모르는 부분에 대한 다른 각도의 1:1 설명, 질문 해결, 그리고 숙제나 공부 진도 체크 등을 통한 강제성을 갖는 방식이다. 그것이 효율이 높다. 일반적 설명은 아무래도 온라인 강의까지 하는 강사가 나을 수밖에 없다는 생각이다. 물론, 특정 부분은 과외 선생님의 설명이 더 좋을 수 있지만, 당연히 그 분야의 전문가이고, 이미 검증되었고 자신의 교재까지 있는 전문 강사가 더 우월하다 본다. 만약 과외 선생님이 그 이상의 설명력을 갖췄다면 당연히 그도 1:1과외보다는 생산성이 훨씬 높은 '강의'를 통해 자신의 시간적 자유를 조금 더 누리지 않았을까? 그리고 동일한 화자(speaker)라고 하더라도 1:1로 이야기하는 것보다 여러 사람 앞에서 말할 때 더 많이 준비하려는 의지를 발휘하게 되고 더 집중해서 말하게 된다는 것이 개인 경험에서 비롯된 사실이다.

한편, 스터디와 같은 공부 압력과 다른 이점들을 얻고 싶지만, 자신의 환경은 그것이 어려울 경우 개별적인 코칭을 받을 수 있다. 이는 사실 '과외'라고 하기보다는 '멘토링(mentoring)' 정도의 용어가 좀 더 알맞다고 여겨진다. 그래서 필자도 '멘토링'이라는 형태로 주기적으로 수험생을 코칭 해주는 프로그램을 진행했다. 이때 이론 내용을 자세히 순차적으로 설명하는 형식은 취하지 않았다. 대신 해당 시험, 과목에 적합한 공부 노하우를 가르쳐주고 공부 시간과 진도를 체크해 공부 압력을 주며 주요 암기 내용을 과제로 주고 테스트하였다. 사실 공부 방법은 본서와 같이 수험 생활에 대해 자세히 알려주는 책을 통해, 혹은 합격 수기를 통해 어느 정도 대체할 수 있으며 그 외의 다른 점들은 잘 조직된 스터디를 통해 충분히 얻을 수 있다. 그러나 주요 수험가가 아닌 곳에서 공부하는 이유로 스터디를 조직하기 어려운 경우, 또는 좀 더 자신에게 맞춤식 코칭을 받고 싶은 경우는 이런 멘토링이 유용할 수도 있을 것이다.

과외 필요한 예	멘토링 필요한 예
■ 이해력이 극도로 좋지 않을 때 ■ 이해력 극대화, 질문해결 원할 시 ■ 좀 더 강력한 공부 강제력 필요 시	■ 스터디 대체 ■ 스터디보다 맞춤식 코칭필요 시

과외와 멘토링 추천 방향성

■ 특정부분 맞춤식 반복설명, 질의응답, 공부 방법 코칭, 공부시간과 진도체크, 암기확인 등 강제성 부여 형식

수험생의 직업병 두 가지

한 가지 직업을 선택하여 종사하게 되면 그 직업의 특수한 조건에 의해 특정 직업병이 생겨나고는 한다. 일례로 근무시간 중 오랜 시간 동안 밝은 불빛 아래 사람의 구강 내에서 작업하는 필자의 직업은 '목 통증'과 '허리 통증' 그리고 '빠른 시력 저하'라는 직업병의 위험을 필연적으로 가지고 있다. 운전을 업으로 하는 사람들은 '운동 부족'과 같은 직업병을, 전화 응대 업무를 하는 사람들에게는 대인관계에서 오는 '심리적 스트레스'를 직업병으로 제시하기도 한다. 이처럼 우리가 얻고자 하는 것이 있어 한동안 그 일을 할 때 발생할 수 있는 어떤 대가들이 있다. 수험생에게도 그런 대가가 있다. 바로 외로움과 불안함이다. 필자는 이 2가지를 수험생의 직업병이라 지칭한다. 수험생이 되기로 결심한 순간, 그리고 이를 지속하는 한 이런 외로움과 불안함이 존재하고 또 심해질 수 있는 것은 당연하다. 어떤 직업을 통해 소득을 얻으려면 해당 직업병을 감내해야 하는 것처럼 수험생은 이 두 가지 심리적 직업병을 반드시 인정하고 감내해야 한다.

먼저 외로움을 이야기해 보자. 사실 인간은 본디 외로운 존재다. 그것을 달래려고 친구들을 만들고 사회생활을 하고 커뮤니티에 참석할 뿐이다. 내 가족을 이루고 출산을 하면 좀 더 낫지만, 연세 있으신 분들 이야기로는 아이들이 크고 출가하면 다시 외로움을 느낀다고들 한다. 필자 또한, 지난날을 떠올려보면 군중 밖에 있어도, 군중 속에 있어도 느껴지던 그 인간 본연의 외로움에 대한 기억이 생생하다. 더구나 중학교부터 부모님 집을 나와 전국을 떠돌며 살아온 어린 날들은 물리적으로도 지독히 외로운 경우가 많았다. 결국, 그 감정은 수험 생활에서 정점을 찍었다. 수년을 혼자 지내며 특별한 직업도 없고 소속 단체도 없으며 친구들도 만나지 않으니 당연히 정말 외로웠다. 특히, 내 주변 대학교 전공다른 친구들과 완전히 다른 길을 걷는다는 그 소외감 때문에 감정의 강도는 더 컸다. 하지만 그런 외로운 감정을 채우겠다고 내가 다른 행동을 한다면 나의 미래 결과는 더 나빠질 가능성이 크다는 점은 명확했다. 어떻게 한들 인생은 원래 외로운 것이란 점을 인정하고 받아들이니 삶을 살 수 있듯이 수험생은 원래 한층 더 외로울 수밖에 없는 것임을 받아들이니 편안해졌다. 그리고 나서 수험 생활 루틴을 잘 만들어 공부에 몰입하다 보니 자연스레 외로운 감정은 어느 정도 잊거나 견딜 수 있었다.

말을 많이 하는 교사에게 생기는 직업병인 '성대 결절'을 피하겠다고 말을 안 하거나 줄이면 그 직업을 원활히 할 수 있겠는가? 그 직업으로 인한 성취에 큰 차질이 생길 것은 자명하다. 단지 인정하고 운동 등을 통해 예방하는 한편 문제가 생기면 이를 위해 치유의 시간을 약간 가지면 된다. 수험생도 수험생이란 직업병의 하나인 '외로움'을 일단 인정하고 받아들여야 한다. 쉬는 날 친구를 잠깐 만나고, 스터디를 통해 약간

위안을 얻을 수는 있겠지만 이를 예방하거나 해결하겠다고 적극적으로 연애 상대를 찾거나 자주 친구들을 만나 시간을 버리거나 해서는 아니 되겠다. 잠시 겪는 직업인 수험생이란 신분에서 벗어나면 꽤 많이 해결될 것이다. 특히 장기 시험에 합격하면 곧 새로운 집단에 소속되어 단체 생활을 하는 경우가 대부분이기 때문에, 그때를 바라보며 현재는 견뎌내도록 하자. 이에 필자처럼 빈틈없는 일과를 수행하면 외로움을 떨치는데 좀 더 도움이 될 것이다.

두 번째 수험생의 직업병은 불안감이다. 수험생이 되기로 결심한 순간부터 '불안감' 역시 필연적으로 함께 지니고 가야 할 운명적 감정이다. 아무것도 보장되어 있지 않고 몇 년의 시간을 완전히 허비할 수 있다는 불안에서 누구도 자유로울 수 없다. 차라리 수능은 약간 덜할 수도 있다. 전 국민 중 대다수 누구나 공부하는 시기이고 혹 잘 안되면 그 점수에 맞춰 이에 맞는 대학, 전공에 진학하면 된다. 그러나 성인이 돼서 치르는 장기 시험은 말 그대로 합격, 불합격밖에 없고 대부분 전업(full-time job)으로 최소 수년, 많게는 4년 이상도 하니 공백기가 꽤 커진다. 결정된 것은 하나도 없고 승부는 보통 일 년의 단 하루, 한 번 시험으로 결정된다. 그래서 시험에 가까워지기라도 하면 수험생은 살얼음을 걷는 듯, 한결 높아진 불안감을 종종 느끼기도 한다.

하지만 이런 불안감 역시 합격하기 전까지는 절대 해소할 수 없는 직업병 같은 것이며, 스스로 그럴 수밖에 없음을 받아들이고는 홀연히 짊어지고 가야 할 하나의 감정이다. 중요한 것은 불안하기 때문에 걸음을 멈추고 손을 놓는 것이 아니라 불안하기 때문에 걸음을 빨리하고 집중력이 흩어지지 않게 한 곳만 바라보는 것이 필요할 뿐이다. 어두운 숲속

한가운데 혼자 놓였다고 상상해보자. 그리고 멀리서 아주 희미한 불빛이 보인다. 이때 불안하고 무서워 주저앉으면 아무것도 달라지지 않고 불안 속의 시간은 더 늘어날 뿐이다. 걸음을 재촉하고 그 불빛에만 집중하여 어두운 터널을 어서 빠져나가는 것이 현명하다. 어둠과 낯선 길에서 불안은 당연하다는 것을 인지하면서 말이다.

또한, 불안한 감정은 장점도 있다. 불안에 민감한 사람들이 학습 결과와 성취도가 높다. 필자가 관찰한 바로는 합격생 단체인 치전의 구성원들은 내가 경험했던 그 어떤 단체보다 시험에 대한 불안감이나 조바심, 위기감 성향이 컸다. 때문에, 시험에 간절히 최선을 다하는 것이고 그래서 남들보다 성적에서 뛰어난 것이다. 모든 것에는 이면이 있고 생각에 따라 달라지는 경우가 많다. 긍정적 생각의 이점이 많지만, 비관적 생각 또한 무조건 경계해야 할 것은 아니다. 불안과 비관적 생각은 안주하지 않고 더 노력하게 만들기 때문이다. 상황을 좋지 않게 보며 여러 가지 해결책을 생각해보고 공부 방법을 변경해볼 의지도 비관적 생각과 적당한 불안감이 조성하는 일이다. 그러니까 자신이 상대적으로 더 예민하고 불안감을 많이 느끼는 성격이라면 이를 탓하거나 그 점을 고치려 괴로워할 필요 없다. 성격과 기질은 쉽게 바뀌는 것이 아니다. 굳이 긍정적 성격으로 바꾸려 하기보다는 관점을 달리해 그것을 잘 이용하는 편이 낫다[36]. (단, 불안감이 과도해 도저히 공부에 집중이 안 될 정도라면 필자가 집중력 파트에서 언급한 각성 수준 완화 도구들이나 수험 생활 전략의 슬럼프 파트 내용을 참고해보기 바란다.)

〈수험생의 2가지 직업병〉

수험생의 불안과 외로움은 합격하기 전까지 완전히 없어지지 않는다. 그러나 그것을 적당히 잠재울 방법은 있다. 역시 열심히 공부하는 일이다. 수험 생활이 안정적이고 규칙적인 궤도에 올라 매일 자신이 할 수 있는 만큼을 다 하고 있다면 이로써 충분하다. 이에 따른 결과는 승복하면 된다. 최선을 다했다면 후회는 없다는 생각으로 수험 생활하기 바란다.

일상의 긴장감

내 기억 중 가장 생생한 긴장감으로 현재를 직시할 수 있었던 순간 하나는 치과 교육과정의 한 부분인 카데바(사체) 실습 시간이었다. 사망한 사람의 머리부터 발끝까지 전신을 해부하는데 그때의 숙연함과 몰입도는 가히 최고다. 그 실습 환경에선 자연스레 죽음이라는 주제에 대해 생각하게 되며 나도 언젠가는 눈앞에 보이는 시신과 같이 될 수 있다는 서늘한 감정이 든다. 그 상황에선 잠이 오거나 다른 우스갯소리가 생각날 수 없다. 바로 그 서슬 퍼런 긴장감이 중요하다. 실제로 인생에서 성공한 많은 사람이 노력과 성과의 원동력으로 '죽음에 대한 긴장감'을 제시했다고 한다. 그 죽음에 대한 긴장감이 그 사람을 살아있게 하며 끊임없이 시간을 아끼고 절약하여 발전하고 성취하게 만든다는 것이다. 이는 죽음에 대한 공포가 인간 행동의 큰 동기가 된다는 심리학 이론으로 '공포 관리 이론(terror management theory, TMT)' [37]이라고도 알려져 있다.

수험생도 마찬가지다. 죽음을 본고사로 바꾸면 정확히 일치한다. 수험생은 언젠가 다가올 정해져 있는 그 하루인 본고사를 생각해야 한다. 물론, 시험에 대한 위기감으로 매일 벌벌 떨며 집중하지 못하면 안 되겠지만 그는 보통 준비가 안 된 상태에서 시험이 얼마 남지 않았을 때 겪는 감정일 뿐 대다수는 아직 수험 기간이 충분히 남아있다며 나태하곤 한다. 그러나 어떤 이들은 수험을 시작할 때부터 줄곧 본고사에 대한 높은 긴장감을 가지고 공부에 몰입한다. 본고사에 대해 끊임없이 의식하며 시간을 아껴 쓰며 노력한다. 그런 사람이 바로 수험 생활과 장기 시험에 뛰어난 것이며 성공 확률이 높다.

이렇듯 수험생 성공과 실패의 차이를 가르는 가장 큰 힘 중 하나가 바로 본고사에 대한 일상의 인식 정도가 될 수 있다. 이 '본고사'라는 가장 중요하고 결정적인 이벤트이자 수험 생활의 끝을 절대 하루도 잊고 지내지 않도록 하자. 그 긴장감이 지금 졸고 있는지 또는 두 눈을 부릅뜨고 있는지를 좌우하며 '오늘 하루쯤은' 하며 대충 보내는지 또는 매일 부단하게 정진하는지의 차이를 만든다. 반드시 긴장감을 가지고 꾸준히 노력하도록 하자.

03

글을 마치며

장기 시험의 전략

수험 생활은 보통 직업을 위해, 혹은 직업으로 가는 징검다리를 위해 자신의 인생 중 일부를 할애하여 올인 하는 것이다. 직업은 자신의 인생 전반적인 것들을 결정할 수 있는 매우 큰 무엇이기 때문이다. 혹자는 그 치열한 경쟁에서 승리하기 위해 목숨을 걸고 공부했다고 말한다. 인생에서 이기기 위해서 그 정도로 절실한 것이 얼마나 있을까? 마치 생명을 담보한 전투와 같다. 평화 시대에 살고 있는 우리에게 제시되는 과거의 전쟁과 같은 냉정하고 살벌한 경쟁, 그것이 바로 장기 시험이다. 전투를 위해 보호받고 있던 울타리를 열고 나와 자신의 모든 것을 쏟아부어 성취해야만 하는 순간, 바로 내가 지휘관이고 내 시간이 나의 군사이다.

그러나 전쟁에는 강한 자만 나온다. 시험에 자신 있는 수많은 자가 경쟁에 나선다. 그 무시무시한 전쟁터에 아무런 전략 없이 출사표를 던지는 지휘관이 있겠는가. 대책 없이 나가 패전한다면 나의 군사, 나의 시간은 의미 없이 유명을 달리할 뿐이다. 당연히 적당한 전략들을 세우고 전열을 가다듬어 최고의 기량으로 참전해 승리해야 한다. 그러기 위해서 필자의 〈시험의 전략〉이라는 하나의 책이 여러분의 최고의 '병법서'가 되기를 바란다.

역시 가장 중요한 단 한 가지

어려운 수험 생활을 다년간 보내는 중 나는 다른 사람들의 '노력'과 '성취'란 주제에 대한 감정이 이전보다 훨씬 격해짐을 느꼈다. 수험 생활 당시 김연아 선수가 세계적인 피겨여왕으로 등극하는 것을 목격했고 올림픽에서 여러 선수가 메달을 따는 기사를 접했다. 그때마다 왜 그리 마음이 괜스레 울컥하든지, 이전에는 전혀 그러지 않았는데 이상했다. 그것은 바로 공감의 감정이었다. 비록 다른 분야이지만 그들과 동일하게 나도 하나를 위해 모든 것을 제쳐두고 정진해 봤기 때문이다. 그들 역시 외롭고 고된 자신과의 싸움을 오래 했을 것이 생생하게 상상이 되니 말이다. 그 찬란한 보상의 순간을 위해 그동안 얼마나 힘들게 연습했을까, 사람들 앞에 나타날 짧은 시간 뒤에 숨겨진 지루하고 외로운 시간을 어떻게 견뎠던 것인가.

가장 중요한 것은 꾸준함이다. 가장 어려운 것도 꾸준함이다. 지루함을 참고 꾸준히 단순한 것을 반복하는 일이 가장 힘들다. 그것들이 있어야 눈부신 메달과 감격적인 합격의 순간이 있는 것이다. 성공한 자들의 화려한 이면의 보이지 않는 그 오래고 지루한 노력에 집중해야 한다.

이 책을 통해서, 그리고 합격자들을 만나고 그들이 쓴 글들을 읽으며 아무리 그럴싸한 자신감이 들고 의욕이 올랐다고 하더라도 그것은 '이상'이며 다소 순간적이다. 시간이 조금만 지나도 수험 생활이라는 지루한 '현실'로 돌아간다. 그러면서 꿈에서 깨어 성공자들의 스토리는 남의 일 같고 다시 불안에 휩싸인다. 나도 뭐 그랬다. 하지만 명심하자. 성공과 합격으로 가는 길은 생각보단 단순하다. 방법적인 것들을 참고하여 매일 비슷한 일상을 참고 꾸준히 공부 시간을 늘리면 될 뿐이다. 그냥 동일한 일상을 참고 지속하면 된다. 더도 덜도 아니다. 쉬운 일을 덜 지루하게 느끼며 지속하는 것. 그것이 진리며 남들이 하지 못하는 합격으로 가는 길의 가장 큰 열쇠다.

정말 대단한 건 뛰어난 머리도 아니고 폭발적인 열정도 아니다. 수험생에게 정말 중요하며 필요한 것은 매일매일의 지루함을 참고 같은 일을 꾸준히 반복하는 일이다. 일희일비하지 마라. 한순간 앞서고 뒤처짐에 동요하지 마라. 오늘 내일의 공부 잘됨에 우쭐하거나 한시기 슬럼프에 좌절하지 마라. 초연하게 이어가라. 끝까지 자신과의 싸움이다. 당장은 아무도 알아주지 않는 그 고단함을 홀로 이겨 냈을 때 비로소 성취할 것이며, 남들도 그제야 그대를 인정해 줄 것이다. 미래는 다가온다.

에필로그

수험 결과 이후에 대한 멘토링

지금까지 모든 내용이 본고사를 치르기 전 수험 생활을 하는데 필요한 것들이라면 이제부터의 내용은 수험 결과 이후에 대한 멘토링이다. 꼭 합격이나 불합격을 맞이한 후 읽어보기를 바란다. 수험 생활 전에 혹은 수험 생활 중간에 읽는 것은 전혀 도움이 되지 않는다. 아니, 공부 의욕을 완전히 꺾는 등 오히려 해가 될 수도 있다고 여기니 꼭 그해 수험 생활을 마치고 결과가 도출된 뒤 참고하기를 바란다. 불합격하신 분들에게 드리는 말씀과 합격하신 분들에게 드리는 말씀 두 가지이다.

01 불합격을 하셨다면
가장 먼저 필요한 것은 현실 인식 | 그만할지 다시 시작할지의 기로
| 공통적으로 반드시 해야 할 일 | 실패를 대하는 마음가짐

02 합격과 그 이후
합격 후 기분과 할 수 있는 일들 | 다양성을 가지기 위한 수단
| 겸손함과 이타주의 | 인생의 다음 라운드에 대한 전략

01

불합격을 하셨다면

불합격을 경험한 분들, 그것도 그 고통이 아직 가시지 않은 사람들에게 말을 건네는 것은 너무도 어려운 일이다. 물론, 필자도 그 어려운 감정을 몇 번이고 겪어봤기 때문에 그렇지 않은 사람들에 비해서는 좀 더 공감할 수 있을지도 모른다. 그러나 개인의 상황은 모두 다르고 이런 실패의 감정 크기는 워낙 커서 몇 마디 글로 해결되지 않는다. 이 잔인한 결과 앞에서는 어떤 말로도 충분하게 괴로움을 덜어 드리거나 슬픔을 달래 드릴 수 없다는 것을 잘 안다. 그래서 필자는 이곳에 위로와 힐링(healing)의 목적으로 글을 싣지 않는다. 실질적이고 현실적인 말, 그리고 불합격 후 일반적인 과정들과 좀 더 긍정적인 방향성을 제시할 뿐이다. 그 한계점을 인지하고 참고하셨으면 좋겠다.

가장 먼저 필요한 것은 현실 인식

우선, 불합격 후 실패의 충격과 고통은 감당하기 정말 어려울 수밖에 없는데 그 시점에서는 아무 결정도 하지 말아야 한다. 감정에 휘말려 분별력 있기 어렵기 때문이다. 그때는 어느 누구에게 어떤 도움말을 듣는다고 하더라도 대체로 별다른 도움이 되지 않는다. 단지 시간을 흘려보내며 불합격한 사실 자체를 마음속 깊게 스스로 받아들일 수 있는 순간이 와야 한다.

특별히 경험해보지 않았다면 불합격은 무척 낯선 감정이다. 또한, 경험해봤다고 하더라도 좀처럼 익숙해지지 않는 고된 느낌이다. 보통 사람들은 대부분 자신은 특별하다며, 막연히 잘 될 거라는 긍정적인 기대로 살기 때문에 이런 큰 갈림길에서의 부정적 결과는 꽤 큰 충격으로 다가온다. 자존심은 곤두박질치게 마련이다.

그러나 영화, 책 등 여러 매체의 스토리에서 주인공은 있어도 현실 세상에서 주인공이 나는 아니다. 사실, 장기 시험에서 불합격한다는 것은 어쩌면 무척 흔한 일이다. 수치상으로 경쟁률을 봐도 대부분 불합격자가 훨씬 많다. 단순 확률로 합격보다는 불합격이 당연하다는 말이다. 하지만 우리는 지금까지 살면서 항상 합격자들의 말을 들어왔다. 책에서, 에세이에서, 그리고 주위에서도 합격자들의 소식만이 널리 퍼지고 그들 또한 그렇다고 당당히 이야기하기 때문이다. 그러니 자연스레 그들에게 감정을 너무 많이 이입하게 된다. 항상 합격을 꿈꿔왔고 불합격에 대해서는 의식적으로나 무의식적으로나 배척해왔던 것이다.

하지만 과정이 어쨌든지, 그날 컨디션이 어찌 되었든, 시험 운이 어쨌든, 혹은 다른 설득력 있는 변명과 이유가 있든 불합격이란 결과는 현실이고 받아들여야 한다. 극적인 반전 따위는 현실에서 없다. 그해 불합격이면 그것으로 끝일뿐이며 단순히 무수히 많은 여러 수험생 중 하나인 내가 노력했던 과거와 결과만 있을 뿐이다. 시험은 착한 사람만 잘 치르는 것도 아니고, 합격은 열심히 한 사람만 하는 것도 아니다. 단순히 달리기가 끝났고 승자와 패자가 결정되었을 뿐이다. 그 상황에서 내가 더 열심히 달렸다느니 상대방은 인성이 글렀는데 나보다 잘 달렸다느니 할 필요가 없다. 아무 소용이 없다.

다만, 다행인 것은 그 결과 하나로 당신의 가치가 완전히 판가름 나는 것은 전혀 아니며, 다음 기회들이 있고 또 이번 하나로 성공하는 삶과 그렇지 않은 삶이 결정되는 것은 더더욱 아니라는 점이다. 당장은 어렵더라도 수험 후 한가로운 날 중에 힘든 감정을 견뎌내며 시간을 어떻게든 보내다 보면 누구나 결과를 적당히 받아들일 수 있는 시점이 온다. 물론 그때까지의 길이는 개인마다 달라서, 이미 마음의 준비를 해왔다면 그 시점이 좀 더 빨리 올 수도 있고, 특별히 기대를 많이 했다면 수개월이 더 걸릴지도 모른다. 하지만 어찌 되었든 누구나 그 시점이 오긴 하니 언제가 되었든 모든 결정은 그때 해도 된다. 아니 그때 하는 것이 맞다. 그리고 그때 그 결과를 어떻게 여길지, 패배의 원인을 어디에서 찾을지, 앞으로 어떤 계획을 세울지가 대단히 중요하다. 바로 그때 사고의 흐름이 그 사람의 본질이며 미래 가능성을 결정하는 씨앗이다. 길게 본다면 불행의 최고점에서 인생의 화려한 역전극이 시작되는 찰나일 수도 있다.

그만할지 다시 시작할지의 기로

결과를 인정하고 정신을 차린 이후에 가장 먼저 할 것은 이 장기 시험을 계속할지 아닐지에 대한 결정이다. 내가 보아온 수많은 경우에선 시험을 가볍게 준비했거나 공부가 정말 맞지 않는 사람들이 아닌 이상

1~2회로 수험을 포기하는 경우는 드물다. 보통 서너 번은 치르는데, 문제는 수험이 길어지면 이게 또 점점 더 손을 떼기가 어려워진다는 점이다. 매몰 비용 때문이다. 심지어 다른 길로 들어섰다가도 다시 돌아와 시험을 치르기도 한다. 그러나 결단은 이성적으로 내려야 한다. 내가 이 관문에 적성이 잘 맞지 않고 다른 방법으로 더 노력해볼 만한 의지가 생기지 않는다면 여기서 그만하고 다른 관문을 찾는 것이 이치에 맞다. 매우 냉정히 말하지만, 가능성이 너무 적은데 괜한 시간만 버리는 것일 수도 있기 때문이다. '이미 몇 년 했으니 일 년만 더' 하다가 5년, 10년이 흐르고 인생의 초년기를 완전히 낭비할 수도 있다. 물론 억지로라도 오래 하다 보면 언젠가는 운이 좋아, 혹은 공부했던 것들이 정말 조금씩 쌓여 결국엔 합격할 수 있을지도 모른다. 하지만 수험 생활에 너무 많은 시간을 투자해버리면 이로 인해 다음 인생 진도(결혼, 출산, 저축 등)는 많이 늦춰지고, 폐쇄적인 수험 생활을 과도하게 길게 함으로 자신감은 떨어지며 성격까지 어둡게 변해버릴 수도 있다. 그렇다면 그것이 인생 전반적 관점에서 최선이겠는가?

시험에 적합한 머리도 아니고 도저히 열심히 노력도 안 된다면 단호히 초반에 그만두는 것이 현명할 수 있다. 이번의 쓰라린 경험을 바탕으로 자신의 적성에 맞는 길을 찾아 더 행복한 삶을 살 가능성은 얼마든지 있다. 이야기를 하지 않아서 그렇지 세상의 어른 중에는 원했거나 시도했던 직업 관문에서 실패해본 사람들이 성공한 사람보다 압도적으로 많다. 수험 실패는 둘째 치고, 직업과 직종을 바꾸는 경우도 너무나 많다. 시야를 넓게 봤을 때 인생 경로 변경은 흔한 일이라는 이야기다.

필자의 친척 중 한 명은 사회성이 매우 뛰어난 분이었는데 사법고시에 실패하고는 적성에 맞는 영업과 사업을 하면서 꽤 성공한 경우도 있고, 의대에 진학하지 못한 후 공학을 전공해 벤처로 크게 성공했다는 이야기도 어느 강연에서인가 들은 적이 있다. 또한, 취직에 실패해 유튜브를 시작했다가 직장인보다 훨씬 나은 소득과 직업적 만족을 가지고 살고 있다는 유튜버도 있으며, 직장 생활에 적응하지 못하고 나와 부동산으로 대성한 사람도 곧잘 있다. 이들은 오히려 '인생의 첫 길을 가지 못한 것이 정말 다행이다.' 라고 말할지도 모른다.

물론 다른 분야로의 성취나 소득의 우위보다도 내가 지금 도전에 실패한 해당 직업인으로서의 위치가 더 중요한 것 아니냐고 반문할 사람들도 있을지 모른다. 하지만 당신이 시험에 합격해서 얻게 될 그 직업을 이미 가진 사람들에게 물어보라. 지금 연봉보다 두 배 더 많은 연봉을 안정적으로 벌 수 있는 직업자리가 있다고 하면 지금 직업을 과감히 포기하고 갈 것이냐고. 혹은 소득과 노동 강도는 비슷하지만, 여유시간이 두 배 많은 직업으로 전직할 수 있다면 그렇게 할 것이냐고. 정말 많은 사람이 이것에 'yes' 라고 대답할 것이다. 이것이 현실이다.(물론 질문자인 당신이 해당 직업 준비생이기에 솔직하게 대답하지 않는 마음씨 좋은 분들도 있을 수는 있겠다.)

우리가 살고 있는 것은 자본주의 시장경제사회이며 '조물주 위에 건물주' 라는 세속적인 우스갯소리가 있을 정도다. 필자는 아직 그 정도는 아니지만, 의사, 치과의사, 변호사 등 전문직 사람 중에서도 건물 하나 소유해 타박타박 임대료가 들어온다면 그 직업을 관두겠다는 이야기들도 곧잘 듣는다. 아니 그때를 바라보며 일을 한다는 분들도 참 많다. 이것이 현실이다. 그런데 사실 현시대에서 임대업에 종사하기 위해서는 전문직보다는 다른 길로 가는 것이 더 빠를 것이라 생각된다. 치과의사를 예로 들어보자. 현시대에서 의료 자체로 큰 자본을 창출하기는 구조상 어려우며, 도덕적으로도 그리 바람직해 보이진 않는다. 그렇기에 큰 부를 얻으려면 소득을 모아 자본금을 만들고 금융 지식을 이용하든지, 의료 외에 부업으로 다른 일을 해야 하는데 그것이 어렵다. 의사, 치과 의사는 직업인이 되기 위해 공부도 오래 해야 하고 병원을 차리고 운영하려면 너무 많은 시간과 비용이 들어가니 따로 경제와 금융 지식을 쌓기도 대단히 어렵다. 또, 그간 경쟁 공부와 일적인 스트레스 탓에 더이상 다른 것에 관심 가질 에너지도, 공부 의욕도 남아있지 않는 경우가 대부분이다. 그러니 자신의 직업을 영유하며 적당히 여유 있는 생활이 가능할 뿐이며, 이마저도 근시안적인 과소비를 하거나 은퇴 후 별다른 금융 지식 없이 투자하였다가 낭패를 보는 경우들도 종종 있다. 이렇듯 전문화된 직업은 '한계'를 만들기도 한다.

인생에서 이번 장기 시험 관문은 한 단계일 뿐이며 그 이후 다른 여러 일과 기회가 있을 수 있다. 다시 말하지만, 장기 시험의 합격보다 잘 살 수 있는 길, 행복하게 살 수 있는 일, 많은 돈을 벌거나 사회적으로 유명해질 수 있는 일들은 얼마든지 있다. 오히려 적성에 맞지 않는 처음 분야에서의 실패가 다음 분야로의 진로에 대한 시도를 가능하게 하며, 처음 실패를 경험 삼아 겸손하게 다음 분야에 매진하여 더 나은 성과를 이루기도 한다.

수험 생활을 할 때는 당연히 최선을 다하기 위해서 시험에 성공하여 얻게 되는 결과물들의 장점만 보고 혼신의 힘을 다하는 것이 맞다. 하지만 수험이 끝나고 재도전할지를 결정할 때에는 냉정하게 현실적인 부분들을 다시 처음부터 따져보는 것이 현명하다. 시험을 경험해보기 전처럼 해당 관문에 대해 무지하지 않고, 막연한 불안감이나 근거 없는 자신감이 있지도 않으며, 자신의 능력치와 수험 경쟁 시장의 실체를 어느 정도 알았기 때문에 좀 더 분별력 있는 판단을 할 수 있을 것이다. 가능성과 기회비용을 다시 철저히 계산해보고 재도전을 결정하자.

그리고 만약 수험 생활을 그만하기로 결정했다면 머릿속에서 수험 생활에 대해 철저하게 잊도록 하자. 그편이 다음 일에 최선을 다하는 데 유리하다.

두 번째로 그래도 다시 도전해 보기로 마음먹었다면 우선 현재 상태를 파악하자. 다시 바로 거뜬하게 힘을 낼 수 있는 상태인지, 아니면 많이 지쳐 있는지가 중요하다. 거뜬하다면 1~2주, 길게는 한 달 정도 쉬고 다시 바로 계획을 세우고 정진하면 된다. 하지만 지쳐 있다면 역시 수험 생각은 완전히 잊어버리고 한동안은 다른 생활들을 해보기를 권한다. 두어 달 이상이라도 괜찮다. 어느 정도 기한을 정해놓고 머릿속을 비우는 시간이 필요하다. 그 후 준비가 되면 그때 새로 계획을 세우고 시작하면 된다. 다시 일어설 생각이 든다면 〈2장 우리가 공부할 수 있는 이유〉의 '5) 힐링', '6) 우리가 다시 도전할 수 있을 때' 내용이 도움 될 것이다.

공통적으로 반드시 해야 할 일

수험을 다시 결심하든 혹은 그만두기로 결심하든 모든 경우 공통으로 꼭 해야 할 일은 지난 시간을 정리하는 시간을 갖는 것이다. 다른 것은 그다지 필요하지 않다. 실패의 이유를 적어보는 것이 가장 중요하다. 시간이 지나면 더 분명해지는 것도 있지만 대부분은 흐려진다. 자신도 모르는 사이에 무의식은 스스로 과거에 대한 합리화를 만들어 우리 정신을 치유하기 때문이다. 그러니 지금 당장 써놓아야 확실한 원인 분석이 가능하며 차후에 무슨 일을 하든 성공 가능성을 높일 수 있다. 비록 이번 도전으로 눈에 보이는 결과물은 없다고 하더라도 그 시간으로부터 내가 무엇인가 배우고 깨달았을 때 지나간 시간을 좀 더 쉽게 인정할 수 있다. 얻은 것이 있어야 돌이켜보기 싫은 과거를 감내하고 더 빠르게 극복할 수 있게 된다.

　자신이 생각하는 수험 생활 시행착오들, 심리적 문제점, 방법적 결함, 노력을 더 하지 못한 이유, 가장 큰 잘못들 등에 대해 먼저 적어보고 필요하다면 본서의 〈8장 수험 생활 실패의 이유〉 단원 내용을 참고해보기 바란다.

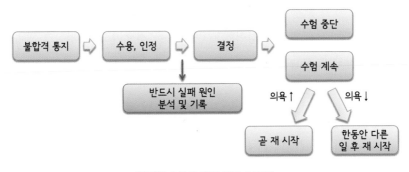

〈합격하지 못한 뒤의 사고 흐름도〉

실패를 대하는 마음가짐

　주위 사람들의 대우는 다소 차이가 있을지 몰라도 합격, 불합격으로 인해 장기적인 자신의 가치는 변하지 않는다는 것을 다시 한번 명심했으면 좋겠다. 오히려 불합격으로 인한 심리적 상처를 치유하고 그 상태를 이겨내 새로운 무엇인가를 한다면 쉽게 합격한 것보다 더 깊이 있는 사람이 될 수도 있다. 절대 지금 결과가 끝이 아니며 자신의 인생이 결정되지 않는다. 본질은 한 번의 경쟁으로 쉽게 변하지 않는다. 완전히 새로운 일을 하든지 다시 준비하여 합격하든지 '더 나을 수 있음'을 기억하자. 자신이 마음먹기에 따라, 원인 분석을 하고 깨달음을 얻기에 따라, 더한 동기를 갖는 것에 따라 전화위복 새옹지마는 흔한 일이다. 필자가 그랬지 않은가.

나는 수능이라는 첫 라운드에서 만족할만한 결과를 내지 못했고, 그때 최선을 다하지 못했다는 반성에 장기 시험에서는 큰 각오로 남들보다 더 열심히 해야 한다고 생각했다. 또한 장기 시험 초시에 불합격하니 한층 더 독하게 마음을 먹고 공부와 수험 생활에 매진했다. 그것으로 수능에서 나보다 우수했던 대다수보다 좋은 성적을 얻을 수 있었다. 그러나 그 재시 때마저 불합격을 경험했고 큰 고통을 겪으며 당시에는 그 결과를 통해 도대체 아무런 긍정적인 생각이나 합리화조차 할 수 없었다. 전화위복 같은 가능성은 전혀 생각할 수도 없었다. 단순히 시간만 허비한 것 같았고 합격했어야 하는데, 무조건적으로 잘못된 것 같다 여겨졌다. 하지만 시간이 지나와보니 아니었다. 한번, 두 번에 합격했다면 본서를 쓰고자 하지조차 않았을 것이며 설령 썼다고 하더라도 지금처럼 자세한 책을 쓸 수 없었을 것이 확실하다. 집필자가 되는 것이 내 인생 마지막 목표였기 때문에 오히려 단기적인 수험 생활 실패가 내게 큰 경험이자 득이 되었다. 그리고 지금, 학업을 끝마치고 사회에 나온 후 직업적 성취나 경제적인 성취도 비슷한 내 직업인들에 비해 상당히 빠른 편인데,

이것들의 원동력인 '계획'과 '회심의 의지' 역시 두 번째 실패로부터 비롯되었다. 그 경험과 좌절로 나는 앞서 2장에서 언급한 '플러스되는 착각'의 덩어리가 될 수 있었다. 하지만 당시에는 이렇게 될 수 있음을 전혀 몰랐다. 즉, 다음 목표는 전 단계 목표의 시행착오가 빠른 성공보다도 오히려 더 도움이 되는 경우가 흔하다. 오히려 그다음 관문에서는 더 빠른 성과를 거두며 살게 만들 가능성이 있다. 누구든 지금 그 관문이 초반 목표이지 인생의 마지막 목표는 아닐 것이 아닌가.

시간은 무엇이든 해결해 준다. 이번 실패를 마지막으로 수험 생활을 끝낸다고 하더라도 사실 시간이 꽤 지나고 나면 거의 잊게 되며 긴 세월의 관점에선 잠시의 일이다. 지금 당장은 이 결과 이 관문이 인생의, 세상의 전부인 것처럼 보여도 그렇지 않다. 절대 그렇지 않다. 더 대단한 일들, 더 멋진 일들, 더 중요한 일들, 더 크게 될 수 있는 일들이 많다. 다시 강조하지만, 수능이나 고시나 공무원 시험이나 면허시험이나 삶의 여러 라운드 중 하나일 뿐이며, 이번에 성공하지 못했다고 하더라도 그 이후 펼쳐지는 다른 여러 라운드에서 잘하면 충분히 지금의 승패를 뒤엎을 수 있다.

물론 이번의 실패로 다소 자신감이 떨어지는 것은 누구나 당연하다. 하지만 가장 중요한 한 가지는 이 결과를 대하는 '자세'일 것이다. 결과를 인정하지 않거나 다른 사람 탓, 환경 탓을 하거나, 단순히 아픈 기억이니 잊기만 하려 한다거나, 또는 이 때문에 자신은 무엇을 해도 잘 안되는 사람이라 좌절하며 의욕이 떨어진다면 그다음 도전이나 혹은 이 수험 외의 다음 라운드에서도 결과는 비슷할 가능성이 높다. 하지만 결과를 겸허히 받아들이고, 여기서 잘 안되었으니 만회하기 위해 그다음 시험에서 혹은 장기 시험 외의 다른 라운드에서 더 열심히 해야겠다고 마음먹는다면 그 사람은 큰 가능성을 지닌다. 다음 차례에서는 성공하여 이번 실패로 떨어진 자신감을 충분히 복구할 수 있을 것이다.

오히려 슬픔과 실패는 성숙하는 계기라는 점에서 장기적인 가치 상승의 기회일 수도 있다. 좌절을 경험해보지 않은 사람보다는 경험해 본 사람이 비교적 생각의 깊이도 더 깊고, 공감력도 더 크고, 겸손하며, 신중하고 무게감이 있다. 보통은 그렇다. 단, 이를 위해서는 결과를 인정해야 하며, 장기적 관점의 성찰과 함께 실패에 대한 원인 분석이 있어야 한다. 그리고 다시 뛰겠다는 의지가 꼭 필요하다.

필자가 수험에 합격하며 당시 규모가 가장 큰 합격 후기 공모전에서 1등을 수상한 적이 있었다. 그때 합격 수기의 제목이 '다시 한번 힘을 내다.' 였다. 다시 한번 힘을 낼 때 좌절과 실패가 빛을 낼 기회를 얻는다. 그 경험이 후에 더 큰 성공을 가져올 수 있다고 확신한다. 다시 한번 힘을 내도록 하자.

02

합격과 그 이후

합격 후 기분과 할 수 있는 일들

합격은 그 단어만으로도 무척 가슴 벅찬 감정을 만든다. 합격 후 설렘은 이로 인한 새 생활을 본격적으로 할 때의 행복을 넘어선다. 많은 사람에게 축하를 받을 것이며 어쩌면 주위 사람들이 자신을 대하는 태도가 달라질지도 모른다.

물론, 사람에 따라서 당장은 실감이 잘 나지 않는 경우도 있다. 수험 기간이 길어지며 기대와 좌절을 반복해 지쳐 있을 때는 더욱 그럴 가능성이 높다. 이때는 한시름 놓았다는 생각만이 우세할 수도 있다. 그러나 그런 사람들이 합격에서 비롯된 절대적 행복감을 더 적게 느끼는 것은 아니다. 단지, 서서히 조금씩 실감 되는 것일 뿐이다.

우선 수험 생활의 긴장을 풀고 충분하게 기쁨을 만끽하며 편안함을 누리자. 그리고 합격 발표 후 보통 적게는 몇 주에서 많게는 몇 달간의 시간이 남게 된다. 이때 무엇을 하고 싶은지는 사람마다 모두 다르겠지만, 고민이라면 나는 지금 아니면 하지 못하는 것들을 하라고 권한다. 그것이 멀리 있는 친구를 만나러 가는 것일 수 있고, 부모님과 한동안 함께 지내는 것일 수도 있으며, 심지어 아르바이트일 수도 있다. 또, 온종일 영화나 드라마를 보는 것 등도 괜찮다. 혹, 여유가 된다면 남는 시간에 여행하는 것도 꼭 추천하는 것 중에 하나이다. 학교 방학 때를 이용하긴 했지만 나도 그때 그 나이(결혼 전)에만 할 수 있는 일이라 생각해 은행에 큰돈을 빌려서까지 한 달간 유럽여행을 다녀오기도 했다. 당시에는 다소 부담되는 일이기도 했지만, 그때 기억은 두고두고 내 시야를 넓게 했으며 큰 만족과 자부심이 되었다.

혹은 아직 힘이 남아있다면 그 앞길에 도움 될 다른 것들을 준비해 볼 수도 있다. 내 경우는 최종 합격 후 '그다음'을 준비했다. 학교에 다니면서도 할 수 있는 '일'의 기본 인프라를 만드는 작업을 했다. 그때 아니면 집중해서 실행하기 어렵다고 생각해 수험생 컨설팅과 멘토링 자료를 만들고 정보를 모았다. 또 한편으로 지방 생활 시 기동성이 꼭 필요하다고 생각해 돈을 모아 가까스로 중고차 하나를 마련했다. 그것들이 결국 낯선 곳에서 아무 발판이 없던 내가 4년 치대 생활을 하는 데 있어 큰 도움이 되었다.

한편, 합격은 끝이 아니다. 아시다시피 또 하나의 시작일 뿐이다. 고시에만 붙으면 모든 것이 보장되던 것은 예전 이야기이다. 사회는 갈수록 우수한 사람들이 많아지며 경쟁적으로 가방끈도 길어지고, 경제적 계층이 심화되어 단 하나의 성공으로는 계층 이동이 어렵게 되었다. 숨 가쁘게 큰 고개 하나를 넘었지만, 넘어야 할 고개는 아직도 많다. 숨을 고르는 동시에 첫 고개에서 얻은 것을 정리해볼 만하다. 내가 공부했던 방식, 무엇인가를 얻기 위해 유지했던 생활방식 말이다. 앞으로도 제대로 공부해

봐야 할 많은 분야가 있고, 무엇인가 얻기 위해 노력해야 할 시점들이 있다. 그때 수험 생활에서 얻은 노하우가 도움이 될 수 있게 말이다.

다양성을 가지기 위한 수단

장기 시험공부를 하고 합격해 일한다는 것은 직업적 전문성이 생기는 것이다. 하지만 전문성은 다른 한편으로는 자신의 분야 외에는 문외한이 될 수도 있다는 함정이기도 하다. 이는 여러모로 한계를 만든다. 깊게 아는 내 전문 분야 외에 얕고 넓게 아는 교양도 필요하다. 전문적인 공부를 할 때 좁아졌던 시야와 관심도를 넓히는 시간이 필요하다는 말이다. 그 수단으로 여러 사람과의 대화도 좋고, 인터넷 커뮤니티, 블로그, 유튜브도 좋겠지만 가장 좋은 것이 역시 책이다. 책은 그 분야에 박식하고 이해도가 높은 사람이 한 분야에 대해 밀도 있게 정리해 놓은 효율적인 지식 섭취 수단이기 때문이며 사고를 확장하여 주는 최고의 수단이다. 하지만 책이란 것도 특별한 계기가 없다면 자신이 흥미를 느끼는 분야를 보다가 그치는 경우가 많아서 책 읽기 소모임이나, 독서 토론 모임을 고려해보면 좋다. 다양한 분야의 책을 접하고 이에 대한 다른 사람의 생각을 참고할 수 있는 좋은 방법이다.

또한 시험을 위해 공부하는 기간이 길어질수록 창의성과 유머감각은 반비례해 하향한다고 느껴진다. 수험 공부에는 엉뚱하거나 산발적인 아이디어를 배제하고 체계적이고 진지한 사고만이 요구되기 때문일 것이다. 이에 대가로 머리가 유연해지지 않고 어떤 한 주제에 대해, 그리고 사회가 원하는 방향으로만 경직되는 면이 있다. 시험 경쟁에서 성공하기 위해서는 어느 정도 필요한 일이다. 그러나 미래는 인공 지능과 다른 인간만의 창의성을 요하는 시대이다. 또한 자신이 원하는 삶, 혹은 그 이상의 성취를 위해서는 유연한 머리가 필요하다. 그래서 여유가 있을 때 책을 읽고 다양한 사람들을 만나 대화하고 또 여행하며 다양한 문화를 경험하는 것들이 필요하다고 생각된다.

다양성과 상식은 개인적인 성숙을 위해서도 꼭 필요한 일이다. 살아갈수록 권력이나 자본을 미성숙한 사람이 차지하면 안 된다는 것을 자주 느끼게 된다. 그것들이 얼마나 성숙한 사람에게 편중되는지에 따라 가지지 못한 사람들의 불행도가 결정되는 것 같다. 또한 그 자신도 당장은 조금 편한 삶을 살지는 몰라도 주위에 인정받는 삶을 살기도 어렵고, 그 권력이나 자본이 사라지는 순간 너무나 초라해지게 된다.

더불어 살 수 있는 것이 중요하다. 이를 위해서는 다양한 계층의 사람과 소통을 할 수 있어야 하고 거기에 있어 폭넓은 지식과 편협하지 않은 사고방식은 필수다. 그리고 그런 그릇을 위해 투자해야 할 시간은 자신의 사회적 자리가 어느 정도 잡히고 여유 있을 때가 아니라 가치관이 형성되고 비교적 머리가 유연하여 자기 수정이 가능한 20, 30대가 끝나기 전이라야 한다. 그 최고의 수단은 다양한 분야의 책이다. 다시 바빠지기 전인 합격 후 여유 기간에 책에 재미를 붙여 놓는 것이 좋지 않을까 싶어 지면을 할애했다.

겸손함과 이타주의

지금에 와서 생각해 보면 다른 분야도 마찬가지만 공부에 대한 성과 역시 겸손해야 한다는 생각이 든다. 공부를 잘했다는 것은 인생의 한 시점이었을 뿐이며, 그 유형의 공부에 대해 다행히 내 적성이 어느 정도 맞았기 때문이다. 그 누구도 모든 유형의 공부에서 최고 성적을 거둘 수는 없다. 필자가 아는 대다수의 공부 잘하는 사람들도 관문에 따라, 과목에 따라 성과가 많이 갈리는 것을 봤다. 즉, 좋은 성적을 받고 합격했다는 것은 그 분야 그 시대의 장기 시험공부 유형에 자신의 적성이 어느 정도 맞았기 때문일 수 있다. 치과의사가 되기 위한 관문만 보더라도 학력고사, 수능, DEET 등 시대에 따라서 필요한 공부 유형도 조금씩 바뀌었다. 또 DEET 전형도 시험, 영어, 학점, 면접 등 그 비율들이 학교마다 매년 달라지기도 했다. 경쟁이 치열한 분야에서는 어떤 룰(rule)이냐에 따라 승자와 패자가 얼마든지 뒤바뀌기도 하니 얼마나 아슬아슬한 일인가.

또한 공부를 잘했다는 것은 자신의 인생에서 그 시기에 다행히 공부에 대한 의지가 동했기 때문이다. 모두가 살면서 언제나 수험 공부 의지를 가지고 있는 것 같지는 않다. 어릴 때 안 했기에 늦게 더욱 매진하는 사람도 많고, 어릴 적 학업 공부를 지겹도록 많이 했기 때문에 지쳐서 공부에 집중하지 못하는 경우도 비일비재하다. 마치 무슨 '공부 의지 총량의 법칙' 처럼 그런 경우들을 종종 본다.

그리고 마지막으로 한 가지 더해 다행히 본고사에서 약간의 운까지 겹쳐져 괜찮은 성적을 얻은 것이다. 단 한 번의 성적으로 많은 것이 결정되는데 그날 다행히 컨디션이 크게 나쁘지 않은 것이, 실수하지 않은 것이, 혹은 운이 좋게 찍은 것들이 잘 맞은 것이 얼마나 감사한 일인가. 또는 내가 약한 부분만 집중적으로 시험에 나오지 않은 것은 얼마나 다행인가.

시험 유형에 대한 적성, 그 시기의 공부 의지, 그리고 본고사 운 이 3박자는 앞서 '단기 합격의 전제조건 3가지'에서 언급한 항목들이기도 하지만 기간뿐 아니라 실제 그 시험을 합격하기 위한 조건이기도 하다.

그러니 결국 이 3가지가 어느 정도 맞아떨어져 성취한 것이니까 감사할 일이다. 물론, 자신감과 내가 열심히 해서 성취했다는 보람도 중요하지만 그런 겸손해야 할 면도 분명 필요하다. 그리고 그렇지 못한 사람들, 혹은 공부할 기회조차 갖지 못한 사람들에게 어떤 도움이 필요할 때 어느 정도는 나누며 사는 것, 그것이 그 다행인 운명에 조금이라도 고마움을 표할 수 있는 길이 아닐까 생각한다.

인생의 다음 라운드에 대한 전략

필자가 장기 시험에 성공한 것은 집필을 마무리 짓고 있는 지금으로부터 6년 전쯤의 일이다. 그 이후 치의학 교육을 마쳐 치과의사가 되었고 한동안 직업적 공부에 집중하여 어느 정도 만족할만한 궤도에 올랐다. 그리고 그뿐 아니라 경제와 금융, 세계정세에 꽤 높은 흥미를 가지고 탐구하고 있다. 부동산과 주식에도 관심이 많다. 사회인이 되어 접한 '경제'는 너무 재미있는 분야다. 물론, 지금 직업도 충분히 좋아하지만, 장기 시험에 대해 고찰하고 방법론을 한창 나눌 때에는 예전 사법고시를 준비했으면 어땠을까 하는 상상과 기회적인 아쉬움을 느끼기도 했었고, 지금은 경제학과에 진학했었다면 어땠을까 하는 약간의 아쉬움을 갖기도 했다. 그만큼 경제는 흥미로우며 거시적이면서도 '(좋아하며 자신 있는) 공부'를 끊임없이 해야 하는 분야이다. 또한 경제는 시장 경제 체제하에서 문명의 이기들을 누리며 풍요롭게 살기 위해서는 누구나 알아야 하는 주제이며, 한편으로 차후 내게 시간으로부터 거의 완전한 자유를 줄 수 있고 훨씬 더 고령이 되어서도 금전을 창출해 줄 수 있는 분야이다. 즉 필자는 바로 이런 주제들 안에 내가 가야 할 다음 단계로의 결정적인 포인트가 있다는 것을 잘 알고 있다. 바로 '자본'에 관한 이야기이기 때문이며 그것은 내게 3차전이다. 그리고 한창 치열하게 이런 3차전을 준비하고 있는 필자가 2차전을 막 끝낸 독자들에게 마지막 말을 전한다.

나는 인생을 4가지 신분과 이를 위한 3가지 주요 경쟁 문턱이 있다고 본다. 이는 삶의 시기별 그때 주로 하는 일로 구분 짓게 된다. 먼저, 정규 교육 과정을 겪는 '학생'이다. 태어나 보통 20살까지의 기간으로 이때는 학교로 인해 자유와 시간을 크게 구속받으며 대학이라는 최종 목표를 향해 공부하고 경쟁한다. 물론, 이런 일련의 공부 과정을 맹목적인 대학입시 준비단계로 치부하는 것은 잘못된 일이다. 또 그 안에서 사회인이 되기 위한 충분한 교육들이 이루어지며 대학이 아니라 다른 진로를 찾는 사람들도 얼마든지 있다. 하지만 우리나라에서 고등학교까지의 정규 교육의 끝에 대다수가 선택하는 다음 단계는 대학 진학이며 그것이 필요 없다면 굳이 내신이나 수학 능력 시험으로 경쟁할 의무가 상당 부분 사라지기 때문에 대학은 이 시기의 현실적인 목표가 된다. 그리고 다음 단계들도 마찬가지이지만 이런 '학생'이라는 첫 번째 신분과 대학입시라는 1차전은 다음 신분을 다른 경로로, 혹은 더 빠르게 얻을 수 있다면 얼마든지 생략하거나 단축할 여지가 있다. 또한 1차전의 성과는 그 다음 라운드를 좀 더 수월하게 해준다. 하지만 그것으로 절대 끝이 아니라는 점은 명심해야 하는 사실이다.

두 번째 신분은 정규교육을 받는 학생을 끝낸 뒤 위치하는 '직업 준비인'이다. 평균 30세 정도까지의 시기로 다른 신분의 시기보다 상대적으로 짧지만, 대학 교육, 휴학, 아르바이트, 연애, 군대, 유학, 고시, 취업 준비 등 그 어떤 시기보다 훨씬 폭넓고 다양한 경험을 할 수 있는 기간이다. 사실, 대부분에게 인생에서 가장 자유로운 시기이며 직업이 아직 결정되지 않았기 때문에 무엇이든 될 가능성의 시기이다. 그러나 이 시간의 끝에는 직업 결정이라는 관문이 있으며 이로부터 절대 자유로울 수 없다. 학생이 대학과 전공 결정이라는 관문에 종속되어 있던 것과 동일하다. 많은 사람이 이 2차전의 방식으로 취업 준비생을 선택하지만 어떤 이들은 수험생을 선택하기도 한다. 바로 우리는 이 2차전 준비 중에 만난 것이며 〈장기 시험의 전략〉은 주로 2차전 수험생들을 위한 저서이다. (물론 일부 1차전 수학 능력 시험에도 충분한 도움이 될 것이다.) 합격한 독자분들은 이제 '직업인'이라는 위치로 그리고 다음 경쟁 상태인 3차전에 돌입할 수 있게 된다. 사실, 직업이 드디어 결정된 뒤 느끼겠지만 이전 과정들은 지금 현재 직업을 얼마나 빨리 결정지을 수 있었느냐에 따라 충분히 단축되거나 생략할 수 있었던 일이라 회상할 가능성이 높다.

3번째 신분은 직업인이다. 이전 신분과 단계들보다 훨씬 고도화되고 구체화된 특정 분야에서 근로하게 된다. 사회적 위치가 생기고 다른 사람들에게 분명히 자신은 어떤 일을 하는 사람이라고 이야기할 수 있게 된다. 더군다나 드디어 실질적인 일정 소득이 생긴다. 이는 그전 신분들보다 더 많은 능력과 선택지를 가지게 됨을 의미한다.

직업인이 된 것, 또한 높은 경쟁을 뚫고 그 자리를 차지한 것은 분명한 큰 성취이고 축하받고 인정받을 수 있는 일이다. 그러나 인생에서 직업인이 절대로 신분의 끝은 아니다. 또한, 단지 그 직업을 꿰차는 것만으로 큰 부를 축적할 수 있는 것도 절대 아니며 단순히 그 합격만으로 사회적 유명인이 되거나 높은 인지도를 얻을 수도 없다. 대부분 그렇다. 단순히 그럭저럭 적당한 생활 수준을 유지할 수단과 이로 인해 그다음 발전을 위한 안정적 토대를 얻는 것일 뿐이다. 특히, 여기서 주요한 쟁점은 시험을 통해 획득하는 거의 모든 해당 직업은 연령적 한계가 있으며 죽을 때까지 할 수 있는 일이 못 된다는 점이다. 즉, 퇴직이 있다. 하지만 지금 시대를 살아가는 젊은 사람들은 정말 많은 사람이 '동안' 소리를 들을 정도로 잘 늙지 않는다. 노화가 더디다는 이야기이며, 우리는 지난 시대의 사람들보다 훨씬 더 오래 살게 될 터이다. 2018년 기준 남녀 평균 기대수명은 82.7세[1]라고 하지만 정확한 우리들의 미래 수명은 알 수 없다. 미래학자 200명이 연구한 '유엔 미래 보고서'에 따르면 의학기술의 발달로 2045년에는 인간의 수명이 130세가 된다[2]고 한다. 또한, 과학기술의 최전선 연구를 주도하는 구글(google)은 인간이 500살까지 살 수 있다며 관련된 프로젝트를 진행 중이다[3]. 이것들에 근거한다면 특별한 사고나 질병이 없다면 지금 젊은 사람들은 최소 100세까지는 살지 않을까? 그렇다면 직업 인생을 최대로 추정해 70세라고 했을 때 그 이후 직업을 가지지 않은 30년, 혹은 100년은 어떻게 보낼 것인가. 바로 직접 일하지 않고 축적해 놓은 자금과 사회적 위치, 그리고 자신이 구축한 시스템을 이용해 삶을 살아가는 시기가 온다. 굳이 몸을 써 직접 일하지 않아도 금전을 획득할 수 있거나, 이미 삶에 충분한 자본을 가지고 있는 신분. 그것을 '자본가'라고 지칭할 수 있다. 그런 자본가 단계를 위한 것이 바로 '직업인'이란 신분으로 치르는 3차전인 것이다. 앞 단계들과 마찬가지로 이런 자본가로의 시스템을 빠르게 완성시키거나 혹은 더 나은 경로를 발견하게 되면 직업인으로서 삶의 기간은 단축할 수도 있고 심지어 곧장 그만둘 수 있는 경우도 흔하다.

물론, 삶이 그렇게 무조건 다음 목표에만 얽매여 살아야 하는 것은 아니다. 직업을 통한 자아실현도 있을 수 있으며 가정을 이루고 출산을 하며 기쁨을 얻기도 하고 친구들을 만나며 추억을 만들고, 소소한 일상들에서 행복을 찾을 수 있다. 그러나 이런 일련의 큰 인생 단계들과 목표들은 분명히 알고 조금씩 준비해 성취해야 한다. 여행하는 것과 비슷하다. 여행은 목적지에 도착하는 것만이 절대 전부가 아니다. 그러나 목적지가 없는 여행은 매우 불안하며 의미가 적다. 정해 놓은 장소를 향해 가는 길 중간에 겪게 되는 일들, 펼쳐지는 여러 광경들 그런 것들에 즐거움이 있는 것이다. 우선 도착지가 분명해야 하며 그 경로를 미리 인지해두고 여행 중간에 절대 이를 잊지 않아야 한다. 그리고 적당한 시간 안에는 반드시 그 목적지에 도착하여 짐을 풀고 휴식해야 한다.

이런 주제는 다소 거창하며 누군가에게는 어렵고 복잡한 이야기일 수 있다. 그래서 누구한테나 쉽게 이야기할 수 있는 내용은 아니다. 또 어떤 사람들에게는 다른 이유들로 심기를 불편하게 하는 주제들일 수 있다. 하지만 이 책의 독자들에게는 쉽게 이야기할 수 있다. 바로 '취업'이라는 보다 보편적이고 일반적인 경로에 제동을 걸고 '장기 시험'에 임하기로 결심하여 실행했고, 또 성공했기 때문이다. 시험에 합격하여 자신의 사회적 위치를 한 단계 격상시켜 봤기 때문이다.

사실, 가장 일반적인 마지막 신분의 생활은 자신이 만든 소득창출 시스템이나 축적해 놓은 자본이 아니라 직장에서 주는 퇴직금과 국가에서 보장해 주는 '연금'을 통한 노후이다. 여기에 더해 미래에는 '기본 소득' 정도가 있을 수 있겠다. 하지만 그것은 최소한의 삶을 보장해 줄 뿐이며 단순히 삶을 그냥 흘러가는 대로 두는 것이다. 이 진로를 2차전에서의 선택으로 바꿔 말하면 별다른 도전 없이, 장기 시험 준비 없이, 취업전선에 뛰어드는 것이라 할 수 있다. 하지만, 시험에 합격한 사람들은 이미 2차전에서 그렇게 하지 않고 다른 특수한 경로를 선택했었다. 3차전에서도 스스로 자각을 한다면 충분히 특수한 경로를 찾을 수 있다.

다음 라운드가 있다는 것은 우리를 겸손하게 만든다. 현 직업을 가졌는지 못 가졌는지, 혹은 어떤 직업을 가졌는지가 인생의 끝이 아니라 단지 다음 라운드를 위해 조금 더 유리하거나 그렇지 않거나 일뿐이다. 더욱이 그런 관점이라면 시험에 조금 일찍 합격하는 것, 몇 년 늦게 합격하는 것 또한 장기적 시야에선 별 차이 없다. 지금 승자가 다음 라운드에서는 패자가 될 수도 있고 반대로 지금 패자가 3차전에서는 역전을 할 수도 있는 노릇이다. 지금 성과를 얻었지만 준비하지 않으면 얼마든지 다음 라운드에서 승패가 뒤바뀔 수 있다.

자, 직업인이 되었으니 이제는 평화롭게 여유를 즐기며 30~40년 동안 별다른 준비는 하지 않고 다음 라운드는 기권하겠는가, 아니면 잠시 쉬었다가 다시 한번 힘을 내 일반적 인생의 흐름에 제동을 걸고 다음 단계를 위해 차근차근 준비할 텐가. 모두 당신의 선택에 달려있다.

다시 공부해야 한다. 어떻게 자본을 축적할 것이고 내가 직접 몸을 쓰고 시간을 들여 창출해 내는 '근로 소득' 외에 '자본 소득(이자, 배당, 임대료, 시세차익 등)과 지식재산권 소득' 시스템을 만들 것인지 디자인하고 이를 위해 하나씩 노력해야 할 것이다. 물론 그런 3차전에서, 지금 2차전에서 승리한 노하우와 자신감이 충분한 도움이 될 것이다. 잊지 말자.

여기까지 모두 읽어 주신 분들 정말 특별히 더 감사하다.

참고 자료 | Reference

1장 나의 수험 생활 이야기

1. 도서 | 공부가 가장 쉬웠어요 / 장승수 / 김영사 / 1996

2. 도서 | 7막 7장 / 홍정욱 / 삼성 / 1993

3. 도서 | 부자 아빠 가난한 아빠 / 로버트 기요사키(형선호 역) / 황금가지 / 2001

2장 우리가 공부할 수 있는 이유

1. 기사 | 금연 결심만 N번째 불가능한 미션인가요 / 헤럴드경제 / 손인규 기자 / 2019.05.28

2. 도서 | 유대인의 밥상머리 자녀교육법 / 이대희 / 베이직북스 / 266-267p / 2016

3. 강연 | 포기하지 않으면 불가능이란 없다 / 고승덕 / 제8회 휴넷 골드클래스 명사초청특강 /
   2004.11.18

4. 사전 | 합리화(合理化) / 네이버 국어사전, 표준국어 대사전 / 3번째 뜻 (심리)

5. 사전 | 긍정-적 肯定的 / 네이버 국어사전, 표준국어 대사전 / 2번째 뜻

6. 도서 | 선물 / 스펜서 존슨 / 랜덤하우스코리아 / 2003

7. 도서 | 죽음의 수용소에서 / 빅터 프랭클 지음 / 이시형 옮김 / 청아출판사 / 2005

3장 수험 준비와 커리큘럼

1. 논문 | 법조인 선발제도별 비용분석과 진입유인 분석 / 천도정, 황인태 / 회계저널 / 제25권
   제4호 2016년 8월, pp. 67~98 / 2016

2. 논문 | The role of deliberate practice in the acquisition of expert performance. / By Ericsson, K. Anders,Krampe, Ralf T.,Tesch-Römer, Clemens / Psychological Review / Vol 100(3) 363-406 / 1993

3. 도서 | 아웃라이어 / 말콤 글래드웰(노정태 역) / 김영사 / 2019

   도서 | 도쿄대 교수가 제자들에게 주는 쓴소리 / 이토모토시계(전선영 역) / 갤리온 / 2015

   도서 | 1만 시간의 법칙/ 이상훈 / 위즈덤하우스 / 2010

4. 기사 | 숯을 가까이 해야할 이유 3가지 / 송영두 기자 / 코메디닷컴 / 2017.5.28

5. 칼럼 | 팔방미인 숯, 직접 만들어볼까? / 프레시안 / 김성원 저자 / 2016.02.19

6. 논문 | There's Something in the Air: Empirical Evidence for the Effects of Negative Air Ions (NAI) on Psychophysiological State and Performance / Olimpia Pino, Francesco La Ragione / Research in Psychology and Behavioral Sciences / 2013

7. 포스팅 | 음이온의 효능 / 원종우 과학과사람들 대표(흙강쇠사당) / 네이버카페-녹강천연물농법 / 2018.11.11

4장 학원과 강사 전략

1. 도서 | Audio-visual methods in teaching (3 ed.) / Dale. E. / New York: The Dryden Press / 1969

2. 도서 | 거꾸로교실 / 존 버그만, 애론 샘즈 저 / 정찬필외 1명 역 / 에듀니티 / 2015

5장 수험 공부의 전략

1. 논문 | How are habits formed: Modelling habit formation in the real world / P Lally, CHM Van Jaarsveld 외 / European Journal of Social Psychology / 2010

2. 도서 | 불합격을 피하는 법 / 최규호 / 법률저널 / 124p / 2012

3. 도서 | 기억의 기술 / 라이프 엑스퍼트 저 / 박광중 역 / 기원전 / 27p / 2009

4. 유튜브 | 자그마치 5억원을 들여서 얻은 성공 법칙 / 체인지그라운드 / 2018. 7. 13

5. 논문 | Type I rehearsal: Maintenance and more / Glenberg, A. , Smith, S. M., & Greene, C. / Journal of Verbal Learning and Verbal Behavior / 1977

6. 도서(개정판) | Memory; A Contribution to Experimental Psychology / Ebbinghaus, Hermann / Martino Fine Books / 2011

7. 도서 | Use Your Head / Buzan, Tony / FTPress / 2011

8. 한글 웹 | Spaced repetition / http://scienart.egloos.com/2661140

  영문 웹 | Spaced repetition / https://en.wikipedia.org/wiki/Spaced_repetition

9. 포스팅 | 효율적인 반복 학습 방법 / 스마트 영어샘-스샘 / 네이버 블로그 / 2018.3.15

10. 유튜브 | 15분 만에 단어 300개를 외우는 사람들 / 스튜디오 허프 STUDIO HUFF / 2018.9.27

11. 논문 | The method of loci as a mnemonic device to facilitate learning in endocrinology leads to improvement in student performance as measured by assessments / Ayisha Qureshi / Advances in Physiology Education / 2014

12. 사전 | 노드 node / 네이버 지식백과

  노드[Node] / 매일경제용어사전 / 매경닷컴

13. 강의 | MDEET 생물학 심화이론 / 박선우 / 피엠디아카데미 / 2012

14. 발언 | 도널드 헵(Donald O.Hebb)

  포스팅 | [과학읽는시간] '아내를 모자로 착각한 남자' 와 기억의 저장 위치 / NRF 기초연구사업, 임연지 기자 / 네이버 블로그 / 2018.6.25

15. 논문 | Myelination: an overlooked mechanism of synaptic plasticity? / RD Fields / The Neuroscientist / 2005

16. 논문 | Extensive piano practicing has regionally specific effects on white matter development / Sara L Bengtsson, F Ullén 외 / Nature / 2005

17. 논문 | Microstructure of Temporo-Parietal White Matter as a Basis for Reading Ability: Evidence from Diffusion Tensor Magnetic Resonance Imaging / Torkel Klingberg외 / Neuron / 2000

18. 도서 | 실험심리학 용어사전 / 곽호완, 박창호, 이태연, 김문수, 진영선 / 시그마프레스 / 2008

19. 기사 | 취학 전에 전두엽을 키우세요 | 김영훈 전문의 | 베이비트리 | 2018. 1. 11

20. 칼럼 | [연재] 공부는 배운 자리에 머문다 / 유재명 / 한겨레-사이언스 온 / 2011.12.8.

21. 논문 | The effect of varying stimulus rate and duration on brain activity during reading / CJ Price, CJ Moore, RSJ Frackowiak / Neuroimage / 1996

22. TV방송 | 공부잘하는법- 시각적인 정보를 청각, 촉각 등 다양한 감각을 사용하여 기억력을 높이는 방법 / KBS2TV- 스펀지2.0 / 2008.3.22.

23. 논문 | The learning pyramid: Does it point teachers in the right direction / J Lalley, R Miller / Education / 2007

24. 도서 | Audio-visual methods in teaching / Dale, E. / New York: The Dryden Press. / 1946 / 6p

25. 기사 | 〈뉴스G〉 두뇌 나이, 몇 살인가요? / 김이진 작가 / EBS NEWS / 2015.7.24.

26. 논문 | Routes to remembering: the bains behind superior memory / Eleanor A. Maguire 외 / Nature Neuroscience / 2003

27. 도서 | 심야치유식당 / 하지현(신경정신과 의사) / 푸른숲 / 144~145p / 2011

28. 기사 | 입 다물고 코로만 숨쉬면 '기억력 1.5배 좋아진다.' / 김규빈 기자 / 뉴스1 / 2018. 10. 24.

29. 논문 | The relation of strength of stimulus to rapidity of habit-formation / RM Yerkes, JD Dodson / Journal of comparative neurology / 1908

30. 도서 | 놀라운 집중의 기술 / 라이프 엑스퍼트 / 역자 전경아 / 기원전 / 2006

31. TV방송 | "전교 1등은 알고 있는 공부에 대한 공부2" / KBS1 / 2014.9.30

32. 도서 | 집중력, 마법을 부리다 / 샘 혼 지음, 이상원 옮김 / 갈매나무 / 2012 / 103p

33. 사전 | Feature Phone / 네이버 지식백과 – 지형 공간정보체계 용어사전
도서 | 지형 공간정보체계 용어사전 / 이강원, 손호웅 / 구미서관 / 2016

33. 도서 | 메모의 기술 / 사가토 켄지 저 / 고은진 역 / 해바라기 / 2003 / 14p

35. 사전 | 러너스 하이 / 네이버 지식백과 시사상식사전
사전 | 시사상식사전 / pmg 지식엔진연구소 / 방문각 / http://www.pmg.co.kr

36. 사전 | 포모도로 기법 / 위키백과 / https://ko.wikipedia.org/wiki/포모도로_기법

37. 유튜브 | 구글의 슈퍼 업무력의 비밀-타임타이머 실사용기, 이 시계를 쓰면 몰입이 잘되는

이유 / 양품생활 / 2018.12.24

38. 뉴스 | 미세먼지 줄이니 이산화탄소가…숨 막히는 교실 / 홍진아 기자 / KBS NEWS /
2019.03.09.

39. 도서 | 껌만 씹어도 머리가 좋아진다 / 오노즈카 미노루 / 이경덕역 / 클라우드나인 / 2014

40. 논문 | Assessment of regional cerebral blood flow by xenon-enhanced computed
tomography during mastication in humans. / Sesay et al / The Keio Journal
of Medicine / 2000

41. 논문 | Effects of chewing gum on mood, learning, memory and performance of an
intelligence test / A Smith / Nutritional Neuroscience / 2009

42. 논문 | Chewing gum selectively improves aspects of memory in healthy volunteers
/ L Wilkinson, A Scholey, K Wesnes / Appetite / 2002

43. 포스팅 | 껌 8분 이상 씹으면 스트레스 받는다? / 동아사이언스 / 네이버 포스트 / 2019.1.9

44. 기사 | 턱 괴는 습관, 껌 오래 씹으면 턱 모양 해친다. / 김용 기자 / 코메디닷컴 / 2016.3.1

45. 논문 | Effects of musical tempo and mode on arousal, mood, and spatial abilities /
G Husain, WF Thompson, EG Schellenberg / Music perception / 2002

논문 | Effects of tempo and situational arousal on the listener's perceptual and
affective responses to music / MB Holbrook, P Anand / Psychology of Music /
1990

46. 도서 | 컬러가 내 몸을 바꾼다 / 김선현 / 넥서스BOOKS / 2019

47. 강의교재 | BIOLOGY 3rd 제1판 / 박선우 / 피엠디아카데미 / 2012 / 267p

48. 전공도서 | 악안면성형재건외과학 제3판 / 대한악안면성형재건외과학회 / 군자출판사 /
2016 / 136p

49. 도서 | 보이지 않는 고릴라/ 크리스토퍼 차브리스, 대니얼 사이먼스 / 김명철 역 / 김영사
/ 2011

50. 도서 | 불합격을 피하는 법 / 최규호 / 법률저널 / 2009 / 130p

51. 기출문제 | 2009학년도 의 · 치의학교육입문검사 자연과학I 홀수형 5번문항

52. 기출문제 | 2015년 경찰(순경)2차 한국사 기출문제

53. 기출문제 | 2012학년도 의/치의학교육입문검사 자연과학II 치의학계열 37번문항

54. 기출문제 | 2012학년도 의/치의학교육입문예비검사 39번 문항

55. 직접 제작

56. 도서 | 어려울수록 기본에 미쳐라 / 강상구 / 원앤원북스 / 2009 / 7p

57. 도서 | 세계 최고의 인재들은 왜 기본에 집중할까 / 도쓰카 다카마사 / 김대환 역 / 비즈니
    스북스 / 2014 / 248P

6장 스터디 전략

1. 도서 | 테크노 사피엔스 / 이재형 외 / 중앙북스 / 2020

2. 논문 | Test-enhanced learning in the classroom: long-term improvements from
    quizzing. / Roediger III 외 / Journal Of Experimental Psychology / 2011

   논문 | Test-enhanced learning in a middle school science classroom: The effects of
    quiz frequency and placement. / McDaniel, Mark A외 / Journal of Educational
    Psychology / 2011

3. 사전 | 마감 효과 / 네이버 국어사전, 문화일보 / 2005. 11

4. 사전 | 집단지성 (Collective Intelligence) / 네이버 지식백과, 한경 경제용어사전 / 한경닷컴

5. 교재 | 설민석 공무원 한국사 초압축 필기노트 / 설민석 / 단꿈드림 / 2019 / 109p

6. 기출문제 | 2013 법원직 9급 공무원 한국사 기출문제

7. 도서 | 레버리지 / 롭 무어 / 김유미 역 / 다산북스 / 2017 / 245p

8. 도서 | 텔런트코드 / 대니얼 코일 / 윤미나 역 / 웅진 지식하우스 / 2009 / 32p

9. 도서 | 어떻게 공부할 것인가 / 헨리 뢰디거, 마크 맥대니얼, 피터 브라운 / 김아영 역 /
    와이즈베리 / 2014 / 39~66p

10. 도서 | 탤러트코드 / 대니얼 코일 / 윤미나 역 / 웅진 지식하우스 / 2009 / 23~48p

7장 생활 전략

1. 기사 | 밤잠 첫 90분 수면의 질, 다음날 생활의 질 좌우 / 신윤애 기자 / 중앙일보 / 2017.
    11.13

단행본 | 스탠퍼드식 최고의 수면법 / 니시노 세이지 저 / 조해선 역 / 북라이프 / 2017

2. 도서 | Cyclic variations in EEG during sleep and their relation to eye movements, body motility, and dreaming / W Dement, N Kleitman / Electroencephalography and Clinical Neurophysiology / 1957

3. 포스팅 | 매일 아침이 피곤한 당신을 위한 아침잠을 깨는 방법 10가지! / 데일리 / 네이버 포스트 / 2016.6.25.

4. 기사 | 기상 후 5분이 하루를 좌우…건강한 '아침 습관' 4가지 / 김진구 기자 / 헬스조선 / 2018. 9.27

5. 발언 | 수면전문가 애덤 티슈맨

6. 발언 | 라이프 코치 커클랜드 쉐이브

7. 기사 | 약이 되는 아침 공복의 물 한잔! / 김선희 기자 / 하이닥 / 2015.12.28.

8. 유튜브 | 하루를 망칠 수 있는 10가지 아침 습관 / 밝은 면 Bright Side Korea / 2019.2.13.

9. 논문 | Does breakfast make a difference in school? / E Pollitt / Journal of the American Dietetic Association / 1995

10. 논문 | Breakfast consumption and cognitive function in adolescent schoolchildren / SB Cooper, S Bandelow, ME Nevill / Physiology & behavior / 2011

11. 논문 | Breakfast eating habit and its influence on attention-concentration, immediate memory and school achievement / NS Gajre, S Fernandez, N Balakrishna, S Vazir / Indian Pediatrics / 2008

12. 기사 | [카드뉴스]아침 식사 뜻하는 브렉퍼스트 어원을 아시나요? / 윤기만 / 쿠키뉴스 / 2017.07.10

13. 도서 | 감정독재 / 강준만 / 인물과사상사 / 2013 / 221p

14. TV방송 | 끼니반란 Stay hungry. stay healthy / 박상욱(기획) / SBS스페셜 316, 317회 / 2013. 3.10, 3.17

15. TV방송 | 간헐적 단식, 당신의 건강을 위협한다! / 박용우 비만클리닉 전문의 / YTN 사이언스 / 2016.08.03. / 02:20초

16. TV방송 | 끼니 반란 2부 먹는 단식, FMD의 비밀 / 박상욱(기획) / SBS스페셜 537회 /

2019. 1. 20

17. 논문 | Consumption of spicy foods and total and cause specific mortality:
    Population based cohort study./ Lv, J.; Qi, L.; Yu, C.; Yang, L.; Guo, Y.;
    Chen, Y.; Bian, Z.; Sun, D.; Du, J.; Ge, P.; et al. / BMJ / 2015

18. 논문 | Capsaicinoids: a spicy solution to the management of obesity? / A
    Tremblay, H Arguin, S Panahi / International Journal of Obesity / 2016

19. 논문 | Chilli intake is inversely associated with hypertension among adults / Z Shi,
    M Riley, A Brown, A Page / Clinical Nutrition ESPEN / 2018

20. 논문 | High chili intake and cognitive function among 4582 adults: an open
    cohort study over 15 years / Z Shi, T El-Obeid, M Riley, M Li, A Page, J Liu
    / Nutrients / 2019

21. 포스팅 | 매운맛으로 스트레스를 푼다? / 사이언스타임즈 김현정 객원기자 / 네이버 포스트
    / 2020. 05. 18.

22. TV방송 | 나잇살, 술살... 나이가 들수록 피할 수 없는 만인의 고민거리 뱃살! / KBS1
    - 생로병사의 비밀 662회 / 2018.09.12.

23. 기사 | 조선의 왕 단명은 비위생, 과식, 과색이 원인 / 정명진 의학전문기자 / 파이낸셜뉴스
    의학 · 과학 / 2016.10.31

24. 논문 | Effects of breakfast-size on short-term memory, concentration, mood and
    blood glucose / C Michaud, N Musse, JP Nicolas, L Mejean / Journal of
    Adolescent Health / 1991

25. 기사 | [카드뉴스]수험생이 알아야 할 먹으면 좋은 음식, 피해야 할 음식 / 이진경기자 /
    아시아경제 / 2018.11.14.

26. 포스팅 | "우리 아이 두뇌 발달 음식 삼총사는?" / 베이비 트리 김영훈전문의 / 네이버 포스트
    / 2018.09.14.

27. 기사 | 미국 타임스 '당신을 더 행복하게 만들어주는 식품 6가지' 소개 / 박찬미 기자 /
    푸드투데이 / 2015.5.12.

28. 논문 | Docosahexaenoic acid for reading, cognition and behavior in children aged

7-9 years: a randomized, controlled trial (the DOLAB Study) / Alexandra J.
Richardson ,Jennifer R. Burton,Richard P. Sewell,Thees F. Spreckelsen,
Paul Montgomery / PLoS one / 2012

29. 논문 | Omega-3 DHA and EPA for cognition, behavior, and mood: clinical
findings and structural-functional synergies with cell membrane
phospholipids / PM Kidd / Alternative medicine review / 2007

30. 칼럼 | 마음이 건강해지는 비결? 10가지 식품에 주목하라 / 강윤화 해외정보작가 /
일요신문 / 2019.06.28

31. 기사 | 나이 드니 수시로 깜빡깜빡? 오메가3 드시니 어떻습니까? / 한진 기자 / 중앙일보 /
2018. 09. 11

32. 포스팅 | 체내에서 합성되는 영양소 비타민D / 서울대학교 의과대학 국민건강지식센터 /
2015. 01. 27 / http://hqcenter.snu.ac.kr

33. 기사 | 눈 건강을 위한 대표 영양소 / 박라경 에디터 / news1뉴스 / 2019.1.26

34. 논문 | Administration of Phosphatidylcholine Increases Brain Acetylcholine
Concentration and Improves Memory in Mice with Dementia / Shu-Ying
Chung 외 / The Journal of Nutrition / 1995,
논문 | Effects of consumption of choline and lecithin on neurological and
cardiovascular systems. / JL Wood, RG Allison / Federation proceedings / 1982

35. 도서 | 착한 비타민 똑똑한 미네랄 / 이승남 / 리스컴 / 2010 / 60p

36. TV방송 | 비타민 10대 밥상 / KBS 2 TV [비타민] / 2005.12.25

37. 배포자료 | 보건복지부 제정, 한국영양학회 발표 수치 기준 / 2015 /http://www.kns.or.kr

38. 배포자료 | 건강기능식품기준및규격전면개정고시 / 식품의약품안전처- 공고 / 2008. 02.
27 / https://www.mfds.go.kr/

39. 도서 | the real vitamin and mineral book / Lieberman, Shari외 1명 / Avery
Publishing Group / 2003

40. 도서 | 미네랄, 내 몸을 살린다. / 구본홍 / 모아북스 / 2011 / 67-68p

41. 도서 | 착한 비타민 똑똑한 미네랄 / 이승남 / 리스컴 / 2010 / 96p

42. 포스팅 | 최적 건강을 위한 필수 미네랄 가이드 / ASK THE SCIENTISTS /
　　　https://askthescientists.com/

43. 배포자료 | 2015 DRI활용가이드북_웹용(최종) / 한국영양학회 / 36p

44. 도서 | 착한 비타민 똑똑한 미네랄 / 이승남 / 리스컴 / 2010 / 80p

45. 유튜브 | 운동을 꼭 해야하는 진짜 이유 / 1분과학 / 2017.1.11

46. 논문 | Be smart, exercise your heart: exercise effects on brain and cognition / CH
　　　Hillman, KI Erickson, AF Kramer / Nature reviews neuroscience / 2008

47. 논문 | Physical fitness and academic achievement in third-and fifth-grade
　　　students / DM Castelli, CH Hillman, SM Buck, HE Erwin / Journal of Sport
　　　and Exercise Psychology / 2007

　　논문 | Is there a relationship between physical fitness and academic achievement?
　　　Positive results from public school children in the northeastern United States /
　　　VR Chomitz, MM Slining, RJ McGowan외 / Journal of School Health / 2009

48. 논문 | Effects of acute exercise on long-term memory / JD Labban, JL Etnier /
　　　Research quarterly for exercise and sport / 2011

49. 기사 | To improve your memory, get moving ... or take a nap / CNN health /
　　　Jacqueline Howard / June 29, 2016

50. 칼럼 | [한국뇌연구원의 뇌세상] 뇌 건강과 운동 / 윤종혁 선임연구원 / 영남일보 / 2017.
　　　08. 29.

51. 도서 | 수험생건강관리법 / 오서 / 북스앤드북스 / 2013 / 209p

52. 논문 | Musical Agency during Physical Exercise Decreases Pain / Thomas H. Fritz
　　　외 / FRONTIERS IN PSYCHOLOGY / 2018

53. 도서 | 체지방의 이해 / 안응남, 김현태 외1명 / 광림북하우스 / 2008

54. 기사 | 달리기와 친해지는 법 / 이용재 기자 / 코메디닷컴 / 2019.10.7

55. 도서 | 동의보감 몸과 우주 그리고 삶의 비전을 찾아서 / 고미숙 / 그린비 / 2011

56. 도서 | 아보 도오루 체온 면역력 (마법의 1도 체온 건강법) / 아보 토오루(대학교수) 저 /
　　　김기현 역 / 중앙생활사 / 2015.03.20

57. 도서 | 체온1도 올리면 면역력이 5배 높아진다. / 이시하라 유우미 / 황미숙 역 / 예인 / 2010. 3. 25

58. 칼럼 | 가성비 최고인 운동, 인터벌 트레이닝 / 홍종래 과학칼럼니스트/ KISTI의 과학향기 제3299호 / http://scent.ndsl.kr/

59. 논문 | The effect of lifelong exercise frequency on arterial stiffness / Shigeki Shibata 외 / The Journal of Physiology / 2018

60. 논문 | Differential effects of endurance, interval, and resistance training on telomerase activity and telomere length in a randomized, controlled study / CM Werner, A Hecksteden, A Morsch 외 / European Heart journal / 2019

도서 | 늙지 않는 비밀 / 엘리자베스 블랙번, 엘리사 에펠 / 알에이치코리아 / 2018

61. TV방송 | 땀 흘리는 운동, 매일 하면 질병 예방에 효과 없다? / KBS뉴스 / 박광식 기자 / 2019. 05. 05

62. 칼럼 | 운동하기 적당한 시간대 / 삼성 서울병원 / 스포츠의학자료실- 운동이야기 / 2014. 02. 21 / http://www.samsunghospital.com/

63. 도서 | 수험생 건강관리법 / 오서 / 북스앤드 / 2013 / 136~137p

64. 웹페이지 | 잘 자러 치과에 가볼까요? - 잘 자는 잠이 어떤 건가요? | 대한치과수면학회 홈페이지/ http://www.kadsm.org/main.php?mm=s2

65. 도서 | 우리는 왜 잠을 자야 할까 / 매슈 워커 / 이한음 역 / 열린 책들 / 2019 / 17p

66. 도서 | 24시간 관리 법/네고로 히데유키 / 장인주 역 / 경향BP / 2018

67. 세계 보건기구, 미국 국립수면재단 권장량

68. 포스팅 | 적정 수면 시간의 효과 / 수면전문기업 씨팝케어 / 2016.7.18 / https://blog.naver.com/cpapcare/220765288078

69. 유튜브 | 미인은 잠꾸러기라는 말이 과학적으로 사실이다? | 수면의 놀라운 효과 / 러브에코 Love Echo / 2018.6.16

70. 웹페이지 | Foundation for Traffic safety. "Acute Sleep Deprivation and Risk of Motor Vehicle Crash Involvement" / https://aaafoundation.org/acute-sleep-deprivation-risk-motor-vehicle-crash-involvement/

71. 논문 | Visual discrimination learning requires sleep after training / R Stickgold, LT James, JA Hobson / Nature neuroscience / 2000

72. 도서 | 1등은 당신처럼 공부하지 않았다 / 김도윤 / 쌤앤파커스 / 2018 / 73p

73. 도서 | 하루 3분, 수면혁명 / 최상용 / 휴 / 2014 / 63p

74. 잡지 | Tips for Getting A Good Night's Sleep / Medline plus – National Institutes of Health / summer 2012 / https://magazine.medlineplus.gov/pdf/MLP_Summer2012web.pdf / 22p

75. 웹페이지 | 건강한수면바로알기 – 수면을 위한 십계명 / 대한수면학회 홈페이지 / http://www.sleepmed.or.kr/sleep/sleep05.html

76. 기사 | 최적 수면 온도는 16-18℃…침실 온도 더 낮춰야 / 연합뉴스 / 윤동영 기자 / 2016. 02. 23.

77. 논문 | The rhythms of human sleep propensity and core body temperature / L LACK, K Lushington / Journal of sleep research / 1996
    논문 | The relationship between insomnia and body temperatures / LC Lack, M Gradisar, EJW Van Someren 외 / Sleep Medicine Reviews / 2008

78. 논문 | 특집 : 국민건강증진사업 추진체계의 확충과 다각화 ; 전기장판에서 발생하는 전자파 노출이 뇌파 및 심전도에 미치는 영향에 관한 연구 / 이규수 외 6명 / 대한보건연구(구 대한보건협회학술지) / 2007

79. 사전 | 카페인 / 나무위키 / https://namu.wiki/w/카페인

80. 사전 | 녹차와 커피의 카페인, 무엇이 다를까 / 김연희 객원기자 / 사이언스타임즈 / 2010.11.23

81. 기사 | 카페인도 '다이어트' 하세요 / 연희진 기자 / 코메디 닷컴 / 2019.01.17
    포스팅 | 아이들 식품에 함유된 카페인.음료의 종류 / 첫사랑 꽃잎 / 네이버 블로그 / 2019. 1. 25

82. 도서 | 우리는 왜 잠을 자야 할까 / 매슈 워커 / 이한음 역 / 열린 책들 / 2019 / 388~390p

83. 사전 | 쪽-잠 / 네어버 국어사전 – 표준국어대사전

84. 도서 | 우리는 왜 잠을 자야 할까 / 매슈 워커 / 이한음 역 / 열린 책들 / 2019 / 107~108p

85. 도서 | 언제 할 것인가 / 다니엘 핑크 / 이경남 역 / 알키 / 2018 / 83p

86. 칼럼 | 7 Very Important Reasons To Take A Nap Right Now / Leigh Weingus / HUFFPOST / March 12, 2018

87. 칼럼 | How Power Naps Can Turbocharge Your Memory / Carolyn Gregoire / HUFFPOST / 2015.3.24

88. 기사 | Naps Clear Brain's Inbox, Improve Learning / VICTORIA JAGGARD / NATIONAL GEOGRAPHIC NEWS / 2010.2.23

89. 논문 | Activity of norepinephrine-containing locus coeruleus neurons in behaving rats anticipates fluctuations in the sleep-waking cycle / G Aston-Jones, FE Bloom / Journal of Neuroscience / 1981

   도서 | 몰입 / 황농문 / 알에이치코리아 / 2007 / 114p

90. 기사 | 15분-30분-90분-낮잠의 건강학 / 코메디닷컴 / 문세영 기자 / 2014.11.17

91. 논문 | Benefits of napping in healthy adults: impact of nap length, time of day, age, and experience with napping / CE Milner, KA Cote / Journal of sleep research / 2009

92. 칼럼 | 낮잠 30분 넘어가면 차라리 90분 자세요 / 이정헌 고대 안암병원 정신건강의학과 교수 / 헬스조선 / 2019.3.29

93. 포스팅 | 언제 할 것인가] 6화. 일을 잘하고 싶다면 낮잠을 자야 한다 / 알키 / 네이버 포스트 / 2018. 04. 19.

   도서 | 언제 할 것인가 / 다니엘 핑크 / 이경남 역 / 알키 / 2018 / 84p

94. 논문 | The effects of a 20-min nap before post-lunch dip / M Hayashi, T Hori / Psychiatry and clinical neurosciences / 1998

   논문 | The effects of a 20 min nap in the mid-afternoon on mood, performance and EEG activity / M Hayashi, M Watanabe, T Hori / Clinical Neurophysiology /1999

95. 논문 | The recuperative value of brief and ultra-brief naps on alertness andcognitive performance / AJ Tietzel, LC Lack / Journal of sleep research / 2002

96. 기사 | 나른한 봄엔 '커피냅' …커피 마신 뒤 15분간 잠을 청하면? / 고승희 기자 / 리얼푸드

     / 2019.4.30

97. 기사 | "커피 마시고 딱 '15분' 낮잠 자면 '피로' 절반으로 확 줄어든다" / 강유정 기자 /

     네이버포스트 인사이트 / 2019.4.24

98. 기사 | "스무살에 '잡스'라는 분 알았다면, 〈공부가 가장 쉬웠어요〉 안 썼을 것" / 유병율

     대담, 최우영, 이현수 기자 / 머니투데이 / 2011.10.12

99. 칼럼 | 역류성 식도염 / 소화기내과 최창환교수 / 중앙대학교병원 건강칼럼 /

     http://ch.cauhs.or.kr

100. 전공도서 | 악관절장애와 교합의 치료 / Jeffrey P. Okeson / 정성창 역 /

      대한나래출판사 / 2014 / 297p

101. 도서 | 의욕과 집중력이 생기는 공부법 / 구메하라 케이타로 / 박재현 역 / 다연 / 2017

102. 도서 | 메타 인지 학습법 / 리사 손 / 21세기북스 / 2019

103. 도서 | 우리는 왜 잠을 자야 할까 / 매슈 워커 / 이한음 역 / 열린 책들 / 2019 / 322~323p

104. 도서 | 하루 3분, 수면혁명 / 최상용 / 휴 / 2014 / 47p

105. 유튜브 | 미 해군이 알려주는 2분 만에 잠드는 법 / 밝은 면 Bright Side Korea /

      2018. 11. 29

106. 포스팅 | 수면무호흡과 기면증 진단하는 수면다원검사, 국민건강보험 적용 / 신경과

      신정원 교수 / 분당차병원 공식 블로그(Naver) - 내 몸 설명서 / 2018.7.5

107. 포스팅 | 이제 수면무호흡 양압기 치료 건강보험 지원받고 꿀잠 자세요! / 국민건강보험 /

      국민건강보험 공식 블로그(Daum) - 알기 쉬운 제도 / 2018.8.28

108. 도서 | 집중력, 마법을 부리다 / 샘혼 / 이상원 옮김 / 갈매나무 / 2012 / 176p

109. 유튜브 | 왜 초 · 중 · 고 수업 시간은 40 · 45 · 50분 일까?[교육부X사물궁이 1탄] /

      교육부TV / 2019.10.23

110. 포스팅 | [성인ADHD 증상] 집중을 오래해야 정상? 집중이 안 되면 ADHD? / MH |

      Dr오동열 / 마인드힐정신건강의학과 - 블로그(네이버) / 2019.1.10

111. 도서 | 혈통과 민족으로 보는 세계사 / 우야마 다쿠에이 / 전경아 역 / 센시오 / 2019

112. 도서 | 유대인의 밥상머리 자녀교육법 / 이대희 / 베이직북스 / 2016 / 250p

113. 도서 | 재미있는 지구촌 종교 이야기 / 류제동 등 / 가나출판사 / 2013

114. 도서(아이디어 착안) | 당신의 물통은 얼마나 채워져 있습니까? / 도널드 클리프턴 /

노규형 역 / 해냄출판사 / 2005

115. 논문 | Positive affect and the complex dynamics of human flourishing / Barbara

L Fredrickson, Marcial F Losada / American Psychologist / 2005

116. 도서 | 링컨의 우울증 (역사를 바꾼 유머와 우울) / 조슈아 울프 솅크 / 이종인 역 /

랜덤하우스코리아 / 2009

117. 도서 | 심리학이 이렇게 쓸모 있을 줄이야 / 류쉬안 저 / 원녕경 역 / 다연 / 2019

118. 도서 | 유혹하는 글쓰기 / 스티븐 킹 / 김진준 역 / 김영사 / 2002

119. 도서 | 철학사전 / 철학사전편찬위원회 외 30인 / 중원문화 / 2009

120. 도서 | 천 번을 흔들려야 어른이 된다. / 김난도 / 오우아 / 2012 / 68p

121. 칼럼 | Smile! It Could Make You Happier / Melinda Wenner / scientificamerican /

2009. 9. 1

122. 도서 | 자기 암시 / 에밀 쿠에 / 김동기 외1명 역 / 하늘아래 / 2017

123. 도서 | 1등은 당신처럼 공부하지 않았다 / 김도윤 / 쌤앤파커스 / 2018 / 15p

8장 시험

1. 도서 | 도쿄대생의 교활한 시험 기술 / 니시오카 잇세이 / 황선종 역 / 갤리온 / 2019

2. 문제집 | 서울대 텝스 관리위원회 최신기출 1200 / 넥서스 / 2011

3. 사전 | panic / 네이버영어사전 / 첫 번째 뜻

4. 논문 | Environmental context and human memory / SM Smith, A Glenberg, RA

Bjork / Memory & Cognition / 1978

5. 논문 | Context-dependent memory for meaningful material: information for

students HM Grant, LC Bredahl, J Clay, J Ferrie 외 / Applied Cognitive

Psychology / 1998

6. 팟케스트 | [나의사]314회 – 수능생 건강관리 Tip / 나는 의사다 / 팟빵 / 2016.11.11

7. 기사 | 수능 앞둔 수험생, 청심환 먹을까, 말까?... 졸음 유발할 수도 / 이금숙 기자 /

헬스조선 / 2016.11.10

8. 포스팅 | 우황청심환 먹으면 정말 안 떨릴까? / 데일리 / 네이버포스트 / 2020.01.25

9. 포스팅 | ADHD 치료제는 '공부 잘하는 약'인가요? / 소아청소년정신의학회 / 네이버포스트
／ 2019.08.09.

10. 웹페이지 | ADHD란? / ADHD홈페이지(대한소아청소년정신의학회) / 2017.12.1 /
http://adhd.or.kr/adhd/adhd07.php

11. 사전 | 항히스타민제 / 나무위키 / https://namu.wiki/w/항히스타민제

12. 포스팅 | 〈수능특집ⅠⅠ〉우황첨심환, 먹을까? 말까? / 나는 의사다 / 네이버포스트 /
2016.11.15

13. 도서 | 연애 종결서 / 이재목 / 날다 / 2011 / 229p

14. 포스팅 | 양궁선수 김수녕 / 글 김경호 / 네이버 캐스트 / 2009.7.13.

9장 수험 생활 실패의 이유

10장 공부 환경과 여러 도움 이야기들

1. 도서 | 선샤인 논술사전 / 강준만 / 인물과사상사 / 2007.12.17.

2. 도서 | 너 이런 심리법칙 알아? / 이동귀 / 21세기북스 / 2016. 11. 30

3. 기사 | 〈의학〉 과음, 뇌 축소시켜 / 한성간 기자 / 연합뉴스 / 2007.05.03

4. 웹 발행물 | ALCOHOL ALERT / National Institute on Alcohol Abuse and Alcoholism
／ 2004. 10. / https://pubs.niaaa.nih.gov/publications/aa63/aa63.htm

5. 기사 | '담배연기 뇌세포염증 유발' 메커니즘 규명 / Medical Tribune / 김준호 기자 /
2019.3.27

6. 기사 | 2020 이후 SKY대 입시, 남학생에게 유리…이유는? / 박지향기자 / 대학민국 대표
진로진학뉴스 EDUJIN / 2019.2.7

7. 기사 | 수능이 어려우면 남학생, 쉬우면 여학생이 강세? / 배문규 기자 / 경향신문 /
2017.01.11

8. 기사 | (3)여성 파워와 정부의 대응방안 / 특별취재팀 / 파이낸셜뉴스 / 2010.05.26

9. 도서 | 제1의 성 / 헬렌피셔, 옮긴이 정명진 / 생각의 나무 / 2000.09.01 / 13p

10. 뉴스 | 불안장애 · 우울증, 왜 여성에게 흔할까? / 최세헌 기자 / 부산일보 / 2017.02.07

11. 도서 | 여자의 뇌, 여자의 발견 / 루안 브리젠딘, 임옥희 옮김 / 리더스북 / 2007 / 231p

12. 도서 | 여자의 뇌, 여자의 발견 / 루안 브리젠딘, 임옥희 옮김 / 리더스북 / 2007 / 160p

13. 도서 | 왜 여자 아이들이 더 공부를 잘할까? / 유진규 / designhouse / 2007 / 107p

14. 도서 | CrazyBusy: Overstretched, Overbooked, and About to Snap! Strategies for
Coping in a World Gone ADD / Edward M. Hallowell / Ballantine Books / 2006

15. 도서 | 공간의 심리학 / 발터 슈미트 / 문항심 역 / 반니 / 2020/ 93p

16. 논문 | Factors in the Division of Labor by Sex: A Cross-Cultural Analysis / George
P. Murdock and Caterina Provost / Ethnology / 1973

17. 칼럼 | [건강칼럼]여자가 왜 말이 많은가? / 서호석 강남차병원 정신건강의학과 교수 /
대한변협신문 / 2015.05.18

18. 기사 | 여성이 남성보다 기억력 좋은 이유(연구) / yjkim / 코메디닷컴 / 2016.11.11

19. 논문 | 수학 성취도에서의 성별 격차: 동태적 변화와 원인 분석 / 임슬기, 이수형 /
교육과정평가연구 / 2019

20. 기사 | 남학생은 수학, 여학생은 언어? '못 한다' 믿으면 진짜 못한다 / 천인성 기자 /
중앙일보 / 2019.12.08

21. 도서 | 성격이란 무엇인가 / 브라이언 리틀 / 이창신 역 / 김영사 / 2015

22. 도서 | The biological basis of personality / Eysenck, H. J. / Springfield / 1967

23. 논문 | Music and spatial task performance / FH Rauscher, GL Shaw, CN Ky /
Nature / 1993

24. 도서 | The Mozart effect: Tapping the power of music to heal the body,
strengthen the mind, and unlock the creative spirit / DG Campell / New
York: Avon Books / 1997

25. 논문 | 클래식 음악과 한국어 독해력 향상과의 상관관계 연구-모차르트 음악을
배경음악으로 활용하여 / 최권진 / 국어교육연구 / 2015

26. 논문 | The mystery of the Mozart effect: Failure to replicate / KM Steele, KE

Bass, MD Crook / Psychological Science / 1999

27. 논문 | Differential effects of stimulative and sedative music on anxiety, concentration, and performance / CA Smith, LW Morris / Psychological Reports / 1977

28. 도서 | Music, Sound and Sensation: A Modern Exposition / Fritz Winckel / Dover Publications / 1967

    논문 | The social psychology of music / PR Farnsworth / American psychological association / 1958

29. 논문 | 각성 수준에 따른 배경 음악이 과제 수행에 미치는 영향 / 강갑원 / 교육심리연구 / 2006

30. 논문 | Dynamic music factors in mood change / Gaston, E. T. / Music Educators Journal / 1951

31. 논문 | Effects of musical tempo and mode on arousal, mood, and spatial abilities / G Husain, WF Thompson, EG Schellenberg / Music perception / 2002

    논문 | An approach to investigating the emotional determinants of consumption durations: Why do people consume what they consume for as long as they consume it? / MB Holbrook, MP Gardner / Journal of consumer psychology / 1993

32. 논문 | The role of music in everyday life: Current directions in the social psychology of music / PJ Rentfrow / Social and personality psychology compass / 2012

33. 논문 | The effect of music on test anxiety / HE Stanton / Australian Psychologist / 1973

34. 논문 | Changes in Galvanic Skin Response as Affected by Musical Selection, Sex, and Academic Discipline / PO Peretti / The Journal of Psychology / 1975

35. 논문 | Selective Effects upon Women of Exciting and Calm Music / Seymour Fisher, Roger P. Greenberg / Perceptual and Motor Skills / 1972

36. 도서 | 나쁜 감정을 삶의 무기로 바꾸는 기술 / 나이토 요시히토 / 박재영 역 / 갤리온 /
    2019
37. 도서 | 슬픈 불멸주의자 / 셸던 솔로몬, 제프 그린버그, 톰 피진스키 / 이은경 역 / 흐름출판
    / 2016

에필로그

1. 통계 | 기대수명 / '18, KOSIS(통계청, 생명표)
2. 도서 | 유엔미래보고서 2045 / 박영숙, 제롬 글렌 / 교보문고 / 2015
3. 기사 | [30초 건강팁] 구글, 수명 500세에 도전하다 / 문세영 기자 / 코메디닷컴 / 2017.3.6

＊유튜브에서 '장기 시험의 전략' 채널을 검색해 구독하세요.

[장기 시험의 전략]

수험 생활은 보통 직업을 위해, 혹은 직업으로 가는 징검다리를 위해 자신의 인생 중 일부를 할애하여 올인 하는 것이다. 직업은 자신의 인생 전반적인 것들을 결정할 수 있는 매우 큰 무엇이기 때문이다. 혹자는 그 치열한 경쟁에서 승리하기 위해 목숨을 걸고 공부했다고 말한다. 인생에서 이기기 위해서 그 정도로 절실한 것이 얼마나 있을까? 마치 생명을 담보한 전투와 같다. 평화 시대에 살고 있는 우리에게 제시되는 과거의 전쟁과 같은 냉정하고 살벌한 경쟁, 그것이 바로 장기 시험이다.